反証

櫻井義秀・中西尋子 著

『統一教会』

View P BOOKS

反証　櫻井義秀・中西尋子著『統一教会』

「はじめに」への反証

本書は櫻井義秀氏と中西尋子氏の共著『統一教会――日本宣教の戦略と韓日祝福』（北海道大学出版会、2010年）を反証するものである。批判のための批判や揚げ足取りのようなものではなく、記述を通して表題および共著者の本質に迫り、有効な反証をしたいと思っている。

櫻井義秀北海道大学教授は、現在「大学のカルト対策」に積極的に取り組み、統一教会に対しては極めて批判的な立場である。中西尋子氏は関西大学の非常勤講師で、韓国に嫁いだ統一教会日本人信者の祝福家庭婦人の調査研究を行った。初期の研究では彼女らに好意的な記述をしていたが、その後、統一教会反対派の圧力によって批判的な立場に転じ、櫻井氏と共に批判的な本の共著者となった。

なお、世界基督教統一神霊協会は日本において2015年8月26日をもって世界平和統一家庭連合に名称変更したが、本書では「統一教会」と呼ばれていた時代に書かれた本について論ずる都合上、煩雑と混乱を避けるために「統一教会」という呼称をそのまま用いることにする。

『統一教会』は650ページを超える著書で、櫻井氏による第Ⅰ部と第Ⅱ部が全体の約7割を占め、残り3割の第Ⅲ部が中西氏による。共著とはいえ、この二つは事実上全く別の研究で、研究全体を鳥瞰的に見て批評するのは極めて困難である。そこで、同書を読み進めながら、問題となる箇所を抽出し、反証するというスタイルを取りたい。

本書の内容はすべて筆者個人の見解であり、教団の公式見解ではない。本書の内容と教団の公式見解との間に齟齬があったり、筆者の記述に誤りがあったりした場合には、それは全面的に筆者の責任である。

本題に入る前に、この二人の学者が統一教会に対して批判的な著作を発表するようになった経緯について解説しておきたい。

もともと櫻井氏は「マインド・コントロール言説」に対して批判的であった。彼は1996年に北海道社会学会の機関誌『現代社会学研究』に掲載された『オウム真理教現象の記述を巡る一考察』という論文で、日本におけるマインド・コントロール言説の第一人者とされる西田公昭氏の論文を批判している。西田論文について、「人間が生きるコンテキスト（背景）を捨象した実験重視のアプローチである」と問題点を批判した上で、「マインド・コントロール」の問題点を次のように鋭く指摘していたのである。

「マインド・コントロールとは、自己の経験を自分と第三の社会的勢力が二重に解釈した語り口でしかない。騙されたと自ら語ることで、マインド・コントロール論は意図せずして自ら自律性、自己責任の倫理の破壊に手を貸す恐れがある。信仰者は、教団へ入信する、活動をはじめる、継続する、それらのいずれの段階においても、認知的不協和を生じた諸段階で、自己の信念で行動するか、教団に従うかの決断をしている。閉鎖的な、あるいは権威主義的な教団の場合、自己の解釈は全てエゴイズムと見なされ、自我をとるか、教団（救済）をとるかの二者択一が迫られることがある。自我を守るか、自我を超えたものをとるかの内面的葛藤の結果、いかなる決断をしたにせよ、その帰結は選択したものの責任として引き受けなければならない」（櫻井義秀「オウム真理教現象の記述を巡る一考察─マインド・コントロール言説の批判的検討─」『現代社会学研究』1996年9月、北海道社会学会、p.91-95）

彼は「マインド・コントロール」は責任転嫁の論理であることを指摘していた。しかし、ある出来事をきっかけに彼は豹変した。実は、この論文が統一教会を相手取った「青春を返せ」裁判の際に、マインド・コントロール言説の非科学性を立証する目的で被告（統一教会）側弁護団によって引用されたのである。それを知った原告（元信者）側弁護団が櫻井氏を、「あなたの論文が統一教会擁護に使われているが、それを承知でマインド・コントロール論批判をされたのか」と糾弾したのである。さらに、フォトジャーナリストの藤田庄市氏からは「統一教会の犠牲者たちを『うしろから斬りつける役割をあんたはやったんだよ』」と忠告されたという。これらの様子は、伊藤雅之氏が『岩波講座・宗教2／宗教への視座』（岩波書店、２００４年）という本に寄稿した「オウム真理教とそれ以後」（p.253-279）という論考で描かれている。

櫻井氏は、自分の書いた「マインド・コントロール」批判の論文が、まさか統一教会を擁護するために使われるとは思っていなかったようで、著書『信仰か、マインド・コントロールか　カルト論の構図』（法蔵館文庫、２０２３年）の中で、以下のように述べている。

「二〇〇〇年一二月五日、札幌地裁の上記公判において、教会側証人として、カルト、マインド・コントロール問題の専門家として統一教会員である魚谷俊輔が出廷した。……証言において、あろうことか、筆者のマインド・コントロール論批判の論文を引用された。……マインド・コントロール論批判の部分だけが有効活用され、カルト側を擁護する研究者という誤解をもたれたのは心外であった」（櫻井義秀『信仰か、マインド・コントロールか　カルト論の構図』p.288-290）

これら一連の記述から分かることは、最初は櫻井氏も「マインド・コントロール論」に対して批判的だったものの、「青春を返せ」裁判の原告側弁護士による圧力に屈してしまい、その結果として６５０ページを超える批判書の著者となったということだ。

共著者である中西尋子氏も同様の経験をしている。中西氏は社会学的研究のために韓国で調査活動を行っていた（もともとの研究内容は統一教会とは無関係）が、そこで偶然、韓国の田舎に嫁いだ祝福家庭の婦人に出会った。彼女はその祝福家庭の婦人たちに好感を持ち、礼拝に参加し、彼女たちにインタビューしながら研究を続けていた。しかし、あるきっかけから彼女も櫻井氏と同じように統一教会に反対する立場に立つようになる。それは、米本和広氏の著書『我らの不快な隣人』（情報センター出版局、２００８年）の中に、以下のように書かれている。

「宗教社会学者の中西尋子が、『宗教と社会』学会で、〈『地上天国』建設のための結婚―ある新宗教教団における集団結婚式参加者への聞き取り調査から〉というテーマの研究発表を行なった。合同結婚式で韓国に渡った日本人女性へのインタビューをもとにした報告である。……中西の発表が終わると、その会合に出席していた『全国弁連』の東京と関西の弁護士が詰問した。『霊感商法をどう認識しているのか』『(日本の)統一教会を結果として利するような論文を発表していいのか』。出席者によれば『中西さんはボコボコにされた』という」(米本和広『我らの不快な隣人』p.314)

つまり、彼女は弁護士たちに徹底的に糾弾され、結局その圧力に屈してしまったということだ。その結果、彼女は統一教会に対する論調を批判的なものに転換し、櫻井氏とともに統一教会を批判する書籍の共著者として名を連ねることになったのである。このように、いまの日本の宗教学界では少しでも統一教会に有利なことを書こうとすると、統一教会に反対する勢力から圧力がかけられてしまうのだ。

「第三刷にあたって」への反証

さて、櫻井氏は『統一教会』初版を2010年2月に刊行し、3年後の2013年4月に第三刷を、そして安倍晋三元首相銃撃事件の後に第四刷を刊行している。第三刷と第四刷にあたってはそれぞれ「まえがき」を加筆しているので、その部分について論評しておきたい。

「第三刷にあたって」(p.xviii-xxv) では、初めに「書籍の反響」について語っている。「本書は一般書店に置かれることもあまりないA5判六五〇頁に及ぶ学術書であり、市民の目にふれる機会もそれほどないと思われるが、一五〇〇部を超えて読まれていること自体、統一教会が日本社会に与えた影響の深刻さを示しているのではないかと思われる」(p.xix) となにやら自画自賛めいたことを語っているが、確かに学術書としては1500部は売れた方であろう。

通常の学術書なら、図書館需要で200～300部が見込まれ、仮に1000人の学会の本ならその1割の購入で100部になり、およそ400部は見込めることになる。しかし、初版が500部では単価が高くなってしまうので、1000部刷るとしたら、残りの600部を書店等で販売しなければならない。これはかなり厳しい数字なので、学術書が1500部を超えるのは難しいわけである。

しかしこれは、純粋な学術書であることが前提の数字だ。実は櫻井氏の『統一教会』は純粋な学術書ではなく、イデオロギー的でプロパガンダ的な要素を多く含んだ著作である。そもそも櫻井氏は、統一教会について調査をするときに、自分と利害関係において一致しない対象は排除すると公言しているような学者で、研究の主要な情報源は、統一教会に反対している牧師、脱会カウンセラー、弁護士などのネットワークにつながっている元信者である。情報源が偏っているので、著作のマーケットも同様に偏っていることになる。

櫻井氏の著作が650ページを超える書籍であり、しかも学術書の体裁なのに1500部も売れた理由は、こうした統一教会反対派の教科書として活用されているからにほかならない。これは単なる憶測ではない。私の知る限りで最低三人の信者が、親族から反対されたり脱会説得を受けたりした際に、櫻井氏の『統一教会』を読むよう勧められたという。このことは、「統一教会が日本社会に与えた影響の深刻さを示している」のではなく、この本が価値中立的な学術書ではなく、イデオロギー的でプロパガンダ的な要素を多く含んだ「統一教会反対本」の性格を持ち、その筋のマーケットに売れていることを示している。

続いて櫻井氏は「在韓女性信者の補足調査」と「春川事件」について報告している。いずれも合同結婚式で韓国に嫁いだ日本人女性にかかわる内容である。この分野はもともと中西尋子氏が独占的に扱っていたが、第一刷の発刊後に櫻井氏も韓国を訪問して実態調査をしたのだという。一次情報に触れようとする姿勢自体は学者として評価できる。

櫻井氏によれば、こうした女性たちは「①現在も堅固な信仰を維持している女性、②統一教会の地域教会には所属しているが信仰は失った女性、③統一教会と縁を切って家族生活を送る女性」（p.xix）に大別できるという。さらに「①②③の女性たちが反目しあっているわけではない」（p.xx）ので、反対派が陥りがちな「統一教会」対「反統一教会」という単純な図式に当てはまるわけではない。櫻井氏もこうしたリアルな情報にもっと触れることによって、統一教会に対する極端な思考形態から脱却してほしいものである。

「春川事件」とは、２０１２年8月に韓国の江原道春川に住む日本人女性信者が、韓国人の夫を殺害した事件である。殺害の理由は生活苦や夫の飲酒と暴力であったと言われているが、韓国で暮らす日本人女性信者の中でも極めて特異な事件であり、これをもって「在韓祝福家庭婦人の窮状」などと一般化すべきでないことは言うまでもない。

「第三刷にあたって」のメインは、むしろ「文鮮明の死と体制の変化」の部分であろう。ここでは２０１２年に文鮮明師が聖和（逝去）した後の「お家騒動」のようなことが記述されている。いずれも櫻井氏自身が見聞きしたというよりは二次情報をまとめたものであり、現役の教会員からすれば目新しい情報はない。実は統一教会の信者の情報リテラシーは、外部の人間が「マインド・コントロール」という言葉から想像しているような状況に比べればはるかに高い。ここで述べられているようなことは、教会員にとってはほとんどが周知の事実であり、こうした事態には心を痛めながらも、かなり冷静かつ客観的に受け止めている。

文鮮明師が亡くなった後、世界平和統一家庭連合（統一教会）から、一部の信者が離反したことは事実であるが、これは新宗教の教祖が亡くなった後にはよくあることだ。「統一教会の分裂」というキャッチコピーのような言説がインターネット上で拡散した時期はあったが、「第三刷にあたって」の櫻井氏の記述はいまとなっては昔話のようである。なぜなら、文鮮明師の三男のグループと四男及び七男のグループは袂を分かったが、本体である世界平和統一家庭連合のリーダーシップは韓鶴子総裁の下で安定しており、ほぼ決着がついているからだ。

教祖が亡くなった後の「体制の変化」に関する解説は、権力闘争を際立たせるようなゴシップ的な描写になりがちで、特定の当事者にとって有利な言説が意図的に拡散されることが多く、櫻井氏の記述もその域を出ていない。これも彼が現役の統一教会信者がどのように受け止めているかをきちんと取材せず、周辺のネット情報だけを追いかけているために起きる情報の偏りに起因するものであろう。

特に最後の「日本の統一教会組織が、文鮮明ファミリーや韓国の幹部たちから完全に蚊帳の外に置かれ、資金提供者としてのみ有効に活用されている事実だけは鮮明に浮かび上がる」（p.xxiv）という描写は、櫻井氏の思考形態の中に存在するステレオタイプを、ものの見事に表現している。現実はもっと複雑であり、韓国統一教会も日本統一教会も、こうしたステレオタイプだけでは説明しきれない多様性を持っている。しかし、櫻井氏の目的が学問的な真実の探求ではなく、イデオロギー的な批判にあるため、こうした総括をせざるを得ない事情があるのであろう。彼のマーケットがそれを求めているのである。

「第四刷にあたって」への反証

第四刷にあたって加筆された「まえがき」は、「安倍元首相銃撃事件」「容疑者家族と統一教会の接点」「被害者家族の苦難と二世信者の困難」「統一教会と自民党」「統一教会問題はいかに解決されるべきなのか」「統一教会に対する宗教法人の認証・解散」という六つのパーツからなっている。事件を受けて著作が売れると思ったのか、かなり力の入ったまえがきの加筆になっているが、この部分は２０２２年7月19日に脱稿したと「付記」（p.xvi）にあり、事件後10日余りの情報整理だけで書き上げたことになる。それだけに、未来について予想した部分に関しては、外れていることが多い。事件後の統一教会を巡る世の中の動きは、専門家を自称する櫻井氏から見ても予想をはるかに超えた異常な展開であったことを改めて思い知らされる。以下、順を追って論評する。

「1　安倍元首相銃撃事件」で櫻井氏が述べていることは、新聞やテレビなどのメディアが一般的に報じていることをまとめただけであり、特に新しい情報や独自の情報はない。「2　容疑者家族と統一教会の接点」の内容も同様だが、注目すべきは山上徹也被告の犯行の動機になったとされている、２０２１年9月12日にＵＰＦ主催の「THINK TANK 2022 希望前進大会」に寄せられた安倍元首相のビデオメッセージに関する記述である。大多数の国民は、山上被告が事件を起こすまでは、このビデオメッセージの存在を知らなかった。しかし、山上被告はネット上で「この春にメッセージを見た」（朝日新聞２０２２年7月15日付）という。

櫻井氏はさらに、このビデオメッセージに対して２０２１年9月17日付で「衆議院議員安倍晋三先生へ」と題した公開抗議文が全国霊感商法弁護士連絡会（全国弁連）から送付され、「これを統一教会が広く宣伝に使うことは必至です」（p.iv）と警告したことを紹介している。櫻井氏の著作では触れていないが、「やや日刊カルト新聞」でも鈴木エイト氏がこのビデオメッセージを批判的に取り上げている。要は、このメッセージの存在を知って喰いついていたのは、統一教会に反対する勢力であったということだ。

事実としては、「これを統一教会が広く宣伝に使うことは必至です」という全国弁連の警告とは裏腹に、統一教会もＵＰＦもこのビデオメッセージについて一般社会に広く宣伝することはなかった。結果として大部分の一般大衆は安倍氏とＵＰＦの関係についても、ビデオメッセージについても、事件が起こるまでは何も知らなかったのである。

しかし、このことに強い関心を向けたのが全国弁連や鈴木エイト氏をはじめとする統一教会反対派勢力である。山上被告は「やや日刊カルト新聞」の愛読者であり、鈴木エイト氏に個人メッセージを送っていたように、彼を刺激したのは、広く一般社会に流布していた情報ではなく、こうした反統一教会ネットワークから得られた情報であった。

犯行から2年以上が過ぎたいま、改めて問われるべきは、山上被告を犯行に駆り立てたものは何だったのかだ。少なくともそれは、事件以前に世間一般に流布していた情報ではない。世間の多くの人々は、ＵＰＦと安倍元首相に接点があることなど知りもしなかった。一方で統一教会に対して激しい敵意を抱く全国弁連や鈴木エイト氏などの統一教会反対派はこのことを問題視し、情報を拡散しようとしていた。山上被告はそうした情報に刺激されて犯行に及んだとみるのが自然であろう。

「3　被害者家族の苦難と二世信者の困難」では、「宗教2世」の問題が取り上げられている。これは第一刷では取り上げられなかったため、櫻井氏は改めて第四刷のまえがきで触れたのであろう。そもそも「宗教2世」というネーミングはNHKが2021年頃から広めたもので、第一刷が発行された2010年にはまだ存在しなかった。

事件後、小川さゆり（仮名）が「宗教2世」のアイコン的存在となり、『小川さゆり、宗教2世』（小学館、2023年）という自伝的著作が出版されるまでになった。「宗教2世」についてWikipediaが、「家族（両親など）が宗教を信仰している家庭で生まれ育ち、家族（両親など）の意思で幼い頃から宗教に入信させられている人達のことを指す」（2024年9月13日現在）と説明しているように、この言葉は不本意ながら信仰を強制されている人々というニュアンスで使われている。さらに統一教会の「宗教2世」は、多額の献金と貧困、ネグレクト、生きづらさ、などのネガティブなイメージで語られることが多い。これは櫻井氏の著作の中でも「残念ながら子ども達はまさしく不本意な人生に変えられたのである」（p.v）と記述され、「親ガチャ」（p.vii）という侮蔑的な表現にも彼の本音が表れている。

一方で統一教会の内部用語に「祝福二世」という言葉がある。これは「祝福家庭から生まれた原罪のない子女」という意味であり、極めてポジティブで誇るべき立場として理解されている。その結果、統一教会の二世たちは、一般社会からの「宗教2世」という評価と、教会内部での「祝福二世」という評価の狭間で悩んだり苦しんだりするようになる。

私自身は、「宗教2世」という言葉は多くの問題があり、使うべきではないと考えている。なぜなら、特定宗教の信仰を持った家に生まれること自体が問題であるかのように捉えられ、出自による差別や偏見を助長する恐れがあるからだ。それでなくても、人類の歴史は宗教的出自による差別に満ちている。ユダヤ人の家庭に生まれたというだけで迫害されたのは、それほど遠い昔の話ではない。

「宗教2世」という表現が意味するもの

ここで「二世」という表現が意味するものについて深掘りしてみたい。つまり、なぜ宗教「二世」問題と言われるのに、「三世」「四世」問題とは言われないのかだ。Wikipediaが言うように、「家族（両親など）が宗教を信仰している家庭で生まれ育ち、家族（両親など）の意思で幼い頃から宗教に入信させられている人達」という意味であれば、伝統宗教を先祖代々信じている人々も含まれる。キリスト教で幼児洗礼を受けた人などは、この定義によればまさに「宗教2世」であろう。

ここで、親から子供に信仰を継承すること自体は全くノーマルであることを大前提として押さえておきたい。伝統的社会における親から子への信仰相続は「社会化」と同じプロセスであった。そもそも、伝統宗教と一般社会の規範の間には緊張関係がない。信仰は生活の一部であり、しかも通常は究極的関心ではない。仏教の檀家は「家の宗教」であり、神社の氏子も先祖から受け継がれている。イスラム教では子供が信仰を相続するのは義務であり、他宗教への改宗は死刑に値する。こうした社会では、「宗教2世」どころか「宗教3世」も「宗教4世」も当たり前の話であり、問題視されることはない。

しかし、信教の自由が保障された現代社会においては、子供にも宗教の選択権があり、親の信仰を継承するかどうかを巡り葛藤が生じる可能性がある。この点に関しては伝統宗教も統一教会も同じで、統一教会の信仰継承にだけ何か特別な問題があるわけではない。それをことさらに「宗教2世」という言葉を用いて、人権問題として取り上げようとするところに、マスコミの偏見が見て取れる。

ここで、敢えて宗教「二世」であって、「三世」でも「四世」でもないのは、この言葉を用いる側が批判する宗教の親世代が、信仰の第一世代であることを含意しており、要するに新しい宗教（カルト）を標的とした言葉であることを表している。すなわち、親と子の二世代しか存在しないくらいの新しい宗教、とりもなおさずマイノリティー宗教がターゲットなのである。

新宗教運動は、既存の宗教伝統に満足することのできない教祖によって、同じような不満を抱えた信徒たちが感化されて創唱されることが多い。当然のことながら、生まれたばかりであれば教団の規模は小さく、既存の宗教伝統や社会一般に対して、批判的で対抗的な世界観を持っていることが多い。そうでなければ、新しい宗教を創唱する必要がないからである。宗教社会学的にはまさにこのような団体のことを「カルト」というのだが、この用法はその団体が善か悪かというような価値判断をしない中立的なものであり、決して侮蔑的な意味で用いているのではない。

現代社会のマイノリティー宗教における信仰相続は、子供に対して価値観が大きく異なる「二つの世界」に生きるという状況を強いることになる。すなわち、教団の中では一般社会に対して批判的で対抗的な宗教的価値観を教えられるが、同時に一般社会の学校に通い、就職すれば、世俗的な価値観と折り合いをつけなければならない。マイノリティー宗教の二世が経験する葛藤の本質はまさにこのようなものだが、メディアの扱いは、「教団＝悪、子ども＝被害者」という構図になりがちで、二世が教団を離れることこそが問題の解決であると言わんばかりの報道が多いのには閉口させられる。

まとめると、「宗教2世」の問題は以下のように整理される。①親から子への信仰の継承自体は完全にノーマルであり、何の問題もない。②一般社会に対して対抗的な価値観を持つマイノリティー宗教の二世は、「二つの世界」に生きるという状況からくる葛藤を経験する可能性が高く、「宗教2世」問題の本質はまさにここにある。③「宗教2世」の問題としてしばしば取り上げられる貧困、虐待、ネグレクトなどの問題は、個別の家庭問題として扱われるべきであり、同じ教団の信者でも状況は家庭ごとに異なる。特定宗教の信者の家庭だからこうした問題があると決めつけるのは偏見で、もしこうした問題が本当に存在するとすれば、信仰の有無にかかわらず、支援の手が差し伸べられるべきである。

この部分の記述の中で櫻井氏は、「エリート信者である献身者の幹部」対「搾取の対象である壮年壮婦の信者」「エリートの子弟である祝福二世」対「ワンランク下の『ヤコブ』と呼ばれる壮年壮婦の子供たち」というステレオタイプ化した偏見を披露している。山上被告の家庭はまさにそうした壮年壮婦の家庭であったために悲劇が起こったと言いたいようだが、こうした彼の分析が誤りであることは本文の中で詳しく述べることにする。

「4　統一教会と自民党」では、笹川良一や岸信介と教団との歴史的な関係に触れた上で、国際勝共連合と自民党の関係について概観している。これもまた巷間言われていることをまとめただけだが、一つだけ甚だしい勘違いに基づく記述があるので正しておきたい。櫻井氏は勝共連合の活動を一通り説明した上で、以下のように述べている。

「ところが、一九八九年にベルリンの壁が崩壊して東西冷戦体制が崩れ、文鮮明が一九九一年に北朝鮮の金日成を電撃訪問して金剛山開発に資金援助の約束をして戻ってきた。共産主義打倒といった理念は消え失せ、はしごを外された初代の日本統一教会の会長であり国際勝共連合を率いてきた久保木は傷心のうちに死去した」(p.ix)

このような認識は、教団の内部には一切存在せず、文鮮明師の北朝鮮訪問の真意を理解できない外部勢力からの批判をそのまま文字化したにすぎない。1991年12月6日、文鮮明師は北朝鮮の咸鏡南道にあるマジョン主席公館で金日成主席と単独会談して世界を驚かせた。文師は国際勝共連合の創設者として、早くから共産主義を批判克服する運動を世界的に展開してきた保守勢力の代表的人物として知られていたため、多くの人がこの会談の意味を理解できず、中には文師の売名行為であるとか、反共思想を棄て変節したなどという批判もあった。そこで誤解を正すため、文師訪朝の真意を解説しておきたい。

文師訪朝の真意

当時は冷戦末期であり、ソ連を中心とする国際共産主義の終焉が近づいていたのと同時に、北朝鮮の核兵器開発疑惑に対する国際社会の批判が高まっていた。こうした中で１９９０年4月、文師はモスクワを訪問してゴルバチョフ大統領と会談。ソ連がもう長くないことを直感した。宗主国のソ連が崩壊すれば、共産陣営は雪崩を打って崩壊するに違いない。そこで文師は冷戦終結後の朝鮮半島情勢を心配したのである。

当時アメリカでは、北朝鮮の核兵器開発に対する強硬論が台頭し、やられる前に北朝鮮の核施設を拠点攻撃してしまおうという「防衛的先制攻撃論」が急浮上した。もしそうなれば朝鮮半島で再び戦争が起こり、祖国が火の海になってしまう。文師が危惧したのはそのことで、文師の対北朝鮮戦略は、基本的に「軟着陸」による平和的統一であった。

そこで文師が考えた戦略は、まず金日成主席と直接会って、核兵器開発の野望を放棄させることであった。そして次にアメリカを説得して「先制攻撃」の妄想を捨て、北朝鮮と直接対話をさせることである。

このようにして朝鮮半島に再び戦争が起きるのを防止することが、文師が訪朝を決意した第一の動機である。しかし、文師の胸中にはもう一つの動機が隠されていた。それはいつか北朝鮮を訪問して、彼らの「主体思想」の誤謬を正さなければならないという内に秘めた決意である。そして文師は実際にこれをやってのけた。

文師一行が北朝鮮を訪問して三日目、万寿台議事堂で尹基福朝鮮海外同胞援護委員会委員長（当時）と金達玄副総理(当時)一行との会談が準備された。その中で当初の予定にはなかった演説を文師が突如として行い、「主体思想」を批判した。

「何が『主体思想』か。主体思想が人間中心の思想だと？　どうして人間が宇宙の中心になるのか。人間も一つの被造物であることを知らないのか。人間は創造主ではない！　被造物である。だからその人間の上に創造主である神様がいらっしゃる。そんなことも知らずに、何が『主体思想』だ。その主体思想をもって祖国を統一するだと？　とんでもない。主体思想の上に神様を戴かなければならない。神様を戴いてこそ北朝鮮は生きる」

「主体思想をもって統一はできない。統一は神様がなさることである。したがって、神主義、頭翼思想によらずして統一はできない。統一は私がやる。私に任せてみなさい。私が北朝鮮を生かしてやる」

これには同行した朴普熙韓国世界日報社長（当時）も「終わった。われわれは皆、死んだ」と覚悟を決めたという。朴氏は文師に対して、金日成主席に会うことは断念しなければならないと提言した。しかし、文師の答えは意外なものだった。

「私は何も金日成主席に会いに来たのではない。私は真理を語るために来たのだ。これはまた金日成主席をテストすることである。私がちょっとひどいことを言ったからといって会わないというなら、度量が狭い男だろう」

万寿台議事堂での事件は当然、金日成主席に報告されたはずだが、結果として金主席は文師と会うことを決断した。金主席は「話はみんな聞いたよ。文師が祖国統一をするってな。そうか。統一は誰がしてもいいじゃないか。統一がなればそれが一番だ。私はそういう腹のある人間が好きだ」と言って痛快に笑ったという。金日成主席は文師のテストにパスしたことになる。

こうして12月6日の歴史的会談が実現した。万寿台議事堂における爆弾宣言とは打って変わって、金日成主席に対して文師は極めて外交的に接しながら、①離散家族の再会事業の開始、②北朝鮮が核査察を受け入れる、③北朝鮮への経済投資、④南北首脳会談の実現、⑤金剛山開発事業の実施、といった重要な案件を次々に合意していったのである。文鮮明師の訪朝は、売名行為でもなければ変節でもない、初志貫徹と実践躬行（じっせんきゅうこう）であった。

自民党と統一教会の関係

さて、櫻井氏は自民党と統一教会の関係について、「保守的な家庭・地域・民族など共同性を重視する価値観が共有されている程度」（p.x）であり、「イデオロギーや心情を共にした盟友というよりも、互いに相手を利用し合った戦略的互恵関係という方がよいだろう」（p.ix）と分析している。それで十分ではないか。もとより特定の政党や政治家を応援する団体と応援される政治家との関係は「戦略的互恵関係」そのものであり、政治家は多数の団体と関係を結ぶことによって票を獲得しているのが現実である。仮に自民党の政治家と統一教会の友好団体である世界平和連合などがそのような関係を結んだとしても、法的にも道義的にも問題はない。むしろそれは民主主義のあり方そのものである。

日本国憲法前文は「日本国民は、正当に選挙された国会における代表者を通じて行動し……」という文言によって始まる。したがって、国民が自分の意思や願いを実現しようと思えば、選挙で選ばれた国会議員を通じて行うのが筋である。すべての日本国民には政治に参加する権利が保障されており、選挙活動に携わり一票を投じることは、国民の権利であり責務である、というのが憲法の理念である。これは個人のみならず、団体にあっても同様である。統一教会の友好団体がこの権利を行使することは至極当然であるにもかかわらず、あたかもそれが問題であるかのように事件後のマスコミは差別的な報道を繰り返してきた。

その論調に乗って櫻井氏は、「こうした野放図な関係は途方もないリスクをはらむものとなった。山上容疑者によるテロである」（p.x）と言い放ち、統一教会と自民党の関係そのものに問題があったので、それがリスクとなってテロを起こしたかのような主張を展開している。これはまるで、「安倍元首相という大看板を利用して統一教会問題を最大限にアピールしようという容疑者の意思」（p.x）に一定の理があるかのような言い方である。

確かに櫻井氏は、「5　統一教会問題はいかに解決されるべきなのか」の中で、「テロは絶対に許されない」（p.x）

とか、「安倍元首相の命を奪う暴挙は絶対に許されるものではない」（p.xi）と言っており、一応はテロを否定している。しかしそれは、「私自身は山上容疑者の家族や人生の経歴について同情を禁じえない」とか、「いかに社会的に意義のある主張であっても」（p.xi）という付帯条件付きでの否定なのである。事件後、この種の発言を山ほど聞いてきた私としては、こうした言説を述べる人々の本音は、むしろ「テロは許されない」は枕詞にすぎず、本当に言いたいのは、「山上氏は被害者であり、統一教会に対する制裁が必要だ」ということだと断言できる。

それはその後の行動からもそう言え、もし「テロは許されない」が本音であれば、安倍元首相銃撃事件の真相究明と、テロ防止のための施策、警備体制の見直しなどが中心になったはずである。しかし実際にはそうしたことはほとんど行われず、マスコミは統一教会の糾弾に明け暮れ、自民党は統一教会との関係断絶宣言を行い、国会では「不当寄付勧誘防止法」が成立し、政府は統一教会に対する解散命令請求を裁判所に出すに至った。

もし本当にテロが許されないのであれば、テロリストである山上被告の名前をマスコミが連呼することはあり得なかったはずだ。こうした事件に対する模範的な対応は、２０１９年3月にニュージーランドでモスクが襲撃され、50人のイスラム教徒が死亡したテロ事件の後で、同国のジャシンダ・アーダーン首相（当時）が議会で行った演説である。この事件は白人至上主義者が起こしたものだが、そこにはイスラム教徒によるテロが続いたことへの報復の意味合いがあったとみられていた。しかし、アーダーン首相は犯人の動機や背景には決して触れなかった。彼女は「テロの目的の一つは悪名をとどろかせることだ。だから私は今後、男の名前を言うことはない。むしろ命を奪われた人たちの名前を呼ぼう。ニュージーランドは男に何も与えない。名前もだ」と述べた。これを安倍元首相銃撃事件に当てはめれば、テロによっては決して目的は果たされないことを明確にするために、容疑者の名前や動機を宣伝すべきではない、ということになる。同情は一切不要で、「テロは許されない」とだけ言えばよいのである。テロの動機を詮索することは、「騒ぎを起こして統一教会を攻撃させよう」という犯人の目的を実現する結果になる。

大きく外れた櫻井氏の予言

第四刷の「まえがき」は事件直後の2022年7月19日に書いただけに、その後の展開については櫻井氏の予想が大きく外れているのは興味深い。櫻井氏は、「いかに社会的に意義のある主張であっても目的のために暴力的手段も排除しないという行動主義は、逆の結果を招くだけである」(p.xi)と言っているが、実際には山上被告の思惑通りにことは運び、テロによって目的を達成しようという彼の意思を社会全体で実現することになった。

櫻井氏は、「大手新聞やテレビ局のように資本(出資者や広告)や記者クラブなどに拘束されたマスメディアでは、統一教会と自民党の関係を詳細に報道し、質すまでの報道には限界がある」(p.xi)と言っているが、実際には統一教会と自民党の関係を糾弾する急先鋒に真っ先に立ったのはマスコミであった。テレビ、新聞、週刊誌その他のマスメディアが一丸となって統一教会と関係があるとされた自民党の政治家を一斉に攻撃し、ついにはそのことを理由に閣僚を辞任させられる事態にまで発展した。内閣改造のたびに、統一教会との関係について身体検査をしなければならない事態になった。

櫻井氏は、「当の自民党だが、選挙に勝ち権力の中枢にいることを党の最大戦略としている以上、支援者や後援者との関係において宗教団体への対応や宗教行政を根本的に変えることは考えにくい。むしろ、自民党としての宗教団体との付き合い方を反省するよりも治安強化の施策を打ち出す可能性が高い。民主主義を破壊するテロに屈しないというスローガンの前に、山上容疑者が提起しようとした統一教会問題はかすんでいくのではないか」(p.xi)と言っているが、この予言はものの見事に外れた。

実際には2022年8月31日に岸田文雄首相が記者会見し、自民党総裁として、「社会的に問題が指摘される団体と関係を持たない」という言い方で、統一教会との関係断絶宣言をした。さらに茂木敏充幹事長も「今後、旧統一教会および関連団体とは一切関係を持たない。これを党の基本方針とする」とした上で、「仮に守ることができない議員がいた場合には、同じ党では活動できない」とまで言ったのである。

同年10月26日には自民党がガバナンスコードを改訂し、原則5-4を追加して、「党所属の国会議員は、活動の社会的相当性が懸念される組織・団体からの不当な政治的影響力を受けること、または、その活動を助長すると誤解されるような行動について厳にこれを慎むものとする」と明記した。そしてご丁寧にこの改訂を知らせる添状に「世界平和統一家庭連合（旧統一教会）との関係遮断について」と表記し、①祝電・メッセージの送付、②会合・行事などへの参加、③選挙支援を受けること、④資金的な支援を受けることなど、慎むべき行動の具体例を表示したのである。

つまり、マスコミも自民党も、櫻井氏の予想をはるかに超えて、反統一教会の方向に大きく舵を切ったのである。「では、山上容疑者はどうすればよかったのか」（p.xii）という問いに対して櫻井氏が提示している回答は、民事訴訟による被害の回復と、「被害者」の支援グループによるセーフティネットの活用である。これらはこれまで長年にわたって行われてきた活動であり、対策がこの次元で済めば統一教会にとってはむしろ幸運であっただろう。ところが事態は櫻井氏の予想をはるかに超えて暴走し、統一教会の存在そのものを抹殺すべきという方向、すなわち解散命令へと向かって動き出したのである。

櫻井氏は「6　統一教会に対する宗教法人の認証・解散」の中で、オウム真理教に対する解散命令に触れた上で、「統一教会の場合、オウム真理教事件とは異なり、刑事的事件となった例が少なく、民事的事件が大半であることから同様の対応をとることは極めてハードルが高いだろう。そもそも、宗教法人法は宗教法人の認証にかかわる法であって、宗教法人を監視し行政指導を行うような法の構成ではない」（p.xv）と述べているが、この予言ものの見事に外れた。

実際には文部科学省は2022年11月22日から、統一教会に対して宗教法人法に基づく「質問権」を7回にわたって行使し、これに誠実に答えなかったことを理由に、統一教会に対して過料を科すよう求めた裁判が提起されるに至った。これらは実質的に宗教法人に対する監視と行政指導に等しい。しかもかなり恣意的な運用だ。

そしてついに２０２３年10月13日、文部科学省は、統一教会に対する解散命令の請求を東京地方裁判所に行った。これも「極めてハードルが高い」という櫻井氏の予想を裏切る結果となった。しかし私は、そのことで櫻井氏を責めようとは思わない。統一教会に対して極めて批判的なスタンスを取る櫻井氏ですら予想できなかったほど、安倍元首相銃撃事件から統一教会に対する解散命令請求に至るまでの一連の流れは、常軌を逸したもので、むしろ櫻井氏の予想の方が良識的で合理的であった。しかし、現実は彼の予想をはるかに超えて暴走したのである。

一方で、宗教法人解散の意味を矮小化しようとする櫻井氏の言説は評価できない。彼は「本書で詳細に述べられるとおり、統一教会は一宗教法人だけの存在ではない。数多くの政治団体や企業体を含むコングロマリットである。仮に統一教会の名称による宗教法人として解散を命じられたとしても、別の宗教法人を設立したり新たな社団法人や財団法人などを結成したりして活動は継続されるだろう。その意味では、宗教法人としての処遇を問題化することは大いに意義あることであっても、もとより正体隠しの勧誘活動を行うこの教団にとって痛くも痒くもないことなのかもしれない」（p.xv）と述べている。

こうした「痛くも痒くもない」的な言説もこれまで山ほど聞かされてきた。解散命令請求が現実味を帯びる中で、マスコミや統一教会に反対する人々は、「解散命令が出されたとしても、法人格を失って税制面での優遇措置がなくなるだけで、宗教団体としての活動は継続できるので、信教の自由を侵害することにならない」といったような、問題を矮小化させる発言を繰り返してきた。しかし、これらは嘘である。

宗教法人に対する解散命令は、宗教法人に対する「死刑宣告」を意味する。なぜなら解散とは宗教法人が宗教活動を行う目的を停止し、財産関係を清算すべき状態になることを意味するからだ。この根拠としては、宗教法人法四十八条の二に「解散した宗教法人は、清算の目的の範囲内において、その清算の結了に至るまではなお存続するものとみなす」とあり、この解釈として『逐条解説　宗教法人法』（ぎょうせい、１９９８年）の２８７ページには「清算法人が従来の目的たる活動を復活させることは目的の範囲内に入らない」と書いてある。要するに、解散したら宗教活動はできないのである。

具体的には清算人がやって来て、法人は清算の目的の範囲内において存続し、清算手続きを経て消滅する。したがって、法人が解散されれば法人として所有する財産の所有権をすべて失い、礼拝堂を含む宗教施設は宗教目的では使えなくなる。仮に「宗教法人」の解散後、信徒たちが新たに別の団体をつくり宗教活動をしたいと思っても、鉛筆一本、紙一枚もない、文字通りゼロの状態から出発しなければならないのである。これ自体が信教の自由に対する重大な侵害である。「痛くも痒くもない」的な言説は、宗教法人解散の重大性から国民の目を逸らし、「それはいくらなんでもやり過ぎだ」という国民世論が起こるのを防ぐための、統一教会反対派の戦略に基づくものなのである。

第一刷の「はじめに」(p.i-xvii) への反証

櫻井氏は「はじめに」で自身の研究の方法論やスタンスの取り方について言及しているが、これにはかなり本質的な問題がある。自分の研究の方法論を開示するのは学者として当然の作法だが、その出発点がかなり問題なのである。

「はじめに」の冒頭、櫻井氏は統一教会に関して以下のように説明している。すなわち、統一教会は「宗教学的には新宗教と定義して構わないし、再臨主を称する教祖を信奉する少数者の集団という意味では、宗教社会学的にはカルトと類型化される。但し、日本だけでも数万人の信者を擁し、世界中に宣教活動を展開する中規模な組織宗教であることから、教団類型論としてのカルトの呼称はふさわしくない。しかし、統一教会の宣教活動には社会の規範意識や法律と齟齬を来す部分が少なくないために、社会問題化した宗教という意味で、日本や欧米ではカルト視されている」(p.i-ii)。

統一教会を「新宗教」に分類することには全く異論はない。しかし、この記述には「カルト」概念に関する混乱が見られる。善意に取れば、そもそも「カルト」なる概念は多義的で定義がはっきりしないので、用法によって統一教会に当てはまったり当てはまらなかったりすると言いたいのかもしれないが、宗教社会学的な教団類型論における「カルト」と一般社会で用いられる通俗的な「カルト」の区別をもう少し丁寧に説明すべきであろう。

宗教社会学的なカルト概念には大きく分けて二つあり、その一つが「緩やかな組織」を特徴とするカルト概念である。これはアメリカの宗教社会学者ハワード・ベッカー氏によって提示された概念で、カルトとは「緩やかで散漫な組織をもち、明確な境界線がないことを特徴とする宗教団体」と定義される。これは中央集権化された権威主義的な指導体制や、明確な会員資格、および統一された教義がない集団のことであり、例としては心霊術、占星術などの信者集団が挙げられる。これは宗教の発生過程でいえば極めて初期の少人数の段階でしかありえず、教団が成長して教義や組織を整えると「カルト」の段階は卒業することになる。

櫻井氏が述べるように、統一教会は「日本だけでも数万人の信者を擁し、世界中に宣教活動を展開する中規模な組織宗教」であり、極めて明確な教義体系と組織を有した団体であるから、この意味での「カルト」の概念は当てはまらない。また、1950年代ならともかく、現在の統一教会には「少数者の集団」という表現は不適切である。日本のキリスト教の諸教団およびキリスト教系新宗教の中に位置付けてみても、統一教会は、他のキリスト教の教団(例えば、日本ルーテル福音教会2万2096人、日本アッセンブリーズ・オブ・ゴッド教団1万5430人、日本イエス・キリスト教団1万2777人、日本ホーリネス教団1万1927人〈『キリスト教年鑑2015』〉)と比べてみても、はるかに多くの信者数を擁するメジャーなキリスト教系新宗教である。

もう一つの宗教社会学的なカルト概念は、「異質あるいは革新的な信仰」を特徴とする概念である。この定義は、集団としての構造的な要素ではなく、その世界観や信仰内容によってカルトを判別しようとする。すなわち、カルトは周囲の社会における支配的な宗教伝統と激しく断絶しているのが特徴だというものだ。この定義では、周囲の主流の文化との相対的関係によって決定されるので、特定の宗教がカルトかどうか即座には判別できない。すなわち、仏教やイスラム教などの古い宗教も、西洋では周囲のキリスト教文化と断絶しているからカルトになりかねない。統一教会の場合、「韓国ではカルトではないが、ヨーロッパではカルトである」というように、国や文化圏によってカルトであるかないかが変わることになる。

上記二つの宗教社会学的なカルト概念の特徴は、いずれも価値中立的な学問的概念で、カルトという言葉自体には侮蔑的な意味はなく、それに分類された宗教の善悪、是非、優劣を論じているわけではない。宗教社会学は通常そのような価値判断を慎むのである。

こうした宗教社会学的なカルト概念のほかに、非学問的なカルト概念がある。その一つが「福音主義的なカルト概念」で、これはキリスト教の文献の中にあり、キリスト教の福音主義的な正統から逸脱した、「異端」のキリスト教団体を指す。当然そこには宗教的な否定や断罪が含意されている。もう一つが、「通俗的でジャーナリスティックなカルト概念」である。これはマスメディアや大衆的な文献に多く見られ、全体主義的で権威主義的な指導体制を持つ宗教団体を指す。しかしアメリカの宗教社会学者のジェームズ・T・リチャードソン博士は、こうした「カルト」概念の意味するものは、「自分とは相容れないもの」「嫌悪すべきもの」にすぎず、特定のグループを攻撃するための「ラベル」となり、「社会的武器」となってしまったと批判している。

櫻井氏が「社会問題化した宗教」という意味で用いている「カルト」の用法は、まさにこの「通俗的でジャーナリスティックなカルト概念」にほかならない。これは非学問的で曖昧な概念であるにもかかわらず、そのような用法を敢えて並列で用いているところに、ある意図を感じざるを得ない。宗教社会学者である櫻井氏が、教団類型論としての「カルト」の概念を知らないわけがないし、それに統一教会が当てはまらないことは明らかである。しかし、そうなると統一教会が「カルト」であることを否定しているかのように受け取られるので、わざわざ非学問的な「カルト」概念を持ち出して統一教会を貶めているとしか考えられないのである。

「1　顕示的布教から正体を隠した勧誘へ」への反証

「はじめに」で櫻井氏は、「本書は、社会学的な調査に基づいて日本における統一教会の宣教活動を学術的に論じた日本最初の書籍である」（p.ii）と言っている。なるほどそうかもしれない。これまで日本において統一教会や原理研究会を扱った社会学的な研究はあったが、それらはいずれも短い論文で、一冊の本をなすほどの本格的な研究はなかった。しかし、彼の著作の「社会学的な調査」や「学術的」の中身について、私は問題ありと考える。櫻井氏は「独自の調査研究によって得られた資料と調査対象者の証言を用いながら、統一教会の全体像を明らかにしようというものである」（p.ii）と述べているが、その資料と調査対象者の選択に問題があるからである。

次に櫻井氏は、「先入見を持たずにこの教団が行ってきたことをそのままに見ていただきたい」と前置きして、「1　顕示的布教から正体を隠した勧誘へ」という項目を立てて、以下のように論じている。

「一九六〇、七〇年代に統一教会の学生組織である原理研究会は大学構内で堂々と示威的な布教活動を行っていた。……彼らが左翼系学生と論戦を交わしたり、路傍で黒板を立てて講義したりする姿は、確かに異様ではあったが自信に満ち、活動を誇示しているようでもあった」（p.ii）

しかし、

「一九八〇年代から統一教会は宣教戦略を大きく転換し、世界宣教の活動資金を調達するために、いわゆる『霊感商法』と批判される物品販売を大々的に行った」「また、この時期から統一教会はビデオ教材を用いた教養講座を装うビデオセンターを各地に設置し、統一教会であることを隠して一般市民を勧誘するようになった」「要するに、統一教会は自覚的な参画者からなる宗教運動から一般市民の動員と資金調達を戦略的に行う組織

宗教となった」(p.iii)

この説明の中で櫻井氏は、統一教会に回心し活動に没頭する行為と、新左翼の活動に出会って学生の人生が変わることを、「ユートピア的な社会改革を求めて」運動に飛び込むという点で同じようなものと捉えている。だからこそ、左翼のセクトが1970年代までしかオルグに成功しなかったのに、統一教会は現在まで活動を継続している理由として、「顕示的布教から正体を隠した勧誘へ」方向転換したのだと述べている。

この論法には本質的な難点がある。まず「新左翼」と呼ばれる運動は基本的に社会の改革を目指す政治的運動で、日米安保条約やベトナム戦争などの出来事に触発されて起こり、暴力的な手法を用いて社会を変革しようとした。したがって、社会情勢の変化や、革命の挫折から大きな影響を受け、70年代以降は急速に衰退してしまう。

一方、当時の統一教会や原理研究会は「ユートピア的な社会変革」を求めていたという点で新左翼との共通点は認められたとしても、現実世界の変革だけを求めていたのではなく、より本質的には目に見えない内的世界を志向する宗教運動であった。学生ら若者は、神の存在とその摂理、自己の中に存在する罪の克服、自己の魂の浄化と成長など、内面世界を見つめていた。彼らが扱っていたテーマは、「新左翼」に比べれば、より社会的・政治的な環境変化の影響を受けない、普遍的で永続的なものであったために、時代の変化を超えて人々を惹きつけてきたのである。この違いは大きい。

また、統一教会や原理研究会は、革命の失敗や「連合赤軍事件」「あさま山荘事件」といった運動の挫折体験を共有していない。これらの事件が新左翼に壊滅的な打撃を与えたのに対して、統一教会や原理研究会にとっては、共産主義の間違いと自らの正しさを証明する肯定的な出来事として映ったのである。このような本質的な違いを無視して、新左翼と統一教会や原理研究会を十把一絡げにして論じる櫻井氏の論法は、およそ宗教社会学者とは思えない乱暴さである。

もし1980年代以降の統一教会の宣教戦略に変化が生じたとすれば、その原因は学生や若者たちに主力を置いた伝道活動から、学生や若者のみならず、「壮年・壮婦」と呼ばれる既婚のより中高年層の伝道活動へとその版図を広げたことにあり、その過程で純キリスト教的な宣教活動から、日本人の宗教性や文化に寄り添う形での宣教活動、すなわち「土着化」路線をとったことにあると言える。しかし、対象や戦略が変化したとしても、その中心目的が「伝道」であったことには変わりがない。統一教会が伝えようとしたメッセージは１９６０年代から今に至るまで本質的には変化しておらず、それは基本的に宗教活動であった。したがって、統一教会にはそもそも新左翼のように80年代以降に衰退する理由がないのである。

なお、統一教会本部は、信徒に対して、教会名を明示して伝道活動を行うよう指導してきた。ところが、一部の信徒が自主的に運営していたビデオセンター等において、最初の段階では受講者に統一教会の教義であることを明示しないで「統一原理」を紹介するケースもあったようだ。これにはもう一つの特別な事情も絡んでいた。統一教会信者は１９６６年から拉致監禁被害を受けてきた。一度監禁されたら脱会するまで解放されないため、その危険性がある人の場合、正体が白日の下にさらされることを極度に恐れ、証ししないで伝道せざるを得ない事情もあったようである。したがって、こうした活動の目的は、櫻井氏の言うような「世界宣教の活動資金を調達するため」や「一般市民の動員と資金調達を戦略的に行う」ためではなく、あくまで伝道である。マスコミ等によってあまりにも悪い噂が広められたため、最初から教団名を明かせば拉致監禁される危険性が高まることなどを懸念して、教義の内容を一通り聞いてもらった後で教団名を明かすという方法を考案した信者が現れたのだが、現在ではコンプライアンスの観点から、「正体隠し」の伝道は行わないよう指導がなされている。

櫻井氏は「統一教会を研究する意義」として、以下のように述べている。

「統一教会は宗教社会学の対象としても極めて興味深い宗教運動を展開した。だからこそ、統一教会の調査研究は学問的に価値あるものになる」(p.v)

「誤解を恐れずにいえば、戦後の外来宗教の中で統一教会ほど日本社会に深く刺さり込んだ新宗教はない。社会的評価があまりにも低いために社会的影響力が軽視されがちだが、政治家との強い関係や経済組織を持つこと、数十万人の日本人を活動に巻き込み、現在も数万人もの篤実な日本人信者を獲得したことなどは特筆に値する。統一教会をキリスト教系と捉えれば、他のどの国のミッションよりも教勢を拡大している。しかも、韓流ブームなどが起きるはるか前に日本に入った韓国系宗教である。在日韓国・朝鮮人の人権、社会権の確立が長らく政策課題となるような社会において、どのようにして宣教に成功したのか。これは大きな宗教学的・社会学的問いになるだろう」（p.vi）

櫻井氏に肯定的な評価をされるのは、なにやらこそばゆい感じがしないでもないが、このあたりの統一教会に対する評価と認識はおおむね当たっている。

続いて櫻井氏は、「マインド・コントロール疑惑」に言及している。これまで統一教会の布教や教化活動がなぜ成功したのかを直接問う研究がなかったのは、かつては洗脳、現在はマインド・コントロールと捉えられる、通常ならざる方法で信者を集めていると考えられていたからだというのである。ここで櫻井氏は、この問題に関して学問領域によって全く異なる主張が存在することを説明している。

マインド・コントロール言説を支持するのは通常、臨床心理や社会心理学の立場である。それに対して従来の宗教研究や宗教社会学では、統一教会が事例であっても、信者は自発的に入信、回心したとして、マインド・コントロール言説を否定する立場をとった。私がブログで紹介したアイリーン・バーカー博士の『ムーニーの成り立ち』などは、海外におけるそうした研究の代表と言えるだろう。日本国内でも、塩谷政憲や渡邊太氏の研究はこの部類に属する。櫻井氏自身もかつて、統一教会の事例ではないが、マインド・コントロール言説を批判する論調で、『オウム真理教現象の記述を巡る一考察』（１９９６年）という論文を北海道社会学会の雑誌に掲載している。一般的に、宗教社会学はマインド・コントロール言説に対しては否定的なのだ。

にもかかわらず、櫻井氏は統一教会への入信が自発的な入信、回心であるという立場を受け入れ難いようで、「本研究は宗教社会学的な認識論や調査方法を用いているが、従来の自発的な入信論を完全に再考する証拠を提示する」（p.vii）と宣言している。はたして彼がそれに成功したかどうかは本論で検証する。

「④宗教調査が難しい新宗教」への反証

「はじめに」で櫻井氏は、統一教会を「④宗教調査が難しい新宗教」とした上で、その理由を以下のように説明している。

「この教団が調査されない理由は、統一教会が極めて社会問題性の強い団体であり、研究者として教団と適切な距離がとれないこと、教団からの研究者に対するコントロールも予想されることにあり、学術的な調査研究は最初から諦められてきた」（p.viii）

本当にそうだろうか？　既に私がブログで全文訳を掲載したように、イギリスの統一教会に関してはアイリーン・バーカー博士が統一教会と適切な距離を保ちながら社会学的に優れた著作『ムーニーの成り立ち』を発表しているし、ジョージ・D・クリサイディス氏も邦訳名『統一教会の現象学的考察』（新評社、１９９３年）という本を出版している。イタリアの宗教学者で新宗教研究センター（ＣＥＳＮＵＲ）の代表理事を務めるマッシモ・イントロヴィニエ氏も、『統一教会：現代宗教の研究２』という本を２０００年に出版している。彼らはいずれも評価の高い宗教学者であり、その著作が統一教会との適切な距離を保っていないとはみなされていない。

「教団から研究者に対するコントロールが予想される」というのはどういう意味だろうか？　研究者が教団にとって都合の悪いことを書かないように脅したり圧力をかけたりすることを指すのであれば、その事実を暴けばよいではないか。教団が組織的に研究者を騙す可能性に関しては、バーカー博士は著書の中で繰り返し述べており、個々のムーニーが嘘をつくことはあっても、組織的に騙そうとした事実はないときっぱり否定している。こうした問題は、フィールドワークを手法とする宗教社会学者ならば、どんな教団を相手にするときにも必ず通過しなければならない道であろう。それを挑戦もしないで初めから諦めるのは、研究対象とまともに向き合っていないと言われても仕方がない。

「虎穴に入らずんば虎児を得ず」で、統一教会について本当に知りたければ、教団の中に果敢に飛び込んで行けばいい。アイリーン・バーカー博士はそれをやったが、櫻井氏はそれをやらなかった。この違いは大きい。「それは西洋ではできても、日本では難しいのだ」と彼は言い訳するであろう。しかし、「社会的問題性」という点では統一教会とは比較にならないほど危険なオウム真理教でさえ、飛び込んだ研究者は存在した。私は一度だけ日本宗教学会の國學院大学での研究会に参加し、オウム事件の直後、オウムの道場で信者と一緒に修行しながら調査している日本の研究者のプレゼンを聞いたことがある。彼は公安関係者から何度も「やめた方がいい」と注意されたという。

要するに、問題は教団と適切な距離を取ること自体が難しいのではない。学問的には適切な距離を取って調査研究を行ったとしても、それを世間一般や統一教会反対派から「適切な距離である」と評価してもらうことが、日本社会においては難しいのだ。日本女子大学の教授をしていた島田裕巳氏は、オウム真理教に対して好意的な評価をしたということで、地下鉄サリン事件後に大学から休職処分を受け、最終的には辞職に追い込まれた。同じように、もし日本の宗教学者が統一教会に入り込んで情報提供してもらい、それをもとに統一教会について客観的な記述をしたら、「統一教会に対して好意的すぎる！」「統一教会の広告塔！」などと、反対勢力から一斉にバッシングを受けかねないので、宗教学者はうかつに手を出せないのである。日本では宗教学者にも「政治的正しさ」が要求され、そこには学問の自由や独立性は事実上存在しない。これがオウム真理教事件以降に日本における新宗教研究が事実上死滅してしまった大きな原因であった。あからさまに批判的な立場をとる以外に、物議を醸している新宗教を調査研究することを世間は許容しないのである。

櫻井氏は調査方法と資料の収集に関して以下のように述べている。

「筆者の櫻井は脱会した元信者からの資料と証言を集め、中西は韓国で祝福家庭を営む現役信者から証言を得ることができた。従来の研究は脱会者の証言に軸足を置く批判的な研究、あるいは現役信者の証言から描かれる教団像の研究に区分されたが、本研究では双方の調査資料を合わせて、統一教会信者の信仰を総合的に考察しようとしている。その点では、日本はおろか世界的に見ても例のない調査研究といって過言ではない」(p.viii)

過言である。なぜなら、既にアイリーン・バーカー博士が現役信者と元信者の両方からの証言に基づいて『ムーニーの成り立ち』を1984年に出しているからである。彼女の研究は、修練会に出ても信仰を受け入れなかった「非ムーニー」にもインタビューしている点で、櫻井・中西両氏の研究よりもさらに総合的である。そればかりか、彼女はムーニーの親やディプログラマーなどの反対者にもインタビューしている。櫻井氏は先行研究としてバーカー博士の研究を挙げているが、本当に全部読んだのかどうか疑わしい。

櫻井氏の研究は、脱会した元信者の証言に軸足を置く批判的な研究であり、サンプリングが偏っているという批判を免れないので、もともと全く別の研究をしていた中西氏を共同研究者として巻き込み、「現役信者の証言も聞いていますよ」というアリバイ作りをしたのだろう。これは、櫻井氏が「虎穴に入る」ことを避け、安全圏から相手を砲撃するやり方を採用したことを意味し、それが櫻井氏の言う「適切な距離」の取り方なのである。

この点に関して櫻井氏は以下のような言い訳をしている。

「しかし、本研究は計量社会学的なサンプリング・分析方法は採用せず、質的調査法による理論的サンプリングや問題発見型の仮説提示を目指した。現実的に、脱会者・現役信者それぞれの母集団を確定する作業は、前者では不可能、後者でも統一教会本部から信者名簿を借りてランダム・サンプリングができるのかという意味では不可能である。教団から名簿を借り受けることができるほどの関係を統一教会との間に構築することが、日本の脈絡においてどのような意味を持つのか。考えてみれば容易ならぬことがわかるであろう。本書が収集した資料・証言に関しては、現実に調査可能な範囲でできる限りの調査努力をした結果ということで評価して

いただきたい」(p.viii)

評価できない。アイリーン・バーカー博士の研究は方法論的に完璧な計量社会学的なサンプリング分析だったので、対象群との比較による数的評価を行っていない時点で、櫻井氏の研究は既に劣っている。サンプリングに偏りがあることは否定できないので、それを「質的調査法による理論サンプリング」とか「問題発見型の仮説提示」などという持って回った言い方でカモフラージュしているだけである。

バーカー博士は、イギリスの統一教会本部から信者名簿を借りてランダム・サンプリングを行った。それが可能になるまでには、双方の主張の応酬と駆け引きがあった。バーカー博士は、まず適切な社会学的研究を行うことなしに論文は書けないと説明し、そのために英国メンバーの完全リストを要求した。それは教会が彼女にインタビューさせたいと考えるメンバーだけに会うのではなく、ランダム・サンプル方式でインタビューするためであった。これを英国統一教会の指導者に納得させるのに数週間かかったという。英国教会は、特定可能な個人情報の漏洩や、メンバーのリストがメディアやディプログラマーに流れることを恐れていたのである。こうした双方の隔たりを乗り越え、信頼関係を構築したことによって、『ムーニーの成り立ち』の出版は可能になった。それに比べて櫻井氏は、「考えてみれば容易ならぬ」という一言で諦めて、統一教会の門を叩いてみることさえしなかったのである。これは統一教会とまともに向き合うことを放棄したといっても過言ではない。

櫻井氏が言う「現実に調査可能な範囲でできる限りの調査努力」(p.viii)とは、主として統一教会に反対している牧師、脱会カウンセラー、弁護士などのネットワークから情報を得ることである。そこは元信者の宝庫であり、「青春を返せ」裁判のための陳述書や証拠書類の資料は山のようにある。極めて包括的な資料がいとも簡単に手に入り、インタビュー対象も紹介してもらえるが、それらは裁判に勝つために脚色された可能性の高い偏った資料で、これが櫻井氏の研究における最も重大な方法論的問題である。

「第Ⅱ部　入信・回心・脱会」への反証

第Ⅰ部　統一教会の宣教戦略」への反証

「第一章　統一教会研究の方法」への反証

櫻井氏は本論の初めの部分で自らの研究方法を明らかにしており、それは「『宗教』という社会的実体はない」という非常に抽象的な一文から始まる。その意図は、「宗教」という言葉は日本では明治期以降に西洋から輸入された抽象概念にすぎず、必ずしも社会的実体としての諸宗教の実態を反映したものではないと主張することにある。なぜこうした持って回った抽象論から始まるのか？　それは「統一教会は宗教である」と言った時点で、その定義から演繹される「信教の自由」によって保護される対象になってしまうからである。それが櫻井氏には気に入らないらしく、遠回しに「統一教会はわれわれが『宗教』という抽象概念から連想するような、憲法の保護を受けるような団体だとは言い難い。少なくともそのことを疑ってかかる必要がある」と言いたいのである。

櫻井氏は、「宗教団体というのは自ら信じて入った人達の集まりなのだという『宗教』の前提が統一教会には通用しない。したがって、次の観点が統一教会の研究においては極めて重要になる。……個人の自立的／自律的、自由な信仰という想定は、あくまでも近代以降の教学・宗教学、あるいは政治的に構築された『宗教』概念に前提されるものだ。諸宗教において、このような純粋な信仰形態は存在しない」(p.5) とまで言い切っている。すなわち、彼は初めから統一教会の信仰は自律的でないと決めつけて、議論の前提を組み立てているのである。その最たる表現が、「学生や市民の信教の自由を一顧だにしない布教活動を専らにする宗教団体」(p.4-5) という統一教会に対する評価である。個々の事実を積み上げた上で、そのことを立証してから論じるのではなく、方法論の時点でそれを大前提として振りかざすのだから、すさまじい偏見である。このように、櫻井氏は統一教会を憎むあまり、「信教の自由」の概念を歪めてしまったのである。

そもそも、「信教の自由」という近代国家の法理は、個人の自律的信仰という抽象概念を根拠として確立されたものではないし、自発的な信仰を持った人々にのみ保障されている権利でもない。信教の自由は、過去において信仰の故に特定の人々を差別したり、迫害したり、甚だしくは殺害するような、悲惨な歴史を教訓として確立された「血の代価」であり、決して教学や宗教学や政治的構築といったような抽象論から導かれたものではない。それこそ個々の諸宗教が受けた差別や迫害を糧として勝ち取られたものなのである。

日本国憲法第二十条にあるように、信教の自由は「何人に対しても」保障されている。これはその信仰が自発的であるとないとにかかわらず、本人がそれを信じるという限りにおいては、誰であっても、またどのような信仰であっても、普遍的に保障されているという意味である。この原則を崩した瞬間から、宗教の差別が始まり、信教の自由の侵害が始まると警告しなければならない。

西洋においても日本においても、社会全体の中に文化として浸透している宗教や家の宗教を、そのまま受け入れて信仰している人は多い。幼児期から親の宗教教育を受けてそのままその信仰を受け入れる子供も多い。その意味で彼らの信仰は自発的なものではないが、だからと言って彼らの信教の自由が保障されないとは誰も考えない。およそ宗教である限り、どんな宗教であっても、一切の差別を受けずに保障されるというのが、日本国憲法や国際的人権規範（世界人権宣言や自由権規約）の定めた「信教の自由」の概念である。

櫻井氏は、こうした人類の獲得した貴重な権利を明治以降に西洋から輸入された「抽象概念」として貶め、信教の自由の存在しなかった近代以前に日本を後戻りさせ、社会に存在する個々の諸宗教を差別的に扱うべきだと言うのである。

統一教会が宗教であるかどうかに関しては、アイリーン・バーカー博士の著書『ムーニーの成り立ち』では、第3章「統一教会の信条」において、「統一教会は本当は宗教ではないということがときどき言われているが、これは無意味なことである。どのような基準によっても、統一教会が宗教であることは極めて明確である」と断言している。そして脚注部分では、米国の連邦裁判所と州裁判所の双方が、いくつかの訴訟で、統一教会は本質的に宗教的であり、したがって（すべての宗教の自由な実践を保障する）憲法修正第一条の保護を受ける権利があると判示したことを紹介している。その中でも、『統一教会対移民帰化局』の判決文からは、「統一教会は、歴史的類推、哲学的分析、裁判の判例（実際に米国移民帰化局自体の基準による）によって、真正な『宗教』として認められなければならない」という一文が引用されている。

日本においても、世界基督教統一神霊協会は１９６４年に宗教法人として認証されているし、２０１５年には宗教法人としての法人格を保ったまま、「世界平和統一家庭連合」に名称変更された。その意味で、統一教会がれっきとした宗教であることに疑いはない。

宗教に対する差別は、通常その宗教が「真正な宗教」であることの否定から始まる。戦前は「淫祠邪教」や「迷信」という言葉が使われたし、戦後は「カルト」という言葉が使われるようになった。櫻井氏が統一教会を「真正な宗教」として認めない態度も、こうした宗教差別の伝統を継承していると言っていい。

櫻井氏が統一教会を宗教であると認めたくない理由の一つは、その友好団体が実に幅広い活動を行っていることにありそうだ。彼はこう言っている。

「本研究が扱う『統一教会』という宗教には、勝共連合という反共政治団体や、純潔教育を推進し、ジェンダー・フリーのバッシングを行う市民運動体、統一教会信者向けの商品を製造販売する会社から信者が物販する商品を卸す商社、世界日報やワシントンタイムズという新聞社や信者向け出版を一手に行う光言社という出版社、平和運動や社会事業に市民を誘うＮＧＯ／ＮＰＯ組織等、ありとあらゆる社会組織が統一教会傘下に組み込まれている。どれが統一教会の実体かといえば、どれも統一教会の一部である。……おそらく、このような韓国の財閥企業体にも似た組織を『宗教』の枠だけで捉えても見えてこない部分が多い」（p.4）

この記述には「統一教会」と「統一運動」の混乱・混同がみられる。統一教会の実体はあくまで宗教法人である。

その他の団体は、地上天国実現という文鮮明師の理想を実現するために信者たちが立ち上げた会社組織やＮＧＯ／ＮＰＯであって、宗教法人とは異なる法的主体である。こうした諸団体の行っている運動は、いわゆる伝統的な宗教活動以外の広範な社会活動を総合したものとして、「統一運動」と呼ばれている。もちろん多くの統一教会信者がかかわっているが、これらの組織の目的は統一教会の信者を増やすことにはないので、信仰を共有しない人々もかかわることができる。これらの諸団体は、宗教法人の傘下にあるわけでもなく、その一部でもない。

それは創価学会と公明党と聖教新聞社が異なる法的主体であり、立正佼成会と「明るい社会づくり運動」と佼成出版社が異なる法的主体であるのと同じ理屈である。日本の新宗教がその理念に基づく企業を設立し、政治団体や社会運動団体を作るのは珍しいことではない。だからと言って、そうした社会的な活動をしている宗教団体を「宗教」の枠だけで捉えられないとして特別扱いすることは、通常はあり得ない。統一教会の周辺に存在する「統一運動」を推進するための諸団体も、前述の宗教の社会運動と何ら変わりがない。これらの存在をもって統一教会は真正な宗教ではないと主張するのは、全く根拠がないのである。

宗教にはいろいろなタイプがある。俗世間を避けて隠遁することに主眼を置く宗教や、心の安寧だけを追求する宗教であれば、その信者は社会活動に広く携わることはないから、その活動は純宗教的なものにとどまるであろう。しかし、世直しや社会変革を志向し、信仰を動機とした奉仕活動や社会運動を展開している宗教も多い。だからと言って、その宗教の実体を「宗教」という枠だけで捉えても見えてこないとか、ましてや憲法上の保護を受ける「宗教」の概念に当てはまらないなどと主張するのは不当である。社会変革を志向する宗教団体も、志向しない宗教団体も、等しく憲法上の保護を受け、法の下に平等である。

ただし、信教の自由を定めた憲法の保護を受けるのは伝統的な宗教活動のみであり、友好関係にある会社組織やＮＧＯ／ＮＰＯは、その目的に相応しい社会のルールに従って活動すべきことはもちろんである。

統一教会における信仰は自律的か否か

櫻井氏は第一章の中で「本研究が最終的に問いたいのは、程度問題であるにせよ、統一教会における信仰は自律的か否かということである」（p.6）と述べている。これは基本的にアイリーン・バーカー博士の著書『ムーニーの成り立ち』と同じ問題意識である。しかし、バーカー博士が「強制」と「選択」の間に存在するすべての可能性に対して開かれた姿勢を持ちながら、一つひとつの可能性をデータに基づいて検証した上で最終的な結論を出しているのに対して、櫻井氏の場合は早くも方法論の解説の段階で、結論を先取りするかのように、統一教会信者の自律性に関してかなり一方的な断定を繰り返している。例えば次のような調子だ。

「統一教会信者は自主的・自律的な信仰なのだと対外的にアピールする。しかし、彼らが班レベルであっても長の権限に異議を申し立てることは難しい。幹部クラスを除き、献身者（専従者）の人事に当事者の意向はほとんど反映されない。合同結婚式において決められた配偶者を拒絶する自由はほとんどないといってよい」（p.6）

これらはすべて私の経験に反する。私はまだ大学生だった頃から班長に逆らっていたし、下の班員から異議を申し立てられることはいくらでもあった。自由なディスカッションや言論の自由が組織の中で抑圧されていると感じたことはなく、結構自由にものを言ってきた。それは現在も同じである。だからといって上司に疎まれたことはなく、結構信頼されてきた。私は統一教会信者の運営する組織で専従的に働いていた時期を経て、その時の責任者の意に反して統一神学校（ＵＴＳ）への留学を決定したが、それを阻止する権限は責任者にはなかった。そしてその後の進路に関しても、基本的に自分の意思で決定してきた。もちろん、自分の意思がすべて通るわけではない。しかし、それはどんな組織でも同じで、すべては交渉によって決定する。私は合同結婚式において決められた配偶者を拒否しなかったが、それはできなかったからではなく、拒否したいと思わなかったからにすぎない。そして、私の周囲には拒否した人も存在している。最近はますます配偶者決定において本人の意思が尊重されるようになっている。

櫻井氏はこうも言っている。

「統一教会信者のなすことで教説や信仰によって意義づけされない行為はないし、そのような意義なしにはやれない程度に違法性が高く、精神的にもきつい資金集めや伝道を宗教行為としてなしているのである」(p.7)

これもかなり極端な表現である。宗教団体の奨励する宗教行為が教説や信仰によって意義付けされているのは当然であり、それは統一教会に限ったことではない。しかし、信者のなすことのすべてが教説や信仰によって意義付けされているというのは明らかに言いすぎである。統一教会の信者は、呼吸も、食事も、排泄も、睡眠も、道を歩くことも、テレビや映画を見ることも、趣味の音楽を聴くことも、すべて教説や信仰に基づいて行っているとでも言いたいのであろうか？　これは実際に統一教会信者の信仰生活を身近に見たことがないからこそ言えるファンタジーであって、おそらくは「青春を返せ」裁判の原告である元信者の陳述書や証言の中で作り上げられた、歪められた人間像にすぎない。当たり前のことだが、統一教会信者は生身の人間であり、普通の人間が感じるありとあらゆる感情を感じながら生きているし、教説や信仰だけに従って生きているわけではない。

こうした、教説や信仰のみによって行動するある種「ロボット」のような統一教会員像は、「洗脳」や「マインド・コントロール」の主唱者たちが繰り返し描いてきたものであった。しかし、実際に現役の統一教会信者と生活を共にすれば、まともな感受性を持つ人なら、彼らが普通の人間と変わらないことに気付くであろう。そして彼らの体験は、外界から想像されているほどに悲壮なものではないことにも気付くはずである。実際に統一教会のセンターに寝泊まりしてメンバーを観察し、多くの現役メンバーにインタビューを行ったバーカー博士は以下のように述べている。

「運動内でしばらく時間を過ごすとムーニーたちは実際に何らかの形で変化するが、それはときおり想定されているほど大きな変化ではない。たまに『燃え尽きるケース』もあるが、それは特定の任務（通常はファンドレージング）に長期間を費やした者が挫折するときである。しかし、ムーニーが心を持たないロボットのようになっているというのは、彼らと同世代の者たちが毎朝8時23分に市街地に出かけていくのと同じようなものだ。彼らは情的にも知的にもいろいろな形で成長していく。そして彼らはある一連の機会や経験を逃すかもしれないが、通常は他の多くの経験をする機会があり、それはしばしば非常に広範で挑戦的なものである。しかし、彼らはまた広範囲な問題、幻滅、失望に直面するようになるであろう」（第10章「結論」より）

「しかしながら、『ムーニーは全知全能の主人によって現在の任務に送られる前に毎朝ネジを巻かれる、考える力も感受性もないロボットである』という理論を既に信奉している者にとっては、このことは観察することも、あるいは理解し始めることさえ期待できない現象である」（第7章「環境支配、欺瞞、『愛の爆撃』」より）

バーカー博士の見た統一教会員の実像は、櫻井氏の目には見えていないようだ。くり返し言うが、その最大の原因は櫻井氏が「生身の統一教会員」をきちんと観察していないからで、これが彼の研究の最大の欠陥である。

櫻井氏はまた、「統一教会において宗教者と信者という区分は適切ではない。全ての信者が献身し、祝福を受けることが期待されている。このような献身者達の組織が、先に述べた統一教会傘下のグループ組織になるわけだが、これらの組織に属する献身者達を幹部・エリート信者とするならば、祝福後に教会関連の事業組織から離れて生計を立てる教会員達がいる。彼らは祝福を受け、教義上救済に与ったもの達だから、彼らの下に救済への過程にある青年信者、既婚者であるために原罪のない子を生めない壮婦と呼ばれる中高年の信者がいる」（p.7）と述べており、あたかも祝福家庭が青年信者や壮年壮婦に対してエリート階級であるかのように説明している。

この記述も現実を反映していない。統一教会には「教区長（現在は大教会長）」「教会長」といった肩書きを持つ「牧会者」と呼ばれる指導者がおり、彼らは教会から給料をもらって宗教活動をしているという意味でプロの宗教者であると同時に、信者を指導する実質的なリーダーである。このように、統一教会には「宗教者と信者」の区別が明確に存在している。ただ、教会活動を熱心に行う信者が多いため、牧会者がすべてをやって信者はお客さんという関係ではないだけである。

また、「全ての信者が献身」することが期待されているというのは誤りである。社会で働きながら信仰生活をする青年信者は「勤労青年」と呼ばれ、草創期から存在していた。すべての信者が祝福を受けることが期待されているというのは、キリスト教会においてすべての信者が洗礼を受け、聖餐式に参加することが期待されているのと同じであり、組織のあり方とは全く関係がない。また、祝福を受ける前の青年信者と祝福家庭の間には、先輩と後輩という関係があるだけで、上下関係や階級的差別は存在しない。

み言を聞いたときに既に既婚者であった信者は「壮年・壮婦」と呼ばれているが、櫻井氏が主張する、彼らが「原罪のない子を生めない」という理由で祝福家庭の下の階級に位置付けられているというのは間違いである。既婚者であっても、既成祝福を受けることによって祝福家庭になることは可能であるし、祝福を受けた後には原罪のない子供を産むことができる。その祝福の価値は、未婚者の受ける祝福と何ら変わりがない。

統一教会はもともと「親泣かせの『原理運動』」と呼ばれたほど、大学生などの若者たちを中心とする宗教であった。そして初期において合同結婚式に参加したのが、主として若い信者たちだったことは事実である。しかし、草創期から「壮年・壮婦」はいたし、特に1980年代以降の統一教会においては非常に重要な存在となってきた。彼らの持つ社会的基盤や大人としての見識は、統一教会の発展にとって大きなプラスであると認識され、彼らも教会の重要な構成員として尊重されている。決して「原罪のない子を生めない」存在として下の階級に位置付けられているなどということはないし、実際に彼らはただ命令を聞くだけの存在でもなく、主体的・創造的に活動している。櫻井氏のこうした歪んだ統一教会員の描写は、何よりもまず、彼の情報の出所に起因することは明らかである。

「二　統一教会に関わる学術的研究」への反証

櫻井氏は第一章で「統一教会に関わる学術的研究」と題し先行研究を紹介している。櫻井氏はここで紹介する対象を社会科学分野の学術論文に絞っているが、統一教会を実際に調査した研究は欧米、日本を問わず少ないという。ここまでは事実と認めてよいであろう。しかし、それに続く以下の解説は明らかに間違っている。

「しかも、調査時期は統一教会の活動が社会問題として深刻化する前の時期であり、若者がなぜ統一教会という新宗教に惹きつけられるのかという純粋に宗教社会学的な関心による調査だった。しかし、最も社会的葛藤を生み出し、心理学者や統一教会の批判者から統一教会によるマインド・コントロール批判がなされた時期に、統一教会の調査研究はなされていない」(p.11)

宗教社会学者である櫻井氏が、「純粋に宗教社会学的な関心による調査」をあたかも不十分なものであるかのように記述しているのは驚きだが、統一教会に関する社会学的な先行研究が、統一教会の活動が社会問題化される前の時期に行われたという指摘は完全に間違っている。彼の紹介する代表的な研究がイギリスの宗教社会学者アイリーン・バーカー博士の『ムーニーの成り立ち』(1984年)だが、彼女の著作を見れば明らかなように、彼女が調査研究をしていたときに既に統一教会はイギリスにおいて「社会問題」として懸念されていたし、イギリスだけでなく西欧社会全体でその評判は極めて悪かった。『ムーニーの成り立ち』の一部を引用しよう。

「今日の西洋で、誰かに『ムーニー』という名前を言えば、恐らく帰ってくる反応は、微妙な身震いと激怒の爆発の中間あたりに属するであろう。世界中で報道の見出しは一貫して断罪調である。『奇怪なセクトによる「洗脳」と闘う父母たち』『文師の世界制覇計画が語られる』『ロンドン警視庁による「洗脳」への徹底的調査に直面するムーニー・カルト』『家庭崩壊の悲劇』『ムーン教会で集団自殺があり得る、と語る3人』『洗脳された娘の所にかけつける母親』『ムーニーが私の息子を捕まえた』『ムーニー：マギー（注：マーガレット・サッチャーの愛称）が行動要請』『オーストラリアの「狂信的」カルト』『神ムーンが我々から子供を引き離す』『１８００組のカップルとレバレンド・ムーン』『日本で５００人の父母がセクト活動に抗議』『ムーン信奉者への警察捜査』」（「序文」より）

『ムーニーの成り立ち』が出版された１９８４年には、文鮮明師は既に米国で脱税容疑で有罪判決を受け、2万５０００ドル（プラス裁判費用）の罰金を科せられ、18か月の禁固刑を言い渡されていた。これが後のダンベリー刑務所への収監へとつながるわけだから、『ムーニーの成り立ち』はむしろ統一教会の活動が社会問題化されている真っ只中で出版され、それ以前の研究であるという指摘は全くの間違いである。また、櫻井氏はバーカー博士の研究対象を「一九六〇年代のイギリスの若者」（p.11）、「一九六〇年代後半のイギリス社会」（p.12）と表記しているが、バーカー博士が初めて統一教会に出会ったのは１９７４年であり、本格的な調査を開始したのは１９７７年に入ってからであった。そしてバーカー博士が統一教会の２日修練会に参加した者たちの追跡調査を行ったのは１９７９年である。したがって、彼女の調査時期は実際には１９７０年代後半であるにもかかわらず、櫻井氏は10年も前の時代を表記している。開拓期の宗教における10年の違いは大きい。これは社会学者としては致命的なミスか、あるいはバーカー博士の研究の価値を貶めるための捏造としか考えられない。

また、バーカー博士が研究をしたころには、心理学者や統一教会の批判者による「洗脳」や「マインド・コントロール」の非難は既になされていた。だからこそ、こうした主張がはたして本当であるかどうかを確認するために、バーカー博士は調査し検証したのである。それは「選択か洗脳か？」という著書のサブ・タイトルが顕著に表している。日本における塩谷政憲氏の研究も、統一教会に対する「洗脳」の非難があったからこそ、その真偽を確かめるための参与観察であって、そうした批判がなされる以前の研究ではない。

バーカー博士の『ムーニーの成り立ち』には、１９８０年から81年にかけて、統一教会がデイリー・メール紙を相手取って名誉毀損訴訟を起こしていたことが紹介されている。1978年5月29日、英国の大衆タブロイド紙であるデイリー・メール紙が、統一教会は洗脳を行い家庭を破壊していると非難する記事を掲載したからである。この裁判で「洗脳」問題の専門家として証言しているのが心理学者マーガレット・シンガー氏である。シンガー氏の名前が『ムーニーの成り立ち』の第5章「洗脳か選択か」に何度も登場するのは、彼女が統一教会を巡る米国での法廷闘争の主要な論争相手であったためである。

バーカー博士が見極めようとした「選択か洗脳か?」という問題は、純然たる学問的考察ではなく、もっと実際的な問題が含まれていた。それは裁判所がある成人の責任を別の成人に移譲することができる「成年後見命令」という制度である。米国では、両親がこれによって成人している子供に対する一定期間の法的監護権を獲得し、その間に子供たちがディプログラミングやカウンセリングを受けるケースがいくつかあった。1970年代後半には、この「成年後見制度」を巡る闘争が続いたが、1977年3月にS・リー・バブリス裁判官は、5人の統一教会メンバーの両親が子供を30日間拘留することを認める判決を出した。その判決は後の上訴審で覆されたが、そのときまでに5人のうち4人がディプログラムされてしまった。もし「洗脳」や「マインド・コントロール」が科学的な理論として法廷で認められれば、こうした悲劇が繰り返されてしまうところだったのである。

バーカー博士の研究は、後に「モルコ・リール」対「統一教会」と呼ばれる米国の民事訴訟で、「洗脳」や「マインド・コントロール」の主張を科学的に反証する根拠として用いられた。この事件では、2人の元統一教会員が、「強制説得」、不法監禁、意図的な感情的圧迫、詐欺の被害を受けたという理由で教会を訴えた。原告らは自分たちが「強制説得」の被害者だったという主張を正当化する上で、マーガレット・シンガー氏の証言に大きく依存した。これに対して、米国心理学会の有志らは、カリフォルニア州最高裁に「洗脳」や「マインド・コントロール」を否定する内容の「法廷助言書」を提出したが、そのときバーカー博士の研究は、最も信頼できる科学的根拠として紹介されている。したがって、バーカー博士の研究はまさに「洗脳」や「マインド・コントロール」を巡る学問的論争と法廷闘争の真っ只中で行われたものであり、それ以前のものではない。

　櫻井氏は、バーカー博士の研究自体に関しては、「宗教社会学において古典の地位を占める」「調査は社会学的調査として周到である」(p.11-12) などと、肯定的な評価をしている。社会学的な調査方法として、一般的には非の打ちどころがないからである。また、バーカー博士の出した結論に関してもほぼ正確に解説している。しかし、研究対象が統一教会であるが故に、それを巡る問題点や論争が紹介され、彼女の研究を批判したジェームズ・ベックフォード氏の主張も並列で紹介されている。それは「教団から持ちかけられてセッティングされた調査研究の知見は客観的・価値中立的なものか」(p.12) という問題である。

　櫻井氏は、「この問題は、新宗教の教団調査には必ずついてくるもので、ほとんどの場合、新宗教の調査は教団の好意により被調査者を推薦してもらい、彼らにインタビューし、教団の標準的な教えを信者の語りから拾い出すということを行っている。教団にとって都合のいい事実のみが調査されているのではないかという疑念が出されるわけだ」(p.13) と述べている。しかし、バーカー博士の研究に限って言えば、この問題はクリアーされている。彼女は教会がインタビューさせたいと考えるメンバーだけに会うのではなく、ランダム・サンプル方式でインタビューすることができるように、メンバーの完全なリストを入手したからである。彼女はグループ全体の各メンバーが平等に選ばれるチャンスのある無作為に選ばれた十分な大きさのサンプルを調査することにより、そのサンプルがグループ全体を反映する状況を作り出した。それに比べると、統一教会反対派の調査したサンプルは、教会を脱会し、入信を後悔している人々であり、しかもその多くはディプログラムされ、その説得される過程で信仰について彼らが脱会後にいうことの多くを刷り込まれてきたと言える人々で構成されているという点において、明らかにバイアスがかかっている。

　そもそも、教団から好意を受けたり便宜を図ってもらったりすることなしに、現役信者に関する社会学的な調査を行うことなど不可能である。それが調査倫理上の問題になるといって批判するのであれば、それは調査そのものが不可能だと言っているにすぎず、何ら建設的な意味はない。同じような懸念をローランド・ロバートソン氏も表明しているというが、その内容は「①統一教会は学者を利用する、②統一教会は会議参加者を統一運動への参加者とみなす、③統一教会のファンドは特殊な方法で調達されたものであることを、研究者は最低限認識すべきだ」(p.13)というもので、要するに統一教会に近づくのは危険だといっているだけで、およそ学問的批判とは言い難い。

アメリカの宗教社会学に対する櫻井氏の誤解と偏見

櫻井氏は第一章の中で、アメリカの宗教社会学者の多くが新宗教やカルトに対して好意的であり、「既成宗教から異端の排撃を受ける宗教的マイノリティに対して、信教の自由、宗教的寛容の精神をもって擁護することを研究の使命としているようにも見受けられる。これらの新宗教やカルトの信者が洗脳、マインド・コントロールを受けているという信者の家族や、教団に批判的な宗教者、心理学者達の社会的アピールに対して、積極的に反対活動を行う学者もいる」(p.15)と、そのことをやや批判的に取り上げている。

しかし、アメリカにおけるこうした学問的な動きは、「現象学的考察」とか「当事者性」などと呼ばれる現代的な思潮から生まれてきたものであり、一般大衆から理解されず偏見をもって見られているものに学問的な光を当てるという意味で、大きな進歩であった。こうした動きがなければ、女性、黒人、障碍者などの社会的弱者やマイノリティーが直面している問題を明らかにして、差別や偏見を取り除こうという姿勢は生まれてこなかったであろう。アメリカの宗教社会学は、そうした手法を「カルト」などと呼ばれて差別されている新宗教運動に応用したものであり、そのこと自体に社会的意義があることを見逃してはならない。それは必然的に、新宗教に対して批判的な人々との戦いを引き起こしたが、女性解放運動も、公民権運動も、政治的闘争なくしては基本的な権利を勝ち取ることは不可能であった。ある意味で戦いは必然なのである。

しかし櫻井氏は、「〈新宗教・カルト〉批判―反〈カルト〉運動批判といった政治的構図の中でカルト論争を続けることに宗教社会学者の大半は飽き飽きしている」(p.15) とした上で、最近の学会の傾向として以下のような認識を紹介している。

(1)「カルト」一般について回心の理論を論議するよりも、特定教団の宣教戦略や活動内容に即して布教・教化方法を検討する方が実りがある。……

(2) 眼前の若者や家族が社会的に問題ある教団に巻き込まれている状況において、「信教の自由」「異質性への寛容」といった抽象的な規範論を述べても全く問題の解決にならない。九・一一を経験したアメリカや地下鉄・バスの爆破テロを経験したイギリスでは、宗教的寛容や宗教的多元主義だけでは現代の宗教的過激主義に的確な対応ができないことに気づき始めている。

(3) カルトは宗教的マイノリティに対して差別的な概念であるか否か、カルトの信者はマインド・コントロールされたのか、自発的に信仰を選び取ったのかといった二者択一の議論は、学問的水準としては時代遅れだ。いずれにせよ、「自由意思の有無」や「絶対に逆らえない心理操作」を実証することは不可能であり、なおかつ、どちらも程度問題にすぎないのだから、これらを抽象的な理論レベルにおいて討議するよりも、個別教団ごとの事例に則して実態はどうだったのかを明らかにする方が有益である。(p.15-16)

おそらく櫻井氏は、自分の研究はこうした西洋の学会の最新のトレンドに沿ったものだとでも言いたいのであろう。しかし、実際にこうした議論が西洋の学会でなされたことがあったとしても、それらはバーカー博士のように新宗教に対する社会学的研究を行ってきた学者たちの主張を十分に理解していない可能性が高いし、問題の混同やすり替えをしているように思われる。一つひとつ検証してみよう。

まず(1)に関してだが、そもそも「カルト」一般について回心の理論を議論しているような宗教社会学者がいるのかどうか、甚だ疑問である。新宗教への回心のパターンをモデル化しようとした社会学者がいたことは事実であろう。しかし、そもそも社会学的調査とは具体的に存在する個々の教団に関して行うものである。そこで得られた知見はあくまでその教団に関してのみ言えることで、「カルト」などという定義の困難な曖昧な概念で多くの教団を一括りにして、一教団で得られた知見を他の教団にまで拡大して適用するような学者がいるとは到底信じられない。アイリーン・バーカー博士は統一教会への回心に焦点を合わせて調査研究を行ったが、それがあくまで（彼女が調査した西洋の）統一教会にのみ当てはまることは十分に認識している。以下の引用からも分かるように、個々の新宗教運動には大きな違いがあることは研究者の常識である。

「新宗教運動についての知識がある人なら誰もが完璧に良く知っていることだが、個々の運動の間には非常に明確な違いがあるのだ。ムーニーになるようなタイプの人は、ディバイン・ライト・ミッションの信者や、メア・ババの信奉者や、ｅｓｔの卒業者や、神の子供たちでかつて『浮気な釣り』をしていた者たちと同じタイプの人間ではないし、また同じような経験をしていたとは思われない」（第5章「選択か洗脳か？」より）

むしろ、多様な新宗教運動を十把一絡げにして、「カルト」や「マインド・コントロール」といったレッテルを貼っているのは「反カルト」派の方であった。マーガレット・シンガー氏にはそうした傾向があったので、個々の教団ごとに事実を確かめない限り正確なことは言えないという立場でバーカー博士が反論したのが『ムーニーの成り立ち』であった。そもそも、まっとうな宗教社会学者は「カルト」などというレッテルで新宗教運動を一括りにすることはないし、その回心過程が全く同じであるとも考えていない。したがって、櫻井氏の言う最近の学会の傾向は、それまでまっとうな宗教社会学者たちが行ってきた研究と本質的に変わりがないのである。むしろ「飽き飽き」されているのは、こうした事実を突きつけられても自分たちの考えを変えない「反カルト」派の方であろう。

次に、(2)は櫻井氏の危険思想を表している。まず、彼は「信教の自由」「異質性への寛容」を「抽象的な規範論」と言って切り捨てているが、信教の自由は抽象論ではなく、過去において信仰の故に特定の人々を差別・迫害・殺害してきた悲惨な歴史を教訓として確立された「血の代価」であり、人類の獲得した貴重な権利である。9・11にしても、ロンドンの地下鉄・バスの爆破テロにしても、憎むべきは暴力行為であってイスラム教という宗教そのものではない。むしろ、一部の過激な行為が原因となって、罪なきイスラム教徒にまで憎悪や差別が及ぶことの方が問題である。そもそも暴力を伴う宗教的過激主義と、新宗教や外来宗教と主流の文化との間に起こる文化的摩擦は全く別の問題である。暴力やテロは警察によって取り締まられ、刑法によって裁かれるべきである。しかし、「社会的に問題ある教団」という概念は極めて曖昧であり、違法か合法か判別できないが、レッテル張りによる差別を招く可能性がある。こうした偏見からくる差別をなくすためにも「信教の自由」とか「異質性への寛容」といった概念があるのだ。⑵で櫻井氏が述べていることは、文化的摩擦に基づく憎悪を肯定しているだけで、なんら前向きな解決策を提示していない。むしろ、それによって「信教の自由」や「異質性への寛容」が否定されたり制限されたりすることの危険性にも気付いていない。

　最後に、⑶もマインド・コントロール論争の本質を全く理解していないと言わざるを得ない。バーカー博士は社会学者であるため、「人に自由意思はあるか?」「あらゆる人間の行動はあらかじめ決定されているか?」といったような哲学的で抽象的な論争には関心がなく、もう少し「測定可能」な事柄を探究しようとしている。『ムーニーの成り立ち』から引用すれば、以下のようになる。

> 「自由意思を『救いの神』――すなわち何らかのかたちで取り去られるまで、神秘な力で人々に独立した決断をさせるもの――として持ち出しても、それは役に立たないであろう。また『究極的に』全てのことは（精神的あるいは肉体的な）原因によって決定されているという立場に反対する議論に入っていくのも役に立たない。私がやりたいのは、自由意思と決定論の論点を避けて、より有益な二分法であると私が信じる、選択と強制を採用し、それほど野心的ではないがより実用的な区別を試みることである」（第5章「選択か洗脳か?」より）

したがって、「自由意思の有無」や「絶対に逆らえない心理操作」を二者択一として捉え、そのどちらかを論証しようとしている者は、少なくともまともな学者の中にはおらず、むしろ個別教団ごとの事例に即して実態はどうだったのかを明らかにしたのが『ムーニーの成り立ち』である。現実はこの二つの両極のどちらか一方ではなく、うになる。

「程度問題」というのも、バーカー博士の見解と一致している。『ムーニーの成り立ち』から引用すれば、以下のよ

「それでは私の結論は何であろうか？　私は研究の結果、人々が抗し難い洗脳テクニックの結果として統一教会に入会すると信じるようになったであろうか？　それとも理性的で計算された選択の結果であると信じるようになったであろうか？　これまでこの本を読んできた人々にとっては誰の目にも明らかであると思うが、そのような質問に対する短い回答は、どちらの答えも満足のいくものではない。しかしその答えは、抗し難い洗脳という一方の極よりも、理性による選択というもう一方の極にかなり近いところにある、ということを証拠は示していると思われる」（第10章「結論」より）

以上の分析により、櫻井氏の紹介する西洋の宗教社会学者の最近の傾向は取り立て新しいものではなく、まともな社会学者が昔から主張してきたことと変わりはない。

「4　日本における統一教会研究」への反証

櫻井氏は第一章の最後に、日本における統一教会の研究を紹介している。その筆頭にあげられているのが、塩谷政憲氏による原理研究会の実態調査である。櫻井氏の著作では１９８６年に発表した統一教会を「Ｕ会」と匿名化した論文だけが紹介されているが、塩谷氏は１９７７年に「原理研究会の修練会について」（『続・現代社会の実証的研究』東京教育大学社会学教室）という論文を実名で発表しており、１９８５年に発表した「宗教運動をめぐる親と子の葛藤」（『真理と創造』24）では統一教会の実名を出している。これらの論文は拙著『統一教会の検証』（光言社、１９９９年）の中で要旨を紹介したので、詳細はそちらを参照していただきたい。

櫻井氏は塩谷氏の論文の内容を簡単ではあるがほぼ正確に紹介している。しかし、その評価に関しては「その結

果、塩谷の調査研究は統一教会を告発した訴訟において、教団側がマインド・コントロール論の反証として再三引用する文献になった」（p.16）で済ませている。塩谷氏の研究の価値は、日本国内では珍しく実際に原理研究会の修練会に参加し、参与観察をした上で書いている数少ない（おそらく唯一）の論文であることだ。実証性という観点ではこれに勝るものはない。この論文を批判したいなら、自ら原理研究会なり統一教会なりの修練会に参加して反証するのが筋である。ところが櫻井氏はそれをせずに、論文が裁判の証拠として統一教会側に引用されたという事実をもってその価値を否定している。すなわち櫻井氏の関心は論文の内容そのものではなく、結果的に統一教会にとって有利な内容であるかどうかにある。これは学問的価値判断よりも政治的価値判断を優先しているとしか言いようがない。そもそも、公開された学術論文を引用するのは自由で、その論文が誰に引用されようとその責任は著者にはない。自らの意図に反した誤った引用のされ方をしたのであれば、どこが間違いであるかを学問的に指摘すればよいだけである。

宮本要太郎氏の研究に関しては、論文を読んでいないのでコメントは差し控える。さて、「塩谷・宮本以外には、日本で統一教会を多方面にわたって学術的に研究しているものは櫻井及び中西しかいない」と櫻井氏は言うのだが、重要な人物を一人落としている。それは渡邊太氏である。彼は統一教会を脱会した元信者に対するインタビューを行い、「洗脳、マインド・コントロールの神話」（『新世紀の宗教』宗教社会学の会編、２００２年）、「カルト信者の救出――統一教会信者の『安住しえない境地』」（『年報人間科学』第21号、２０００年）などの優れた論考を発表している。

ここで櫻井氏が解説している自身の研究の方法論は非常に興味深い。まず、櫻井氏は１９９１年に「札幌市の消費生活センターと札幌市弁護士会に寄せられた相談事例を用いて統一教会による資金集めの実態を調査した」（p.17）とある。ここから始まって、櫻井氏が開拓したとされる調査の方法論とは次のようなものだ。

「調査方法としては、カルト視される教団に直接調査を依頼し、許可を受けて行うことはせず、教団活動の被害者（一般市民や元信者・家族等）、彼らを支援する弁護士やカウンセラー、ジャーナリストから情報を収集し、教団刊行物や内部文書等（ノート、メモ、信者向け文書やマニュアル等）とも照らし合わせながら、教団活動を分析し評価してきた」(p.18)

これは要するに、統一教会反対派のネットワークから情報を入手したという意味である。しかし、それらは説得されて脱会し、教会に敵意を抱く元信者の証言という点で強いネガティブ・バイアスがかかっている可能性と、裁判に勝つために脚色された可能性の高い、偏った資料である。これが櫻井氏の研究における最も重大な方法論的問題である。しかも、札幌「青春を返せ」裁判の原告らは、そのほとんどが物理的な拘束下で説得を受け教会を脱会した者たちであった。

こうした批判は当然予想されることなので、櫻井氏は自らの調査方法の特殊性を以下のように弁明している。

「櫻井は統一教会の脱会者を対象に調査を行い、中西は現役の信者を対象に調査を進めてきた。新宗教研究においては信者を対象に調査を行うのは自然なことだ。調査目的が信仰や宗教活動の中身を知ることならば、実際に信仰している人に話を聞くのが一番いい。当事者に聞くのは社会調査一般の常識でもあり、当事者しか知りえない情報や当事者の態度から情報の信憑性を判断するなど、面接調査の強みを発揮しない手はない。しかし、既に統一教会の研究史で述べたように、新宗教やカルト視される教団の一部には意図的な演出を行って調査者や調査の状況をコントロールしようとする教団がある。そこで観察した事柄や信者にインタビューした内容の信憑性が問われるわけだ。また、特定の時点や文脈で観察した事柄によって教団の全体像を推測してよいのかどうか、知見の妥当性に疑問が付される場合もあろう」(p.19-20)

しかし、櫻井氏が統一教会の研究史で紹介している「演出」や「コントロール」の事例は、あくまで疑惑や推測にすぎないもので、はっきりとした証拠は示されていない。教団が組織的に研究者を騙す可能性に関しては、バーカー博士は自著の中で繰り返し述べており、教団が組織的に騙そうとした事実はないときっぱり否定している。アメリカのジョン・ロフランド氏とロドニー・スターク氏が論文において統一教会の名前を伏せて研究を公表したことも、それがその研究の学問的値打ちを損ねたとは証明されていないし、櫻井氏自身もそうは主張していない。

要するに、これは純粋な「学問的正しさ」ではなく、「政治的正しさ」の問題なのである。自分の主張を補強するために、櫻井氏はオウム真理教に対する認識の甘さから日本女子大学を退職せざるを得なくなった島田裕巳氏の例を挙げているが、おそらく櫻井氏は学者としての社会的生命を奪われた島田氏を見て、「自分は彼の二の舞にはならないぞ！」と強く決意したのであろう。

櫻井氏は1996年に北海道社会学会の機関紙『現代社会学研究』に「オウム真理教現象の記述を巡る一考察――マインド・コントロール言説の批判的検討――」という論文を発表し、それが統一教会に対する札幌「青春を返せ」裁判で証拠として提出されたことがあった。その裁判で証言し、彼の論文を証拠として提出することを推奨したのは、ほかならぬこの私である。櫻井氏は「統一教会は櫻井に対してなんの断りもなかった」と書いているが、公表されている学術論文を引用するのは基本的に自由である。

しかし問題は、この裁判の原告側弁護団から「あなたの論文が統一教会擁護に使われているが、それを承知でマインド・コントロール論批判をされたのか」と櫻井氏が批判されてしまい、さらにフォトジャーナリストの藤田庄市氏から、統一教会の犠牲者たちを「うしろから斬りつける役割をあんたはやったんだよ」と忠告されたことである（池上良正、島薗進、末木文美士（編）『岩波講座 宗教〈第2巻〉宗教への視座』2004年、p.274）。この事件は櫻井氏に島田裕巳氏の悲劇を思い起こさせ、学者生命を失うかもしれないという恐怖体験が彼のトラウマとなったのであろう。

櫻井氏は21～22ページにかけて、自分がいかに統一教会からアプローチを受けてもそれに巻き込まれず、冷たく突き放してきたかを、6項目にわたって延々と説明している。それはまるで、「自分は統一教会とは一切の癒着はなく、常に批判的な立場を貫いてきました」と、身の潔白を示そうとしているかのような書き方である。統一教会について研究した著作を出す以上、自分は統一教会に対して一切のシンパシーを感じていないことを表明する「踏み絵」を、これでもかというほど何度も踏まなければならないというわけだ。それはある意味で「痛々しさ」さえ感じさせる。学者の書いた文章にしては、この部分は非常に感情的で子供じみた表現になっているが、それは櫻井氏自身の恐怖心とトラウマに起因するものであろう。それは統一教会に対する恐怖心ではなく、統一教会反対派からの「統一教会に対して好意的すぎる」「統一教会に有利な内容を書いた」というバッシングに対する恐怖心である。統一教会からの批判は、櫻井氏にとってはさほど恐ろしいことではない。しかし、社会的影響力を持つ統一教会反対派に睨まれたら学者生命が危機にさらされる。そこで、櫻井氏は統一教会との癒着がないことを証明するために、統一教会反対派と敢えて癒着することによって、安全圏から統一教会を攻撃するという研究方法を選択したのである。

「第二章　統一教会の教説」への反証

ここから櫻井氏は統一教会の教説の解説に入るが、初めに彼は「教典宗教と実践宗教」という区別を紹介している。「教典宗教」が教典の中で自己完結した宗教的世界であるのに対して、「実践宗教」とはそれが宣教され土着化していく過程において、具体的な文化・政治的なコンテキストの中で実践される宗教を指すようだ。土着化論については、一般論として彼の言いたいことは分かる。それでは櫻井氏はこの「実践宗教」の概念を統一教会にどのように適用しようとしているのだろうか？

それは教典としての『原理講論』の内容と、実際に日本の統一教会員が信じていることの間のギャップを強調するということである。『原理講論』は誰でも買って読むことができるので、統一教会の教えは秘教化されていない。しかし、公開されている教説と信者たちの宗教実践の間には距離ないし落差があるのだという。そしてさらに、日本の統一教会に与えられた特別なミッションと、それを実行する組織構造の故に、日本以外の諸外国にはない日本独特の信仰が日本統一教会には存在するというのである。これらは平たく言えば、『原理講論』には「きれいごと」しか書いていないので、それを読んでも統一教会信者のリアルな信仰は理解できず、それを実際に信じている幹部や信者の語る言葉に耳を傾け、その組織構造を分析しなければ本当のところは分からないと述べているのである。

一般論としては確かにそうであり、「教典宗教」と「実践宗教」の間に距離があると言えるかもしれない。しかし、それもあくまで程度問題で、その二つが大きく乖離しているような場合には、それを信じる信徒たちは教えと実践との矛盾に苦しむようになるので信仰生活を継続するのが困難になるに違いない。実は、櫻井氏がこの概念を持ち出すのには一つの目的がある。それは第一に、公開されている教説と実際に信者たちが信じていることの間にギャップがあることを示すことにより、統一教会の伝道活動が詐欺的である、不実表示である、あるいは情報を十分に開示した上で伝道を行っていないと指摘するためだ。第二の理由は、日本独特の「実践宗教」が存在することを示すことで、統一教会への回心が自発的なものであるという結論を出した海外の先行研究を相対化し、日本におけるそれらの有効性を否定するためである。要するに、それはイギリスやアメリカの統一教会に関して言えることで、日本では全然違うのだと言いたいのである。

統一教会の修練会でゲストが聞かされる内容と、実際の統一教会の信仰生活の間にはギャップがあるのではないかという疑義は、実は西洋でもたびたび指摘されてきた。この問題に関して、『ムーニーの成り立ち』の著者であるアイリーン・バーカー博士は実際に修練会に参加して参与観察した結果として、以下のように結論している。

「ムーニーたちがゲストに与える事実情報は、圧倒的多数のメンバー自身が真実であると信じていることを通常はかなり正確に伝えているということは、恐らく本当であろう。ディプログラムされて自分は洗脳されていたのだ、と信じるようになったメンバーたちでさえも、大多数の一般のムーニーたちは正直であると証言するのが普通であり、全体として、修練会は統一教会の神学とメンバーたちが達成しようとしている目標を（選択的でいくぶんバラ色に描かれているとはいえ）正確に伝えていることを認めるであろう」（第7章「環境支配、欺瞞、『愛の爆撃』」より）

これはバーカー博士が、ムーニーたちの現実の信仰実践を全く知らずに言っているのではない。彼女が『ムーニーの成り立ち』の序論において、「なぜ、いかにして、誰かがムーニーになり得るのか？　人が一日に16時間、18時間あるいは20時間も街頭で小冊子や花、キャンディを売るために、自分の家族、友人、そして経歴まで犠牲にするという事実を、何をもって説明することができるだろうか。立派な教育を受けた成人がいかにして、誰と結婚するか、自分の配偶者と一緒に生活できるかどうか、自分たちの子供を育てることができるかどうかを決定する権利を放棄するよう説得され得るのだろうか？」と語っているように、ムーニーの信仰実践が一般社会から奇妙に見えることを彼女は十分に知っていた。しかし彼女は、そうした「実践宗教」と「教典宗教」の間に連続性と一貫性を見いだすことができたのである。

櫻井氏は『原理講論』に代表される統一教会の「教典宗教」の部分をできる限り過小評価し、それが統一教会の現実を理解する上で役に立たないことを強調しようとしているが、バーカー博士はそれと正反対の分析をしており、以下に引用するように、「統一神学」は統一教会員の信仰実践を理解する上で非常に重要であると述べている。

「その神学は、今世紀後半に興ったいかなる新宗教運動と比較しても、最も包括的なものであることはほぼ間違いない。『原理講論』は、独自の宇宙論、神義論、終末論、救済論、キリスト論、そして独自の歴史解釈をもっている。その神学は、私が信じるに、統一教会の最も重要な資源の一つである。すべてのムーニーが教義全体を受け入れているわけではない。何人かのムーニーは、その神学を十分に理解しているが、その他は基本的教義の表面的理解しかしていない。しかし、すべてのムーニーが『原理講論』を『実践している』という認識をもっている。もし人がムーニーを理解しようとするのであれば、少なくとも、彼らの数字に対する最小限の神学的志向くらいは、神学に対する理解が必要である」

「本書において我々が関心をもっている点は、統一神学が、新会員を入会させることにおいて二つの重要な役割（一つは直接的に、もう一つは間接的に）を演じているということである。第一に、どのような形式を取るにせよ、修練会の中心的焦点はその神学である。活動の大部分は『原理講論』についての講義か、それについての議論を中心に組まれている。第二に、メンバーたちは、彼らが「原理」に従って生活しているがゆえに、自らがそういう類の人々になりつつあるものと自己表現する。ムーニーがそのゲストたちに言うには、この新しい啓示を知ることによって、彼らを『異なった』存在にするための希望と幸福と目的が与えられるのである。ゲストが『原理』を理解することができたときのみ、彼もまたこの幸せで愛のある共同体の一部になることができるだろう」（第3章「統一教会の信条」より）

櫻井氏とバーカー博士のこの違いは、どこから出てくるのだろうか？　それはやはり、実際に信じている生の信者に触れているかいないかであろう。信仰を魚に例えれば、バーカー博士が新鮮な刺身を食べているのに対して、櫻井氏は数日経って腐った刺身か、干からびた魚の残骸を食べていると言えるだろう。

櫻井氏が「教典宗教」と「実践宗教」の距離や落差を強調したいのであれば、『原理講論』の内容を勉強した後に、それが実際の現役信者たちの間でどのように信じられているかを参与観察やインタビューによって調査してから結論を出すのが筋である。しかし、実際に彼がやったことは、教会を脱会した元信者の証言に基づいて統一教会の「実践宗教」を構築したにすぎない。結果的に信仰を棄てた者たちの集団は、信仰の理想と現実の間にギャップを感じていた者ばかりが集まっている可能性が高く、信仰の理想を実現しようと努力している現役信者へのインタビューとは大きな違いが出ることが予想される。現役信者にとって教典の教えは重要なものであり、自分たちはそれを実践しているのだと信じなければ信仰の力は出てこない。したがって、元信者たちの証言から構築された「実践宗教」

のにならざるを得ない。くり返しになるが、これが櫻井氏の研究が背負っている宿命的な限界なのである。
の中身は、現役の信者たちに対する調査に基づいた「実践宗教」とは相当に異なる、かなりバイアスのかかったも

続いて櫻井氏は、「『原理講論』と文鮮明」と題して、統一教会における『原理講論』の位置付けを試みる。彼は「『原理講論』は文鮮明の初期の説教内容を体系立てたものにすぎず、文鮮明自身の教説の生成・展開に合わせて教えは変化していくために『原理講論』だけから統一教会の教義を明らかにすることには限界がある」（p.28）としている。さらに、「文鮮明が健在なうちは、教祖の御言が教義そのものである」「弟子がまとめた教説よりも、生ける神である文鮮明の直接語った言葉こそ教えの神髄として傾聴される」（p.28-29）とも言っている。しかし同時に、「日本の統一教会信者が長らく教典として熟読玩味し、自らの信仰心を築き上げてきた基が『原理講論』であることに変わりはなく、『原理講論』の中身を検討することは、初期の信者、すなわち日本の教団幹部達がどのような世界観を吸収し、信仰のエッセンスとしたのかを知るために必要な作業である」（p.29）とも言っている。

このあたりの『原理講論』の重要性の認識や、それが持つ限界性および文鮮明師自身の直接のみ言との関係の分析に関しては、ある程度正確に実態を理解していると言ってよいだろう。しかし、その後の『原理講論』に説かれた教説の段階に入ると、その理解は極めて稚拙である。これは彼の専門が宗教社会学であるために神学的センスがないためか、もしくは教義神学の面においてさえ統一教会に対する肯定的な評価を自らに禁じたことから起こる、不自然で一貫性のない批判精神のためだと推察される。

「二『原理講論』に説かれた教説」への反証

「1　創造原理」

櫻井氏は第二章の「二『原理講論』に説かれた教説」において、『原理講論』の中身についての解説を試みている。それは33ページにわたるかなり長いものだ。通常、価値中立的な立場に立つ宗教学者や宗教社会学者は、研究対象である宗教団体の教説に対しては客観的立場を貫き、「このようなことを信じている」という記述的アプローチをとるものである。それを自身がどのように感じようが、ありのままに記述して批判や価値判断を差し控えるのが作法なのである。アイリーン・バーカー博士の『ムーニーの成り立ち』の第三章「統一教会の信条」はまさにそのようなアプローチであった。

しかし、櫻井氏は統一教会の教説を『原理講論』に基づいて客観的に記述するだけでは気が済まないらしく、各項目で何かしら批判を試みている。批判をすること自体は別に悪いことではないが、問題はそのスタンスに一貫性がないことだ。宗教社会学の立場からの批判なのか、聖書学的な立場からの批判なのか、神学的な批判なのかはっきりせず、そのときどきにご都合主義的にこの三つを使い分けているように見える。特定のキリスト教神学の立場からの統一教会の教説に対する批判であれば、それは「神学的アプローチ」として成り立ち、自分の信じる神学的立場に寄って立つという一貫性がある。しかし櫻井氏の批判にはそうした原則がない。あるのは、どうにかして『原理講論』にケチをつけたいという情念だけだ。

そもそも宗教社会学の立場から特定の神学を批判すること自体が、カテゴリー・エラーでありナンセンスである。聖書批評学などの学問的立場から、特定宗教の聖書解釈を批判することは「釈義」の問題としては可能である。しかし、現実に存在しているキリスト教信仰の中でこうした学問的批判に耐えうるものはほとんど存在しない。櫻井氏が堕落論の批判でしていることは、基本的に聖書学的な「釈義」の方法論で『原理講論』の聖書解釈を批判するというやり方だが、これは現実に存在する生きた信仰を扱う上では、象牙の塔の中で行われる学術的な遊戯にすぎず、何の影響力もない。これは大事なポイントなので、後に「堕落論」の部分を扱う際に詳しく説明する。

櫻井氏は初めに、創造原理において展開されている、結果としての被造物から原因としての神の性質が分かるとする論理を批判する。彼はこれを「自然科学的な、しかし、ある意味常識的な因果論的推測」と分析した上で、「突然聖書を参照して(例えば「ローマの信徒への手紙」一章二〇節など)神の性質が被造物より知られるという」(p.33)などと、あたかもそれが突飛なことであるかのように批判する。しかし、これはキリスト教神学に対する無知に起因するものである。

自然を観察することを通して神を知ろうとするアプローチは、何も『原理講論』に固有のものではなく、「自然神学」と呼ばれる一つのキリスト教神学のあり方で、『原理講論』が引用しているロマ書1章20節は、自然神学を展開する際に、その聖書的根拠として必ずと言っていいほど引用される典型的な聖句である。これは神学的概念なので少し詳しく解説しよう。

自然神学とは、聖書に依らずとも自然を通して神について知ることができるという立場の神学を指す。これは理性によって神を知ることができるという合理主義的神学、または哲学的神学という特徴を持っている。自然神学は、中世の神学者トマス・アクィナスによって集大成されたが、彼の神学において自然神学はあくまで「啓示神学」の下に位置付けられていた。すなわち、キリスト教の真理には、啓示によってしか知り得ない部分もあるが、合理的検証によって知りうる部分もあり、その領域が「自然神学」の領域であるという。これに対して、聖書という、神が人間に特別に与えた啓示にその根拠をおく神学が「啓示神学」である。

自然神学は、カトリックと自由主義のプロテスタントで支持されているが、福音主義や根本主義の立場をとるキリスト教は、啓示神学のみが真の神学であると主張して、自然神学を否定する傾向がある。自然神学は「一般啓示」という考え方にその基礎を置いている。一般啓示とは、いついかなる時と場所においても神は人間と親しく交わり、ご自身を開示されるという意味での啓示であり、伝統的な一般啓示の場として、自然、歴史、人間の性質（良心や道徳的衝動）などが挙げられてきた。しかし、福音派や根本主義者の多くは、人間は罪深いので理性や良心によって神を認識することはできないとして一般啓示を否定し、聖書という神が人間に与えた特別な書物によってしか神を知りえないとしている。このような啓示を「特殊啓示」と呼ぶ。

統一教会に反対しているキリスト教牧師の中でも、福音派に属する牧師たちは、創造原理で展開されている自然神学的なアプローチを、「異教的」という言葉を用いて批判する。櫻井氏の創造原理批判は、こうした福音派による批判と軌を一にするものと言ってよい。しかし、福音派や根本主義の立場はキリスト教神学全体から見れば一つの立場にすぎず、バランスのとれた組織神学の教科書であれば通常は「特殊啓示」と「一般啓示」ならびに「自然神学」と「啓示神学」があることを認めている。それに照らして見れば、創造原理が展開している論理は決して突飛なものではなく、一種の自然神学とみることができる。

続いて櫻井氏は、創造原理の説く「陽性と陰性の二性性相」を陰陽二元論とした上で、「この発想は統一教会が人間を男性性と女性性において理解し、双方の性質が合体したときに繁殖・繁栄がもたらされるという基本的なモチーフから出てきている。これもある意味で極めて民俗的な感覚に根ざしたものであり、東アジア的な心性において絶対神を太極として解釈したものといえなくもない。イスラエル・アラブの民が創造者―人間・被造世界、絶対者と僕という感覚で神を理解したのに比べれば、東洋の神観は親神、豊穣の神に近い」（p.34）と述べている。

櫻井氏は基本的に、統一教会はキリスト教とは異質な韓国の民俗宗教に近いものだという絵を描きたいらしい。韓国生まれのキリスト教系新宗教である統一教会に東洋的要素があるのはある意味で当然であり、「陽性と陰性の二性性相」などはその典型的な部分であると言ってもよいであろう。しかし、同時に創造原理は聖書に基づき、キリスト教的な枠組みの中で展開されていることを過小評価してはならない。櫻井氏はその部分を意図的に無視し、統一教会をキリスト教として認めたくないようである。聖書的伝統においては、「豊穣の神」といえばバアルやアシュラのような、イスラエルの神が憎んだ淫乱の神を指す。櫻井氏は統一教会をそちらのグループに入れたいのであろうか？

人間を男性性と女性性において理解し、双方の性質が合体したときに繁殖・繁栄がなされるというモチーフは、聖書そのものの中に存在する。創世記の記述によれば、初めに神は男性であるアダムを創造したが、「人がひとりでいるのは良くない。彼のために、ふさわしい助け手を造ろう」（創世記２：18）と言って女性であるエバを創造した。これは男女がペアとなって生きるのが人間のあるべき姿であるということだ。さらに「人はその父と母を離れて、妻と結び合い、一体となるのである」（創世記２：24）、「生めよ、ふえよ、地に満ちよ」（創世記１：28）と言っていることからも、男女の結合による繁殖を神が祝福していることは明らかである。これらはすべて聖書的モチーフなのである。

創世記1章27節には、「神は自分のかたちに人を創造された。すなわち、神のかたちに創造し、男と女とに創造された」と書かれている。この聖句は、キリスト教における「神のかたち（Imago Dei）」という教義の根拠となっている。これは人間が神に似せて造られたという意味であるが、それでは一体いかなる点において人間は神に似ているのだろうか？　聖書を素直に読めば、「神のかたちに創造し、男と女とに創造された」と書いてあるのだから、「神のかたち」とは人間が男性と女性であるということにほかならない。人間は「男と女である」ということにおいて、神に似ているというのだ。したがって、人間に男性性と女性性があるのは神に似てそうなったのであるから、神ご自身の中にも男性性と女性性があるという論理は、完璧に聖書的なものなのである。

実は福音主義者たちの信奉するカール・バルトもこれと似たようなことを言っている。バルトは人間の本性を他者との関係において存在する「連帯的人間性」であるとし、そのもっとも典型的な関係を「男と女」の関係であるとした。すなわち神が人をその似姿に造ったというのは、これを「男と女とに」造ったことにほかならないと述べているのである。櫻井氏はキリスト教的神観と東アジアの民俗的な神観を対立的に捉え、統一原理の神観を前者ではなく後者に属するものであると言いたいようであるが、これは聖書やキリスト教神学に対する彼の無知に起因するものであろう。

三大祝福と霊界の教説に対する櫻井氏の批判

櫻井氏は二性性相の批判に続いて神の創造目的である三大祝福の批判へと移ってゆく。彼は陽陰の二性性相を批判する際にはある種の比較宗教的な視点から、統一教会の神観がキリスト教的なものというよりは東アジアの民俗的な神観に近いことを示唆したが、三大祝福の分析に当たっては、突如として教団の組織論との関係を指摘するというスタンスにシフトする。このように彼の批判スタンスは実に都合よく変化し一貫性がない。

三大祝福は統一原理の人間観の根本をなす重要な概念であり、人間のあるべき姿を示した理想像といえる。第一祝福である「個性完成」は、神を中心として心と体が一体となり、一人の人間として完成することを意味する。これは心身一体、神人一体という個人としての理想像である。第二祝福である「子女繁殖」は、神を中心として男女が一体となって家庭を形成し、子女を産み増やすことを意味する。これは夫婦の和合、親子の和合、神の祝福の下にある家庭という、統一教会の家庭理想を表している。第三祝福である「万物主管」は、神を中心として完成した人間が万物を主管することを意味し、万物世界の主人としての人間の理想像を表し、その中には科学の発達や経済的発展も含まれている。この三つの祝福を完成することが人間の幸福であり、地上天国の姿であるというのが統一原理の基本的な人間観である。

櫻井氏は旧約聖書の創成神話（原文ママ：「創世神話」の誤植ではないか？）の原義は、「男女が成長して夫婦となり、子を生み育てて、大地の恵みを得ることを神が祝福された」（p.34）ことであると解釈しているが、それは若干素朴な表現ではあるものの、統一原理の三大祝福が意味していることとほぼ同じである。その意味で、統一原理の人間観は聖書的なものであると言える。

しかし、櫻井氏は「統一原理は独特な解釈を施す」(p.34)と言いながら、突然これらの理想像を教団の資金調達や組織論と結び付け始める。まず、「個性完成という近代主義的発想を持ち込む一方で、神中心の家庭形成というアジア的家族主義を盛り込んだ人間論を神の創造目的とする。そうすると、家庭形成にふさわしい男女関係についても神が関与することになる」(p.34)と指摘し、個性完成や家庭完成の理想は統一教会の祝福のシステムを維持するための論理に還元される。

続いて万物主管の理想は、「神を中心としない人間は被造世界を支配する権限がないという発想を導き出すことが可能になり、堕落人間によって偽りの主管がなされる被造世界を神の元に取り戻すことが万物の復帰という発想につながる」(p.34-35)と指摘し、教団の資金調達のための論理に還元される。

そして四位基台という概念そのものが、『神中心』『中心との一体』という文言にある通り、宗教的コミュニオンへの家族的没入である」とされ、「これが統一教会の実践的規律である」(p.35)と結論される。要するに櫻井氏は「教説の解説」の部分に組織論的な分析を持ち込んでいるわけで、「教理の問題」が突如として「組織の問題」に変換されるという一貫性のなさなのである。教理の問題を純粋に教理の問題として捉えず、組織論にすり替えるのは、社会学的な還元主義といえるだろう。

創造原理批判の最後に、櫻井氏は「独特な霊界の存在」または「アジア的な霊魂観」を指摘する。すなわち、「キリスト教でいう聖霊や天国という観念は、東アジア的な死霊の世界、後生の観念とは大きく異なる。キリスト教伝統によれば、聖霊は聖人の霊魂ではなく、聖・神的特徴を持った霊的存在であり、天国/地獄の観念も最後の審判の後にある来世であって現世の裏にある精神世界などではない」(p.35)とした上で、統一原理の説く無形実体世界(霊界)は非キリスト教的なものであるというのだ。

ここで櫻井氏は社会学的なスタンスから、再び比較宗教的な視点へとスタンスを変え、キリスト教的な伝統に基づいて、統一原理の霊魂観・来世観が異教的または異端的なものであるかのような言い方をしている。これは半分あっていて、半分間違っている。なぜか？　確かにキリスト教の正統信仰は霊界の存在を否定しているが、現実のクリスチャンたちは死後の世界を信じているからである。これは少々複雑なので、詳しく説明しよう。

正統的なキリスト教が霊界の存在を否定するのは、「からだの復活」に対する信仰があるからだ。キリスト教の信条の中でも最も古い信条の一つである「使徒信条」に「からだの復活」を信じるという文言があるように、古代教会においてそれを信じることは正統的なキリスト教の信仰告白の重要な要素であった。

キリスト教信仰には、まずイエス・キリストが復活されたことを信じ、それを土台として、キリストを信じる聖徒たちが復活することを信じるという基本構造がある。新約聖書の言葉の中には、イエスの再臨のときに死者が復活するという記述がある。

「すなわち、主ご自身が天使のかしらの声と神のラッパの鳴り響くうちに、合図の声で、天から下ってこられる。その時、キリストにあって死んだ人々が、まず最初によみがえり、それから生き残っているわたしたちが、彼らと共に雲に包まれて引き上げられ、空中で主に会い、こうして、いつも主と共にいるであろう」（テサロニケⅠ4：16–17）

キリストの再臨にともなって死者が肉体をもってよみがえると信じているのは、終末論的に見れば、カトリック教会、プロテスタント教会の全教派において霊界の存在が否定されることを意味する。すなわち、キリスト教では人類始祖が堕落することによって、「霊的死」および「肉体の死」が起こったと考えており、「終末」が到来し、人間の救いが完成して「栄化」（栄光のからだ：ピリピ3：21）すれば、人間は「永遠の生命」を得て永生するようになるので、その「栄光のからだ」で生きる世界とは別の「霊界」は存在しなくなると考えるのである。

それでは、新約聖書の中でイエスが悪霊を追い出したり、モーセやエリヤの霊と話し合ったりした記述はどう捉えたらいいのか？　これは、人間が堕落することで肉体が朽ち果てて死ぬような卑しい存在となったため、その応急処置的な世界として、陰府（黄泉）と呼ばれる、「霊界のような」世界が存在するようになったと想定している。旧約聖書にはヘブル語で「シェオール」（陰府）、新約聖書ではギリシャ語で「ヘーデース」（黄泉）および「ゲヘナ」（地獄）が登場するが、特に陰府（黄泉）の世界は、人間の肉体が朽ち果てた後に、最後の審判を受けるまで住む「死者の住居」と考えられていた。このように、キリスト教における「霊界」は、神が積極的な意図をもって創造された永遠の世界なのではなく、堕落によって副次的に生じた暫定的な世界として捉えられている。

しかし、現代のキリスト教信仰はこの問題に関する深刻な矛盾を抱えている。もし終末時に「からだの復活」が起こり、人間の救いが完結するとすれば、霊界の存在は否定されることになる。反対に霊界が永遠に実在し、「からだの復活」が起こらないとすれば、キリスト教神学の根本が崩壊することになってしまう。ところが、現代においては多くの信徒たちが「からだの復活」ではなく永遠の世界としての霊界を信じているというのである。それ故、カトリック教会は１９７９年に『「終末論に関する若干の問題について」解説：教皇庁教理聖省書簡』を出版し、「もし、復活がなければ、信仰のすべての構造は、その基礎から崩れる」（p.6）と警鐘を鳴らした。

フランスの神学者オスカー・クルマンは『霊魂の不滅か死者の復活か』（１９５８年）を出版し、以下のような問題を提起した。

「パウロから始まる正統といわれるキリスト教神学は、『肉体の復活』を信じているのであって、死後の『霊魂の不滅』を教えているのではない。ところが多くのクリスチャンはいつの間にか、パウロの教えを忘れ、死後の『霊魂の不滅』を信じるようになっている。これはキリスト教の真正な教えと相容れない」

オスカー・クルマンによれば、「霊魂の不滅」はギリシャ的な観念であって、「肉体の復活」を信じるヘブライ的な観念とは相容れないという。通俗的には「霊魂の不滅」を信じていた多くのクリスチャンが、この指摘に失望し、落胆したと言われている。このように、正統とされるキリスト教の信仰と、現実のクリスチャンたちの通俗的な信仰の間には大きな乖離があり、根本的な矛盾を内包しているのである。

「からだの復活」は古代の信仰であり、いくら正統と叫んでみても、もはや現代人が信じるのは難しい教説である。「ゴースト」「奇跡の輝き」「天国は、ほんとうにある」などの映画がキリスト教世界である西洋で制作され、現実のクリスチャンたちの多くが霊魂の不滅と死後の世界を信じている以上、統一教会の霊魂観や来世観が非キリスト教的でアジア的だとは言い切れず、むしろ伝統的なキリスト教信仰が抱える根本矛盾を解決する福音と捉え方がよいのではないか。

「2　堕落論『創世記』の物語」への反証

櫻井氏は冒頭、「罪というのは元来共同体や社会関係の秩序を乱す行為に対して、社会的制裁を宗教・道徳的次元で表現した」ものであり、社会秩序に対する反抗・抵抗にほかならないので、「人間に罪の根があるとかないとか、なぜ堕落したのかといった話は、少なくとも社会学的に意味のある話ではない」（p.36）と言い、これは櫻井氏の本音であると思われる。櫻井氏には、宗教者や信仰者が教えたり感じたりしている、「罪」の概念を内在的・共感的に捉えようとする姿勢はなさそうだ。これは一種の社会学的還元主義といえるが、実は櫻井氏の堕落論批判の中心的スタンスは社会学にはなく、「現在の聖書学の水準やキリスト教各教派の伝統から考えると、極めて独自の見解」（p.37）だというように、聖書学にある。

櫻井氏は、現在の聖書学の知識を用いて創世記3章の堕落の物語を「ヤハウィスト文書」に分類し、「宗教的解釈であっても現代の私達が旧約聖書を作った人達の意図を無視して自由に聖書を読み込んでいいというわけでもないだろう」とか、「現在の聖書学ではヤハウィスト文書をはじめ旧約の諸文書には原罪の観念はなく、楽園において人間が神の戒めを破ったこと、その結果、神の前に裸で立てずに神を恐れるようになったという事柄をそのまま述べているのだと考えている」（p.39）などと主張している。要するに、統一教会の説く「原罪」の概念には聖書的根拠がないと言いたいのだ。

櫻井氏のように、聖書批評学などの立場から、特定宗教の聖書解釈を批判することは「釈義」の問題としては可能である。しかし、現実に存在しているキリスト教信仰の中でこうした学問的批判に耐えうるものはほとんど存在しない。なぜなら、その論法に従えば、人間には原罪があるというキリスト教の根本教義そのものも旧約聖書の「原義」とは異なり、クリスチャンの勝手な解釈になってしまうからだ。この問題は少々複雑なので、詳しく説明しよう。

一般に人があるテキストを解釈しようとするとき、その人の持つ前理解が解釈の輪郭を決めてしまうという事実がある。特に聖書のような宗教的書物の場合、信徒たちは自分の所属している教派の教義を聖書の中に「読み込む」という傾向が強い。しかし、学問的な聖書研究においては出来事と神学的解釈が混同されてはならない。今日の聖書研究においては、聖書の「字義」を特定しようとする「釈義」と、そこから今日の信徒たちにとって有益なメッセージを引き出そうとする「神学的解釈」や「信仰的理解」は別の領域に属するものであるという見方が一般的で、聖書学を学ぼうとする者は、常にこの二つのレベルを区別する視座を持つことが要求される。そこで聖書の「解釈」と「釈義」の問題について簡単に触れておきたい。

古来より、聖書を読む人々はそのテキストの「字義」すなわち単語や文章の示している明らかな意味のほかに、もっと深い宗教的意味、あるいは隠された意味があるのではないかと考えてきた。これは聖書のテキストをより深く読むことによって、より深く神の意図を知ろうとする信仰者たちの探求心の自然な発露であったと言ってよい。そして多くの宗教的天才たちが既に聖典化された「聖書」の意味を解釈した文献をその時々に新たに編み出し、それを何世紀にもわたって蓄積してきたのである。

キリスト教初期の聖書解釈においては、聖書には文字通りの意味と並んで、比喩的な意味も持っているという理解が発達し、それも寓喩的、アナロギア的、教訓的という三つの意味があるという見解へと発展していった。この傾向はオリゲネスに代表されるようなアレクサンドリア学派の人々に顕著であり、彼らは今日から見れば「空想的」とも言えるような深遠で神秘的な解釈で聖書の記述を読み込んだのである。オリゲネスの「人々のすべての誤った見解の原因は、彼らが聖書を霊的な意味で理解せず、文字の表わすままの意味に理解している点にほかならない」という言葉はこの傾向を端的に表現していて、こうした傾向は中世まで続いた。

しかし、宗教改革の時代になると、ともすればプラトン主義などに基づいて聖書の中に霊的・象徴的な意味を読み込んでいくカトリックの聖書解釈に対する批判がなされ、「聖書は聖書によってのみ解釈される」という原理が主張されるようになった。ルターもカルヴァンも寓喩的解釈を批判し、言語学的注解によって聖書のテキストそのものが伝えようとしている「原義」を明らかにしようと試みたのである。

啓蒙主義の時代に入ると、聖書のテキストの「原義」を明らかにしようとする試みは教会の教義的制約から解放されて、学問の自由が保障された大学における批判的研究として盛んに行われるようになった。そこで目指されたのは、「一つのテキストを、それのもともとの文脈において理解する」（W・マルクスセン）ことであり、それこそが「釈義」の目的であるとされた。すなわち、聖書の著者はある特定の時代と場所に生きた人間であり、その当時の読者に向けて何らかのメッセージを伝えるために、その当時の言葉で語ったのであるから、より正確な「釈義」をするためには、原典の言語（ヘブライ語、アラム語、ギリシア語）や文学類型はもちろんのこと、当時の歴史的・文化的・宗教的背景に通じていることが必須条件であると理解されるに至ったのである。

したがって、現代の聖書学における「釈義」は極めて学問的・技術的な側面が強調され、歴史的・文献学的研究という側面に限定される傾向にあると言っていいであろう。キリスト教には「旧約聖書の預言が新約聖書において成就した」という信仰があり、旧約聖書の「隠された」意味は新約聖書によって照らし出されるという解釈が存在する。この原則に立てば、旧約聖書の記述はその「字義」あるいは「原義」よりも、「キリスト教的意味」あるいは「霊的意味」が強調されるようになり、旧約の出来事はできるかぎり新約の「予型」として解釈されることになる。しかし、こうした解釈は今日の聖書学によればキリスト教徒の「神学的推論」にすぎず、旧約聖書の「原義」とはかけ離れたものであるとされる。したがって、学問的に厳密な「釈義」を追究していくと、それが信仰と分離してしまうという事態に至るのである。

しかし、聖書の持つ意味が「原義」や「字義」に限定され、それが書かれた当時の人々に対するメッセージとしての意味しか持たないとなれば、それが現代に生きるわれわれの信仰生活と何のかかわりがあるのかという疑問が当然出てくる。聖書がキリスト教の聖典であり、信仰の書物である以上、今日に生きるわれわれの信仰生活を導いてくれるメッセージをそこから読み取ることができなければ何の意味もないのである。そこで、今日の説教者は聖書のテキストの基本的な意味を読み取る「釈義」から始めて、その意味を現代人に分かるように説明する「解説」、さらにはそれを現代人に対するメッセージとして翻訳する「説教」という幾つもの段階を経ながら聖書を解釈し、それを人々に伝えなければならない。そして各教派の特徴や説教者の個性が現れてくるのは、それを現代に生きる信徒たちに対するメッセージとして解釈する段階においてであり、ここでその教派や個人の「信仰」が表現されるのである。今日のキリスト教を幾つもの教派に分けているのは、主として聖書のメッセージをどのように受け止めるかという「解釈」の部分であり、この解釈の相違こそが教派の相違であると言ってもいい。

したがって、聖書の「原義」や「字義」を追求する「釈義」と、そこから宗教的メッセージをくみ取ろうとする「解釈」は別の領域に属するので、すべての聖書解釈が厳密な「釈義」に縛られているわけではないし、逆にそれに縛られていてはキリスト教の諸教派の独自の聖書解釈は成り立たないのである。現実のクリスチャンたちの信仰生活においては、学問的な「原義」や「字義」に関心がもたれることはほとんどなく、それがいまに生きる私にとってどのような意味があるのかの方に大きな関心が寄せられる。

これは統一教会においても同様であり、『原理講論』は聖書批評学の本ではなく、統一教会の信仰を解説し、信徒の信仰生活を導く神学的な書物なのだから、聖書の「原義」や「字義」以上に、その中に秘められた神のメッセージを受け止めることに主たる関心がある。したがって、櫻井流の堕落論批判は象牙の塔の中で行われる学術的な遊戯にすぎず、少なくとも統一教会の現役信者にとっては何の意味もないものである。

櫻井氏の『原理講論』批判は無知と勘違いのオンパレード

櫻井氏の『原理講論』全般に対する批判に一貫しているのは何か。彼は「統一原理では人間の堕落から話が始められる。この論法は創造原理も同じであり、世界の発生因を神とすることに論証はない。仮説を公理として議論を進めていって、議論に必要な概念（二性性相、四位基台、肉身と霊人など）もまた直感・霊感的に想定可能な準公理として用いながら、全ての議論を展開していくのである」（p.36）と批判してみたり、「この一箇所の典拠だけで次のようにいうのは大胆である」（p.41）とか、「以後は推論だけで堕落の原因・過程を説明していく」「この部分の記述は論理的ではない」（p.42）、「かなり苦しい展開である」（p.43）といった批判を繰り返し、『原理講論』の論証の一つひとつが極めて不十分で論理的な説得力に欠けていると主張している。

彼は『原理講論』を学術論文かなにかと勘違いしているのではないだろうか？『原理講論』は宗教的な書物で、宗教的な言説は、そもそも論理的な整合性よりも直感的で霊感的な理解を重要視するものが多い。例えば、キリスト教の牧師が「イエスが十字架上で亡くなることにより、あなたの罪が許されました」と言うとき、そこには万人が納得することができるような論理的整合性は存在しない。それを聞いた人が、聖霊を受けたとか、なにか宗教的体験や実存的理解をしたときに初めてその言葉は真理であると受け止められる内容が、宗教的な言説には多いのである。その言説が説得力を持つかどうかは、その言葉がその人の魂に響いたか、その人の人生に意味を与え、人生の問題を解決し、救いを感じられるかによって決まるのであり、論理の緻密性によって決まるのではない。こうした宗教的センスがなければ、『原理講論』の言葉は理解できない。

そもそも『原理講論』が読者として想定していたのは、１９５０年代から60年代の韓国のクリスチャンたちであり、その多くはファンダメンタリスト（根本主義者）であった。したがって、神が存在することや、人間が堕落していることなどは自明のこととして信じている人々を念頭に置いて書かれているため、そうしたことの論証は必要なかったのである。むしろ『原理講論』は、終末論、復活論、再臨論等において、根本主義的に「文字通り」に聖書を解釈する傾向と闘い、それに対する反論に多くの議論を割いている。つまり、『原理講論』は基本的に聖書を信じている人々に向けて語りかけ、その中で既存の聖書解釈に挑戦しているのである。

このような『原理講論』を日本のような非キリスト教的な文化圏では、当然そのまま講義することは難しい。まず神の存在を信じない人々には存在することを説得しなければならないし、聖書を信じない人に対しては聖書が神の啓示の書であることを納得させなければならない。日本における統一原理の修練会では、そのため独特の工夫がなされている。それでも最終的に原理を真理であると受け入れるかどうかは、論理的な緻密性だけでなく、むしろ宗教的な直感によるところが大きいのである。

櫻井氏は堕落論の中心的な主張である「不倫なる性関係としての堕落」という解釈を批判するために、『原理講論』が引用している以下の聖句を取り上げる。

「主は、自分たちの地位を守ろうとはせず、そのおるべき所を捨て去った御使たちを、大いなる日のさばきのために、永久にしばりつけたまま、暗やみの中に閉じ込めておかれた。ソドム、ゴモラも、まわりの町々も、同様であって、同じように淫行にふけり、不自然な肉欲に走ったので、永遠の火の刑罰を受け、人々の見せしめにされている」（ユダ6−7）

これをもって『原理講論』は天使の堕落を淫行であると結論しているわけだが、櫻井氏は「筆者にはソドム・ゴモラの話は直接御使達にはかからず、むしろ御使達が自分達の地位を守らなかったことを比喩的に表現しているように思われる」（p.41）と解釈している。

しかし、ユダ書のこの記事は、外典である『エノク書』からの引用であることが知られている。例えば、日本基督教団出版局版『新約聖書略解』ではこの箇所の注解を、「後期ユダヤ教の著名な物語となっている天使の不倫をさす。地位を守ろうとはせず（エノク書15：7）、そのおるべきところを捨て去った御使（同書12：4、10：4–6、10：11–12、54：3–5）。本来の権威ある身分と高い天のすまいを捨て人間の娘のところにはいり、淫行を犯した天使が……」（760ページ）としている（教文館刊『聖書外典偽典』第四巻エチオピア語エノク書の217ページ参照）。

また、この部分について『フランシスコ会訳聖書』は、次のように注解している。

「本節は、創6：1–4の背景、すなわち、人間の娘をめとって堕落した天使のことを物語る神話に言及したものであろう。この話は、外典エノク10：11–15、12：4、15：4–9、19：1に詳しく述べられている。本節に関するこの解釈は、次節の〈かれらと同じく〉という句からもうなずける。……〝不自然な肉欲〟は直訳では〝異なった肉〟。堕落した天使が人間の女を求めたように、ソドムの人々もその町を訪れた二位の天使をおかそうとした（創19：5、なお、外典アセルの遺訓7：1参照）。この堕落した天使たちの罪とソドムの人々の罪は、外典ナフタリの遺訓3：4–5でも関係づけられている」（147ページ）

すなわち、ここで、ユダ書が言わんとしていることは、エノク書にある「人間と天使」との「不自然な肉欲」と同じように、ソドムの人たちも「人間と天使」（創世記19：5）とのような「不自然な肉欲」に走ったということなのである。

このように、この聖句の背景を見るとき、御使たちの犯した罪がソドム・ゴモラと同じく「淫行」であることは明らかである。しかも、ここで問題とされているのは「天使と人間の女」との関係であることから、これが天使長とエバとの間に犯された「霊的堕落」の罪が成り立つことの、有力な傍証として引用されているのである。

櫻井氏が『原理講論』の堕落論を批判する第一の根拠は、その解釈が聖書の原義に忠実でないということにある。彼は、「『善悪を知る木の果を食べる』ことの原義は、字義通り善悪を知る木の果を食べたということでしかなく、木の果を食べるというヘブライ語に性行為の意味はない。禁断の木の果を食べるというアレゴリーに秘め事を推測するのは、近現代的な発想だろう」とか、「霊的堕落・肉的堕落が不倫の性関係であるという根拠は、聖書の中に求めようがない」(p.45)と言っている。

しかし、自分だけが聖書の「原義」を知っていて、それには性的な意味合いはないなどとどうして断言できるのであろうか？　本当のところ、聖書の記事の「原義」などそれを書いた人にしか分からず、数千年の時を経てそれを読むわれわれはそれを想像することしかできないのである。そして聖書の「原義」を探究した結果、創世記3章の堕落の物語には性的な意味があると分析する旧約聖書の研究も存在するのである。

最近の聖書批評学の研究の中には、創世記3章の著者「ヤハウィスト」の記述は、カナンの多産崇拝に対する反論または警告として書かれたものとの分析がある。カナンの多産崇拝は、祭りの時に夫や妻以外の男女と性関係を結ぶことにより、長寿、多産、神との交流を約束する宗教であり、その宗教的シンボルには「蛇」と「木」が含まれていた。それで創世記の著者は、明らかに神殿娼婦による性の儀式を伴うカナンの多産崇拝に対する反論、あるいは警告を意図してこの物語を書いたというのである。また、「善悪を知る木」の「知る」という言葉は、ヘブル語(原語の発音は「ヤダ」)においては、しばしば男性が女性と性関係を持つという意味で用いられた。このことについて私は拙著『神学論争と統一原理の世界』で詳しく解説している。

櫻井氏が『原理講論』の堕落論を批判する第二の根拠は、「キリスト教会諸教派では容認されるべくもない原罪論」(p.45)であるということにある。ここで急に櫻井氏は社会学や聖書学の立場を離れ、「キリスト教伝統」を根拠にして批判をしている。しかし櫻井氏自身はキリスト教の正統信仰を持っているわけではない。このように彼のスタンスはコロコロと変わる。われわれは「原罪淫行説」がキリスト教の正統や主流の教説でないことは百も承知である。文鮮明師は伝統的なキリスト教神学における「正統」の枠の中に自分が収まることに、そもそも関心がなかった。自分が直接聖書を読み、神と対話しながら勝ち取った「新しい啓示」が統一原理であると言っているのだから、その解釈が既存のキリスト教における「正統」の枠をぶち破ったとしても何の不思議もない。統一原理の堕落論は、失楽園の物語に対する新しい創造的な解釈であり、それが真理であるかどうかは、あくまでそれを聞いた一人ひとりが決めることである。なお、原罪淫行説がキリスト教神学の正統になりえなかった理由については、同じく私の『神学論争と統一原理の世界』シリーズで解説している。

「統一教会のコスモロジー」に対する櫻井氏の誤解

堕落論の批判を終えた櫻井氏は、『原理講論』の順番に従って終末論、メシヤ論の解説に移るが、これら二つの解説は非常に簡単で特に見るべきものはない。しかし、復活論の分析に当たっては、櫻井氏独特の統一教会史に対する理解が展開されていて興味深い。とは言っても、それは誤解もしくは曲解に基づくものである。

復活の定義の部分で彼は、「イエスが墓に葬られ、三日の後に弟子達の前に現れた復活や、再臨の日にキリストに結ばれて死んだ人達が復活し、生き残っているものが雲の中に引き上げられる（携挙）といったキリスト教の伝統的な復活論は一切顧みられていないことに注意したい」（p.48-49）と述べている。ここでの櫻井氏の原理批判のスタンスは、キリスト教の伝統的信仰を基準としている。ただし、彼はそれを信じているわけではないので、宗教的信念に基づく神学的批判でもない。櫻井氏のこの部分の理解はまだ甘いと言ってよいだろう。統一原理はキリスト教の伝統的な復活論を「顧みていない」のではなく、それに挑戦し、字義通りの解釈を否定しているのである。それはイエスの肉体が復活したことも、再臨の時に死人の肉身が復活することも否定し、復活の概念そのものを再定義しているのである。

櫻井氏は、「この復活論には統一教会のコスモロジーがある意味で凝縮されている」（p.50）と言っている。正確には、統一教会のコスモロジーは創造原理の第6章で包括的に説明されており、復活論はその応用展開に当たるのだが、上記の櫻井氏の指摘は間違いとは言えない。しかし、その後の議論は櫻井氏の一方的な思い込みであり、現実を反映していない。彼は以下のように述べている。

「日本の統一教会信者達は、日本宣教の初期にはおそらくここで説かれている霊魂観が了解できずに、地上人の復活に関わる地上天国実現という歴史的な摂理に邁進した。実際に統一運動には政治・経済的な側面が濃厚で、宗教運動だけでは取り込めない大学生を宣教できたのである。

ところが、統一教会の創始者や韓国の幹部達の発想には、最初から、現世の人間に憑霊する様々な霊人（聖徒、善霊、悪霊）の働きがあり、それなしには摂理が進まないこと（協助）も強調していた。日本では一九八〇年代に資金調達のミッションが強化され、霊能と商品をセット販売するいわゆる霊感商法が日本の幹部によって開発され、献金強要が問題化したが、このやり方の方が統一教会としては本筋であったとさえいえる。一九六〇、七〇年代に学生運動の残り火を感じながら統一教会に入信した若者にはこのような霊魂観は無縁のものだったが、彼らも韓国の統一教会に親しみ、中高年者の宣教に因縁や霊能を用いるようになって、ようやく統一原理のシャーマニズム的基底が了解されたのではないか。統一教会の信者にとって、霊界の存在は極めて大きい」（p.50）

どうも櫻井氏の日本統一教会史の理解には、顕示的な学生運動であった１９６０年代と70年代から、正体を隠して「霊感商法」を行う組織宗教へと姿を変えた１９８０年代以降という基本的な図式があるらしく、無理やりそれに当てはめて教義や神学の問題も理解しようとする。櫻井氏が学生時代にキャンパスで見かけた原理研究会のメンバーの姿と、壮年壮婦の多い１９８０年代以降の統一教会のイメージが合わないためにこのような発想をするのだと思うが、これは単なる印象論にすぎず、両方の時代の信者たちの信仰を実証的に比較検討したわけではない。

統一教会初期の信仰に関しては、歴史編纂委員会編著の『日本統一運動史』（光言社、２０００年）に詳しく記載されている。１９６０年代から70年代にかけて文鮮明師は日本を何度も訪問しており、その際に信徒たちに対してみ言を語っている。その中には「霊界」という言葉がたびたび出てくるし、日本宣教を開拓した崔奉春宣教師の講話、草創期の信者である春日千鶴子さん、江利川安榮さん、神山威氏、小山田秀生氏などの証しの中にも「霊界」という言葉が出てくる。

１９６６年5月に韓国で『原理講論』が出版され、それに基づく「原理大修練会」が日本で１９６７年6月に全国から責任者クラス１０５人を集めて行われている。そして１９６７年10月2日には日本語版の『原理講論』が発刊されている。その中には復活論も当然含まれていて、初期の統一教会の信徒たちは非常に熱心に原理を勉強したわけだから、１９６０年代の初期の信徒たちが復活論で説かれている霊界について了解していなかったという主張は、全く根拠がないのである。

「はじめに」でも触れたが、櫻井氏の根本的な誤解は、１９６０年代から70年代の統一運動が新左翼の学生運動と似たようなものであったという認識にあり、これは根本的な間違いである。新左翼は唯物論に基づく政治運動であったが、統一運動は初めから宗教的な運動であった。したがって、この頃から日本の統一教会信徒は霊界の存在を信じていたのである。宗教社会学者であるはずの櫻井氏になぜそのことが理解できないのであろうか？

それは、『ムーニーの成り立ち』の著者であるアイリーン・バーカー博士の研究と比較してみると明らかになる。バーカー博士が研究対象としたムーニーは１９７０年代の西洋の若者たちであり、櫻井氏が姿を見かけたという１９７０年代の原理研究会の若者たちとほぼ同世代の者たちである。櫻井氏は１９６１年生まれなので、大学生活を送ったのは１９７０年代の最後から１９８０年代初めであると思われる。このころは大学キャンパスで思想集団としての原理研究会が活発に活動していた時代で、バーカー博士のフィールドワークによる研究もまさにこのころに行われた。したがって、洋の東西は違うが、この時代特有の大学生の文化を体現していたという点では共通点がある。

バーカー博士は、人がムーニーになる動機を、「プッシュ」と「プル」の両方の観点から分析している。プッシュとは「押し出す」要素であり、これまでの生活に対する幻滅、不満、不安、絶望などを指す。一般社会に対してある程度の「不適合」を起こしていなければ統一教会には来ないだろうということで、これは左翼運動に走る若者たちともある程度の共通点がある。とりわけ理想主義的な若者たちにとっては、一部の若者たちにとっては暗く、矛盾に満ちた、絶望的な世界に映った。１９７０年代の西欧社会は、一般社会は住むに堪えない社会で、それに対する若者たちの反抗の形の一つが左翼運動だった。左翼的な学生運動が挫折すると、次に起こったのは「カウンター・カルチャー」運動で、その代表的なものが米国のカリフォルニアで起こった「ニュー・エイジ」運動である。しかし、これもやがては若者たちに大きな失望を引き起こして衰退していくことになる。

しかし、こうした「プッシュ」だけに注目するのでは、「なぜこれらの若者たちの一部はムーニーになり、他の者たちはアングリカンや、毛沢東主義者や、自由の闘士や、パンク・ロッカーや、シンナー遊びをする者や、サッカーのフーリガンや、アマゾン川の上流を探検する者になるのかを説明するのには役に立たない」（第10章「結論」より）とバーカー博士は論じる。すなわち、こうした社会背景に「プッシュ」されたとしても、それだけで全員がムーニーになるのではなく、「プル」すなわち「引き付ける」要素がなければ、若者がそれまでのライフスタイルを棄てて、統一教会の信仰生活を始める決意をすることはあり得ないという。これは要するに、統一教会のどのような側面が英国の若者たちに魅力的に映ったのかで、バーカー博士によれば、それはまさに宗教的な魅力であった。

１９６０年代から70年代の日本の大学生たちも、社会の矛盾に絶望して反抗的になったのは確かで、多くの若者たちは左翼運動に走り、やがて挫折していった。しかし、彼らと同じ時代に、同じ「プッシュ」を受けていた若者たちの中に、原理研究会に入ることを選択した若者たちがいたのである。それは彼らがもともと人生に対する宗教的な回答を求めていたからであり、それに対して統一原理が宗教的な回答を提示していたので、それに「プル」すなわち引き付けられて入ったことになる。その宗教的な魅力の中には、霊界に関する教説、すなわち創造原理の第６節や復活論の内容も当然含まれていたのである。

櫻井氏は１９６０年代から70年代の原理研究会を、新左翼の学生運動のようなものだと誤解することで、その時代と80年代以降の統一教会の連続性を理解できなくなった。それは櫻井氏が、統一教会の宗教的本質とその魅力を理解できなかったからにほかならない。

「予定論」への反証

『原理講論』の予定論のポイントは比較的シンプルであり、「み旨成就は、どこまでも相対的であるので、神がなさる九五パーセントの責任分担に、その中心人物が担当すべき五パーセントの責任分担が加担されて、初めて、完成されるように予定されるのである」（２４３ページ）という記述に集約される。『原理講論』は主として韓国の根本主義者たちを対象として書かれたものなので、彼らに広く支持されていた絶対的予定説に対する反論として議論が展開されており、これはすぐれて神学的なテーマであると言える。

そのような絶対的予定説を提唱した代表的な人物が宗教改革者のジャン・カルヴァンであり、彼は神の救済にあずかる者と滅びに至る者が予め定められているとする「二重予定説」を主張した。このような「絶対的予定説」に対する反論として、その予定が実現するかどうかは人間の責任分担の遂行如何にかかっているという「相対的予定説」を展開しているのが『原理講論』なのである。したがって、このような議論はあくまでも神学的問題として取り扱うべきなのに、櫻井氏はここで神学のフィールドを離れて、組織論の問題から批判を始め、次のように主張する。

「一見すると極めてうまい説明のように思える。摂理の成功、失敗を全てこれで正当化できるのだから、過去と未来にわたって神とメシヤの責任は問われない。わずか五パーセントとはいえ、『人間自身においては、一〇〇パーセントに該当するということを知らなければならない』（二四四頁）。だから完全な献身を求められる」（p.51）

「とはいえ、信者からするとこれははなはだ不公正な論理であり、常に悪いのは自分、努力不足の自分を責めるほかないし、そこを執拗に責めるメシヤというのは果たしてオールマイティなのだろうかという疑問も生じ

るに違いない。そこで、統一教会の親としての神というレトリックが持ち出されるのである」(p.51)

特定宗教の教理が信者から見て不公正な論理であると論じることがいかにナンセンスであるかは、それと全く逆の立場の教義に対しても同じことが可能であることを示せば、容易に理解できる。例えば、『原理講論』が批判している絶対的予定説に対して、櫻井氏と同じことをやろうとすれば、それはいとも簡単である。

「カルヴァンの予定説によれば、ある人が神の救済にあずかれるかどうかは予め決められており、その人がいくら熱心に信仰しようが、善行を積もうが、それは救済されるかどうかには全く関係ないということになる。このように個人の意思や行動に関係なく、神によって一方的に救われるかどうかが決定されるなどということははなはだ不公正であり、そのような独裁的で無慈悲な神は信じるに値しない。そもそも初めから滅びに至るように神が定めた人間が存在するなどという考え方は、神の本質は愛であるというキリスト教の基本精神に反するし、甚だしい人権侵害の思想である」

といった具合である。すなわち、絶対的予定説であろうと、相対的予定説であろうと、信者の立場から文句を言おうと思えばいくらでも可能で、そうした批判には全く学問的価値はないのである。

「5　復帰摂理」への反証

キリスト論に関する櫻井氏の説明は特に内容がないので、復帰原理の解説へと進む。ここから櫻井氏は批判のスタンスを考古学や聖書学などの実証主義的な歴史学にシフトさせて、そこから『原理講論』の展開する神学に挑戦を試みている。

櫻井氏はまず、「この歴史論は後述するように、二〇〇〇年を一区切りとして三回分、計六〇〇〇年間で人類史を説明しようとしている。これだけ考えても、アメリカの創造説にも匹敵する宗教的歴史観は、考古学や形態人類学、古代史や比較文化史の学術的成果にまったくそぐわない」（p.52）という具合に、一発ジャブを入れてから中身に入る。そして「摂理的同時性の時代」の解説では、『原理講論』の提示する１６００年、４００年といった数字が実際の聖書の記述と合わない、創世記の人物が９００年前後の寿命を生きたと書かれているのを史実と解釈するのはおかしい、聖書史学が明らかにしたモーセの年代やイスラエルの統一王国時代の年代は『原理講論』の設定する年代とかなりずれている、紀元後の世界史に関してもぴったり原理数にならずに数年ずれている、などの批判を次々と展開していく。櫻井氏の基本的な主張は、「一六〇〇、四〇〇といった年数に原理的な意味があるとか象徴的な意味があるといった説明は数字あわせである」（p.56）というものである。

私は統一神学校で旧約聖書学を学び、アンドリュー・ウィルソン博士から「イスラエル史」を学んだので、こうした学問的立場から『原理講論』の記述を批判的に検討する思考法を理解できる。しかし、それは聖書批評学や歴史学という特定の学問的立場からするものであって、神学や信仰の問題と混同することはない。それらは別の領域に属する問題であるからだ。櫻井氏の議論には、常にこの領域を飛び越えて、極めてご都合主義的に学問的成果を教義批判に利用するという特徴がある。

『原理講論』は組織神学的な書物であるため、基本的に聖書に書かれていることは神の啓示であると信じる立場から論理が展開されている。組織神学においては通常、旧約聖書に書かれていることが歴史的事実であるかどうかは扱わず、聖書の記述の中にどのような神のメッセージを読み取るかを問題とする。櫻井氏の言うような考古学や古代史の立場から旧約聖書を批判的に読むのは、聖書批評学の立場である。実はこうした立場からの批判は、『原理講論』のみならず、あらゆるキリスト教の信仰を破壊するような性質を持っているので、少し詳しく解説しよう。

近代における旧約聖書研究は、それまでキリスト教の聖典として信仰的・神学的視点からのみ研究されてきた旧約聖書のテキストを、歴史的・文献的側面から解明しようとする試みであった。すなわち、旧約聖書に記されている出来事は歴史的事実なのか、各書の著者は誰で、どのような思想の持ち主であり、いつ頃の年代に書かれたものなのか、あるいは現在一つにまとまっている書物も、一人の著者によって書かれたものなのか、それとも長年にわたる加筆や編集の結果として出来上がったものなのか、といった問題について分析することを主な課題としている。

19世紀後半に入って、自由主義の思潮のもとに、「信仰から見た聖書」ではなく「聖書を歴史的事実に即し合理的批判精神で見る」という立場が確立し、聖書テキストの批評的研究は大きく発展した。さらに、20世紀に入ってからは考古学の研究が飛躍的に発展し、聖書テキストの考古学的観点からの研究が格段に進歩した。今日われわれが目にする多くの聖書研究の成果は、この二つの研究がその基盤となっているといえる。

しかしながら、旧約聖書研究は、研究の動機そのものが「旧約聖書の記述は歴史的事実かどうか」を調べる試みであったが故に、聖書は神が「霊感を与えて書いたもの」であるという理解とは、全く反対の方向へと進んで行った。そして、旧約聖書は神がモーセに啓示を与え、また多くの聖書記述者に霊感を与えて書かれたものではなく、むしろ人間の手によって編纂されたものであり、その過程で記述ミスや時代錯誤が混入するなど、その編纂過程にも様々な現実的要素が入り込んでいるという研究結果は、純粋に聖書を神のみ言として理解する信仰者にとっては大いなる衝撃であった。さらには、旧約聖書中にはアダムの長寿の問題や、ノアの洪水は全世界を覆ったのか、などといった疑問が多数存在し、聖書の記述に対して科学的な視点から疑問を投げかけたら、それこそきりがない。啓蒙思想以降、こうした聖書に対する疑問は、クリスチャンにとって信仰上の大きな試練となったのである。

これはキリスト教がよって立つところの聖書そのものの権威に対して、理性と科学の名によって挑戦がなされたわけであるから、苛酷な試練であったことは疑いがない。例えば、ヨシュアによるエリコ城の陥落は、長年にわたってクリスチャンたちの信仰を鼓舞してきた有名な物語である。しかし、ヨシュアがエリコに到達した時代には、既にエリコは廃虚であったという考古学の発見は、聖書の権威を瞬間的に失わせるほどの破壊力を持っていたであろう。聖書の記述に合理的なメスを入れることは、われわれの信仰的アイデンティティーを形成している物語を一瞬にして崩壊させることにもなりかねない。牧師になろうという純粋な動機で神学校に行ったクリスチャン青年が、聖書批評学を学ぶことによってショックを受けて信仰を失ってしまうことは実際よくあるくらい、この学問には破壊力がある。

その破壊力を、統一教会信者の信仰破壊に利用してきたのが、いわゆる反対牧師たちであった。「歴史の同時性」の年数が間違っている、歴史的事実でないといった批判は、伝統的に反対牧師が用いてきた説得の手段であった。なぜなら、統一教会の信仰においては、「歴史の同時性」の年表は文鮮明師がメシヤであることの証明であると理解されているため、その批判は文鮮明師のメシヤ性の否定に帰結するからである。櫻井氏の『原理講論』批判は、その手法を援用したものであると言えよう。

しかしながら、旧約聖書批評学は結局キリスト教信仰そのものを破壊してしまうことはなかった。その理由は、こうした研究は象牙の塔の中で行われる一部の知的エリートの作業にすぎず、一般大衆に広く読まれることはなかったからである。ほとんどのクリスチャンにとっては、いまでも聖書は「信仰の書物」であり続けており、彼らの信仰姿勢はその学問的分析には影響されない。こうした事情は統一教会においても同じで、櫻井氏が展開するような聖書史学的立場からの『原理講論』批判も、監禁現場で反対牧師から無理やり聞かされるという状況以外では、統一教会の食口（信者）の耳に届くことはないであろう。

「6　摂理的同時性の時代」への反証

「摂理的同時性の時代」に対して、考古学や聖書学などの実証主義的な歴史学の立場からの批判を行った後、櫻井氏は『原理講論』における摂理の成功例と失敗例を列記する。彼は①ノア家庭、②アブラハム家庭、③ヤコブ、④モーセとヨシュア、⑤イエスの例を挙げながら復帰原理の内容を解説しているが、これでは初めて読む人には復帰原理の本質はさっぱり分からないであろう。彼の復帰原理に対する理解の欠如は驚くほどである。『原理講論』

の中で、修練会で「復帰原理」の具体例として講義される部分は「復帰基台摂理時代」と「モーセとイエスを中心とする復帰摂理」の部分である。これを合計すると145ページに及び、これは『原理講論』全体の約4分の1を占めるだけでなく、統一教会の信仰生活を導く重要な教訓がちりばめられている部分である。したがって、「復帰原理」の正しい理解なくして、統一教会の信仰生活を理解することはできない。それをわずか2ページほどの断片的な引用によって説明するのはあまりにお粗末すぎる。

櫻井氏の説明の中には基本的な間違いが含まれている。彼は「アブラハムの家庭の失敗」(p.57)のところで『原理講論』を引用し「カインがアベルを殺害することによって、天使長が人間を堕落せしめた堕落性本性を反復するようになり、アダムの家庭が立てるべきであった『実体基台』は立てられなかった」(二九六頁)と記述しているが、この部分は「アダム家庭の失敗」であり、実際に彼が引用しているページもアダム家庭の部分である。

櫻井氏の復帰原理に関する総括は以下のようなものである。

「以上、簡単に歴史的同時性についての説明を終えたが、『原理講論』の説く歴史とは、結局のところ、壮大な歴史ドラマを物語っているようでありながら、聖書に登場するわずか五回分の摂理的中心人物について、蕩減の成功・失敗を解説しているにすぎない。イスラエル民族史や西ヨーロッパ史についても摂理的な説明を加えているが、史実や歴史学的含意を入れ込む水準ではない」(p.59)

ここでも櫻井氏は『原理講論』を歴史学の学術論文かなにかと勘違いしているのではないかと思える。「わずか五回分の摂理的中心人物」とは櫻井氏の記述によればノア、アブラハム、ヤコブ、モーセ、イエスになろうが、『原理講論』に忠実に表現すれば、①アダム(アベル)、②ノア、③アブラハム(イサク、ヤコブ)、④モーセ(ヨシュア)、⑤イエス(洗礼ヨハネ)と数えるのが適当であろう。『原理講論』は組織神学的構造を持つ教理解説書であるため、聖書の登場人物の行動に対する解説や評価が中心となるのは当然であるし、歴史資料としては「旧約聖書」「新約聖書」およびキリスト教を中心とする西洋史を用いると明言してから議論を展開している。その中で聖書に登場する人物に関する解説が詳しいのは、そこに歴史発展の原理原則が示されており、その後の歴史を解釈する上で極めて重要であるという理解からである。

確かに「摂理的同時性の時代」におけるイスラエル史の解説や、キリスト教を中心とする西洋史の解説が、創世記に登場する人物およびモーセとイエスに関する部分に比べて簡単に記述されているのは事実であろう。それは『原理講論』が歴史学会に提出するような論文として書かれたものではなく、あくまでも信徒の信仰生活を導く教理解説書として書かれたからにほかならない。「復帰原理」や「摂理的同時性の時代」の記述の目的は、歴史学の探求にあるのではなく、実際に信仰生活を送っている信徒たちに対して、神の摂理がどのようにして成功したり失敗したりするのかという教訓を示し、現代という時代が神の摂理から見てどのような特別な時代であるのかを理解させることにある。

『原理講論』が韓国で出版された1966年当時の状況に鑑みれば、創設されて間もない統一教会の信徒にとって、詳細な歴史学的記述は不必要であり、信仰の育成と教会の発展こそが最も重要な課題であった。したがって、さらなる歴史の詳細に関する学術的研究は後世の課題として残されたのである。こうした研究は、キリスト教の歴史においてもそれこそ何百年という単位の時間をかけて行われてきたものである。櫻井氏は統一教会の教学の専門部署に所属していた幹部たちが学術的な反論をほとんどできなかったと批判するが、これもキリスト教における神学の発展史のスピードと比較すれば、あまりに性急な要求といえるであろう。

私はアメリカの統一神学校でアンドリュー・ウィルソン博士から「イスラエル史」を学んだが、この授業は単に旧約聖書学的な観点から古代イスラエル史を学ぶだけでなく、『原理講論』における「摂理的同時性の時代」を構成する六つの期間の中から学生が好きな時代を選び、旧約時代のイスラエル史とキリスト教を中心とする西洋史の史実の中に、より詳しい同時性の出来事を発見するためのリサーチがレポートの課題として出されていた。私は「南北王朝分立時代と東西王朝分立時代」を選択し、旧約聖書の預言者エレミヤと、中世ドイツ（神聖ローマ帝国）のキリスト教神学者であり神秘主義者のマイスター・エックハルトの間に、人物としての同時性を見いだすというレポートを書いたことがある。こうした研究は確かに面白いが、はたしてその解釈が正しいかどうかは現時点ではなんとも言えない。統一教会の神学研究機関が今後ますます発展し、学問の自由が保障された環境で活発な議論が積み重ねられていけば、学術的な議論に耐えうる「同時性」の詳しい解説が発展するかもしれない。しかしそれはキリスト教神学の発展が長い時間を要したのと同じく、一朝一夕にはなされないもので、『原理講論』を種とし、そこから芽が出て、やがて木となり、豊かな実りをもたらすのを待つしかない。

最後に櫻井氏は「再臨論」の解説に入るが、ここで彼がやっているのはただ長々と『原理講論』を引用するだけである。約5ページにわたり、途中に短い解説を入れながらもひたすらに『原理講論』を引用した後に彼が言うのは、「統一教会のセミナーでは、『原理講論』を最後の方から講義すべきだろう。そうすれば、信者は左記のような文言を読むうちに、この団体の教説の特異さに気づくはずである」(p.64-65) というおせっかいである。彼は特定教団の伝道方法や教義のプレゼンテーションの仕方を、わざわざ人々が受け入れにくいように改悪しなければならないという驚くべき主張をする。

櫻井氏が「『原理講論』の説く歴史とは、結局のところ、壮大な歴史ドラマを物語っているよう」(p.59) だと言うのであれば、その結論を最初に講義せよというのは、初めにネタバレになるような情報を告知してから3時間の歴史ドラマを見てくださいと要求するのに等しい。物語は順序を踏んで筋を追いながら、様々な伏線や展開を楽しみながら結末を予想しつつ、クライマックスを迎えるから面白いのであって、その結論を最初から知らされていたのでは興味は半減する。

宗教的な教説を述べるときのプレゼンテーションの順序や組み立ても同様であり、宣教者や説教者は通常、聴衆の心が中心的メッセージを受け入れるような状態になるまで十分に時間をかけて準備し、適切なときに適切な方法で自分の最も伝えたいことを述べるものである。それは表現の自由の範疇に属するものであり、第三者からとやかく言われる筋合いはない。

櫻井氏は統一教会の教説の本質を、「普遍宗教の体裁をとりながら、その実、将来は民族宗教による世界平準化が目標」(p.63) とか、「普遍宗教を擬装した民族主義」(p.65) と捉えている。私はこの見解に反対である。統一教会は、韓国で誕生した普遍宗教である。創設者と初期の信徒が韓国人であったため、そのルーツに韓国的要素があるのは当然である。しかし、世界中の国々に宣教されていく過程を通して、普遍宗教としての性格を強めていったものと思われる。それはキリスト教の「メシヤ」という概念そのものが、もともとユダヤ王国の復興というナショナリズムに基づくものであったにもかかわらず、最終的にはそれが「人類の救い主」という概念に昇華され、普遍宗教に成長していったのと同じである。

『原理講論』の再臨論には、櫻井氏の言う通り、肝心のメシヤが誰かについては書かれていない。文鮮明師がメシヤであることを統一教会は証明しておらず、「要するに、文鮮明が自分を真の父母と言っていることを信じるかどうか、これだけである」(p.65) とした上で、これを「統一教会の教説の弱さ」(p.66) であると櫻井氏は言う。しかし、彼は知らないのであろうか？　キリスト教信仰の本質とは、「イエスが自分をキリストであると言っていることを信じるかどうか、これだけである」ということを。

人がイエスをキリストとして受け入れるということは、合理的な分析によるものではなく、聖霊体験に代表されるような宗教体験に基づくことが多い。新約聖書にはイエスのメシヤ性が理路整然と証明されているわけではなく、彼の言葉と行動とが物語として書き記されているだけであり、使徒たちが「イエスはキリストである」と証すだけである。同様に、統一教会の修練会においては、「原理講義」の後に、通常「主の路程」というタイトルで文鮮明師の生涯に関する講義がなされる。講師は、「文鮮明先生こそメシヤです」と証しするかもしれない。これを聞いて修練生たちは、この人がはたして私の救い主であるかどうかを自分で判断するのである。メシヤを受け入れるプロセスは同時に宗教的回心のプロセスでもあり、そこには理性では説明できない宗教的体験が伴うことが多い。櫻井氏は、宗教的教説のプレゼンテーションや宗教的回心に、学術論文的な合理性を要求しているという点において、根本的に宗教音痴であると言える。

「三 『天聖経』に見る霊的世界」への反証

『原理講論』の批判的解説を一通り終えた櫻井氏は、『聖本』や八大教材教本『天聖経』（以下『天聖経』という）に見られる文鮮明師が直接語った言葉の分析に入る。既に述べたように、どうも櫻井氏の日本統一教会史の理解には、顕示的な学生運動であった１９６０年代と70年代から、正体を隠して「霊感商法」を行う組織宗教へと姿を変えた80年代以降という基本的な図式があるらしく、教義や神学の問題も無理やりそれに当てはめて理解しようとする。「顕示的な学生運動」「キリスト教的」「普遍宗教」といった概念で代表されるのが『原理講論』に見られる教説であり、「韓国民族主義」「シャーマニズム」「霊感商法的」といった特徴を持つのが『聖本』や『天聖経』で説かれている教説であると言いたいようである。しかも、もともと統一教会の本質は韓国のシャーマニズムに近いものだったが、日本宣教の初期においてキリスト教的装いで普遍宗教に擬装して大学生信者を獲得し、基盤を築いた後に１９８０年代に「霊感商法」という形でその本性を表したという理解である。その証拠が、後に出版された『天聖経』や『聖本』に多く見られる、霊界に関する教説だとする。

この分析は事実に反している。統一教会は韓国においても日本においても、キリスト教的で、普遍宗教であると同時に、霊界に関することが教義の中心的な内容を占める宗教であり続けている。これらは矛盾のない一貫した宗教理念として継続しており、時代によって変化したのでもなければ、ましてや擬装されていた正体が後から出現したのでもない。１９６０年代から70年代の日本統一教会草創期の信者の証しの中にも「霊界」という言葉は頻繁に出ていて、１９８０年代になって突然出てきたものではない。櫻井氏は、そもそもキリスト教信仰と東アジア的な霊魂観は相容れないという偏見を持っているために、統一教会の信仰を正しく理解できないのだと思われる。

この節のタイトルは「『天聖経』に見る霊的世界」だが、実際に櫻井氏が「初期に比べて霊界に大きくシフトしてきた」（p.67）という根拠にあげている本は『聖本』である。その根拠は、『原理講論』において霊界に触れている箇所は、「肉身と霊人体との相対的関係」（85～89ページ）、「霊人に対する復活摂理」（224～232ページ）の12ページ（2％）にすぎないのに対して、『聖本』では全体の56・4％が霊界にかかわる記述であると指摘している。これは学術的研究書の分析としてはデータの偽装に近い。その根拠を示そう。

左の表は、『原理講論』の各章で「霊界」「霊人体」「悪霊」「霊的」などのキーワードが何回登場するかをカウントしたものである。このことから分かるのは、「霊界」に関係するキーワードは『原理講論』のほぼ全域において広く使われており、全体の2％でしか触れられていないという櫻井氏の分析は明らかに間違っている。

さらに詳しい用語検索は、『原理講論』の索引を利用すれば可能で、霊界や霊的現象に関わる様々な用語が『原理講論』全体に幅広く分布していることが分かる。

また、私自身の講師経験からしても、櫻井氏の挙げている「肉身と霊人体との相対的関係」（p.85-89）、「霊人に対する復活摂理」（p.224-232）

原理講論における霊界に関する記述

	霊界	霊人体	悪霊	霊的
総序	1	0	0	5
創造原理	4	49	0	7
堕落論	1	3	5	25
終末論	3	3	1	10
メシヤ論	2	0	2	12
復活論	14	30	18	9
予定論	0	0	0	0
キリスト論	2	4	0	11
緒論	2	0	0	0
復帰基台摂理時代	0	0	0	2
モーセとイエス	1	6	0	78
同時性	1	3	0	32
メシヤ再降臨準備時代	1	2	0	10
再臨論	4	1	1	8

の12ページ以外にも、すぐれて霊的な事柄を扱っている個所は『原理講論』の中に多く存在する。代表的なのは、堕落論の第四節（二）の「人間世界に対するサタンの活動」（p.116）、（四）善神の業と悪神の業（p.120）、終末論の第三節（二）の「（3）墓から死体がよみがえる」（p.153）、同じく第四節（一）第一祝福復帰の現象の「心霊復帰」（p.158）などである。また復活論の第二節復活摂理（p.216-236）は、櫻井氏の指摘する部分だけでなく第二節全体が極めて霊的な事柄について扱っている。

次に、櫻井氏が「教説の変遷」を読み取っている『天聖経』の中身を見てみよう。2003年に発行された『天聖経』に収録されているのは、①真の神様、②真の父母、③真の愛、④真の家庭、⑤地上生活と霊界、⑥人間の生と霊魂の世界、⑦礼節と儀式、⑧罪と蕩減復帰、⑨祝福家庭、⑩成約人への道、⑪宇宙の根本、⑫環太平洋摂理、⑬真の神様の祖国光復、⑭真の孝の生活、⑮天一国主人の生活、⑯真の家庭と家庭盟誓、というタイトルのついた一群の内容である。こうして見ると『天聖経』は、統一教会の神観、罪観、救済観、メシヤ観、家庭観、来世観、摂理観、信仰生活のあり方などの広範なテーマについて、文鮮明師のみ言をバランスよく編纂していると言えるであろう。したがって、「『天聖経』に見る霊的世界」という櫻井氏のタイトルはミスリーディングであり、学者として不誠実である。

ここで話のつながりという観点から、少し飛んで「3　統一教会の教説と東アジア文化」（p.72）について解説してみたい。彼は以下のように述べている。

「原罪は先祖からの血統で伝えられる、救済は再臨主を中心とした聖なる結婚とその結果としての子孫繁栄からもたらされるという教説は、東アジアの祖先崇拝、性的繁殖力に神秘的力を見いだす道教やシャーマニズム的色彩が濃厚である。『原理講論』は聖書の独自な解釈であるだけにキリスト教の新説という印象を受けるが、文鮮明の説教集や霊界から様々な指令が下りたり、先祖の怨念等を強調したりする一般信者向けの教説からは、むしろ、韓国の民俗文化に根ざした宗教観が窺える」（p.72）

「朝鮮半島に土着化し、変容も遂げたキリスト教には、民俗的霊魂観や疾病観、災因論を織り込んだ教義や儀礼を開発するものが統一教会以外にもある。統一教会の霊界に関わる文献を何度も読み返してみると、われわれになじみ深い民俗宗教が見えてくる。霊の働きを中心に据えた教義や儀礼は、祟り信仰に慣れた日本人には現実味があり、霊に対する畏怖の念が、信者の教会にすがる態度、逆らうことの困難さを増幅していたと考えられる。統一教会の信者に対する説得力がここにある。中高年世代、主婦層が統一教会の信仰として抱いていたものは、この種の祟り信仰と理解することができ、彼女達が『原理講論』を通じてキリスト教的な信仰にまで至ったケースは少ないのではないか」(p.72)

「このように東アジアの宗教文化と統一教会の教説の類似点を指摘することで、この教説を成立させ、また受容せしめる文化的背景が理解できたかと思われる」(p.73)

私は櫻井氏のこのような主張を全面的に否定するつもりはない。私は「キリスト教はなぜ日本に根づかないのか」というタイトルでこの問題を論じた中で、韓国におけるキリスト教の土着化を論じており、統一教会が日本で成功した理由として、「キリスト教信仰と東洋思想のみごとな融合」を挙げ、その具体的な中身としては、陰陽思想、家庭倫理や家族主義、いわゆる先祖供養の神学的受容などを挙げた。また、「霊感商法とは何だったのか」というシリーズの中では土着化論を展開し、「霊感商法」とはキリスト教的な教えである『原理講論』の内容を日本に土着化させる過程で生じたシンクレティズムであるという主張をした。関心のある方は、以下のＵＲＬから読んでいただきたい。

http://suotani.com/archives/1084

http://suotani.com/archives/1586

これらの論点の中には、櫻井氏の分析と相通じるものがある。しかし、櫻井氏の記述の中にはキリスト教は普遍宗教で高尚なものであり、東アジアの霊魂観は低俗で迷信的なものなので、これらは本来相容れないという世界観が透けて見える。だからこそ、統一教会はもともとは韓国のシャーマニズムに近いものだが、キリスト教的に擬装することによって理性的な日本の大学生を引き付けることができたのだという議論になる。

統一原理はユダヤ・キリスト教を選民圏の宗教であり、神の摂理の中心宗教であると捉えているため、キリスト教が民俗宗教の上位にあることを否定はしない。しかし同時に、統一原理の持つ「宗教統一」の理想により、キリスト教以外の諸宗教に対しても神が与えた歴史的・地域的役割があると捉えているので、そうした宗教を蔑むような態度も正しくないと考えている。むしろ西洋のキリスト教と東洋の諸宗教は相互補完的な関係にあり、それらが融合したものが「統一原理」であると捉えているのである。

したがって、仏教や民俗宗教的な理解から出発した日本の壮年壮婦たちも、『原理講論』に基づいてみ言を学び、心霊が成長していくにしたがって、キリスト教的な信仰の本質を理解することができるようになる。櫻井氏の物言いは、統一教会の壮年壮婦の信者たちに対して極めて失礼である。統一教会の教説と東アジア文化の関係は、むしろキリスト教の土着化の成功例として捉えるべきで、従来の西洋型のキリスト教がなしえなかった宣教の道を開拓したと理解すべきであろう。

「四 統一教会の信仰実践」への反証

櫻井氏は統一教会の信仰実践として祝福と万物復帰の二つを扱っている。まず、この二つのチョイス自体に恣意的なものを感じる。なぜなら、統一教会の信仰実践として重要なものとしては、礼拝、み言の学習、祈祷、伝道、献金、断食、教会内での人間関係（アダム・エバ、アベル・カイン）などが通常の「信仰生活講座」では教えられるからである。どうも櫻井氏は統一教会の信仰生活全体には関心がなく、社会問題になりそうな実践について取り上げているように感じる。

「1　祝福」への反証

櫻井氏は祝福の意義について以下のように述べている。

「教義の核心は『血統転換』である。現実には、神は再臨主として人間の形をとるから、女性は再臨主と肉的にも交わることになる。こうした内容に関して『原理講論』は何も語っていない。韓国からメシヤが現れると述べるだけである」(p.70)

「文鮮明が初期の信者達と『血統転換』をどのようにやったのかは伝え聞くところでしかない。筆者が見聞したわけではないのでこれについては問わないことにしよう。統一教会が宣教活動を始めた当時、『血分け』の疑惑が持ち上がり、それは未確認のまま終わったのだが、『血統転換』を霊的・象徴的な儀礼と捉えるか、肉的・実体的なものと捉えるのかをめぐって、統一教会と分派組織が意見を違えている」(p.70-71)

特定宗教の教説について解説する際には、その宗教団体が公式に発表している文献を基本に解説するのが宗教学者としての最低限の礼儀であろう。基本的な資料としては光言社から発行されている『40日研修シリーズ№11 祝福の意義と価値』(1990年)が簡単に入手できるし、現役信者や元信者が修練会で受けた「祝福の意義と価値」に関する講義の内容も、ほぼこの本の内容に沿ったものである。そうした資料からは、「女性は再臨主と肉的にも交わる」とか、血統転換を「肉的・実体的なもの」と捉えるというような解釈が出てくる余地はない。

にもかかわらず、櫻井氏はそれには一切言及せず、伝聞や噂を中心に論じるので、何も知らない一般の読者は祝福に関して大きく誤解する恐れがある。祝福の儀式において統一教会の女性信徒は再臨主の新婦の立場に立つが、これはカトリックの修道女が「キリストの花嫁」と呼ばれるのと同じような霊的・象徴的な意味にすぎず、肉的・

実体的な意味はない。櫻井氏の解説は祝福の儀式に対する悪質な冒涜である。彼は「統一教会の最終的救済は『祝福』である」とした上で、次のように述べている。

「このような聖なる結婚は、青年信者にとって性の統制そのものだが、禁欲と解放の落差が大きいほど彼らにとって魅力的なものに映り、その一切を供与し、指導する教会の存在は非常に大きいものとなる。信仰によって家族を形成したのだから、個人として信仰を持つ、あるいは個人として信仰をやめるという選択が極めて困難になる。中高年信者の場合は、既成祝福と称して、現在の夫婦、あるいは死別した配偶者と霊的に再び結婚するわけだが、その誘引は性の解放というよりも、天国に行く、霊界での幸せといった観念的なものである。このような結婚を信者の救済目標と掲げ、さらに信者の家族形成に介入するやり方は、他の諸宗教に例を見ない」(p.71)

これは統一教会の結婚に対するある種の社会学的な分析であろうが、櫻井氏は教団による信徒の統率という観点からしか祝福の行事を理解しておらず、さらにそれを個人の権利の侵害であるかのように主張している点において、極めて偏った記述になっている。通常、特定宗教の信仰実践を解説するのであれば、それを行っている信徒たちにとってどのような意味があり、救済の手段としてどのように機能しているのかを客観的に描写すべきであろう。ところが櫻井氏の記述からは、統一教会の信徒たちがなぜ祝福を受けることを願うのかは全く伝わってこない。

海外には、統一教会における結婚のあり方に関する客観的で公平な社会学的研究が存在する。それは米国の宗教社会学者、ジェームズ・グレイス博士の著作『統一運動における性と結婚』(James H. Grace, Sex and marriage in the Unification Movement, 1985) である。この本の日本語訳は出版されておらず、その内容も日本にはあまり紹介されていないので、拙著『統一教会の検証』(光言社、1999年) の中で概要を紹介している。また、私のブログにおいても「ジェームズ・グレイス『統一運動における性と結婚』日本語訳」シリーズとして、73回にわたって全文訳をアップしている。「祝福」に関する社会学的研究のお手本として、彼の研究を簡潔に紹介しよう。

グレイス博士が『統一運動における性と結婚』において掲げているテーゼは、「統一運動の性と結婚に対するアプローチは、そのメンバーの献身的な姿勢を維持し、強化するのに非常に有効に機能している」(p.13) というものである。これは統一教会に特異な現象と言うより、もっと普遍的な意味合いをもっていると同博士は捉えている。グレイス博士は次のように述べている。

「私は宗教、社会、および性の関係を長年研究した結果、宗教がもつ一つの重要な役割が、性と結婚のあり方についての規範を形成し、それらが社会全体の利益に資するように導くことであると確信するに至った。……①その構成メンバーの性と結婚の問題をコントロールすることのできる社会やグループは、そのメンバーの生活全体をコントロールすることができる。②歴史的に見て、宗教はある共同体の構成メンバーの性と結婚をコントロールする上において、最も有効な手段として機能してきた」(p.8)

グレイス博士は、著作の結論部分に当たる第8章において、統一教会の結婚に対するアプローチからアメリカ社会が何を学ぶべきか論じている。彼は統一教会における結婚の最も顕著な特徴の一つは、結婚は自分自身のためにするものではなく、世界の救済という、より大きな目的のためにするものであると捉えられている点にあると指摘する (p.116)。したがって統一教会の結婚においては、個々の家庭の目的と共同体全体の目的が分かち難く結び付いており、さらにそれが世界全体の救済というより大きな目的へとつながっているのである。このような結婚の形態は、極度に個人主義的になったアメリカ人の結婚に関する価値観に対する一つのアンチ・テーゼとして理解できる、とグレイス博士は論ずる。

社会学者たちは総じて、性と結婚についての価値観に関する限り、アメリカ人は極度に個人主義的になっていると指摘している。この傾向に対して、グレイス博士は次のように述べている。

「このような奔放な個人主義と、自己の欲求を適えることに過度の焦点を当てることは、私の見解では、結婚そのものに対しても、社会一般に対しても、肯定的な利益をもたらさない。なぜなら、人々が完全に自己の興味に従ってお互いに関わるようになるとき、その関係はしばしば、あらゆる種類のフラストレーション、葛藤、苦しみを伴う強烈な闘争となるからである。結婚の関係が自分のパートナーからより多くの満足を引き出そうという欲望に基づいているとき、その関係は相手が自分の欲求を満たしてくれなくなったときには終わりを迎えざるを得ない」(p.266-267)

そしてアメリカ社会における婚約破棄、別居、離婚の増加は、この問題の顕著な表れであり、統一教会の結婚はこのようなアメリカ社会における結婚の危機に対して、一つの解決の選択肢として考慮すべきものであると述べている。グレイス博士はさらに次のように述べている。

「私は個人的に、アメリカ(特にわれわれの宗教組織)は、統一教会の理想と教えから、結婚に関する何か非常に重要なことを学ぶことができると確信している。そしてそれは、もし望むならば、現在われわれが陥っている結婚の窮地から抜け出す道を示すものである」(p.267)

最後に、櫻井氏の分析に対する反論として、統一教会の祝福がなぜ現代の日本の若者たちに受け入れられるのかに関して、私の見解を述べよう。統一教会における未婚の男女は、恋愛や性交渉が全面的に禁止された極めて禁欲的な信仰生活を営んでいるが、これは結婚を神聖なものにするための準備期間としての意味をもっている。すなわち統一教会信者の独身時代の目標は、第一に心身を清く保ち、結婚に備えることであり、第二に愛と奉仕の生活を通して人格を磨き、良き夫、妻、親となるための準備をすることである。

現代の日本の若者たちの中には、社会全般に蔓延する「性の乱れ」に幻滅し、不満や不安を感じている人が多い。そこで性経験の有無は別として、性的な事柄に対して貞潔な価値観を持っている人は、統一教会の教えに魅力を感じるのである。したがって、「清い結婚がしたい」「不倫や離婚などの不安のない、幸福な家庭を築きたい」というニーズを持っている人に対して、「祝福式」という形で示された統一教会の結婚の理想が、一つの魅力的な回答を提示していると言えるのである。

また、祝福式は「自由恋愛至上主義に対するアンチ・テーゼ」としての意味を持っている。そもそも、デートとプロポーズを経て結婚に至るという方法は、特に20世紀のアメリカで発達し、それが日本に輸入されたものである。しかし、欧米諸国の高い離婚率や、日本における離婚率の上昇などを考慮すれば、それは必ずしも理想的な配偶者選択の仕組みとは言えない。一時的な恋愛感情が幸福な結婚を保証しないならば、もっと堅固な土台の上に結婚を築きたいと願う者が現れても何ら不思議ではない。統一教会の信徒たちは、「信仰」という土台の上にそれを築こうとしているのである。

多くの若者たちが統一教会に入信し、祝福を受けるのは、彼らのニーズと統一教会の提供する「救済」の手段が合致したからであることを見逃してはならない。

「2　万物復帰」への反証

櫻井氏は万物復帰の意義について簡単に解説する。

「万物に対する主権を復帰するということが万物復帰の活動となる」(p.70)という櫻井氏の説明は間違いではないが、これだけでは一般の読者はその意味がさっぱり分からないであろう。あるいは一般の読者が受け入れ難いように、わざと分かりにくく書いているのかもしれない。何度も言うようだが、特定宗教の教説について解説する際には、その宗教団体が公式に発表している文献を基本に解説するのが宗教学者としての最低限の礼儀というものである。「万物復帰」の意味に関する基本的な資料としては、光言社から発行されている『40日研修シリーズ№8　復帰摂理と万物』(1990年)を簡単に入手できるし、『原理講論』は、後編の復帰原理の中で「メシヤのための基台」と関連付けて「万物復帰」の概念について説明している。これらを読めば、「万物復帰」は一般的な宗教儀礼である「供え物」に関連したものであり、現代においては「献金」に該当することは宗教学者であれば理解できるはずである。なお、統一原理における万物献祭の意味を宗教学的に理解するために、私のブログでは「宗教と万物献祭」と題して7回のシリーズで解説しているので、関心のある方は以下のURLを参照していただきたい。

http://suotani.com/archives/1171

万物復帰とはあまり本質的に関係ないが、この概念を扱った部分で櫻井氏は以下のような不可思議な説明をしている。

「しかも、先に述べた人間の堕落におけるアダムとエバが、韓国と日本の立場であるとされる。堕落エバはアダムに『負債』があるため、日本が韓国に『侍り』、人材と資金の供給を担うのは当然とされる。とりわけ、『エバ国家』のエバたる日本人女性が合同結婚式において、韓国男性と祝福を受け、韓国で生活することが好ましいとされ、韓日の国際結婚によって、両国の『恩讐が清算される』といわれている」(p.71-72)

これのどこが「万物復帰」の説明なのか理解に苦しむところだが、敢えてあげれば「エバ国家」である日本がアダムである韓国に資金提供をしなければならないという部分であろう。統一教会において日本が「エバ国家」や「母の国」と呼ばれ、韓国が「アダム国家」や「父の国」と呼ばれてきたことは事実である。そのため、日韓の国際祝福が奨励されてきたことも事実であるが、妻が夫に万物を貢がなければならないという意味で両国の関係が説明されたのを私は聞いたことがない。そもそも、「妻が夫にお金を貢ぐ」というアナロジーでは、ダメ親父のために苦労する妻のような悲惨なイメージであるため、信徒たちの献金意欲を鼓舞することなどできないであろう。日本において統一教会の信徒が熱心に献金をしてきた動機は、韓国に対する妻の立場というよりは、世界に対する母の立場である。ちょうど母親が赤ん坊に母乳を与えて育てるように、自己犠牲的な精神で世界宣教のために資金と人材を投入し、世界の国々を養育するという使命に誇りを感じながら、統一教会の信徒たちは熱心に献金をしてきたのである。すなわち、「世界の母の国」というアナロジーが日本の信仰の原動力となってきたのである。蛇足ながら、櫻井氏の言う「恩讐」は「怨讐」の間違いと思われる。

「五　統一教会の宗教文化に関する検討」への反証

「統一教会の教説」の最後の部分で、櫻井氏は「五　統一教会の宗教文化に関する検討」という独立した考察を行っている。ここで彼は、２００９年2月7日に國學院大学で開催された「東アジア新宗教国際研究会議――東アジア新宗教研究と情報リテラシー」と題する国際会議で、韓国の鮮文大学校の二人の教授が発表した論文の内容に触れている。彼が関心を持った部分を引用してみよう。

「既に筆者は、『原理講論』の特異な堕落論や救済論が文鮮明の統一教創始に先行して、李龍道派、白南注・金聖道等の入神の教え、イスラエル修道院の金百文が類似の教説を展開していたことを述べているが、鮮文大学校の研究者達はこの点を積極的に認めようとしている。従来は、統一教会が自らの独自性・創唱性を強調するあまり、統一教会批判派や韓国キリスト教史家（閔　一九八一：三五四―三六六、四三六―四三七）が指摘した前史を一切否定するか、部分的に承認するだけだった。そのことを知っている筆者としては隔世の感があり、前史研究を統一教会はどのように利用しようとしているのか、その意図が十分に理解できないでいる」(p.75)

鮮文大学校の梁編承教授はこの会議で発表した論文の中で統一教会の前史を形成するキリスト教系新宗教として、「①白南柱を中心とする元山の接神派」「②金聖道の聖主教会」「③許虎彬の腹中教」「④黄國柱の新エルサレム巡礼」「⑤金百文のイスラエル修道院」を挙げているという。これらは統一教会の修練会における「主の路程」の講義の中で登場する名前であり、韓国において再臨主を迎えるために準備された「神霊集団」として紹介されている。

またこれらの人物や教団には文鮮明師自身が説教の中で言及しており、日本語で読める文献としては文鮮明・韓国歴史編纂委員会編著の『真の御父母様の生涯路程』と題するシリーズの中にその名前が登場する。ただし、教会の文献では、「許虎彬」は「許孝彬」と表記されている。

これらの「神霊集団」を統一教会の「前史」と呼ぶのであれば、鮮文大学校の梁編承教授が発表した内容は伝統的に統一教会の内部で教えられてきた内容と基本的に異なるものではない。異なる点があるとすれば、文鮮明師の説教だけでなく、一般的な韓国キリスト教史の資料に基づいて議論されている点であろう。こうした教団と統一教会に何らかのかかわりがあることは、統一教会の公式の教えの一部だったのであり、私の知る限りでは、その関係を「一切否定」したことはない。統一教会がこれらの「神霊集団」との関係において否定してきたことは、主に以下に述べる二つのポイントである。

まず、これらの「神霊集団」の教えの一部が統一教会の教えと類似していたことは認めているが、それが「盗作」や「剽窃」であることは否定している。文鮮明師が解き明かしたという『原理講論』の内容が金百文牧師の著書『基督教根本原理』からの盗作であるという批判は、伝統的に「反対牧師」たちが統一教会信徒を脱会させるときに用いる常套手段であった。櫻井氏もその伝統に従い、「金百文が執筆した『聖神神学』『基督教根本原理』『信仰人格論』のうち、『基督教根本原理』には創造原理、堕落原理、復帰原理の記載がある」(p.76)、「『基督教根本原理』は八四四頁に及ぶ大著であり、『原理講論』の骨格とその独特な神学的検討は『原理講論』以前に十分になされている(金百文　一九五八)」(p.77)と、反対牧師とほぼ同様の「盗作」の主張を行っている。

これは『原理講論』の出版が1966年5月1日なのに対し、『基督教根本原理』の出版が1958年3月2日であるため、金百文氏の著作の方が先だという議論であるが、『原理講論』の元になった『原理解説』はそれ以前の1957年8月15日に作成されている。それに対して金百文氏の『聖神神学』は既に1954年3月2日に出されているから『原理解説』よりも前だと向こうは反論するのだが、『聖神神学』の内容には『原理講論』との類似点はほとんど見いだせない。さらに、『原理解説』の元になった『原理原本』は１９５２年5月10日に作成されているので、『聖神神学』よりも先であり、結局は文鮮明師の教えの方がオリジナルであるという結論になる。この点に関しては、「統一教会Q＆A」というサイトに詳しく説明されているので、以下のＵＲＬを参照してほしい。
http://ucqa.jp/archives/111
http://ucqa.jp/archives/263

統一教会の見解では、これらの「神霊集団」の教えの一部が統一教会の教えと類似しているのは、再臨主を迎えるために準備された集団であったために、最終的な真理である統一原理の内容を神から部分的に啓示されていたためとみなしている。

二つ目のポイントは「血分け」疑惑の否定である。櫻井氏の指摘する通り、これらの教団の中で黄國柱の主導した運動は「霊体交換」と称して「血分け」「混淫」と批判されるような行為が行われていたという。閔庚培著、沢正彦訳『韓国キリスト教史』（日本基督教団出版局、１９７４年）の中でも、黄國柱に対してはそのような評価がなされていた。「血分け」とは一般に教祖との性的通過儀礼によって血統を浄化するための宗教儀式とされているが、韓国のキリスト教系新宗教の一部にはこうした行為を実践したものがあったようで、統一教会の教えもそれと同様のものであると批判されたので、統一教会はそうした疑惑を虚偽であり誹謗中傷であるとして一切否定してきたのである。

第二章の最後に櫻井氏は、「本書では、統一教会を韓国社会におけるキリスト教伝統における一つの土着化の例と見るし、日本においても土着化に成功しつつあるキリスト教系新宗教として取り上げないわけにはいかないと考えている」（p.79）と述べている。珍しく、この点においては私の見解と櫻井氏の見解は一致している。

「第三章　統一教会の教団形成と宣教戦略」への反証

「1　土着化に成功した宗教運動」

この章で櫻井氏は特に日本における統一教会の歴史をひもときながら、その宗教社会学的な意味を分析しようと試みている。初めに櫻井氏は、統一教会を「土着化に成功した宗教運動」として肯定的に評価する。

「統一教会は日本において最も宣教が成功した希有な韓国出自の新宗教である」「統一教会は日本社会に完全に地盤を築き、数万人の日本人信者を擁している。統一教会は日本への土着化に成功した」(p.81)

このあたりの記述は妥当な評価であり、全く異論はない。しかし、この評価から派生する必然的な疑問、すなわち通常であれば日本での宣教に困難が予想されるであろう韓国出自の新宗教がなぜ成功したのかという問いに対する答えの部分では、櫻井氏と筆者は見解を異にしている。

既述したように、櫻井氏の統一教会に対する理解には、キリスト教的で普遍宗教的な要素とシャーマニズム的で韓国民族主義的な要素という本来相反するものが混在しているとし、どちらかというと後者の方が統一教会のより本質的な部分であると捉えているふしがある。それは以下のような記述に表れている。

「確かに、文鮮明が骨子を説き、劉孝元が彼の科学観や世界観を加えた『原理講論』には、統一教会がキリスト教の伝統に連なり、それどころか再臨主を迎える摂理を担う唯一の教団であることが説かれている。しかし、『原理講論』に記された教説は、韓国の宗教文化や家族制度、政治状況の文脈においてのみ正しく認識できる」(p.81-82)

統一教会はある意味で韓国に土着化したキリスト教とされ、別の表現をすれば、韓国の文化伝統とキリスト教が融合することによって誕生した新宗教とも言える。その意味では、キリスト教信仰と韓国の文化の両方の栄養素を吸い上げて統一教会の教説が誕生したと言えよう。しかし、そのどちらが本質であるかということは、櫻井氏のようにあっさりと片付けてしまえるような問題ではない。櫻井氏の基本的な思考の枠組みには、「キリスト教＝普遍宗教＝ハイカルチャー」対「シャーマニズム＝民族宗教＝土着の宗教文化」という対比構造があり、基本的に前者が高尚で価値あるものと理解しているようだ。そうすると、前者の特徴を統一教会の本質的属性として認めたくないという心理が働く。彼が統一教会の本質を後者に見いだそうとする動機はその辺にありそうだ。したがって、櫻井氏にとって統一教会のキリスト教的で普遍宗教的な部分はあくまで「装い」にすぎず、本質ではないことになる。

彼は宣教の戦略論について以下のような仮説を提示している。

「①　ローカルな（民俗文化や民族主義が濃厚な）宗教運動が他の地域に伝播する場合は、グローバルな（歴史文明や普遍主義を加味した）宗教運動を装って宣教を行う。

②　ローカルな宗教運動が他の地域に伝播する場合は、当該地域のローカルな宗教文化を装って宣教を行う。

①のケースは歴史宗教の世界的伝播過程を見れば明らかだ。元来は特定地域の民族宗教が宗教的イノベーションを行う人物を得て普遍宗教への道を歩んでいる。ユダヤ教からキリスト教、アラブの宗教からイスラーム教、古代インドの宗教から仏教が生まれた。そうしていったん普遍宗教や歴史宗教としての地位を固めると辺境の地に宣教活動がなされ、当該地域では文明やハイカルチャーな文化と一体のものとして特定の宗教文化を受け入れる。日本の古代・中世においては仏教、近世では儒教、近代ではキリスト教が高尚な文化として受容された。信仰の有無にかかわらず、宗教文化それ自体の価値が社会的に保証されたのである」（p.82-83）

櫻井氏のこの論法によれば、キリスト教もイスラム教も仏教もその本質は民族宗教にすぎないのであり、普遍宗教的な部分は「装い」にすぎないことになってしまう。はたして本当にそうだろうか。私はそうは思わない。キリスト教もイスラム教も仏教も、その出自が民族宗教的なものであったことは事実だが、それこそ宗教的イノベーションを行う創始者（イエス、ムハンマド、釈迦）によって、民族的な教えから普遍的な教えに脱皮することにより、普遍宗教に成長していったとみるべきである。それは「装い」などという表層的で非本質的なものではなく、宗教の核心部分が民族レベルから世界レベルに脱皮したのである。

同様に、統一教会も出自としての韓国文化を内包しつつも、創設者である文鮮明師の宗教的イノベーションによって民族宗教のレベルを超え普遍宗教のレベルに到達したからこそ、世界中に宣教基盤を築くことに成功したのである。それは「装い」などと片付けることのできない教えの本質部分で、統一教会の教えは本質的に普遍宗教であったが故に、文化の差異を超えて世界的に広がったのである。

櫻井氏は日本における初期の統一教会の宣教に関して以下のような分析をしている。

「統一教会に話を戻すと、統一教会は韓国の新宗教としてではなく、キリスト教の新しい宗教運動として日本に受容されたのである。初期の布教者はハイカルチャーな文化を装って教説を伝え、日本に適応した宗教運動を展開した」(p.83)

ここにも、「韓国の新宗教」が統一教会の本質であり、「キリスト教の新しい宗教運動」が装いにすぎないという櫻井氏独特の解釈が適用されている。この解釈によれば、本質的には韓国の新宗教にすぎない統一教会が、キリスト教というハイカルチャーを装うことによって、日本人を騙して宣教基盤を確立したことになる。そこには日本人が統一教会の本質を理解して回心したという事実を認めたくないために、ある種の欺罔（きもう）による宣教の成功にしたいという、櫻井氏の心理が作用しているとみてよいだろう。

しかしこの解釈は、前段落において論じた普遍宗教の辺境の地への宣教の事例と比較するとかなり苦しい解釈である。日本に仏教が伝来したときに、それが大陸から来たハイカルチャーとして受け止められたことは明らかである。当時の中国や朝鮮は日本よりも文明の進んだ先進国であり、日本はそこから律令制をはじめとする多くの文明を学んだ。そうした優れた文明と一緒に入ってきたのが仏教であり、日本人は仏像の美しさやきらびやかな仏教文化に魅了されてこれを受け入れた。日本にキリスト教が伝来したときも、ハイカルチャーとして受け止められた。キリスト教の宣教師は西洋諸国の貿易船に乗ってやってきたのであり、ヨーロッパの優れた文化文物とセットになってキリスト教は伝えられた。有力なキリシタン大名が宣教を支援・保護したのも、南蛮貿易の利益が彼らにとって魅力的だったからである。これらの事例が櫻井氏の言う、「信仰の有無にかかわらず、宗教文化それ自体の価値が社会的に保証されたのである」（p.83）という意味である。

しかし、日本に伝えられた統一教会には、そのようなハイカルチャーとして見せるべきものは何もなかった。日本における統一教会の宣教を最初に成功させた西川勝氏（韓国名：崔奉春または崔翔翊）は無一文の一宣教師にすぎず、強力な国家権力を背景としてやってきたわけでも、きらびやかな文化文物と一緒に登場したわけでもなかった。外面的にみれば、かつて日本の植民地であった国からやってきたみすぼらしい密入国者にすぎなかったのである。

事実、彼の頼りになったのは「教え」そのものであり、それだけが唯一の武器であった。したがって、日本統一教会の草創期に入教した人々は、純粋に「み言」に感動したのであった。何の基盤もない時代に統一教会に来た人々は、目に見えないものを信じる宗教的な人々で、彼らは信仰の有無にかかわらず社会的に保障された宗教文化を受け入れたのではなく、まさに宗教そのもの、信仰そのものを動機として統一教会に回心したのである。

櫻井氏の土着化論に対する批判

次に櫻井氏の仮説②「ローカルな宗教運動が他の地域に伝播する場合は、当該地域のローカルな宗教文化を装って宣教を行う」（p.82）の内容を批判することにする。この仮説で櫻井氏が展開しているのは基本的には「土着化論」である。この「土着化」は、通常はキリスト教や仏教などの普遍宗教が異文化圏に伝えられるときに用いられる言葉であり、特に西洋の宗教であるキリスト教がそれ以外の文化圏に宣教される際に頻繁に使われる傾向がある。異文化圏から伝わってきた宗教が、宣教地の文化的土壌になじんで、その土地独自の宗教形態を発展させていく過程を「土着化」という。例えば、キリスト教の日本への土着化は、キリスト教がその宗教的本質を保ったまま、日本人が文化的異質性や抵抗を感じないような、「日本的な」宗教となることを意味する。

キリスト教の宣教学の立場では、土着化とは西洋のキリスト教を宣教地にそのまま植え付けるのではなく、その地の土着の文化の一部として相応しい形で植え付けることを言う。しかし、それでキリスト教の本質的な部分が失われてしまっては元も子もないので、宣教師たちは「純粋な信仰と本質的な福音」を保ちつつ、それに「土着の衣」を与えるという難しい作業に取り組むことになる。キリスト教の土着化は、「いかにして本質的、超文化的な福音の核心を、それが伝えられ、共有される際の手段である非キリスト教的な形式に汚染されることなく、他の文化圏の新しい信者に伝えるか?」(Alan R. Tippett, "Christopaganism or Indigenous Christianity" in Yamamori, Tetsunao and Charles R. Taber, ed. "Christopaganism or Indigenous Christianity?" South Pasadena, Calif: William Carey Library, 1975, p.14.) というような表現で定義される。ここでは、キリスト教が普遍宗教であるが故に福音の核心は本質的であり超文化的であるとされ、それが表現される非キリスト教的な形式は「土着の衣」にすぎないと理解されている。これは櫻井氏の言う「当該地域のローカルな宗教文化を装う」と同義である。

したがって、ローカルな宗教文化を装って土着化する宗教は、それを超越した普遍的な本質を持っていなければならず、それがなければ単なる「変質」になってしまう。その意味では土着化を志向する宗教は基本的には普遍宗教でなければならない。そもそも、文化の壁を超えて全人類に教えを宣べ伝えようとするのは普遍宗教の特徴であり、国家や民族に縛られた宗教は、通常はその壁を超えて宣教しようとはしないものである。にもかかわらず、櫻井氏は「ローカルな宗教運動が他の地域に伝播する」という状況について論じているため、話が分かりにくくなっている。ローカルな宗教なら、通常は他の地域に積極的に伝播しようとはしないはずだからである。こうした無理な設定の背後にも、統一教会を普遍宗教であるとは認めたくないという彼の心理が働いていると思われる。彼の信念によれば、統一教会は本質的には韓国の民族宗教にすぎないのだから、あくまで「ローカルな宗教」でなければならず、普遍的で超文化的な本質などという贅沢なものは認めないということなのである。彼の論理展開が破たんしているのは、そうした強い思い込みや偏見によって自縄自縛に陥っているためと考えられる。

仮説①において櫻井氏は、統一教会はハイカルチャーであるキリスト教を「装って」日本宣教の基盤を築いたとする。しかし、キリスト教は日本においてはマイノリティーであったから、「この戦略だけでは信者獲得に限界があった」（p.83）ために、仮説②の戦略へ切り替えたと論じる。その際に日本のローカルな宗教文化として挙げられているのが先祖祭祀、御霊信仰、シャーマニズム、卜占などであり、結果として姓名判断、家系図診断を通した勧誘が行われるようになったと論じ、１９８８年に創設された天地正教もまた、こうした土着化路線の一環であるとしている。

櫻井氏が述べている内容を要約すれば、統一教会がキリスト教を日本に土着化させることに成功したポイントはキリスト教信仰と日本の土着の宗教文化の融合にあるということである。中でも重要なのは先祖の問題で、先祖崇拝や先祖供養を受け入れるかどうかは、長い間キリスト教宣教師たちの大問題であった。一応それを「文化風習として否定はしない」として寛容な態度をとったとしても、神学的には積極的な意味を見いだせず、救いの問題と直結させるような神学的展開はできない。一方で、統一原理は血統と罪の間に密接な関係を見いだしているので、仏教において「先祖の因縁」として理解されてきた内容を、神学的に整理・包含し、「神への信仰」と「先祖の供養」を矛盾なく一つにまとめることができたのである。つまり統一教会の提示したキリスト教は、日本人にとって分かりやすく、受け入れやすいものであった。日本における統一教会の成功の原因は、このようなキリスト教と日本の土着の宗教文化の融合にあったとみることができる。

しかしながら、このような融合にはプラスだけでなく、マイナスの側面もあったことも筆者は指摘した。それは、統一原理の教えと、日本の土着の宗教文化が融合することによって起こるシンクレティズム（syncretism）である。筆者は、「霊感商法」の本質はシンクレティズムであったという立場である。櫻井氏と筆者の主張の違いは、彼が統一教会の本質を韓国の民族宗教でありローカルな宗教であるとしているのに対して、私は統一教会の本質はキリスト教であり普遍宗教であるとしている点である。普遍宗教であるからこそ、土着化やシンクレティズムという問題が生じるのである。

櫻井氏は現在の統一教会は上記の①の戦略も②の戦略も取っていないと分析している（p.85）。これは要するに、普遍宗教としてのキリスト教を装うのでもなく、日本のローカルな宗教伝統を装うこともやめたという意味であり、韓国の民族宗教としての姿をいわば丸出しにして日本で宣教していることを意味する。「他国のナショナリズムをそのまま受容するような国はない」はずだから、「いずれこの戦略に限界は来ると思われる」としながらも、それでも「日本宣教五〇年を迎えた統一教会の基盤は依然として強く、また二世、三世の信者達も多い」（p.85）という、なにやら釈然としない現状分析をしている。

このテーマに関する筆者の分析はこうである。もともと統一教会は普遍宗教であったため、キリスト教的メッセージに相対する一部の層を惹きつけて日本の宣教基盤を作った。これは「装い」ではなく「本質」であったために、いまでも普遍宗教としての統一教会の強さは健在である。宣教50周年を超えても依然として強い基盤を持ち、二世、三世たちに信仰が受け継がれているのは、統一教会の教えの中に普遍的真理があるからである。

一方で、日本への土着化戦略に関しては確かに一時期よりも衰退していると言えるであろう。その一因は、まず「霊感商法」が批判されることによって、開運商品を入り口とする伝道を行っていた一部信者の活動が制限されるようになったことにある。次に天地正教は、弥勒信仰に基づく仏教教団であったが、これは天運教の川瀬教主や信徒たちが統一教会の教えである「統一原理」を学び、その教えを真理として受け入れた後に、「統一原理」を仏教的解釈によって日本に土着化させようという試みであった。それは一定の成功を収める可能性を秘めていたが、結果的には１９９９年に統一教会と「和合」を宣言したために、この土着化路線も途中で挫折した。

実際には、一部の信徒たちによる開運の話を用いた販売活動は２０００年代後半まで継続し、それが民法上の不法行為と認定されたり、警察の捜査の対象となったりするケースが発生した。そこで２００９年3月25日に徳野英治会長（当時）による教会員に対するコンプライアンス宣言に基づく信仰指導がなされ、「献金と先祖の因縁等を殊更に結びつけた献金奨励・勧誘行為をしない。また、霊能力に長けていると言われる人物をして、その霊能力を用いた献金の奨励・勧誘行為をさせない」ことを遵守するように通達が出された。これによって統一教会の教えを日本の宗教文化に土着化させる試みは後退することになった。

現在の日本の家庭連合は、もう一度普遍宗教としての本質に返り、統一原理のみ言を直接伝えながら、自らのアイデンティティーを隠すことなく堂々と証しつつ、日本社会に対する宣教を行うことに取り組んでいるとみることができる。

「2　社会問題化する宣教」への反証

櫻井氏は次のように論じる。
「本書では統一教会はカルトだから社会に危害を与えるという論法ではなく、どのような組織構造と運動戦略を持つためにカルト視され、社会問題化されるに至ったのか、そのことこそ明らかにしなければならない問題だと考えている」(p.85-86)
「本章では、統一教会が社会問題化（カルト化）した理由を時代背景から読み解くのではなく、教団の組織構造や活動戦略、信者の実践的行動の特徴から考察しようと思う」(p.87)
特定集団が社会問題化した原因を、その集団の組織構造と運動戦略、さらにはその構成員の実践的行動から分析しようとする姿勢自体は正しいと言えるであろう。櫻井氏は、統一教会の資源動員戦略を分析することを通して、どこに社会問題性があるのかを明らかにしたいと述べた上で、日本統一教会の成立と発展について説明を始める。文鮮明師の経歴と韓国で統一教会が設立された経緯についてごく簡単に触れた後に、崔奉春（日本名は西川勝）宣教師によって統一教会の日本宣教がなされたことに簡単に触れている。この辺の記述は統一教会の公式見解と異なるところはないが、崔奉春宣教師に関しては、かなり独特な理解がなされている点が興味深い。例えば以下のようなくだりである。

「崔は、教祖や韓国の教会幹部とは異なり、日本において清貧の信仰生活を守ったこともあって、既成のキリスト教会信者や当時立正佼成会において幹部候補だった久保木修己等、多くの青年を運動に巻き込むことに成功した」（p.88-89）

「しかしながら、文鮮明は崔が日本であまりに勢力を拡大することを懸念し、統一教が宣教の中心地をアメリカに求めたこともあって、崔をアメリカの宣教担当に配した。その後、ほどなく、崔は文鮮明と教団内部の宣教方針において対立するようになり、左遷された後、教団を離脱している」（p.89）

ここで興味深いのは、崔奉春宣教師が清貧の信仰生活を守ったのに対して、教祖や韓国の教団幹部はそうではないと、極めて対照的な評価をしていることだ。統一教会の内部では、崔宣教師の日本開拓時代の信仰生活が素晴らしかったことは、草創期の信者による「西川先生の思い出」に関する証しなどを通してよく知られている。しかし、それが文鮮明師や韓国の幹部の生活が贅沢で堕落しているという前提で語られることはない。つまり、この対比には特定の意図やバイアスの匂いがするのである。

さらに、崔宣教師が日本であまりに勢力を拡大することを懸念して、文鮮明師が彼をアメリカに送ったなどという話は、統一教会で語られる教会史では聞いたことがない。そもそも日本宣教に成功して基盤を作ることは文鮮明師自身の願いであったのだから、それを懸念するという解釈自体が意味をなさない。櫻井氏の記述によれば、崔宣教師は左遷された後に教団を離脱したとなっている。こうしたうがったものの見方は、おそらく教会を離れた後の崔奉春宣教師の見解を反映しているのであろう。なぜなら、櫻井氏自身が２００６年8月に「崔奉春と直接面談し、韓国における初期の統一教や日本宣教の様子、現時点における文鮮明や統一教会への見解等も聞き取っている」（p.89）と述べているからである。しかし、問題はどちらの見解がより客観的で真実に近いかということで、櫻井氏は「統一教会性悪説」の立場なので、教団刊行物の記述は信じられず、教会を離れた崔宣教師の主張を鵜呑みにした可能性がある。

崔奉春宣教師が日本を離れアメリカに出発する際に日本の教会員たちに対して語った言葉は、統一教会側の『日本統一運動史』には以下のように記されている。

「日本の兄弟たちとの温かい心情の交流もまたたく間に過ぎてしまった。使命のためアメリカへ行かなければならない。日本には早く帰って来るとも言えるし、遅くなるとも言える。すべては天の父の御こころのままに人類の救いの道を歩みたい。日本の兄弟たちよ、横を見、後ろを見て卑怯者と言われることなく、勝利を目指してひたすら突き進んで欲しい」（p.231）

このメッセージには、日本の兄弟姉妹への愛着が語られており、文鮮明師に対する恨みがましい気持ちは一切表現されていない。むしろ神の御心に従い、自分に与えられたアメリカでの使命を果たそうとする潔ささえ感じさせる。崔宣教師が日本宣教に成功して基盤を築いたことは、彼の大きな功績として文鮮明師に認識されていたはずである。だからこそ、その手腕を買われて、これから基盤を作らなければならないアメリカの宣教を任されたと解釈するのが自然ではないだろうか。さらに、崔宣教師はもともと密航者として日本に入国していたという事情もあり、これから日本の教会が発展して社会に認められるためには、いつまでも韓国人の宣教師が指導するのではなく、日本人のリーダーシップを確立する必要があるという配慮も当然あったであろう。

アイリーン・バーカー著『ムーニーの成り立ち』によると、１９６５年に日本を出た崔宣教師はカリフォルニアに移り、日本で発展させた多くの実践方法を持ち込んで「オークランド・ファミリー」と呼ばれる集団を形成した。崔宣教師の指導したこの集団は、1960年代後半から70年代初めにかけて成長し続けたので、彼はアメリカで一定の成功を収めたのである。もし当時の彼が、文鮮明師の命令によって日本を離れアメリカに送られたことを恨んでいたとすれば、このような熱心な宣教活動を説明することはできない。彼は文鮮明師の期待に応えようとして、日本での成功体験をもとにしてアメリカでの宣教に全身全霊を投入したとみるのが自然であろう。

しかし、崔宣教師はその後教会を離れることになる。文鮮明師が彼の日本での影響力の拡大を懸念したとか、アメリカに左遷したというような認識は、彼が教会を離れた後になってから、自分の立場を正当化するために考え出された解釈であるとみることができる。櫻井氏の記述は、そうした脱会後の崔宣教師の認識をもとに書かれたものである。一般に歴史資料の信憑性を判断するとき、その出来事が起こってから何十年も経ってから懐古的に語られる証言よりも、事件が起こった当時に書かれたものの方が価値が高いとされる。時間の経過とともに記憶を塗り替え再解釈する可能性があるからである。『日本統一運動史』に引用されている崔宣教師のメッセージの日付は1965年11月12日だから、当時の崔宣教師の理解や心境をより正確に反映しているのはこちらの資料であろう。

櫻井氏は、「脱会し、教会に批判的な態度をとった人物の行跡に関しては、教団史や刊行物において編集が加えられる等の問題がある」（p.89）としている。だとすれば、教団を離れた崔宣教師の行跡は削除されるか、否定的に描かれていても不思議ではない。しかしながら、2000年に発行された『日本統一運動史』においても、2008年に発行された『日本統一教会　先駆者たちの証言①』においても、崔宣教師の日本宣教のストーリーは詳細に記述されており、そこには否定的な要素は一切存在しない。崔奉春宣教師はいまでも日本統一教会の開拓者として尊敬されているのである。しかも後者の著作には、第三者の記述ではなく、崔宣教師自身の「日本伝道日記」が掲載されている。これは第一人称で書かれた歴史的記録であり、他者の解釈の入り込む余地のないもので、歴史的事実に忠実で客観的なのはむしろ統一教会の刊行物であり、離教後の崔宣教師の証言はバイアスのかかったものであると言える。

「二　統一教会の宣教戦略の展開」への反証

「1　日本統一教会の創設」への反証

櫻井氏は日本統一教会の成立と発展について自説を展開し、開拓期から1970年代までの発展の経緯を時系列に従って並べている。

①崔奉春宣教師によってキリスト教徒や立正佼成会の信者を伝道した草創期
②宣教の対象を大学生・青年に絞り込み、「親泣かせの『原理運動』」と呼ばれた時代
③国際勝共連合や世界平和教授アカデミーの創立により、宣教の対象が大学や政治の領域にシフトして行った時代

宗教法人としての統一教会というよりは、統一運動の発展の経緯としてみれば、櫻井氏の記述は事実関係をほぼ正確に捉えている。問題は、こうした展開に対する櫻井氏の評価である。櫻井氏は統一教会の関心が純粋に宗教的な目的にあるのではなく、立教してから極めて短期間のうちに政治や権力に対する関心が高まっていったことに対して批判的な見方をしているようである。それは以下のようなくだりの中に容易に読み取ることができる。

「宗教運動というよりは政治運動の色彩も濃厚にあり、事実、一九六八年には国際勝共連合による反共政治活動が組織化されている」(p.90)

「一九七〇年代には、宗教活動に加えて、政治・経済活動が統一教会の特徴となっていく。……宣教の対象者・場所が地域から大学、政治の領域に急速にシフトしてきたのがこの時期であり、立教後すぐにこのような宣教方針を展開する日本の新宗教はほとんど例がない」(p.90)

「統一教会の宣教方法は、日本における新宗教の教勢拡張の方法とは一線を画しているように見える。新宗教には、立教当時、少なくとも貧病争に悩み苦しむ社会の中下層の人々を宣教対象に据え、具体的な救済を施すことで、世俗化した既成宗教や弱者に厳しい社会体制を批判してきた教団が少なくない。ところが、統一教会の場合、教勢拡張こそ世界救済の近道と考え、そのために将来の幹部層や支持者を当時の社会のエリート(大学進学率一〇―二〇パーセント時代の学生や、大学人・政治家)からリクルートすることで、日本社会における速やかな浸透を目指していった」(p.90)

これらの分析を構成している内容を一つずつ検証してみたい。まず日本の新宗教が立教当時は貧・病・争に苦しむ社会の中下層の人々を宣教対象として具体的救済を施してきたという部分であるが、これは新宗教の中でも比較的古い時代に創始されたものの特徴であると言えよう。日本における「新宗教」の定義は、「幕末・明治維新以後から近年にかけて創始された比較的新しい宗教」となっていて、創始された時期には実に150年もの幅があり、時代によって特徴が異なるのは当然である。日本で新宗教に入信する人のニーズは伝統的に「貧・病・争」と言われ、これは日本がまだ貧しく、社会福祉も十分に整っていなかった時代に庶民が宗教に救いを求めたからである。天理教、大本、立正佼成会、創価学会などの教勢拡大はこうした層に広まったとされる。

しかしながら、高度経済成長期以降(1970年代以降)に教勢を伸ばした新宗教は必ずしもこのパターンには当てはまらず、もっと精神的・倫理的なニーズで宗教に入信する人が多くなったと分析されている。これは日本が経済的に発展し福祉制度が充実したことにより、「貧・病・争」の解決に必ずしも宗教が必要なくなった時代背景も関係しているのであろう。最近はあまり使われなくなったが、この時代に出現した宗教を「新新宗教」と呼び、それまでとは違った動機で人々が宗教団体にかかわることから、新しい概念として提示されたこともあった。そうした「新新宗教」の例として挙げられた教団が真如苑、真光系教団、阿含宗、GLAなどで、統一教会や幸福の科学が含まれることもあった。「新新宗教」の概念に学術的な意義があるかどうかはさておき、日本社会が経済的に豊かになり福祉が充実してきたことによって、「貧・病・争」の解決を主たる目的としない新宗教が出現したのは時代の必然で、統一教会に特異な現象ではない。統一教会が台頭してきたのも１９７０年代以降であるから、これは「日本における新宗教の教勢拡大の方法とは一線を画している」というよりは、時代による新宗教のあり方の変化と言えるのではないか？

次に宣教のターゲットが若者や学生であったということだが、これはアイリーン・バーカー博士の『ムーニーの成り立ち』で報告されているように、西洋でも同じ傾向にあるようだ。バーカー博士が研究していた当時、イギリスの統一教会に入教するメンバーの平均年齢は23歳であった。そして１９７８年における英国と米国のフルタイムのムーニーの平均年齢は26歳であり、１９８２年の初めの英国の会員の平均年齢は28歳だったということなので、統一教会はまさに「若者の宗教」だったことになる。日本においても事情は同様で、これは理想主義的な運動にカウンター・カルチャーを志向する若者が共鳴するという当時の時代背景を反映しており、必ずしも統一教会に固有の現象ではない。

次に、社会のエリート層に働きかけることによって日本社会への速やかな浸透を目指していったという指摘であるが、土着の宗教ではなく、外国から宣教された宗教が社会のエリート層に浸透しようとする現象は珍しいものではなく、そのような戦略はキリスト教において典型的にみられる。キリスト教が初めて日本に宣教されたとき、キリシタンになったのは庶民だけではなく、多くの武士や大名たちであった。これはイエズス会の宣教師たちが非常に戦略的に動いたからであり、彼らはまず初めに実質的な権力を持っている大名に挨拶に行き、彼らから許可を得て公認の下で宣教をした。大名たちが宣教を許可した理由は、キリスト教とともにやってきた南蛮貿易の利益が非常に魅力的だったからで、そのうち自身もキリスト教に改宗する大名が出てきたのである。まず社会のトップ層に浸透することによって宣教の基盤を築こうという当時のイエズス会の戦略と似たような発想を統一教会が持っていたということになろう。櫻井氏は統一教会と日本の新宗教の違いを強調したいようだが、そもそも統一教会は日本の土着の新宗教ではなく、日本国内で創始された宗教ではないので、日本社会とのかかわり方が日本土着の新宗教と異なっているのは当たり前である。

日本の新宗教が政治にかかわる例は決して珍しいことではなく、そのかかわり方が顕著な例が生長の家と創価学会であろう。その意味で統一教会が勝共連合という友好団体を通じて政治にかかわったとしてもそれは特に珍しいことではない。おそらく櫻井氏が言いたいのは、少なくとも立教してからしばらくは純宗教的な活動に専念して「貧・病・争」の問題に取り組み、弱者に対する社会奉仕を十分に行った上で政治活動に手を伸ばすならまだしも、宣教が始まってわずか10年で政治団体を立ち上げるというのは本当に宗教なのか、と言いたいのであろう。しかし、統一教会の歴史は日本宣教の時点よりもさかのぼり、文鮮明師は１９４５年から公的活動を開始している。それから23年の時を経て１９６８年に韓国で国際勝共連合が創設され、それと同じ年に日本でも勝共連合が創設されている。したがって、こうした政治活動へのかかわりは国際的な脈絡の中で理解すべきで、日本の新宗教と比較しても意味はない。

最後に、文師が国際勝共連合や世界平和教授アカデミー（１９７５年に「世界日報」が創刊されたことも忘れないでもらいたい）などの団体を設立して日本社会の指導者層に働きかけた理由には、「地上天国実現」という統一運動の理想があることを述べておきたい。文鮮明師の教えは、心の平安という主観的な幸福だけを目的としたり、来世における救済のみを約束したりするのではなく、この地上に具体的な理想世界を建設しようとする教えである。そのためには「貧・病・争」を抱えた庶民を救済するだけでは不十分で（それを否定あるいは軽視しているわけではない）、社会の指導層がその教えを受け入れて地上天国実現のために働かなければならないと考えている。

その中でも、国家の中心人物がメシヤを受け入れるかどうかは、神の摂理が成功するか否かの重要なファクターであると考えられている。そもそも統一教会の理解によれば、イエス・キリストも本来は社会の最下層の人々に福音を宣べ伝えるために来たのではなく、当時のユダヤ教の指導層であるパリサイ人や律法学者、そして最終的にはローマ皇帝に彼の教えを受け入れさせることによって、世界的な次元で地上天国を建設することが本来の使命であった。イエスが十字架にかかったためにこれは実現しなかったが、313年にローマ皇帝コンスタンティヌス大帝がキリスト教を公認することによってこれを霊的な次元で成し遂げたと理解している。

文鮮明師と国家主権の中心人物の関係においても、本来は韓国の初代大統領である李承晩博士が文師をメシヤとして受け入れる使命があったとか、朴正熙大統領やアメリカのリチャード・ニクソン大統領などもメシヤを受け入れる使命を持った人物であったことなどが「主の路程」の中で語られることがある。これは「地上天国実現」という統一教会の目的から必然的に導き出される話で、統一教会という宗教の個性の一つであると言える。それが日本の土着の新宗教と違うのは当然で、そのような比較自体に意味がないと言える。

「2　資金調達の戦略」への反証

櫻井氏は「2　資金調達の戦略」で、アメリカや韓国における統一教会の宣教活動の資金のほとんどが日本で調達されたものであることを指摘した上で、日本における資金調達活動の展開について解説している。

日本統一教会の草創期のメンバーが廃品回収を行って資金を得ていたことは教会史の講義や初期の先輩の証しにも登場する有名な話である。櫻井氏の解説によれば、その後の統一教会の資金獲得の方法は、青年信者による花売りから、朝鮮人参茶、大理石の壺の販売、姓名判断や印相鑑定と絡めた商品の販売へと発展していったという。この辺の記述は、いわゆる霊感商法として既に多くの文献に記載されている内容と基本的に同じである。櫻井氏はこれらの商品が韓国の一信石材、一和といった統一教会系企業から輸入されたもので、販売員はすべて統一教会員だったことを根拠に、「統一教会の経済活動とみなすことができる」(p.92) と述べている。

世界日報社から出版された『「霊感商法」の真相』(霊感商法問題取材班、1996年) によれば、これらの販売を組織的に行ったのは、「全国しあわせサークル連絡協議会」（略称・連絡協議会）であり、統一教会がこうした販売を指示して行った事実はなく、連絡協議会と統一教会との間には直接的な指揮命令関係はなかったという。櫻井氏はおそらく、こうした主張は、統一教会の信者たちが行った経済活動の責任が宗教法人に及ばないようにするという、裁判闘争上の事情に基づくものであると主張するであろうが、この問題に対する両者の主張の溝が埋まることはないであろう。したがって、これ以上の議論は水掛け論に終わるだけである。

櫻井氏は、日本の統一教会だけがこのような経済活動をしなければならない理由を以下のように説明する。

「韓国は教祖文鮮明誕生の地ということだけではなく、統一教会が神の王国、地上天国を建設した後、世界の中心になる地とされている。……アメリカは文鮮明及び教会幹部達が活動戦略を練り、政治的な活動も行う中心地であり、教義上は、アメリカが韓国を政治的にサポートすることになっている。

それに対して、日本は、世界宣教、及びアメリカ・韓国における統一教会の経済活動を資金・人材の両面で支える国家だとされる。日本はエバ国家とされ、第二章の堕落論の解説で述べたように、エバはアダムを堕落させたものゆえに、アダムに侍ることが教義上求められる。そのために、一九七〇年代以降、日本における資金調達は熾烈さを極め、一九八〇年代に入って、霊感商法等の経済活動を展開するに至った」（p.94）

韓国と日本の関係に関する櫻井氏の解説は、統一教会内部では語られない奇妙で捻じ曲げられた教説になっている。統一教会において日本が「エバ国家」や「母の国」と呼ばれ、韓国が「アダム国家」や「父の国」と呼ばれてきたことは事実である。しかし、そのことが堕落したエバの罪責と結び付けられて、「エバ国家」である日本が「アダム国家」である韓国に資金提供をしなければならないなどという教説は統一教会には存在しない。また、妻が夫に万物を貢がなければならないという意味で両国の関係が説明されるのも私は聞いたことがない。

日本において統一教会の信徒が熱心に献金をしてきた動機は、韓国に対する妻の立場というよりは、世界に対する母の立場である。母親が赤ん坊を育てるように、自己犠牲的な精神で世界宣教のために資金と人材を投入し、世界の国々を養育するという使命に誇りを感じながら、統一教会の信徒たちは熱心に献金をしてきた。すなわち、「世界の母の国」というアナロジーが日本の信仰の原動力となってきたのである。

続いて櫻井氏は「人的資源獲得の戦略」と題して、統一教会の布教方法が日本の多くの既成宗教や新宗教とは異なる特殊なものであることを説明する。統一教会の布教方法に対する批判の代表的なものに「マインド・コントロール」があるが、櫻井氏の場合には「マインド・コントロール言説」を無批判に受け入れているわけではない。本書の「はじめに」への反証のⅲページで引用したように、彼は１９９６年に北海道社会学会の雑誌で「マインド・コントロール言説」を批判していた。

それによると、「新宗教集団の布教や教化行為には、少なからず承諾誘導の技術が用いられている」とし、一般の人々が短期間のうちに回心し、信者になれば布教にも従事するというのは、「教勢を急速に伸張させてきた在家主義の新宗教に典型的なパターンである」(p.94)とし、したがって、一般的に「マインド・コントロール」と言われて批判されている内容は、日本の多くの新宗教にも当てはまるという見解である。

それでは統一教会のどこが特殊であるのかと言えば、それは「正体を隠した伝道」であると彼は言う。

「布教の初期に、教団名はおろか、宗教の布教ということも明らかにせず、教養的な内容を学習する場だから安心するようにと言い、受講を継続させる」

「四日間研修の直前の段階において、この団体が統一教会であることが初めて明かされる。……つまり、最初のセミナー勧誘からこの合宿まで、人により数ヶ月の開きはあるが、何のためにその人が勧誘されてきたのかを明かさない特異な勧誘方法なのである。宗教を明示していないのだから、宗教団体が通常行う未信者の人に対する『布教』や『伝道』とは到底いえない」(p.95)

過去において、統一教会信者の一部が自主的に運営するビデオセンター等において初期の段階で目的や教団名を秘匿して伝道を行った事実はあり、元信者が教会を相手取って起こした損害賠償請求訴訟で、そのことが瑕疵となって教会側が敗訴したケースがあった。初期の「青春を返せ」裁判においては、元信者らは「マインド・コントロール言説」を前面に立てて争ったが、その訴えが法廷で否定されたため、原告側は「正体を隠した伝道」「不実表示」を主張して争う方向に戦略転換し、それが裁判所によって認められた形である。

こうした判決を受けて、2009年3月25日に統一教会の徳野英治会長（当時）は「教会員の献金奨励・勧誘活動及びビデオ受講施設等における教育活動等に対する指導について」と題する文書を発表し、以下のように教会員に対して指導を徹底した。

「教会員が自主運営するビデオ受講施設等における教育活動等についての指導基準　勧誘目的の開示：教会員が自主的に運営するビデオ受講施設等における教育内容に統一原理を用いる場合、勧誘の当初からその旨明示するように指導して下さい。また、宗教との関連性や統一教会との関連性を聞かれた際には、ビデオ受講施設等の運営形態に応じた的確な説明ができるよう、ご指導下さい」

こうした指導の結果、統一教会の信者たちが行う伝道活動において、正体を隠して行われることはなくなり、もしこの指導に対する違反が発見された場合には、教会本部からの強力な指導が行われるようになった。したがって、櫻井氏の述べる「統一教会の布教方法の特殊性」は既に過去のものとなっている。

櫻井氏は統一教会の伝道が1980年代末で頭打ちになったとし、その理由について、自身が認めているように、統一教会に反対する勢力からの情報提供に基づいて次のように分析している。

「日本における統一教会の信者数は、四七万七〇〇〇人（平成七年文化庁宗教統計）とされるが、献身した本部教会員の実数は数万人の規模と思われる。統一教会問題を手がけてきた日本基督教団の牧師や全国霊感商法対策弁護士連絡会、及び脱会した元信者の証言によれば、統一教会の修練会に多数の若者たちが参加していたのは、一九八〇年代末までである。その教勢のピークは、その頃に入信した信者達が数年の伝道や経済復帰と呼ばれる資金調達活動に従事した後に参加する祝福に象徴されている。一九九二年八月に三万双の国際合同結婚式が韓国で挙行され、日本の芸能人やスポーツ選手が参加して話題を呼ぶが、その一人が翌年『私はマインド・コントロールされていました』と脱会宣言を記者会見で行い、それ以降、統一教会は、合同結婚式、洗脳、マインド・コントロール、霊感商法という悪評のために、宣教活動が停滞することになる」(p.96-97)

この記述は大筋においては正しいが、細かな点で気になる部分はある。まず、宗教法人としての統一教会には「献身」という制度はないので、「献身した本部教会員」という表記は正しくない。教会員を本部登録する制度はあるので、47万7000人というのは、活動しているかどうかは別として名簿上の数として文化庁に報告したものと思われる。統一教会の信徒の組織において専従的に活動する者を「献身者」と呼ぶ慣習はあったので、その実数が数万人の規模というのは、時代によって変化するとはいえ、およその数としてはそれほど外れていないだろう。ただし、統一教会の信者の数には、社会で働きながら信仰を持つ「勤労青年」や、家庭の主婦が信仰を持つ「壮婦」、その夫に当たる「壮年」、さらには幼児、小学生、中学生、高校生などの「二世」も含まれるので、いわゆる献身者の数と本部教会員の数を比較してその差を強調したところで何の意味もない。

厳密に言えば、「教勢のピーク」と「宣教活動のピーク」は必ずしも一致しない。宣教活動のピークは、その年に新しく入会した信者の数によって測定されるが、その信者たちがその後長年にわたって信仰を維持し続ければ、新たに入会する信者の数が微増に転じても信者の総数は増え続けるから、教勢のピークはもっと後ろになるからである。こうした細かいデータを統一教会は近年公表してこなかったので、櫻井氏の記述が正しいかどうかを客観的に判定する資料は存在しない。

櫻井氏の分析の最も重要な部分は、「統一教会の修練会に多数の若者が参加していたのは、一九八〇年代末まで」であり、この頃をピークに新規伝道が停滞するようになったというところであろう。この主張は、教会内部にいる筆者の個人的感覚からしても、直感的に正しいと思える。

「4　教勢の衰退と資金調達方法の変化」への反証

櫻井氏は統一教会の伝道が１９８０年代末で頭打ちになったとし、その理由について、統一教会の外部要因と内部要因の二つに大別して分析している。

外部要因は、教団に対する社会の厳しい姿勢である。具体的には、①有田芳生氏などのジャーナリストによる教会の資金調達活動に対する批判的報道、②全国霊感商法対策弁護士連絡会による民事訴訟の提起と統一教会側の敗訴、の二つが主な内容である。これらの影響を受けて、行政や大学も統一教会の活動を消費者被害や社会病理と認識するようになったのが１９９０年代に入ってからで、「このような外側からの批判によって、統一教会の布教活動は極めてやりにくくなった」(p.97) というのが櫻井氏の解釈である。

世間の評価が厳しくなったので伝道が厳しくなったというのは常識的で合理的な分析である。しかしながら、これに対して「そんなことはない!」と反論する宗教的主張もある。統一教会は日本に宣教された当初から、主にキリスト教牧師や共産主義者、さらには反対父母の会などから激しい迫害を受けてきたが、それに逆らって教勢を拡大してきたのであり、なにも迫害が１９９０年代に始まったわけではない。１９６７年7月7日付の朝日新聞夕刊に掲載された「親泣かせの『原理運動』」の記事に始まり、統一教会に対する批判的な報道は１９９０年代よりはるか以前から存在した。とりわけ大学のキャンパス内では原理研究会に関する悪い噂は１９６０年代からあり、書籍や雑誌などのメディアを通しての統一教会批判は１９７０年代から見られた。にもかかわらず、統一教会は教勢を伸ばしてきたのである。

１９９０年代に入って大きく変わったのは、テレビによる大々的なネガティブ・キャンペーンが始まったことであろう。そのきっかけは、１９９２年の3万双の祝福式に芸能人やスポーツ選手が参加し、ワイドショーの格好のターゲットになったことにある。それまでの書籍や雑誌による批判だけでは、日本国民のかなりの割合が統一教会という団体の存在自体を知らなかったと思われる。しかしながら、3万双の祝福式を前後して、連日のようにワイドショーで統一教会が批判的に扱われるようになり、統一教会のネガティブな意味での知名度が飛躍的に上がったことは否定できない。

迫害によって伝道が停滞するという考え方に宗教的な人々が納得しないのは、宗教団体は「迫害」や「法難」を通じて発展するものだという考え方があるからである。「法難」とは仏教が受ける弾圧のことで、特に日蓮宗においては、本物であるからこそ迫害されるのであり、弾圧を受けることを通して発展していくのだという考え方が強い。キリスト教にも神の愛する者は世間から憎まれるという思想が存在する。クリスチャンが世から憎まれ、迫害されることの意義について説明した聖句としては、以下のものが有名である。

「もしこの世があなたがたを憎むならば、あなたがたよりも先にわたしを憎んだことを、知っておくがよい。もしあなたがたがこの世から出たものであったなら、この世は、あなたがたを自分のものとして愛したであろう。しかし、あなたがたはこの世のものではない。かえって、わたしがあなたがたをこの世から選び出したのである。だから、この世はあなたがたを憎むのである」（ヨハネ15：18–19）

「だから、わたしはキリストのためならば、弱さと、侮辱と、危機と、迫害と、行き詰まりとに甘んじよう。なぜなら、わたしが弱い時にこそ、わたしは強いからである」（コリントⅡ12：10）

統一教会においても同様に、迫害を受けることによって蕩減条件が立ち、それを糧にして逆に神のみ旨が進んでいくという思想が存在する。『原理講論』の再臨論には以下のような記述がある。

「過去の復帰過程において、艱難が信徒たちの信仰の妨げとなったことはなかった。まして、信徒たちが信仰の最後の関門に突入する終末において、そのようなことがあり得るであろうか。艱難や苦痛が激しくなればなるほど、天からの救いの手をより強く熱望し、神を探し求めるようになるのが、万人共通の信仰生活の実態だ

ということを我々は知らなければならない」(p.567)

また、このことについて語った文鮮明師の代表的な言葉としては、以下のものがある。

「どのような迫害の中でも、私は決して呪いの一言も口にしませんでした。決して不平も言いませんでした。復讐もせず、人を悪く言うこともしませんでした。なぜならば、反対が強ければ強いほど、それだけ大きな同志を神は送ってくださるからです。それは宇宙の大気のようなものです。高気圧が生まれると、低気圧も生まれます。否定的な要素があるとき、常に別な方面で私の周りに肯定的な要素がつくられます。私は、迫害が甘美なものだ、という秘密も学びました。正しい心でそれを耐えると、戦わずして常により多くの同志を勝ち取ることができるからです」(『祝福家庭と理想天国II』p.810)

信仰熱心な統一教会の食口(信者)たちが、一般社会やマスコミによる統一教会バッシングに対してこうした精神で立ち向かい、逆に信仰を強めていったということは確かにあったであろう。しかし、これは信仰の理想の姿であって、すべての人がそのような強靭な精神で乗り越えられるわけではない。信仰の初期段階や、あまり強い心を持たない者は、外側からの批判によって信じる心を掻き乱されたというのも事実だろう。特に、悪い噂が広まることによって、伝道の入り口付近で対象者から敬遠されるという意味で、伝道活動の障害になった可能性は十分にある。

1990年代以降にテレビのワイドショー以上に大きな影響を持つようになったのが、インターネットによる批判情報の拡大である。ネット時代の到来は、教団による情報のコントロールを困難にし、伝道対象者も極めて初期の段階で教団について検索して批判的な情報に触れるようになった。また、教会員の家族もインターネットを通して教会に対する批判的な情報に触れ、こうしたことが複合的に働いて、伝道環境を悪化させたと言えよう。

もう一つの外部要因は、全国霊感商法対策弁護士連絡会(全国弁連)による民事訴訟の提起と、それに対する一部の判決で、統一教会側が敗訴していることが挙げられる。これに関して、一方的な情報のみが社会に伝わっており、とりわけ行政や大学に対して、その影響が大きかったと思われる。全国弁連が結成されたのは１９８７年５月で、同年2月14日から朝日新聞が「霊感商法」批判のキャンペーンを始めた。また、全国で初めての「青春を返せ」訴訟が札幌地裁で始まったのが１９８７年３月である。裁判は結果が出るまでに時間がかかるが、信者による献金勧誘行為に対して統一教会の「使用者責任」を認める判決が下された初めてのケースが、１９９４年５月の福岡地裁判決であった。それ以降、物販や献金にかかわる民事訴訟で統一教会側に損害賠償を命じる判決が出されるようになった。さらに、初めは統一教会側が勝訴していた「青春を返せ」裁判においても、２０００年９月の広島高裁判決以降は、教団側が敗訴するケースが出てくるようになる。

１９８０年代後半に始まって、１９９０年代以降に成果を上げた全国弁連による民事訴訟の戦略は、統一教会を苦しめてきたと言える。とりわけ、民事訴訟で敗訴を重ねることは、行政の統一教会に対する認識を著しく悪化させ、単なる左翼マスコミによる批判にとどまらず、日本社会の良識的な層が統一教会を反社会的な団体であると認識するようになる大きな原因を作ったと言える。こうした社会的な環境の悪化と、１９９０年代以降の日本国内における新規伝道の停滞の間に、因果関係が全くないとは言えない。社会的評判が極めて悪くなれば、教会の教えを聞いてみようとする人の数が減ることは十分に考えられるからである。

大学に関して言えば、２００６年12月に全国霊感商法対策弁護士連絡会が、国立大学協会、公立大学協会、私立大学連盟、私立大学協会に一斉に「要望書」を出している。その内容は、「反社会的宗教団体」に関するビラの作成と配布、専門家の講演会による啓蒙活動、大学間の情報の交換と共有の勧めから始まり、「(入学後の）カリキュラムに、反社会的宗教団体の問題点、勧誘方法などについてのガイダンスを実施して注意喚起につとめてください」と要求するものになっている。

こうした働きかけの結果、現在日本の多くの大学で、広範な「カルト対策」が行われるようになった。こうした「カルト対策」のターゲットの筆頭に上がっているのが原理研究会で、その結果として大学のキャンパスにおける原理研究会の活動は著しく困難になっている。この問題に関心のある方は、私のブログのシリーズである「書評：大学のカルト対策」を読んでいただければその全貌が分かる。

http://suotani.com/archives/449

「5　日本の統一教会が経済活動に専心するに至った要因」への反証

櫻井氏が1990年代以降の宣教停滞の内部要因として指摘しているのは、日本統一教会に韓国人の幹部が派遣され、日本の統一教会が経済活動に専心するようになったことである。「日本の統一教会の要職」である「全国祝福家庭総連合会総会長」のポストに韓国人の幹部が派遣され、それ以降、日本の統一教会信者に対する献金の要請が激化したのだという。それまでは教会外部への物販によって資金を獲得していたが、霊感商法批判によってそれが厳しくなった1990年以降は、内部の信者に対して多額の献金が要求されるようになり、現役信者からも嘆きが漏れるようになったと櫻井氏は説明する。要するに、韓国統一教会幹部によって日本統一教会が「財布」のような地位に貶められたために、宗教的本質を見失ってしまったというのである。櫻井氏の表現を借りれば、以下のようになる。

「統一教会の基盤が確立した一九八〇年代以降、信者の布教・教化では、教勢拡大（資金獲得、資金獲得のための新規信者獲得）が自己目的化した。何のために人を誘い、『原理』を教えるのか、ゆっくり考えるいとまもなく、ひたすら伝道と経済活動に明け暮れたのが一般信者の生活だった」（p.100）

こうした記述は、教会を内部から見ていた元信者たちに対するインタビューと、彼らと長年にわたりかかわってきた反統一教会のキリスト教牧師や弁護士などから得られた情報をもとに書かれていると思われる。こうした分析が正確で客観的なものかは多くの疑問があり、鵜呑みにするわけにはいかない。教団の外部にいる牧師や弁護士たちは、「統一教会体験」を直接できる立場にはないので、彼らの認識も結局は統一教会を離脱した「元信者」たちから得られた情報に依存している。櫻井氏が参考にしている副島・井上両氏による『文藝春秋』１９８４年7月号の記事「これが『統一教会』の秘部だ—世界日報事件で『追放』された側の告発」にしても、教団を去った元幹部が書いたものである。

自分の所属する教団をどのように見るのかは、現役の信者であるか元信者であるかによって大きく異なり、そのどちらであったとしても、その人物が置かれていた位置、受けていた待遇、人間関係の良し悪し、その人自身の人間性や世界観などによって大きく異なる。櫻井氏の描く宣教停滞の内部要因は、あくまでも教会のあり方に対してネガティブな感情を抱いて教会を離脱した元信者の視点を通して原因を分析したものにすぎず、その分析が正しいという客観的な根拠はないだろう。

櫻井氏の説明で矛盾するのは、古田元男氏が実権を握っていたとする１９８０年代には既に統一教会は「集金マシーン」と化していた（p.100）と主張しているにもかかわらず、この時期に統一教会は最高の伝道実績を上げていることである。したがって、櫻井氏の言う「日本の統一教会が経済活動に専心するようになった」時代と、「統一教会の修練会に多数の若者が参加していた」時代は１９８０年代において完全に重なっており、経済活動に専心することによって宣教活動が停滞するようになったという論理は成り立たない。

私としては、日本統一教会が経済活動に専心するようになったために宣教活動が停滞したという櫻井氏のテーゼ自体を疑ってかかる必要があると思っている。たとえ日本統一教会が韓国統一教会幹部にとって「財布」のような存在であったという櫻井氏の主張が正しいと仮定しても、それが必ずしも日本統一教会が衰退する原因とはならず、かえってそれによって守られ、発展したという可能性もあるからである。このような逆説を理解する上で参考になるのが、島田裕巳著『新宗教儲けのカラクリ』（宝島社、２０１３年）である。

島田氏によると、新宗教にとって厄介な問題は金がないことよりもむしろ「金余り」の状態であるという。それは金が集まることが教団を堕落させる方向に作用することがあるからである。人は金がないときには、それを手に入れようとして創造性を発揮し、金集めに精を出す。それは個人の動機を高め、組織を活性化するなど、ポジティブな効果をもたらす。しかし、それが奏功して金回りが非常によくなり、余剰金が発生すると、ネガティブな効果をもたらすというのである。まず、幹部が金儲けや蓄財に走るようになり、贅沢な生活をしたり、教団の金を個人的に悪用したりすれば、一般信徒からの信頼を失う。さらにそれが利権化して、利権争いが始まれば、それが組織内における対立や抗争、分裂や分派に発展していく。すなわち、余剰金は個人を堕落させ、組織を混乱させる原因となるというのである。島田氏は、日蓮正宗が創価学会から入ってくる潤沢な資金によって堕落させられたと分析している。そして創価学会は、余剰金が幹部に回らない仕組みを整えることによって、分派分裂を防いできたというのである。

日本統一教会は国内で集めた献金の大半を世界のために用い、貢献してきた。そのことの故に、日本統一教会には莫大な余剰金が発生する余地はなく、結果的に幹部の腐敗堕落や分派分裂を防ぎ、さらには世界の統一教会の中で最も発展した組織となったという解釈も成り立つわけである。これは「他者の為に生きる者が神の祝福を受けて発展する」という真理の一つの実例であるかもしれない。

櫻井氏の統一教会理解の問題点は、献金や万物献祭の意義を「罪深いエバ国家である日本はアダム国家である韓国に貢ぐのが使命だ」というような極めて稚拙で陳腐なものとしてしか捉えていないことだ。このような教説を聞かされただけで、ひたすらそれを信じて熱心に献金するような人々が統一教会の信者であると本気で思っているとすれば、それはよほどバカにしているか、極端に歪んだイメージを刷り込まれているとしか思えない。統一教会には、万物献祭や献金に関する高度でシステマティックな神学が存在する。その内容に説得力があるからこそ、統一教会の信者たちは熱心に献金をするのである。この問題に関しては筆者のブログの「宗教と万物献祭シリーズ」で詳しく扱っており、特に統一教会における万物献祭の意義については以下のサイトを参照していただきたい。

http://suotani.com/archives/1200

１９８０年代から90年代への大きな変化は、実際には櫻井氏が言うような献金要請が激化したことではなく、日本の運動のリーダーシップが日本人から韓国人に代わったことである。しかし、それが原因で伝道活動が停滞するようになったという櫻井氏の分析が正しいかどうかは分からない。もう一つの大きな変化としては、１９８０年代に大量に伝道された若者たちが、１９９０年代に入ると家庭生活を営むようになり、独身者として動員できるマンパワーが不足するようになったことがある。また、「還故郷」の大号令によって、それまで専従的に活動していた青年たちが地方に分散したことや、活動の主力が青年から壮・年壮婦にシフトしたことなど、１９８０年代から90年代にかけての日本統一教会の信徒たちに起こった変化は、私が思いつくだけでもたくさんある。

櫻井氏の描く宣教停滞の内部要因は、極めて限られた視点から、限られた情報に基づいて描いた主観的な像にすぎず、事態を正確に捉えているとは評価できない。仮に１９９０年代以降に日本統一教会の伝道活動が停滞するようになったのが事実であるとすれば、これから伝道活動が復活するように対策を講じるためにも、なぜそうなったのかを総括する仕事は、櫻井氏ではなく、ほかならぬ統一教会自身にあると私は考える。

さて、櫻井氏は本章の中で「祝福家庭の子供達と統一教会」と題して二世の問題に触れている。その内容は、「親が必死で信仰生活をしているのに対して、二世信者にとって宗教は躾けのようなものだ」「宗教文化を主体的に選択したという意識を二世信者は持たない」(p.101)、「二世信者は自ら入信したもの達と異なり、文化としての信仰を捨てることが極めて難しい。統一教会において祝福家庭の子供というのは、親の信仰なくして自分達の存在はないわけだから、親の信仰を捨てることは親との関係を切るだけではなく、自分が生を受けた意味を捨てることにもつながる。アイデンティティの危機に陥る」(p.102) というものだ。しかし、これらは他の新宗教においても事情は同じで、とりたてて新しい発見や興味深い事実を指摘しているわけではない。

「三　民俗宗教を併呑する新宗教」への反証

この部分は天地正教について扱っており、23ページに及ぶ詳細な記述で、これは櫻井氏が１９９８年に発表した「新宗教教団の形成と地域社会との葛藤――天地正教を事例に――」（『宗教研究』３１７号、p.75-99）の記述に加筆修正したものである。

天地正教については、筆者の個人ブログで扱っており、その際に櫻井氏のこの論文を「天地正教に関する宗教学者による客観的な研究」として紹介している。その内容も、「全国霊感商法被害対策弁護士連合会による天地正教の批判を踏まえながらも、川瀬カヨの生涯を資料に基づいて丁寧に追いながら、天地正教の成立過程を分析している」と肯定的な評価をしている。

天地正教の誕生は１９８８年で、約10年活動した後に、１９９９年に統一教会との「和合」によってその宗教活動を大幅に縮小させた。その間、筆者は継続して天地正教について見聞きし、近くの道場を訪問したこともあったが、直接かかわる機会は少なかった。櫻井氏の１９９８年の論文は地道な調査を行って書いたものと思われ、事実関係に関して筆者はこれに反論するだけの情報を持たない。とりわけ北海道で起こったことに関しては、直接知っていることはほとんどない。したがって、天地正教に関する記述の事実関係に関して逐一反証することはできないので、少し違った角度から本章の「三　民俗宗教を併呑する新宗教」の内容について分析を試みることにする。

それは、１９９８年に発表された「新宗教教団の形成と地域社会との葛藤」と２０１０年に出版されたそのリライト版である「三　民俗宗教を併呑する新宗教」のテキストを比較することを通して、その間に櫻井氏の捉え方や考え方がどのように変化したのかを明らかにするという方法である。以降、１９９８年に発表された初出の論文を「甲」と表記し、２０１０年に出版されたリライト版を「乙」として、比較検証を行うことにする。

櫻井氏は乙の冒頭で、「統一教会が教勢拡大のために日本の民俗宗教を擬装するという宣教戦略のもとに形成された教団が天地正教である」（p.103）と断言しているが、こうした表現は甲の中には存在しない。「擬装」とは人の目を欺くために外見をまぎらわしくすることを意味し、断罪の意味を込めたかなり強い言葉である。天地正教に対するこうした位置付けの変化は、1998年と2010年の間に起きた櫻井氏の統一教会に対する心境の変化を表していると思われる。すなわち、敵対心が増大したということだ。

川瀬カヨに対する櫻井氏の評価は、日本における典型的な女性のシャーマン的霊能者であるという点では一貫している。その体験は、苦難の半生と更年期の神憑り体験、教団の遍歴による宗教観と儀礼の確立、修行による霊威の強化という点では、天理教の中山みきや大本の出口なおと共通するものがある。しかし、カヨはシャーマン的霊能者のレベルに留まっていたのであり、教祖として一派を立ち上げるほどのカリスマは持ち合わせていなかったという。そうした中で、1973年に「霊感商法」と出会ったという。この出会いに関して、甲の論文においては以下のような記述がなされている。

「カヨは初期の霊感商法に出会い、積極的に関わるようになった。しかしながら、カヨを将来への不安、家族問題、病気等をつかれた悪徳商法の被害者とみるのは妥当ではないだろう。この時期は霊能者としての名声を得、経済的にも一応の安定を得ていた。霊感商法のレトリックに落ちたというよりも、カヨ自身が壺や壺売りの口上（家系図、先祖の祟り・供養、霊界の知らせ等）、その後の統一原理による説明に魅力を感じ、自身の宗教を包含するものとして受け取ったのであろう。ここでは、カヨ自身の子も同時期に統一教会と関わりを持ったこと、彼女固有の家族問題等も含めて、統一教会へのコミットを理解していく必要がある」（甲、p.83）

この表現は、川瀬カヨを「霊感商法」の受動的な被害者としてではなく、むしろ積極的な回心者として捉えており、彼女自身が統一原理というより包括的な宗教理念に魅力を感じていた点をきちんと押さえている。しかし、甲にあったこの文章は、乙においてはバッサリ削除されているのである。それは、川瀬カヨの一家を統一教会の被害者として描きたいという櫻井氏の乙のシナリオにおいては、都合が悪いからである。
さて、甲においては1983年に天地正教の前身である「冨士会」の会長に川瀬カヨの三女・静江が「神の天啓」で決まったことが報告されたと客観的記述がなされているが、乙ではわざわざ「この部分は天地正教による創作の要素が大と思われる」という注釈がつけられている。これは、天地正教誕生の経緯が川瀬カヨ一家の意思とは関係のない、統一教会の「やらせ」であると言いたいがためである。

川瀬カヨのファンサークルのようなものであった「冨士会」が天運教、天地正教へと再編成されていく過程において、もともとの信者たちが多数離脱したのは事実のようである。教祖自身の回心によってもたらされた教団の変化に、保守的な信徒がついて行けなくなるのはいかにもありそうなことだが、櫻井氏はここでも「カヨはこのようにして大理石壺販売優秀者となったが、信者を失う代償を払っている。その代りに統一教会から統一教会信者を送りこまれたわけだ」(乙、p.114)と、彼女を被害者として描くことを忘れない。

天地正教の教義に関して、甲においては「カヨ自身が現在の教義である弥勒信仰を創出したとは考えにくい」としつつも、「カヨ自身にも受容の契機があったと思われる」としてその主体性は認め、「弘法大師の奇跡信仰、入定から弥勒としての下生信仰の内容が、部分的にでもカヨの知識にあったのではないか。それが、統一教会の明瞭なビジョン化(原理講論のメシヤ信仰、韓国ツアーによる弥勒信仰遺跡巡り等)によって、カヨ自身が持っていた一切の救済・解決願望と親和的に結びついたと思われる」(甲、p.86)としている。要するに、カヨ自身の中で従来の信仰と統一原理が結び付き、より高次の教えである統一原理によって包摂されたという理解である。

しかし、この部分も乙においてはバッサリと削除され、「要するに、統一教会の教説を弥勒信仰に擬装しているのだが、あまりにも露骨である」(乙、p.116)という断罪調の表現に改変されている。天地正教として全国展開し、「下生した弥勒が文鮮明夫妻である」という神示が公表されるプロセスに関しても、「要するに、天地正教の川瀬一家の動きとは別に、統一教会側の方で全てセッティングを行い、各地の道場長も教団の方針を周知していたということなのだろう。天地正教の教団運営を担当していた統一教会信者と天地正教の各道場長達は、教祖や教祖一家の意向とは関係なく、統一教会による霊石販売活動を天地正教という仏教系新宗教を擬装して行っていたのである」（乙、p.117）と加筆するなど、攻撃の手を緩めることはない。結論は「カヨは死後も統一教会に利用されたのである」（乙、p.117）というもので、この記述も甲にはない。

櫻井氏は天地正教の行事に参与観察をした際に、年輩信者から「統一教会の教えは難解で一般向けではない。天地正教は仏教的だから、年輩の人に受け入れられやすい」という発言を聞いているが、これに対する評価も、甲においては「統一教会の活動戦略と、天地正教の教団アイデンティティーを見るのは不当であろうか」（甲、p.90）という控えめな表現をしているのに対して、乙では「統一教会の活動戦略と、天地正教という擬装が窺える」（乙、p.119）という、より断定的で断罪調の表現に改められている。

このように、2010年に出版された乙においては、北海道の小さな民俗宗教にすぎなかった川瀬カヨの「冨士会」を被害者の立場で描き、それを乗っ取ってダミー教団化した統一教会を加害者であり悪者の立場で描くというストーリー構成が徹底して貫かれていることが分かるであろう。その極め付きが、「いずれにしても、北海道の小さな民俗宗教に傷を残したことに違いはなく、彼女達は統一教会の力の前にねじ伏せられた」（乙、p.126）という結び言葉である。こうした論調の変化が生じた原因は、櫻井氏の統一教会に対する敵対心が増大したという感情的な要因と共に、『統一教会――日本宣教の戦略と韓日祝福』という書物の目的が、客観的で価値中立的な宗教研究というよりは、統一教会を批判・攻撃することにあるという、目的論的な要因も作用していると思われる。このような変化に関して櫻井氏自身は以下のように説明している。

「基本的な知見・資料に関しては、書籍全体の構想にあわせて資料提示や論調も変えており、資料の補充も行った上での分析・考察をなしている」（p.579）

天地正教は「擬装」だったのか？

本章で櫻井氏が新しく主張しているテーゼは、「統一教会が教勢拡大のために日本の民俗宗教を擬装するという宣教戦略のもとに形成された教団が天地正教である」(p.103) というものである。しかし、筆者の理解では天地正教は、統一教会が冨士会を「乗っ取った」とか「ダミー化した」というよりも、冨士会の教祖であった川瀬カヨが統一原理を受け入れることにより、自らの教団を積極的に真の父母に捧げた、あるいは統一教会が冨士会を教団まるごと「復帰した」と表現するのが妥当であるように思われる。教祖の回心の過程において、教団の教えが統一原理の影響を受けて変化するのは自然なことである。そして、統一教会から天地正教に多くの人材と資源が投入されたことは、「擬装」というよりは「土着化戦略」の一環として捉えることができると思われる。

そこで、上記の櫻井氏のテーゼ、すなわち「天地正教は擬装であった」という主張が正しいかどうかを考察してみたい。擬装とはすなわち欺くことで、天地正教は本当に宗教的本質を隠して信徒を欺こうとしていたのだろうか？日本統一教会が天地正教の創設を支持したことは事実だが、はたしてそれは、統一教会の教えである統一原理の本質に反するような逸脱行為だったのだろうか？ そのことを判断するためには、統一原理がそもそも仏教や弥勒信仰をどのように捉えているのかを知らなければならない。

もし統一教会が、キリスト教の福音派や根本主義者のように、聖書のみが唯一の真理の源泉であり、他の宗教は迷信か悪霊の業であるというような排他的な聖書主義の立場に立つ宗教であれば、仏教系の新宗教の創設にかかわること自体が自己矛盾であり、まさしく宗教的本質を逸脱した「擬装」行為となる。しかし、『原理講論』は釈迦牟尼の説いた仏教をメシヤ降臨のための準備であったと積極的に評価している。

「また、異邦人たちに対しては、これとほとんど同時代に、インドの釈迦牟尼（前五六五～四八五）によって印度教を発展せしめ、仏道の新しい土台を開拓するように道を運ばれたし、ギリシャでは、ソクラテス（前四七〇～三九九）の手でギリシャ文化時代を開拓せしめ、また、東洋においては、孔子（前五五二～四七九）によって儒教をもって人倫道徳を立てるようにされるなど、各々、その地方とその民族に適応する文化と宗教を立てられ、将来来られるメシヤを迎えるために必要な、心霊的準備をするように摂理されたのである。それゆえに、イエスはこのように準備された基台の上に来られ、キリスト教を中心としてユダヤ教（Hebraism）を整理し、ギリシャ文化（Hellenism）、および、仏教（Buddhism）と儒教（Confucianism）などの宗教を包摂することによって、その宗教と文化の全域を、一つのキリスト教文化圏内に統合しようとされたのである」（『原理講論』p.484）

さらに、弥勒仏という言葉は『原理講論』に3回登場し、キリスト教のメシヤに対する仏教的な呼び名であると説明されている。このことは、復活論の「再臨復活による他のすべての宗教の統一」において詳しく説明されている。

「キリスト教はキリスト教だけのための宗教ではなく、過去歴史上に現れたすべての宗教の目的までも、共に成就しなければならない最終的な使命をもって現れた宗教である。それゆえに、キリスト教の中心として来られる再臨主は、結局、仏教で再臨すると信じられている弥勒仏にもなるし、儒教で顕現するといって待ち望んでいる真人にもなる。そして彼はまた、それ以外のすべての宗教で、各々彼らの前に顕現するだろうと信じられている、その中心存在ともなるのである。

このように、キリスト教で待ち望んでいる再臨のイエスは、他のすべての宗教で再臨すると信じられているその中心人物でもあるので、他の宗教を信じて他界した霊人たちも、彼がもっている霊的な位置に従って、それに適応する時機は各々異なるが、再臨復活の恵沢を受けるために、楽園にいる霊人たちと同じく再臨しなければならない。そして、各自が地上にいたとき信じていた宗教と同じ宗教をもつ地上の信徒たちを、再臨されたイエスの前に導いて、彼を信じ侍らせることによって、み旨を完成するように、協助せざるを得なくなるのである。したがって、すべての宗教は結局、キリスト教を中心として統一されるようになるのである」（『原理講論』p.234）

このように、統一原理においては仏教徒が再臨のメシヤを「弥勒仏」として受け入れることを必然的なこととし、キリスト教のメシヤと仏教の弥勒仏が同一人物であることにより、最終的には宗教統一がなされていくという神学が存在するのである。したがって、天地正教の創設には神学的根拠があり、「擬装」ではない。そして天地正教の教えは表現が仏教的であるだけで、救い主を文鮮明師夫妻と宣言しているのであるから、信仰の本質はかなりストレートに表現されており、天地正教の信徒たちに人を騙しているという意識はなかったであろう。そもそも文鮮明師は「世界平和宗教連合」を創設して宗教の和合統一を目指したり、『世界経典』の編纂と発行を提唱したりするなど、宗派の違いを超えた普遍的真理を追究する教えを説いているため、統一教会の信徒はキリスト教と仏教の教えが根本的に異なるものだとは思っていないのである。

弥勒仏は原語のサンスクリットでは「マイトレーヤ」といい、釈迦牟尼仏の次に現われる未来仏であるとされた。弥勒仏は、釈迦入滅後56億7000万年後の未来にこの世界に現われ悟りを開き、多くの人々を救済するとされ、それまでは兜率天で修行しているとされる。弥勒信仰には大きく分けて、弥勒菩薩の兜率天に往生しようと願う信仰（上生信仰）と、弥勒仏がこの世に出現するという信仰（下生信仰）があり、下生信仰には一種の終末論的な期待が込められている。

上記の『原理講論』の引用の後半部分は霊人の再臨協助に関する内容だが、天地正教においてこの役割を果たしているのは弘法大師である。川瀬カヨが神憑りになったきっかけは真言密教の行者との問答の最中であり、祭神に弘法大師をいただいていた。空海（弘法大師）は高野山で入定する際に、兜率天へ往生することを願い、弥勒下生の時には共に来臨すると遺言したと言われている。そして川瀬カヨが1992年に高野山奥之院に参拝した際に、弘法大師から「下生した弥勒は文鮮明夫妻である」との神示があったという。このことから、もともと川瀬カヨの中にあった弥勒仏と弘法大師に対する信仰が、統一原理に触れる中で、弘法大師の再臨協助を受けて一つに結び付いたと理解することができるのである。これは復活論で説かれている内容と一致している。

川瀬カヨは、小さいながらも一つの教団を率いる教祖の立場にいた。その彼女が文鮮明師を弥勒仏またはメシヤとして受け入れたのであれば、彼女の教団を丸ごとメシヤに捧げることは当然であり、それが彼女の使命であった。これはある意味で洗礼ヨハネと同じタイプの使命であった。洗礼ヨハネはイエスをメシヤとして証したのちには、彼の前に一人の弟子の立場で彼に従い、仕えなければならなかった。それは同時にヨハネの弟子たちもイエスの弟子になることを意味する。しかしヨハネはその後、イエスと別行動をとるようになり、運命を共にしなかった。それればかりか、イエスの弟子とヨハネの弟子とが、どちらの先生が洗礼を多く授けるかと言い争うこともあった。結局、洗礼ヨハネは自分の教団をイエスに捧げることができず失敗し、悲惨な最期を遂げたが、川瀬カヨは文鮮明師をメシヤとして受け入れ、小さいながらも自分の教団をメシヤに捧げたのである。

ここに一枚の写真がある。1993年に川瀬カヨ教主が文鮮明師と面会したときの写真である。下生した弥勒仏、再臨のメシヤと出会った川瀬教主の嬉しそうな顔が印象的である。彼女の生涯は、櫻井氏の言うような統一教会に利用された悲惨な人生であったのではなく、自らの信じる道に従って歩んだ幸福な人生であったと私は思う。

真の御父様と川瀬カヨ教祖（1993.11）

統一教会の側から見れば、天地正教は「統一原理の仏教的展開による日本への土着化」という目的の下に出現したと理解でき、それは一定の成功を収める可能性を秘めていた。天地正教の出現自体は擬態でも擬装でもなく、摂理的な意義を持っていたと思われる。しかし、結果的に天地正教は1999年に統一教会との「和合」を宣言し、その活動を縮小させることとなった。個人的には、これは残念な結果であったと思う。

ただし、統一教会との「和合」を宣言し、全国の道場がなくなったと言っても、それは天地正教が解散したとか、統一教会に吸収合併されたとかの意味ではない。現在でも宗教法人・天地正教は存続しているからである。

天地正教関係者に対する聞き取り調査に基づく反証

以上の記述は私自身が天地正教との直接的なかかわりがなく、事実関係に関する知識に乏しいため、櫻井氏の書いた二つの論文のテキスト・クリティークという手法で批判を試みたものであった。しかしこれでは反証としての迫力に欠けるため、本書の出版に際して改めて当時の様子をよく知る天地正教関係者にインタビューを行い、櫻井氏の記述における間違いを指摘してもらうことにした。以下の記述はそのインタビューに基づくものであり、本人の人柄を表わすために「ですます調」で表現してある。私自身、天地正教について知らなかった多くの事実について知ることができた。

＊＊＊

まず、「民俗宗教を併呑する新宗教」という表現自体に違和感を覚えますね。「併呑」とは相手の意志や主体性を無視して強引に傘下に入れることを意味し、これは川瀬教主の主体的信仰を無視するもので、この表現はひどいのではないかと思います。天地正教の設立に際しては、実際には川瀬教主の主体的な信仰が非常に大きな役割を果たしました。

「川瀬カヨの場合は統一教会の権力下にあった」(p.106)という表現がなされていますが、これは明らかに間違いです。天地正教は統一教会とは別法人であり、川瀬カヨ教主は自分の主体的な信仰で宗教活動をしていたのですから、権力下にあったのではありません。それから、川瀬教主を「拝み屋」(p.106)と呼ぶのも実態と異なります。

川瀬教主は実際には知的な方で、さまざまな不幸の原因がどこにあるのかを探究する心、すなわち真理を探究する心を持った求道者のような方でした。

櫻井氏は川瀬教主と統一教会との出会いを1973年の壺との出会いであるとし、統一教会の信者となったのは1976年である（p.113）と主張していますが、実際には川瀬教主と統一教会の出会いは1964年にさかのぼります。伝道された経緯と時期に関する櫻井氏の記述は間違っています。

櫻井氏は「カヨの娘と息子二人が統一教会に入信し、祝福を受けたことも特筆されるべきだろう。カヨは子供達に氏族伝道を受け、統一教会の信者となったのだが、天地正教及び統一教会はその事実を隠し、あくまでもカヨが一派を自力で起こし、その教団と統一教会が友好関係にあるということを演出しようとした」（p.112-113）と言っていますが、これも間違いです。これだと川瀬教主は子供たちから伝道されたということになりますが、実際には「冨士会」の信者の一人から統一原理の内容を紹介されて、原理を受講しているのです。この辺の事実を少し詳しくお話ししましょう。

1964年7月に統一教会の40日開拓伝道が行われ、伝道師が帯広に来ていました。その伝道師から川瀬教主が原理講義を受けることになった経路は以下のようなものです。当時の川瀬教祖の団体の名前は「冨士会」で、どんな修行にもついてくる川瀬教祖のナンバー2のような立場の信者がいました。この方の息子さんが最初に伝道師から伝道され、母親に「統一原理という素晴らしい教えを聞いた」と伝えました。

この信者さんは、川瀬教主の言うとおりに修行しているとき、何度も「原理」という言葉が霊的に聞こえてきたそうです。そのことを川瀬教主に話したら、「いずれ原理という素晴らしい教えが来るかもしれないね」と答えたそうです。それで彼女は「これだ！」と思って、その内容を川瀬教主に伝えたのです。

実際の川瀬教主は、櫻井氏の言う「拝み屋」や「シャーマン」というタイプの人ではなく、非常に知的で、真理を探求する人でした。霊を受けてしゃべるというよりも、さまざまな現象の背後にある原因を理性的に考えて納得しようとする人でした。だから彼女はいろんな教団を回って教えを勉強していたのです。天理教や大本も訪ねましたが、納得がいきませんでした。そうした状態で原理に出会ったので、乾いた土地に撒かれた水のように教えを吸収していったのです。

川瀬教主は開拓伝道師から聞いた原理講義に非常に感動したようです。そしてその年の10月には埼玉県の戸田で行われた21日間の原理修練会に参加しています。当時、本州に行くのは相当大変なことでしたが、教えを聞くためにだけ川瀬教主は埼玉まで行ったのです。川瀬教主はそういう人でした。講師は周藤先生で、21日間かけて原理を講義し、大半が青年の参加者の中で、川瀬教主は数少ない婦人参加者の一人でした。非常に感動して、「今まで疑問だったものが全部解けた。この原理は真理である」と語ったそうです。

川瀬教主は帯広に帰ってこれを冨士会の信者に伝えようとしたのですが、信者たちはそれを受け入れられず、大反対を受けます。それで川瀬教主は「今はまだ時ではない」と判断して、いったんは冨士会の信者に対する伝道を中止しました。

次の転機が1973年で、これもくだんの熱心な信者さんを通じて、霊石が川瀬教主に伝わったことです。霊能者としての川瀬教主が霊石を見て非常に感動し、「これは神様の器であり、神様が住んでおられて、家の中の悪い霊や因縁を整理することのできる、聖なるものである」と感得したようです。そこで、これを信者に授ければ、信者のさまざまな問題を解決する道が開かれると思い、冨士会の信者にも霊石を授けるようになりました。

川瀬教主は壺を非常に尊いものだと捉え、神様の器であると言っていました。そのような尊いものであるがゆえに、信者を救おうとして授けたというのが真意でした。霊石の恵みに関して彼女が語った言葉について、櫻井氏は「この書き方はカヨ自身の言というよりも、霊場のトーカーが語る典型的なセリフである」(p.114) としていますが、これはまさに川瀬教主自身の言葉であり、「霊感商法」のトークを引っ張ってきたものではありません。

この頃から川瀬教主は信者に対して、「自分の教えは真理に至る途上の教えであって、真理は統一原理だから、あなた方は自分の所にとどまっていないで、統一教会に行きなさい」と教えるようになりました。ただし、統一教会では先祖供養は教えていないので、それは自分がやるという立場でした。

霊石が入って復興した頃から川瀬教主は「時が来た」と考えるようになり、もう一度原理を聞き直し、子供や信者にも聞かせるようになります。そして１９７４年に札幌で川瀬教主は7日修の原理講義を受けています。そのときの川瀬教主の受講態度は非常に謙虚で、すべての講義を聞いたのちに、「献身させていただきます」と言ったそうです。

川瀬教主は文先生をメシヤとして受け入れていた

１９７４年は重要な年になりました。5月には狭山湖で統一教会の復興会が、日本青年館で「全国壮婦心霊復興大会」があり、このとき初めて川瀬教主は文鮮明先生にお会いしました。川瀬教主は、文先生の背後からすごい光がさしているのを感じ、この方こそ生ける神様だと感じたと言っています。同じ年に渡米して、9月18日のマジソン大会にも参加しておられます。川瀬教主は、大会で堂々と語られる文先生の姿を見て、この方は世界的な救世主だと実感したそうです。

これら一連の出来事はすべて事実なのですが、櫻井氏は捏造だと思っているらしく、「カヨは死後も統一教会に利用されたのである」(p.117) という酷い言い方をしています。これは川瀬教主に対する侮辱であると思います。川瀬教主が文先生を受け入れた背景には三つのポイントがあります。第一に、統一原理の内容を完全に理解して受け入れたということです。第二に、イエス様に非常に情が行き、キリスト教的なものを受け入れる素地があったため、再臨のイエスとして文先生を受け入れることができたということです。第三に、実際に文先生にお会いして、世界的な指導者としての姿に感銘を受けたことです。この三つが総合的に働いて、文先生をメシヤとして受け入れるようになったと思います。

川瀬教主は、１９７５年には希望の日講演会にも参加し、１９７６年にはワシントン大会にも参加しています。そして１９８２年に川瀬教主は独身祝福を受け、同時に天運教の信者の何人かも祝福を受けました。この時までに、川瀬教主の長男夫婦、三女の新谷さん夫婦も祝福を受けています。

櫻井氏は、統一教会や天地正教が「その事実を隠し」（p.112）と言っていますが、これも嘘です。川瀬教主とその子供たちが祝福を受けたことは周知の事実であったし、主要な信者たちにも祝福を勧めて受けさせ、統一教会に行くように勧めていたのですから、隠していたということはあり得ません。

櫻井氏は川瀬教主の原理理解に関して、「統一教会の堕落論がストンと入ったことは想像に難くない。もちろん、彼女は通俗道徳として堕落を理解したのであって、前章で述べた統一教会の教説に理解が及んでいたとは思われない」（p.111）と言っていますが、これは明らかな間違いです。実際には川瀬教主は堕落論の内容をしっかりと理解していて、だからこそ祝福を受けたのです。川瀬教主はこれを単なる「男女の過ち」というような通俗道徳として捉えていたのではなく、「根本的悪因縁」という意味での、宗教的理念として理解していました。

もともと川瀬教主の信仰実践は先祖供養が中心でしたが、どんなに先祖供養をしても変わらないという現実に直面して、もっと深い悪因縁があるのではないかと考えていました。統一原理の内容を聞いて初めて「原罪」というものを理解し、これが根本原因だと悟られたのです。先祖供養だけでは限界があると思われたので、ご自身も祝福を受け、子供たちにも祝福を受けさせたのです。これは通俗道徳の次元ではなく、堕落論を正確に理解した証拠です。その理解が深まるにつれ、統一教会との関係も深まっていったのであり、文鮮明先生をメシヤとして受け入れたのも、堕落論の理解が根底にあったのです。

櫻井氏の記述の中で致命的な間違いは、新谷静江教主に関することです。彼は１９８３年に「富士会会長に三女、静江（天地正教の教母）が『神の天啓』で決まった」（p.113）と書いていますが、これは明らかな間違いです。川瀬教主の三女、新谷静江さんが二代教主となったのは川瀬教主が亡くなった１９９４年で、その呼称を「教母」としていいるのも間違いです。天地正教においては「教母」と呼ばれたのは川瀬カヨ初代教主のみであり、新谷静江さんは「教主」と呼ばれ、「教母」と呼ばれたことはありませんでした。

川瀬教主は最後の死ぬ瞬間まで信仰を全うされたと思います。川瀬教主が生前によくおっしゃっていたのは、「恐ろしいのは、死ぬことではなく、神様に逆らって死ぬことである」でした。ご自身が「死ぬことを忘れて天命を果たす」と語った通りに生涯を全うした方だったと思います。

櫻井氏は「川瀬カヨの死後、教母として二代目を継いだ新谷静江だったが、彼女は他の兄弟と異なり、統一教会の信者ではなかった」（p.123）と書いていますが、これも明らかな間違いです。新谷静江さんが二代目の教主となったときには、すでに祝福も受けていて原理も聞いていました。

櫻井氏は新谷教主のことを「母親のような霊能はなく、教説創唱の能力も組織運営の手腕もない二代目」（p.124）とか、「教祖的カリスマを形成できなかった」（p.125）とか、「棚からぼた餅の教主の地位」（p.125）とか、かなり過小評価していますが、実際の新谷教主はカリスマ性があると同時に実務にも長けた指導者でした。彼女は川瀬教主の蒔いた種を花咲かせるという役割を担い、天地正教は新谷教主の時代に相当発展したのです。

１９９４年からは「愛縁供養」が始まりました。これは天地正教の信者に対して、永代供養をしますという約束でした。これを力として、１９９４年の第8回浄火祈願祭では参加者が史上最高の1万６０００人に達しました。これは新谷教主にカリスマ的指導力があった証しだと思います。

新谷教主は１９９５年2月3日に「親尊影奉斎の儀」という儀式を行いました。これは天地正教の祭壇に文鮮明師御夫妻の写真を弥勒様として奉納するもので、これを全国に波及させました。そして１９９６年4月から8月にかけて、「全国弥勒下生宣言公表大会」を行い、3万人を動員しました。これは教団の内外に弥勒様は文先生御夫妻だと宣言するために行ったものです。そして１９９７年5月18日には祝福式を弥勒の郷で行い、こうした大がかりな活動は、大胆で実務能力もある新谷教主でなければできなかったと思います。

櫻井氏は「韓国殉難者慰霊供養祭の開催を通して、日本国家としての自己批判、侵略国家としての罪意識を持とうとする運動まで行った。このような意識は天地正教立教当時から濃厚なのだが、少なくとも天運教時代には皆無だった」（p.118）と言っていますが、これも嘘です。統一教会の影響によってこうしたことを始めたのだと言いたいのでしょうが、川瀬教主の供養観の中に、かわいそうな朝鮮人を供養しなければならないという考えはもともとあったのです。

また櫻井氏は、教団の公式発表では、川瀬教主が１９９２年、高野山奥之院に参拝したときに弘法大師から下生した弥勒は文鮮明夫妻だと神示があったとされているのに、「筆者が札幌市内にあった天地正教道場に出向き、天地正教の現信者、責任者から直接聞き取った話によると、弥勒セミナーなるものが教団設立後ほどなく開催され、そこで信者が弥勒とは誰かを明かされたという。教主よりも先に弥勒の本体を教団幹部及び修練生が知っているとは、どのような教団組織なのだろうか」（p.117）と批判していますが、これは公的に発表したのがこの時期になったのであり、文鮮明先生が下生された弥勒であるという川瀬教主の信念は、それよりもはるか以前にさかのぼるということです。宗教には「秘儀」のようなものがあり、それを悟った時期と公開した時期の間にずれが生じるのはままあることです。

実際には川瀬教主は１９７４年に統一原理を受講した際に、キリスト教でいうメシヤとして文鮮明先生を受け入れ、仏教でいう弥勒仏として認識しておられたのです。その土台の上に、１９９２年に高野山で空海から「弥勒は文鮮明先生である」というお示しを受け、尊崇していた弘法大師までもがはっきりと断言されていることを深く悟り、そのことを不動の確信をもって示すため、教団として公表することを決意されたのです。

最後に、「８　弥勒の郷造成計画と地域の反対」については、実際には十勝清水町の共産党町議が激しい陳情活動を行ったために問題になったのですが、もともと浄火祈願祭には町長が出席するなど、地域住民との間には特に問題はありませんでした。たまたま時期がオウム真理教事件と重なったため、そのイメージで捉えられてしまったのは不幸なことでした。

当時、浄火祈願祭には全国から1万人にも及ぶ参加者が十勝清水町に集まり、地元のバス、レンタカー、さらにガソリンスタンドなどの交通機関を使用し、コンビニで弁当を購入し、食堂で外食をし、地元産物の即売会も行われて毎回完売していました。天地正教は十勝清水町の町民には迷惑をかけておらず、むしろ経済的に貢献していたのです。ですから川瀬カヨ教主が地元にまったく貢献しなかった、というのは事実と異なります。川瀬教主は剣山とその麓一帯を修行の地、聖なる清められた地域として尊び、祈願祭を通して地元住民や業者の経済的復興に貢献したのです。

＊＊＊

いかがだろうか。宗教研究においては、批判者や元信者からだけ話を聞くのではなく、実際にその信仰を持っている人の語りに耳を傾けることが重要であることを、私は改めて思い知らされた。一つの事象がこれほど違って見えるのであれば、その両方を考慮に入れず、片方だけを聞いてその本質を判断することがいかに危険であるかを教えてくれる好例であると言えよう。

「第四章　統一教会の事業戦略と組織構造」への反証

「グローバルな」視点で統一教会を分析する櫻井氏の動機

櫻井氏は本章で、「統一教会の世界宣教戦略をグローバル化に対応した多角化戦略という視点から考察」(p.127)

することを試みている。こうした視点を採用する理由として櫻井氏は、「統一教会自体が、多国籍企業的な活動を展開する宗教、ないしは宗教部門を有する多国籍企業という形態をとっている」ことと、「グローバル化や多角化という経営戦略が宗教文化の伝播・土着化を大いに助ける側面があるということを統一教会の事例は如実に示してくれる」（p.127）という二つの理由を挙げている。こうした表現を見ると、統一教会を宗教団体としてではなく、一つの多国籍企業として捉え、経営学的な視点や、グローバルな視点から事業戦略を分析しようという試みであると思える。こうした研究が純粋に学問的な探究心に基づいたものならば、筆者にとっても非常に興味深い研究になったであろう。なぜなら、統一教会の宣教戦略の長所と欠点が客観的に分析されていれば、今後の発展に役立つからである。しかし、櫻井氏の動機はどうやら別の部分にありそうだ。

統一教会は世界中に宣教されている宗教なので、グローバルな視点から分析するというのはある意味で当たり前である。ところが従来の統一教会研究は、地域ごとの相互交流がほとんど行われてこなかった。統一教会研究は大きく分けて韓国、日本、欧米でなされてきたが、韓国においては既成キリスト教会からの「異端」という批判を込めた神学的な研究が主流であった。日本においては反対牧師などによる神学的な批判のほかに、経済問題や社会問題として扱った反対派の著作が多く、客観的で学問的な研究は少ない。欧米にも批判的研究は存在するが、「カルト論」や「マインド・コントロール論」を巡っては客観的で価値中立的な研究が行われてきた。その代表が前述したアイリーン・バーカー博士の『ムーニーの成り立ち』である。

櫻井氏は国際的な学会で統一教会に関する発表を行い、欧米の宗教社会学者たちと統一教会について意見を交換するチャンスが何度かあったようだが、彼らとの相互理解に困難を感じていたようである。その大きな要因は、西洋の宗教社会学者たちが統一教会を純然たる宗教と捉えていたのに対して、日本では宗教というよりも「霊感商法」などの経済問題がクローズアップされていたからである。櫻井氏自身が「いわゆる統一教会による『霊感商法』は欧米の研究者に理解されにくい」「日本以外で『霊感商法』はなされていないので、世界中のどこの地域の研究者も日本の統一教会の活動を理解するのは困難なのである」（p.128）と書いているように、同じ統一教会であっても日本と欧米ではそもそも活動のあり方が非常に異なっていることに気付いたのである。

櫻井氏が本章の中で最も強調したいのは、日本統一教会の特殊性である。日本統一教会は世界でも類例のない特殊な任務を背負っており、それは「金のなる木」（p.156）という言葉に象徴されるように、韓国と世界における活動経費のほとんどを調達するという使命であったという。このことの故に、極めて違法性の高い方法によって資金を稼ぐための特殊な組織形態が日本統一教会の特徴になってしまい、これは韓国にも欧米諸国にも見られない日本統一教会の特殊事情であると言いたいわけである。

一つには、こうした日本の特殊性を、自分の発表が欧米の宗教社会学者たちに受け入れられなかった理由として示すことで、留飲を下げたいという動機があったと思われる。またそれによって欧米の統一教会研究の成果を相対化し、その価値を引き下げるとともに、自らの研究を彼らの上に位置付けたいという動機も見て取れる。それは櫻井氏自身の「従来の欧米における統一教会研究は、負け犬や問題児としてホスト国で扱われた特殊な『カルト』教団の事例にすぎないのであり、そこから花形スターや金のなる木となった韓国や日本の事例を考察することは全く的を射ていない研究であることが明らかになったと思う」（p.157）という言葉からも明らかであろう。櫻井氏の分析では、統一教会の世界宣教戦略の中で、韓国は「花形スター」、米国は「問題児」、日本は「金のなる木」、その他は「負け犬」と位置付けられている。要するに、欧米での統一教会研究は「問題児」と「負け犬」の研究にすぎないので、日本では役に立たないと言いたいわけである。

櫻井氏が世界的な戦略の中に日本統一教会を位置付けて論じるもう一つの動機は、ある種のナショナリズムから来る義憤が含まれていると考えられる。日本人である櫻井氏としては、自称メシヤの韓国人によって設立された教団が日本で多くの信者を獲得し、彼らを極めて違法性の高い経済活動に専念させ、そうして得た資金のほとんどを日本のためには使わずに、韓国または米国で活動を展開するために吸い上げているという構図は、我慢ならなかったのではないか？　さらには、そうした教祖ならびに韓国人幹部の命令に対して唯々諾々と従っている日本人信者たちに対しても、憐憫と義憤が半ばする感情を抱いていると思われる。櫻井氏の描く日本統一教会像は、韓国人幹部によって徹底的に搾取される可哀想な存在なのである。統一教会に対するこうした評価は、宗教社会学とは関係のない、一般社会から統一教会に対して向けられる批判と大差がない。統一教会は日本の国益に沿わないから排除すべきであるという論理は、非常にシンプルなナショナリズムに基づいている。櫻井氏は社会学的な分析の体裁を取りつつも、こうした非常にシンプルなナショナリズムを動機に議論を展開していることを、第四章全体の特徴として示しておきたい。

さて、櫻井氏は統一教会の宣教戦略や教団運営を経営戦略論から考察する前に、従来の宗教社会学における教団発達論を教科書的に概説している。マックス・ウェーバー、リチャード・ニーバー、ロバート・ベラー、トーマス・ルックマン等による古典的な類型論について触れた後に、彼はD・O・モバーグ氏の五段階発達論、およびそれに依拠して日本の宗教団体を分析した森岡清美氏の教団発展モデル、さらに西山茂氏による「教団ライフコース論」を紹介しているが、西山氏以降はこうした議論が日本ではあまり進んでいないという。櫻井氏によれば、こうしたモデルの限界は、一国の壁を超えて異文化に宣教していくような宗教団体のあり方を、国内の研究だけでは捉えきれなかったことにあるという。これを統一教会に端的に当てはめれば、日本統一教会がなぜ今のような姿になったのかは、日本国内の統一教会だけを観察していたのでは分からないということになる。

櫻井氏が本章で採用しているのは、企業経営と教団運営の間に共通点を見いだして分析する、一種の「宗教市場モデル」である。それは、「当該国においてどのような宗教的ニーズがあり、どのような方法で特定の宗教文化を伝えていくのか、当該国の宗教文化との競合に負けずに、どのようにして宗教的ニッチを見いだしていくのかといった問題は、多国籍企業の市場戦略と酷似している」（p.132）という言葉に端的に表われている。すなわち、宗教が提供する内容を商品パッケージとした場合、まず宣教国の人々にどのような宗教的ニーズがあるのか分析し、マーケットにふさわしい売り方をしなければ成功しないとなる。

同時に、そうしたニーズを持つマーケットには既に顧客をもつ既存の宗教団体が存在するから、それらと競争しながら市場を開拓するには、既存の宗教にはない新しい魅力がなければならない。ニッチとは通常、大企業がターゲットにしないような小さな市場や、潜在的にはニーズがあるが、ビジネスの対象となっていないような分野を意味する。既存の伝統宗教を大企業に例えれば、外国から宣教される新宗教は中小企業やベンチャービジネスと言えよう。一般的に、ニッチ市場は収益が低いので大企業は手を出さないことが多いため、中小企業やベンチャービジネスが参入し、確固たる地位を築くことができるとされる。こうした市場原理から、新宗教の海外宣教を分析しようというのが櫻井氏の視点である。

「コングロマリット」としての統一教会？

企業経営と教団運営には共通点と同時に相違点も多いことを認めつつも、櫻井氏が統一教会にこのような経営戦略論を当てはめる理由は、「統一教会はコングロマリットといって差し支えがない業態・組織形態を有している」(p.132) からであるという。コングロマリットとは、直接の関係を持たない多岐にわたる業種・業務に参入している企業体のことで、「複合企業」とも言われる。彼が統一教会をコングロマリットと規定する主な理由は、統一運動が実に多種多様な領域に関連団体をもっており、多角的な活動を行っているためだ。そのこと自体は正しいが、櫻井氏がこのコングロマリットの比喩をもって言おうとしている本質は、統一教会が純然たる宗教団体なのは欧米だけであり、韓国では多国籍企業として、日本では地下組織として存在しているということだ。はたしてこの捉え方は正しいのであろうか？

企業経営におけるコングロマリットは、主に異業種企業が相乗効果を期待して合併を繰り返すことによって成立する。企業は、通常ならば業務関係のある会社と合併するが、直接的な関係のない企業を買収し、全く異なる業種に参入することでコングロマリットが形成される。櫻井氏が表4-3（p.134）において示している統一教会関連団体は以下のような諸団体で、括弧内は筆者の訂正または解説である。

・宗教：統一教会（世界基督教統一神霊協会）、世界平和統一家庭連合
・政治：国際勝共連合、真の家庭運動推進協議会（実際には政治団体ではなく信徒の互助組織のようなもの）
・大学：世界大学原理研究会、世界平和教授アカデミー
・メディア：世界日報、ワシントンタイムズ財団
・出版：光言社、成和出版社（韓国の統一教会系出版社）
・大学：鮮文大学校（韓国の総合大学）
・芸術：ユニバーサルバレエ団、リトルエンジェルス
・ボランティア：しんぜん、野の花会
・企業：㈱ハッピーワールド、㈱インターナショナルホームメディカルグループ（配置薬）、龍平リゾート（韓国）、一和（韓国）

これらを「統一運動」や「統一グループ」と一括して呼ぶのであれば、実に多種多様な領域にその活動がまたがっていることは事実である。しかし、これをコングロマリットと呼ぶには無理があるように思われる。それは、コングロマリットがもともと別個に存在していた異業種の企業が、買収や合併によってグループを形成して巨大化するのに対して、上記の諸団体には、そうした例はほとんどないからである。これらの団体は基本的に文鮮明師自身の提唱によるか、統一教会の信者の手によって創設され、手塩にかけて育てられたものである。例外は、もともと存在していた施設を韓国の統一グループが買収した龍平リゾートぐらいである。それ以外はすべてゼロから立ち上げ、育てられたので、マーケットの拡大や相乗効果を狙って買収されたものではない。その意味では、コングロマリットというよりは「財閥」の方がイメージとしては近いであろう。

櫻井氏は、「統一教会は当然のことながら、表向きは宗教法人『世界基督教統一神霊協会』として活動しており、関連団体や事業組織の活動内容についてはあきらかにしていない。統一教会が被告となる損害賠償請求の裁判においても、それらの諸団体との関係を追及されたときに、教会活動とは独立した信者組織と答えるにとどまっている」(p.132-133)と述べているが、これは誤りである。旧・世界基督教統一神霊協会(現在は世界平和統一家庭連合)はれっきとした宗教法人であり、宗教法人法と教会の規則に従って、宗教活動のみを行っている。そこには「表向き」も「実態」も存在しない。極めてシンプルな事実である。櫻井氏が「統一教会」と呼んでいる多種多様な企業や団体は、「統一運動」を構成する諸団体であり、これらは統一教会と共通のビジョンの下に設立されたものだが、法的には別主体であり、統一教会との間に指揮命令関係はない。

統一教会は民事訴訟の中で繰り返し、宗教法人である統一教会とこれらの「統一運動」を構成する団体や企業の関係について説明してきた。それは「表向き」の説明ではなく、非常にシンプルな法的事実にすぎない。しかし、統一教会反対派は信徒の立ち上げた企業や団体が起こしたトラブルの責任を宗教法人に対して追及するために、実態としてはこれらすべてが統一教会であると強弁し、櫻井氏もそうした主張と同じことを繰り返している。それは櫻井氏の情報源が統一教会を相手取って民事訴訟を起こした原告団の弁護士であるからにほかならない。

彼は自身の情報源について、「公刊された裁判資料か（霊感商法被害救済担当弁護士連絡会　一九八九、一九九一、青春を返せ裁判（東京）原告団・弁護団編　二〇〇〇）、弁護士から提供された資料（原告の陳述書、証拠資料、訴訟準備書面、判決文等の裁判資料）、あるいは統一教会幹部の脱会者から情報を入手するしかない（副島・井上一九八四）。そのほかにも、情報獲得のために、筆者は三〇名以上の脱会信者への長時間の面接調査、統一教会主流派から外された創設期の幹部複数名に面接調査を実施して事業内容・実施体制の確認を行った」（p.133）と述べている。これらはすべて、統一教会と裁判で争っている原告の代理人、脱会した元信者、統一教会と対立関係にある個人などによって構成されており、証言の中立性において問題のある情報源ばかりで構成されている。櫻井氏が示す裁判資料には、若干の被告側の資料（乙号証）も含まれているが、圧倒的に原告側の資料（甲号証）の割合が多い。偏った資料による分析であることは明らかだ。

櫻井氏は、「統一教会の信者及び運動の関係者が直接・間接的に関わる組織体は多岐にわたり、数百の団体に及ぶ。その中には統一教会が設立した団体・組織のみならず、既存の学校・企業・新聞社等、資本参加や買収したもの等もあり、活動団体・休眠団体・名称のみ等、実態がつかみづらい」（p.133）と述べている。これを「統一運動」に関する記述と捉えれば、現状をよく把握していると言える。統一運動は実に多岐にわたっており、内部にいる者でさえ、自分が直接かかわっている部署以外のことはよく知らず、いったいどのくらいの関連団体があるのか分からないことが多い。表4-3に示された団体はごく一部にすぎず、決して全体を網羅しているとは言えない。

統一運動を構成する団体は、ほとんどが文鮮明師または統一教会の信者が設立したものだが、中には既存の組織を買収したり資本参加したりしたものもある。こうした例で有名なのが米国のコネチカット州にあるブリッジポート大学である。同大学は１９９０年代初期の財政難を解決するために、世界平和教授アカデミーからの支援を受け入れた。１９９９年から２０１８年まで同大学の学長を務めたニール・サローネン氏は、米国統一教会の会長を務めていた人物である。ＵＰＩ通信社は１９０７年に設立されたアメリカ合衆国の伝統ある通信社だったが、２０００年5月に統一教会が出資しているニューズ・ワールド・コミュニケーションズに買収されたことを発表した。この二つは有名な話であり、表4-3に含まれていないのは不可解である。しかし、こうした例は少数で、ほとんどがゼロから立ち上げた組織である。

現代経営論では、企業組織を形成するために必要な資源として、人的資源・物的資源・資金的資源・情報的資源（組織文化）の四つがあるとされる。櫻井氏によれば統一教会はこれらのいずれにおいても大した資産をもっていたわけではないが、情報的資源として、「霊体交換の秘儀とその神学的理論」を持っており、それが「統一教会と他のキリスト教主流派とを決定的に差別化する情報であり、合同結婚式へ信者を動機づける信仰形成に大いに役立った」

（p.134）としている。この「霊体交換」という言葉は、韓国の異端的キリスト教指導者である黄國柱と結び付けられて用いられる言葉であり、統一教会の教えにはない言葉である。第二章の「統一教会の教説」でも触れたが、櫻井氏は統一教会のルーツは韓国の「混淫派」と呼ばれる「血分け」教団であると信じているらしい。

１９３０年代から終戦直後にかけて韓国で起こったキリスト教運動の中には、「霊体交換」と称して「血分け」「混淫」と批判されるような行為を行っていた教団が存在したと言われている。閔庚培著、沢正彦訳『韓国キリスト教史』（日本基督教団出版局、１９７４年）の中でも、黄國柱に対してはそのような評価がなされていた。櫻井氏の理解によれば、統一教会の本質も韓国では「血分け」を実践する宗教であったが、それでは日本では受け入れられないので、日本には清廉潔白なキリスト教として伝えられたのだという。しかし、統一教会はこうした「血分け」疑惑は事実無根であり誹謗中傷であるとして、繰り返し否定してきた。統一教会自体が否定している教説を、そうであると言い切る櫻井氏の主張は、学問的には常軌を逸している。学者としての良心があれば、最低でも両論併記にすべきであろう。

「5フォース分析」による宗教市場の分析は妥当か？

櫻井氏は本章で、統一教会の宗教市場における競争力を分析している。

「企業が市場開拓を行い、商品を投入して販売力を維持し、収益を上げるためには五つの競争要因（新規参入者の脅威、供給業者の交渉力、代替品の脅威、顧客の交渉力、競合他社との敵対関係）について適切な対応を取ることが必要だ」（p.135）という櫻井氏の解説は、「5フォース分析」と呼ばれる、ハーバード・ビジネススクールのマイケル・E・ポーター教授によって開発された業界の収益分析のためのフレームワークをそのまま記述したものだ。これを日本の新宗教市場に当てはめてみると以下のようなことが言える。

①新規参入の脅威は、「神々のラッシュアワー」と呼ばれるほど新宗教が雨後のタケノコのごとく生まれた戦後の

日本においては、極めて高いといえるだろう。統一教会が日本に宣教されて以降に創設されて有名になった新宗教にＧＬＡ、世界真光文明教団、ワールドメイト、オウム真理教、幸福の科学などがある。日本の宗教市場は参入障壁が低く、業界内のプレイヤー数が増え、競争が激化しやすい状況にあるといえるだろう。

②供給業者の交渉力が強ければ、原料等のコストアップ要因となり企業の収益性を低下させる可能性が高くなるというのが経済論理だが、宗教はどこか他のところから原材料を仕入れることはないので、これは宗教団体には当てはまらない。

③代替品の脅威とは、既存製品・サービスに比べて価格性能比に優れた代替品が存在する場合には、既存商品から代替品への切り替えが起こり、企業の収益性が低下する可能性が高くなるということだ。これを宗教に当てはめれば、信者が宗教団体に対してコストパフォーマンスを期待し、それを他の宗教と比較して選択するということになる。「あちらの宗教団体の方が少ない献金でたくさんの御利益があるから宗旨替えをしよう」という選択をする信者は存在するかもしれないが、実際には消費財のように合理的に宗教を選択しているわけでもないだろう。宗教は人のアイデンティティーの根幹にかかわるものであり、唯一無二の価値を感じていることが多いので、商品のように買い替えるというモデルを当てはめるには限界があるように思われる。

④顧客の交渉力が強ければ、価格引下げ圧力によって企業の収益性が低下する可能性が高くなる。買い手の交渉力の大きさを決定する要因として、買い手の寡占度、スイッチング（切り替え）コスト、ブランド力の強さ等が挙げられるというのが経済論理である。これは主に企業間での取引に当てはまることであり、宗教団体の顧客は基本的に個人なので、顧客が大きな交渉力を発揮することはほとんどない。むしろ、宗教団体は顧客を教化して言い値で救いという商品を買わせる力を持っており、信者が交渉して献金の額を下げるようなことはあまり考えられない。こうしたモデルは宗教団体には当てはまらないだろう。

⑤業界内の敵対関係の強さが大きければ、業界内の競争が激しくなり、企業の収益性が低下する可能性が高くなる。

敵対関係の強さを決定する要因として業界内のプレイヤー（競合）の数、規制の有無等が挙げられる。これはまずライバル関係にある宗教が多数存在するかどうかであるが、日本の統一教会の場合にはまず既存のキリスト教会との敵対関係があり、さらに群雄割拠する巨大な新宗教団体のはざまで教勢を伸ばさなければならないという状況を考えれば、かなり厳しい環境であるということになる。一方、戦後の日本は政府による宗教に対する規制はほとんどなく、その意味では恵まれた環境であったと言える。

というわけで、新宗教の市場における競争力を論じる上で参考になるといえるのは①と⑤ぐらいである。「5フォース分析」という大風呂敷を広げたところで、参考になるのはせいぜい競合する他宗教との競争が激しいかどうかというような月並みな議論にしかならないので、わざわざ企業経営のモデルを持ち出すまでもなく、櫻井氏の分析も韓国と日本における他宗教との競合のことにしか、結局は触れていない。

櫻井氏は、「宗教市場という想定を韓国社会になすとすれば、韓国においてキリスト教の教派間の競争は激烈であり、「統一教会にも教会成長の余地は十分にあったわけだが、競合相手が手強いために教勢は人的資源や資金を投入したほど伸びず、現在でも異端宗教としての位置を超えられない」（p.135）と分析している。私も韓国のキリスト教の勢いは知っているので現状分析としては異論はないが、「異端宗教としての位置を超えられない」という表現はいただけない。正統と異端というのは、数の論理とは関係なく神学の問題として語られる言葉である。わざわざ企業経営のモデルを用いるのであれば、異端などという価値判断の濃い用語を使うのではなく、「マイノリティーとしての位置を超えられない」と表現すべきである。純粋に教勢の観点からすれば、韓国の巨大なキリスト教諸団体に比べて統一教会は決して大きくなく、目覚ましく成長しているとも言えないだろう。

「他方、日本では韓国ほどキリスト教圏において競合相手はいなかった。しかし、人口の一パーセントのキリスト教徒人口で伸び悩んでいる日本において、統一教会という特異なキリスト教が提供する教説はさほどの誘引にはならない。しかも、多種多様な新宗教が勢力を競っている宗教市場において、現世利益を信者に保証せず、献身のみ求める宗教が日本人を惹きつけることはありえない。そこで、原理研究会や青年層の世界改革志向を利用した社会運動を装う宣教戦略からスタートし、救済宗教というよりは反共的な政治運動として展開することになったのである。社会変革運動であれば、信者への報酬はユートピアの実現を約束すればよく、日常的な御利益、ありがたみ、癒し等を提供しなくても済むからである」(p.135-136)

この櫻井氏の分析は多くの問題や誤りを含んでいる。日本の宗教市場一般に関する分析はいいとして、その中における統一教会の位置付けが間違っている。確かに巨大な神道系、仏教系の新宗教の教勢に比べれば統一教会の規模は小さく、日本の宗教市場に対するアピール力が小さかったことは事実であろう。初期の統一教会が現世利益を信者に保証する宗教ではなかったことは明らかであり、それが日本の宗教市場において一般受けしないので教勢が伸びなかったというのも、分析としては正しいのかもしれない。しかしながら、そのようなものを求めているごく一部の人には強烈にアピールする力があったので、爆発的には伸びなかったものの、一定の信者を獲得することができたという視点を櫻井氏は欠いている。これこそが、まさにアイリーン・バーカー博士が発見した事実で、博士は、「人はなぜムーニーになるのか?」という問いに対して、「ムーニーの説得力が効果を発揮するのは、ゲストがもともと持っていた性質や前提と、彼に対して提示された統一教会の信仰や実践の間に、潜在的な類似性が存在するといえるときだけだ」と結論した。

それではどのような人がムーニーになりそうかと言えば、①「何か」を渇望する心の真空を経験している人、②理想主義的で、保護された家庭生活を享受した人、③奉仕、義務、責任に対する強い意識を持ちながらも、貢献する術を見つけられない人、④世界中のあらゆるものが正しく「あり得る」という信念を持ち続けている人、⑤宗教的問題を重要視しており、宗教的な回答を受け入れる姿勢のある人々、という。日本統一教会の初期の信者たちもこれとほぼ同じ性質を持っていたと思われる。こうした人々は社会にそれほど多くいるわけではないので、統一教会のマーケットはマニアックなニーズに応える「ニッチな市場」であったことになる。

そもそも、信者に「献身のみを求める宗教」などは存在しない。統一教会の信者が献身的なのは疑いがないが、何の見返りもないのにただ献身的に信じるということはありえないのである。初期の統一教会が、すぐにでも地上天国がやってくるという終末論的な希望に突き動かされていたことは、諸先輩の証しから明らかである。それは櫻井氏の言う「社会改革志向」とか「ユートピアの実現」の宗教的な表現であって、終末論的な指向性をもつ宗教においては決して珍しいことではない。したがって、それらは統一教会の宗教的本質で、「社会運動を装う宣教戦略」として展開されたわけではない。統一原理の持つ宗教的魅力に惹きつけられた、社会全体から見ればごく少数の人々が、救済を求めて信者になったのである。宗教に「日常的な御利益、ありがたみ、癒し等」を求めない人々もいるのは、宗教としての個性やスタイルであり、良し悪しの問題ではない。

確かに原理研究会は学内で左翼と闘い、勝共連合は社会に対して共産主義の脅威を訴える政治運動を展開してきた。しかし、それらは宗教を入り口として入って来た信者たちが、宗教的動機で行う活動であり、その逆ではないのである。統一原理は共産主義をサタン側の勢力と規定しているので、その信者は反共運動を行う必然性がある。しかし、政治的反共運動は社会に対してアピールしたことはあっても、それを通じて関係を持った人々が統一教会に宗教的回心をすることはほとんどない。したがって、反共的な政治運動が宗教的なアピール不足を補うための擬装であったという櫻井氏の分析は、事実誤認にほかならない。これは現役の古参信者たちに対するインタビューを櫻井氏が行って入教の動機を調査していないことにも原因があるが、何よりも「統一教会にはそもそも宗教的な魅力などないはずである」という櫻井氏の偏見が、事実の歪んだ解釈の原因となっている可能性が高い。

日本の宗教市場における統一教会の位置

統一教会は文化庁に信徒数約60万人と報告している。この数字を日本の伝統的仏教、新宗教、キリスト教と比較すると、どのようなことが言えるだろうか？　宗教マーケットを論じる以上、純粋な数の問題を論じるのは基本で

新宗教	信者数
幸福の科学	1100万人
創価学会	827万世帯
立正佼成会	311万1644人
顕正会	167万人
霊友会	139万248人
佛所護念会教団	124万689人
天理教	120万9421人
パーフェクトリバティー教団	93万4489人
真如苑	90万9603人
世界救世教	83万5756人
崇教真光	80万人
妙智会教団	65万4046人
世界基督教統一神霊協会	60万人
生長の家	58万6973人
円応教	45万6902人

出典）NEWSポストセブン「幸福の科学、創価学会等　新宗教の信者数最新ランキング紹介」(https://www.news-postseven.com/archives/20141227_291384.html?DETAIL)

宗派	信者数
浄土系	2194万人
日蓮系	1036万人
真言系	538万人
禅系	525万人
天台系	277万人
奈良仏教系	70万人

あると考えられるので、比較的信頼できるデータに基づいて分析してみよう。

まず、日本の仏教の信者数を令和5年版『宗教年鑑』（文化庁編、令和4年12月31日現在）に基づいて、宗派別に整理すると上の表のようになる。

トップ争いが1000万人単位であるのに対し、統一教会は公称で数十万人であり、二ケタ違うのであるから最初から勝負にならない。伝統仏教に比べて統一教会がマイノリティーであり、宗教マーケットにおけるシェアが低いのは疑いのない事実である。

次に、代表的な新宗教と信者数を比較してみよう。インターネットで「信者数の多い新興宗教」を検索すると、『宗教年鑑平成25年版』を出典として上の表のようなランキングが出てくる。しかし幸福の科学の信者の実数が1100万人で1位というのは信じ難く、こうした「公称信者数」はあまりあてにならないことが多い。

幸福の科学の信者数は、選挙における幸福実現党の得票数からは20万人程度ではないかと推察され、選挙における公明党の得票数からも、創価学会のコアな信者は250万人くらいではないかという説がある。立正佼成会は平成6年の

信徒数の多い「正統的」教会

教団名	教会数	信徒数	前年比	聖日礼拝
カトリック教会	991	437,267		103,827
日本基督教団	1716	174,695	-1120	53,512
日本聖公会	316	51,263	-593	7,786
日本バプテスト連盟	326	35,295	-55	14,264
日本ルーテル福音教会	119	22,096		
日本アッセンブリーズ・オブ・ゴッド教団	211	15,430		11,624
セブンスデー・アドベンチスト	190	15,224	-35	5,371
日本イエス・キリスト教団	130	12,777	35	5,366
イムマヌエル綜合伝道団	116	12,520	-123	4,021
日本ホーリネス教団	162	11,927	-139	5,046

『キリスト教年鑑2015』より（2014年10月末日現在）

６４８万人から平成24年の３１１万人と約半分に減っているが、これは次代会長の庭野光祥氏が自分の代で信者が激減したと思われたくないので、庭野日鑛第２代会長の代で幽霊会員を削除して信者の実数を明らかにしてほしいと要請したためだと言われている。公称信者数が最も実数に近いと評価されているのは真如苑である。

公称信者数をベースに考えると、統一教会は日本の新宗教の中では13位で、かなり競争力のある宗教であることが分かる。ただし、これらの公称信者数がどれほど実数に近いかは教団ごとのバラつきが大きいので、日本の新宗教市場における統一教会の位置は、正確には分からない。創価学会や立正佼成会に比べればはるかに小さいが、それほど小さいわけでもない中規模の新宗教であるとは言えるだろう。

次に、「正統的」なキリスト教会と信者数を比較してみよう。上の表は、『キリスト教年鑑２０１５』に基づく、信徒数の多い「正統的」キリスト教会の順位表である。キリスト教会の信徒数は信者の実数に近いと想定して、統一教会と比べることにする。

カトリックが約43万人の信徒を抱えて１位であるが、礼拝参加数はその４分の１の約10万人にすぎない。第２位は日本基督教団で、信徒数は約17万人である。しかし礼拝参加者数は5万数千人である。第3位は日本聖公会だが、信徒数が約5万人であるのに対して礼拝参加者数は8000人に満たないという。こうした数字を見ると「信徒数」がどのくらい現役の信者の「実数」を表しているのか疑わしく思えてくる。4位以下はいかなる数字においても統一教会よりも明らかに小さい教団である。信徒数1万人ほどで10位に入ってしまうというあたりが、日本のキリスト教会の弱小ぶりを表しており、数値の出ているすべての教団が前年比マイナス成長の点も、日本のキリスト教会が全体的に衰退していることを示している。

これに「異端的」教団を入れると順位は大きく変動する。平成26年版『宗教年鑑』によれば、末日聖徒イエス・キリスト教会（モルモン教）の信者数は約12万7000人で、日本基督教団の11万9000人よりも多い。「キリスト教年鑑」では日本基督教団の信徒数は約17万人なので、どちらが大きいかは資料によって異なる。実はこれら二つを上回るのがエホバの証人で、その信者数は2014年時点で約21万人と言われ、もしプロテスタントの仲間に入れれば日本基督教団やモルモン教を抜いて堂々の1位になる。日本においては「正統派」を自認する日本基督教団が、自分よりも大きなエホバの証人をつかまえて「異端」と呼んでいるという、笑い話のような状況なのである。

この中に統一教会を位置付けるとどうなるか？　まず、日本で最も大きなキリスト教会がカトリックであることは疑いなく、「正統的な教団」だけの中に位置付ければ、カトリックに次ぐ2位は日本基督教団になる。次に、「異端」と言われている教団も含めれば、2位はエホバの証人で、3位と4位はモルモン教または日本基督教団となる。こうして見ると、統一教会は日本のキリスト教の中にあってかなり大きな存在であることが分かる。より実数に近い信徒数を把握するために日本基督教団では「現住陪餐会員」の数をカウントしており、その定義は「教会籍を置いている教会に定期的に出席している教会員」となっている。その数は2013年の時点で8万6131人である。そして反対牧師を擁し、統一教会を異端視している福音派教会の多くは、実は統一教会よりもはるかに小さな教団なのである。

これらを総合すれば、日本の統一教会は伝統仏教に比較すればその競争力は取るに足らないほど小さく、新宗教全体の中に位置付ければ中堅クラスの宗教であり、キリスト教の中に位置付ければかなり大きな団体であるということになる。もともと日本のキリスト教市場は1％以下と非常に狭い。その狭いマーケットに、エホバの証人、モルモン教、統一教会という巨大な「異端教団」が成長著しいとなれば、市場を奪われまいとする既成キリスト教会がこれらの教団を激しく攻撃するのは、実に分かりやすい構図である。統一教会に対する反対運動が、主にキリスト教主導で行われてきたことは、こうした市場原理から分析すればすっきりと説明できよう。日本では統一教会が直接クリスチャンたちを改宗した例は少ないと思われるが、同じキリスト教を称して教勢を拡大する統一教会は、キリスト教会から見れば「羊泥棒」に映ったのかもしれない。一方で、盤石な基盤を持つ仏教教団や巨大な新宗教にとっては、統一教会は敢えて反対するまでもない団体であった。

櫻井氏は、統一教会は「宗教団体としての競争力はない」（p.136）という前提に立っているために、その統一教会が教勢をある程度伸ばした理由をほかに求めようとして、「新左翼に似たユートピア運動」だとか、「若者の世界改革志向を利用した社会運動」だとか、「反共的な政治運動」を装って信者を獲得したというような、苦しいこじつけに躍起になっている。しかし、統一教会が持つ宗教としてのポテンシャルは、櫻井氏が思っているよりもはるかに大きい。櫻井氏にはそれが理解できないか、あるいは認めたくないのかもしれない。

櫻井氏は日本統一教会の宗教市場における競争力を論じる中で、「しかも、教団にとって幸いなことに、政権与党の政治家の庇護を得て、日本基督教団等のキリスト教会からキリスト教の異端として批判され、違法判決が続出する布教活動や資金調達活動を行っているにもかかわらず、日本社会において着実に勢力を拡張することができた」（p.136）という奇妙な論理を展開している。統一運動が勝共連合の活動を通じて、自民党をはじめとする保守系政治家と関係を持ってきたことは事実である。しかし、そのことと櫻井氏の論じていることの間には何の関連性もない。

そもそもキリスト教会が統一教会を異端視するというのは、いわば宗教同士のもめごとであり、こうした争いから特定教団を守るために政府が介入することは政教分離の原則からあり得ない。政治家個人の働きからしても、そもそも政治家が出る幕ではないと考えるのが常識であろう。さらに、民事訴訟で統一教会が敗訴することがあったとしても、それは裁判所の専権事項であって政治家が口を出せる問題ではない。もし「反社会的団体」と指摘された団体を擁護すれば政治家は国民の支持を失って落選する可能性がある。政治家は人気商売であり、社会的評判の悪いものを自分の政治生命をかけてまで守ろうとはしないものである。櫻井氏も学者であるならば、統一教会が政権与党の政治家からどのように庇護を受けてきたのかを明らかにすべきであろう。証拠もないのにイメージだけでこうした記述をするのは学問の精神に反するのではないか。

自民党をはじめとする一部の保守系政治家が勝共連合と関係を持ってきたのは、共産主義の脅威と戦うという共通の大義があったからである。特に冷戦時代には共産主義の脅威はリアルだったから、自民党と勝共連合が国を守るために共闘したことはあったが、それは思想的・政治的分野における共闘であって、宗教団体を庇護するためではなかった。そもそも勝共連合の目的は、国際共産主義の脅威から日本を守るという公的な次元のものであり、一教団のために存在しているわけではない。

「4　多角化戦略の成果」への反証

さて、櫻井氏は本章において、統一教会は「韓国でも日本でも宗教団体としての競争力はないために、韓国では社会事業、日本では特異な宣教戦略によって教勢を拡張するしかなかった。これが統一教会における事業多角化の背景であり、宣教を成功に導いた最大の要因であると筆者は考える」(p.136) と述べている。この分析を検討しよう。

まず櫻井氏は、「多角化戦略のメリットとは、複数の事業部門を持つことでシナジー効果が期待できることと、事業収益に関わるバランスをとってリスクを分散できることが挙げられる」（p.136）と、企業経営における基本的な考え方を提示する。櫻井氏はこのリスク分散に関して、宗教団体が単体では教勢を拡大しえないから多角化したのであると分析しているが、これは事実に反する。表4-3（p.134）を構成している団体に関して言えば、これら諸団体は宣教目的と異なった目的を持って設立されたもので、国際勝共連合にかかわった政治家、世界平和教授アカデミーにかかわった学者、世界日報やワシントン・タイムズの読者、鮮文大学校に入学した学生、ユニバーサル・バレエ、リトルエンジェルスの公演を見た観客、龍平リゾートの宿泊客が宗教的回心をして統一教会の信者になった例はほとんどないからである。唯一教勢拡大に貢献した例は、ハッピーワールドの商品を販売していた「全国しあわせサークル連絡協議会」に所属する一部の信者がある時期、顧客のケアーと「統一原理」の教育を目的として各地にビデオセンターを設置し、顧客を伝道していたケースがあったことである。これはサークル活動を入り口として顧客が伝道された例で、宣教が目的ならその他のたくさんの事業に多角化する必要はなかったであろう。

櫻井氏は多角化のもう一つの理由を、「文鮮明が世界に地上天国を実現するために全ての事業部門を統一教会グループに備えておきたいという願望が大きかったからだろう」（p.136）としているが、真相はむしろこちらに近いのではないか。多様な窓口から伝道して教勢を拡大するというよりも、地上天国実現のために必要な各分野に次々と組織を創設していったのがまさに文鮮明師の生涯で、それはリスクの分散や採算性などを度外視した、未来のビジョンに対する投資であった。「シナジー効果」と言っても、それは伝道が進むとか収益が上がるという一教団レベルの効果を狙うのではなく、あらゆる分野の専門家が一丸となって地上天国を創るという、壮大な「シナジー効果」が目的だったのは疑いがない。

さて、事業を多角化することは必ずしもよい結果を生むとは限らない。相乗のプラスの効果が現れる場合は「シナジー」だが、相乗のマイナスの効果が現れることを「アナジー」と言う。統一運動における「アナジー効果」の例が、スパイ防止法制定運動に対抗するための「霊感商法」反対キャンペーンが起こったことである。

文鮮明師は１９６８年に国際勝共連合を創設し、共産主義勢力との理論闘争を開始した。勝共連合は１９７０年の世界反共連盟（ＷＡＣＬ）大会の支援、そして全国各地で行った公開講義などを通じて社会的影響力を拡大させたため、日本共産党は危機感を募らせるようになる。勝共運動をさらに躍進させたのは、スパイ防止法制定運動であった。冷戦体制下の１９７０年代、「米ソデタント」の流れの中で、民主主義勢力と共産主義勢力の攻防は、これまでのあからさまな軍事力による対立から、スパイ工作活動が主流になっていった。しかし、日本には外国からのスパイを取り締まる法律がなかったので、スパイが自由に活動できる「スパイ天国」の状態にあった。そこで、勝共連合はスパイ防止法制定運動を積極的に支援し、１９８６年末までに全国の地方自治体の過半数でスパイ防止法制定促進決議を採択し、１９８６年11月に国会に法案を上程するところまでこぎつけた。

こうした展開に危機感を抱き、スパイ防止法制定を阻止するために結成されたのが、「全国霊感商法対策弁護士連絡会」（全国弁連）である。全国弁連は、「レフチェンコ事件」によって危機感を募らせた左翼勢力によって組織され、スパイ防止法制定運動の支援組織である国際勝共連合と、その関連団体である統一教会の壊滅を目的として、「霊感商法」反対キャンペーンを展開するためにつくられた組織であった。

スタニスラフ・レフチェンコ氏は元ＫＧＢ少佐で、対日スパイ工作を行っていた。彼は１９７９年に米国に亡命し、米国の下院情報特別委員会で自らのスパイ活動に関して証言した。この証言の中で彼は、ソ連のスパイとして活動した日本人26人の実名とコードネームを公表したが、その中には日本社会党の大物代議士も含まれていたため、こうした議員たちの政治生命を脅かした。勝共連合はこのレフチェンコ証言を大きく取り上げて、スパイ防止法の制定を訴えた。

１９８３年5月、社会党機関誌「社会新報」に、「レフチェンコ事件は国際勝共連合とＣＩＡが仕組んだ謀略」との記事が掲載された。これが全くの事実無根であったため、勝共連合は社会党と党機関紙編集長を訴える裁判を起こした。このとき、社会党の代理人を務めたのが山口広弁護士であり、彼は後に全国弁連を立ち上げるときの中心人物となっている。全国弁連を構成したのは主に共産党・社会党系の弁護士たちであった。この裁判は結局、勝共連合側の勝利的和解に終わったが、こうした闘争の延長として、「霊感商法」反対キャンペーンが左翼系弁護士によって行われるようになったのである。

これは勝共連合による共産主義との戦いが統一運動に対する左翼勢力の敵愾心を強め、結果として「全国しあわせサークル連絡協議会」（略称・連絡協議会）に所属する一部の信者が行っていた壺や多宝塔などの開運商品の販売が攻撃されるようになり、販売が難しくなった。さらに、こうした販売に「霊感商法」というネガティブな名前が付けられ、それを行っているのが統一教会と勝共連合であるという悪宣伝によって、教会の伝道活動や勝共連合の政治活動も困難になるという負のスパイラルを生んだのである。これらが同一視されることがなければ、これほど大きな反対運動に発展することはなかったので、これも「アナジー効果」と言えるだろう。

さて、多角的な事業を展開することによって全体とて収益性が上がったかどうかは、上がらなかったという結論が正しいであろう。世界の統一運動で主に収益を上げていたのは日本である。世界の統一運動の運営資金は、企業に勤めている信者が捧げた献金や、その他の信者による献金などが用いられてきたのであり、それが世界の統一運動を支えてきた。それは世界中の統一運動の目的がそもそも収益を得ることにはなく、地上天国実現という文鮮明師のビジョンを実現することにあったためであろう。繰り返しになるが、その神学的意義付けは櫻井氏の言うような「堕落したエバ国家の日本とアダム国家の韓国」(p.137)ではなく、「世界の母の国」としての愛と奉仕の精神であった。

「三　日本の統一教会の組織構造」への反証

櫻井氏は本章の中で、「三　日本の統一教会の組織構造」と題して、主に裁判資料、教会の出版物、さらに信徒が運営する信徒会の資料などをもとに教会の組織構造の解明を試みている。裁判に関する知識のない人がこの記述を読んだら、統一教会自体が発行している出版物と公的な裁判に提出された証拠をもとに分析しているのだから、櫻井氏の記述は信頼できる証拠に基づいて組織の実態を解明したものであると思うかもしれない。しかし民事訴訟において、裁判所に提出される証拠のすべてが信用できるわけではない。

民事訴訟の証拠には大きく分けて「甲号証」と「乙号証」がある。一般に「甲号証」とは原告側、つまり訴えた側が提出する証拠であり、「乙号証」とは被告側、つまり訴えられた側が提出する証拠である。櫻井氏が資料提供を受けた弁護士は、統一教会を訴えた元信者らの代理人を務めてきた人物であるため、「甲号証」は基本的に元信者らの主張を裏付けるために、彼らが作成ないし提出したものである。その中には「統一教会の内部文書である」と主張されているものも含まれているが、被告である統一教会はそのことを否認している場合がほとんどである。つまり、「甲号証」が本当に統一教会の組織構造を明らかにしたものであるかどうかは、原告と被告で主張が食い違っており、少なくとも客観的な事実であると判断できないものが多い。

そのような性質の証拠をもとに統一教会の組織の実態について論じ、しかもその証拠に対する統一教会側の主張を一切顧みずに断定的な記述をしている点において、櫻井氏の主張は公正中立の立場を大きく外れている。もちろん、統一教会反対派の弁護士が書いた著作の中にも同様の記述はある。しかし、彼らは利害関係者であり、反統一教会の立場を鮮明にしているので、おのずとその資料の性質が分かるのに対して、櫻井氏の著作は、表面上は客観的な学問的研究の体裁を装っているために、余計に始末が悪いのである。裁判においては、少なくとも原告側と被告側の両方から証拠を採用し、常に両論を併記しながら判断を下すことによって、客観的判断をしようと試みている。しかし、櫻井氏の記述は「甲号証」を中心として統一教会を攻撃するのに都合のよい資料を恣意的に選んで論じているだけである。「乙号証」を用いている場合でも、被告側の意図とは全く違った曲解を加えて解説している場合が多い。本来ならば、このことを指摘するだけで十分であるが、櫻井氏の主張する「日本統一教会の組織構造」

がいかに事実と異なっているかを指摘するためにも、個々の主張を丁寧に検証することにする。

次頁の図4–1（p.138）は、石井光治氏がいわゆる「神戸事件」（１９７４年に神戸で統一教会の幹部３人が外国為替法及び外国貿易管理法違反容疑で摘発された事件）で供述した際、法人組織図として作成したものである。これは調書にも残っているため、当時（１９７２年）の日本統一教会の組織図であると認めざるを得ないものである。しかし、この組織図は、統一教会の公式的な組織図ではなく、宗教法人に認証されてから8年後（52年前）の１９７２年当時の組織図にすぎない。さらに、櫻井氏の「これを見る限り、当時においても統一教会という宗教組織は統一教会グループの一事業体に過ぎない」（p.138）という記述は根拠なき決めつけであり、意味不明な発言である。この組織図は、会長をはじめとする宗教法人の役員と、総務局、伝道局、文化局、全国51地区教会、十字軍団、統一思想研究所などからなっており、宗教法人としての組織図そのものである。そこには宗教以外の事業体に関する記述は一切ないにもかかわらず、何を根拠に宗教組織が統一教会グループの一事業体にすぎないと言えるのであろうか？

さらに櫻井氏は、「興味深いのは、宗教法人の組織においても、全国二二七ヶ所の支部教会を統べる五一の地区教会が法人の総務や広報、特別なミッションを持ち、伝道や資金調達を行う十字軍団なる事業部門と同列に扱われていることとである。つまり、キリスト教会において祈りや牧会、奉仕活動の中心となる教会が、統一教会では複数ある活動領域の一つにすぎない」(p.139)などという解説を加えているが、これは明らかな間違いである。「十字軍団」とは伝道チームのことであり、『日本統一運動史』に「統一十字軍を中心とした伝道」（p.285）、「１９７２年11月27日から12月1日まで、守山修練所において十字軍開拓修練会が行われ、12月2日、全国１４０か所の開拓伝道のため、それぞれ出発していきました」（p.334）とあるように、全国の教会を回りながら伝道を行っていたセクションである。

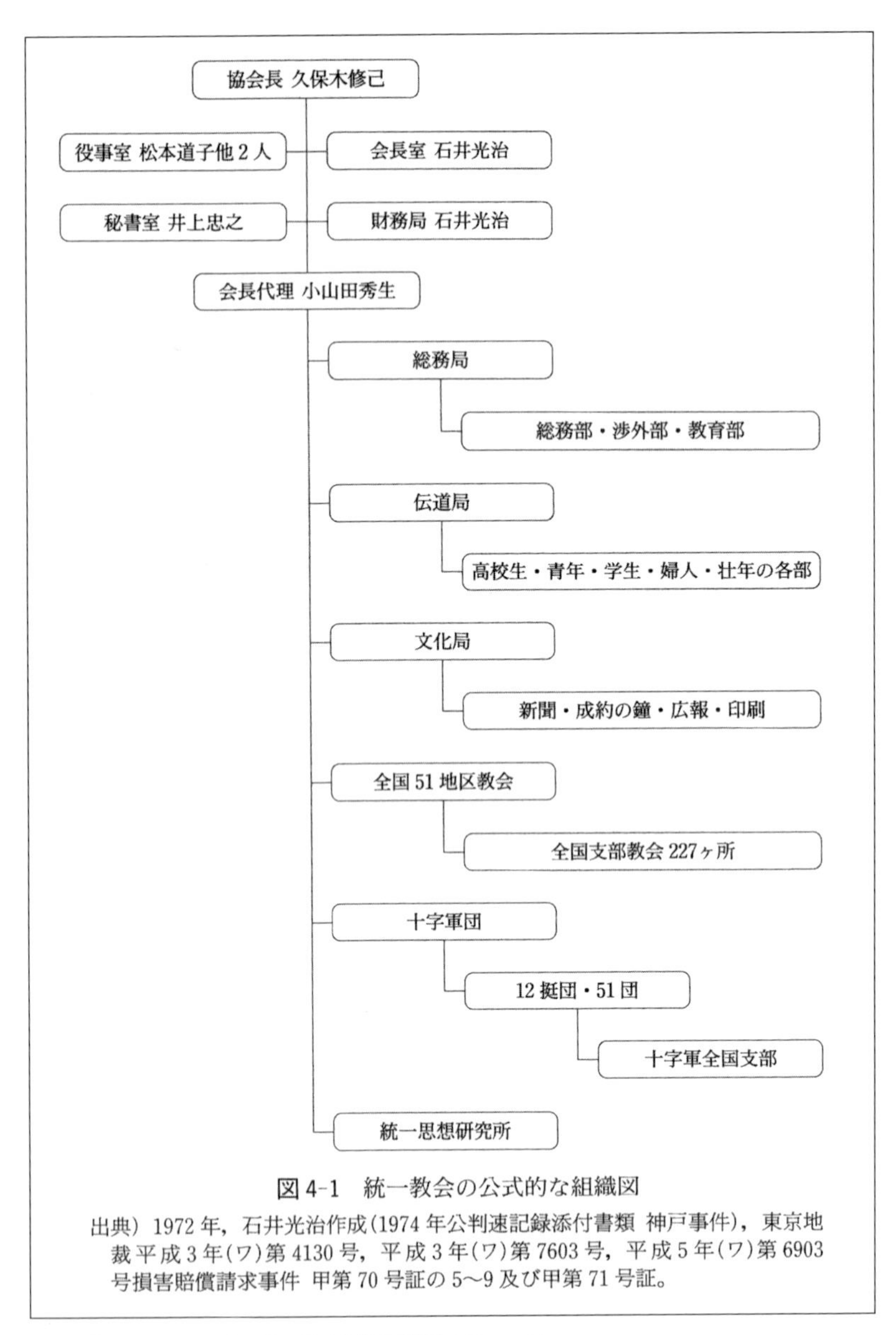

図 4-1　統一教会の公式的な組織図

出典）1972 年，石井光治作成（1974 年公判速記録添付書類 神戸事件），東京地裁平成 3 年（ワ）第 4130 号，平成 3 年（ワ）第 7603 号，平成 5 年（ワ）第 6903 号損害賠償請求事件 甲第 70 号証の 5〜9 及び甲第 71 号証。

出典）『統一教会──日本宣教の戦略と韓日祝福』138 ページ

これは組織図の描き方の問題であって、本部機能と地方教会、および十字軍などをどのような配置で描くかという問題にすぎない。会長をはじめとする教会役員、総務局、伝道局、文化局などは教会本部を構成している。それ全体を「本部」として括って、その下に全国51地区教会と十字軍団を分けて描き、さらに統一思想研究所を描けばより実態に近くなると思うが、この図は本部組織と地方組織を並列に描いているので誤解を生じる可能性がある。いずれにしても、本部機能も地方組織も全体としての「教会」の一部であり、宗教目的で存在していることは明らかである。そして十字軍は伝道機動隊であるし、統一思想研究所は創設者の思想を研究する部門であるから、これらの組織の目的はすべて宗教的なものである。これら全体が「教会」を構成しており、櫻井氏の主張するように、教会が複数ある活動領域の一つにすぎないなどということはない。

ここで櫻井氏が伝道や資金調達を行う事業部門としている「十字軍団」とはどのような組織だったのだろうか？　歴史編纂委員会が編集した『日本統一運動史』（光言社、２０００年）によれば、統一十字軍（ＩＯＷＣ）は１９７２年1月にアメリカで文鮮明師によって結成され、同年4月に文師が来日した際に、日本でも12団の十字軍が結成されたという（『日本統一運動史』p.322）。そして11月27日から12月1日にかけて守山修練所において十字軍開拓修練会が行われ、12月2日、全国１４０か所の開拓伝道にそれぞれ出発していったと記述されている（同書 p.334）。１９７５年1月にはＩＯＷＣの欧米チーム３６０名が日本に到着し、全国各地で「希望の日」フェスティバルを開催しながら国際的伝道がなされた。（同書 p.362）さらに同年3月下旬には、日本メンバーを含む６００名のＩＯＷＣメンバーが訪韓し、全国でフェスティバルを開催した後に、6月7日にソウルのヨイド広場で１２０万名を集めて大会が行われた（同書 p.368）。このように、十字軍団というのは国際的な伝道機動隊であって、世俗的な事業とは関係のない宗教的組織である。それが通常の教会組織と別途表記されているのは、地方に定着して伝道活動を行う支部教会とは別の動き方をするためであった。

以上により、教会が複数ある活動領域の一つにすぎないという櫻井氏の主張は、少なくとも図4-1の組織図からは読み取れず、それは統一教会が真正な宗教団体であることを否定しようとする反対派の主張を、無理やり資料の中に読み込んだこじつけにすぎないものであることが分かるであろう。

図4-1は、櫻井氏が「初期の事業多角化」の証拠として示したものである。彼は統一教会を一つの「コングロマリット」として描きたいので、初期の頃から統一教会が宗教目的だけでなく、収益事業や社会事業にかかわってきたことをなんとか立証したいわけである。しかし、統一教会は宗教法人法と自らの規則に従って宗教活動に専念しているため、統一教会自体が作成した資料からは「事業多角化」を立証することはできない。そこで統一教会反対派や櫻井氏が持ち出すのが「元信者の証言」であり、その中でも最も強力な資料として使われてきたのが、『文藝春秋』1984年7月号に元世界日報編集局長の副島嘉和氏と同営業局長の井上博明氏が連名で発表した、「これが『統一教会』の秘部だ―世界日報事件で『追放』された側の告発」という手記である。

この手記は、統一教会の思想が韓国中心主義であると批判し、「霊感商法」のマニュアルや資金の流れと称するものを「暴露した」と主張しているため、統一教会に対する内部告発として反対派に大いに利用された。この副島・井上手記の内容を理解するためには、1983年10月に起きた「世界日報事件」について知らなければならない。この事件は筆者が原理研究会に入会した直後に起こった事件であり、直接かかわりはなかったが、その後世界日報がしばらく休刊になったので鮮明に覚えている。櫻井氏の著書の中では、「一九八三年に、当時『世界日報』編集局長であった副島嘉和のもとに梶栗玄太郎『国際勝共連合』理事長（当時）（二〇〇九年七月に第一二代会長に就任）以下数名が押しかけ、暴力的に副島と彼の部下を解任したという事件が発生した」（p.140）と記述されているこの事件の真相については、以下の記述で明らかにし、それに対する報復として書かれた副島・井上手記の信憑性についても追って明らかにすることにする。

「世界日報事件」への反証

この事件はWikipediaにおいても、以下のように副島氏寄りの記述になっている。

「1983年10月1日、当時の編集局長らによる、統一教会色を薄め一般紙を志向する路線を会社の乗っ取りであると反発した『国際勝共連合』理事長梶栗玄太郎ら約百人が、東京都渋谷区宇田川町のワールドビル（当時）内にあった世界日報社事務所に押しかけて社内を占拠し、社員を監禁・暴行した」

これだけを読むと、なにやら教会側の幹部が暴力的に副島氏を排除したかのような印象を受けるが、真相はどうだったのだろうか？　少なくとも双方の言い分を聞かない限りは客観的な判断はできない。この事件に対する統一教会側の認識は以下のようなものである。

世界日報社は、文鮮明師の提唱により、1975年に設立され、石井光治氏、阿部正寿氏をはじめとする8人の統一教会信者が株を保有する株式会社であった。1983年3月から9月にかけて、世界日報の編集局長であった副島氏は、取締役の井上氏および数人の部下とともに提唱者の意に反し、会社の創立理念を無視した自分の意に沿う紙面作りを画策し、世界日報社の乗っ取りを企て、不法に（業務上横領罪、有価証券偽造及び同行使罪、私文書偽造同行使罪、公正証書原本不実記載罪、私印の不正使用罪の犯罪行為を犯し）取締役会議議事録、臨時株主総会議事録、株式会社変更登記申請書などを偽造し、それを東京法務局渋谷出張所に提出しようとした。

事態の重大さに気付いた世界日報社の株主及び取締役は1983年10月1日、乗っ取りを阻止する目的で世界日報社を訪問し、両者と面談を行った。この際に多少の小競り合いがあったことは事実であるが、これは副島氏らの新聞社乗っ取りを知らない社員らが、副島氏らの取り巻きにそそのかされたことが原因である。最終的には副島・井上両氏と、世界日報を代表して副社長の奈田直宏氏および梶栗氏が、渋谷警察署において、会社の顧問弁護士を仲介にして話し合った。副島・井上両氏は全面的に上記犯罪の事実を認めて謝罪したので、両者は、「①副島・井上両氏はすでに申請中であった偽造文書である株式会社変更登記申請書の取り下げを確約すること、②副島・井上両氏は責任を取って辞任すること」などを内容とする覚書を交わし、同新聞社とも一切のかかわりを絶った。その後、副島・井上両氏は、統一教会に対する事実に反する批判、文鮮明師やリーダーに対する名誉毀損により教会員としてふさわしくないという理由で教会からも除名されている。

副島氏は事件後、自らの陰謀が失敗に終わったことへの腹いせか、『文藝春秋』1984年7月号に、「これが『統一教会』の秘部だ」と題する記事を寄稿した。同記事の内容は、上記の事実を隠蔽し、自らの違法行為を棚に上げて、自分が一方的な被害者であるかのごとく主張する虚偽の告発にほかならない。彼の主張は、信者らにより経営される会社の実態を歪曲し、偏見と虚偽に基づくものでしかない。総じて同記事の統一運動批判は日本の保守勢力との分断を意図した左翼陣営と組んでなされたものであろう。

櫻井氏は自著の中で「副島は一九八〇年に文鮮明の指令により経済局が新設され、その局長職に就いた古田元男が伝道局長の櫻井設雄と彼の管轄下にある全国のブロック、教会組織を幸世商事（後にハッピーワールドと名称変更し、古田は全国しあわせサークル連絡協議会の長になる）の傘下に組み込んだと述べている（副島・井上一九八四）。副島は経済部門主導の教団経営に異議を申し立てたというが、メシヤである文鮮明に逆らう賛同者はいなかったようであり、会長の久保木修己もメシヤに従った」（p.140）と書いている。教会が株式会社の傘下に入るというのは驚くべき主張だが、これに対して教会側はどう反論しているのだろうか？　実は、副島・井上手記は統一教会を相手取った裁判に証拠として提出されたため、教会側は裁判の場で上記の主張を明確に否認している。

教会側が副島・井上手記を信用できないと主張しているポイントは以下の通りである。

①副島氏は「私は統一教会本部広報局長も兼務しており、教会の方針を決定する最高決議機関の12人の局長会議のメンバーの一人だった」と書いているが、これは誤りである。統一教会の最高決議機関は当時も現在も責任役員会と評議員会議であり、この二つの機関で教会のすべての問題を決議し、実行するようになっている。

②副島氏は、この責任役員会に出席できる責任役員や評議員会議に出席できる評議員に一度も就任したことはない。局長会議は統一教会の意思決定機関ではない。副島氏は責任役員会等で決定されたことを、広報という立場で解説する立場にいたにすぎない。
③副島氏は「宗教法人世界基督教統一神霊協会が投資をし、株式会社世界日報社の株式を取得した」と言っているが、統一教会は未だ一度も株式会社世界日報社の株を取得したことはなく、彼の言っていることは、事実に反する。
④副島氏は手記の中で「統一教会が株式会社ハッピーワールドに吸収された」と書いているが、統一教会は未だ一度もいかなる団体にも吸収されたことはなく、同氏の言っていることは事実に反する。
⑤副島氏は、「世界基督教統一神霊協会の全国の地方組織をまとめる伝道局長の櫻井設雄氏が株式会社ハッピーワールドの古田元男氏の下に入った」と書いているが、櫻井設雄氏や統一教会の地方組織が株式会社ハッピーワールドの組織の中に入ったことは一度もない。
⑥副島氏は、統一教会が経済局を設置し、古田元男氏が経済局長に就任したと記述しているが、統一教会が経済局を設置した事実も、古田氏が局長に就任した事実も一切ない。また、古田氏が統一教会の役員であったことは一度もない。

　これらの裁判で教会側の証人として証言した小柳定夫氏は、陳述書の中でこの副島・井上手記について以下のように述べ、一つひとつ反論している。

　「そもそも彼らは、編集権、経営権の独立という大義名分を掲げ、その美名に隠れて、いわゆる世界日報社乗っ取り事件を画策した張本人であり、その野望を直前に見破られ、阻止されたことから、統一教会に対して恨みや敵意を抱くようになり、その不満を一気に爆発させるべく書きつづったのがこの論文といえます。従って、底流には、不平、不満、不信が一貫してあり、しかも時間や、場所や人物など、具体的、客観的事実を特定しないままの思い込みやこじつけ、さらには、デッチ上げと思われるような間違いだらけの記述を臆面もなく繰り返しております。こうした、悪意に満ちた態度、卑怯な手段には、呆れ返るばかりであり、いちいち反論する気力もなくなるほどですが、忍耐心をもって、順次、反論を試みたいと思います」

さて、櫻井氏は本章の中で「地域のコマンダー」という名の「統一教会幹部」について述べているが、教会に「コマンダー」なる役職があったことはない。また、一連の裁判を通じてコマンダーの肩書きを持って登場するのは「古田コマンダー」のみである。

櫻井氏は、「統一教会では伝道部門が教会の役割であり、信者への布教・教化に責任を持って研修等を行う。その後、研修を終えて統一教会信者となった会員を管理し、様々な事業部門に配属させるのがコマンダーの役割である」（p.141）と記述しているが、教会組織で研修した信者を事業部門に配属させるなどということはなかった。櫻井氏の記述は、連絡協議会内で行われていた伝道、勧誘活動から信者となって、連絡協議会ないし関係する部署に配属されていることを述べたものであり、これには宗教法人はかかわっていなかった。なお、連絡協議会においても人事配属をする立場の人間をコマンダーと呼ぶことはなかった。

以上が、世界日報事件の真相、副島・井上手記の信憑性、さらにハッピーワールドによる統一教会の吸収合併という櫻井氏の主張に対して、教会の法務局から提供された資料をもとに私が要約した「統一教会側の説明」である。櫻井氏の主張と、教会側の主張のどちらに信憑性があるかは、冷静に読めば分かるであろう。

裁判に提出された「組織図」に対する反証

櫻井氏は本章の中で、裁判に提出された証拠の中から日本統一教会の本部ならびに地方の組織図なるものを転載し、それを根拠に「日本の統一教会は資金調達の事業部門が肥大化した特異な宗教組織となってしまった」（p.142）などと解説を加えている。そこで今回は櫻井氏の主張と、それに対する統一教会側の反論を併記し、これらの証拠の信憑性について解説することにする。統一教会側の反論内容は、筆者が統一教会の法務局に取材して得た情報を要約・解説したものである。

櫻井氏は図4-2について、「統一教会の事業部門の組織図（全国しあわせサークル連絡協議会）」というキャプションをつけ、これを統一教会の組織図であるかのように説明しているが、これは事実と異なる。もし櫻井氏の解説が本当なら、統一教会には「事業部門」が存在し、そのトップは古田氏と小柳氏であったことになる。この図は統一教会側の証人である小柳定夫氏が平成7（1995）年9月8日に作成した証拠で、乙号証であるため、組織図の内容自体は教会側も認めているものである。しかし、小柳氏はこれをハッピーワールドのサークル会である「全国しあわせサークル連絡協議会」の組織

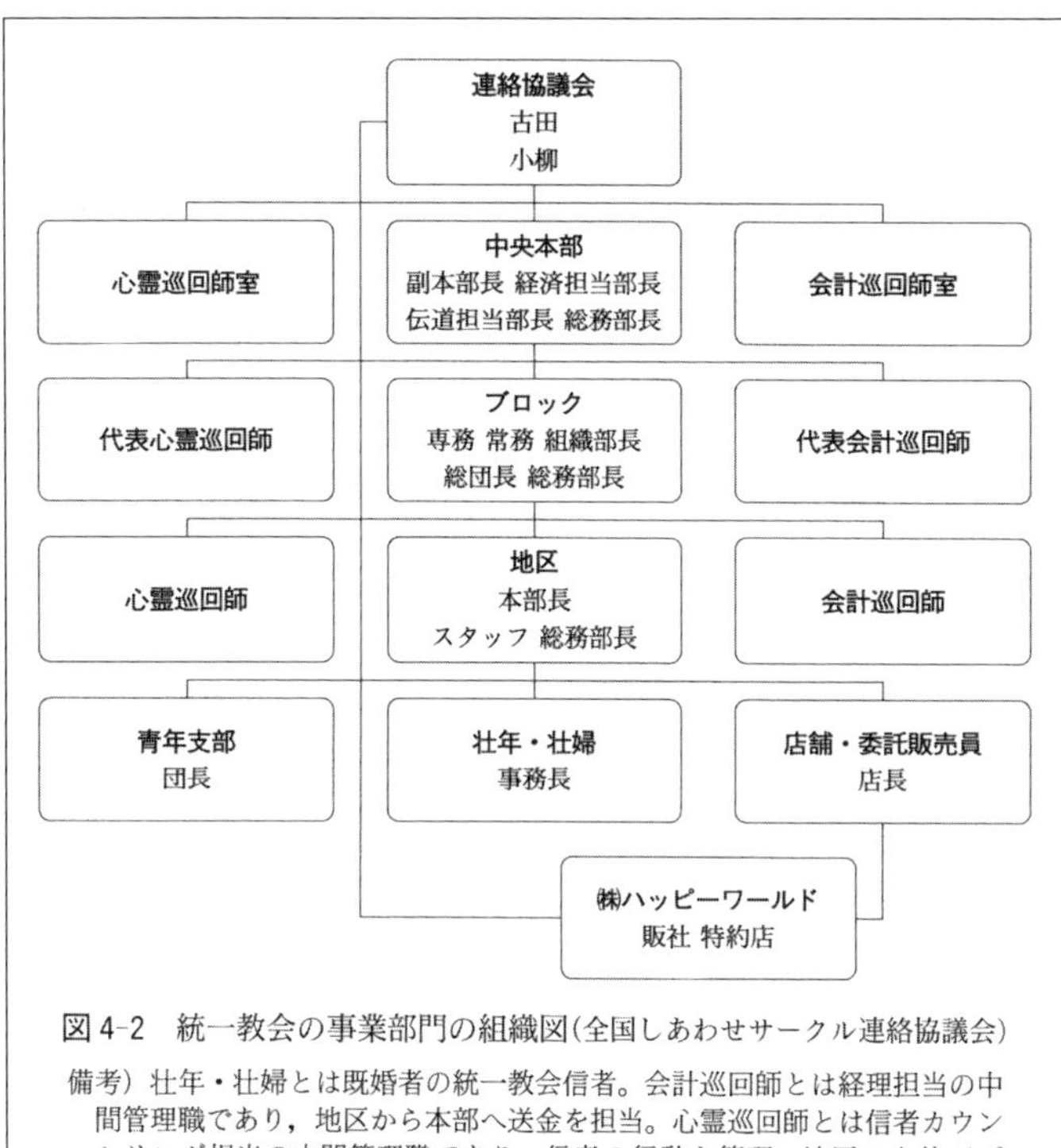

図4-2　統一教会の事業部門の組織図（全国しあわせサークル連絡協議会）

備考）壮年・壮婦とは既婚者の統一教会信者。会計巡回師とは経理担当の中間管理職であり，地区から本部へ送金を担当。心霊巡回師とは信者カウンセリング担当の中間管理職であり，信者の行動を管理。地区の上位がブロックであり，本部長，会計巡回師は男性，心霊巡回師は女性。

出典）1991年提訴：東京地裁平成11年(ワ)第18400号損害賠償請求事件（1999年最高裁において和解）乙第108号証，小柳定夫作成，1995年に証言。1980年代後半から90年代初頭にかけての組織。

出典）『統一教会——日本宣教の戦略と韓日祝福』142ページ

図であるとして提出したものであり、同協議会は統一教会とは直接的な指揮命令関係のない別組織であったと証言している。また、組織図の心霊巡回師とは、サークル会に所属する人をカウンセリングする、一種のカウンセラーのことである。にもかかわらず、櫻井氏はこれを「統一教会の事業部門の組織図」として紹介しており、正式名称である「全国しあわせサークル連絡協議会」をわざわざ括弧書きにして表記している。これは櫻井氏による不実表記であり、このキャプションは証拠に対する勝手な解釈による書き変えである。そもそも統一教会には「事業部門」などは存在しなかったし、古田氏も小柳氏も統一教会の幹部職員になったことはなかった。

櫻井氏は次頁の図4-3について、統一教会の地区組織の一例であると紹介しており、その構造は全国的に画一化されていると説明している（p.143）。具体的には1989年当時の鹿児島地区の組織図とされ、「コマンダー」と呼ばれる地区の責任者夫婦の下に、伝道や教育に携わる「教会」と、経済活動を行う「代理店」が統括されているような図になっている。単純にこの組織図だけを見れば、教会の責任者が宗教活動と経済活動の両方を指導していたかのような印象を受けるかもしれない。しかし、これもまた事実ではない。これは統一教会の組織図ではなく、サークル会の「地区」の組織図にほかならない。したがって、組織図の左上に書かれた「教会」という表記は不実表記であり、サークル会の「地区」と表記しなければならないものである。また、「天地正教」の表記があるが、天地正教は川瀬カヨ教主が創立した別の団体であって、連絡協議会には所属していない宗教法人である。備考欄に「天地正教は統一教会の仏教教団部門」と書かれているが、これは元信者が勝手に書いた誤りであり、統一教会とは別の宗教法人である。

図4-3は、統一教会を相手取った福岡における献金返還訴訟の証人である、元信者のUさんがまとめた「鹿児島地区の組織図」と思われる。Uさんは「全国しあわせサークル連絡協議会」の鹿児島地区の傘下にあった会社法人で会計を担当していた女性で、陳述書および証言の中で自身の会計業務が統一教会のものであったと主張している。しかし、Uさん自身が宗教法人統一教会の職員であったという事実も、宗教法人の会計業務を行っていたとい

う事実もない。こうした事実誤認に関しては、前述の小柳定夫氏が裁判に陳述書を提出して反論している。そもそも、1989年当時の統一教会には北海道教区から九州教区まで14教区があり、その下に62教会がある体制で、「地区」という名称の組織は存在しなかった。したがって、「鹿児島地区」という組織は統一教会にはなかったのである。

こうした元信者の事実誤認は、彼らが統一教会の組織と「全国しあわせサークル連絡協議会」の組織を混同し、

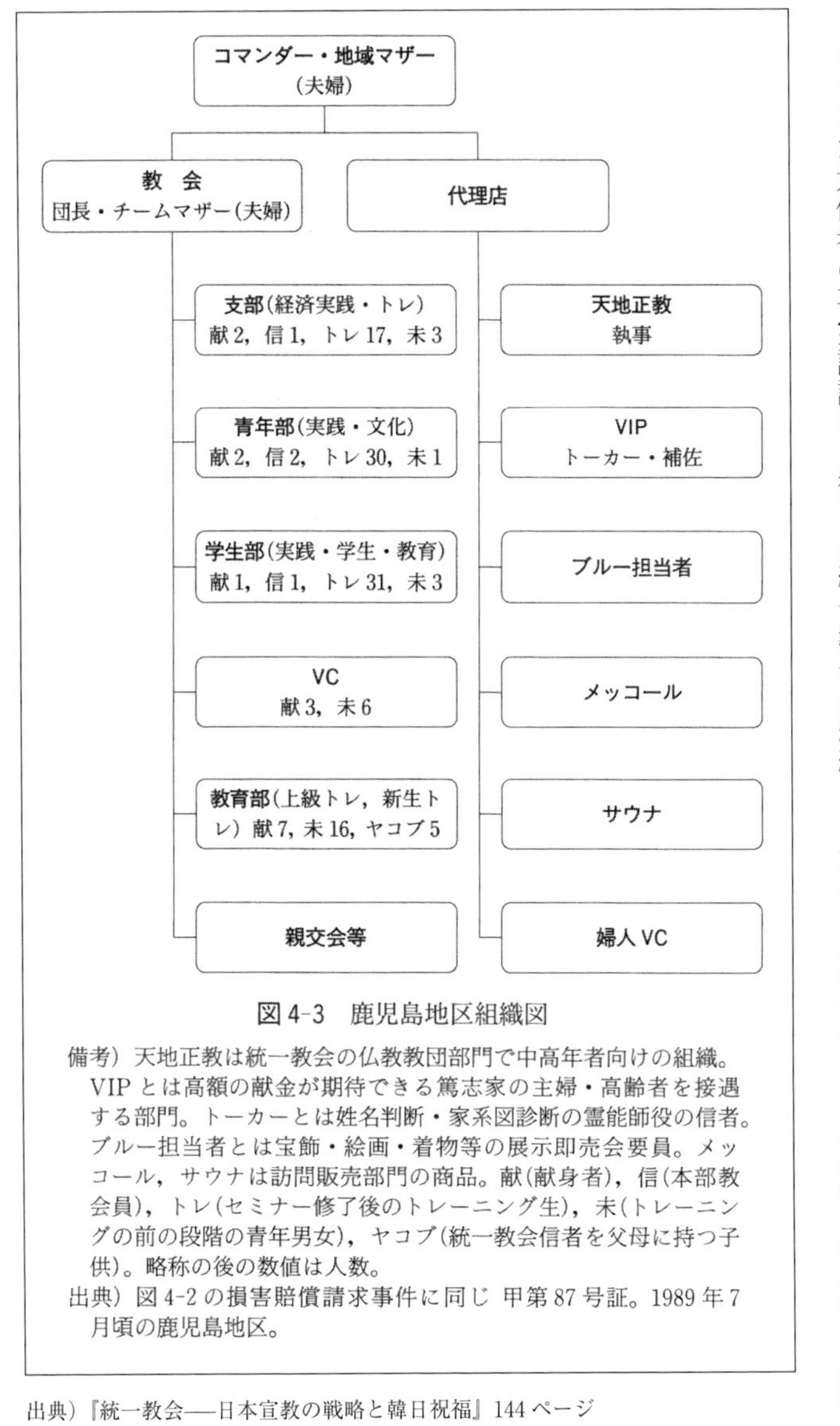

図4-3　鹿児島地区組織図

備考）天地正教は統一教会の仏教教団部門で中高年者向けの組織。VIPとは高額の献金が期待できる篤志家の主婦・高齢者を接遇する部門。トーカーとは姓名判断・家系図診断の霊能師役の信者。ブルー担当者とは宝飾・絵画・着物等の展示即売会要員。メッコール，サウナは訪問販売部門の商品。献（献身者），信（本部教会員），トレ（セミナー修了後のトレーニング生），未（トレーニングの前の段階の青年男女），ヤコブ（統一教会信者を父母に持つ子供）。略称の後の数値は人数。

出典）図4-2の損害賠償請求事件に同じ 甲第87号証。1989年7月頃の鹿児島地区。

出典）『統一教会——日本宣教の戦略と韓日祝福』144ページ

誤解していたことによって起きたか、あるいは連絡協議会の活動に対する法的責任を宗教法人に転嫁しようと試みる反対派弁護士の指導を受けて証言したために生じたものと思われる。いずれにしても、図4-3は教会を脱会した元信者が記憶に基づいて作成した甲号証であり、統一教会はそれが自身の組織図であることを否認しているので、統一教会の地方組織の実態を表した客観的な証拠とは言えない。

裁判に提出された「会計帳簿」への反証

櫻井氏はこのような統一教会とは別組織の「連絡協議会」の地区組織図に基づいて、「地区にこそ、統一教会信者の成長過程・人生が凝縮されている。伝道と資金調達を一つの組織で行っているのであるが、その証拠は地区組織の人事・資金管理に明らかである。この点を地区教会の会計帳簿から見ていくことにしたい」(p.145)と主張した上で、表4-6、表4-7、および表4-8を提示する。

この「会計帳簿」の入手経路について櫻井氏は以下のように説明している。

「一九九三年、北海道の岩見沢地区において教会の会計帳簿が初めて外部者の目にふれることになった。信者であった妻が、一九九二年に実施された三万双の既成祝福献金を夫に無断で出したが、それを知った夫は教会長に献金使途の明細を見せるよう迫った。教会長は会計帳簿を見せたが、夫は短時間で確認できないので借用して自宅でチェックする旨の了解を得た。そして、札幌市にある北海道合同法律事務所において統一教会相手の訴訟を担当している弁護士に相談を依頼したというのが、会計帳簿確認の経緯だった」(p.145)

しかし、この会計帳簿の入手経路に関する教会側の主張は、全く異なっている。件の夫のDさんから、1993年6月15日に当時岩見沢にあった信徒会の集会所「アイカム」に「これから行く」という電話が入った。まもなくDさんが応接室に現れ、「お前ら、そこに座れ、K(会計係)はいるか?」と怒鳴り、いきなり応接室のテーブルをひっくり返し、倒れたテーブルの上に仁王立ちして、応対のTさんを軽く殴り「俺は1億円要求する」「お前のおかげで俺たち夫婦が大変になった。金取り主義だろう。帳簿を全部見せろ、俺も教会員なんだから帳簿を見る権利がある」と怒鳴ったという。会計のKさんはDさんの大変な剣幕に顔面蒼白となり、迫力に押されるようにして応接室の隣の事務室に信徒会の帳簿（祝福献金についてのメモ）を取りに行ったが、Dさんは「遅すぎる」と言って勝手に事務室に入り、Kさんから帳簿を無理やり取り上げ「税務署に持って行き、お前らのやっていることを調べてみる」と言い、近くにあった紙袋にその帳簿を入れ、「明日も来る」と言って帰ろうとした。Kさんは「他の人のプライベー

表 4-6　祝福献金の記録(既成祝福)

①岩見沢教会

既成　祝｜鈴木○○・○子
計 261.0　　準 61.0

月　日	品　名	売上金額	受入金額	差引残高
		感 200		
92. 8.18	感謝 SK		2,000,000	2,000,000
	ブロックへ	2,000,000		0
				感 2,000,000 済
92. 8.25	準備金		610,000	610,000
	ブロックへ	610,000		0
				準 610,000 済
92. 8.30	感謝 SK		10,000	10,000
	ブロックへ	10,000		0
			−10,000	
				完済

備考）帳簿記載のまま。表の上段にある計の単位は万円。準は準備金，感は感謝献金，SK は信者献金の略。261 万円が既成祝福の献金総額となっているが，これは当該教会の売上として計上されていた。
出典）図 4-1 の損害賠償請求事件に同じ　甲第 43 号証の 8。

表 4-7　祝福献金の記録(青年信者の祝福)

②岩見沢教会

日日　祝｜林○○
準 60.5　　感 70　　計 130.5

月　日	品　名	売上金額	受入金額	差引残高
92. 8.25	準備金		610,000	610,000
	ブロックへ	610,000		0
				準 610,000 済
92. 8.30	感謝 SK		15,000	15,000
	ブロックへ	15,000		0
92.12.25	感謝 SK		50,000	50,000
	ブロックへ	50,000		0
92.12.31	感謝 SK		5,000	5,000
	ブロックへ	5,000		0
93. 1.30	感謝 SK		5,000	5,000
	ブロックへ	5,000		0
93. 3.31	感謝 SK		1,000	1,000
	ブロックへ	1,000		0
93. 3.31	感謝 SK		17,400	17,400
	ブロックへ	17,400		0
93. 6.10	感謝 SK		156,000	156,000
	ブロックへ	156,000		0
				感 700,000 済
				完済

備考）日日とは日本人青年同士の祝福を意味する。
出典）図 4-1 の損害賠償請求事件に同じ　甲第 43 号証の 8。

出典）『統一教会――日本宣教の戦略と韓日祝福』146 ページ

トなことも書いてありますので持って行かれては困ります。返してください」と懇願しながらDさんに近づこうとした。しかし、DさんはKさんを足で激しく蹴飛ばし、「訴えられるものなら、訴えてみろ」と怒鳴り、帳簿を強奪して事務室を出て行ったというのである。その帳簿を、Dさんが郷路弁護士に渡し、それを弁護士が公開したというのが、会計帳簿の内容が外に漏れたいきさつである。このことから、この会計帳簿は極めて暴力的で違法性の強い方法で入手されたことが分かる。

表 4-8　岩見沢教会の経済活動(1993 年 1 月 31 日)

③岩見沢教会

売上一覧表

明　細	岩見沢	江　別	CH	合　計
M	255.1	71.3	34.3	360.7
DJ	114.4315	16.4904	9.514	140.4359
Sau	0	0	0	0
チケ・コース	6.2	6.1	0.4	12.7
Blue	59.575	0	12.85	72.425
その他 S	4	12	0	16
その他	0.18	0	0	0.18
計	439.4865	105.8904	57.064	602.4409
HG	182	10	160	352
TK	215	330	50	595
計	397	340	210	947
NT　月例	17.422	1.66	38.22	57.302
NT	0	0	0	0
その他	183.4429	19.1387	16.97	219.5516
計	200.8649	20.7987	55.19	276.8536
合　計	1037.3514	466.6891	322.254	1826.2945
岩・江　合計				1504.0405
K 50	Cash 467			

備考）CH は支部，物販名の M はマナ(高麗人参エキス)，DJ は男女美化粧品，Sau はアセデール(遠赤外線サウナ)，チケ・コースはビデオセンター受講代，Blue は展示販売会，HG は早く現金(信者・関係者からの借入金)，TK は短期借り入れ(1 年以内)，NT は献金のことである。K も献金。Cash は手持金。金額の単位は万円であり，1993 年 1 月 31 日には，1 月期総計で 2021 万 405 円の売上があったことになる。なお，物販売上よりも借入金の方が多く，借入金も売上として計上され，それに献金等が加わる収益の構造になっている。

出典）図 4-1 の損害賠償請求事件に同じ　甲第 43 号証の 6。

出典）『統一教会——日本宣教の戦略と韓日祝福』148 ページ

さて、問題の会計帳簿に関して統一教会は、「岩見沢信徒会の会計帳簿であって、教会の会計帳簿ではない。岩見沢の信徒たちは信徒会の集会所（アイカム）を活動の拠点としていたが、上記帳簿はそのアイカムの金銭の出し入れを記したものである。当時、岩見沢には教会はなかったのであり、岩見沢の信者は札幌教会に所属していた」と主張している。また、表の上

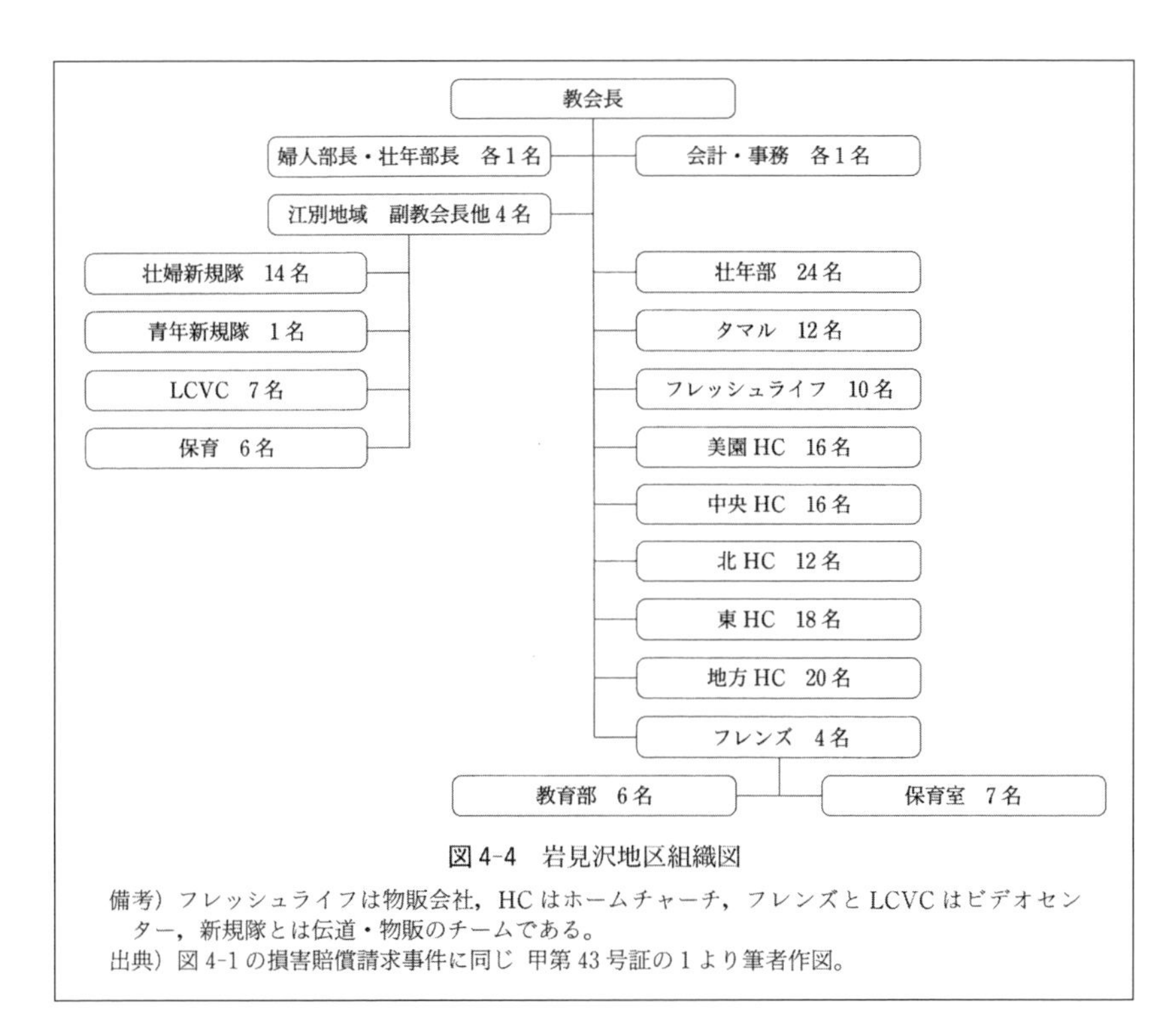

図4-4　岩見沢地区組織図

備考）フレッシュライフは物販会社，HCはホームチャーチ，フレンズとLCVCはビデオセンター，新規隊とは伝道・物販のチームである。
出典）図4-1の損害賠償請求事件に同じ 甲第43号証の1より筆者作図。

出典）『統一教会――日本宣教の戦略と韓日祝福』147ページ

部には「岩見沢教会」とあるが、これは信徒会の「岩見沢地区」と表記すべきものである。表4−6、表4−7、表4−8はすべて「岩見沢教会」としているが、「岩見沢地区」としなければならず、不実表記である。なお、表には「売上金額」と書かれているが、営利事業を一切行っていない統一教会と結び付けようとする櫻井氏の悪意を感じる。

そもそも、Dさんがこのような狼藉を働いたのは、老後の不安が原因であった。そこで岩見沢の信徒たちが話し合った結果、Dさん夫妻が祝福献金として捧げた全額を分割で返金することで和解が成立した。しかし、Dさんの持ち去った帳簿は反統一教会の郷路弁護士に利用されてしまったのである。さらに、1993年7月25日の『週刊文春』に「統一教会ウラ帳簿をスッパ抜く」と題する記事が掲載された。

数年後、Dさん夫妻は教会や岩見沢の信

徒の方々に当時のことで大変迷惑をかけたと謝罪したので、教会も岩見沢の信徒もDさん夫妻の気持ちを汲み、快く迎え入れたという。以来Dさん夫妻は、教会の礼拝や信徒の集会に参加するようになった。清平の修練会にも二人で喜んで参加し、その後も岩見沢信徒会で熱心に信仰生活の勉強や伝道活動をしていた。２００８年1月3日にDさんのご主人が心不全で亡くなり、息子さん、娘さんも参加して、統一教会の昇華式（葬儀）が行われたという。

このようにDさん夫婦は最終的には神の懐に帰ってきたが、Dさんを経由して反対弁護士の手に渡った信徒会の帳簿は、「統一教会の裏帳簿」と偽られて、反対派の宣伝に用いられるようになったのである。櫻井氏の著作に掲載されているこうした証拠は、前頁の図4-4も含め、すべて信憑性のないもので、そのような証拠に基づく「地区教会の事業運営」に関する櫻井氏の分析も、同様に根拠はない。なお、図4-4について言えば、「岩見沢地区」としているにもかかわらず、一番上に「教会長」と記載しており、これは不実表記である。本来は「地区長」としなければならない。

統一教会の「資金調達能力」？

櫻井氏は本章の「4　地区教会の事業運営」ならびに「5　教区・教域の運営」において、日本の統一教会全体の資金調達能力について憶測している。そのための証拠として挙げられているのが、札幌地裁における小柳定夫氏の証言と、X教区の総務をしていたとされる元信者が自身のパソコン上に保存していたとされる集計表である。これらの証拠の信憑性、ならびにそれらに基づいて櫻井氏が論じている内容をここでは評価してみたい。

櫻井氏は本章の中で、「統一教会の小柳定夫（図4-2連絡協議会）は、一九九八年六月一二日、札幌地裁においてTV一〇〇（Total Victory の略で日本において月額一〇〇億円の売上）の指令が文鮮明から出され、一九八六年の一一月と一二月に達成したと述べた。全国しあわせサークル連絡協議会の年間の売上は、七、八百億と質問に答えている。（札幌地裁昭和六二年（ワ）第六〇三号損害賠償請求事件証人調書）」（p.147-148）と記載している。この記述は本当なのだろうか？

私の手元に、家庭連合（旧統一教会）の法務局から入手した、このときの小柳氏の証人調書がある。櫻井氏の記述に該当する部分を確認してみると、郷路弁護士が「あなたの証言によれば、昭和61年にＴＶ１００、即ち一か月の売上目標１００億円という目標を掲げ、その年の12月に目標を達成したという証言がありますね」と質問しており、それに対して小柳氏は「はい」と答えているだけである。すなわち、法廷ではＴＶ１００の指令が文鮮明師から出されたなどということは、聞かれてもいなければ答えてもいないのである。小柳氏はただ、１９８６年に１か月の売上目標１００億円という目標を掲げ、その年の12月に目標を達成したことを認めただけである。櫻井氏の記述は、そこに「文鮮明の指令」などというフィクションを書き加えた上に、目標を達成した12月に11月を加えるという二重の偽装を施している。「どうせ読者は裁判の証言調書など読むことができないだろうから嘘をついてもばれないだろう」と彼が思ったとしたら、脇が甘いか、良心が麻痺しているとしか言いようがない。これだけで彼の著作の信憑性は大きく損なわれると言っても過言ではない。

この証言調書の中で、郷路弁護士は連絡協議会の年間売上について小柳氏に対して執拗に質問している。1か月の売上目標１００億円という目標を掲げ、それを毎月達成すれば年間１２００億円の売上になる。しかし1年を通じてなかなか月間目標を達成できず、12月にやっと達成したという話から、郷路弁護士は１９８６年の年間売上は１０００億円くらいであったのかと執拗に質問したので、小柳氏はそこまでは行っておらず、だいたいの数字として7、８００億円だったと答えている。本人がそういうのであるから、たぶんそのくらいが１９８６年当時の連絡協議会全体の売り上げであったのだろう。

櫻井氏は、「統一教会全体でどのくらいの資金調達力があるのかは長らく不明のままだった。ところが、二〇〇八年にX教区（情報提供者のプライバシーに配慮して、X教区と記載する）において総務を担当していた教会員が脱会し、自身のパソコンに入っていた地区・教区・教域ごとの売上金額や目標配分金額等が記載された集計表を裁判において公開した」（p.149）とした上で、表4-9、表4-10、表4-11を裁判に提出された証拠から転載している。

そして、これらの表を分析した結果として、「年間数百億から一〇〇〇億円近くの金を日本が稼ぎ出していたことがこのような内部情報から明らかになった」（p.150）と結論している。そのまま信じれば2007年の時点でもほぼ同額の実績を上げていたことになる。

筆者が家庭連合（旧統一教会）法務局に確認したところ、この「内部資料」を提供した元信者は、平成20年に神戸地裁に提訴された裁判の原告で、彼が教会の役員、職員、あるいは総務となった事実はない。彼は当時、教区長の手伝いだったにすぎないという。しかし、職員でなくても教区長の手伝いをしていたのであれば、教会の「内部文書」を持ち出すことは可能かもしれないが、これは信頼できる資料と言えるのだろうか。表4-9、表4-10、表4-11に関して、統一教会は裁判においてどのような認否をしているのであろうか。

法務局によると、この訴訟は和解案件であったことから、特に裁判で詳細な認否をする必要のない案件だという。この元信者は熊本教会信徒会代表のS氏と既に和解しており、教会側は「原告（元信者）とS氏との間の和解において合意された和

表4-9　統一教会の全国の売上金額

［2007年5月1日］			［新文明］		
順位	地区	達成率	順位	地区	達成率
1	第 9	522.50%	1	第 1	31.53%
2	第14	431.60%	2	第 5	29.17%
3	第15	429.28%	3	第 9	29.10%
4	第 7	425.20%	4	第14	24.70%
5	第16	366.17%	5	第 7	23.55%
6	第 1	359.38%	6	第15	23.48%
7	第 6	317.14%	7	第10	20.20%
8	第 5	308.85%	8	第16	18.44%
9	第10	293.14%	9	第 4	18.05%
10	第 3	257.28%	10	第 3	17.26%
11	第 2	221.48%	11	第 6	16.58%
12	第12	212.63%	12	第 2	15.95%
13	第 8	183.00%	13	第 8	14.88%
14	第 4	159.13%	14	第12	13.29%
15	第13	87.55%	15	第13	9.63%
16	第11	84.36%	16	第11	6.89%
平均達成率		285.99%	平均達成率		20.49%

備考）目標5000万円に対する達成率。平均達成率2.8599×5000万円×16地区から全国の総収益は22億8792万円。

備考）新文明は2007年4月20日-6月14日に設定された送金目標。この表では達成率で示されており，その全国平均は2割程度。

出典）東京地裁平成19年（ワ）第17992号損害賠償請求事件。

出典）『統一教会──日本宣教の戦略と韓日祝福』150ページ

表 4-10　統一教会の教区目標達成額(2007 年 5 月 1 日)

順位	教　区	達成率	順位	教　区	達成率	順位	教　区	達成率
1	西広島	980.00%	25	北北海道	330.00%	49	東東京	166.20%
2	西東京	760.50%	26	中央福岡	325.50%	50	福井	164.30%
3	兵庫	678.00%	27	北千葉	325.30%	51	青森	155.00%
4	南埼玉	630.00%	28	三重	320.00%	52	宮城	142.90%
5	南大阪	606.70%	29	多摩東京	312.60%	53	東部大阪	130.00%
6	中央大阪	560.00%	30	北福岡	306.80%	54	西愛知	125.40%
7	北埼玉	552.50%	31	西南東京	306.70%	55	愛媛	124.60%
8	北東京	549.60%	32	岐阜	304.40%	56	南北海道	107.90%
9	南千葉	537.80%	33	南新潟	285.00%	57	石川	106.40%
10	南長野	492.00%	34	京都	280.00%	58	福島	106.00%
11	群馬	490.00%	34	佐賀	280.00%	59	北神奈川	100.00%
12	栃木	485.60%	36	南愛知	265.40%	59	熊本	100.00%
13	山口	480.00%	37	西北東京	260.60%	61	和歌山	88.50%
14	北新潟	474.00%	38	島根	250.00%	62	高知	78.60%
15	南東京	448.50%	39	茨城	235.40%	63	中央東京	70.30%
16	南愛知	418.30%	40	滋賀	233.40%	64	大分	62.20%
17	岡山	417.00%	41	南神奈川	230.00%	65	富山	61.40%
17	北長野	417.00%	42	北愛知	220.00%	66	山形	61.00%
19	奈良	402.00%	43	南福岡	204.80%	67	宮崎	59.80%
20	東広島	380.00%	44	北大阪	200.50%	68	山梨	49.00%
21	静岡	374.00%	45	東北海道	200.00%	69	浜松	43.00%
22	中央神奈川	360.00%	46	徳島	184.80%	70	秋田	34.00%
23	長崎	345.60%	47	鳥取	180.60%	71	沖縄	28.00%
24	香川	344.00%	48	鹿児島	171.80%	72	岩手	26.40%

備考）目標 1000 万円に対する達成率。合計金額は地区目標達成額に等しい。西広島はこの日，韓鶴子が訪問する日だった。
出典）表 4-9 に同じ。

出典）『統一教会――日本宣教の戦略と韓日祝福』151 ページ

解金額が完済された以上、原告は、S氏、及び被告（統一教会）に対して、信徒であった期間中に知り得た法人の機密情報及び他の信徒の個人情報について、一切、他に漏洩しない義務を負う」と主張している。したがって、このような認否さえも明確になっていない状況で和解した情報を含む証拠は公表すべきものではなく、また、別件事件に原告が提供している情報も直ちにすべて回収すべき情報である。分かりやすく言えば、櫻井氏の掲載している証拠は、認否さえも明確にしておらず、かつ教会内部の機密情報及び個人情報を他に漏えいしないことを条件に和解した案件にもかかわらず、その和解の条件を破って提出された証拠である。証拠の内容の信憑性は和解案件のため教会側が認否をしておらず、明らかに入手経路に問題があることは確かである。

櫻井氏は以下のように述べている。

「但し、幾つか疑問が残る部分がある。各地区・教区・教域の諸教会において全く内部留保せずにそのまま本

表 4-11　X 教区月間達成金額(2005 年)

(単位：万円)

教域名	区域数	割合	1月	2月	3月	4月	5月	6月	7月	8月	9月	10月	11月	12月	合計
A B C	50	0.32	7,740	3,078	11,068	2,185	1,200	2,471	2,179	1,909	1,719.6	3,586	7,552	8,553	53,240.6
D	22	0.14	1,084	2,140	2,837	1,615	400	498	294	180	480	490	652	1,621	12,291
E	3	0.02	72	62	303	35	100	68	71	99	158	161	111	366	1,606
F	17	0.11	196	288	489	588	200	179	10	109	289	115	138	203.3	2,804.3
G	22	0.14	1,001	2,348	2,520	894	400	855	618	740	672	1,155	1,191	2,912	15,306
H	26	0.17	4,179	1,690	4,157	1,669	500	1,247	1,270	1,500	1,320	1,228	2,122	6,898	27,780
I J	14	0.09	537	830	795	1,098	253	161	170	111	172	401	609	969.7	6,106.7
合計	154	1	14,809	10,439	22,169	8,084	3,053	5,479	4,612	4,648	4,810.6	7,136	12,375	21,523	119,134.6
予定			14,779.8	10,458	20,034	11,653	3,264	6,608	4,488	4,746	4,821	7,101	11,985	21,912	116,146.3
入金			14,473.8	8,677.5	19,075	11,346	5,327	6,593	5,730	4,639	4,865	6,575	6,174	20,415	107,970.3
送金			14,809	10,436	22,169	8,084	3,053	5,479	4,622	4,648	4,810.6	7,136	12,375	22,194	119,815.6
残			−335.2	−1,759	−3,094	3,262	2,274	1,114	1,108	−9	54.4	−561	−6,201	−1,779	−11,845.3

備考）X 教区は 10 の教域，154 の区域に分かれ，それぞれの大きさに応じて本部から教区に割り振られた目標金額を教域・区域単位で目標に設定する。入金額よりも多く本部に送金しているために残金がマイナスとなり，X 教区は 2005 年に 1 億 1845 万 3000 円の赤字を計上している。送金総額は 11 億 9815 万 6000 円である。全国に 72 教区があるので，1 教区年間 10 億円としても，本部収益は年間 720 億円となる。

出典）表 4-9 に同じ。

出典）『統一教会——日本宣教の戦略と韓日祝福』152 ページ

部に献金していたのか、日本の本部はそのまま韓国の本部に送金していたのかということである。この点は資料がないので何ともいえないが、銀行等を介さない送金の仕方や、一九九〇年以降韓国の幹部が日本の地区長や教区長といった役職者として多数来日したことの背景から想像できなくもない。すなわち、彼らは日本の資金調達活動を直接引き締めるために文鮮明によって送り込まれてきたともいえるが、日本に進んで稼ぎにきたといえなくもない。韓国の幹部が日本の教会員に対して全財産を自らはき出すだけではなく、はき出す人を連れてこいと檄を飛ばすビデオ等を見るにつけ、日本の統一教会員は奴隷並みに絞れる存在として認識されていることがよくわかる。

以上、日本の統一教会を組織と収益の構造的な側面から見てきたわけだが、資金調達に特化されたミッションを果たすための事業多角化だったことが了解されたかと思う。日本における統一教会は、信者達の主観的思いは別として、客観的に見れば日本社会に対して過激な人的資源・経済的資源の搾取を宣教目的としてきたが、その日本の統一教会もまた、統一教会本体によって過剰なまでに搾取され続けてきた。統一教会員はこのことを誰も理不尽とは考えなかったのか」(p.150-153)

櫻井氏の分析は、本人が言う通り、資料に基づかない「想像」にすぎない。まず、日本の地方教会の内部留保に関しては、２０００年代に入ってから各地で礼拝堂献堂のニュースが多く聞かれるようになったことから、現場で集まった献金を現場で使う一定の内部留保はあったと考えられる。櫻井氏の指摘するビデオ映像は、マスコミで繰り返し放映されてきたものと思われるが、あれは極めて極端で異常な例にすぎず、それだけで統一教会全体を判断しようとするのは学者らしからぬ軽率さである。もしあれが統一教会の典型的な姿であるとすれば、「奴隷並みに絞れる存在」として人間を扱う教団になぜこれほど多くの信徒が集まり、宗教団体として成り立っているのかという問いに答えなければならない。常識的に考えれば、あのようなことが広範かつ長期間にわたって行われていれば、ほとんどの信徒が既に教会を去っているはずである。

櫻井氏の議論は、「資金調達に特化されたミッション」と「事業多角化」という根本的に矛盾する内容を無理やり結び付けたものであると言える。櫻井氏が紹介した広範な統一運動の組織は、そのほとんどが経済的利益を生み出さない活動を行っており、地上天国実現のための先行投資に近いものであった。もし日本の使命が資金調達に特化されていたとするならば、このようなお金を生み出さない分野は無駄にすぎず、多角化する意味はないと言える。その意味で、櫻井氏の主張は根本的な矛盾をはらんでいる。

櫻井氏は日本の統一教会信徒は「主観的思いは別として」搾取されてきたと主張する。しかし、宗教においてはその「主観的思い」こそが重要であり、本質なのではないだろうか。宗教において最も重要なのは、内的な意味の世界だからである。日本の信徒たちは、神の摂理を進めるために喜んで献金したのであり、それを外部から客観的に「搾取されてきた」と解釈するのは下衆の勘繰りである。「統一教会員はこのことを誰も理不尽とは考えなかったのか」という彼の問いかけに対しては、「一部の人は理不尽と考えたかもしれない。そして、そう思った人の多くは教会を去ったであろう」と答えるほかない。統一教会の主流の信徒たちは、地上天国実現という大義のために感謝して献金してきたのである。

「四　摂理とグローバルな経営戦略」への反証

櫻井氏は本章の「四　摂理とグローバルな経営戦略　1　グローバル化戦略と組織の編成」において、統一教会を「国際的なコングロマリット的宗教団体・事業連合体」と位置付け、規模の経済性、範囲の経済性、連結の経済性という三つの観点から分析している。これは実際には「統一教会」ではなく、より広い意味での「統一運動」の分析なのだが、初めにビジネスにおけるこれら三つの「経済性」の基本的な意味を押さえておこう。

ＭＢＡ経営辞書（http://globis.jp/）によれば、「規模の経済性」とは事業規模が大きくなればなるほど、単位当たりのコストが小さくなり、競争上有利になるという効果を言う。規模の経済性は、狭義には、固定費が分散されて、単位当たりのコストが下がるというメカニズムを指す。

「範囲の経済性」とは、企業が複数の事業活動を持つことにより、より経済的な事業運営が可能になることを言う。これは単一事業において規模が拡大することによる効果ではない。多様性が増すことにより経済性が高まるのは、経営資源の共有でそれらを有効に利用できるからである。

前述の二つの経済性は単一企業におけるものだが、「連結の経済性」は、異なる企業間における経済性のことを言う。情報・ノウハウを核に異なる企業が結合して、情報・ノウハウ・技術の共同利用等によって経済性を高める手法で、企業間の連携やネットワークを通じて互いの得意分野を強化したり、不得意分野を補完したりすることである。

これらの「経済理論」を用いて、櫻井氏は統一教会（正しくは「統一運動」）に関する分析を試みるのだが、はたしてどこまで正確に分析できたのであろうか？

「規模の経済性という点では、大規模化することで信者養成のコストを低下させることができた。日本に限定してみても、北海道で布教されようと九州で布教されようと全く同じ勧誘方法、セミナー、トレーニングが信者に施され、そのための教本・マニュアルの規格化が進められた。それに加えて一九八〇年代から勧誘の初期段階や入門講義、姓名判断や家系図診断等にもビデオテープが導入されている。その結果、統一教会員は本部の人事で日本中どこに配属されようと、新規の信者に対する布教や資金調達活動に従事できる体制が整ったのである」（p.153）

櫻井氏は統一教会を「国際的なコングロマリット的宗教団体・事業連合体」と位置付けているにもかかわらず、規模の経済に関する国際的な分析は皆無で、日本に限定された議論がなされているだけである。世界における統一教会または統一運動の実態を把握するには、それだけで膨大な現地調査や多数の言語による文献の収集と分析が不可欠だが、こうした調査は櫻井氏の手に余るのであろう。統一教会の協力を仰げばある程度は可能かもしれないが、櫻井氏には最初からその気がないので、世界に広がる統一運動の全貌を正確に把握しようという考えは、そもそもない。彼の分析には、日本と韓国以外の国の統一教会や統一運動に関する調査や考察はほとんど見られない。そのような限定された研究であるならば、「グローバルな経営戦略」などという大風呂敷を広げるのはやめた方がいいだろう。

現実問題としては、世界の統一運動を全体として見たときには、グローバルなスケールで「規模の経済性」が機能しているとは考えられない。宗教団体の資源といえば、教義を中心とする理念体系とそれを表現した経典や教材、さらには信者育成のためのノウハウなどのソフトウェアと、それを実行する人材、そして礼拝堂や教育センターなどのハードウェアである。このうちで規模の経済性が機能する部門が「研究開発費」に当たる経典や教材、そして信者育成のノウハウだが、それらを世界の多様な言語に翻訳し、さらには宣教地の土着の文化に適応させるためには多大な努力と工夫が必要で、固定費の分散による単位当たりのコスト削減にはつながらない。『原理講論』を英語、フランス語、スペイン語、中国語、アラビア語などに訳すだけでも多くのコストがかかるし、韓国や日本で成功した伝道のやり方がそのまま他の文化圏で通用するとは限らないので、ノウハウの流用も宗教においては容易でないのである。

櫻井氏が分析している日本の宣教における「規模の経済性」は、世界中の統一運動の中でも稀な成功例の一つで、むしろ例外的な現象と言えるだろう。宗教団体においては原料を仕入れて何かを生産・販売しているわけではないので、礼拝堂や教育センターなどの建築物の購入費用や家賃などを除けば、中心的な出費は人件費である。教えを説いて人を伝道するのは「人」であるから、その人にかかるコストをいかに削減するかが経済効率を上げるポイントとなる。その意味では、１９８０年代から導入されたビデオによる原理講義の受講システムは、伝道活動の効率を向上させる上で大きな役割を果たしたといえるであろう。

もっとも、ビデオ受講だけで人が伝道されるわけではない。ビデオ受講の感想を聞き、理解度に応じて内容を説明する「カウンセラー」の役割は非常に重要であり、基本的に「一対一の対応」であるために、この部分における効率化はなされなかった。またビデオ受講が一通り終わると、泊り込みの修練会に出ていたので、生の講義がすべてビデオ講義に取って代わられたわけではない。にもかかわらず、伝道の導入部分における学習がビデオ受講になったことは、単位当たりの人件費削減には大きく貢献したと思われる。まずはビデオを聞いて関心を持ち、ある程度教育された人が大人数の修練会に出て一人の講師から講義を聞くようにすれば、講師のコストパフォーマンスが向上するからである。

筆者が入会した原理研究会においても、１９８３年から本格的なビデオ受講による伝道活動が行われるようになり、筆者は「ビデオ伝道」の初穂の世代に当たる。当時、「清流閣」と呼ばれていた東京都多摩地域の研修センターには、筆者が大学1年生の夏休みに参加した7日間の研修会で60人程度、約1か月の「新人研修会」には90人程度の大学生が参加していた。彼らのほとんどは、その年の4月からビデオ受講によって育てられてきていた。原理研究会では、ビデオ受講と休みの期間を利用した長期の修練会の組み合わせにより、効率的な伝道システムを構築していたと言えるであろう。

こうした効率的な伝道システムの開発は「グローバルな経営戦略」というよりは、日本固有のものであった。これは世界の統一運動のスタンダードではなく、緻密で細かい日本人の民族的性格が生み出したものと考えた方がいい。なぜなら、こうしたノウハウを真似して成功している事例は他の国に見当たらないからである。

一方で、ビデオ受講による伝道の効率化は、統一教会の内部で必ずしもプラスの側面だけが認識されているわけではない。統一教会における伝道行為は、伝道する側である「霊の親（信仰の親）」が伝道される側である「霊の子（信仰の子）」を愛し、み言を語って育てることで親の心情を養い、人格を向上させるという意味付けがなされていた。霊の親は手間暇をかけて霊の子を育てるからこそ、一人の人間として成長できるという考えが、伝統的な統一教会にはあった。しかし、「霊の子」の教育をビデオ受講、専門のカウンセラー、そして一連の教育システムに任せることにより、「霊の親」は信仰者として成長する機会を奪われてしまったという評価も一方にある。宗教は、必ずしも櫻井氏の言うような経済効率の向上を良しとするものではないことは、認識しておいた方がいい。

範囲の経済性と連結の経済性に対する評価

櫻井氏の、統一教会の範囲の経済性と連結の経済性に関する分析を評価する。「範囲の経済性」とは、企業が複数の事業体を持ち、経営資源を共有することによって、より経済的な事業運営が可能になることをいう。この理論を日本の統一運動に当てはめて、櫻井氏は次のように分析する。

「範囲の経済性に関しては、布教経路の複数化を指摘できる。統一教会の場合、宗教法人の教化部門と資金調達の経済事業部門、及び政治活動・市民運動的な事業部門が相互に連携し合って、どこからでも統一教会の信者養成へと接続される。典型的な例として、街頭の勧誘や訪問販売においてなされる手相・家相の鑑定、家系図診断は、布教にも資金調達にも用いられる。女性の人権団体や国際平和のＮＰＯへの加入が統一教会の研修につながる例もある。どこからでも布教や資金調達が可能な事業体制というのは効率的である」(p.153-154)

この分析は一部しか合っていない。統一運動が広範な分野の活動を行ってきたのは、リスクの分散や採算性といった経済的な理由や、多様な窓口から伝道して教勢を拡大するためではなく、地上天国実現のために必要な各分野に組織を創設していったというのが事実であろう。櫻井氏が紹介する広範な統一運動の組織は、そのほとんどが経済的利益を生まず、教勢拡大にも貢献しないような活動で、地上天国実現のための先行投資に近いものであった。したがって、「範囲の経済性」は統一運動全体には当てはまらず、収益を生む部門と、社会活動を展開する部門の二つに分かれていたと見るべきである。

世界中で多角的な事業を展開することによって、統一運動全体として収益性が上がったわけではない。世界の統一運動で収益を上げていたのは主に日本である。世界の統一運動の運営資金は、企業に勤めている信者が捧げた献金や、その他の信者による献金などが用いられてきたのであり、それが世界の統一運動を支えており、利益を生み出すことが目的ではなかった。それは世界中の統一運動の目的がそもそも収益を上げることにはなく、地上天国実現という文鮮明師のビジョンを実現することにあったためである。

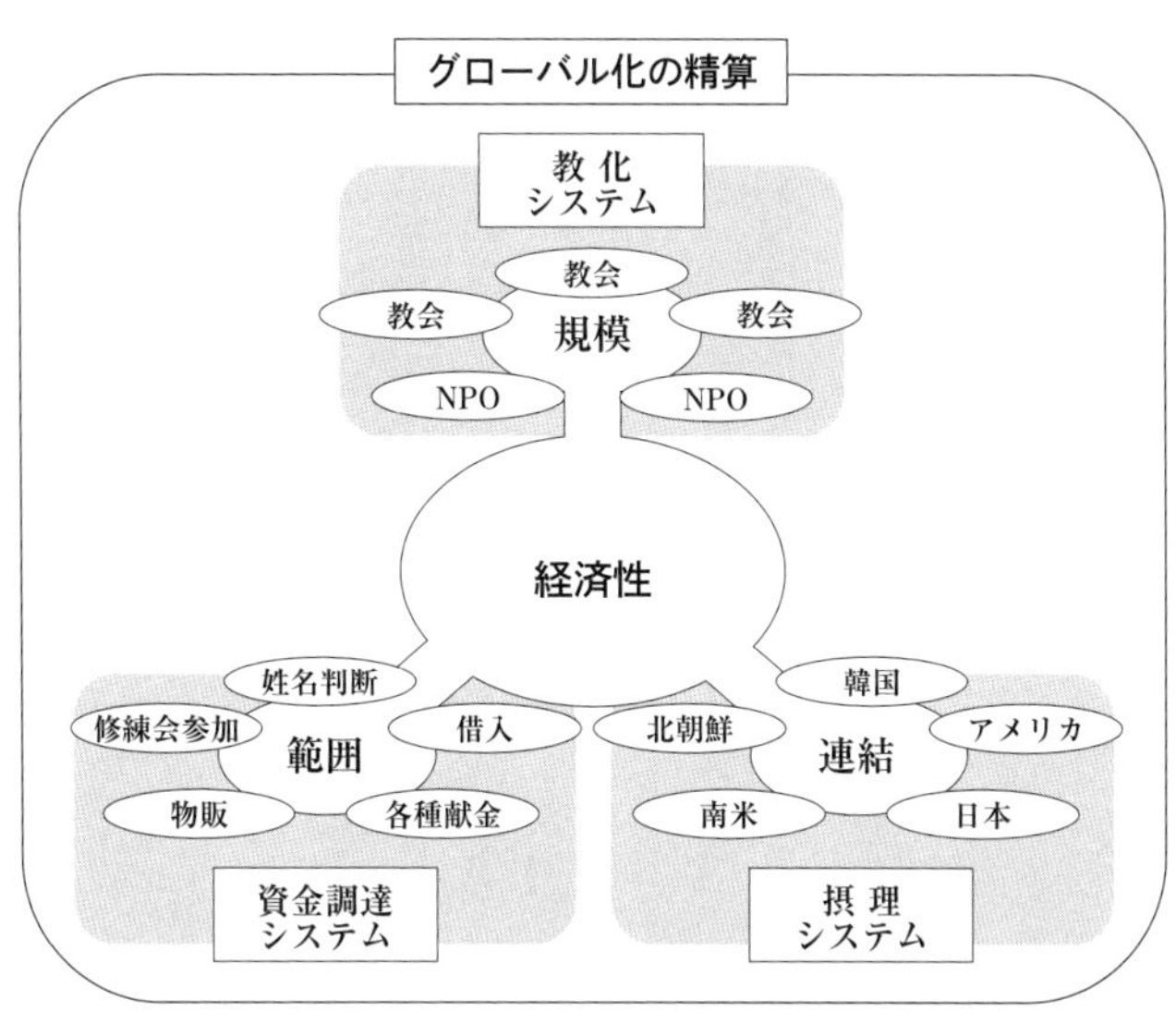

図 4-6　統一教会におけるグローバル化の経済性

出典）『統一教会——日本宣教の戦略と韓日祝福』154 ページ

さて、最後の「連結の経済性」に関してだが、これを統一運動の事業体が一般社会の事業体と連携したりネットワークを結んだりして経済性を上げることと解釈すれば、そうしたことはほとんど起こらなかったと思われる。一方で、統一運動内の多様な団体が情報・ノウハウ・技術の共同利用等によって経済性を高められたかについては、純然たる「経済性」という点ではそうはならなかった。統一運動は、同じ信仰と志を持った信者がそれぞれ専門化された集団を形成して運営している組織群で、それらが共通の目的のために有機的な協力関係を結ぶことはあったが、それは経済性の追求ではなく、地上天国実現というより大きな目的のために協力したのであった。

図4-6は、櫻井氏が「統一教会におけるグローバル化の経済性」というタイトルで、本文を補足するために掲載している図で、表題と中身の関係においても、

図と本文の関係においても、様々な齟齬が生じている杜撰な図である。
まず、「規模の経済性」において櫻井氏は本文中で教化システムを大規模化することで信者養成のコストを低下させることができたと解説しているが、これは日本国内の分析にすぎず、グローバルなレベルでの経済性の解説はない。しかも、本文では教団の教化システムについて解説しているのに、図では「NPO」が書き加えられている。櫻井氏が本文でNPOに触れているのは「範囲の経済性」の部分であるにもかかわらず、それが図においてはここに位置付けられており、実に杜撰と言わざるを得ない。

次に「範囲の経済性」に関しては、本文では布教経路の複数化を指摘しているにもかかわらず、図においては「資金調達システム」の説明に入れ替わっている。さらに、図に描かれている姓名判断、借入、各種献金、物販、修練会参加などは日本にのみ当てはまる内容であって、グローバルな範囲の経済性になっていない。

最後に「連結の経済性」に関しては、韓国、アメリカ、日本、南米、北朝鮮などの国々が「摂理システム」によって連結されている図が描かれている。本来の意味での「連結の経済性」は、異なる企業間でネットワークを形成することによって経済性を上げることをいうが、それが国家間の役割分担の話にすり替えられている。しかも、これらの国々がどのように情報・ノウハウ・技術を共有し、互いの得意分野を強化したり不得意分野を補完したりして経済効率を上げているのかについては、一切説明がない。さらに、南米や北朝鮮は本文中で一切触れられていないのに図には表示されている。

このように、櫻井氏の頭の中は混乱しているようで、彼の杜撰な分析の原因は、宗教的な運動の展開を無理やり経営学の概念で説明しようとしたところにあると私は思う。そもそも「摂理システム」なるものは、神の啓示によって演繹的に提示されるので、経済効率やマーケット調査を基準として構築される経営戦略とは全く異なるからである。文鮮明師の推し進めてきた世界的な統一運動を、こうした視点で分析したところであまり意味はないのではないか。

櫻井氏は、統一教会を「国際的なコングロマリット的宗教団体・事業連合体」と位置付けている割には、世界的な統一運動の広がりについて一切記述しておらず、それらの有機的なつながりにも言及がない。まず、統一教会はアジアの各国で教勢を伸ばし、特にフィリピンとタイにおいては多くの青年が伝道され、祝福を受けている。ネパールでは伝道と共に渉外活動が進み、家庭連合の会長が国会議員に当選し、大臣も歴任している。マレーシアでもＵＰＦの活動を通して多くの国会議員が統一運動に賛同している。ヨーロッパでも、スイスのジュネーヴを起点として国連渉外が進んでおり、ＵＰＦが国連欧州本部を拠点に国連ＮＧＯとして活発な活動を展開している。イギリスでは貴族院議員がＵＰＦの活動を積極的に支持し、国会議事堂として使われているウェストミンスター宮殿で何度も国際会議を開催している。アフリカやオセアニアでもＵＰＦの活動は活発で、多くの国家元首や大臣クラスがＵＰＦの国際会議に参加している。南米ではパンタナールやレダの開発を日本人が主導し、社会基盤を造成している。北米にはワシントン・タイムズなどの言論機関のほか、米国聖職者指導者会議（ＡＣＬＣ）のようなキリスト教指導者たちの超教派的な活動が活発に行われている。中東では宣教活動は困難だが、「中東平和イニシアチブ」と呼ばれる平和運動がイスラエルを中心に行われてきた。

ざっと世界を見渡しただけでも、これだけの活動が行われており、さらにそれらの成果がＵＰＦの主催する国際会議で紹介されて、平和運動としての統一運動の評価を高めているにもかかわらず、櫻井氏はこうした統一運動のグローバルな活動に関しては一切記述しない。このことは、櫻井氏の言う「グローバル」な視点が口先だけのものであり、本当の意味で世界の統一運動を調査・分析したことがないことを物語っている。

「2　摂理システムにおけるグローバル化戦略」への反証

櫻井氏は本章の「四　摂理とグローバルな経営戦略」の「2　摂理システムにおけるグローバル化戦略」におい

て、「統一教会の摂理的国家役割観」（p.155）について分析している。実はこの部分が櫻井氏によるグローバルな統一運動分析の結論部分に当たり、中心的な主張となっている。彼の摂理分析によれば、「メシヤを生み出した韓国が世界の中心であり、アメリカはメシヤの露払いを行う世界の指導的国家であるとされる。日本は韓国を植民地下においた罪深い国家であり、韓国民に対して贖罪が要求される。……日本で調達された資金は日本の事業部門拡張のために再投資されることはなく、日本ではひたすら労働コストを削減し、特定商取引法等に抵触する経済行為だけで収益を上げている」（p.155）というのである。

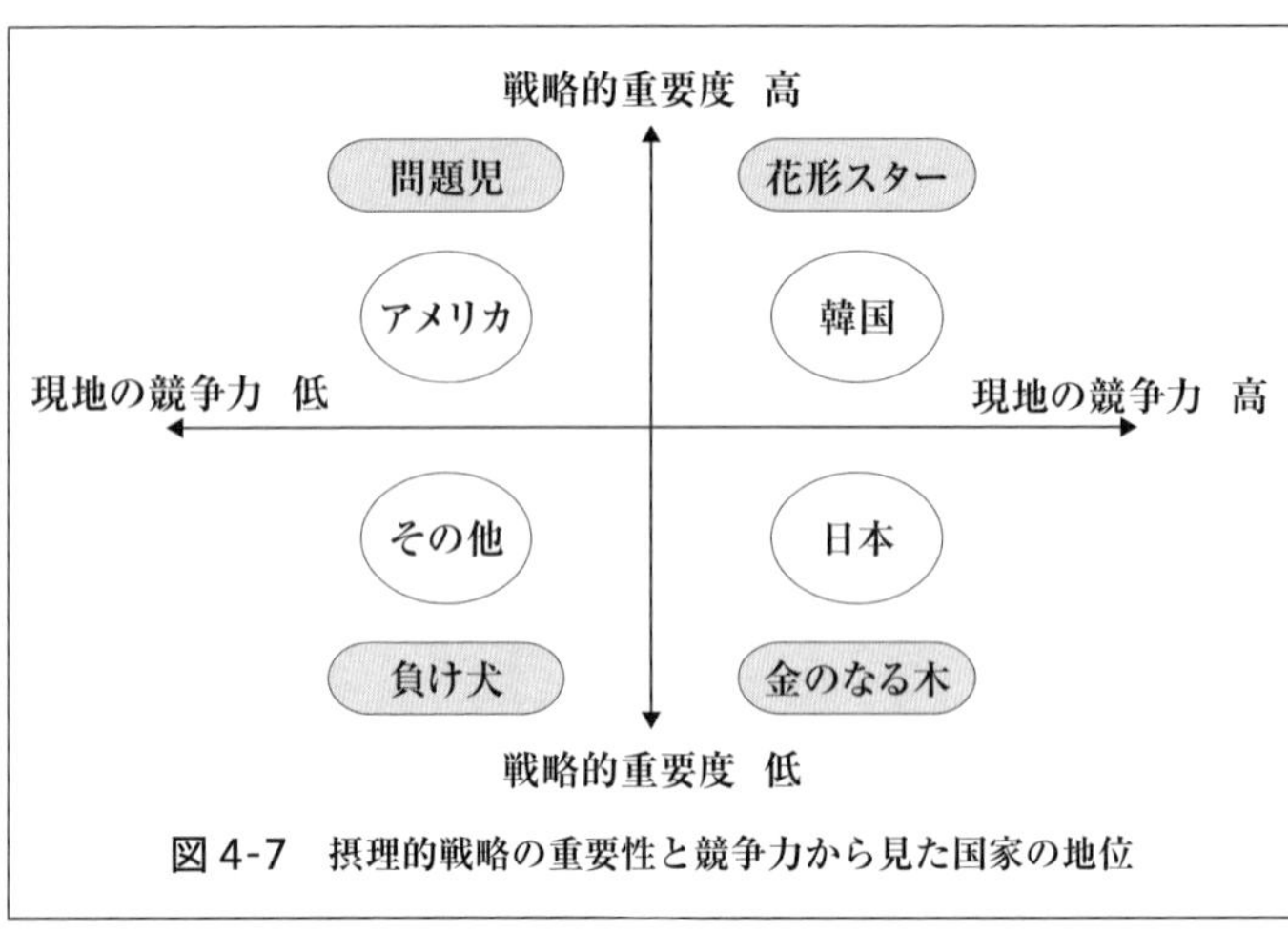

図 4-7 摂理的戦略の重要性と競争力から見た国家の地位

出典）『統一教会——日本宣教の戦略と韓日祝福』156 ページ

そもそも統一教会の一部の信徒が行った経済活動の中で、特定商取引法が適用されて問題となったケースはごく一部であり、「特定商取引法等に抵触する経済行為だけで収益を上げている」という表現は明らかな間違いであると同時に悪意に満ちた中傷であるが、この表現は分析の本質ではないので簡単に指摘するに留め、中身に入ることにする。櫻井氏が統一教会の各国別の経営戦略をグローバル市場ポートフォリオによって描くと、図4-7のようになるらしい。

ここで櫻井氏が分析に用いている「プロダクト・ポートフォリオ・マネージメント」（ＰＰＭ）とは、１９７０年代初めにボストン・コンサルティング・グループが提唱したもので、複数の商品を販売している企業が、戦略的観点から事業資金をどのように配分するかを決定するための経営・管理手法を指す。「相対的市場占有率」、「市場成長率」を軸に、以下の四つのカテゴリーに分類される。

①問題児：導入期・成長期にある製品。成長を促し花形にするために大きな投資が必要な製品。

②花形商品：成長率・占有率共に高いため、多くの収入が見込める製品。しかし、市場が成長している場合、シェアの拡大・確保のため、それなりの投資を行う必要がある。

③金のなる木：成長率が低いため、大きな投資は必要のない製品。しかし、ある程度の市場シェアを確保しているため、安定的利益が見込める製品。

④負け犬：成長率・占有率共に低いため、撤退などの検討が必要になってくる製品。

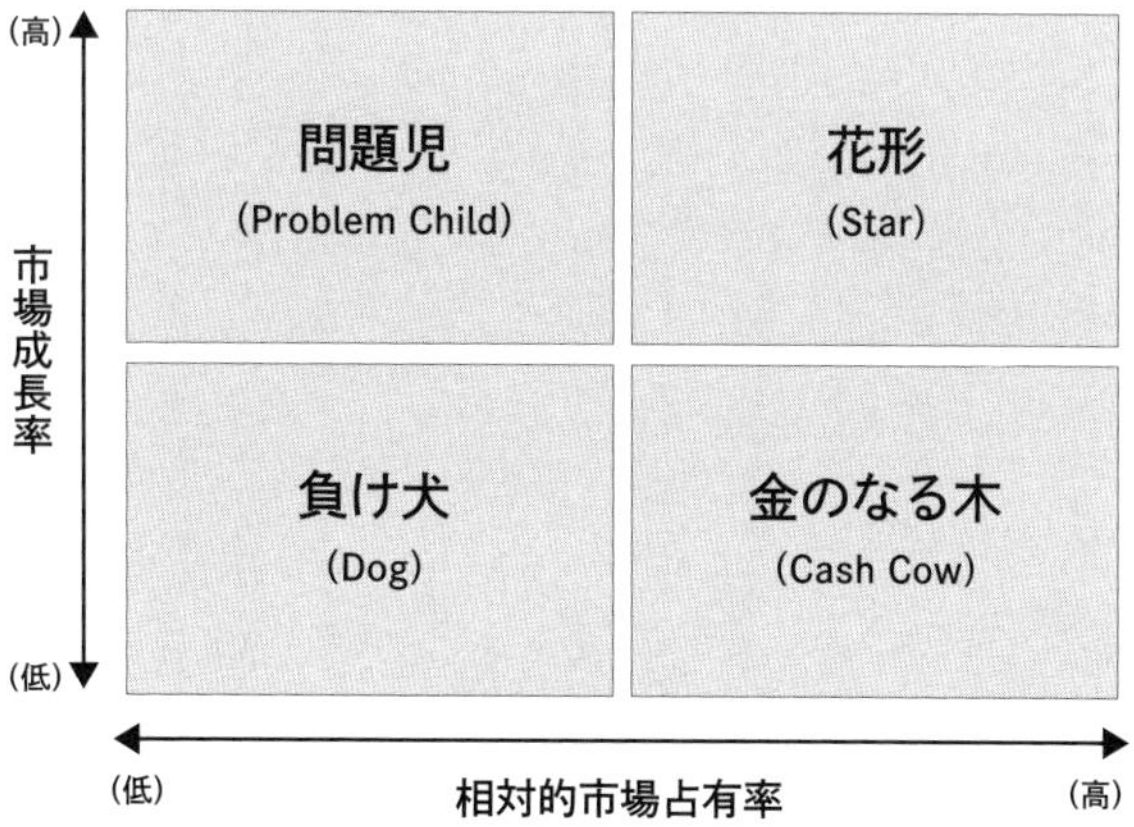

市場成長率	(低) 相対的市場占有率	(高)
(高)	問題児 (Problem Child)	花形 (Star)
(低)	負け犬 (Dog)	金のなる木 (Cash Cow)

プロジェクト・ポートフォリオ・マネジメントの概念図

これは本来、商品を分析するものだが、櫻井氏は「国家ごとの統一教会の事業展開全体」（p.155-156）を分析対象としている。そして「相対的市場占有率」を「現地の競争力」に読み替え、「市場成長率」を「戦略的重要度」に読み替えて分析している。この読み替えには根本的な無理がある。「市場成長率」は客観的な数値であるのに対して、「戦略的重要度」は主観的な価値判断であるため、必ずしも一致しないからである。宗教団体における宣教を経済論理で分析するなら、「市場成長率」は「伝道の成長率」と解釈して、上記の四つのカテゴリーは以下のように読み替えられるべきであろう。

①問題児：宣教成功の可能性はあるが、まだ宣教の歴史が浅く基盤のない国。献金はあまり上がってこないので自立は難しい。多くの宣教師を送ってテコ入れする必要がある。

②花形商品：宣教国に盤石な基盤があり、伝道の成長率も高い国。更なる発展のために力を入れて伝道活動を行う必要がある。

③金のなる木：長い宣教の歴史があるため基盤はあるが、伝道の成長率の低い国。安定した献金が上がってくる。宣教師を送ってテコ入れする必要はない。

④負け犬：基盤もなく、伝道の成長率も低い厳しい国。宣教中断の可能性もあり。

「プロダクト・ポートフォリオ・マネージメント」は市場占有率と市場成長率という客観的なデータを用いて、事業資金をどのように配分するかを決定する経営手法で、経済的合理主義に基づくものである。その中で用いられる「問題児」「花形スター」「金のなる木」「負け犬」といった言葉は、称賛や誹謗といった感情が込められた言葉ではなく、商品の性格を示す比喩的表現にすぎない。

同マネージメントの分析手法を素直に適用すれば、世界で最も宣教基盤があり、成長率も高かったのは日本なので、かつての日本を「花形スター」に分類すべきであろう。世界の統一運動で、盤石な基盤があって成長率の低い国は事実上存在せず、強いて言えば最近の日本が当てはまるかもしれない。韓国の統一教会は、長年の宣教によって一定の基盤はあるが、成長率は高くない。

「問題児」は、むしろ宣教の歴史は浅いが成長率が高いフィリピン、タイ、モンゴル、アルバニア、そして一部のアフリカの国々ではないか？　こうした国々に宣教師を送って投資すれば、将来大きく発展する可能性がある。初期のアメリカは多くの宣教師が投入されて一時期は成長率が高かったので、この期間は「問題児」と言えただろうが、今はそうではない。「負け犬」は宣教の著しく困難な国で、信教の自由が制限されている国がこれに該当するだろう。しかし、統一教会はこうした国からも撤退はせず、忍耐強い宣教活動を継続している。

櫻井氏の分析では、本来は「市場成長率」という客観的な指標であるべき縦軸が、「戦略的重要度」という主観的な価値判断に読み替えられている。統一運動では、事業資金の分配が客観的なデータに基づいて合理的になされるのではなく、「天の摂理」という戦略的価値観によってなされるということが言いたいのであろう。そもそも、そのような性格の団体であれば、「プロダクト・ポートフォリオ・マネージメント」を適用すること自体に意味がないのではないか？　ビジネスの事業資金分配は、全体としての利益を上げることを至上目的として合理的に行われるが、宗教団体の宣教活動はそれとは違った価値観で行われるからである。ここでも、ビジネスモデルを宗教団体に当てはめるという櫻井氏の手法は成功しているとは言えない。

櫻井氏がここでしているのは、合理的なビジネスモデルによる世界的な統一教会の分析ではなく、統一教会を批判しようという強い感情の表出にすぎない。その際、日本に対して与えられた「金のなる木」という位置には、極めてネガティブな感情が込められている。櫻井氏の表現によれば、以下の通りである。

「日本は人的・資金的資源の宝庫であり、宗教・経済活動が共に社会的統制を受けないので事業の収益性が高い。競争力はあるが、統一教会の摂理上、日本の教会や信者に価値は認められていない。教会の基盤整備や人材育成への先行投資は認められず、金のなる木として利用されるままである。このことに不満を持つ信者や批判的な幹部もいるが、保身を図る者が大半であり、不満を抱いた分派（……）も教勢拡大の兆しはない」(p.156)

これに比べて、韓国では教勢誇示のために様々な事業が展開され、アメリカでは種々の政治的ロビー活動に資本投下されていることが強調され、日本の教会だけが搾取される構造になっていると言いたいのである。それなら、わざわざ「プロダクト・ポートフォリオ・マネージメント」を持ち出すまでもなかったのではないか？　彼がこれを持ち出した理由は、「金のなる木」という言葉にある種の魅力を感じたからだろう。日本を「金のなる木」に位置付けることに、彼なりの快感があり、それを一見洗練された経営戦略理論に乗せて説明することに、彼なりの美学を感じたからではないか、というのが私の分析である。それは学問的な分析というよりは、ある種の情念の表出と考えた方がよい。

「金のなる木」としての日本に対する反証

櫻井氏は、グローバルな摂理戦略の中で日本の統一教会が置かれている状況を以下のように分析している。

「日本は韓国を植民地下においた罪深い国家であり、韓国民に対して贖罪が要求される。……日本で調達された資金は日本の事業部門拡張のために再投資されることはなく、日本ではひたすら労働コストを削減し、特定商取引法等に抵触する経済行為だけで収益を上げている」(p.155)

「日本は人的・資金的資源の宝庫であり、宗教・経済活動が共に社会的統制を受けないので事業の収益性が高い。競争力はあるが、統一教会の摂理上、日本の教会や信者には価値は認められていない。教会の基盤整備や人材育成への先行投資は認められず、金のなる木として利用されるままである」(p.156)

これが櫻井氏の統一教会批判の中心的ポイントなので、以下でこの部分を徹底的に検証してみたい。日本の統一運動が、韓国やアメリカをはじめとする外国の統一運動の基盤整備のために人的支援、活動支援など、物心両面の支援をしてきたことは事実である。それは「母の国」としての日本の使命感に基づくものであり、統一教会の主流の信者たちはそれを誇りに思いながら活動してきた。しかし同時に、日本国内に基盤を造成することも同じくらい重要な価値を持つ「天の願い」であると日本の教会員たちは考えてきたのであり、「日本の教会や信者に価値は認められていない」というのは櫻井氏の穿った解釈にすぎない。日本社会に統一運動の基盤を造成するために文鮮明師がどれほど投入してきたかを簡潔に説明しよう。

日本の保守系日刊紙である世界日報は1975年に創刊されている。言論機関を設立することは文鮮明師の世界平和戦略の一つであるが、アメリカのワシントン・タイムズの創刊が1982年で、韓国の世界日報(セゲイルボ)

の創刊が１９８９年であることに留意すれば、日本は世界に先駆けて統一運動の日刊紙が創設された国である。新聞社はとかく儲からないもので、その価値は収益性よりも社会的影響力にある。日本の世界日報の経営環境も厳しく、収益を上げているわけではない。そのような日刊紙を韓国やアメリカよりも先に日本に作ることを提唱したのは、ベトナム・ソ連共産主義勢力によるサイゴン陥落とインドシナの共産化ドミノ現象のさ中、メディアを通して日本の共産化を防ぐことが国を守り、国益に最も資するとの確信のもと、日本社会に中立公正な言論をもって影響を与えることを文鮮明師が重要視したからにほかならない。櫻井氏の言うように日本が「金のなる木」にすぎないのであれば、新聞社を約半世紀にわたって存続させてきたことは説明できない。

世界平和教授アカデミー（ＰＷＰＡ）は、１９７４年に韓国に続いて日本で創設された。ＰＷＰＡは１９８０年代に日本の保守系の学者を動員し、日本の国家目標についての研究、「ナショナル・ゴール（国家目標）研究」というプロジェクトを推進し、その成果を『国際化時代と日本―10年後の国家目標』（善本社、１９８３年）として出版した。こうした学術活動も収益を上げるわけではないが、既に50年にわたって継続されている。これも日本が「金のなる木」にすぎないのであれば不要である。

国際勝共連合は文鮮明師が創設した反共主義の政治団体で、１９６８年１月に韓国で創設され、同年４月に日本で創設されている。日本の初代会長は統一教会会長でもあった久保木修己氏である。共産主義をあからさまに批判する政治団体の創設は、左翼勢力からの攻撃を受けることを覚悟しなければならず、単に信者を増やし、献金の額を上げるという目的からすれば、マイナスの影響さえもたらす恐れがあった。それでも共産主義の脅威から日本を守ることは「天の摂理」という観点から、勝共運動は日本の統一運動の重要な柱であり続けた。こうした政治活動も、日本が「金のなる木」にすぎないのであれば不要である。櫻井氏はアメリカでのロビィング活動に日本から多額の資金が流れたことを強調するが、日本の政治活動のためにも勝共連合を通じて多額の経費が使われたのである。

東京都豊島区に１９７８年に開設された一心病院は、上崎道子医師ほか６人が１９７０年に発足させた「基督教医療奉仕会」が前身で、これは教勢の拡大や献金の増加とは無関係の純粋な医療奉仕活動であった。一心病院は、「為に生きる」という文鮮明師の教えを医療の分野で実践するビジョンに基づいた事業で、西洋医学と東洋医学の融合などのテーマに野心的に取り組んでいる。こうした病院の経営も収益性という観点では説明がつかず、むしろ地域社会への貢献を主たる目的として運営されているものである。

世界平和女性連合（WFWP）は1992年に創設されたNGOで、海外では開発途上国において①女性の自立支援・地位向上、②子供の教育（学校建設・里親）、③医療・保健指導、④エイズ予防教育のプロジェクト、の四つの項目の活動を展開してきた。その実績をもとに、1997年には国連・経済社会理事会の総合協議資格（カテゴリーI）を有するNGOに認定され、以来、4年ごとの活動実績が認められて総合協議資格が更新されている。日本国内では、これらのプロジェクトを支える支援活動のほかに、留学生支援活動、教育再建のための草の根ボランティア活動を展開している。

日本の女性連合の世界貢献は、なんと言っても女性派遣員を開発途上国に送り、具体的な支援を行っていることである。こうした奉仕活動は、信者を増やしたり収益を上げたりすることとは無関係であるばかりか、それらの女性派遣員のほとんどが統一教会の信者であるため、海外への人材の流出であり、「金のなる木」としての目的には完全に反するものである。また、こうした開発途上国は櫻井氏の分析によれば「負け犬」の国々で、投資する価値のない対象であるにもかかわらず、多くの人材と資金が投入された。女性連合の活動は、「為に生きる」という文鮮明師の教えを、純粋な奉仕活動として表現したものであり、櫻井氏の描く日本の国家的役割の枠には収まらない性質の活動であるといえる。

1981年11月、韓国のソウルで開催された第10回科学の統一に関する国際会議において、文鮮明師は人類一家族実現の基盤にするために全世界を高速道路で結び、経済や文化交流を促進するための「国際ハイウェイプロジェクト」を提唱した。その「国際ハイウェイ」の最初の起点として、「日韓トンネル」の建設を提案した。その後、技術者の西堀栄三郎氏、地質学者の佐々保雄氏などが中心となって研究が始まり、日韓トンネルの推進団体として1982年4月に「国際ハイウェイ建設事業団」が、翌1983年5月に「日韓トンネル研究会」が設立された。2009年1月には、一般財団法人国際ハイウェイ財団が認証され、同財団会長に統一教会十二代会長の梶栗玄太郎氏が就任した。こうしたトンネル事業を日本で展開することも、日本への投資であり、櫻井氏の言う「金のなる木」としての目的には完全に反するものである。

また、2000年以降に日本各地で統一教会の礼拝堂の建設が進められてきたことは、日本の教会の基盤整備のための先行投資で、日本は一方的に搾取されるだけで自国のためにお金を使うことが許されなかったという櫻井氏の主張には根拠がない。このように筆者が思いつくまま挙げてみただけでも、日本に対する「摂理的投資」は相当な規模でなされてきたのであり、それは統一教会の世界観において日本が重要な国であると認識されてきたことの証左である。実際には、統一教会において日本は櫻井氏の描く像よりもはるかに「誇り高い国」であり続けたのである。

さて、櫻井氏が日本統一教会の特殊性をことさらに強調する目的はどこにあるのだろうか？　それは以下の文章に集約されている。

「以上、各国ごとに宣教戦略が異なり、統一教会に世界標準的な宣教方針や事業方針があるのではない。そうであれば、信者の入信過程、統一教会の事業展開と当該国政府や一般社会との対応関係を一律に考えるのは不適切である。従来の欧米における統一教会研究は、負け犬や問題児としてホスト国で扱われた特殊な『カルト』教団の事例にすぎないのであり、そこから花形スターや金のなる木となった韓国や日本の事例を考察することは全く的を射ていない研究であることが明らかになったと思う」(p.157)

櫻井氏が日本統一教会の特殊性をことさらに強調する動機は、統一教会への回心が自発的なものであるという結論を出した海外の先行研究を相対化し、その価値を引き下げるとともに、自らの研究を彼らの上に位置付けたいという点にあり、イギリスやアメリカの統一教会に関する研究は、日本には全く当てはまらないと言いたいのである。彼の主張は欧米の宗教社会学者たちに受け入れられなかったわけだが、それに対して「日本の特殊性」を示すことにより､留飲を下げたいという動機もあったと思われる。こうした歪んだ動機に基づいた「グローバルな摂理戦略」の分析は、ビジネスの理論を無理やり宗教団体に当てはめて主観的な決めつけを行う、極めて杜撰で非学問的なものとなっている。

彼の主張はかなり乱暴だが、問題となる点を逐一列挙してみよう。

そもそも、各国ごとに宣教戦略が異なるのは何も統一教会に限ったことではなく、キリスト教をはじめとして世界に宣教に出かけていく宗教には普遍的にみられる現象である。それは伝えようとする宗教に対して宣教国の文化が親和的であるか敵対的であるか、宣教国が豊かな先進国であるか貧しい開発途上国であるか、宣教国の政府が信教の自由を尊重しない独裁的な政府であるか、それとも信教の自由を保障する民主的な政府であるかによって、宣教方針はおのずと異なるのであり、どの国にも同じ宣教方針を立てるということ自体が不合理で非現実的なことなのである。キリスト教に世界標準的な宣教方針があるとすれば、それは「神とキリストを宣べ伝えること」であろう。しかし、宣べ伝える方法は国ごとの事情によって異なるので、各国の宣教状況を一律に考えるのは不適切である。同様に、統一教会の世界標準的な宣教方針も「神と真の父母を伝えること」であり、具体的には統一原理の教えを宣教地に根付かせることであると言えるが、その伝え方は国ごとの事情によって異なる。この点はキリスト教と全く同じである。

したがって、ある新宗教が特定地域に宣教された際には、その地域で得られた知見は基本的にその範囲にのみ当てはまるというのは、いわば常識であって、いまさら櫻井氏に教えてもらうほどのことでもない。アイリーン・バーカー博士の『ムーニーの成り立ち』は、自身の研究がイギリス、ヨーロッパ、アメリカの統一教会に関する研究であり、その結果がアジアの統一教会にそのまま当てはまるわけではないことは十分に自覚しているし、またそのことははっきり表明している。

にもかかわらず、特定地域における統一教会の研究は、一つの独立した研究として客観的な価値を持ったものであり、櫻井氏が言うように「負け犬や問題児としてホスト国で扱われた特殊な『カルト』教団の事例にすぎない」などと切って捨てることのできるものではない。これは先行研究に対する極めて傲慢で失礼な態度であると言えるだろう。先行研究に言及する際には、その知見のどこが日本や韓国の統一教会にも当てはまる普遍的な部分であり、どこが西洋にしか当てはまらない特殊な状況なのかを、自分が調査したデータと比較しながら客観的に分析するのが学者としての作法であって、櫻井氏のように一方的に蔑んで価値を否定する態度はおよそ学問的とは言えない。

なぜ櫻井氏はこのような学問的比較をしないのであろうか？　それは彼が西洋の統一教会研究者たちのように、直接統一教会とかかわって調査することを意図的に避けているからである。自分で調べた実証的なデータがあれば、それを先行研究と比較して客観的で冷静な分析が可能であろう。しかし、彼には自ら調べた実証的なデータがないので、比較のしようがないのである。そのような研究における「負い目」を、宣教戦略や「摂理的役割」が違うというような主観的で実証不可能な概念を振りかざしてごまかしているので、彼の記述は学者のものとは思えないような感情的な表現になっているのである。

そもそも櫻井氏は、韓国、アメリカ、日本、その他の国々に対する宣教戦略や「摂理的役割」が異なることが、入信過程を分析する上でどのように影響するのかを全く説明していない。入信過程の分析は、アイリーン・バーカー博士がテーマとしたような、「洗脳」や「マインド・コントロール」なのか、自発的選択なのかを問題とするわけだが、これに関して国ごとの違いを強調するためには、各国における伝道プロセスの違いを事実に基づいて説明しなければならない。筆者が『ムーニーの成り立ち』を通して知ったことは、西洋にせよ日本にせよ、道端で声をかけられるか縁故関係から紹介されるかして教義を学び始め、泊まり込みの研修会に参加して統一原理について説明する講義を受講し、それを受け入れた者は入信するという点では、伝道されるプロセスに大差はないことである。さらに、受講した者のうちで最終的に信者になる者は数パーセントにすぎない点も極めてよく似ている。

日本における唯一の参与観察による実証的な研究である塩谷政憲氏の論文も、原理研究会の修練会は洗脳ではなく、原理を受け入れるかどうかは本人の選択であったと結論を出しており、アイリーン・バーカー博士の主張を裏打ちしている。入信過程に関しては、国家や文化の壁を超えた普遍的な事実が存在するという多くの証拠があるのである。にもかかわらず、国ごとに宣教戦略が異なるから入信過程に関する知見も他国の情報は全く参考にならないとする櫻井氏の主張は、どのような事実を根拠として言っているのであろうか？　彼自身が直接統一教会の入信過程を観察し、宗教社会学的な方法論に従ってデータ分析し、日本や韓国における入信過程は西洋における入信過程と比較して明らかに洗脳的で自由意思が抑制されている証拠を提示して初めて、彼我の違いについて論じることができるのであり、それが学問的態度である。そうした根拠の一切ない彼の主張は、主観的な思い込みによる決めつけとしか評価することができない。

櫻井氏は、従来の欧米における統一教会研究は、「負け犬や問題児としてホスト国で扱われた特殊な『カルト』教団の事例にすぎない」ので、当該国政府や一般社会との対応関係も一律には考えられないと主張する。ここでいう「負け犬」や「問題児」は（彼の解釈した）統一教会側の宣教戦略上の位置付けなので、当該国政府や一般社会が統一教会をどうみているかとは関係がない。統一教会側の各国家に対する位置付けがどうあれ、どの国においても統一教会が政府や社会から受けてきた扱いには、さほど大きな違いがあるわけではない。一言で言えば、統一教会は韓国のみならず日本、アメリカ、ヨーロッパにおいても、奇妙な新宗教として社会から白眼視され、政府から少なからず迫害されてきた。韓国では梨花女子大事件で文鮮明師が逮捕され、アメリカでは文鮮明師は脱税容疑で有罪判決を受けてダンベリー刑務所に服役している。また、ディプログラミングと呼ばれる強制改宗も行われ、教会を相手取った訴訟も起こされた。日本では「霊感商法」が問題視され、特定商取引法違反で信者が逮捕され、献金返還訴訟や「青春を返せ」訴訟などで不利な判決を受けている。統一教会側の宣教戦略上の位置付けがどうあれ、どの国においても統一教会に対する政府の態度や社会的評価は厳しく、それらの偏見や迫害を克服するために努力している点では共通している。

もちろん、国や文化圏によって迫害や偏見の理由や性格は異なるかもしれない。韓国における迫害は、宗教上の異端正統論争を背景としたキリスト教会からの反対が強いし、アメリカにおける迫害は白人至上主義者たちによる黄色人種に対する差別や偏見という社会的背景があるであろう。日本においては、日本人の韓国人に対する差別や偏見、さらには「霊感商法」に代表されるような経済活動が社会の反感を買ったという側面が強い。韓国やアメリカ、ヨーロッパでも統一教会が「カルト」や「セクト」などと呼ばれて迫害され、主流の文化や政府から白眼視されてきたことは共通の状況であって、櫻井氏が強調するほどには各国の事情は異なっていないのである。

以上により、欧米における統一教会の先行研究が韓国や日本の統一教会を分析するにあたって全く参考にならないという櫻井氏の主張は、あらゆる観点からみて根拠のないものであることが明らかになったと思う。

「五　統一教会とはいかなる宗教組織なのか」への反証

櫻井氏は統一教会の特徴を、事業の多角化とグローバルな事業展開の2点にあるとみており、「宗教団体でありながらも、多種多様な事業部門を有する多国籍コングロマリット」(p.164)と表現している。そして、教団設立当初からこのような要素を抱える教団は稀有であると評価している。

櫻井氏は、草創期の統一教会は新宗教運動であり、D・O・モバーグ氏や森岡清美氏が提示した付加価値過程の教団成長論が妥当である(p.164)としている。これは、外的環境や社会状況に対応するべく教団組織が徐々に変化していくというモデルであり、モバーグ氏によれば、①萌芽的組織(カルト・セクト的熱狂)、②公式的組織(リーダーシップの正統化、セクトの体裁)、③最大効率(デノミネーション、社会へ適応、組織整備)、④制度的(官僚制の確立、既成社会への同調、モラルの弛緩）、⑤解体（名ばかり会員の増加と内部改革運動の勃興）というプロセスを経るとされる（p.129の表4-1を参照）。

櫻井氏は、このような教団成長モデルが統一教会に当てはまるのは韓国と日本では創設期から10年程度にすぎず、統一教会は早々に次の段階に成長していったと主張する。韓国で世界基督教統一神霊協会が創立されたのが1954年であり、日本に宣教されて教会が創立されたのは1959年である。それから10年後といえば、1964年から69年までになる。教会創立からこの時期までの出来事では、梨花女子大事件、米国への宣教師の派遣、リトルエンジェルスの創設、統一教会の韓国での財団法人認可と日本での宗教法人認証、『原理講論』の出版、文鮮明師の世界巡回、国際勝共連合の創設、韓国と日本での勝共大会、原理大修練会、光言社の設立などを挙げられる。

教団が法人として認証されたり、伝道や教育のやり方が体系化されたり、教典が出版物として印刷されたりするのは、宗教団体の「制度化」の典型的な要素であり、ここまではモバーグ氏の教団成長論の②の段階を終えて、③に入りかけた段階と見ることができるであろう。しかし、この時代の統一教会は日本においても韓国においてもまだ規模は小さく、教勢が大きく伸びるのは1970年代から80年代にかけてである。にもかかわらず、文鮮明師は教会創設後10年程度から、かなり野心的で多角的な活動に着手していることは注目に値する。文師がこの時期に世界に宣教師を送り、リトルエンジェルスや勝共連合など宗教以外の社会運動に着手した点に着目すれば、櫻井氏の言う通り、統一教会は稀有な宗教団体であると言えるだろう。ある意味では、宗教団体として十分に成長していない段階で、関連団体の事業を多角化しすぎたと言えるかもしれない。そして、これらは収益をあげる事業ではなかったため、その活動を経済的に支援する役割を日本が担ったのも事実である。

しかし、これをもって統一教会はコングロマリットの段階に入り、教団成長論では説明できなくなったというのは言いすぎであろう。「統一運動」として様々な事業や活動に着手したとしても、本体である「統一教会」は宗教団体であり続け、その発展過程には教団成長論が適用できるからである。そしてグローバルで多角的な活動の展開も、本体であり中心である宗教団体としての活動があってこそ可能なのであり、その逆ではないので、あくまでも宗教団体としての統一教会を見る必要がある。文鮮明師が２０１２年に聖和（逝去）したことは、統一教会にとって大きな転換点となったことは疑いがない。今後、統一教会（家庭連合）がモバーグ氏の教団成長論の④や⑤の段階に入っていくかどうかは、引き続き観察することによって初めて明らかになるであろう。私は、統一教会の発展過程は純粋に宗教団体の成長論で分析可能であると考える。

さて、櫻井氏はここにきて「統一教会は宗教としては稀な多角的事業展開をなす教団なのか、それとも宗教組織を擬装した経済集団なのか」（p.167）という問いを投げかける。ここで櫻井氏は三つの理由を掲げて統一教会は宗教団体であると結論する。私はこの結論に同意するが、その理由に関しては必ずしも同意しない。彼が挙げている三つの理由を分析してみよう（いずれも１６７ページ）。

「⑴　統一教会は経営体としては破綻している。摂理の実現に向けて各種事業を展開しているが、ほとんど収益を生み出していない」

これは嘘である。「統一教会は経営体」と言うのは宗教に対する穿った見方である。統一運動の中に収益を上げている部門とそうでない部門があることは事実だが、全体としては経営破綻状態とはほど遠く、経営はちゃんと成り立っている。櫻井氏は２００９年に統一教会の一部の信者が特定商取引法違反で逮捕されたことを強調するが、それから15年経ったいまでも日本の教会は健在であり、世界的組織の運営も問題はない。櫻井氏の著作は２０１０年に書かれたものだが、「まもなく破綻する」という櫻井氏の願望を書いたのにすぎなかったのであろう。何度も述べたように、そもそも統一運動の事業の大部分は地上天国建設のための先行投資のようなものであり、直ちに収益をあげることを目的としたものではなかった。それを「破綻している」と一般企業のように見ること自体が間違いなのである。

「⑵　統一教会は企業のように就労の機会を提供しているわけではない。……信者であれ、一般市民であれ、統一教会に関わる人々は生活の基盤を失っていく。これが金のなる木の実態である」

これも嘘である。ここで櫻井氏は「グローバルなコングロマリット」としての統一教会について論じているので、そこには韓国やアメリカの諸団体も当然入るはずである。韓国の統一教会は財団法人で、その下に多くの企業を抱えている。その職員は給料をもらって働いているので、彼らに就労の機会を提供している。清平のような宗教施設でも、多くの職員は有償で働いている。アメリカのワシントン・タイムズには統一教会の信者よりもむしろ非信者の方が多く、彼らは有償で働いているので、就労の機会を提供されている。

櫻井氏は、それは外国だけであり、日本だけが搾取されていると言いたいのであろうが、それも事実と異なる。ほとんどが統一教会員で構成される株式会社であるハッピーワールド、世界日報社、光言社などは、すべて有償で働く社員によって構成されており、彼らは就労の機会を提供されている。教会本部で働く職員だけでなく、地方の教会の牧師（教会長）はすべて統一教会に雇用されているし、総務部長や会計などの職員も給料をもらって仕事をしている。さらに、国際勝共連合、世界平和教授アカデミーなどの諸団体は、宗教法人とは別の運動体であるが、やはりその職員は有償で働いている。したがって、日本の統一運動全体でカウントすれば、相当の人数が就労の機会を提供されていることになる。

「⑶　統一教会の信者は、地上天国の実現、霊界の解放という宗教的理念のために世俗的生活を犠牲にする」

これはある意味で本当だが、犠牲の度合いは個人によって大きく異なり、「一般市民にとって重要な生活の安定、家族の扶養、老後の保障といった問題を一切度外視して」（p.167）というのは言いすぎである。宗教団体である以上、宗教的理念のために世俗的生活を犠牲にするのは当たり前である。しかし、それはあくまで個人の自由意思に基づいて、納得して感謝できる範囲で行っているのであり、櫻井氏の強調するような悲惨な姿が統一教会信者の一般的な姿ではない。

櫻井氏は最後に、「統一教会の多角化した事業展開や世界宣教の戦略は経営戦略論から分析可能だが、統一教会それ自体はまさに宗教的な団体である」(p.168）と述べている。私はこの結論を否定するつもりはなく、大枠において同意するが、率直な感想として、こんな当たり前のことを言うために膨大なページを費やしてきたのかと思ってしまう。

最後に私の意見を整理しておく。統一教会それ自体がまさに宗教団体であることは疑いがない。しかし、統一運動はグローバルで多角化した事業を展開しているために、宗教団体としての分析だけでは不十分であり、経営戦略論から分析することも必要だという主張は一応認めよう。しかし、櫻井氏の分析は的を射ておらず、世界的な統一運動を正しく分析しているとはお世辞にも言えない。世界的な統一運動は、地上天国実現という文鮮明師の理想を実現するために収益や採算を度外視して展開される事業であり、根本目的が宗教的なものであるため、世俗的な経営戦略論だけでは正しく分析できない。櫻井氏は、本体である統一教会の宗教性を認めながらも、世界的な統一運動全体を支えている宗教的な理念や目的を正しく理解できなかったので、世俗的な経営戦略論を杜撰に当てはめて分析することにより、その本質を見誤った、と結論することができるであろう。

「第五章　日本と韓国における統一教会報道」への反証

「第五章　日本と韓国における統一教会報道」は、日本の朝日新聞と韓国の朝鮮日報における統一教会関連の記事を通して、統一教会の活動が両国のマスメディアによってどのように報道されてきたかを分析している。櫻井氏が両国の報道を比較して明らかにしたいのは、「日本と韓国における統一教会の活動内容の相違であり、それに応じた社会の反応、及びメディア報道の差異」(p.170)であるとされる。彼は全般的な傾向として、「日本の統一教会問題とは社会問題であるのに対して、韓国では宗教問題にとどまる」(p.170)と分析している。櫻井氏によれば、こうした報道の違いは、日本と韓国における宣教戦略の違いに起因しているのだが、そのことはこれまで十分に明らかにされてこなかったという。要するに自分の発見だと言いたいのだが、まずは分析の方法論から検討する。

「二　記事の比較方法」への反証

統一教会に関する新聞報道の分析をすること自体は、有意義な調査である。しかし、より客観的で公正な分析をするためには、たとえ手間暇がかかったとしても、例えば五大紙すべてを検索して論調を比較するなどの手広い調査を行うべきだったのではないだろうか。櫻井氏が日本における新聞報道を朝日新聞に限定して調べている時点で、そこに「なにか作為的なものがある」とか、少なくとも「偏った分析である」という誹りは免れないであろう。

櫻井氏が朝日新聞を資料として選んだ理由としては、「日本での統一教会問題を最初に報じており、一九八〇年代に『朝日ジャーナル』でも統一教会特集を組むなど、他紙よりも積極的に取りあげている」(p.172)ことと、データベースでの検索のしやすさなどの技術的な理由を挙げている。韓国の朝鮮日報を選んだ理由もほぼ同様である。私は韓国の新聞が統一教会について報道する際の論調を比較したことがないので、朝鮮日報のチョイスに関してはコメントできないが、少なくとも朝日新聞に関しては、日本において統一教会を最も批判的に扱ってきたメディアと言って差し支えないだろう。

1967年7月7日付朝日新聞夕刊の「親泣かせの『原理運動』」という見出しの記事が、日本で初めて統一教会を取り上げた新聞報道であることに象徴されるように、朝日新聞は一貫して反統一教会の立場で報道し続けてきた代表的なメディアである。日本におけるマスコミの統一教会報道は全般的に厳しく批判的であるとはいえ、朝日新聞は群を抜いている。そうした特徴を持つ朝日新聞を資料として報道の分析を行えば、統一教会に対して批判的な報道ばかりが出てくるのは至極当然である。櫻井氏はこれを、社会的に問題のある統一教会を社会の公器である新聞が叩いたという構図で捉えようとしているが、これは物事の一面しか見ておらず、朝日新聞が統一教会を批判する背景には、イデオロギー的な動機があることを見落としてはならない。

朝日新聞はリベラルで左寄りの新聞で、統一教会は反共主義を掲げる宗教であり、冷戦時代には徹底して共産主義と戦ってきた。したがって、朝日新聞と統一教会はイデオロギー的な敵対関係にあり、特に「スパイ防止法制定運動」を巡って、統一運動と朝日新聞は明確な対立関係にあった。イデオロギー的に敵対する相手に対して批判的な報道をするのは常識であり、朝日新聞の統一教会報道は少なくとも社会の公器としての新聞としては偏りがあり、社会全体を網羅した平均的な報道内容とは言えないものである。

こうした問題点を前提として、時代を追いながら展開される櫻井氏の新聞報道分析を評価してみる。最初の年代区分は「１９５０~60年代」で、日本で統一教会問題が最初に新聞記事となったのは、前述の「親泣かせの『原理運動』」という見出しの記事（１９６７年）で、「家庭を破壊された」「子供が洗脳された」という親の訴えが紹介されている。この年代区分の韓国における報道は１９５５年５月の梨花女子大事件に関する記事なので、日本と韓国では初めての報道に12年の開きがある。統一教会が日本に宣教されてしばらくは開拓期であり、目立たない小さな集団であったことから、マスコミの注目を浴びることもなかったのであろう。このような時間差は当然で、梨花女子大事件は韓国社会に大きな衝撃を与えた事件であったが、朝日新聞はこれを報じていない。理由は、当時まだ国交のなかった隣国の宗教問題にまで関心がなかったのではないか。逆に日本に統一教会の宣教がなされ、そこで社会問題化していることを、韓国の朝鮮日報は報道している。アメリカで教勢を拡大していることも朝鮮日報では報じられており、自国が生み出した宗教が世界でどのように受け止められているのかに関心があったと思われる。

櫻井氏が注目しているのは、日本における統一教会報道が「家庭の破壊」や「洗脳」といった社会問題として扱われているのに対して、韓国における統一教会問題は「異端の教えを信じた」という宗教問題として扱われている点である。朝鮮日報の記事には、既成教会と統一教会の対話に関する記事もあり、「異端」という認識はあるものの、統一教会を基本的に宗教として扱っている点が日本と異なるという。朝鮮日報の記事の中には、キリスト教神学と関連付けて統一教会の是非を論じたものもあるという。日本では神学論争の内容が一般紙の記事になること自体が珍しいばかりか、統一教会の問題を神学的な問題として論じたような記事は皆無であると言えよう。その意味で、朝鮮日報の記事の内容は櫻井氏にとっては新鮮に映ったようだ。

これは日韓における統一教会の相違というよりは、両国のメディアの宗教に対する態度や考え方に起因するのではないか。そもそも日本では、キリスト教の神学論争が新聞のネタになったり、ある宗教が正統か異端かというようなことが、メディアで問題にされたりすること自体が考えられない。日本のメディアは徹底した世俗主義を貫いているので、宗教の最も本質的な部分である教えや神学の内容には踏み込まないという暗黙のルールがあるように思われる。櫻井氏自身がこの章の冒頭で認めているように、日本のメディアが新宗教を扱うときには、宗教的世界観そのものではなく、新宗教が社会との間で起こしている軋轢の部分に注目し、「社会問題」や「カルト問題」という切り口で批判的に扱うのが常であった。要するに日本のメディアは教義や神学にはハナから関心がないのである。

これに比べると、韓国のメディアは宗教問題の本質に迫る報道を積極的にしているように思われる。神学的なテーマが韓国の新聞で取り上げられるのも、キリスト教徒が人口の約4分の1を占め（1980年代にはこの数値に達し、現在は3割に達すると言われている）、牧師の社会的地位や発言力・影響力が日本よりもはるかに大きい国柄を反映しているのかもしれない。キリスト教の牧師が社会に向けて発言する以上、正統か異端かは重大な問題であり、新聞記者も彼らの主張には耳を傾けることになる。その意味で、韓国では統一教会問題はまさに「宗教問題」なのである。

さて、櫻井氏は二つ目の年代区分を「１９７０年代」として、この年代の統一教会の特徴を「政治領域への参入」と位置付けている。韓国では朝鮮日報が「政治性おびる統一教会　勝共運動を標榜　農村・軍隊・公務員など　特殊地域で啓蒙も」という記事を出していることが紹介されている。一方、朝日新聞のこの頃の記事は、統一教会とＫＣＩＡの関係を巡る記事が多いという。このころ米国では、ドナルド・フレーザー下院議員が統一教会を追及する議会活動を行っており、その中で彼は統一教会がＫＣＩＡの手先であるかのような主張をしたため、アメリカ発の話題を日本でも取り上げたものと思われる。櫻井氏は、朝鮮日報がフレーザー議員による統一教会の非難を報道しながらも、統一教会とＫＣＩＡの関係に関する記事が一切ないことを「不思議に思う」（p.177）とか「報道規制か自粛があったのだろうか」（p.178）などと述べている。

フレーザー委員会による統一教会に対する追及は、一つの迫害の事例として統一教会史の中で講義される内容となっており、特に朴普熙氏の証言を記録した映像資料『真実』を記憶している教会員も多いであろう。もとよりＫＣＩＡと統一教会の間には組織的な関係はなく、フレーザー氏の主張は事実無根であった。それをもとに報道されたアメリカの情報に、統一教会に敵意を持っていた日本の朝日新聞が飛び付き、攻撃の材料として報道したという構図がある。ところが本国の韓国ではＫＣＩＡと統一教会には関係がないことは分かっており、フレーザー委員会の主張は信憑性がないと判断したからこそ、敢えて報道しなかったのではないだろうか。このように、各国における報道のあり方は、その国における統一教会の実態以上に、その国のメディアの関心のあり方や報道姿勢によって大きく左右されるのだろう。

１９８０年代のスパイ防止法と「霊感商法」を巡る攻防

１９８０年代の前半には、櫻井氏の言う経済活動や「霊感商法」に関する記事はない。この時期の新聞報道では、アメリカで文鮮明師に脱税の容疑がかけられて裁判が始まり、１９８４年に最高裁が上告を棄却して文鮮明師の収監が決定したことが日本でも韓国でも大きく取り上げられている。教会内では「ダンベリー収監」と呼ばれる事件である。米連邦最高裁の上告棄却により文鮮明師の敗訴と収監が決定したのは１９８４年5月14日で、日本では翌日の新聞に「文鮮明師収監へ」という見出しで比較的小さな記事が掲載されたのを今でも覚えている。当時の私は信仰歴が1年未満で19歳であったため、ことの重大さや意味をそれほど深く理解していなかったと思うが、それでも大きなショックと悲しみを感じたものである。文鮮明師のダンベリー収監は、私が大学2年の夏から大学3年の夏にかけて起こり、当時はその1年を随分と長く感じた。文鮮明師は１９８５年8月に釈放されたので、それ以降はこの問題が新聞記事になることはなくなった。

代わって１９８０年代の後半に朝日新聞に取り上げられるようになったのが、国家秘密法（スパイ防止法）に関する問題であり、その中で統一教会が取り上げられている。１９８６年になると朝日新聞の記事の「一〇件中七件が国家秘密法関連の記事であり、その中で統一教会関連団体の国際勝共連合が取り上げられている」（p.179）という。１９８７年になると朝日新聞の記事が一気に増加し、「二月一四日に霊感商法被害救済担当弁護士連絡会（以下、被害弁連）が結成され、霊感商法の実態や被害、提訴を伝える記事が中心となる」（p.180）と櫻井氏は分析する。後ほど詳細に説明するが、新聞記事を時系列的に検索すると、奇しくも国家秘密法の問題と霊感商法の問題が、朝日新聞という媒体を通してリンクしている構図が浮き彫りになるのである。

櫻井氏は、「日韓報道の差として、日本で被害弁連が結成され、続々と明らかになる霊感商法の被害実態や提訴が、『朝鮮日報』で一切報じられていない」とか、「八七年の日本における反統一教会の動きをなぜ『朝鮮日報』は一切取り上げていないのだろうか」（p.180）と書いているように、朝鮮日報の報道姿勢に対して疑問を感じているようである。韓国では反統一教会の立場を明確にしているのはキリスト教であり、そのことが宗教問題として新聞で取り上げられることはあっても、日本のように社会問題として取り上げられることはないという点に、櫻井氏は「日韓の新聞報道の差」を見ているのである。はたしてそうだろうか？

私は「霊感商法」の問題に、櫻井氏の言うような「社会問題」としての側面が全くないというつもりはない。しかし、１９８６年という特定の時期に、朝日新聞という特定の新聞がなぜあれほどまでに大々的に「霊感商法」を叩いたのかという問題は、単に商売のやり方だけでは説明できない。朝日新聞が「霊感商法」を叩いたのは、単に社会の公器としての新聞が悪徳商法を叩いたということではなく、政治的な裏があったのである。それがまさに「スパイ防止法」（国家秘密法）を巡る攻防であった。櫻井氏の分析には、こうしたマスコミ報道の背後にある政治的動機という視点が欠落しているのである。

「スパイ防止法」を巡る統一教会と朝日新聞の関係を説明するには、国際勝共連合の創設にまでさかのぼらなければならない。１９６０年代から80年代にかけて、日本に共産主義思想が蔓延し、多くの革新自治体が誕生した。そこで文鮮明師は１９６８年に国際勝共連合を創設し、共産主義勢力との理論闘争を継続的に行ってきた。統一教会の友好団体である勝共連合は、１９７０年の「世界反共連盟」（ＷＡＣＬ）大会の支援、そして全国各地で行った公開講義などを通じて社会的影響力を拡大させたため、日本共産党をはじめとする左翼勢力は危機感を募らせるようになる。

1970年9月20日に日本武道館で開催された世界反共連盟（WACL）世界大会

勝共運動をさらに躍進させたのは、スパイ防止法制定運動であった。１９７０年代、世界的な「米ソデタント（緊張緩和）」の流れの中で、民主主義勢力と共産主義勢力の攻防は、これまでのあからさまな軍事力による対立から、スパイ工作活動が主流になっていった。北朝鮮による日本人の拉致事件が起きたのもこの頃である。しかし、日本には外国のスパイ活動を取り締まる法律がなかったので、「スパイ天国」のような状態にあった。

そこで、勝共連合は１９７０年代の後半からスパイ防止法制定運動に着手した。１９７８年にスパイ防止法制定のための３０００万署名運動が開始され、１９７９年２月には、スパイ防止法制定促進国民会議（議長：宇野精一東大名誉教授）が発足し、同年４月にはスパイ防止法制定促進議員・有識者懇談会（会長：岸信介元首相）も立ち上がった。一方、１９８０年には自衛隊員の防衛秘密漏洩事件が起こり、スパイ防止法の必要性が広く国民に認識されるようになった。そして１９８６年末までに、28都道府県、１７０６市町村の、計１７３４議会で「スパイ防止法」促進決議が採択されたのである。当時は「平成の大合併」の前で、地方自治体は約３３００あり、全国の地方自治体の過半数の決議がなされたことになる。

全国いたるところで共産主義の間違いを訴える公開講義

そして、１９８６年７月には中曽根政権下で衆参ダブル選挙が行われ、自民党が圧勝した。環境が整ったという判断から、スパイ防止法（国家秘密保護法）案を国会に上程する準備が進められたのである。そのタイミングで、１９８６年11月25日付の「朝日新聞」朝刊１面・社会面２面で、スパイ防止法に反対する記事が出された。これは新聞の１面としては異例の内容で、通常なら朝刊の１面には前日にあった重要な出来事に関する報道がいくつか載るのだが、この日は一つの法案に反対するという政治的な意図による主張が１面をまるごと埋め尽くし、さらにそれが社会面にまで続いたのである。「スパイ防止法」をなんとしても潰したいという朝日新聞の意気込みを感じさせる紙面構成であった。

こうした「朝日新聞による反対キャンペーン」という逆風の中で、11月26日にスパイ防止法案が提出された（１９８５年に続き、再提出であった）。朝日新聞は、法案提出の前日を狙って大々的に反対キャンペーンを打ったことになる。このときの「スパイ防止法」は、結果としては審議未了による廃案となった。成立しなかった原因は、朝日新聞を頂点とするマスコミの偏向報道の影響と、自民党内部の分裂によるものであると言われている。このように、「スパイ防止法」は日の目をみなかったが、こうした攻防の水面下で、もう一つの動きが始まっていた。それが芽を出したのは翌１９８７年2月で、「霊感商法被害救済担当弁護士連絡会（被害弁連）」の結成である。

「被害弁連」は、呼びかけ人34名中19名が青年法律家協会（日本共産党系）あるいは、社会文化法律センター（旧社会党系）の弁護士であり、「左翼弁護士」を中心とする集まりであった。当然、「スパイ防止法」には反対の立場である。被害弁連の呼びかけの文書には、「被害者救済と、右翼活動の阻止、特に国家機密法阻止のためにも良いので（被害弁連を）ぶちあげたい」と書かれていた。

1972年に国際勝共連合が宮本委員長に「公開質問状」を送付し、日本共産党に「公開理論戦」を提案するが、共産党がこれを拒否

「スパイ防止法」を巡る政治的攻防、法案の提出時期と朝日新聞による反対キャンペーン、それと同時期に立ち上げられた被害弁連による「霊感商法反対キャンペーン」と、朝日新聞による熱心な報道、これらはすべてつながっているのである。すなわち、「霊感商法」は単なる社会問題ではなく、スパイ防止法制定運動の支援組織である国際勝共連合と、その関連団体である統一教会の壊滅を目指して、その資金源とみなされた「霊感商法」が叩かれたという、政治的構造があるのである。したがって、朝日新聞の報道はこうした政治的動機に裏打ちされたキャンペーンであったため、それを共有しない韓国の朝鮮日報は関心も持たず、報道もしなかったのではないだろうか。これが櫻井氏が疑問に感じた「日

韓報道の差」の背後にあった「政治的事情」である。

もともと、日本共産党をはじめとする左翼勢力と勝共連合は不倶戴天の敵であった。韓国と日本に国際勝共連合が創設されたのは１９６８年であり、その2年後の１９７０年に武道館で開催された「世界反共連盟（ＷＡＣＬ）大会」を支援して成功に収めるなど、目覚ましい活動を展開するようになる。その後も街頭で「勝共理論」の講義を継続的に行うなど、勝共連合は共産主義との「思想戦」を展開していく。そして１９７２年には共産党の宮本顕治委員長（当時）に対して「公開質問状」を送付し、あるテレビ局に「日本共産党」対「国際勝共連合」の公開理論戦を提案した。この公開理論戦は、共産党が拒否して実現しなかったが、勝共連合は「右翼団体」とは異なり、共産主義理論を理路整然と批判し、代案まで示すので、理論戦の相手としては手強いと目されたのであろう。

１９７８年には、京都で28年間革新府政を続けた蜷川虎三府知事が引退し、その後任を選ぶ京都府知事選挙で、国際勝共連合が蜷川府政を徹底的に批判した結果として、蜷川府政の後継である杉村敏正候補が落選し、自民推薦の林田悠紀夫氏が当選し、革新府政が終了するという「事件」が起きた。これを受けて共産党県・地区委員会会議で宮本顕治委員長（当時）は、「勝共連合退治の先頭に立つことは、後世の歴史に記録される聖なる闘いである」（「赤旗」１９７８年6月8日）というコメントを残している。

「レフチェンコ事件」と「被害弁連」の立ち上げ

一方で、社会党と勝共連合の対立関係を決定的にしたのが、「レフチェンコ事件」である。スタニスラフ・レフチェンコ氏は元ＫＧＢ少佐で、対日スパイ工作を行っていた。彼は１９７９年に米国に亡命し、米国の下院情報特別委員会で自らのスパイ活動に関して証言している。彼はこの証言の中で、「日本人の大半がソ連の対日諜報謀略工作の実態や目的について驚くほど無頓着。ＫＧＢによる対日工作は執拗かつ周到に行われている。日本には防諜法も国家機密保護法もないため、政府が外国諜報機関の活動に効果的に対処できず、日本人協力者に対して打つ手も限られている」と述べただけでなく、ソ連のスパイとして活動した日本人26人の実名とコードネームを公表したのである。その中には、日本社会党の大物代議士も含まれていたため、こうした議員たちの政治生命を脅かす内容があった。勝共連合はこのレフチェンコ証言を大きく取り上げて、スパイ防止法の制定を訴えた。

これに対し、1983年5月、社会党の機関誌である「社会新報」に、「レフチェンコ事件は国際勝共連合とCIAが仕組んだ謀略である」と主張する記事が掲載された。これが全くの事実無根であったため、勝共連合は社会党と党機関紙編集長を訴える裁判を起こした。このとき、社会党の代理人を務めたのが山口広弁護士であり、彼は後に「被害弁連」を立ち上げるときの中心人物となっている。

この裁判は、1990年11月7日に東京地裁が下した一審判決で勝共連合が勝訴し、社会新報への謝罪広告掲載と100万円の支払いを命ずる判決が下された。最終的には1994年4月26日、東京高等裁判所で、社会党が国際勝共連合に解決金200万円を支払うことで和解が成立している。勝共連合側の「勝利的和解」に終わったわけで、こうした闘争の延長として、「霊感商法」反対キャンペーンが「左翼系弁護士」によって行われるようになったのである。「被害弁連」は、中心人物である山口広弁護士が社会党の代理人であったことを筆頭に、「左翼弁護士」を中心とする集まりであった。

スタニスラフ・レフチェンコ氏
(Photo by Bettmann / Getty Images)

要するに、「レフチェンコ事件」により危機感を募らせた左翼勢力が、「スパイ防止法制定運動」の支援組織である国際勝共連合と、その関連団体である統一教会の壊滅を目指して「霊感商法」反対キャンペーンを展開したのであり、それは山口広という中心的な弁護士によってつながっている。これは政治的動機に基づいたキャンペーンであったため、「霊感商法」の被害者を無理にでも作り出す必要があった。彼らはマスコミを通して不安を煽り、被害者を「発掘」し、ときには感謝していた顧客に対してさえ不安を煽りたて、被害者を「作り出す」ことまでした。「スパイ防止法」に反対する朝日新聞が、こうした「被害弁連」の活動を積極的に取り上げて報道したのである。

マスコミによる統一教会批判で、朝日新聞のほかに特筆すべきものは、ジャーナリストの有田芳生氏による反統一教会キャンペーンである。実は、彼も出自は共産党で、彼の父・有田光雄氏は共産党京都府委員会副委員長を務め、参院選にも比例で出馬している。いわゆる共産党の「二世」だった有田芳生氏だが、彼自身も学生時代、共産党の学生組織・民主青年同盟（民青）に所属し、その後共産党に入党している。彼は「統一教会に詳しいジャーナリスト」として名を売り、1993年3月の山﨑浩子さん失踪事件の際には、その脱会計画を決行以前から知っており、失踪中の隔離先、経緯などもすべて把握していた。彼が「統一教会に詳しい」と語るのは、反対運動を行っている牧師、活動家、弁護士たちと手を組み、そこから情報を得ているからである。その有田氏は2010年から参議院議員を2期務めている。

「被害弁連」の弁護士たちが次に着手したのは、統一教会に反対する父母たちやキリスト教牧師との連携である。いまや反対父母、反対牧師、左翼弁護士は、統一教会を窮地に追い込み、壊滅させるという共通の目的を中心に連携している。それはときとして統一教会信者に対する違法な拉致監禁を伴い、弁護士が直接的に拉致や監禁に手を貸すわけではないが、そうした違法行為が行われていることを承知の上で、反対運動の一翼を担っているのである。それは以下のようなプロセスを経て実行される。

統一教会信者の親は、反対牧師に報酬を払って指導を仰ぐ。反対牧師らは親に具体的な拉致監禁のやり方を指導し、親が子供を監禁したら、監禁現場を訪問するなどして信仰を棄てるよう説得する。説得を受け入れて信仰を棄てれば、親の目的は達成されるが、それで終わりではない。元信者は反対牧師の活動に協力させられ、さらには左翼弁護士を紹介されて、統一教会を相手取った損害賠償請求訴訟を起こすよう説得されるのである。こうして起こされた訴訟の代理人を左翼弁護士が務めることにより、彼らは弁護士として報酬を得ると同時に、統一教会の社会的評価にダメージを与えられる。さらに、こうした訴訟の情報はマスコミを通して社会に宣伝され、親の不安を煽るために利用される。その代表格が有田芳生氏や朝日新聞である。いまや統一教会反対運動は、両親、牧師、弁護士、マスコミなどがそれぞれの立場と役割分担を生かして統一教会を窮地に追い込もうとする、いわばプロ集団の複合体なのである。この反対運動の全体的構造を知らず、新聞報道だけを見てもその真相は分からない。

被害弁連と朝日新聞を独立した存在として捉え、正義の味方である弁護士集団が悪の勢力である統一教会に対する反対運動を展開し、それを社会の公器である新聞が客観的に報道しているという彼らの構図は、その背後にある政治的な意図を無視した、極めて表層的な捉え方である。櫻井氏がそれを知らないはずはないが、敢えて「政治問題」として捉えることを避け、「社会問題」として位置付けることにより、統一教会が反社会的団体であるが故にマスコミから叩かれたという彼らの描くシナリオの図式を頑なに守っているのである。

１９９０年代以降

１９９０年代前半の朝鮮日報の記事は、文鮮明師の古希記念式（１９９０年2月1日）、モスクワでの世界言論人会議とミハイル・ゴルバチョフ大統領との会談（１９９０年4月11日）、文鮮明師の北朝鮮入りと金日成主席との会談（１９９１年12月6日）のニュース、さらには金日成主席が死去した際に朴普熙韓国世界日報社長が弔問のために北朝鮮入り（１９９４年7月13日）したことなどを取り上げている。教会員の立場からは、摂理史の一幕を一般の新聞が報道しているといった感じだ。

文鮮明師とゴルバチョフ大統領の会談は、実は韓国のマスコミでは高く評価されていた。韓国の時事問題専門週刊誌『時事ジャーナル』は4月29日号で、この会談を「ソ連の最高指導者が韓ソ修好や韓半島の安全保障に関して、このように明確にその政策を明らかにしたのは前例がない」と絶賛した。同誌は、文鮮明師の世界言論人会議を通してのソ連へのアプローチは、金泳三氏（後の大統領）、朴哲彦氏（ハンガリーなどの東欧諸国との外交樹立に尽力した外交密使）よりも一次元高い成果を上げたと評価した。ゴルバチョフ大統領が直接、韓ソ修好の意向を表明したのはこの時が初めてだったからである（朴普熙『証言』下巻p.260）。その後まもなく、1990年9月30日に、ソ連と韓国の国交が樹立されたのは周知の通りである。

文鮮明師と金日成主席との会談は、さらに韓国社会の関心が高かったと思われる。朝日新聞では、文鮮明師の北朝鮮入りを扱った記事は5件にすぎなかったようだが、朝鮮日報では北朝鮮訪問の事実だけではなく、それを巡る韓国社会の反応を連日にわたって報じたことで、記事が一気に増えたとされている。やはり韓国人にとって文鮮明師の北朝鮮訪問という事件は、自国民が敵対関係にある同一民族の国を訪問したという性質上、日本人よりもはるかに関心のある出来事であった。

一方、この時代の朝日新聞は、元信者らが統一教会を相手取って起こした裁判の記事や、文鮮明師が日本に入国できたのは金丸信氏が法務省に圧力をかけたからではないかという一連の記事が見られる。この新聞記事は、1992年3月26日から4月1日にかけて、文鮮明師が約13年半ぶりに来日したことに関連している。それ以前の来日は1978年9月であり、その後も聖和されるまで来日は実現しなかったので、結果的にこれが最後の来日となった。文鮮明師はアメリカで禁固刑1年6か月の有罪判決（ダンベリー刑務所に服役）を受けていたため、入管法の規定により、通常は日本に入国できないことになっていた。このときの来日は、「北東アジアの平和を考える国会議員の会」の招聘があり、北朝鮮を訪問した文師と日本の国会議員が北東アジアの平和について話し合うことは公益性があると法務省が認めたので入国が許可されたのであり、日本の法的手続きをきちんと踏んでいるため、違法行為でも超法規的措置でもない。それを反対派が騒ぎ立て、朝日新聞が報道しただけである。文師が入国目的の通りに、実際に国会議員と懇談したことは『日本統一運動史』（光言社）の中に以下のように記録されていることからも明らかである。

「1992年3月31日、真の御父様は、閣僚経験者を含む31人の国会議員が参加して行われた『北東アジアの平和を考える国会議員の会』主催の歓迎晩餐会に招かれ、約1時間の講演をされました。講演内容は、『共産主義崩壊の一方で民主主義世界でも問題が山積し、収拾のつかない状況になっている。この問題を解決するには神の存在をはっきり知らなければならない』と強調され、『世界平和のためには統一が必要であり、統一は神を中心とした真の愛によって成し遂げられる』と語られました」（『日本統一運動史』p.457）

1992年は、マスコミによる統一教会報道という観点からすれば特筆すべき年であった。この年の8月に行われた3万双の合同結婚式に、新体操のオリンピック選手だった山﨑浩子さんや女優の桜田淳子さんらが参加することにより、統一教会の祝福式がいわゆる芸能人ネタとして大々的に報道されたためである。週刊誌のスクープで火がつき、連日のようにテレビのワイドショーで統一教会の問題が扱われるようになった。新聞報道よりもテレビ報道がメインなので、朝日新聞を検索しただけでは当時の過熱ぶりは理解できない。

これが結果的に統一教会の宣伝になることを危惧したのか、反対派はテレビを使って一気に巻き返しに入った。反対派は拉致監禁によって教会を離れた元教会員をテレビに登場させ、「自分は霊感商法をこんなふうにやっていました」と証言させる反対キャンペーンが繰り広げられたのである。2022年の安倍元首相銃撃事件以前では、この1992年の3万双合同結婚式の頃が、日本における反統一教会報道のピークであり、ワイドショーがほぼこの話題で持ちきりになり、日本中で統一教会を知らない人がいないほど有名になった。この年に山﨑浩子さんや桜田淳子さんの合同結婚式参加を巡ってマスコミから統一教会が大々的に打たれる前は、日本国民の中で「統一教会って知っていますか？」と聞かれて「知らない」と答える人は結構な割合でいたはずだが、それが一気に有名になった。まさに1992年はマスコミによる統一教会バッシングのピークだったといえる。そして1993年には、山﨑浩子さんの脱会記者会見（4月21日）の様子も報じられている。朝日新聞は、そうした過熱報道ぶりを間接的に記事にしているのであって、実際に人々に与えたインパクトはテレビのワイドショーの方がはるかに大きかったと言える。

1990年代後半の記事は両国ともいささか断片的である。朝日新聞ではジョージ・H・W・ブッシュ元大統領が韓鶴子総裁の講演会に参加したこと（1995年9月14日、東京ドーム）に対する批判的な記事、日本ハムの上田利治監督の娘が統一教会に入ったことを理由に、同監督が退団したこと（1996年9月）、さらには統一教会を被告とする裁判の記事などが並んでいる。一方、朝鮮日報ではフィリピン移民局が合同結婚式に参加する女性の出国を禁止したことに対しての統一教会の抗議についての記事、リトルエンジェルスの平壌公演（1998年5月4日）などが報じられている。リトルエンジェルスの平壌公演は、文鮮明師の訪朝と同じく、南北関係に関わる問題だったので、韓国の国民の関心は高かったのではないか。こうして新聞報道の見出しを並べてみると、あたかも摂理史の出来事が走馬灯のように映し出されてくるようで、ある種の感慨を禁じ得ない。

櫻井氏は、朝日新聞が統一教会を問題視する立場から扱っているのに対して、朝鮮日報を見る限りは、「韓国では統一教会が問題のある宗教団体として記事になっている様子はない」（p.187）と分析し、両国の認識の違いを強調している。こうした報道スタンスの差異の原因は、一言で言えば、両国のマスコミの関心のあり方が違うということに尽きる。これは統一教会問題に限ったことではなく、慰安婦問題、竹島問題、北朝鮮問題のどれをとっても日本と韓国では報道のあり方が異なることはよく知られている。統一教会は韓国にとっては「自国の宗教」であり、日本にとっては「他国の宗教」である。したがって、韓国の新聞がそれを客観的あるいはやや好意的に扱い、日本の新聞が批判的に扱うのはある意味で当然と言えよう。

さて、五つ目の時代区分である2000年以降の記述も、基調は同じであって、記事の内容は断片的な内容が雑多に並んでいる感じを否めない。この時代は統一教会を被告とする民事訴訟の判決が多数出た時代なので、朝日新聞ではそうした判決についての報道が多いというのが特徴の一つであろう。

「四　日本と韓国の統一教会報道の差異」への反証

櫻井氏は１９５０年代から２０００年以降に至るまでの期間を五つに区分して、新聞の見出しを紹介する形で報道内容を時系列的に分析してきたが、最後に「四　日本と韓国の統一教会報道の差異」と題して、全体の総括を試みている。初めに彼は、朝日新聞と朝鮮日報における統一教会関連の記事を、それぞれ以下のように大まかに整理している（p.190-191）。

【朝日新聞に見られる統一教会関連の記事】

①統一教会を相手の提訴および判決（霊感商法、「青春を返せ」裁判）、婚姻無効の確認を認めた訴訟。
②被害弁連の集会やそこで明らかにされたこと（被害実態、元信者の証言など）。
③統一教会に無関係であるが、関与した団体、人物に対して被害弁連が行った調査依頼や抗議行動。
④父母の会の抗議や活動。
⑤国家秘密法制定への関与や自民党との関係。
⑥合同結婚式。
⑦文鮮明や関連企業、団体の動向。

【朝鮮日報に見られる統一教会関連の記事】

①アメリカにおける統一教会の動向。
②韓国における統一教会の動向。
③韓国や諸外国における統一教会関連企業、団体の動向。
④文鮮明の動向（北朝鮮訪問、ゴルバチョフとの会談など）。

⑤合同結婚式。
⑥世界各国における統一教会の社会問題化。
⑦韓国におけるキリスト教団体による反統一教会の動き。
⑧統一教会関係者による事件（乱闘騒ぎ、殺人、抗議行動）。
⑨統一教会の是非をめぐる論争。

これらを総括して、櫻井氏は以下のように述べている。

「第一に気づくことは統一教会を相手に起こされた裁判関連の記事が、『朝鮮日報』には一切ないことである」(p.192)

韓国での反対は主にキリスト教関係者によるもので、父母の会や弁護士集団による損害賠償請求訴訟はないというのである。櫻井氏によれば、韓国内では統一教会を「反社会的」集団とみなす考え方は共有されていないという。その理由に関して、彼は以下のような点を挙げている。

①韓国において統一教会は、様々な関連企業や団体を有しており、統一教会と利害関係を持つ一般人が少なからずいるので、教団批判は関係者批判につながる。
②韓国では統一教会は農村の未婚男性に結婚相手を世話してくれる団体として認識されており、韓国社会に損失のみをもたらす教団ではない。
③統一教会はキリスト教から見れば異端だが、朝鮮民族のナショナリズムを前面に出しているため、反民族的・反国家的団体ではない。したがって、統一教会を批判することは愛国主義に対する批判につながる。
④韓国社会では、統一教会は資金力を背景にして政界・経済界とパイプを維持している可能性が高い。

さて、櫻井氏はこうした報道のあり方の違いの原因を、韓国と日本における統一教会の「宣教戦略の相違」に求めている。彼自身がこれまで用いてきた言葉で表現すれば、韓国の統一教会は「花形スター」であるのに対して、日本の統一教会は「金のなる木」であり、両国における教団のあり方が全く違うので、マスコミの報道内容も違うと言いたいのである。はたして本当にそうであろうか？　私はそうは思わない。日韓における報道の相違は、日韓における「統一教会自体」の差異に起因するというよりも、それらを見つめる一般社会およびマスコミの意識や捉え方の違いに起因する部分の方が大きいといえる。繰り返しになるが、統一教会は韓国にとっては「自国の宗教」であり、日本にとっては「他国の宗教」である。日本社会にとって統一教会はいわば「異物」であるのに対して、韓国社会にとって統一教会は自分たちの「一部」なのである。

このことは、統一教会に対する断罪的なメディア報道が、日本のみならず西洋の国々にもあることからも傍証可能である。櫻井氏によれば、「金のなる木」として経済活動に邁進させられているのは日本統一教会のみであり、それが日本において統一教会が「反社会的団体」と認識されている理由になるはずなのだが、そうした使命や活動が存在しないはずの西洋諸国においても、統一教会は「反社会的団体」としてマスコミから攻撃されてきた。このことを証明するには、アイリーン・バーカー博士の著書『ムーニーの成り立ち』から一段落を引用するだけで十分である。

「今日の西洋で、誰かに『ムーニー』という名前を言えば、恐らく帰ってくる反応は、微妙な身震いと激怒の爆発の中間あたりに属するであろう。世界中で報道の見出しは一貫して断罪調である。『奇怪なセクトによる「洗脳」と闘う父母たち』『文師の世界制覇計画が語られる』『ロンドン警視庁による「洗脳」への徹底的調査に直面するムーニー・カルト』『家庭崩壊の悲劇』『ムーン教会で集団自殺があり得る、と語る3人』『洗脳された娘の所にかけつける母親』『ムーニーが私の息子を捕まえた』『ムーニー：マギー（注：マーガレット・サッチャーの愛称）が行動要請』『オーストラリアの「狂信的」カルト』『神ムーンが我々から子供を引き離す』『1800組のカップルとレバレンド・ムーン』『日本で500人の父母がセクト活動に抗議』『ムーン信奉者への警察捜査』」（「序文」より）

西洋においても、統一教会は「他国の宗教」であり、「異物」である。それがマスコミの攻撃を受ける理由は日本とさほど変わらない。韓国だけが、統一教会発祥の国として特別なだけである。

さて最後に、櫻井氏の分析に対する私なりのまとまった反論として、日本のマスコミがなぜ統一教会を執拗に叩くのかを以下にまとめてみたい。

第一に、マスコミ人には左翼的・唯物論的思想の持ち主が多いことが挙げられる。基本的に左翼的な思想の持ち主は統一教会が嫌いである。戦後、マスコミの左翼思想をけん引してきたのはいわゆる「全共闘世代」であった。この言葉は1965年から72年までの、全共闘運動・安保闘争とベトナム戦争の時期に大学時代を送った世代を指す。この世代は15％が学生運動にかかわっていたとされ、学内で左翼学生は原理研究会と対立していた。彼らは1941年から49年頃に生まれた世代であり、統一教会に対するマスコミのバッシングが厳しく行われた1980年代後半から90年代前半には、ちょうど40～50代で、報道の現場で意思決定権を持っていた。つまり、左翼活動の夢破れて、マスコミの世界に入って行った者たちが統一教会報道の論調を決定したのである。したがって、日本のマスコミによる統一教会バッシングの背後には、イデオロギー的な理由があると言える。

しかし、日本では左翼的なマスコミばかりでなく、右寄りのマスコミも統一教会に批判的である。右寄りのマスコミが統一教会を嫌う理由は、民族主義の故である。統一教会は韓国発祥の宗教なので、彼らには「統一教会は韓国の手先」と見え、韓国に対する偏見がそのまま統一教会に対する偏見に直結する。また、統一教会は国家民族の壁を超えた世界主義を標榜しているので、日本民族の伝統を第一と考える彼らとは、左翼とは別の意味で思想的に相容れない部分がある。

第二に、多くのマスコミ人は世俗的であり、宗教の価値や信仰者の内面を理解しようとする姿勢に欠けることが挙げられる。これは統一教会のみならず、新宗教一般に対する批判的な報道にも当てはまる。彼らは神や霊界の存在を認めないので、高額の開運商品を買う人は騙されたか脅されたに違いないと考える。彼らは信仰心の価値を認めないので、宗教は弱い人が依存する組織であり、宗教を信じている人はマインド・コントロールされているという認識で報道する。また、宗教を理由に親子が対立した場合には、親の言うことを聞かずに宗教に走った子供が悪いという立場を取る。さらに、一般社会からは奇異に見える現象であっても、そこに宗教的意義があるという見方ができない。統一教会の合同結婚式に関する報道姿勢などは、その最たるものである。

マスコミの体質は基本的に商業主義とのぞき趣味であり、週刊誌のセンセーショナリズムによる売上第一主義、テレビ局の視聴率至上主義などはその一例である。彼らは事実や真実を伝えることよりも、いかに売り上げや視聴率を伸ばすかに関心があるので、どうしても興味本位の面白おかしい報道になりがちで、誇張、歪曲、捏造も平気で行う。高邁な理想を説く宗教をこき下ろし、スキャンダルを暴露することに快感を覚えるのがマスコミの体質と言える。こうしたマスコミの問題点が、統一教会報道には凝縮されている。

櫻井氏は、「社会の公器であるマスコミが、反社会的な団体である統一教会を批判する」という構図で日本における統一教会報道を分析しているが、これはマスコミの側の思想、好き嫌い、体質といった重要な要素を一切考慮していない点において、偏った分析であると言えよう。

第Ⅱ部　入信・回心・脱会」への反証

第II部第六章の目的は、人がいかにして統一教会に伝道され、回心を経験し、組織の中で信仰を強化し、またいかに脱会していくのかを描写しようというものである。タイトルにおいて最初から「脱会」が想定されており、信仰を継続していくことが前提とされていないのは、後から詳しく述べるように、既に統一教会を脱会した者たちに対する聞き取り調査を主な情報源としてこの研究がなされているためである。

「第六章　統一教会信者の入信・回心・脱会」への反証

「一　研究の方法」への反証

第六章の冒頭で櫻井氏は「一　研究の方法」として情報源を明らかにしている。結論から言えば、統一教会を既に脱会した元信者で、その大半は統一教会を相手取って民事訴訟を起こした原告とその関係者である。このような情報源に深刻な偏りがあることは既に何度も述べてきた。要するに櫻井氏は、統一教会反対派のネットワークから情報を入手したのである。それらは教会への入信を後悔し、教会に敵意を抱いている元信者の証言という点で強いネガティブ・バイアスがかかり、裁判に勝つために脚色された可能性の高い、極めて偏った資料である。これが櫻井氏の研究における最も重大な方法論的問題である。こうした批判は当然予想されるので、櫻井氏は以下のように書き始めている。

「信仰という生きられた経験を聞き取る際に、信仰生活を継続している人と信仰を捨て別の生き方を選び直した人とでは、同じ経験をしていたとしても信仰そのものへの評価はかなり異なる。しかし、どちらの語りがよ

り真実に近いかという判断はできない」（p.197）

ここで櫻井氏は「真実」というややナイーブな言葉を使っている。「事実は一つだが真実は人の数だけある」とか「私にとっての真実」という表現がなされるように、客観的で多くの人が認める「事実」に比べて、「真実」という言葉には主観的で体験的な響きがある。数ある人間の経験の中でも、宗教体験ほど主観的で実存的な要素の濃厚なものはない。それだけに、脱会者と現役の信者では「真実」がま全く異なっていたとしても不思議ではない。しかし、櫻井氏がここで言っているのは、脱会者と現役の信者のそれぞれに真実があるという不可知論的な主張ではない。むしろ、通常の宗教研究は信仰生活を継続している現役信者から聞き取りを行うものだが、必ずしもそこに真実があるとは限らない、むしろ自分の行った脱会者からの聞き取りの方が真実に近いかもしれませんよ、と暗に言いたいのである。彼が「真実」という言葉を使う理由は、現役信者の主張ではなく、自分がこれから描く統一教会の信仰の方が「真実」に近いかもしれないと主張するための伏線である。現役信者からの聞き取り調査をしていないことによほど引け目を感じているのか、櫻井氏は続けてこうも言う。

「統一教会という特異な教団で青年期を過ごした人達の眼差しは、信仰生活にリアリティを感じている人と、そこを突き抜けたところに意味を見いだした人、統一教会への懐疑や信仰生活への悔恨を通過した人が同じわけはない。また、統一教会の経験といっても、教団における地位や役割、活動の経歴によっても一つの組織の見え方は様々だろう」（p.197）

「様々な立場を経験した複数の人達から多面的・多声的な宗教経験を聞き取ることで、ようやく統一教会信者が経験した信仰に迫ることができる」（p.198）

こうした主張自体は基本的に同意できる。しかし、この主張と櫻井氏が実際に採用した研究方法の間には齟齬があり、研究方法としての重大な問題点が残る。それは、『ムーニーの成り立ち』の著者アイリーン・バーカー博士の研究方法と比較することで明らかになる。アイリーン・バーカー博士は統一教会の主催する修練会に自ら参加し、ているが、櫻井氏はそれをしていない。テキストの閲覧とインタビューしかしていないのである。

例えば、統一教会の修練会を分析するときに、実際に参与観察をした研究者と、過去に参加した人にインタビューしただけの研究者では、経験の直接性において雲泥の差がある。英語でいえば、firsthand と secondhand の違いであり、信仰を「生きた経験」と捉えた場合には深刻な違いとなって現れる。実際に人が伝道され、回心していく現場に立ち会っているのかいないのか、また実際に信じている信者に触れているかいないかの違いは、こと「信仰の本質」に迫ろうとするのであれば避けて通ることができない。バーカー博士は自分の目で直接統一教会の修練会や信仰生活の現実を見たのに対して、櫻井氏は脱会した元信者の目というフィルターを通してしかそれを見ていないのである。

脱会者の目には、自分が体験した修練会や信仰生活への後悔や怒りといった色眼鏡がかけられており、それを通して自分の体験を再解釈している。信仰は人間のアイデンティティーの中核をなすため、信仰を持って見るのと、信仰を失って見るのとでは、世界は全く異なる像を結ぶことがある。当然のことながら、「信仰の本質とは何か」を理解しようと思えば、信仰を持っている当事者にとって統一教会の体験が何を意味するのかを理解しなければならない。しかし、信仰を失った人の目には、もはや信じていた時と同じように世界が輝いて見えることはなく、色褪せた幻のようにしか映らないのである。

もう一つの方法論的欠陥は、櫻井氏が「多面的・多声的な宗教経験」を包括的で公平に扱っているわけではないことだ。櫻井氏の主要な情報源は、自ら認めている通り、全国霊感商法対策弁護士連絡会を通して提供されたものであり、統一教会を訴えた元信者の陳述書や準備書面、判決文といった「裁判資料」である（p.200）。こうした資料に偏向があることは明らかなので、「裁判資料に偏向がないわけではない」（p.200）とか、「信仰の内容も統一教会により欺罔を受けたという点に焦点が当てられる」「裁判の原告となった人が統一教会信者をどの程度代表しているものかがわからない」「裁判を起こした元信者のデータははずれ値の可能性が高い」(p.201) など想定される批判を先取りして述べている。

それでは、櫻井氏はこうした問題点をどの程度真剣に考慮したのだろうか。なんと彼は、「筆者はこの問題を根本的に解消することはできないと考える」と開き直った上で、「テキストの信頼性を増すために、可能な限り裁判の原告となった元信者の相対的な位置を知ろうと努めた」(p.201) とだけ述べている。要するに裁判資料の信頼性を厳密に検証する気はハナからなく、それが信頼できるものだと証明するために裁判を起こさなかった元信者に話を聞き、裁判で被告側(統一教会側)証人として立った現役信者の証言内容を一部参考にしただけなのである。これは裁判資料が初めから正しいと決めつけて、それを傍証する材料を見つけては補強するという手法であり、彼の言う「多面的・多声的な宗教経験」の中から、自分にとって都合の良いものを選択的に集めているにすぎない。これが櫻井氏の研究の基本姿勢である。

櫻井氏は、裁判の原告となった元信者と、被告側証人として証言に立った現役信者の間でも、入信の経緯や活動内容、そして信仰生活の物語にほとんど変わりがないと主張する。「両者において一点だけ決定的に異なるのは、信仰生活を是とするか非とするか、現時点における評価の部分だけだ。いつ、どこで、何を行ったかという事実的事柄に関わることでは、現役の信者と脱会した信者の間に争いはない」「筆者が資料とするのは、このような強い資料性のある出来事である」(p.202) というわけだ。

これは二重の意味で間違っている。まず、事実関係の争いのない民事訴訟はありえない。実際に元信者が統一教会を相手取って起こした損害賠償請求訴訟でも、原告と被告では全く異なる事実を主張し争ったのである。したがって、原告の主張する「事実」が文字通りの事実だという保証はどこにもない。ここでは、現役信者と脱会者にはそれぞれ異なる「真実」があるかもしれないが、「事実」は一つである、というようなシンプルな二分法は成り立たない。実際の裁判は事実そのものを巡って争われるのである。第二に、櫻井氏は揺るぎない事実としての強い資料性のある出来事だけを資料として研究していると主張するが、彼の記述は元信者の証言から客観的な事実だけを抽出したものではなく、それに伴う主観的な評価の部分もそのまま踏襲して、それを「真実」として読者に訴えている。したがって、彼の研究は「多面的・多声的な宗教経験」に包括的かつ公平に耳を傾けたものではなく、利害の対立する一方当事者の「真実」に肩入れし、他方当事者の「真実」を捨象しているので、著しく偏った研究となっている。

「2　脱会者の類型」への反証

櫻井氏は、脱会者を以下の四つのカテゴリーに分類する。

①自発的脱会者は、以下の二つのサブ・グループに分かれる

①-i)自然脱会者（入信初期において教団に疑問を持った離脱者）

①-ii)脱会カウンセリングを受けた脱会者

②強制的脱会者は、以下の二つのサブ・グループに分かれる

②-i)教団により強制的にやめさせられたもの（除名、分派、独立など）

②-ii)ディプログラミング等の外部からの介入による強制的脱会

この分類に対して、こうした人々が存在するという点においては筆者は同意するし、櫻井氏がディプログラミング等の強制的脱会の存在を素直に認めている点はむしろ驚きである。ただし、櫻井氏がディプログラミングを初期の統一教会脱会者に限定しているのは事実に反する。身体的拘束を伴う強制的な脱会説得を「ディプログラミング」と呼ぶのであれば、それは初期のみならずつい最近まで行われてきたし、現在進行形である可能性も濃厚だ。こうした拉致監禁による強制改宗が行われていることは、後藤徹氏の勝訴判決が最高裁で確定したことによって、動かし難い事実として認定されるようになった。それは初期の統一教会に限った話ではない。

さて、櫻井氏は自分が行った調査の主たる対象は①－ⅱ）、すなわち「脱会カウンセリングを受けた脱会者」であると述べ、その主な理由を他のカテゴリーの人たちに出会うのが困難であるからとしている。しかし、これを鵜呑みにするわけにはいかない。それは、理由の根拠が怪しかったり、櫻井氏の研究スタンスに起因するものであったりするからだ。まず櫻井氏は、自然脱会者に出会うのが難しい理由として、「霊感商法で悪名高い統一教会の元信者です。自分でやめたものです」と公言する人たちがいるとは思えないとか、「統一教会の周辺を調査していけば、何らかの機会にこのような元信者の方と知り合う機会を得られることもあるが、それがいつになるかわからない。現実的な調査対象者の求め方ではないだろう」（p.199）と、およそ学者とは思えない粗雑な言い訳をしている。本気で調査をしたいのであれば探せばよいのである。櫻井氏がそうしないのは、自然脱会者を最初から調査対象から外しているとしか思えない。彼の本音はその次の文章に現れている。

「しかも、自然脱会の場合、統一教会への思いは両義的であることが多く、再び統一教会へ戻る元信者もいるので、統一教会に対して批判的な立場から調査を行う筆者とは利害関係において合致しないと思われる」（p.199）

これは驚くべき発言である。櫻井氏は統一教会について調査をするときに、自分と利害関係において一致しない対象は排除するというのである。はたしてこれが学問的な調査と言えるであろうか。櫻井氏の調査対象としては、統一教会に対して両義的な思いを持っている人は失格であり、批判的な思いをもっている人しか調査しないというのだから、これはまさに「結論ありき」の調査と言える。元信者が統一教会に対して両義的な思いを持っているのであれば、それを事実通りに記述するのが学問的な調査ではないだろうか。最初から偏ったデータを求めて調査している点で、もはやこれはイデオロギー的な調査か、プロパガンダ用の調査としか言いようがない。

自然脱会者は数の上では一番多いと思われるので、まともに調査研究をすれば、接触するのが最も容易な対象である。具体的には、多くの統一教会現役信者と知り合いになり、彼らと信頼関係を結べばよい。自分は統一教会の信者ではなく、あくまでも研究目的の第三者であることを理解させた上で、付き合えばよいのである。そうすると、何年かのうちに自分の意思で自然に教会を離れた人がその中から現れるだろう。その人に連絡し、脱会者の気持ちを知りたいのでインタビューさせてほしいと頼めばよいだけの話である。こうした研究によって、現役信者だったときの回心体験、伝道、信仰生活などに対する認識と、元信者となったときのそれらに対する認識が、一人の人間においてどのくらい変化するかという知見が得られる。実は、こうした調査をきちんと行ったのがアイリーン・バーカー博士で、彼女は著書『ムーニーの成り立ち』で以下のように述べている。

「情報をチェックするのに最も価値ある資料はおそらく、彼らがその運動を脱会した後で私が連絡を取り続けた20人ほどの人々だっただろう。私は多くのその他の元メンバーとも話したが、私がムーニーとしても元ムーニーとしても知っていた人々は、私が最も多くを学ぶことのできる人々だった」(『ムーニーの成り立ち』第1章「接近と情報収集」より)

そして、元信者の証言の中でも、ディプログラミングや脱会カウンセリングを受けた者と、自然脱会者の間にはどのような違いがあるのかも調査しなければならない。こうした比較研究は、西洋における「洗脳」や「マインド・コントロール」を巡る論争の中で行われており、脱会時に教育を受けたことが、自分自身の回心体験の描き方を大きく変えることが報告されている。

「洗脳論」を主張する人々が証拠として提示するのは、そのほとんどがディプログラムされたか、カウンセリングや治療のために連れてこられた元信者たちの証言であるという。そして、脱会カウンセラーが元信者に対して、「あなたは洗脳されたのだ」と告げることは、カウンセリングにおける学習計画の一部になっているという。彼らは自身の回心体験の捉え方を「教え込まれている」のである。「カルト」などと呼ばれる運動を離れた人は、その運動に幻滅を感じ、後悔している可能性が高い。自分が会員になったことを他人に、そして自分自身に説明するよい方法は、自分の責任を認めるのではなく、その運動の説得力を非難することである。特に、両親が多額なお金を払って子供をディプログラムしたようなケースでは、親も子供も責任を運動になすりつけることで自分たちを正当化するために、「洗脳論」に飛びつくのである。したがって、こうした証言は統一教会の回心体験の適切で正確な描写とはなり得ない。

こうした研究を実証的に行ったのが、トルーディ・ソロモン氏による元統一教会員１００人へのアンケート調査で、それによると、反カルト運動との接触が、元会員たちが洗脳やマインド・コントロールの説明にどの程度依存するかに影響を与えていることが分かるという。ソロモン氏は、「教会内で洗脳やマインド・コントロールが行われているという証言の大部分は、ディプログラミングまたはリハビリテーションを受けた元信者か、あるいは反カルト運動に携わっている個人によってもたらされている」という。

別の研究では、スチュアート・ライト氏が、「自発的な」脱会者45人にインタビューしたところ、洗脳されていたと主張したのは４人（９％）にすぎず、残りの91％は、入会は全く自発的なものだったと述べたという。また別の研究でマーク・ギャランター氏は、元統一教会信者を、ディプログラミングを経験した者としなかった者に分け、比較したところ、ディプログラミングを経験した者の方が、自分は運動にとどまるよう統一教会信者からプレッシャーを受けたと報告する傾向があることを見いだしたという。

アイリーン・バーカー博士も、以下のように述べている。

「私自身の研究の中で、私はまだムーニーだったときに知り合った何人かの元会員たちと話す機会があった。彼らの大部分は、外部の助けなしで離れたものであり、その後にカウンセラーの世話を受けてはいなかった。また反カルト運動やメディアとほとんど、あるいは全く接触しなかった。一人を例外として、こうした自発的な脱会者は、入会のときに不当に強制されたとは言わなかった。ほぼ全員が脱会は難しかったと認めたが、彼らのほとんどは、もし望むならいつでも離れることができたと主張した」（前掲書、第５章「選択か洗脳か？」より）

こうした西洋の研究結果をもとに櫻井氏の情報源を評価すれば、それは統一教会信者の体験を代表するものではなく、著しく偏ったデータであることが理解できるであろう。しかも、そうしたデータしか得られなかったから偏ったのではなく、初めからそうしたデータを求めて集めたところに、櫻井氏の確信犯的な性格が表れている。

櫻井氏の調査対象者に強制的脱会者はいないのか?

櫻井氏は外部からの介入による強制的脱会の存在を認めているが、自分の研究にはそうした人は含まれていないと主張し、その理由について以下のように述べている。

「隔離された体験において精神的に傷つき、その後ひっそりと生活をされている方々も多いので、実際にアクセスすることは容易ではない。むしろ、ブログ等で統一教会の経験を語るこうした人達の語りを参照する程度にとどめた方がよいと思われる」(p.199)

統一教会を離れた元信者で、拉致監禁の体験をブログでつづった人に、故・宿谷麻子さんがいる。彼女は「夜桜餡」(https://web.archive.org/web/20220922060325/http://www5.plala.or.jp/hamahn-k/index.html)というブログに自身の拉致監禁に関する体験を書いた。宿谷さんは2012年10月15日に亡くなったが、このブログは今も読むことができる。実はこのブログには、櫻井氏に対する批判が掲載されている。それは宿谷さんが、自身の拉致監禁体験を櫻井氏によって否定されたと感じたからである。ことの発端は、ルポライターの米本和広氏が『現代』(2004年11月号)に、宿谷麻子さんの体験を中心に書いた「書かれざる『宗教監禁』の恐怖と悲劇」というルポを、櫻井氏が自著『「カルト」を問い直す』(中公新書ラクレ、2006年)で批判的に扱ったことである。宿谷さんは、自分の体験に関する櫻井氏の記述を読み、以下のような感想を持った。見出しを抜粋すれば、櫻井氏の拉致監禁問題に対する認識がほぼ分かる。関心のある方はブログ「夜桜餡」を読んでいただきたい。

1　櫻井教授は拉致監禁の被害を軽視しているように感じます。

2　櫻井教授は拉致監禁を隠蔽しているように感じます。
3　櫻井教授は拉致監禁に賛同しているように感じます。
4　櫻井教授は拉致監禁の被害者を侮辱しているように感じます。
5　櫻井教授は犯罪被害者の人権を軽視しているように感じます。
6　櫻井教授はＰＴＳＤについて無知であると感じます。
7　櫻井教授は米本氏のルポを歪曲しているように感じます。

拉致監禁による強制改宗は深刻な人権問題であり、信教の自由に対する侵害であるが、櫻井氏の態度は、「語りを参照する程度にとどめた方がよい」と、真剣に向き合おうとしていない。拉致監禁問題を正面から扱えば統一教会を利することになり、自分が情報を提供してもらっている統一教会反対派の人々を批判することになるので、敢えて目をそらしたのだろう。拉致監禁の経験者には、もちろん櫻井氏の言うように「ひっそりと生活をされている方々」もいるだろうが、声を挙げている人々もいる。その声にも耳を傾けるのが学者の良心だろう。しかし櫻井氏は、たとえ元信者の声でも宿谷さんの声は、「統一教会に対して批判的な立場から調査を行う筆者とは利害関係において合致しないと思われる」(p.199) ので、黙殺するのだろうか？　櫻井氏の記述には偽善の匂いがする。

しかし、櫻井氏の調査対象には、本当に「ディプログラミング等の外部からの介入による強制的脱会」を経験した人々は含まれていないのであろうか？　「ディプログラミング」は西洋での呼び名で日本では一般的でないが、身体的拘束を伴い、本人の同意を得ない脱会説得をこう呼ぶのであれば、実は櫻井氏の調査対象にはこうした経験をした人々が確実に含まれている。櫻井氏が裁判記録をきちんと読んでいるなら、その事実に気付かないはずはない。それでもそうした経験者は含まれていないと強弁するのであれば、や

表6-1　調査対象者

横浜地裁	2
札幌地裁	15
新潟地裁	19
東京地裁	13
奈良地裁	2
福岡地裁	2
聞き取りのみ	13
計	66

備考）聞き取りのみの対象者は裁判の原告ではない。

出典）『統一教会――日本宣教の戦略と韓日祝福』204ページ

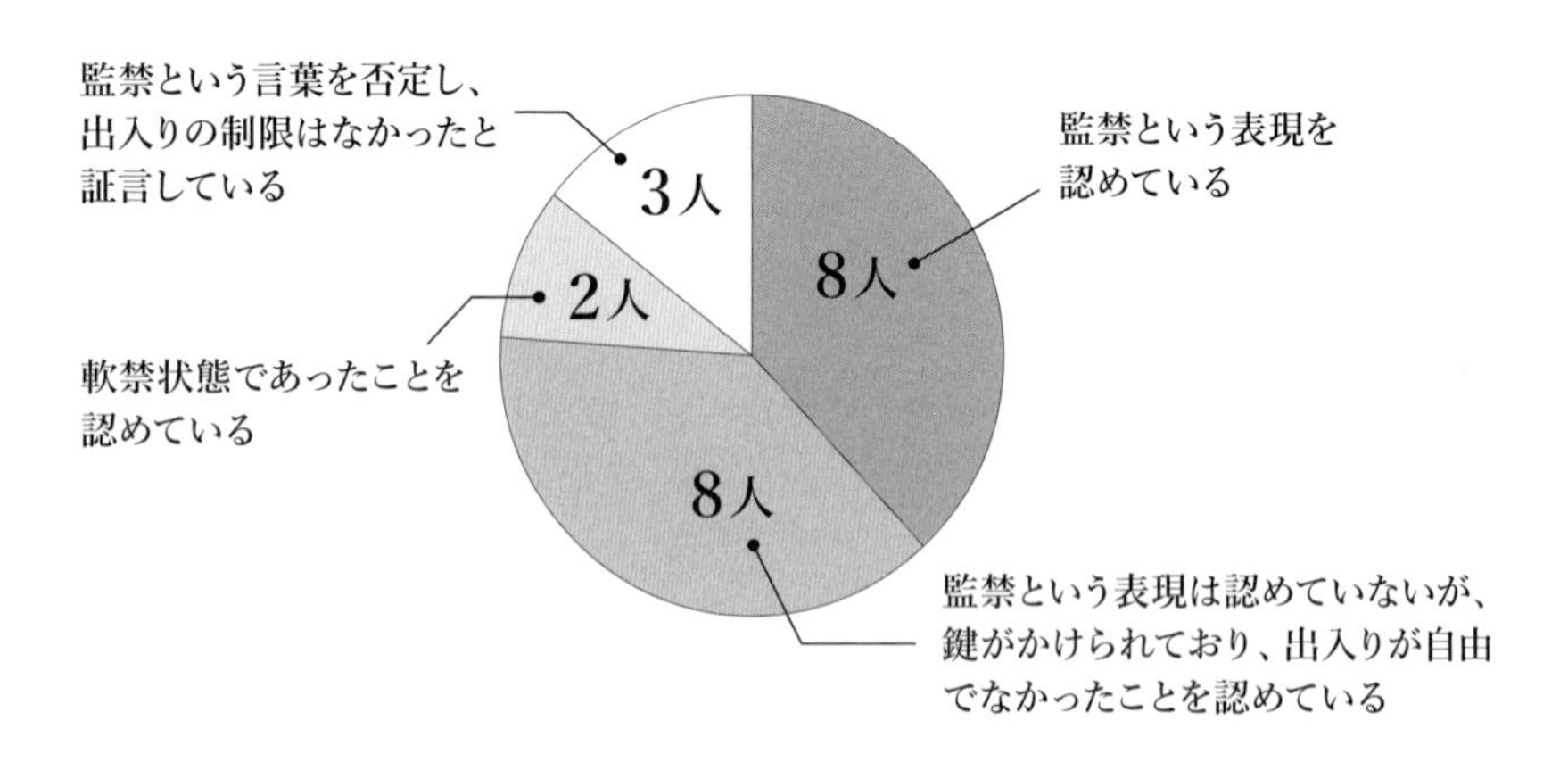

はりそのことを取り上げると統一教会を利すると彼が判断したためと思われる。都合の悪いことには触れないわけである。

櫻井氏は民事訴訟で統一教会を訴えた元信者を主な調査対象者とし、その内訳を204ページの表6－1（前頁）で公表している。横浜地裁、札幌地裁、新潟地裁、東京地裁、奈良地裁、福岡地裁で原告となった原告53人と、聞き取りのみを行った13人を合わせて66人が調査対象であると明らかにしている。このうち15人が櫻井氏の「地元」である札幌で民事訴訟を起こした元信者たちである。

筆者はブログ「『青春を返せ』裁判と日本における強制改宗の関係について」シリーズで、「青春を返せ」裁判の原告たちは強制改宗あるいはディプログラミングによって生み出された「作られた被害者たち」だと主張し、それを原告らの法廷での証言や陳述書から立証したことがある。その際に用いたのが、札幌での「青春を返せ」裁判の資料で、この裁判の原告は21人で、そのうちの15人が櫻井氏の研究対象となっている。

さて、原告となった元信者たちが教会を離れたときの状況は、統一教会の代理人である弁護士が、原告らに対して行った反対尋問で明らかになっている。21人の原告の証言は、以下の四つのカテゴリーに分類でき、その人数と比率は上の円グラフの通りである。

この円グラフで、21人中8人が監禁されたことを認めた。「監禁」とい

2 ［脱会信者］被調査信者概要

番号	裁判所	性別	生年	青年/壮婦	家族背景	学歴等	職歴	伝道開始年	入信年	入信時年齢	脱会年	祝福	物品購入金額
1	札幌地裁	女	1967年	青年	父,母,姉	看護学校	看護師	1985年3月	1985年6月	19	1989年4月	なし	721,000
2	札幌地裁	女	1970年	青年	父,母	短大	臨時職員	1988年6月	1988年9月	19	1992年1月	なし	757,500
3	札幌地裁	女	不詳	壮婦	夫,娘	不詳	不詳	1989年5月	1989年8月	不詳	1990年3月	なし 壮婦	1,424,012
4	札幌地裁	女	1966年	青年	父,母,兄	看護学校	看護師	1988年8月	1988年9月	22	1989年2月	なし	942,800
5	札幌地裁	女	不詳	青年	父,母,弟	不詳	会社員	1989年7月	1989年10月	不詳	1990年9月	なし	4,163,000
6	札幌地裁	女	1969年	青年	父,母	短大	会社員	1990年11月	1991年2月	21	1991年12月	なし	6,101,000
7	札幌地裁	女	1960年	青年	父,母	不詳	会社員	1987年6月	1987年9月	27	1990年9月	なし	3,276,263
8	札幌地裁	女	1963年	青年	父,母,弟,妹,入信前に既に死亡したきょうだい1人	高校	会社員	1987年9月	1987年12月	23	1989年1月	なし	1,858,000
9	札幌地裁	女	1970年	青年	父,母	看護学校	看護師	1987年3月	1988年10月	19	1989年7月	なし	不詳
10	札幌地裁	女	1970年	青年	父,母	短大	会社員	1988年8月	1988年11月	19	1992年4月	なし	671,500
11	札幌地裁	女	1970年	青年	父,母,兄,姉	専門学校	会社員	1988年5月	1988年8月	18	1991年2月	なし	1,346,000
12	札幌地裁	女	1969年	青年	父,母,姉,祖母	短大	会社員	1991年7月	1991年10月	22	1992年4月	なし	597,000
13	札幌地裁	女	1969年	青年	父,母,姉,祖母	大学	在学中	1990年10月	1991年1月	22	1992年2月	なし	230,000
14	札幌地裁	女	不詳	青年	父,母,弟	不詳	会社員	1990年10月	1991年1月	不詳	1997年12月	あり	2,110,000
15	札幌地裁	女	不詳	青年	父,母,妹	短大	会社員	1988年7月	1988年10月	不詳	1991年5月	なし	2,500,000
16	東京地裁	女	1963年	青年	父,母,兄	大学	在学中	1984年11月	1985年2月	21	1996年2月	あり	不詳
17	東京地裁	女	1961年	青年	父,母,姉,姉	専門学校	臨時職員	1991年6月	1991年9月	29	1997年6月	あり	1,170,000
18	東京地裁	男	1964年	青年	父,母,妹	大学	塾講師	1987年4月	1987年5月	23	1996年6月	あり	473,000
19	新潟地裁	女	1960年	青年	父,母	専門学校	会社員	1979年5月	1979年8月	20	1991年5月	あり	不詳
20	新潟地裁	男	1968年	青年	母	高校	会社員	1987年4月	1988年8月	20	1990年10月	なし	620,000
21	新潟地裁	女	1963年	青年	父,母	大学	中退	1982年4月	1982年6月	19	1991年10月	なし	不詳
22	新潟地裁	男	1966年	青年	父,母	大学	在学中	1988年7月	1988年10月	22	1992年2月	なし	不詳
23	新潟地裁	女	1968年	青年	父,母	高校	公務員	1985年11月	1986年2月	19	1991年11月	なし	30,000
24	新潟地裁	男	1961年	青年	父,母	専門学校	会社員	1980年4月	1980年5月	19	1988年10月	なし	不詳
25	新潟地裁	女	1961年	青年	父,母	不詳	会社員	1981年12月	1982年1月	21	1989年2月	あり	不詳

出典）『統一教会──日本宣教の戦略と韓日祝福』巻末資料30ページ

う表現は認めていないが、部屋には内側から鍵がかけられており、部屋から自由に出入りできなかったことを認めた者が8人で、鍵はかけられていなかったが、常に誰かが見張っていて逃げ出せる状態ではなかった「軟禁」が2人で、出入りの制限はなかったと証言している者が3人である。物理的な拘束が事実上あったことを認める証言が全体の75%を超えているのは特筆に値する。また、全体の86%の原告が、何らかの意味で拘束された状態で脱会を決意したことになる。出入りの制限がなかったと証言している3人と軟禁状態にあったと証言している2人を合わせても21人中5人しかいないので、櫻井氏が調査対象とした15人の中に、物理的な拘束を受けて脱会した元信者がいることは確実である。そこで、櫻井氏の調査対象についてより詳しく調べることにした。

櫻井氏は丁寧に、巻末資料に「2［脱会信者］被調査信者概要」という表を掲載し、その冒頭に札幌地裁の原告15人の生年、青年／壮婦の区分、家族背景、学歴等、伝道開始年、職歴、入信年、脱会年、祝福などのデータを掲載している。前頁の表がそれである。

これを私が持っている札幌「青春を返せ」裁判の資料と照合したところ、15人中14人の個人名を特定することができた。上の表で個人名が特定できなかったのは14番のみで、この14人の脱会時の状況に関する証言を分類すると以下のようになる。

・監禁という表現を認めている者：5人（36％）
・監禁という表現は認めていないが、鍵がかけられており、出入りが自由でなかったことを認めている者：7人（50％）
・軟禁状態であったことを認めている者：2人（14％）
・監禁という言葉を否定し、出入りの制限はなかったと証言している者：0人

櫻井氏の調査対象となった札幌の原告のうち、86％が物理的な拘束を受けて脱会したことを認めており、軟禁も含めれば全員が何らかの意味で拘束された状態で脱会を決意したことが明らかになった。櫻井氏も彼女たちの裁判における証言記録である本人調書を読んでいるはずであるから、こうした事実は当然知っているにもかかわらず、やはりそのことを取り上げると統一教会を利すると判断したのか、一切触れず、自分の調査対象は「自発的脱会者」の中の「脱会カウンセリングを受けた脱会者」だと言い切っている。これは不実表示である。

前頁の表の14番だが、脱会年が1997年と遅いことから、第二次札幌「青春を返せ」裁判の原告なのかもしれない。

櫻井氏の調査対象者は裁判で監禁体験を証言していた

前頁の表の2番は、自分が監禁されていたことを証言した代表的な原告であり、イニシャルをO・Rさんとして私のブログでも本人調書を引用したことがある。以下は、平成11年12月14日に札幌地裁で行われた尋問において、

統一教会の代理人である本田弁護士の質問に答えたものであるが、非常に正直に自分が監禁されたことを認めている。

本田：あなたは統一協会を脱会しましたね。
O・R：はい。
本田：脱会されるときにはどこかのマンションに監禁されましたでしょう。
O・R：連れていかれました。
本田：だれが中心になってあなたを監禁したの。
O・R：父と母です。
本田：どうしてあなたを監禁したんですか、目的は何ですか。
O・R：統一協会を脱会させるために。
本田：なぜ脱会させようとしたの。
O・R：それはお父さんとお母さんが多分よくないことをやっていると思ったからだと思います。
（中略）
本田：お父さんお母さんは、宗教に年がら年中、四六時中献身してて、宗教活動を行っているということは問題があると考えたんじゃないですか。
O・R：はい。
（中略）
本田：あなたは何日間くらい監禁されてましたか。
O・R：何日間というのは覚えてません。七日目くらいでちょっと考えだしたと思います。

本田：中心になったのはあなたの両親ですね。
O・R：はい。
本田：脱会させるのに、それ以外にどういう人たちが関与してましたか。
O・R：うちの親戚とかパスカルさんが話してくれました。
本田：パスカルからあなたは話を聞いたんですか。
O・R：はい。
本田：監禁されたマンションの中で聞いたんですね。
O・R：はい。
本田：何を聞かされましたか。
O・R：主には原理講論と聖書が言っているところの違いというのを。
本田：パスカルというのはクリスチャンですか、それとも新教の信者ですか。
O・R：新教です。
（中略）
本田：あなたに対して、原理講論の間違いをいろいろと正したわけだね。
O・R：はい。
（中略）
本田：あなたを監禁状態にしておいて、部屋からどこにも出られない、自由が束縛されていることははっきり分かりますね。
O・R：はい。
本田：精神的にも束縛されているでしょう。

O・R：はい。
本田：物理的にも束縛されていますね。
O・R：正確に言うと七日目まで。
（中略）
本田：だれからあなたの両親は統一協会の教理について教わっていたの。
O・R：多分パスカルさんだと思います。
（以上、調書47～66ページ）

続いて表の6番も監禁を認めている原告だが、イニシャルをW・Nとする。以下は、平成11年11月9日に札幌地裁で行われた尋問において、統一教会の代理人である鐘築弁護士の質問に答えたものであるが、同様に自分が監禁されたことを認めている。

鐘築：それから、救出のことを聞きますけど、マンションに行かれましたね。
W・N：はい。
鐘築：何というマンションか覚えていますか。救出のときのマンション。
W・N：場所と建物は覚えているんですけど、名前は覚えてないです。
鐘築：これは無理矢理連れて行かれたわけ、そこに。
W・N：無理矢理というか、話し合いをしようと言われて。全て準備されて。
鐘築：玄関の鍵が開かないようになっていたということは、出入りがやっぱり自由じゃなかったということね。
W・N：はい、そうです。

鐘築：そうすると、これやっぱり監禁ということですよね。ということですね。
W・N：そうですね。
鐘築：パスカルに会ったのは、監禁されてからどのくらいたってから会いましたか。覚えてない。
W・N：一週間か、二週間か、ちょっと何日間かは覚えてないです。
（中略）
（以上、調書94〜99ページ）

続いて表の7番も監禁を認めている原告で、イニシャルをH・Aとする。以下は、平成11年11月9日に札幌地裁で行われた尋問で、統一教会の代理人である鐘築弁護士と本田弁護士の質問に答えたものである。鐘築弁護士は証言を引き出すために敢えて「保護」という言葉を使っているが、鍵がかかっていたことは確認している。本田弁護士ははっきりと「監禁」という言葉を使い、本人もそれを認めている。

鐘築：それからあなたは保護されたというんだけれども、これは監禁というか、自分の家で保護されたんですか。
H・A：自分の家じゃないです。
鐘築：マンションですか。どこかの。
H・A：東区のほうのマンションです。
鐘築：どのくらいの期間そこにいましたか。
H・A：二週間くらいいました。
鐘築：部屋の様子ですけれども、ドアとか窓にかぎをかけて、自分勝手に出られないようにしてありましたか
H・A：はい。

鐘築：それはずっと二週間くらいずっとそうしてあったわけ。
Ｈ・Ａ：いえ、後半はしていませんでした。
鐘築：で、あなたを保護した人なんですけれども、それはだれが保護したの。
Ｈ・Ａ：両親と姉夫婦です。
（以上、調書50〜51ページ）
（中略）
本田：監禁されているときに来たのは、あなたの親と兄弟と、それから脱会した人と、それ以外に牧師という人は来た。
Ｈ・Ａ：はい。
本田：何という牧師。
Ｈ・Ａ：星川さんという人でした。
本田：その一人だけ。
Ｈ・Ａ：牧師さんは一人だけです。
本田：で、いろいろと統一協会の教義について、その人からいろいろ教えられたのね。
Ｈ・Ａ：はい。
本田：それ以外に、聖書のことについてもいろいろと教えられたんですね。
Ｈ・Ａ：聖書を見ながら、いろいろ説明をされました。
本田：で、あなたは脱会することを決心したのは、その教えられて、統一協会が間違っているというふうに思ったわけね。
Ｈ・Ａ：はい。

本田：で、そう思ったのは、監禁されている二週間くらいの間ですか。
H・A：はい。
（以上、調書55～56ページ）

表の13番も監禁を認めている原告で、イニシャルをY・Yとする。以下は、平成12年4月25日に札幌地裁で行われた尋問において、統一教会の代理人である本田弁護士の質問に答えたものである。ここで本田弁護士が「軟禁状態」という言葉を使っているにもかかわらず、本人が敢えて「監禁状態」と言い直したのは非常に正直だ。

本田：あなたはマンションに入れられて、出入りは自由でしたか。
Y・Y：いいえ。
本田：自由でなかったんですか。
Y・Y：はい。
本田：軟禁状態ですか。
Y・Y：いいえ、監禁状態です。

表の15番も監禁を認めている原告で、イニシャルをY・Cとする。以下は、平成12年3月7日に札幌地裁で行われた尋問で、統一教会の代理人である本田弁護士の質問に答えたものである

本田：この脱会されたときは、東区のアパートに連れられて行ったんですね。
Y・C：はい。

本田：そのときには、親や兄弟の皆さんが連れて行かれたんですね。
Y・C：はい。
本田：部屋にはカギが掛かっていましたか。
Y・C：部屋というか、玄関には掛かっていたとおもいます。
本田：入口ね。
Y・C：はい。
本田：入口のドアにはカギが掛かって、そうすると簡単には、自分が出たいと思っても出られなかったわけね。
Y・C：家族は出してくれないという状況でした。
本田：その部屋っていうのは、何DKぐらいの部屋でしたか。
Y・C：二DKぐらいでしょうか。
本田：部屋には、どなたか一緒に寝泊まりしましたか。
Y・C：はい。
本田：一〇日間ぐらい監禁されたんでしょう。
Y・C：はい。
（中略）
本田：監禁されてからフランス人と、それから元統一協会の幹部の人がやって来ましたね。
Y・C：はい。
本田：フランス人っていうのはだれですか。
Y・C：パスカルさん。
（以上、調書50～63ページ）

以上の証言から、櫻井氏の調査対象の中には、自らが文字通りの「監禁」を伴う脱会説得によって教会を離れたことを裁判の場ではっきりと認めている者が、最低でも5人いることになる。にもかかわらず、櫻井氏は自身の研究の情報源となっている統一教会の元信者について、「自発的脱会者」であると言い切り、外部からの介入による強制的脱会をさせられた事実を伏せている。ここでも櫻井氏は統一教会を利するような情報に関しては、「統一教会に対して批判的な立場から調査を行う筆者とは利害関係において合致しないと思われる」(p.199)ので黙殺するのだろうか?

ほかにも「監禁」という表現は認めていないが、鍵がかけられており、出入りが自由でなかったことを認めている原告が7人いて、その番号とイニシャルを表記すれば以下のようになる。煩雑を避けるために詳細は省き、ポイントだけ表記することにする。

4番:T・E(部屋から出られず、鍵がかかっていたことを認めている)
5番:Y・N(「監禁」を「救出」と言い換えるが、外には出られない状態だったことを認めている。この証言は、私のブログに抜粋を掲載している。http://suotani.com/archives/428)
8番:U・T(鍵がかかっていて、自由に出入りできなかったことを認めている)
9番:T・T(ビジネスホテルに鍵がかけられていて、自由に出入りできなかったことを認めている)
10番:K・M(陳述書に本人の意思に反して拘束されたことや、「監禁だ」と感じたことを記述している。陳述書のポイントは、私のブログに抜粋を掲載している。http://suotani.com/archives/428)
11番:M・N(親がマンションに鍵をかけて自由に出入りできなかったことを認めている)

12番：Ｏ・Ｔ（「監禁」を「保護」と主張しているが、マンションから自由に出入りできなかったと証言している）

櫻井氏が研究対象とした15人の札幌「青春を返せ」裁判の原告の中には、脱会説得の際に自分が「軟禁状態」であったことを認めている者が２人いる。その番号とイニシャルを表記すれば以下のようになる。

1番：Ｓ・Ｍ（何日間か軟禁状態になったことを認めている）
3番：Ｔ・Ｍ（自宅で軟禁状態であったことを認めている）

こうした元信者たちは既に統一教会を離れており、損害賠償請求訴訟を起こした立場なので、彼女たちに教会を擁護する動機はなく、統一教会のために事実と反する証言をする理由もない。通常ならば統一教会を利するような証言はせず、むしろその反対をする人々である。その彼女たちが敢えて「監禁」「自由に出られなかった」「軟禁」という表現を裁判でしている以上、これは極めて信憑性が高いと考えてよい。

実は、彼女たちが脱会時に物理的拘束を受けたことは、法廷でも認定されている。平成15年3月14日の札幌高裁判決は、「被控訴人らはいずれも控訴人を脱会（棄教）した者であり、脱会に至るまでの過程において親族らによる身体の自由の拘束等を受けた者も多く、このような拘束等は、当該被控訴人らとの関係においてそれ自体が違法となる（正当行為として許容されない。）可能性がある」と述べている。しかしながら判決文は、これらは被控訴人とその親族との間で解決されるべき問題であり、こうした事実は「青春を返せ」裁判の判決には影響を与えないと述べている。

通常は、脱会の際に物理的な拘束があったことや、第三者の介入があったことは、反対尋問によって初めて正直に証言することが多い。しかし、中には陳述書で脱会の経緯を詳細に説明し、本人の意思に反して拘束されたことや、「監禁」だと感じていたことを記載しているケースもある。その代表的な例が、上記のK・Mさん（10番）の陳述書である。その脱会の経緯をそのまま掲載しよう。

「監禁」体験を語っているK・Mさんの陳述書

九二年四月六日。忘れもしないこの日は私が保護された日である。妹の嫁ぎ先であるN家の、お父さん、お母さんと私達家族とで食事をする事になっていた。Nさんご夫妻はとても感じのいい方達で、以前にも家族ぐるみで食事した事もあったので楽しみにしていた。家で両親だけと話すよりいろいろな話題が出て楽しかったし、統一協会や現在の生活に関する質問などもされないので気楽だった。

西二八丁目の地下鉄駅で待ち合わせた。そこから車でステーキのおいしい店に案内された。食事の時間は楽しく過ぎた。それから地下鉄まで乗せてもらう為に車に乗った。私の両脇に父と母が座ったのであれっと思った。こういう配置で座った事はなかった。今日は泊まって行かないんだと母に言ったが返事がなかった、

妹の夫であるY君が運転する車は実家の方に真っ直ぐ向かっていた。両親を降ろしてから地下鉄まで乗せてもらえばいいと思って黙っていた。思い返して見ると、その時は何となく皆が無口で変だった。実家の近くの知らないマンションの一つに車が入っていこうとした。「どうしてここに行くの。ここは何なの」と私が聞いた時、Y君の顔がすごく緊張している事に気が付いてはっとした。これは「監禁」だ。

駐車場に車が止まってから、父親が私に何か説明したが内容はほとんど覚えていない。それは月日が経ってしまったからではなく、余りにも気持ちが動転して話を聞けるような状態ではなかったからだ。もっとも恐ろしい事だと聞いていた事が自分の身に起きてしまったのだ。何とかして逃げなくてはという事だけで頭が一杯だった。監禁されそうになった時は、どんな事をしても命懸けで逃げて来なさいと言われていたからだ。

車のシートにしがみついていたのを降ろされてマンションの入り口まで連れて行かれた。何とか腕を振りほどい

て、走って逃げようとしたのだが、皆が必死になって私を押さえ付けようとした。妹が涙を流しながら、こうするしかなかったんだと言っていた。父親がなおも何かを説明していた。父さんはとにかく決心したんだときっぱりと何度も言っていた事しか覚えていない。

皆の顔が、とても自分の身内とは思えないような恐ろしい顔に見えた。マンションの入り口に、千葉の伯父さんが立っているのが分かった。続いてNさんご夫妻、が入って来た。この人達も何食わぬ顔をしてグルだったのだと思った時目の前が真っ暗になった。

エレベーターがなかなか降りて来なかった。エレベーターから男の人が二人降りて来たので私は必死に助けを求めたが不思議そうな顔をしながら行ってしまった。エレベーターのドアが開くと年配の女性が立っていた。この人は誰なのと叫んでから、旭川の伯母さんである事に気が付いた。

その日は一二時位まで話したと思う。統一協会についていろいろ質問された。一つに答えても、家族が代わる代わる聞いて来るので私は休む間も無く答えなければならなかった。恐ろしい圧迫感と、「監禁」された事に対する怒りで気が狂いそうだった。私は家族の救いの為と思って好きな仕事も辞めて厳しい生活環境の中でも頑張ってきた。皆で私を捕まえようとしていると考えもせずに、楽しく食事していた事を思い出すと悔しくて惨めだった。

以前に父は、もう大人なんだから家に閉じ込めておくわけにもいかないと言っていた。私も牧師さんの中にはお金目当てに、困っている親の弱みに付け込む人がいる。だけど、そういう卑怯な人には絶対に頼まないでほしいと言っていたのに。こんなに計画的な事は牧師の指導に基づくものに違いない。

私が牧師さんを頼んだのかと聞くとそうだと答えた。お金目当てに他人の宗教の自由を侵すような人に頼むなんてひどいじゃないかと怒ると、そんな人ではないと父が言った。その人と私とどっちを信用するんだと統一協会で習った切り口上を投げた。そこまで子供が言うと親は折れるはずなのに、私の言う事は嘘が多くて信用出来ないと言われてしまった。ここまで反対牧師に洗脳されてしまったのかと私は驚いた。

だいぶ話したけれど家族はちっとも納得しなかった。私は話をする気持ちはあったけれどとにかく今日は帰らなければいけないといっても、駄目だと言われた。私はやりかけの仕事も気になったので連絡だけでもさせてほしいと言っても駄目だった。押し問答を繰り返したけれど家族の態度は強硬だった。家族といえどもこうまで自由を奪う権利があるのかと、怒りが込み上げた。人間扱いされていないと思った。

その夜は悲しみと、怒りの入り交じった何とも言えない気持ちで横になった。隣に妹が寝ているので祈祷もトイレでするしかなかった。これまでになかったほど真剣に集中して祈った。絶対に私は負けるわけにはいかない。原理は真理なのだから必ず勝利出来るはずだ。この機会に原理を伝えて、分かってもらえるのが、一番いいけれど、駄目であれば逃げ出すしかないだろう。お父様は、もっとひどい苦境に陥っても勝利して来たのだ。

T所長の笑顔が浮かんで心配している事を思うと涙が出た。うとうととしては、目が覚めて、トイレに何度も起きた。居間に敷いた布団の上に父親が逃げられないぞとばかり座っていた。怒りと憎しみが爆発しそうになるので見ないようにして通った。西川先生が警察に捕まった時に醤油を飲んで病院に運び込まれ、その隙に逃げ出した話を思い出して探したけれど見当たらなかった。

次の日の午後、反対派牧師がやって来た。そう言えば、前の晩に父が牧師さんに会ってみないかと聞くので怒りに任せていいよと言ってしまっていたのを思い出した。余り考えずに承知してしまったけれどいざとなると恐ろしい。

しかし、どんな人が来ようとも私の気持ちは絶対に変わらない。しばらくすればあきらめて来なくなるだろう。何か月も掛かるかもしれないけれど頑張ろうと思った。

牧師ははこぶね教会の大久保ですと丁寧に自己紹介した。牧師が持って来てくれた聖書にも、はこぶね教会の名前と住所がスタンプで押されていた。統一協会でホームの住所や電話番号を外部の人には教えないようにしていたので、何か不思議に感じられた。

（以上、陳述書 p.231-236）

拉致監禁強制改宗の一部始終を、既に教会を離れた元信者が極めてリアルに証言している貴重な陳述書である。彼女は札幌「青春を返せ」裁判で統一教会を訴えた原告であるため、「利害関係において合致する」と櫻井氏に判断され、調査対象に入れられた。しかし、彼女が裁判の中で証言しているこうした事実は、櫻井氏にとっては「利害関係において合致しない」と判断されたのか、一切触れられておらず、原告の全員が「自発的脱会者」であり、自分の意思で「脱会カウンセリング」を受けに来たかのように描かれている。櫻井氏の調査研究方法は、このように極めて恣意的に調査対象となる人物や情報を選択していることが分かる。それは初めから「結論ありき」の研究で、統一教会を批判する自分のフレームワークに収まらないものはすべて捨象するという信念に貫かれている。

櫻井氏は、現役の統一教会信者を研究対象とするのではなく、「裁判資料をテキストにする」方法を採用した理由について、以下のように説明している。

「社会問題化している教団というものは正面から正攻法で調査できない場合が多い。公式的な社会調査の手法や調査倫理に基づいて教団本部の広報を通して調査依頼し、被調査者に配慮して、調査許可されたことだけを調査し、公開可能とされたものだけを調査結果として公刊するだけでは、筆者が考えるところの調査にならない。そこで、脱会者に話を聞くわけだ」（p.200）

これは詭弁である。櫻井氏の言うところの「正攻法」の調査方法だけでは、特定の宗教団体の一面しか見ることができず、全体像を描写することができないという主張は認めよう。しかし、こうした「正攻法」によって知ることのできる情報は、その宗教団体に関する貴重な知見であるし、一面とは言え、その宗教団体のまぎれもない真実の姿である。あるものに「表」と「裏」があるとすれば、その両方が真実なのであり、「裏」だけが真実なのではない。

櫻井氏の問題は、「正攻法」の調査を行った上で、脱会者の話を聞いて「裏」を取るのではなく、初めから「正攻法」の調査方法を放棄して、「裏」である脱会者の情報にのみ依存している点にある。しかも、その元信者は統一教会を相手に裁判を起こしている点において、かなり特殊な人々であると言える。これは、現役信者と元信者の両方を研究対象としたアイリーン・バーカー博士の研究方法と比較すれば、明らかに偏った研究方法と言わざるを得ない。このことは繰り返し強調する必要がある。

櫻井氏は、「裁判資料に偏向がないわけではない」(p.200)と言うが、これは資料批判の観点からすれば能天気な発言だ。実際には、民事訴訟における原告の陳述書や証言は、一方当事者の主張にすぎず、それに依存すること自体がまさに偏向そのものである。櫻井氏は、「裁判の原告となった人が統一教会信者をどの程度代表しているものかがわからない」「裁判を起こした元信者のデータははずれ値の可能性が高い」(p.201)とも言っている。その通りであり、裁判の原告は平均的な統一教会信者ではなく、まさに「はずれ値」と言ってよい特殊な人々である。また民事訴訟における陳述書や証言は、その「はずれ値」にさらにデフォルメ(変形)が加えられた特殊な資料である。こうした歪んだ「はずれ値」のデータを用いて、統一教会全体の入信、回心、信仰生活の実態について記述している点に、櫻井氏の研究の根本的な問題がある。

「二　統一教会信者の入信・回心・脱会のパターン」への反証

さて櫻井氏は、「二　統一教会信者の入信・回心・脱会のパターン」の中の「1　どういう人が信者になるのか」という項目の中で、マーク・ギャランター氏やアイリーン・バーカー博士などの西洋における統一教会の先行研究を紹介している。「統一教会へ入る人達に特有の個人的・社会的特徴はあるのだろうか」(p.202)という問いかけに対する彼らの知見を紹介しているわけだが、バーカー博士とギャランター氏の研究において、「精神的・心理的特性は認められなかった」（p.202-203）という彼の表現はあまり適切ではない。これでは全く特徴がないかのように誤解されてしまうだろう。実際には特徴はあり、正確に言えば、こうした先行研究が明らかにしたのは、一般の人と比較して統一教会信者の精神的健康度が低いという証拠は見いだせなかったということであった。これは、「カルトに入るような人は精神的に病んでいるか、トラウマを抱えたような人に違いない」という一般的な憶測を否定する研究結果であった。

櫻井氏の表現で言えば、「一般市民や平均的な学生より知的水準・学習能力が低く、被暗示性が高いのではないかという仮説を立てて調べてみたところ、どちらの調査でもそのような仮説は否定された。むしろ、学歴や出身階層も平均より高く、向学心も強い人達であることが示された」（p.203）という記述の方が正確である。最終的に統一教会信者になる人は、「生きる意味や世界の目的と言ったものを模索していたが自分では見いだせなかった」（p.203）ような人々であるという知見も、「価値志向性の強い若者達が統一教会信者となっており、彼らは洗脳されたのではなく自発的に統一教会信者として活動している」（p.203）というのも、バーカー博士の研究結果の正確な報告である。しかし、ここまで正確に要約している割には、次の段落では早くも先行研究に対する理解不足を露呈しているから、いったいどこまで正確に理解しているのか分からない。

櫻井氏は、統一教会信者の特徴を、入信前と入信後で自己と社会の認識や生活様式を一変させることであるとした上で、「信者の性格に関していえば、教え込まれやすい人、社会的属性では、教団活動に全てを打ち込める環境の人が信者になっているということである」（p.203）と述べている。社会的属性として、教会活動に打ち込めるような余裕のある人が信者になるというのは、ある程度当たっているだろう。実際にアイリーン・バーカー博士も以下のように述べている。

「人口全体をみるなら、明らかに非常にわずかな割合の人々だけが、ムーニーの改宗の努力に好意的な関心を示している。改宗した人々は、圧倒的に年齢が18歳から28歳の間で、男性が多く、また中流階層が多くて通常は未婚の人々である」「青春は理想主義と、反抗と、実験の時代である。たまたま恵まれた中産階級の出身であれば、理想を追求しながら、自分自身に対して贅沢を禁止するという贅沢をするだけの余裕がある。青年期の健康を享受し、差し迫った責任からも解放されていれば、物質的な利益を放棄することができる」（『ムーニーの成り立ち』第10章「結論」より）

しかし、バーカー博士は続けてこうも言っている。

「そのような観察には明らかにかなりの真実が含まれているし、なぜ統一教会のフルタイム・メンバーになる人々がある特定の年齢層から得られる傾向にあるのかを理解するのに役立つであろう。しかし、それだけではこれらの一般化はあまりにも大きすぎるのであり、歴史を通じて多くの時代に当てはまるだろう」（前掲書、第10章「結論」より）

つまり、社会的属性や環境的要件は統一教会信者になりそうな人をある程度絞り込むことはできるかもしれないが、そのような属性を持つ人々のすべてが統一教会信者になるわけではないので、その中からさらに絞り込まれるような性格的な特徴を見いださなければ、「どんな人がムーニーになるのか？」を解明したことにはならないというのである。

櫻井氏は、その性格的特徴を「教え込まれやすい人」（p.203）と簡単に片付けているが、実はこれはアイリーン・バーカー博士の研究で否定されている。バーカー博士はこの「教え込まれやすい性質」のことを「Suggestibility」と表現しており、私はそれを「被暗示性」と訳した。「被暗示性」とは、他者の提案や示唆を受け入れやすい傾向のことで、説得に弱くて勧められるとNOとは言えないタイプの人、素直なお人好しタイプ、精神的な弱さや隙がある人のことを指す。バーカー博士は対照群との比較により、一般に「被暗示性」が強いと思われるような属性の強い人々、つまり貧困または明らかに不幸な背景を持っていたり、もともと精神的な問題や薬物使用などの問題を抱えていたり、基礎的な知識に欠けるが故に説得を受け入れやすいような人々はむしろムーニーになりにくいという結論を出した。彼女の分析によれば、統一教会に入教するような人々は、これとは逆の傾向の人々、すなわち基本的に幸福な幼少時代を過ごし、健康で社会にも適応し、高度な教育を受けた人々が多かった。もちろん、精神的な問題を抱えた人々が救いを求めて修練会に参加するということはある。ところが、こうした人々は最終的に教会員にならないか、一度入教したとしても短期間で離脱してしまう人が多いという。

バーカー博士のデータ分析によれば、被暗示性が弱い、すなわち強固な意志を持ち、人の影響を受けにくいタイプの人も確かにムーニーにはなりにくいが、逆に被暗示性が強すぎる、すなわち人の言うことを何でも受け入れてしまうタイプの人も、修練会に参加したとしても最終的にムーニーにならないか、なったとしても短期間で離脱する傾向にあることが分かったという。すなわち、ムーニーになる人々は、「被暗示性」においては中間層の人々だということだ。特に「教え込まれやすい人」が信者になるのではないのである。

それでは、統一教会に入る人と入らない人はどこが異なるのであろうか？　それは統一教会が提示するものに対して積極的に反応するような「感受性」があるかないかであるという。「人はなぜムーニーになるのか？」という問いにバーカー博士が下した結論は、「ムーニーの説得力が効果を発揮するのは、ゲストがもともと持っていた性質や前提と、彼に提示された統一教会の信仰や実践の間に、潜在的な類似性が存在するといえるときだけだ」（前掲書、第10章「結論」より）という言葉に集約される。つまり、統一教会の信者になった人は、「教え込まれたの」ではなく、統一教会の教えに「共鳴した」のであり、もともと共鳴する性質を自身の内に持っていたということである。

櫻井氏は、統一教会信者の特徴について以下のように述べている。

「統一教会信者は、入信前に特別な性向を有していたり、特定の社会環境にあったりしたものではないが、回心して信仰生活を継続するようになると特有の思考パターンや行動様式を示すようになる。入信後、信者達が

それまでの自己と社会の認識や生活様式を一変させるというところにこそ統一教会信者の特徴がある」(p.203)

これはあまりにも大きくて漠然とした特徴で、はたして統一教会に固有の特徴なのか、それとも宗教一般の特徴なのか、あるいは団体やグループ一般に当てはまる特徴なのか分からない。人はあるグループに所属すると、そのグループに適応するために思考パターンや行動様式を変化させるものである。例えば高校から大学へ進学してしばらくすれば大学生らしくなり、就職すれば社会人らしくなっていく。特定の業界の人間になれば、その業界の思考パターンや行動様式を獲得して人は変化していく。特定の企業に入れば、その会社の社風に染まっていくだろう。そうしたことは何も統一教会に限ったことではない。そして数多くある団体やグループの中でも、宗教団体は個人の根源的なアイデンティティーに働きかけるものであるために、変化の度合いが大きいという特徴がある。伝統的宗教にせよ新宗教にせよ、「回心」と呼ばれる体験をした人は必ずといってよいほど自分自身や世界に対する認識が一変したという証言をする。櫻井氏の言っている内容は、統一教会の特徴というよりは、宗教的回心を体験した人の一般的な特徴と言える。

統一教会に入信すると自己と社会の認識や生活様式を一変させるという特徴を根拠に、櫻井氏は信者の性格は「教え込まれやすい人」(p.203)であると主張している。しかし、これは入信の前後でその人の人格があまりに劇的に変化したように見えるので、「洗脳されたに違いない」と主張してきた古典的な議論と大差ない。この入信前後の変化について、アイリーン・バーカー博士は次のように述べている。

「回心のもたらす変化は単に『統一原理』を受け入れることだけにとどまらない。われわれはしばしば、行動様式、態度、全般的な世界観に極めて大きな変化をもたらすという話を聞く。『ジョナサンはもはやかつてと同じ人物ではない。以前の彼なら決してあのようなことをしないだろう。彼は完全に認識不能な人格に変わってしまった。もはやジョナサンではなくなっている』ということが分かるかもしれない。……しかし人生において著しい変化を遂げる人はたくさんいる。そのような変化を記述することが、『どうしてその変化が起こったのか?』という疑問を誘発するのはもっともだが、しかし変化の『記述』は、それ自体では変化の『説明』にはならない」

「『洗脳以外の説明は不可能である』という主張を正当化するために、変化の程度だけではなく、その変化が起こった速度が使われることがときどきある。突然で劇的な回心の話は歴史にあふれており、聖パウロの体験はその中でも最も広く知られている話の一つである。北米や欧州における福音派の伝道集会は、突然の回心を体験した何千人もの『新生した』クリスチャンを生み出している。その回心の際に、イエスを自分たちの生活に受け入れ、それ以後生活態度や生活方式を劇的に変化させたと彼らは主張している。回心が突然起きたことが、強制的な技術が使われたに違いないと示唆しているというのなら、『全ての』突然の回心は洗脳の結果だとみなさなければならないであろう。しかし、ムーニーが洗脳されていると主張する人々の中で、そのような立場を受け入れる者は、たとえいたとしてもごくわずかであろう。(事実、彼ら自身も多くは新生したクリスチャンなのである)」(『ムーニーの成り立ち』第5章「選択か洗脳か?」より)

また櫻井氏は、統一教会信者の社会的属性として、「教団活動にすべてを打ち込める環境の人が信者になっているということである。極端に貧しい人や豊かな人、時間的余裕が全くない人や余生を送っているだけの人、身体能力や学習能力に極めて秀でている人やハンディを負っている人が信者になることは稀である。社会学的にいえば、中間層が厚い社会ほど統一教会信者の候補者が多いということになる」(p.203) と述べている。

これはアイリーン・バーカー博士によるイギリスのムーニーの研究で明らかにされた事実と同じである。イギリスのムーニーには上流階級の出身者はおらず、中産階級の中と下、労働者階級の上と中に集中しているという。つまり、階級の最上層にも最下層にもムーニーになりそうな人はいなく、全体の中間あたりの階級の人々がムーニーになるということだ。しかしこれは、「どんな人が統一教会信者になるのか」という候補者の絞り込みにすぎず、その中で統一教会の信者になる人とならない人がいる理由については説明していない。この重要なポイントに関して、櫻井氏は極めて乱暴な議論を展開している。

「これは、統一教会形成史において戦略的な人材調達の手法について述べた通り、青年や一般市民が統一教会を選んで信者になったのではなく、統一教会が教団に欲しい人材を信者にしたのだ。そして、統一教会の布教戦略に応じやすい人達が信者となった」(p.203-204)

櫻井氏は、統一教会がある一定の階層や年齢の人をターゲットにして信者を獲得し、伝道された信者には主体的な動機などなかったと言わんばかりだが、はたしてそのようなことが本当にあり得るだろうか？　ある教団が「こういう信徒が欲しい」と願い、戦略を立てて伝道すれば、伝道される側には主体的な動機や要因がなくても入信するのだろうか？　そんな一方的な話ではないはずである。人がある教団に入るか入らないかには「相性」が作用しており、伝道される側も入るべき教団を「選択」しているのである。櫻井氏は、人が統一教会に伝道されるときの力学を、「統一教会が伝道対象者を引っ張って信者にする」という極めて一方的でシンプルなものとして描いているが、実際にはそれほど単純なものではないだろう。

アイリーン・バーカー博士は、人がムーニーになるときには四つの変数が作用していると分析している。それは⑴伝道される人が持っている個人の傾向、⑵彼のこれまでの人生における経験と社会への期待、⑶統一教会の魅力、⑷決断を下すに至る際の周囲の環境である。つまり、⑴ある特定の性格や傾向を持った個人が、⑵これまで歩んできた人生と、⑶統一教会が提示している生き方を比較して、⑷修練会という環境の下で決断を下すということである。この四つの変数が総合的に働いた結果として、人はムーニーになるという決断を下すのだとバーカー博士は分析した。分かりやすく言えば、⑴もともと宗教的な傾向を持った個人が、⑵これまでの人生や将来に対して希望を感じられず（プッシュ）、⑶統一教会の提示する世界観に魅力を感じて（プル）、⑷修練会という精神的に高まった環境の下で、ムーニーになる決断を下すというのである。この四つのどれ一つが欠けてもムーニーになることはなく、それがすべて揃う確率は低いため、修練会に参加しても最終的に信者にならずに脱落していく人は９割以上になるという。

それでは、信者になる1割以下の人と、脱落していく9割以上の人はどこが違うのか？　それは統一教会の提示するものに対する「感受性」をもっているか否かの違いであるとバーカー博士は言う。「被暗示性」（教え込まれやすさ）が基本的に他者の提案や示唆を受け入れやすい傾向のことであり、何でも受け入れてしまうような受動的で説得に弱い性格であるのに対して、「感受性」は統一教会が提供するものに対して積極的に反応するような性質のことであり、その個人がもともと持っているセンサーのような性質になる。こうしたセンサーやアンテナが発達している人は統一教会の教えや修練会に積極的に反応するが、発達していない人は反応しないので入教しない。統一教会に反応する「感受性」の内容は、結論だけを列挙すれば以下のようになる。

ムーニーになりそうな人は、①「何か」を渇望する心の真空を経験している人、②理想主義的で、保護された家庭生活を享受した人、③奉仕、義務、責任に対する強い意識を持ちながらも、貢献する術を見つけられない人、④世界中のあらゆるものが正しく「あり得る」という信念を持ち続けている人、⑤宗教的問題を重要視しており、宗教的な回答を受け入れる姿勢のある人。

このように、統一教会が伝道対象者を引っ張れば信者になるのではなく、引っ張られる側に統一教会を受け入れる素養がなければ信者にはならないことを、櫻井氏は全く考慮していない。これは、それを認めてしまうと信者になった人にも原因があったことになり、入信に対する「自己責任」という問題が発生するので、敢えて避けたのであろう。

「2　調査対象者の基本的属性」への反証

櫻井氏は、自らの研究の調査対象について、以下のように述べている。

「統一教会の布教形態は未婚者対応のものと既婚者対応のものに二分される。教義上の中核的儀礼が祝福なので、原罪のない子を生める可能性がある未婚者と、それができない既婚者とでは信者としてのライフコースが異なる。もちろん、既婚者であっても、さらに夫が統一教会に反対していたとしても、信者である妻は合同結婚式に参加し、既成祝福というカテゴリーの儀礼を受けることができる。しかし、これは教団の資金調達が逼迫して、教説を多少転換しても信者からの献金（祝福献金）を増やしたいという背景から出てきたものとも解釈される」（p.204）

この解釈は間違っている。このような初歩的な誤りは、櫻井氏の祝福の歴史に対する無知から来ている。「既成祝福」は教団の資金調達が逼迫した結果として生じた教説の転換ではなく、祝福そのものの歴史と同じくらい古い。まず、文鮮明師から最初に祝福を受けた3家庭のうち、金元弼先生の家庭は既成祝福である。その3家庭を含む36家庭が祝福の歴史の中では最も古い家庭に属し、その3分の1に当たる12家庭が既成祝福である。日本で一番初めに祝福を受けた久保木修己会長の家庭も、統一教会に出会う前に既に結婚していた既成家庭であった。そして日本で最初に祝福が行われたのが1969年5月1日で、このときの22組のうち12組がマッチングによる祝福で、10組が既成家庭であった。これらの事実から、文鮮明師は統一教会に出会う前に結婚していたカップルに対しても、初めから既成祝福という救いの道を準備していたことが分かる。

さらに、既婚者は原罪のない子を産めないという櫻井氏の解説も間違っている。統一教会に出会ったときに既に結婚していても、そのカップルが子供を産むことができる程度に若ければ、原罪のない子供を産むことは可能である。祝福を受ける以前の子供は原罪を持った子供で「信仰二世」と呼ばれているが、祝福を受けた後に生まれた子供は原罪のない「祝福二世」として、マッチングカップルから生まれた子供と同じ扱いを受けるからである。櫻井氏は現役の統一教会信者を直接調査していないので、こうした初歩的な誤解や間違いが多い。

櫻井氏は、自身の調査対象となった元統一教会信者の社会的背景について、以下のような特徴を明らかにしている。

「信者の家族構成を見ると、ほぼ標準的な家庭であることがわかる（表6-2）。青年は両親健在であり、壮婦は配偶者がいる。特に家族的問題を抱えていたとか、不幸な生い立ちだったという人は少ない。青年信者の教育歴に関してみると、専門学校・短期大学を含む高等教育を受けたものは半数を超え、同世代の高等教育修了者より若干高い程度である。もちろん、女性が多いために、専門学校・看護学校・短期大学だけで二四名（三六パーセント）もいる（図6-3）」（p.205）

こうした櫻井氏の調査結果は、アイリーン・バーカー博士によるイギリスのムーニーの調査結果とほぼ一致していて興味深い。彼女は、ムーニーは貧困または明らかに不幸な背景を持っているという傾向にはなく、むしろ比較的幸福な幼少時代を過ごした人が多いという結果を公表している。また、ムーニーが基礎的な知識に欠けるが故に説得を受け入れやすいのだという証拠はほとんどなく、むしろムーニーは国民の平均よりもはるかによい成績を上げているという結果も報告している。櫻井氏の調査対象は、裁判の原告となった人が中心であるため、統一教会の平均的人口分布よりも女性の割合が高い。したがって、統一教会信者の一般的な学歴よりも短大や専門学校の割合は高くなっていると思われるが、それでも統一教会信者の学歴が同世代の若者よりも若干高いというのはイギリスの調査結果と一致していて興味深い。イギリスにおいても、日本においても、統一教会信者となるような人は、特に不幸な背景をもった人や無知な人ではなく、比較的恵まれた環境で育った、平均よりも知的に優れた人々であることが分かる。櫻井氏はこのことを簡単に報告しているだけだが、こうした信者の属性は、統一教会信者は不幸や無知に付け込まれて伝道されたわけではない、ということを示している重要な証拠の一つである。

「3　入信の経緯と信者のライフコース」への反証

櫻井氏は本章の「3　入信の経緯と信者のライフコース」で、青年信者と壮婦の大きく二つに分けてそれぞれのライフコースを簡略に示している。櫻井氏の指摘するような「青年信者」と「壮婦」の間の価値的な序列は統一教会にはないが、伝道されたときに独身か既婚かによって、信仰生活のあり方やライフコースが異なることは事実である。こうしたことは統一教会以外の宗教団体でも存在し、年齢層や未婚・既婚の区別によって布教のあり方や信仰生活のスタイルが異なるのは当たり前である。ただし、統一教会においては「祝福」という結婚に関わる儀礼が救いの中心となっているために、未婚者か既婚者かでライフコースが異なるのは、教義的な必然と言える。

櫻井氏は冒頭で、「調査対象者の中で自ら統一教会の門を叩いたものはいない」(p.206)と述べている。これは単なる事実の記述というよりも、統一教会信者の信仰は主体的に獲得したものではなく、勧誘と説得によって受動的に植え付けられたものだという含意が感じられる。しかし、求道者が自ら訪ねてくるのを待っているような教団と、熱心に伝道活動を行う教団では、入門の仕方に大きな違いがあるのは当然で、これ自体は善悪・優劣の判断基準にはならない。人から声をかけられて結果的に信仰に至る信徒が多いのは、伝道熱心な教団の特徴であると言えるが、勧誘されて信仰を持つようになったからといって、その人の信仰が主体的なものではないとは言えないであろう。勧誘や伝道はあくまで本人が主体的な信仰を持つようになるきっかけにすぎないからである。

櫻井氏が強調したいのはむしろ次の記述で、「最初の時点で統一教会の布教活動を受けていることを認識していたものは皆無である」(p.206)という部分であると思われる。これは伝道の初期における「不実表示」の問題である。これに関しては、いくつかのポイントを押さえておく必要がある。

1　統一教会本部は信徒に対して、教会名を明示して伝道活動を行うよう指導してきたし、事実として、教会に連れてきて伝道していた。ところが、一部の信徒が自主的に運営していた連絡協議会（サークル会）のビデオセンター等においては、最初の段階では受講者に、統一教会の教義であることを明示しないで「統一原理」を紹介するケースもあったようだ。しかし、これは限られた時期における現象にすぎず、統一教会においては、教会に看板を掲げ、草創期から今に至るまで最初から宗教であることを証しし、教会の名前を明示して伝道活動を行っていた。

2　統一教会信者全員が正体を隠した伝道活動を行っていたわけではなく、いつの時代にもきちんと教会名を明示し、宗教であることを告げて伝道を行っていた信者は存在した。櫻井氏の調査した「青春を返せ」裁判の原告を中心とする元信者たちの中には、最初から正体を明かされていた者は皆無だったというが、実際には「青春を返せ」裁判の原告の中にも、最初から自分が統一教会にかかわっていたことを知っていた者は存在する。

3　特に2009年以降は、統一教会本部の信者たちに対する指導により、伝道活動を行う際には最初から教会の名前と目的を明示して行うように指導が徹底され、一部信者における正体を明かさない伝道方法は過去のものとなっている。

4　出会った最初の段階から原理を一通り聞いてしまうまで、伝道対象者に対して、「自分は統一教会員であり、いまあなたが学んでいるのは統一教会の教義である」と告げないで伝道することを「未証し伝道」と呼ぶ。この問題に関しては、アイリーン・バーカー博士が自著『ムーニーの成り立ち』の中で、その倫理的な評価はさておいて、「騙されること」が、人がムーニーになるための前提条件としてどの程度機能しているのかを分析している。彼女は、①騙されたからといってすべての人がムーニーになるわけではなく、後から事実を知って去っていく者が多数存在する、②騙されずに最初から統一教会だと知っていても入会する者がいる、という二つの事実から、「騙されること」は人がムーニーになるための必要条件でも十分条件でもないと分析している。次に、出合ったときに統一教会であると知っていた人の方が、知らなかった人よりも最終的に入会する割合が高いことから、「未証し伝道」は結果的に入教しそうもない人に多くの時間と労力を投入する可能性が高いことを示唆していると分析している。

以上のことから、一部の統一教会信者が正体を隠した伝道を行っていたという事実があるからといって、統一教会信者は騙されて信仰を持つようになったと結論するのは極めて短絡的だということが分かるであろう。現実はもっと複雑であり、実際には「未証し伝道」や「不実表示」が伝道の方法として有効であったかどうかは疑わしいのである。

櫻井氏は、信者を青年信者と壮婦に二分して、それぞれのライフコースを簡略に示し、同じ未婚の青年でも、「大学のキャンパスにおいて原理研究会に勧誘された学生の場合、青年信者と異なる点は、大学卒業まで統一教会の事業専従者になることが引き延ばされている点と、経済活動（訪問形式や各種展示会の物販）に従事させられることが少ないという点である」(p.206) と述べている。筆者は「大学のキャンパスにおいて原理研究会に勧誘された学生」に属し、櫻井氏の言う通り、大学卒業まではモラトリアム期間であったが、これは学生時代に教会で伝道された青年でも同じであろう。草創期ならともかく、１９８０年代以降において統一教会の信仰を受け入れた大学生が学業を放棄するよう勧められ、実際に放棄した例が多いとは思えない。筆者の場合にも大学は無事に卒業したが、教会の青年部で大学を中退したという話は当時も今も聞いたことがない。原理研究会であるなしにかかわらず、学生は大学を卒業するまでは進路の問題は引き延ばされているのが普通である。そして大学を卒業した際に、一般企業に就職して信仰を継続するか、統一運動関連の企業に就職するかは、最終的には個々の信者の判断に任されている。

実は原理研究会を通して教会に出会った者と、櫻井氏の提示している青年信者のライフコースの間には、卒業するまで進路が先延ばしにされていることのほかにも、かなり大きな違いがある。櫻井氏が典型的なライフコースの中で提示している様々な出来事を、筆者は体験していない。「ツーデーズセミナー」は原理研究会にもあったが、「上級ツーデーズセミナー」「ライフトレーニング」「フォーデーズセミナー」「新生トレーニング」「実践トレーニング」などのプロセスは、原理研究会にはなかった。したがって、筆者はこれらを実体験では知らないが、櫻井氏の調査対象となった元信者たちがそれらを体験したことは事実と認めてよいであろう。ただし、これらを通過しなければ統一教会の信者になれず、祝福が受けられないということはない。これらは日本統一教会全体の典型的なパターンというより、ある時期の一部信者が運営する組織でのイベントの記述と考えた方がよさそうだ。

青年信者のライフコースに出てくるこうしたイベントが事実としても、櫻井氏の記述には多くの表現上の問題と事実の誤認がある。要するに受動態の表現を敢えて多用している点で、例えば、「アンケートをとられる」「面会約束を取り付けられる」「受講することを勧められる」「献身を迫られる」などの表現だ。これらは別に「アンケートに答える」「面会約束をする」「受講することを了承する」「献身を決意する」でもよさそうだが、それを敢えて受動態にしたところに、本人の主体的な意思で決断したという表現を極力避けたいという櫻井氏の異常なまでの神経の使い方がうかがえ、事実の記述にまでイデオロギー的な含意が盛り込まれているのである。

代表的な事実誤認は、「⑪本部教会員となり、教団から指令された任地に向かう」（p.207）という部分である。櫻井氏の調査対象となった元信者たちが、統一教会の本部教会員となったのは事実であろう。しかし、そのことと教団から指令された任地へ向かうこととの間には論理的な関連性はない。宗教法人の教会員として登録されるのは、信者になったこと、すなわち信仰上の所属を決定したことであって、職業上の雇用関係が発生したり、指揮命令関係が生じたりしたことではない。事実、札幌「青春を返せ」裁判の原告となった元信者たちの中で、統一教会の職員として雇用されていた者はいない。教団が彼らを任地に派遣したと主張するのであれば、宗教法人が発行した辞令や人事発令の公文を示すべきであろう。

櫻井氏の調査対象となった元信者は66人だが、青年信者のライフコースとして示されている①から⑬のイベントのすべてを経験した元信者は2人のみだという（p.206-207）。たった2人で典型的なパターンと言えるのか疑問だが、そもそも祝福を受けた者が66人中24人しかいなかったのだから、彼らは信仰の比較的初期の段階で脱会したために、すべてを経験していない者が多いと言えよう。こうした初期の頃には、教会の組織や実態に関して幅広く正確な知識を有していない場合が多い。彼らの証言に価値がないとは言わないが、極めて限定された知識と理解の調査対象から得た情報をもとに、統一教会全体を分析しようとする櫻井氏の手法には限界があり、一面的で偏った描写となっている。

一方、壮婦のライフコースに関する櫻井氏の記述も偏見に満ちている。まず、入り口を手相・姓名判断、家系図鑑定などに限定しているが、実際の入り口はもっと多様で、時代や地域によって様々である。吉相の印鑑、高麗大理石壺、多宝塔、弥勒像、あるいは宝飾品・絵画等の商品の販売は統一教会の事業ではなく、信徒が設立した企業が販売していたもので、いずれもかなり古い時代のものである。こうした商品の購入をきっかけに信仰を持つようになった人がいたことは事実であろうが、それはあくまでも連絡協議会などの信徒会組織の例であって、それを統一教会信者の典型的なライフコースと位置付けるのは言いすぎであろう。

事実としてのライフコースよりも、壮婦の信仰生活の価値に対する櫻井氏の記述はほとんど侮辱とも言えるほど問題が多い。以下に引用する。

「壮婦の場合は、青年信者と異なり、祝福後新しい家庭を出発することが実際にないので、信者としてのライフコースに大きな転換はない。統一教会の献身者という身分で専従職員の業務を担うこともなければ、祝福家庭という評価（原罪のない子を生める特権等）を得ることもなく、従来通りの奉仕する信仰生活を生涯求められることになる。あがりのない双六のようなライフコースともいえる。しかも、世俗の交わりをした罪深い身にもかかわらず、文鮮明の恩寵によって祝福に加わることが許されたのだからということで、青年信者よりもいっそうの献身と奉仕が求められる」（p.208-209）

これほど誤解と偏見に満ちた「壮婦」の説明があるだろうか。統一教会の壮婦が青年信者に比べて価値的に劣る存在であり、特権や評価を得ることがないという櫻井氏の理解は根本的に間違っている。統一教会では、結婚してから み言を聞いて伝道された壮年壮婦を価値ある存在と認識しており、青年信者との間に優劣はない。むしろ、社会経験が豊富で実力のある壮年壮婦は教会の発展に貢献するとして大切にされている。

実際には壮婦のライフコースには大きな転換点があり、それは「夫復帰」と祝福である。女性が最初に伝道されるケースが多く、統一教会における究極の救いは「祝福」にあるので、信仰を持った壮婦は誰もが自分の夫を伝道しようと決意する。必ずしもすべての夫が妻の信仰を受け入れるわけではなく、実際には厳しいケースも多いのだが、粘り強く夫に自分の信仰を説明し、最終的に夫を伝道する壮婦は多い。

夫婦が信仰を持つようになれば、一定の「聖別期間」（夫婦生活を自粛する期間）を経て「既成祝福」を受けるのが壮婦の理想的なライフコースなのに、櫻井氏の記述にはこれが完全に欠落している。さらには祝福前に生まれた子供たちも伝道して祝福に導くことや、祝福後に子供を産んで「祝福二世」を生み出すことなど、壮婦の信仰生活も多くの価値あるイベントに満ちており、それが信仰の励みになっている。こうした道を順調に歩んだ壮婦は、祝福家庭としての評価を受け、原罪のない子供を産み、さらには婦人の代表として牧会者を支えたり、婦人信者のまとめ役をしたり生き生きと活躍している者が多い。統一教会の壮婦は極めて元気でパワフルな人々であり、櫻井氏の描写するような虐げられた悲惨な信仰生活を送っているわけではない。

櫻井氏は「奉仕する信仰生活を生涯求められる」とか、「献身と奉仕が求められる」という、またしても受動態の表現を壮婦に用いて、それが悲惨なものであるかのように描いているが、そもそも壮婦か青年かにかかわらず、献身と奉仕こそが信仰生活の基本姿勢であり、理想である。それは強いられてするのではなく、宗教的な動機に基づいて主体的に行うものである。献身と奉仕という宗教的な美徳に対してこのような表現しかできないということは、櫻井氏は宗教学者でありながら、根本的な宗教音痴なのではないかと疑いたくなる。このような歪んだ表現しかできない理由は、櫻井氏が現役の統一教会信者の壮婦に会って調査するという基本的な作業をしていないからである。「悲惨な壮婦」は現実の姿ではなく、裁判資料の歪んだ描写を素材に櫻井氏の頭の中で生み出された想像の産物にすぎない。

「4　イベントの時間的経緯」への反証

櫻井氏は本章の「4　イベントの時間的経緯」の中で、統一教会信者の信仰にかかわる主要な出来事を、①伝道を受けてから入信し、回心へ至るまでの過程、②信仰を強化して祝福を受けるまでの過程、③祝福後の信仰生活、に三分して分析している。この分類自体は妥当であり、客観的な事実やデータの記述が多いが、ところどころに櫻井氏自身の主観的コメントが書き加えられているので、不適切な部分は指摘しておきたい。

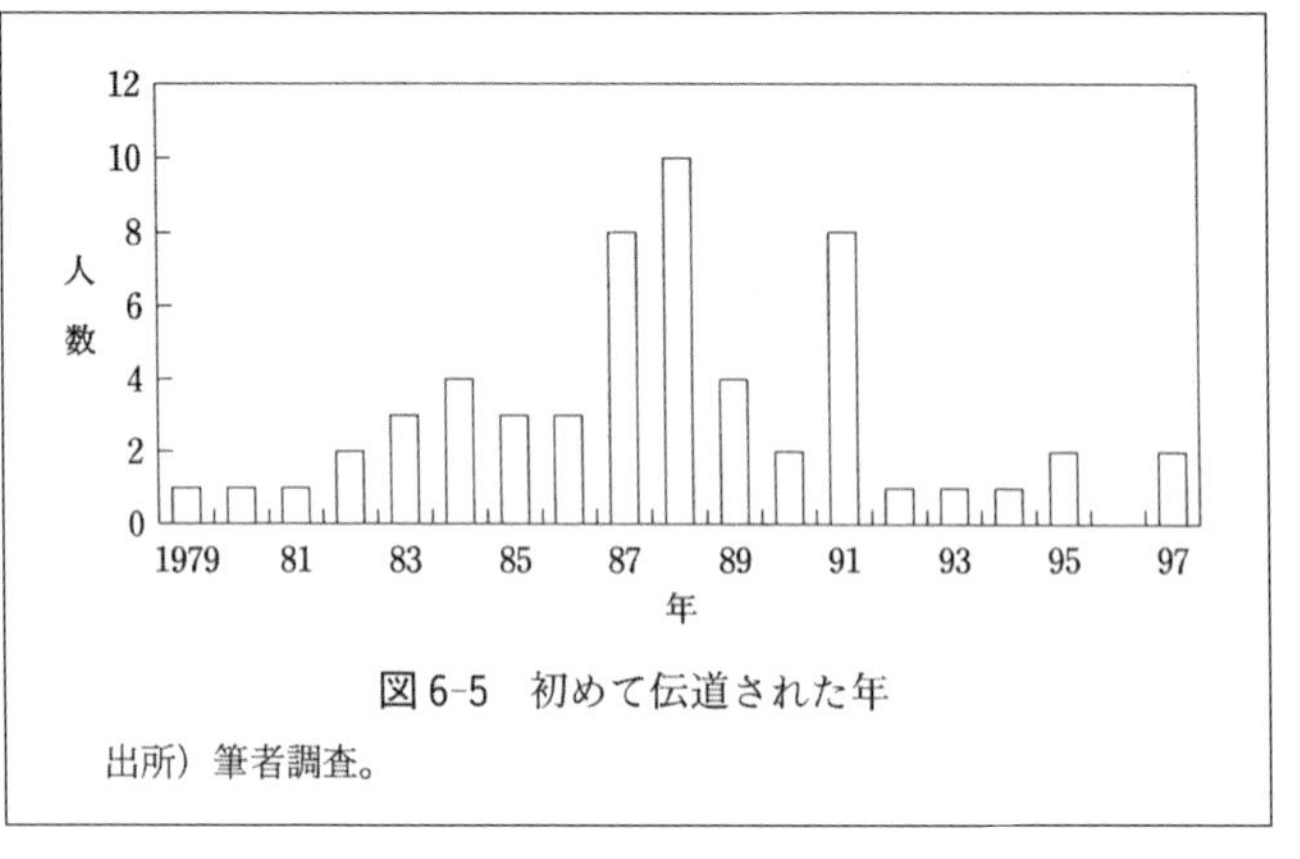

図6-5　初めて伝道された年

出所）筆者調査。

出典）『統一教会――日本宣教の戦略と韓日祝福』210ページ

櫻井氏は調査対象となった信者たちの「初めて伝道された年」を棒グラフにした図6-5を示し、「裁判資料にある元信者は伝道を受けた年が一九八〇年代、筆者の聞き取り調査を受けた元信者は一九九〇年代が主である。一九八七年から九一年までに伝道され、入信した元信者が多い」（p.209）と分析し、１９８０年代末と90年代初頭が統一教会で伝道が進んだピークだったと認識している。脱会者と現役信者の伝道された年が分布的に一致するかどうかは疑わしいが、図6-5に示された「初めて伝道された年」は、１９７９年から１９９７年まで18年間にまたがっており、筆者の先輩と後輩の両方がいて、櫻井氏の調査対象のピークは筆者よりも少し後輩にあたる。

櫻井氏はここで、統一教会との邂逅に関する次のような興味深い逸話を披瀝している。

「ちなみに筆者の教え子が札幌郊外の支笏湖の施設でツーデーズに参加し、直後に筆者にどうしたらよいかという手紙を書いてよこしたのが一九九二年だった」（p.209）

宗教学者である櫻井氏が、それまで統一教会について全く知らなかったということはないであろう。事実、櫻井氏は著書の中で大学のキャンパス内で活動する原理研究会のメンバーを目撃したと書いている。しかし、自分の教え子が伝道されるという最初の具体的な出会いが、櫻井氏の統一教会理解に大きな影響を与えたことは想像に難くない。客観的な研究対象としての統一教会ではなく、「教え子をカルトから救い出さなければならない」というより具体的な問題解決の対象としての統一教会に最初に出会ったのである。このことに関して、櫻井氏は別の著作『大学のカルト対策』（北海道大学出版会、２０１２年）で以下のように述べている。

「私がカルト問題に取り組むきっかけとなったのは、北星学園の短大で学生に教えていて、その短大を離れた後に、教え子が統一教会に入ったという連絡があり、どうしたらよいだろうという相談を受けたことです。私は社会学や倫理学という授業科目において宗教関連のことを教えていましたし、学生は必修科目としてキリスト教学を履修し、出席を取る礼拝や講話においてキリスト教の素養を持っていたはずなのですが、こうした学生がなぜ統一教会に入っていったのかと非常に気にかかったことがあります。……公立大学よりもミッション系の大学でカルトに入る学生は少なくないですね」（『大学のカルト対策』p.218-219）。

１９９２年は3万双の国際合同結婚式があり、マスメディアを通して統一教会が非常に有名になった年である。その年に教え子が統一教会に伝道されるという経験を櫻井氏はしている。その翌年には3万双で祝福を受けた山﨑浩子さんが統一教会を脱会し、記者会見で「私はマインド・コントロールされていました」と発言した。こうした身の回りに起きた様々な出来事が重なって、櫻井氏は研究者として統一教会に対する関心を高めていったと思われる。櫻井氏は１９９６年9月に國學院大学で行われた日本宗教学会の「第55回学術大会」で、「変貌する新宗教集団と地域社会―天地正教を事例として」と題する発表を行っており、同じテーマの論文を「新宗教教団の形成と地域社会との葛藤――天地正教を事例に――」と題して1998年に学術誌『宗教研究』317号に掲載している。テーマが「天地正教」という別の宗教とはいえ、統一教会について詳しく知っていなければ書けない内容である。1992年に教え子が伝道されるという事件をきっかけに、櫻井氏が統一教会問題に本格的に取り組むようになった流れが理解できる。

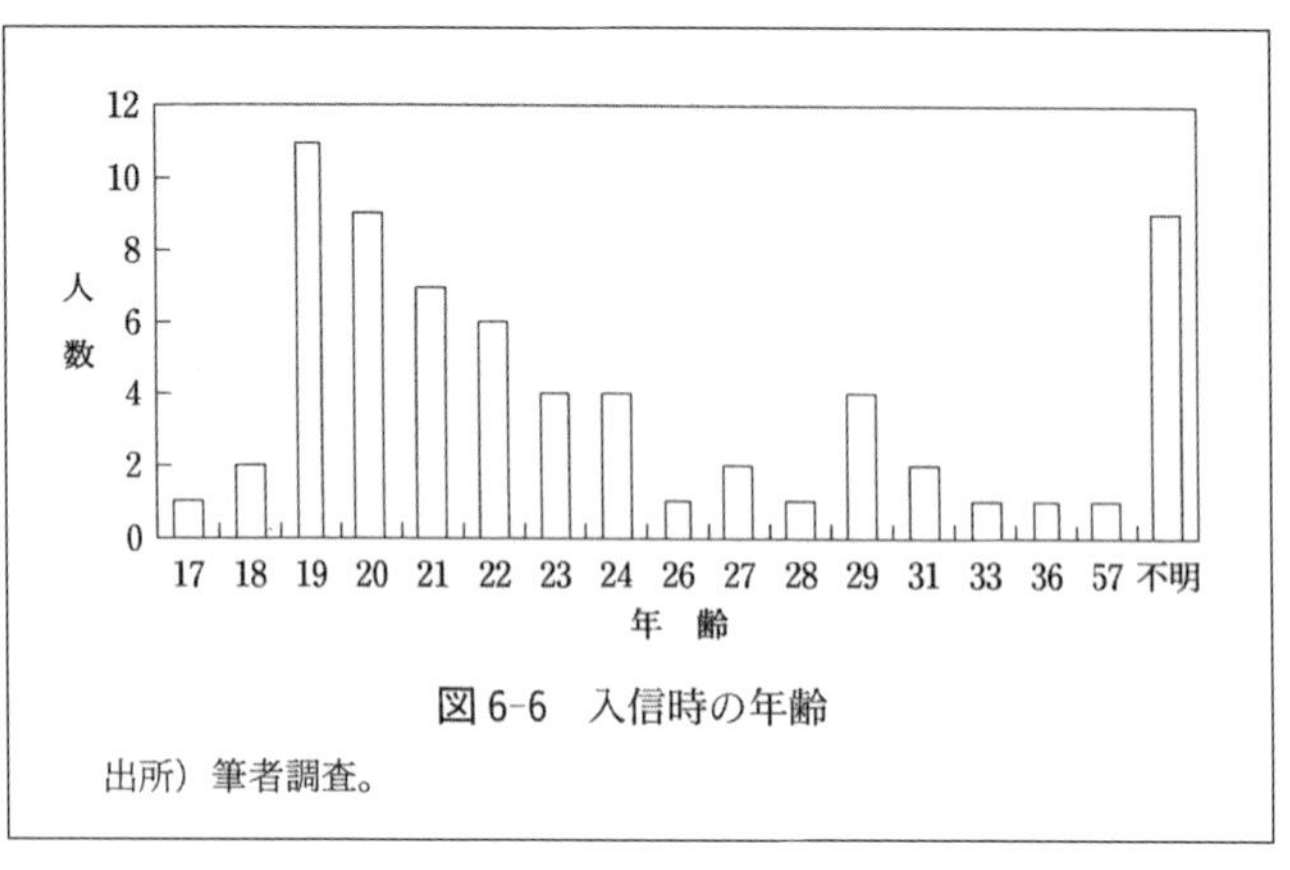

図6-6　入信時の年齢

出所）筆者調査。

出典）『統一教会――日本宣教の戦略と韓日祝福』210ページ

櫻井氏は調査対象となった信者たちの「入信時の年齢」を棒グラフにした図6-6を示し、「入信時の年齢は高校生からが一名いるほかは、大学の初年度か短期大学の学生時代であり、その後は社会人になった後の二〇代が多い（図6-6）。二〇代後半から三〇代には子育て時期の主婦が壮婦として入信した事例がある。男性は二〇代前後で入信しなければその後あまり入信する機会はない。社会人になると仕事で多忙になるからだ」（p.210-211）と分析している。ここまではほぼ客観的なデータの分析といえるが、これはあくまで櫻井氏の調査対象となった元信者に関してのみ言えることであり、櫻井氏が「こうしてみると統一教会の信仰というのは若い世代特有のものだということがわかる」（p.211）と言っているように、統一教会全体の分析として一般化できるかどうかは疑問である。

なぜなら、櫻井氏の調査対象者においては、横浜、札幌、新潟、東京、奈良、福岡などで「青春を返せ」裁判を起こした原告が66人中53

人を占めているからである。しかも、そのうち89％が成年信者で、11％が壮婦である。これが統一教会全体の人口構成と一致しているのか、もしずれているとすればその原因はなぜなのかを分析しない限りは、社会学的にはこのデータを母集団として統一教会全体についての結論を下すことはできないはずである。しかし櫻井氏はそれを全くせず、脱会した元信者のデータのみをもとにして統一教会全体について分析している。それでは櫻井氏の調査対象者の何が問題なのだろうか？

「青春を返せ」裁判というのは広報のためのニックネームで、裁判上は「損害賠償請求訴訟」で、法的には年配者でもこうした訴訟を起こすことは可能である。しかし、「青春を返せ」という裁判を、年配になって統一教会に入信した人が起こすのは、はばかられるであろう。若い時期に伝道されたからこそ、「青春を返せ」という訴えができる。しかも、裁判の原告のほとんどは親から反対を受けて脱会を決意させられた人々で、宗教の問題に親が干渉してやめさせるような年代層は、20代くらいまでであろう。すなわち、櫻井氏の情報源となった母集団自体が、青年層にある程度限定され、統一教会全体のデータから見れば「はずれ値」である可能性が極めて高いのである。こうした偏ったデータをもとに、「統一教会の信仰というのは若い世代特有のものだ」という結論を出すのは、社会学者としてはデータの分析の仕方そのものが偏っており、杜撰としか言いようがない。

彼はこうした偏ったデータをもとに、さらに敷衍した分析を行っている。櫻井氏は、通常は信仰には加齢効果が認められ、日本の既成宗教や新宗教においては青年期よりも中高年期に信仰を持ち始めるのが一般的であるにもかかわらず、統一教会の信仰は若い世代特有のものである点を強調する。それを根拠に、「壮婦の事例は統一教会系列会社の商品を購入した人が信者になるという副次的なコースであり、統一教会はあくまでも祝福に連なる若い人達を求めていた。しかし、これは近年変化し、伝道と資金調達を一挙に行うために中高年主婦を対象とした姓名判断・家系図鑑定の伝道方法にかなり力が注がれるようになった」（p.211）と論理を展開する。

ここでも櫻井氏は、統一教会の青年信者と壮年壮婦の間に価値的な序列をつけ、壮年壮婦は価値がない副次的なものであるかのように論じているが、これは事実に反する。統一教会の歴史を紐解くことによってこれを証明しよう。

文鮮明師に従った韓国の初期の弟子たちの中には、既成教会で重要な役割を果たしていた中年の婦人や老婦人も多く、草創期の韓国統一教会は全体として若者ばかりの宗教ではなかった。梨花女子大の学生たちが多く入教したときでさえ、当時大学の教授をしていた年配の女性たちも同時に入教したのである。

統一教会草創期に韓国で行われた祝福式には既婚の壮年壮婦が「既成家庭」として参加していたし、日本統一教会の最も古い祝福双にも既成家庭がいるように、もともと統一教会は若者だけを対象にした宗教ではなかったし、祝福を受けるのも若者だけではなかった。教義信条の面からも、統一教会の伝道対象者は未婚の若者だけではなく、年配の既婚者も祝福を受けることは最初から可能だった。

しかしながら、教義信条の面において万人に対して救いの道が開かれていることと、事実として一つの教団に若者が多く年配者が少ないことは全く別の問題である。前者は神学的な問題で、後者はより現実的な集団の特性の問題で、とりわけ西洋と日本の初期の統一教会信者は多くが若者であったこともまた事実である。櫻井氏の誤りは、現実的な集団の特性を教義信条の問題にまで拡大解釈し、信仰の本質を歪めているところにある。

図6-6は、入信するときの年齢層が10代後半から20代前半に集中していることを示しているが、これはアイリーン・バーカー博士の研究した初期のイギリス統一教会と似たような状況である。バーカー博士が研究していた当時、イギリスの統一教会に入教するメンバーの平均年齢は23歳であった。そして1978年における英国と米国のフルタイムのムーニーの平均年齢は26歳であり、1982年の初めの英国の会員の平均年齢は28歳だったので、イギリスの統一教会はまさに「若者の宗教」だったわけである。日本でも「親泣かせの『原理運動』」と叩かれた時代には大学生が多く伝道されたし、1980年代にも多くの若者が入教した。これは統一教会が宗教として若者たちを惹きつける魅力を持っていたということであろう。バーカー博士は、西洋の若者たちが統一教会のような宗教に魅

かれていく理由を以下のように説明している。

「青春は理想主義と、反抗と、実験の時代である。たまたま恵まれた中産階級の出身であれば、理想を追求しながら、自分自身に対して贅沢を禁止するという贅沢をするだけの余裕がある。青年期の健康を享受し、差し迫った責任からも解放されていれば、物質的な利益を放棄することができる。それは少なくとも、その人がばかげた幻想を捨てるぐらいまで『成熟』し、落ちついて、伝統的な社会の営みや価値観を受け入れ、そして恐らくそれらを支持するまでの間であるが」（『ムーニーの成り立ち』第10章「結論」より）

バーカー博士は、理想主義的な若者がムーニーになる動機をやや批判的に突き放して捉えているが、これは西洋における初期の統一教会がちょうど青年のような「若い宗教」であり、エネルギーに溢れてはいたが、まだまだ組織としては未熟であったためである。実際には、理想主義的な青年たちは、成熟すれば「ばかげた幻想」を捨ててしまうのではなく、信仰の核心部分は維持しつつ、教会全体も社会との関係において成熟し、個々の信徒たちも大人になっていくのである。

日本統一教会においても、初期は若者たちが多かったものの、１９８０年代以降には壮年壮婦と呼ばれる層が増えたのは、統一教会が教団として成長し、成熟した大人さえも魅了し包容できる団体になったことを示している。壮年壮婦の事例は、決して櫻井氏の言うような資金調達を目的とした副次的なコースなどではない。それでも、まだまだ統一教会は勢いのある若い宗教である。そのエネルギーが若者たちを魅了し続ける限り、これからも10代後半から20代前半の若者たちが伝道され続けるであろう。すべての世代の人々にとって魅力的であることが教団としての理想の姿である。

櫻井氏は「信仰には加齢効果が認められ、若い人よりは中高年期に信仰を持ち始めるのが一般的である。……肉体的に頑健で自分の力と自分の将来を信じられる若い世代は、願うよりは実践する。近現代において理想主義的な若者は宗教運動よりもイデオロギー運動に身を投じたものだ」（p.211）というが、理想主義的な若者たちを魅了する宗教運動も存在し、宗教運動に魅力を感じるようなタイプの若者たちもまた存在するのだという事実を見落としている。日本の伝統宗教や新宗教に加齢効果が見られるからと言って、それをすべての新宗教に当てはめることはできないし、若者が多いことを統一教会に特有の現象であると断ずることもできない。事実、西洋では若者たちがなぜ新宗教に魅力を感じて入信するのかに関する様々な議論がなされ、その代表的な研究が、バーカー博士の『ムーニーの成り立ち』であった。

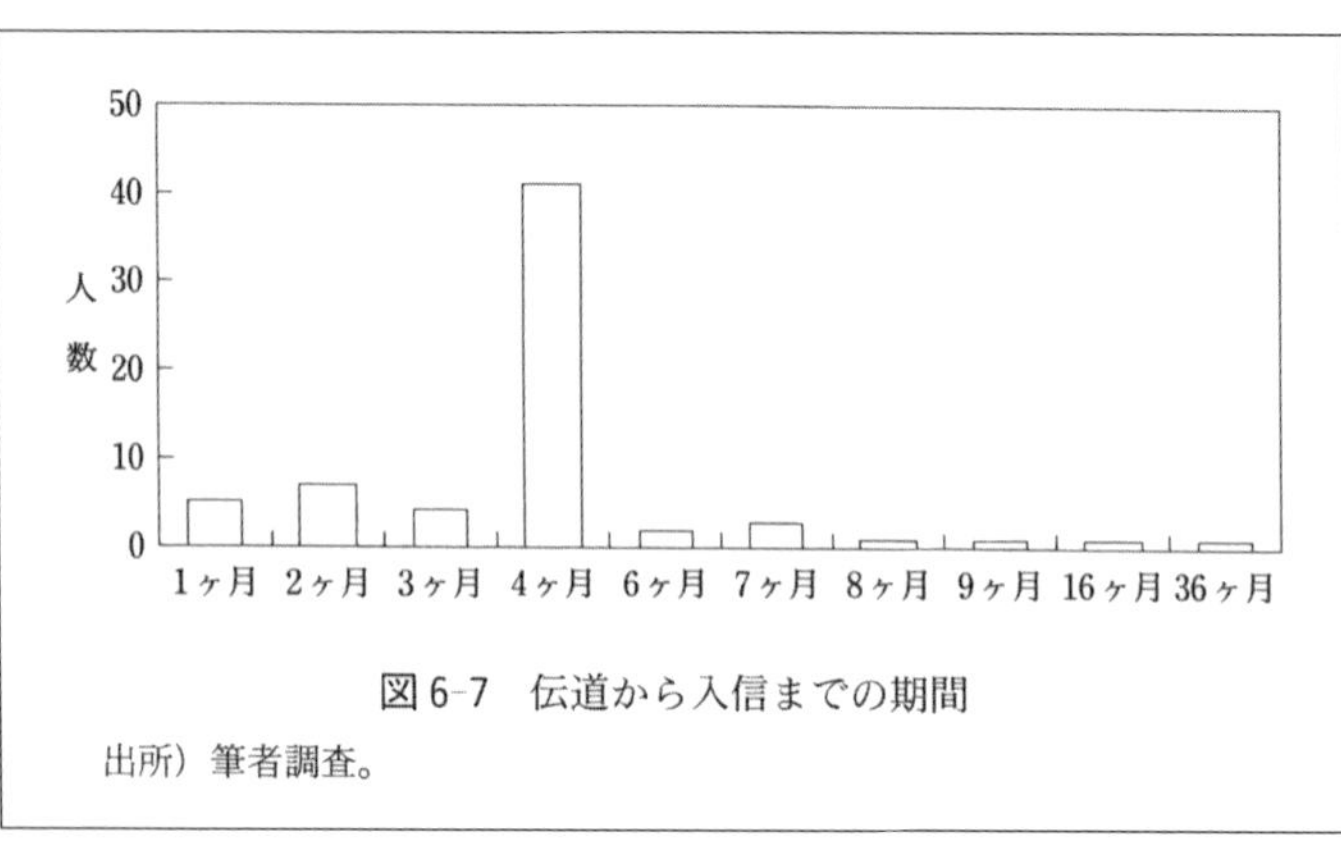

図6-7　伝道から入信までの期間

出所）筆者調査。

出典）『統一教会——日本宣教の戦略と韓日祝福』211ページ

櫻井氏は、調査対象となった信者たちの「伝道から入信までの期間」を棒グラフにした図6-7を示し、「勧誘されてから統一教会の信者となることを決意するまでの期間は人様々だが、四ヶ月間が突出して多い」とし、「これは、統一教会が教団名をライフトレーニングにおいて被勧誘者に初めて明かし、将来献身することを誓わせるフォーデーズセミナーまでのプログラムの期間である。学生の場合は卒業までに時間がかかることもあり、決意表明を短期間に迫られることはないが、独身の社会人の場合は短期間に決意させることを目標にしたプログラムが組まれる」（p.211）と説明している。

櫻井氏は、調査対象となった信者たちの「入信から献身までの期間」を棒グラフにした図6-8（次頁）を示し、「入信から献身を決意するまでの期間を見ると、これは数ヶ月から1年間、複数年まで散らばりがある」としている。

どうやら櫻井氏は、統一教会に伝道され、「入信から献身まで」の期間が極めて短いことを理由に、信仰の獲得が本人の主体的な意思ではなく、プログラムや説得による受動的なものであると言いたいようである。これは統一教会への回心が「洗脳」や「マインド・コントロール」という非難を浴びてきた理由とほぼ同じである。すなわち、外部の世界との接触や情報が制限された環境の中で、極めて短期間のうちに入会していることから、大事な決断をさせるのに十分な時間と情報を与えていないのではないかといいたいのだ。

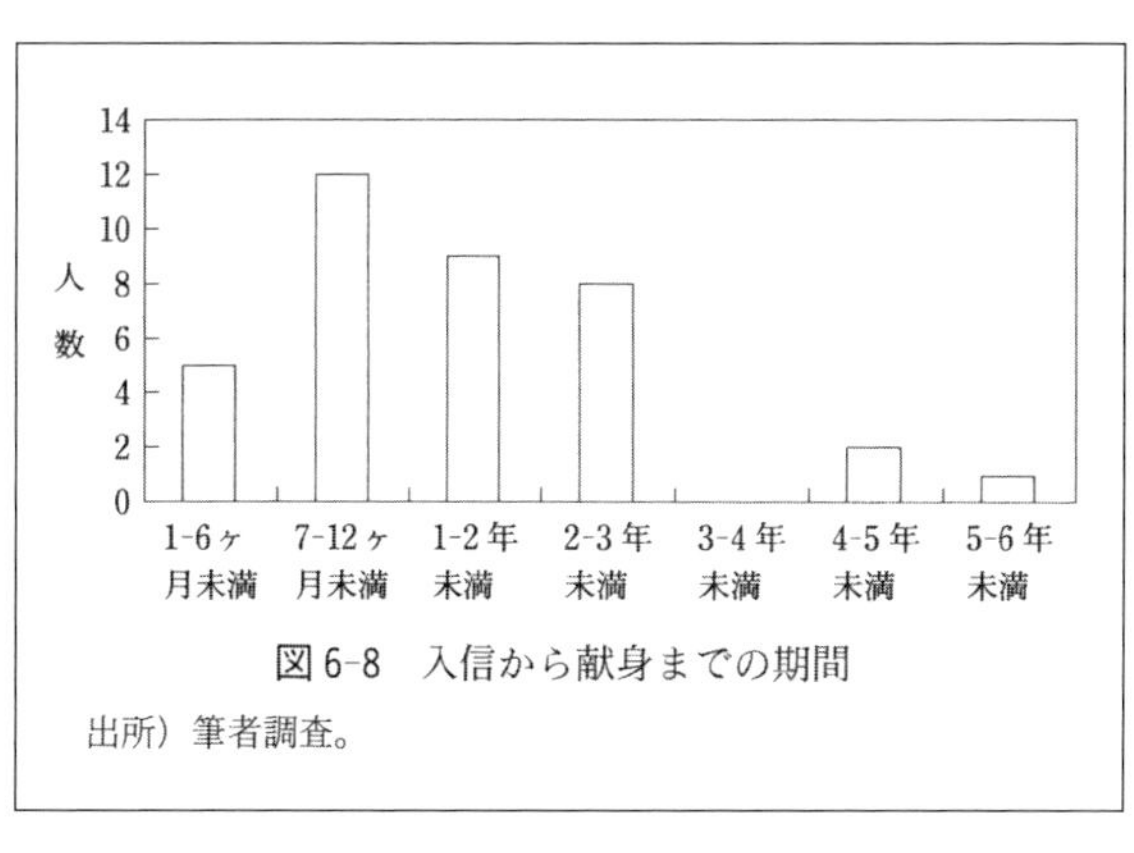

図6-8　入信から献身までの期間

出所）筆者調査。

出典）『統一教会――日本宣教の戦略と韓日祝福』212ページ

実際には、入会に至るまでの時間の長さは地域によって大きく異なる。バーカー博士によれば、「オークランド・ファミリー」と呼ばれるカリフォルニアの運動では、大部分のメンバーが運動に出会って、2～3週間以内に入会しており、しかもその間は修練会にどっぷりと浸かっていたという。それに比べれば4か月という日本の最短コースは十分に長いとも言えるし、社会人であれば職場に通いながらのトレーニングであるため、外部の世界との接触が完全に分断されているわけではないという意味では「ゆるい」とさえ言えるのではないだろうか？

櫻井氏は「献身することを誓わせる」「決意表明を短期間に迫られる」「短期間に決意させる」といった使役形の表現を多用することによって、あたかも伝道する側の思い通りに相手をコントロールできるかのような印象を与えようとしているが、結果としての入信までの期間や「献身」までの期間に大きなばらつきがあることは、それほど思い通りにコントロールできるわけではなく、最終的には本人次第なのだということを物語っている。

1983年に原理研究会で伝道された筆者の場合、霊の親に出会ったのが5月で、しばらく週1回のペースでビデオを聴講し、7月に7日修、8月に新人研、9月には入教というCARPの新入生伝道を絵に描いたような「最短コース」をたどり、4か月で下宿を引き払ってホームに移り住む入教生活を始めた。だからといって、私は何かを決意させられたとか、迫られたとは感じなかった。入信までの期間が短い人は、それだけ本人が統一原理に納得していたのであり、長い時間がかかった人は、納得するのに時間がかかっただけである。

『「カルト」を問い直す』にみる櫻井氏の拉致監禁に対する態度

櫻井氏は「献身した信者」の仕事内容として、典型的な移動経路を「ある献身者（女性）の配属先と業務」というタイトルで掲載している（p.212-213）。経歴を見る限りでは、この元信者は筆者とほぼ同世代であり、6500双の韓日祝福を受けた女性信者であったと思われる。櫻井氏は彼女の脱会の経緯に関して、以下のような興味深い記述をしている。


「本データにおいて自然脱会は一例のみだから、信仰生活の活動を継続している途中でどのようにして脱会したのかが問題となろう。結論的にいえば、家族との話し合いによって統一教会の活動実態を知り、脱会した」

「子供が祝福に参加するべく渡韓のためのパスポート申請が必要になり、戸籍抄本を求めに来たり、あるいは両親の理解を得ようと帰省したりした折に、家族が徹底した話し合いの機会を元信者に求め、彼らは応じた」

「元信者達が受けた脱会カウンセリングの中身、及びその方法に関わる議論は別著で既に論じた（櫻井二〇〇六a）。ここでは統一教会の信仰生活が突然断念されるという形で終結したことのみを確認しておきたい」（いずれもp.213）

櫻井氏の「別著」とは『「カルト」を問い直す』（中公新書ラクレ、2006年）である。統一教会を離れた元信者で、自身の拉致監禁体験をブログでつづった故・宿谷麻子さんが、この著作における櫻井氏の記述を批判していたことは既に紹介した。そこで、この「別著」の第3章「宗教をやめない自由vs.やめさせる自由――脱会カウンセリングへの告発」の内容をしばらく検証し、身体の拘束を伴う説得による「脱会」の問題を櫻井氏がどのように考えているのかを分析する。

櫻井氏は、統一教会信者が自分を監禁して脱会説得を行った両親や牧師を訴えた民事訴訟に関して基本的な事実を押さえており、少なくとも裁判所が違法性ありと認めた脱会説得のケースがあることを承知している。しかし一方で、「拉致監禁ではなく保護説得だ」という両親の側の主張をそれに対置させ、「本章では、どちらが正しいというような判断はしない」（前掲書 p.81）と述べ、あたかも中立的で客観的な立場であるかのように装っている。そして拉致監禁の事実を報告したジャーナリストの室生忠氏や米本和広氏の報告は終始批判的に取り上げ、自分は「室生が原告の心情や立場を縷々代弁したような形で、被告側の事情を代弁することはしない」（同書 p.92）とまで言っている。しかし、実際には櫻井氏の記述は明らかに「宗教をやめさせる側」である両親の立場に感情移入し、その心情や立場を縷々代弁する内容になっている。

櫻井氏は、妻を拉致監禁されたアメリカ人の統一教会信者であるクリス・アントール氏（彼は筆者の知人で、被害者である夫人にも会ったことがある）が主張する「信教の自由」に対して、日本における統一教会の違法伝道と霊感商法の問題によってこれを相殺しようとしている。そして、クリス氏は好青年だと持ち上げておきながら、「彼も教団に翻弄される信者の一人なのだろう」（前掲書 p.98）という上から目線の偏見に満ちたコメントをしている。

彼の脱会カウンセリングに対する最も率直なコメントは以下のようなものである。

「脱会カウンセリングの外形的側面（脱会させるための手段）に注目すれば、家族とはいえ、信者を拘束していることに間違いない。ただし、その目的は、原告に信者をやめてもらうことだけであり、その説得によって被告となった家族が金銭的収益を得たり、原告に何らかの奉仕や返礼などを期待したりするわけではない。原告に人並みの幸せを得てほしいと望んでいるに過ぎない。それは原告の宗教に対する無理解であると言えばその通りである」（前掲書p.99）

櫻井氏は、動機が金銭的報酬、奉仕、返礼に対する期待でなければ、「信者をやめてもらいたい」という願望を成就するために、親が子供の身体を拘束して説得することが正当化されるとでも言いたいのであろうか？　それは単なる「宗教に対する無理解」を超えており、信教の自由に対する侵害であることを、敢えて櫻井氏は認めようとしない。

さらに櫻井氏は、統一教会信者が親や牧師を訴えた民事訴訟の事例は、最終的に脱会しないという選択をした信者の事例なので、「この結果から言えば、『強制棄教』させられたものはいない」（前掲書p.100）という奇妙な論理を展開している。これは言葉の遊びにすぎない。結果的に信仰を棄てようと保とうと、身体を拘束された状態で「棄教を強要された」という事実に変わりはなく、それ自体が違法であることにも変わりはない。

しかし櫻井氏の論法によれば、信仰を棄てた人々は「話し合い」の結果として「脱会」の選択を自己決定したことになり、信仰を棄てなかった人は結局脱会しなかったのだから「強制棄教」は成り立たなくなってしまう。これはいずれの場合にも「強制棄教」という概念を成り立たなくするための詭弁にすぎない。問題は、結果として信仰を棄てたか棄てなかったかではなく、説得のための手段が身体の拘束を伴う違法なものであるという事実に、櫻井氏が敢えて目をつぶろうとしていることである。ある人を拉致監禁して脱会説得を開始する時点では、その人が脱会するかどうかは分からない。その同じ行為が、首尾よく脱会すれば「自己決定」で合法であり、逃げ出して親を訴えれば「棄教の強要」で違法であるとすれば、同じ行為の法的評価が１８０度異なってしまう。これは反対派をして、「逃げ出して訴えられると裁判で負けるので、信仰を棄ててしまうまで監禁しておかなければならない。脱会してしまえば監禁も合法だ」という発想をさせる危険な論理である。

櫻井氏は、「強制棄教」によって教会をやめた元信者たちが、なぜ家族を「拉致監禁」「強制棄教」の容疑で訴えないのかという無理な注文をして、そんなものは存在しないのだと強弁する。彼らは家族によって説得され、最終的には屈服した者なのだから、その家族を訴えることなど力関係から言ってもあり得ない。さらに統一教会が主張する拉致監禁のケースが数千件に及ぶわりには、家族や牧師を告発したケースが少なすぎることを挙げて、「事例が少なすぎるのではないか」（前掲書p.101）と難癖をつける。自分の両親を訴えるのは、勇気のいることであり、裁判となればお金も時間も労力もかかる。しかも、それによって個人的に得るものは実際には非常に少ない。私は両親や牧師を訴えた複数の拉致監禁被害者に直接会ったことがあるが、彼らが多くの時間と労力を投入して、傷付きながらも裁判を戦ったその動機は、自分と同じような体験をする人がこれ以上増えないようにという「公的精神」による義憤であった。自分のことだけを考えていたら、敢えて裁判を起こすことはなかったであろう。拉致監禁のトラウマで傷付いて精神的に立ち上がれないような人や、そんなことは忘れてしまいたい人は、そもそも裁判を起こさない。櫻井氏の主張は、心の傷を残す監禁体験をした人に対するデリカシーがあまりにもなさすぎる。

櫻井氏は、親族に身体を拘束されて棄教の説得を受けるという全く同じ体験をしたにもかかわらず、それに対して真逆の評価をした二人の著作を取り上げている。一方は脱会して統一教会を告発した南哲史氏の著作『マインド・コントロールされていた私――統一協会脱会者の手記』（日本基督教団出版社、１９９６年）であり、もう一方は信仰を貫いて監禁から脱出した小出浩久氏の著作『人さらいからの脱出――違法監禁に二年間耐えぬいた医師の証言』（光言社、１９９６年）である。櫻井氏は、この二つの著作のどちらを支持するのかという問いに対して、「筆者は統一教会に批判的な立場に立つ以上、南の主張を最終的には支持する」（p.109）と述べ、小出氏の体験に対しては、一応リアルなものとして「否定することはできない」という消極的な態度である。

最終的に櫻井氏はこの問題を、「一般読者にとって、どちらの議論に正当性を認めるかは、畢竟、統一教会という教団への評価如何によるのではないか。研究者、ジャーナリストといっても、この問題に対して何ら特権的地位から客観的評価を下せるものではない」（同書p.114）という不可知論・相対論に棚上げして逃げている。そして自分は統一教会に対して否定的な評価をしているから、「拉致監禁」や「強制棄教」を認めない立場なのだと開き直るのである。挙句の果てには、室生氏や米本氏が提示した「信教の自由」や人権の概念を抽象論として切って捨てる始末である。これは極論すれば、自分が否定的な評価をした団体の信者に対しては、人権や信教の自由が侵害されているという主張を、その評価の故に否認することができると言っているに等しい。人権や信教の自由は本来普遍的な概念であり、所属している団体の評判が良かろうが悪かろうが、すべての人が享受すべき基本的な権利であることを、櫻井氏は事実上否定していることになる。

こうした複雑な議論を『統一教会』の中で展開すれば、統一教会信者が身体的拘束を受けて脱会説得されている事実を読者に知らせなければならないし、それは統一教会を利することになるばかりか、統一教会を糾弾する論調が鈍る恐れがあるため、櫻井氏は敢えて詳述を避け、「家族との話し合い」とか「信仰生活が突然断念されるという形で終結したことのみを確認しておきたい」という抽象的な表現で済ませているのである。

しかし、既述したように、櫻井氏の調査対象の中には、自らが文字通りの「監禁」を伴う脱会説得によって教会を離れたことを裁判の場ではっきりと認めている者が最低でも5人は含まれている。こうした都合の悪い事実には蓋をして、脱会の経緯に関しては抽象論で済ませ、「家族との話し合い」で済ませるのが櫻井氏の手法である。「研究者、ジャーナリストといっても、この問題に対して何ら特権的地位から客観的評価を下せるものではない」というのが櫻井氏の主張なので、批判的な立場で論じている自分の立ち位置としては、「これでいいのだ！」というわけだ。

データを素直に認めない櫻井氏の論点すり替え

櫻井氏は本章の「4　イベントの時間的経緯」で、自らの調査対象となった元統一教会信者の入信期間の長さ、伝道から「入信・献身・脱会」に至るまでの時間的経緯などをグラフにして分析している。それによれば、「元信者の入信期間は半数が四年未満であり、ここまでが一年刻みで十数パーセントずつ、四年以上が一年刻みでほぼ数パーセントずつの割合になっている（図6-9）」という。入信して10年以上の者は数パーセントにすぎないことをもって櫻井氏は「入信後数年間は、それ以上の年月を統一教会で過ごしているものよりも脱会しやすいということがいえる」（p.214）と述べている。これはその通りであると言えるが、理由については若干の補足説明が必要で、私なりに分析してみよう。

まず、拉致監禁による強制改宗を受けなくても、自然脱会する者が最初の数年で相当いると思われる。これは宗教的回心を経験して新しいアイデンティティーを獲得したとはいえ、その人がもともと持っていたアイデンティティーが全くなくなるわけではないので、二つのアイデンティティーの間の価値観や文化の違いが大きいと、内的葛藤が生じるからである。この葛藤を乗り越えてアイデンティティーを安定させなければ、信仰を継続することはできない。その意味で、信仰初期は脆弱な時期で、これは統一教会に限らず、多くの宗教で回心者が経験することであろう。しかし、教会の中で過ごす期間が長くなると、その中で培われた価値観や文化が大きな位置を占めるようになり、アイデンティティーは落ち着いてくる。個人差は大きいが、それまでに数年かかるとみてよいだろう。

一方、拉致監禁による強制棄教の被害に遭うのも信仰初期が多い。入信してしばらくすると、信者は両親に自分の信仰を告白することになる。祝福を受ければ、結婚の報告をしたり許可をもらったりするために信仰を明かす必要も出てくるだろう。宗教に理解のない親であれば驚き慌て、反対牧師や弁護士などに相談する者も出てくる。そこから脱会説得を決行するまでのプロセスが入信後数年以内に起こるケースが多いのは、親から見れば手遅れにならないうちに何とかしなければならないと思うからだ。20代前半で伝道されたとすれば、まだ親が元気で影響力があり、子供の信仰も確立されておらず、祝福を受けて家庭を持つ前に決行しなければならないと考えれば、そんなに長く待っていられないのである。櫻井氏の調査対象は脱会説得による棄教者がほとんどなので、二番目の理由が大きく働いていると思われる。

続いて櫻井氏は、伝道されて2年を経過して信者として残っている者は数パーセントだったというバーカー博士の研究を紹介して、日本における状況もこれと同じようなものであると推察している。バーカー博士が実際に示した数字は4％であり、私自身が著書『統一教会の検証』で提示した日本の数字は3・5％である。その意味でこの部分に関する櫻井氏の分析は正しい。しかし、10年以上信仰を継続する者の割合が1～2％程度ではないかという分析も、それほど外れていないだろう。しかし、その数値の評価に関する以下の記述は、論理性と実証性を欠くと言わざるを得ない。

「こうした数値から、従来、宗教社会学では、バーカーをはじめとして統一教会によるマインド・コントロールの影響力は抗いようがないものではなかったと結論づけた。それに対して、統一教会を批判する日本の弁護士達は、その一、二パーセントの人達が深く統一教会に囚われ、霊感商法等の違法活動に従事させられ、なお合同結婚式といった選択の余地のない結婚により著しく人権が侵害されている点を問題にした。確かに、最後の一、二パーセントの人達は統一教会の幹部になれば生活保障をはじめとする恩恵に与れるが、その数倍に達する一般信者は生涯尽くし続けるだけの信仰生活を送ることになる。この点をどう評価するか」(p.214)

統一教会に反対する日本の弁護士たちの議論は、論点のすり替えまたは混同である。そもそもバーカー博士の研究は、統一教会の修練会に洗脳の疑惑がかけられていたため、その効果を科学的に計測するために社会学的調査を行ったものである。これは客観的な数値にかかわる問題であり、人権侵害の問題とはそもそも関係がない。その結論は、統一教会に入信した人々は強制によってではなく自らの選択で信仰を持つようになったというもので、その信仰の真偽・善悪に関しては判断を差し控え、価値中立的な立場に立った、科学的研究なのである。そこに弁護士たちは自らの価値観を持ち込んで批判しているわけだ。

次に、最終的に統一教会に残った「一、二パーセントの人達」が人権侵害を受けている点について、あたかも自明のことであるかのように述べ、それに対する証明は何らなされていない。統一教会の信仰を持っている現役信者にインタビューし、その過半数が「教会の中で人権を侵害されたと感じている」と答えたのであれば、こうした主張はできると思われるが、そのようなことは一切していない。むしろ、統一教会自体が信徒たちに対して行った「幸福度調査」によれば、統一教会信者の幸福度は平均よりも高いという結果が出ている。

弁護士らが「人権侵害」を訴える根拠は、統一教会に青春を奪われたと主張する元信者らが、教会を相手取って損害賠償訴訟を起こし、その一部が勝訴している点である。これは本人が「人権侵害」を自覚している事例だが、その原告の数は1991年に提訴された東京の裁判までの合計が174人であり、その後の第二次札幌「青春を返せ」裁判の原告63人のうち元信者が40人だから、総数は237人となる。そのうち、勝訴したのは108人で、残りは敗訴または和解である。これを統一教会の信者数である公称60万人で割れば、告発したものが、0・039%、勝訴したものは0・018%にしかならない。櫻井氏は別著『「カルト」を問い直す』の中で、統一教会が拉致監禁の被害者数として5000人を主張している（実際には世界日報の記事にすぎない）わりに、そのうち告発された事件は30例に満たず、1%以下にすぎないことから、「事例数が少なすぎる」と批判しているが、その論法で言えば人権侵害を受けたと主張する元統一教会員の割合も、統一教会全体の信者数を分母とすれば「事例数が少なすぎる」のである。

要するに、統一教会の信者は自分の意思で入信を決意し、教会の中で一定の満足と幸福を感じているからそこに留まっている。その中のごく一部の人々が親族によって拉致監禁されて信仰を失い、統一教会を相手取って民事訴訟を起こした。しかしその数は、訴えた者も勝訴した者も、統一教会全体の信者数に比べれば1%にも満たないのである。

さて、櫻井氏は統一教会の幹部は生活保障をはじめとする恩恵にあずかっているが、その数倍に達する一般信者は生涯尽くし続けるだけの信仰生活を送っていると主張する。いったい彼は、いかなる資料や数値的根拠に基づいてそう言うのであろうか？　そもそも統一教会の幹部とは誰を指すのか、彼は明確にしていない。統一教会の職員は「幹部」よりも広い概念と言えるが、その中核が教会長などの役職のついた「牧会者」と呼ばれる人々であり、その上に本部の職員がいる。はたしてこれらの人々は統一教会の特権階級なのであろうか？　もしそれを主張したいのであれば、櫻井氏は統一教会の職員の給料や待遇に関するデータを数値で示し、それが一般信徒の生活と比べてどのような特典があるのかを明らかにすべきであろう。実際には、統一教会の牧会者や職員の生活こそ、「生涯尽くし続ける」生活である。そして、牧会者であろうと一般信徒であろうと、「生涯尽くし続ける」生活は、信仰者としての理想の姿であり、例えばイエズス会などの修道会が美徳とするものである。

最後に細かい点をいくつか指摘しておく。櫻井氏は「入信者は教団のセミナー、トレーニングを経て、五七・六パーセントが献身するに至った。しかも、伝道から入信へは平均五ヶ月、入信から献身へは平均一年七ヶ月しか要していない。短期集中型の信者養成システムである」(p.215)と述べている。しかし、回心の速さや生活の変化の度合いは洗脳説を裏付ける根拠にはならないし、短期集中型の信者養成システム自体は善でも悪でもない。

また櫻井氏は「統一教会信者の信仰生活は、教団の介入で始められ、家族の介入で終わるパターンとして理解できる」(p.215-216)と述べているが、これはあくまで説得によって脱会した元信者のパターンにすぎず、統一教会信者の信仰生活のパターンではない。実際には多くの人々が数十年にわたって信仰を維持し、生涯信仰を継続する。統一教会の信仰を「いつかは脱会するもの」として描いている櫻井氏の分析は、極端な偏見もしくは悪意に基づいていると言えるだろう。

「三　統一教会特有の勧誘・教化」への反証

「1　正体を隠した勧誘」への反証

櫻井氏は第六章の「三　統一教会特有の勧誘・教化」の最初の項目に「1　正体を隠した勧誘」を挙げている。これまでも櫻井氏は著書の中で繰り返して「正体を隠した勧誘」を批判的に取り上げてきたが、ここでは以下のような、かなり大胆な断定が議論の前提として登場する。

「宗教の布教において布教者が布教している姿を一般の人々から隠すことはありえない。洋の東西を問わず、聖職者にせよ信者にせよ堂々と信じることを述べ伝えるものだ。……例外的な状況として、隠れ念仏、隠れキリシタンのように当時非正統とされる宗教を信じるものが、権力者の迫害や支配的宗教の目を逃れるために隠れて信心するということがある」(p.216)

はたして本当にそうだろうか？　歴史的にみて、迫害を逃れるために隠れて信心することは「例外」と言えるほど珍しいことだろうか？　言い換えれば、圧倒的大多数の信仰者たちが堂々と自分の信じることを述べ伝えられるほど、人間社会に信教の自由が保障されてきたのだろうか？　また現在においても、世界中の圧倒的大多数の人々がその自由を享受しており、それができないのは「例外」にすぎないのだろうか？

歴史的にみて、信教の自由が保障された社会が出現したのは近代ヨーロッパで、それ以前は異端的信仰に対する迫害、殺戮、拷問などが行われる時代が長く続いていた。また、信仰の正統・異端を巡る宗教戦争も数限りなくあった。こうした社会で、信仰者たちが堂々と信じることを述べるのは自分の命を危険にさらす恐れがあり、彼らがそのような自由を享受していたとは到底信じられない。

櫻井氏は「隠れ念仏」や「隠れキリシタン」などの日本の事例を例外的な状況として挙げているが、日本において本当の意味で信教の自由が保障されるようになったのは、せいぜいここ70年ほどのことであり、それ以前は様々な形で信教の自由が制約されていた。伝統仏教による新興仏教の弾圧は繰り返し行われてきたし、江戸時代のキリシタン迫害、第二次大戦下における大本など新宗教や一部のキリスト教に対する弾圧は、それほど遠い昔の出来事ではない。こうした信教の自由の歴史的な状況に関しては、筆者のブログのシリーズ「人類はどのようにして信教の自由を勝ち取ったか？」(http://suotani.com/archives/726) で解説している。

今日の世界を見ても、それほど広範に信教の自由が普及しているとは言い難い。世界の国々の宗教の自由の侵害に関する事実と状況を審査している米国国際宗教自由委員会（ＵＳＣＩＲＦ）は、宗教の自由が特に侵害されている国々を「特に懸念される国々」（ＣＰＣｓ）として公開している。２０１６年のリストには以下のような国々が含まれ、カッコ内はその国の人口（２０１５年の推定値）である。

ミャンマー（４７９６万３０１２）、中国（13億４９３３万５１５２）、エリトリア（５２５万３６７６）、イラン（７３９７万３６３０）、北朝鮮（２４３４万６２２９）、サウジアラビア（２７４４万８０８６）、スーダン（４３５５万１９４１）、トルクメニスタン（５０４万１９９５）、ウズベキスタン（２７４４万４７０２）、中央アフリカ共和国（４４０万１０５１）、エジプト（８２１２万１０７７）、イラク（３１６７万１５９１）、ナイジェリア（１億５８４２万３１８２）、パキスタン（１億７３５９万３３８３）、シリア（２０４１万６０６）、タジキスタン（６８７万８６３７）、ベトナム（８７８４万８４４５）。

これらの人口を合計すると約21億６９７０万人となり、これは世界の総人口の31％に当たる。これだけの人々が宗教の自由が特に侵害されている国に住んでおり、現代でも、宗教の自由に対する侵害は「例外」的な珍しい状況ではない。これらの国々の多くは、共産主義とイスラム教の国で、中国には基本的に信教の自由はなく、共産党政府の意に反する信仰を堂々と表明することはできない。イスラム教徒には基本的に他宗教に改宗する自由はなく、イスラム教が支配的な国ではそれに反する信仰を堂々と表明することはできない。事実、一般のキリスト教や統一教会なども、イスラム圏で宣教するときには地下教会などの秘密組織で自己防衛するのが普通である。共産圏やイスラム圏で宣教するのは命がけで、到底自分の信仰を堂々と表明できるような環境ではない。現代も、少数派の信仰者たちにそれほど寛容な世界ではない。そうした環境の中で、彼らが自らの信仰を隠して密かに宣教活動を行うのは、生存と自己防衛のために必要だからである。櫻井氏はこうした問題には全く無頓着で、「宗教の布教において布教者が布教している姿を一般の人々から隠すことはありえない。洋の東西を問わず、聖職者にせよ信者にせよ堂々と信じることを述べ伝えるものだ」と能天気な主張をしている。

しかし、アメリカや日本のような信教の自由が保障された国において、最初の段階で正体を秘匿して伝道するのは、何を意味しているのであろうか？　それは国家主権によるあからさまな迫害はなくても、その国の一般市民や文化が特定の宗教に対して敵対的であるとき、そのような「非国家主体」からの迫害を避けるために、自分の信仰を秘匿することになる。それを「不実表示」や「欺罔」と捉えるかどうかはプライバシー保護の観点から見ると一概には言えず、その違法性は直ちに判断できない。

米国版の「青春を返せ」裁判ともいえる「モルコ・リール」対「統一教会」事件でも、原告の元信者らは「自分を伝道した人が初めから文鮮明師の信者であることを直ちに、正直に述べなかった」と主張し、これを違法性の根拠としていた。この裁判において米国キリスト教会協議会（NCC）がカリフォルニア州最高裁判所に提出した「法廷助言書」は、この点について以下のように述べている。

「上訴人たちは本件の宣教者が、統一教会員であり文鮮明師の信者であることを直ちに述べなかった、ということを大きな問題にしている。理想的世界においては、彼らもそのようにできたであろう。しかしパウロも、歴史上の数多くの宣教者もそうであったように、最初に自分の正体を明らかにしようとしなかったのは、受け入れられやすい方法で、伝道対象者に対応する必要があると感じたからであった。統一教会員が最初に自分の正体を明らかにしようとしなかったのも、『ムーニー』と呼ばれ、マスコミから悪く言い立てられて形成された偏見に対してそうせざるをえなかったのである。統一教会員には話を始める前からでさえも、そうした乗り越えなければならない反感が存在した。もしそうでなければ、知り合いになってさらにあとになるまで教会名やその目的を明かすことを延期する必要を感じなかったであろう」

日本においても、過去において統一教会の一部信者が、自主的に運営していたビデオセンター等において、最初の段階では受講者に統一教会の教義であることを明示しないで「統一原理」を紹介するケースもあったようだ。その動機はアメリカと同じく、マスコミ等によってあまりにも悪い噂が広められたため、最初から正体を明かせば話の内容を聞く前から拒絶されると懸念して、教義の内容を一通り聞いてもらった後で正体を明かそうと考えたからであろう。現在ではコンプライアンスの観点から、こうした「正体隠し」の伝道は行わないように信者に対するさらなる指導がなされている。

櫻井氏はここでも、「正体隠し」の伝道が出現した理由に関する自説を繰り返し述べている。それは顕示的な学生運動であった１９６０年代と70年代から、正体を隠して「霊感商法」を行う組織宗教へと姿を変えた80年代以降という、日本統一教会史の理解に対する櫻井氏独特の図式に基づく説明で、これが事実でないことは繰り返し述べたので、ここでは詳述しない。しかし、櫻井氏が統一教会の幹部たちの思考をあたかも直接聞いたかのように断定的に記述しているのは看過できない。彼によれば、初期の原理研究会出身の学生たちは１９８０年代に統一教会の幹部となったが、「彼らが必要とした信者は求道者としての信者ではなく、むしろ、自分達の指令に従い組織的課題を遂行する一般社員としての信者だった。……摂理遂行という目的意識を持った業務遂行者、働き人を短期間に効率的に養成することとなったのである。……布教の目的は自分たちの信仰を世に知らしめることではなく、働き人を得ることだったから対象者さえ獲得すればよいと彼らは考えたのだろう」（p.217-218）ということらしい。

いったい、他者の心の中や活動の動機をここまで一方的に断定する櫻井氏の根拠はどこにあるのだろうか？　そもそも、現役信者に対する聞き取り調査を一切行っていない櫻井氏が、その心の中をここまで明確に表現することが、いかなる実証的方法論によって可能なのか、筆者には全く理解できない。もしこれがデータによる実証性を重んじる社会学的な研究手法によって得られたのでないとすれば、それは裁判の場において統一教会を攻撃するために反対弁護士たちが描いた「統一教会の幹部像」を、そっくりそのままトレースしたものにすぎないであろう。

勧誘手段としてのアンケート調査

櫻井氏は第六章の「1　正体を隠した勧誘」で、勧誘手段として「アンケート調査を装ったものがある」（p.218）と述べ、東京の「青春を返せ」裁判に提出されたアンケート用紙の例を掲載している。この「装った」という表現には、アンケートが一種の偽装であり、調査を装って相手の名前や連絡先を聞き出す手段にすぎないという意味が含まれている。実際、東京の「青春を返せ」裁判では、原告側は「最初の声かけに用いる『生活意識アンケート』などは、対象者を立ち止まらせ、氏名・住所・連絡方法・関心事などを聞き出すための小道具であり、集計や分析などに用いられることはないので全くのトリックである」と主張した。しかし、これらのアンケートを用いて伝道活動を行っていた連絡協議会などの信者らは、「集計や分析に用いますので協力をお願いします」と言ってアンケートを取っていたわけではないので、そこには何ら虚偽はなく、トリックではない。

アンケートを用いて相手の関心事を聞き出し伝道するのは、統一教会の信者に限ったことでなく、一般的に行われており、とりたてて問題にすべき事柄ではない。キリスト教徒に広く読まれている『クリスチャン生活事典』にも、「アンケートを使ったアプローチのしかた」が紹介されており、以下のような記述がある。

「特別なアンケート調査を準備して近づいて行ってもよいでしょう。『恐れ入りますが、今、この一帯でこのような宗教アンケート調査をしているものですが、ご協力いただけますか。』それをきっかけに神さまのことを語ります」（島村亀鶴、長島幸雄、船本坂男監修『クリスチャン生活事典』教会新報社、p.275）

この事典の276ページにはアンケート調査の例が掲載されているが、このアンケートの目的は相手に宗教的なニーズや関心があるかどうかを見極めることにある。これは集計や分析ではなく、伝道におけるアプローチの小道具として用いられているのは明らかである。櫻井氏の書籍の218~219ページに掲載されている、統一教会の一部信徒が用いていたとされるアンケート調査もこれと類似のもので、ごく一般的なアプローチ法である。

櫻井氏はこのアンケート用紙について、「一通り答えるとその人の関心の所在が把握できるようになっており、連絡先まで答えてもらえれば完璧である」(p.219)として、勧誘のための極めて有効な小道具であるかのように説明している。これも、「青春を返せ」裁判の原告たちが繰り返し主張してきたことと同じだが、その効果はかなり誇張されている。このアンケートは道行く人が何に関心があるかを聞き、宗教的な事柄に関心があるかないかを判別するためのものである。したがって、実際にはアンケートに答える人の対応はまちまちで、一律な答えが返ってくることはない。また、アンケートの最後に住所、氏名、年齢などを書く欄があり、それに答えることを同意した人だけが記入するが、すべての人が記入するわけではない。

通常、路傍伝道でアンケートに答える人は声をかけた30~40人に一人くらいのもので、一日アンケートをお願いしても2、3枚取れればいい方で、一枚も取れない人もいる。また、アンケートに答えた人でも、住所や電話番号まで教えてくれる人は半数以下で、アンケート伝道の効率は決してよいとは言えない。こうしたアンケート調査や、勧誘のトーク、修練会の効果を実際以上に誇張するのは、統一教会反対派の常套手段である。

「トーク・マニュアル」

続いて櫻井氏は「この勧誘手法にはトーク・マニュアルがある」(p.219)として、札幌での裁判に提出された「み言葉トーク」に準拠して、それを北大の学生であった30年前の自分自身に当てはめた「街頭での勧誘トーク(櫻井義秀の場合)」を紹介している(p.220)。統一教会信者の伝道のトークは、とにかく相手を褒めまくることに特徴があるそうだ。櫻井氏がそれを30年前の自分に対して行うのは、要するに「自画自賛」であり、ナルシスティックな匂いのする文章だ。彼は30年前の自分に対して「さすが北大生」「真面目な方なんですね」「哲学の本も読まれる！すごいですねえ」などというセリフを吐くことに、恥ずかしさを感じなかったのであろうか？　そして、それを受けて「どうだろう。時間があればちょっと聞いてみようかという気になる人も多いと思われる」（p.220）と読者を説得している。要するに、若い学生や青年はこうしたトークに弱いのだと言いたいわけである。

しかし、ここでもこうしたトークの効果を過大評価していることは指摘しておかなければならない。『ムーニーの成り立ち』の著者であるアイリーン・バーカー博士は、ムーニーたちがゲストに対して並々ならぬ好意を浴びせることは疑いないが、それにも一定の限界があることを指摘している。初対面の人からいきなり褒めちぎられたら、何か裏があるのではないかと疑う人もいるからだ。

「もちろん、過度の好意に対して懐疑的になる場合はある。特に、よく知らない人なのに信用を得ようとしていると信じるに足る理由がある人々からそうされた場合は、なおさらである。そのような場合には、あまりにも大げさな呼びかけは逆効果になり得る。自分のサイズより二つも小さい服を試着しても、なんと素敵なんでしょうと褒めちぎるような店員からは、何も買う気にはならないものである」（『ムーニーの成り立ち』第7章「環境支配、欺瞞、『愛の爆撃』」より）

櫻井氏が紹介している「み言葉トーク」なるものは、賛美の部分を除けばかなり本質的な「宗教的トーク」と言える。これから学ぼうとしている内容が、人生の根本問題や、哲学、宗教にかかわるものであることをかなりストレートに表現しており、こうした内容に全く関心のない人は聞いてみようとは思わないであろう。こうしたトークに反応して受講施設に行ってみようと思う人は、最初から宗教的な事柄に関心のある人で、自分を高めたい、変えたいと思っている人である。統一教会の信者たちが求めていた人はまさしくそのような人であり、受講施設に来た人は、ある意味で「来るべくして来た人たち」であったと言えよう。しかし、入り口におけるニーズが一致しても、そこで提供されたものが自分の求めていたものと違うと感じれば、それ以上通おうとはしないので、どの段階においても「自由意思による選択」があることも忘れてはならない。

統一教会の一部信者たちが行ってきた伝道は、かなり「目的志向」的であったと言える。自分たちの最大の財産であり売りとするものは「み言」であることを強く意識しているので、それを伝えることに主眼を置き、相対しない人は深追いしない。それは時間の無駄だと認識しているからである。つまり、伝道とは人の考え方を無理やり変えて信仰を持たせることではなく、み言に反応しそうな潜在的素養を持つ人を探し、その人にできるだけ分かりやすくみ言を伝えることである。結果的に、アンケート、受講施設でのトーク、修練会の各過程を通して、宗教的な事柄に関心のない人は淘汰され、最終的に「統一原理」の内容を受け入れる人が選択されていくのである。

続いて櫻井氏は、札幌地裁に提出された「新規前線トーク・マニュアル」を引用し、伝道対象者として望まれる人はアパート住まいの勤労青年や大学生等であり、勧誘しやすく、自分たちの欲しがっている人材に対象が絞られていると分析している。ここでも櫻井氏は、「宗教の布教で一般的に見られるような貧病争で悩み苦しんでいる人が対象外とされていることにも注目したい」(p.221) と指摘している。

櫻井氏はこれをもって、統一教会の伝道がどこか不純で宗教的でないと言いたいようだが、これは二つの観点から批判することが可能である。第一に、この「トーク・マニュアル」は青年が対象であり、一部署の事情や目標を反映したものにすぎない。青年部署の伝道対象が青年に絞られているのはごく普通で、より伝道されやすいタイプの人に選択的に声をかけるのもごく当たり前のことである。

第二に、「貧・病・争」ばかりが新宗教に入信する動機ではない。伝統的な新宗教が「貧・病・争」で悩み苦しんでいる人々を布教対象にしてきたことは事実だが、高度経済成長期の1970年代以降に教勢を伸ばした新宗教は必ずしもこのパターンには当てはまらず、もっと精神的・倫理的なニーズで宗教に入信する人が多い。これは日本が経済的に発展し福祉制度が充実したことにより、「貧・病・争」の解決に必ずしも宗教が必要なくなったからで、統一教会に特異な現象ではない。統一教会が台頭してきたのも70年代以降だから、それ以前の新宗教と性格が異なるのは当然である。さらに、こうした性格は青年や学生に対するアプローチに顕著で、年配の「壮年壮婦」に対するアプローチでは、伝統的な新宗教に近い「貧・病・争」の解決が重要なことは指摘しておきたい。一部署の方針から統一教会全体の性格を分析する櫻井氏の手法は軽率で、研究対象に直接向き合う調査をしていないための誤解と思われる。

「2　手相・姓名判断」

櫻井氏は第六章の「三　統一教会特有の勧誘・教化」で、具体的な勧誘手段として「2　手相・姓名判断」(p.221-227)を挙げ、かなり詳しく説明している。櫻井氏による姓名判断の説明は、統一教会を相手取った民事訴訟で原告らが主張している内容と基本的に同じであり、桑名式姓名判断に準拠していながら、それに独自の「因縁」にかかわる鑑定手法が加えられているという。統一教会の信者たちの一部が、過去の一時期こうした姓名判断を用いていたのは事実で、櫻井氏の記述がそれほど事実と異なるとは思えない。

桑名式姓名判断では姓名が持つ運勢や吉凶を判断し、因縁を説くことはないので、もし因縁を語っていたとすれば、それは統一教会の一部信者が独自の判断で行っていた手法かもしれない。元祖・桑名式としては、一部信者らが自らの姓名判断を用いていたことを迷惑に思っていたようだ。しかし櫻井氏はその違いを強調するよりも、姓名判断を「社会科学的にはナンセンスである」(p.224)と断じ、そもそも信じていない。したがって、姓名判断が桑名式に忠実であるかどうかはそれほど問題にしていない。さらに、巷の姓名判断の鑑定家にも因縁の概念を用いて説明する人もおり、阿含宗や立正佼成会などでもほぼ同様の因縁が語られていることも認めている。占いや因縁は、儒教と先祖崇拝が強い東アジアの宗教文化の要素として認められる概念なので、それ自体は否定も肯定もしないのが櫻井氏の立場なのであろう。

櫻井氏はまた、この姓名判断が入り口にすぎず、「この鑑定は統一教会の教義である統一原理とは直接的な関係がない」(p.225)ことも認めている。これは私がブログシリーズ「霊感商法とは何だったのか?」で述べてきたのと基本的に同じである。そこで私は、世間から「霊感商法」と呼ばれた一連の現象が持っていた宗教的な意味を、一種の「シンクレティズム」と結論づけた。その理由は、印鑑、壷、多宝塔などの開運商品の販売行為に、統一教会の一部の信者がかかわっていたが、その販売の際に使用された宗教的トークの中には、手相、姓名判断、四柱推命などの易学や、家系図を分析して因果応報の法則を説くなど、統一教会の正式な教理解説書である『原理講論』からは直接導き出されないような宗教的概念が混入していたからである。このような現象は、韓国やアメリカをはじめ海外の統一教会の信徒の間では全く見られない日本独自のもので、その信仰内容も、キリスト教よりむしろ日本の土着の宗教性に近い。

手相、骨相、姓名判断などは、日本では極めてポピュラーな占いであり、印鑑に吉相印と凶相印があるのも、広く一般に知られている。また、大理石や様々な貴石が何らかの霊力を宿しており、特定の石を保持したり、さすったりすると運が開け、病気が治り、痛みが和らぐという信仰は、世界各地に見られる。したがって一連の開運商品を販売していたトーカーたちの説く内容は、「統一原理」とは直接関係のない民間信仰的な性格が強い。

しかし、これらの開運商品を販売していた「全国しあわせサークル連絡協議会」では、顧客を対象に「統一原理」を分かりやすく紹介するセミナーを独自で開催し、それによって彼らを教育していた。したがってこれらの顧客には開運商品を購入したときの宗教的トークと「統一原理」とが、同一もしくは連続的な宗教的教理であるかのように受け取られていたと考えられるのである。この結果、彼らの中では日本の土着の宗教概念と「統一原理」の教えが渾然一体となり、あたかも「統一原理」の教えに基づいて開運商品の販売がなされているかのように誤解される原因となったと言えるだろう。

櫻井氏は、このような教義的な必然のない話を信仰への導入で使うことに対して、三つの意味を見いだしている。

「⑴　姓名判断に信憑性あり（嘘とまで言い切れる人は少ないだろう）とする日本人の心性にスゥーと入り、本人や家族の事情を把握するのにうってつけの方法であり、まさに導入に使えるからだ」（p.225）

姓名判断を嘘とまで言い切れる人が少ないという櫻井氏の表現は、過剰評価と言える。世の中には占いの類を全く信じない、唯物的で合理的な人間も多いからだ。手相や姓名判断は日本ではポピュラーな占いだが、それを信じる人はある特定の層の人々で、大多数の日本人が受け入れているわけではない。占いを信じるのは神秘的で直感的な傾向を持つ人々で、目に見えないものを信じるという点で宗教性に通じている。占いを導入にアプローチするのは、宗教的な素養がある人とそうでない人を最初の段階で選り分けていると言えよう。

櫻井氏の言う「本人や家族の事情を把握するのにうってつけ」は、当たっていると言える。人は通常、初めて会った人に自分のプライバシーにかかわることや悩みなどをいきなり話したりしないが、「占い」の場には自然とそうしたことを話す傾向がある。伝道はまず人の悩みを聞き、それを解決する道を示すことによって導かれることも多い。統一教会の信徒たちには、手相や姓名判断そのものを信じているというより、その話題を通して相手の悩みを聞き出し、それを解決する手段として最終的に「み言」を伝える方便としていた人が多いのではないか。その根拠は、伝道の入り口では手相や生命判断の話をしても、自分自身の信仰生活や課題の解決において、それらが重要な役割を果たすとは限らないからである。むしろ、み言を聞き、メシヤに出会い、祝福を受ければ、手相や姓名判断に現れる次元の運勢は超克できるものと理解されていたようである。

「⑵　中高年の人達にとって統一教会が一貫して教えていることは先祖の恨みや祟り、霊の障りであり、家族の系譜関係に基づく因縁である。これが信仰のベースになっている」（p.226）

先祖の因縁と統一原理の「蕩減」の概念には連続性と不連続性があり、それらは同一視できないが、日本の土着概念である先祖の因縁を媒介として統一原理を理解した人々は、その連続性ばかりが強調されて、渾然一体となっていたのであろう。「中高年」という年齢層が問題というよりは、キリスト教的なものとして統一原理を受け取ったのか、占いや因縁論などの日本の土着の宗教性の延長線上に統一原理を理解したのかという「入り口」のあり方が、その後の信仰のあり方に大きく影響を与えたと言えよう。

「(3) 姓名判断という占いは筮竹や算木を用いた易や四柱推命よりも単純である。画数を計算して数ごとの吉凶をあてはめてトーク・マニュアルを作成することが容易であり、素人占い師を大量に養成することができる」(p.226)

これは多分に後付けの解釈であり、実際にそうしたことを計算して姓名判断が選択されたとは思えない。印鑑等の販売にかかわっていた統一教会の一部信者たちの中で、最初から占い師を目指して本格的な勉強をし、それが動機となって販売活動を行った者はほとんどいない。したがって、なぜ姓名判断なのかという問いに、それほどの意味があるとは思えない。それは、印鑑や大理石の壺、多宝塔に対する問いと同じで、信徒たちが実績を出すために努力する中で、誰かが成功事例を生み出し、それが広まったにすぎない。一部の誰かが緻密に計画してそうなったものではない。そこに神や霊界が働いた、天の啓示があったというのが、後付けの主観的な解釈であると言うのと同じくらい、易や四柱推命よりも姓名判断の方が単純だから選ばれたというのも、もっともらしい一つの解釈にすぎない。

櫻井氏はまたしても「印鑑トーク」を自分自身に当てはめて、トークの実例を紹介している(p.226-267)。そして「このようなトークを一、二時間受ければ、せめて印鑑くらい買った方がいいのではないかという気分になるのではないか」(p.227)と述べているが、これも過剰評価である。現実には、印鑑のトークを受けても購入に同意する者は少なく、それほど効率がよいものではないという。販売でも、また伝道でも、その現場は、実際には否定の連続で、受け入れる人はごくわずかである。櫻井氏が、それをあたかも巧妙な勧誘手段であるかのように描写するのは、その効果を過大評価して民事訴訟で損害賠償を勝ち取ろうとする原告側の主張に、完全に依拠しているためである。

「3　ビデオセンター」

櫻井氏は第六章の「三　統一教会特有の勧誘・教化　3　ビデオセンター」（p.228-229）で、初期段階の教育が行われる施設について簡単に説明している。初めに、「青年・学生達は勧誘された後にビデオセンターと呼ばれる統一教会の施設に連れて行かれる」（p.228）とあるが、これは事実誤認である。櫻井氏が依拠している資料は札幌地裁における「青春を返せ」裁判に提出された原告側の証拠で、その中に出てくるビデオセンターを宗教法人統一教会が運営していた事実はなかった。統一教会が運営していたのであれば、ビデオセンターが入っていた貸しビルの部屋は借主として統一教会が契約しなければならず、運営の規約等にも統一教会との関係が明記され、スタッフも統一教会が雇用した人になるが、そうした事実は一切なかった。

これらの「ビデオセンター」は、統一教会そのものではなく、その信者たちが自主的に運営していたもので、裁判において「連絡協議会の傘下にあった施設」と説明されている。したがって、このビデオセンターは宗教法人である統一教会の布教所や伝道所ではなく、信徒の組織の顧客ケアや、一般教養的内容の教育、宗教心等の涵養を目的とした施設で、統一原理の受講のみが行われていたわけではない。ただし、そうした受講内容の中に統一原理を紹介するビデオが含まれていたために、結果としてこの「ビデオセンター」を通じて伝道された人々がいたのは事実である。その意味では境界線の曖昧な施設で、責任の所在が不明確になる恐れがある。そこで、２００９年以降は、統一原理のビデオを受講する施設を運営する際には、その持主や借主を宗教法人として登記または契約し、宗教法人の伝道所または布教所として運営するようコンプライアンス指導が徹底されている。

櫻井氏はこのビデオセンターのトーカーは「トーク・マニュアルで会話の流れ、話の持っていき方を学習している」と主張して、以下のようなマニュアルの文面を紹介している。

「まずは相手の話をよく聞いて、知ってあげ、認めてあげることが大事です。賛美も美辞麗句ではなく、相手の喜ぶことを言ってあげましょう。……ゲストの前に自分はまぶしい魅力的な存在になるように、表情笑顔、相手の話を聞く姿勢、誠意、さわやかさ等、気をつけて、身体全体で話すことも必要かと思います」(p.228)

統一教会を相手取った訴訟で主張されるのは、マニュアルの存在自体が組織的な誘導や心理操作が行われていた証拠であるということだ。櫻井氏はそこまで断言していないが、彼の記述にはそうしたニュアンスが含まれている。しかし上記のトーク・マニュアルで語られているのは、接客のマナーや心得として一般社会で教えられている内容とほぼ同じで、違法性や反社会性を示すような内容は全く含まれていない。もしこうしたマニュアルが存在し、それに従ってゲストのケアがなされていたとしても、それ自体には何の問題もない。

櫻井氏は「総序」に始まり「摂理的同時性」に終わる倉原克直講師のビデオのタイトルを一通り紹介した後で、次のように述べている。

「この種のビデオ受講で感動する人はほとんどいない。どれも初耳の話である。神がこの世と人間を作り、人間がサタンの仕業で堕落し、その後神の元へ復帰する歴史を歩んでいるのだという話を聞かされても、ふーんというしかない。しかし、『全てわからなくともゆっくり学んでいけばよい。いずれわかるので最後まで見ましょう』と言って、後へ後へと評価を引き延ばす。要するに、何が言いたいんだということは取っておくのである」(p.229)

これはかなり偏見に満ちた物言いであり、「青春を返せ」裁判における原告側の主張をそのままなぞっているのにすぎない。長時間にわたる映像を、感動もしないのに、評価を後へ後へと引き延ばされて誘導されながら見続けるのは苦痛である。そのようなものに引きずられて、見たくもないビデオを見続ける人がそれほど多数いるのは不自然で、信じ難い。これはビデオを見て「喜んだ」とか「感動した」と言えば、自分の意思でビデオセンターに通っていたことになり、損害賠償を請求するための違法性を主張しづらくなるために、敢えて本意ではなかったかのように主張する「裁判上の戦略」である。人が全く興味のないビデオを見続けることは現実的にありえず、本当に興味がなければ来なくなるのに、見に来るのは多少なりとも興味があるからである。

私は1987年に東京工業大学を卒業し、その後は原理研究会に残って後輩の指導に当たっていた。このとき、原理研究会の運営するビデオセンターに通ってくる学生への講義、あるいは原理研究会主催の2日間の修練会の講師、7日間、21日間の修練会の進行係などを担当した。また、1990年1月から翌年6月まで、東京の武蔵野市と三鷹市を中心とする、当時「東京第7地区」と呼ばれていた信徒の組織において、教育部の講師、教育部長、受講施設の所長兼講師などを担当した。したがって私は当時行われていた壮年壮婦の伝道・教育に全般的な知識を持っており、かつこれを指導する立場にあったので、自分自身の経験に基づいて受講施設について語ろう。

櫻井氏は、ビデオセンターでは統一原理の内容を講義したビデオが視聴されるだけでなく、「クリスマスキャロル」やNHKスペシャルの「人体の不思議」などのビデオが見せられることもあるという。確かにそうしたことはあったであろう。私自身が所属していた受講施設においても、統一原理に対するゲストの理解を深めることを目的として、補助教材を用いることがあった。特に日本人にはなじみの薄いキリスト教的な文化背景を理解してもらうために、テレビのロードショー番組を録画した映画なども受講者に見せることがあった。代表的な作品としては、「ブラザーサン・シスタームーン」「塩狩峠」「十戒」「ベンハー」「偉大な生涯の物語」「オーゴッド」1～3などがある。しかし、必ずしもすべての人がこうした映画を見るわけではなく、どちらかといえば抽象的な講義が理解できず、神様と言われても実感が湧かない人のために、補助教材として見せていたのが実状であった。したがって、講義のビデオそのものを喜んで見ていた人は、あまり映画を見ることはなかった。

櫻井氏は、統一原理のビデオを受講して「感動する人はほとんどいない」と言うが、これは言いすぎで、実際には、すべてではないが、一定割合の人が感動していた。彼らには「宗教性があること」と、「向上心があること」という共通した特徴があった。神の存在や人生の目的、歴史の意味といった内容に関心のある人は一定の割合で存在し、こうした人々は最初からビデオの内容に関心を示す。万人が櫻井氏の描写するような「ふーん」という反応をするわけではないのである。

私が所属していた受講施設の来場者は、主に二通りの経路を通して紹介されてきた。一つは、東京第7地区に所属する信者らが街頭などで見知らぬ人に声をかけて連れてくるケースである。こうしたケースは紹介者との間に事前に信頼関係があるわけではなく、また受講しなければならない必然性を感じるとは限らないので、全員が受講決定するわけではない。

しかし、来場するまでの間に、紹介者に自分の悩みや家庭の事情について詳しく話していたり、夫や姑、子供に対する接し方など、人としての生き方について紹介者からアドバイスを受けている者もいた。そのような会話を通して、自己の内面を磨く必要があるという意識が高まっている人や、紹介者と信頼関係にある人は、すんなりと受講が決定した。また、先祖や霊界に関心があり、自分を高めたいと思い、宗教性のある人は、学ぶ内容そのものに関心を持ち先へ進むことになる。

もう一つの経路は、東京第7地区に所属する壮年壮婦の信者らが、自分の夫や親族・友人を連れて来たり、街頭や訪問伝道で出会った人を連れて来たりするケースである。この場合、人間関係から義理で来ても、もともと宗教的な内容に関心のない人は受講決定しないか、してもすぐに来なくなってしまう傾向にあった。このように、ゲストがビデオの学習を継続するかどうかは、基本的にその人の宗教性や、ビデオの内容そのものに関心があるかないかによって決まるのである。

1980年代の受講施設のリアル

櫻井氏と、彼が資料的に依拠している統一教会反対派の主張は、基本的にビデオセンターにおける勧誘教化行為は、ゲストを欺いて特定の宗教的教えを刷り込もうとしている、というものだ。基本的にゲストは教えられている統一原理の内容が理解できず、納得できないにもかかわらず、巧みな心理操作で学習を続けさせられ、最終的にはそれを受け入れざるを得ない状態に追い込まれるという。しかし、この主張は事実に反している。実際には、ビデオを受講するゲストはビデオの内容に感動して喜んで学習する者と、内容について行けずに途中で離脱する者とに分かれる。それはゲストがもともと持っていた性格や背景によって、主体的な選択をしているからであろう。

当時使用されていたビデオソフトは、主に森山操講師と倉原克直講師のものと言われ、統一原理の教えを、講師が自分なりのオリジナリティーを発揮して、より分かりやすく、かみ砕いた表現に変えている。ビデオには随所に「神」や「神様」という言葉が出てきて、その内容が宗教的なものであることはもちろん、聖書を引用するためキリスト教的なものであることは誰にでも理解できる。創造原理の箇所では三大祝福の説明に創世記1章28節が引用されるし、堕落論では同じく創世記2章から3章にかけて展開される「失楽園の物語」を、人間の罪の起源として説明している。続いて出てくる「終末論」「復活論」「メシヤ論」などは、タイトルからしてキリスト教的な色彩が強く、頻繁に聖書を引用したり、聖書の物語を説明したりしながら講義が進み、これを聞けば誰しもキリスト教的な背景の宗教の教えを学んでいることは分かるはずである。

私が所属していた受講施設では、ビデオの内容そのものに関心を持ち、意欲的に学ぶ人は、早期に研修会への参加が決まるので、ビデオは堕落論くらいまでで終わり、後はもっぱら生の講義によって教育されるケースが多かった。十数巻あるビデオを最後まで見るような人は、研修会参加がなかなか決まらなかったり、ビデオの内容がよく理解できなかったり、批判的だったりする人で、一通り見て、もうそれ以上は来なくなる人が多く、ビデオ受講に対する反応は、まさに人それぞれであった。

受講者が壮年婦人の場合、「先祖の因縁」という仏教的世界観を持っており、受講施設で学ぶ目的も、因縁を清算するための精神的な修行あるいは勉強と考えている場合が多いため、キリスト教的な神の概念を教えるのに努力を要した。日本は神仏混淆の宗教的土壌があるので、「神」という概念自体をことさら否定する人は少ないものの、なぜ聖書の神なのか納得できず、違和感を感ずる人も多い。もちろん、最初から神の存在を信じ、聖書を学んだことはないが、面白そうだから聞いてみたいという人がいたのも事実である。

青年がビデオを学ぶ動機が、自分を高めたいとか、生きる目的を知りたい、広く世界を知り教養を身につけたいなどの、どちらかといえば観念的で抽象的なものであるのに対して、既婚の婦人たちは、夫や姑との関係をはじめとする人間関係、あるいは子供の非行などの問題が解決されるかもしれないと期待する場合が多く、カウンセラーの主たる仕事は、ビデオで紹介される統一原理の内容が、それらの問題解決にどう役立つのか結び付けることにあった。

しかしながら、これは簡単ではない。目の前の悩みを解決するのに、なぜ神について学ばなければならないのか、すぐには結び付かないからである。こんなことを学んでも意味がないと、途中でさじを投げる方も大勢いた。そのようなときカウンセラーは、「いま現実問題として起こっている数々の悩みには、もっと奥深い原因があり、その原因を突き止め、そこから直していかなければ根本的な解決にはならない。あなたの問題はあなた個人に特有なものではなく、人類に共通した普遍的な悩みの一つであるから、その根源にある人類共通の罪の原因について知りましょう」と説明して、さらにビデオを学ぶように勧める。しかしながら、この説明も必ずしも功を奏するとは限らず、もっと簡単で対症療法的な手段で悩みが解決されることを期待していたのに抽象的な話ばかりだと、途中で受講をやめる方もたくさんいた。ビデオの内容と自分の具体的な悩みや生活を結び付け、学ぶことの意義を感じるのは、かなり宗教性のある洞察力に優れた人である。

統一原理の内容は、いかに講師がかみ砕いて説明しても、初めて聞く人には複雑で難解であり、すぐに理解できるものではない。そこで、カウンセラーはビデオで学んだ内容の一つひとつを復習しながら、それをゲストの悩みと結び付け、カウンセリングを行う。とりわけ聖書の物語を素材とした堕落論や復帰原理の内容は、日本人にはなじみが薄いため理解しづらい。堕落論に登場する天使の存在を受け入れるのがまず大きなハードルで、復帰原理に登場する聖書の人物の名前だけを挙げても、アダム、エバ、カイン、アベル、セツ、ノア、セム、ハム、ヤペテ、アブラハム、サラ、ハガル、イシマエル、イサク、リベカ、ラバン、ヤコブ、エサウ、レア、ラケル、ジルパ、ビルハ、ヨセフ……と数多く、誰が誰の親であり、妻であり、子であるかというその関係性や時代を覚えるだけでも一苦労である。内容に興味を持てない人が学習を継続するのはまさに苦痛であり、途中でやめたくなるのは必然である。しかし、逆にいままで知らなかった聖書の世界に興味を覚え、そこで繰り広げられる人間ドラマに自分の人生を重ね合わせ、自分と関係のある物語として捉えることができる人は、喜んで学習を続ける。すなわち、学習を続けるかどうかは、ひとえにその人の宗教性に左右されるのである。

櫻井氏は、ゲストがビデオの内容を理解できなくても、「ともかくここは自分の居場所だと被勧誘者に感じてもらえればいい。下にも置かない態度に誘われたものは悪い気がしない」(p.229) として、統一原理の内容が理解できなくても人間的な情によってつなぎとめられているのを批判的に記述している。しかし、家庭や社会において孤独に陥り、居場所がないと感じている若者や主婦が、自分の話を熱心に聞いてくれる人に魅力を感じて通うようになることは自然であり、とりたてて悪いことではない。多くの新宗教運動に参加する人が、教えそのものより人間関係に惹かれて入信するのと変わらない現象が、受講施設においても起こっていたのである。

さて、ビデオを受講した人が、次のステップである2日間の修練会に参加する割合はどのくらいか？　これに関しては、拙著『統一教会の検証』において、以下のように紹介している。

「日本においては外部の学者による統計調査は存在しないが、統一教会の信徒団体が１９８４〜93年にわたって一部地域で行ったサンプリング調査がある。それによれば、その10年間に伝道されて定期的に統一原理を学習するようになった者３６９１３人のうち、二日間の修練会に参加した者が１４３８３人（39・０％）……」(『統一教会の検証』p.32)

すなわち、受講施設でビデオの学習を始めたとしても、次のステップに進むのは4割弱であり、半分以上がこの段階で離脱するのである。その後も、ステップを踏むごとに離脱者が出て、最終的に残るのは数パーセントという結果になり、これもまたゲストが自由意思によって主体的な選択をしている証拠である。

「4　ツーデーズセミナー」

櫻井氏はビデオセンターの次の段階として「4　ツーデーズセミナー」(p.229-233) について説明している。櫻井氏は例によって札幌「青春を返せ」裁判の資料から、ツーデーズセミナーのプログラムを紹介する。このプログラム自体は、実態からそれほどかけ離れたものとは思われない。金曜日の夜に集まり、土日の2日間でみっちり講義を受ける2泊3日の研修で、統一原理の生の講義を受けること以外に、何か特別なことが行われるわけではない。

櫻井氏はあたかも自分が見聞きしたかのような筆致でツーデーズセミナーについて描写しているが、実際には彼は参与観察をしていないので、それはすべて裁判資料の再構成にすぎない。そこには事実の客観的な描写と、元信者たちの主観的な感想と、裁判において損害賠償を請求するための戦略的に変形された描写とが入り混じっている。したがって、櫻井氏の記述には「裁判で争っている一方当事者の主張」という以上の資料的価値はないが、彼の指摘している具体的なポイントを批判する。

「班ごとに統一教会員のスタッフが班長として配属され、数名の班員の受講に関わる一切の雑務を担う。必要事項は全て班長を通すように言われ、勝手な判断・行動は厳に禁じられる。セミナー会場には新聞・テレビ・ラジオ等外部情報を摂取するメディアは置かれていない。一九八〇年代は外へ出ての公衆電話も禁止だった。今は携帯電話を予め班長が預る。班長は班員に常に目を配り、班員同士が無駄話をしないよう注意している」(p.230-231)

これは「マインド・コントロール理論」でいう「情報コントロール」が行われているとの主張にほぼ等しい。要するに密閉された空間で情報を制限された中で、正常な判断力を減退させた状態で回心に導いていると言いたいのであろう。しかし、このような措置を行う動機や目的、さらにそれが実際にどの程度機能しているかについては、当事者の立場や客観的な第三者の観察なども含めて総合的に捉える必要がある。

まず、研修会に班長と呼ばれるスタッフがいること自体は、行事を秩序的にスムーズに進行させる上で必要であり、非難に値しない。彼らは受講生が講義の内容をよく理解できるようにサポートするのが目的で、愛と奉仕の精神で受講生に尽くすことを信条としている。そうした班長の姿に感動して憧れる受講生も実際には多い。

新聞やテレビなどのメディアがないことや、電話連絡などの制限は、受講生が講義の内容に集中するための措置であって、本人が合意の上でこれを行っているのであれば何の問題もない。ちなみに私の娘が通っていた私立の女子高は、携帯電話の所有は禁止されていなかったが、それを学校に持ってくるのは禁止されていたし、万一持ってきた場合には登校中は学校に預けなければならなかった。授業中に生徒がスマホをいじることを許したら、教育など成り立たないからである。一般の企業における会議でも、重要な会議の最中にほかの電話に出たりスマホをいじったりするのはルール違反やマナー違反だとして、電源を切るよう指示することはあるだろう。一つのことに集中するために一定期間他の情報をシャットアウトすることは、一般社会でも行われている。

とりわけ宗教の世界では、回心や悟りといった特別な体験をするために、世俗の文化をシャットアウトすることが行われてきた。アメリカ版の「青春を返せ」裁判とも言える「モルコ・リール」対「統一教会」の訴訟において1987年に米国キリスト教協議会（NCC）がカリフォルニア州最高裁判所に提出した「法廷助言書」は、この点に関して以下のように述べている。

「入門者を通常の文化から引き離して、妨げられずに宗教的事柄に精神を集中できる場所に引きこもらせることの優れた効果を認めない宗教を見いだすことはまずできない。もしシンガー博士が正しいとすれば、おそらく数百万の宗教的回心は無効であり、そうした回心者の信仰と生活は詐欺の結果であり、無駄であったということになる。僧院や修道院がすぐに思い浮かぶが、そのほかカトリック教会経営学校、クリスチャン・スクールなどはカトリック教会や他の教会の信仰、即ち世俗文化からの隔離は『周囲の文化を支配するシンボルとは異なった種類の聖なるシンボルを中心にして生活を立て直すことを助ける』(ストローメン『宗教発達の研究』)という信仰を反映している」

「19世紀の米国西部の開拓地では、参加者の回心のみを目的にした『キャンプ集会』が開かれた。その集会はキャンプの設置場所から説教のやり方、参加者間に許されている相互交際の内容に至るまで、すべて回心を目的に計算されたものであった(ブルース『みんなハレルヤを歌った』)。これは、未回心者が、通常の環境を離れ、宗教団体によって維持され統制(コントロール)されている別の環境に行く多くの具体例の一つにすぎない。別の環境で日常の生活の影響を忘れて、信仰を受け入れることができるように組織立てられた経験を他の参加者と共にすることができるということである」

「多くの宗教で、隠遁生活が特別な地位を占めてきた。仏教では、僧侶は宗教の要諦を維持保存するものとされてきた。世俗の中では一般人が救済を達成することが事実上できないと考えられたからである。米国では隠遁する修道女は信仰に生涯をささげ、清貧、純潔、従順の徳目を守り、聖バジル、聖アウグスチヌス、聖ベネディクト、アシジの聖フランシス、聖イグナチオなどにより幾世紀も前に決められた修道院規律を守り、詳細に生活が規制されている献身的修道院生活を送ってきた(レクソー『僧院生活』)」(以上、「法廷助言書」の内容は増田善彦『「マインドコントロール理論」―その虚構の正体』より抜粋)

次に、こうした情報のコントロールを主催者側が意図していても、それを実際に徹底させられたかどうかは別問題である。この辺は、実際に参与観察を行ったアイリーン・バーカー博士がかなり詳細な報告をしている。彼女は研修会の代表的な例として「イギリスの週末修練会」と「カリフォルニアのキャンプK」を挙げ、前者での体験は以下のようなものである。

「食事と散歩の間、ゲストたちは個々のムーニーたちの証しを聞く。それは、ムーニーたちが最初にどのようにして運動と出会ったのか、それが彼の人生をどのように変えたのか、そして既に成し遂げられたことを見れば如何に驚くべきことであるかを伝える物語で、語るたびごとに洗練されていく。ゲストたちは講義の内容についてどう思うかを親しく尋ねられる。ゲスト同士がお互いに話さないようにするための露骨な試みはなされないし、実際に彼らの多くが内輪でおしゃべりをしている。それは裏口の外で短時間たばこを吸いながらなされることもある。ただし、比較的少人数であることと、ゲストに対してメンバーの比率が高いということ（通常は少なくとも1対1）は、ムーニーが会話の大部分を占める傾向があるということを意味している」

カリフォルニアのキャンプKでの様子は以下の通りである。

「プログラムの厳しい統制にもかかわらず（あるいは、それ故にかもしれないが）、全体的な雰囲気は、個々のゲストの積極的な参加を促しているように見える。通常は会話に積極的に参加することが称賛され、ゲストの発言に対してグループで拍手喝采する場合もある。ゲストがムーニーのいないところで情報交換することは不可能ではないが、容易なことではない。少なくとも一人のメンバー（異性であるかもしれないし、そうでないかもしれない）がそれぞれゲストを見るようにとの役割を与えられており、キャンプKでのムーニーたちは、他のどこよりもこの仕事に熱心のようだった。男性の『相棒』が女性のゲストの手洗いにまで付いていくことはないが、休憩時間には通常そこに列ができるので、一人でトイレにも行けないといったよく聞く不満にも一理ある。私の体験では、トイレではそれぞれの人がノートをつけるだけのプライバシーが十分守られていた。ただし、トイレが親密な会話をするための理想的な場所だとはとうてい言えないだろう。私が私的な意見交換を他のゲストとできたのは、ゲームで早い段階で脱落したときや、『消灯』の後にささやくように打ち明け話をしたときだった」（『ムーニーの成り立ち』第7章「環境支配、欺瞞、『愛の爆撃』」より抜粋）

こうした状況は日本でも同じで、研修会の主催者側ができるだけ班員同士の「横的な」交流を抑え、講義の受講に集中させたいと意図しても、それを完全に防ぐことは不可能で、強制力はない。紹介者やビデオセンターのスタッフを信頼し、自分が知りたいことを学ぼうという意識を持って来た者は、自然と研修会のスタッフの指示に素直に従うが、さして強い動機もないのに来た人は、横的な無駄話をしたがる傾向にある。研修会での生活を「コントロールされたもの」として不快に感じるかどうかは、こうしたゲストの個性や事情によって異なる。

ツーデーズセミナーにおける食事に関して櫻井氏はごく簡単に、「食事は大人としては粗食の部類だが、食生活の不規則な若者にとってはまずまずだろう」(p.231)としている。イギリスにおける修練会を参与観察したアイリーン・バーカー博士は、「統一教会の修練会での食事は必ずしも一流の料理人が作ったものではないが、ほとんどの大学の学生寮のものに比べて決して悪くはないし、おそらく多くの大学生が自分で用意するものよりは、はるかに栄養があるだろう」(『ムーニーの成り立ち』第5章「選択か洗脳か?」より抜粋)と述べている。これらのことから、研修会における食事そのものに何か特別な作用があるわけではないことは明らかであろう。むしろ、受講生が食事に関して感動するのは別の観点であることが多いようだ。『ムーニーの成り立ち』には次のようなインタビューの言葉がある。

「私がそこに着いたのは、金曜日の夜遅くでした。すでに大人数の夕食が終わって後片付けをしていましたが、台所の女性たちは手を止めて、私のために食事を作ってくれました。それはそうしなければならないという義務からではなく、そうしたいからしてくれたとても素敵な親切でした。それはうまく説明できませんが、私には分かりました。それだけではありませんでした。私は心の中で、それこそ自分が望んでいたものであり、これこそ自分がしたいことだと感じました」(前掲書、第5章「選択か洗脳か?」より抜粋)

要するに、食事の豪華さよりも、それを作ってくれた人々の真心や奉仕の精神に感動したのである。こうしたことは感受性の鈍い受講生には分からないかもしれない。しかし奉仕の精神を持ち、人のために生きたいと願っている受講生は、研修会のスタッフが献身的に働いている姿を見て感動し、自分もそのような人になりたいと思うのである。実際には、統一原理の教えよりも、そうした人間の姿に感動して入教を決意したという人は多い。

続いて、講義の様子に関して櫻井氏はあたかも見てきたかのように描写する。

「早起きで覚めやらぬ頭に『創造原理』が講師の熱烈な講義でたたき込まれる。受講生はビデオセンターや班長から『大変な講師』『受講できるあなたはラッキー』といったことを繰り返し聞かされているので、何か重要なことを語っているのではないかという気になる。しかし、社会人にとってはせいぜい先輩くらい、学生にとってても助手（助教）くらいの人が、確信に満ちて大声で情感たっぷりに堂々と講義をする様にとりあえず目を見張る」（p.231）

まずツーデーズの講師の紹介は、出身地や出身大学などが事実に即して具体的に説明されることが多い。ビデオセンターのスタッフや班長が講師を褒めたのは事実かもしれないが、それは尊敬心の自然な発露であろう。青年向けのツーデーズの講師は、青年の組織に属する信者が担当していたので、受講生とそれほど年齢が離れているわけではない。少し年上の先輩という櫻井氏の指摘は基本的に正しい。これは「ピア・エデュケーション」に近いもので、同世代の若者の話だから親近感をもって聞くことができるのだろう。20代の若者が60歳を過ぎた老人から人生について話を聞かされても、親近感を覚えることは難しいが、少し年上なら素直に聞けるからである。

櫻井氏はあたかも見てきたかのように、ツーデーズの講義を「熱烈」「確信に満ちて大声で情感たっぷりに堂々と」などと描写するが、修練会における講義を現実以上に情緒的なものとして描写するのは裁判資料の大きな特徴の一つで、櫻井氏はそれを鵜呑みにしているにすぎない。講義のスタイルが理性的か情熱的かというのは講師の個性により、一概には言えない。また理性的な講義が良くて情緒豊かな講義が悪いわけでもない。

ツーデーズは講義を中心とした理性的なアプローチであり、感情的側面がそれほど強調されるわけではない。自己啓発セミナーや米国の根本主義者に見られるような、ローリングプレイや集団行動、あるいは音楽や映像を多用した手法を用いれば、はるかに大きな感情的効果が狙えるにもかかわらず、学校で教師の授業を受けるのに似た、非常に古典的なスタイルである。これはツーデーズ研修の目的が感情的高ぶりよりも合理的な理解を主たる目的としているからにほかならない。信仰は一時的な感情の昂揚とは全く別で、人の心の奥底に深く沈殿していくものである。したがって、仮に小手先のテクニックで一時的に感情を左右することができたとしても、それは信仰とは何の関係もないので、いたずらに人の感情に訴えるようなことはしない。

このことは、バーカー博士の『ムーニーの成り立ち』でも次のように説明されている。

「講義は、高等教育の多くの場所で毎日（同じかそれ以上の時間）なされているものよりもトランスを誘発するものではない。さらに、私が観察したことは、入会する者たちは講義の内容が面白くて刺激的であると感じたらしく、また積極的に聞き耳を立て、ノートをしばしば取っており、そして（講義の後で質問をすることから明らかなように）自分自身の過去の体験と関連づけているのである。統一教会の修練会では、お経や呪文のようなものが唱えられることはほとんどない。仮にそれが行われるところでも（欧米では、主にカリフォルニアであったが）、ゲストに関する限りは非常に限定された性格のものである。確かに、それはクリシュナ意識国際協会の寺院を訪問したときに参加するように勧められるお経や、実際に、より伝統あるヒンドゥー教の寺院で通常行われているものほど激しくはない）。統一教会は恍惚状態を志向する宗教ではないし、通常の活動の一部として、信者たちを熱狂に駆り立てることはしない」（同書、第5章「選択か洗脳か?」より抜粋）

櫻井氏は受講生の描写の中で、「熟睡できるものは少ないと思われる」「緊張感と同時に頭脳の疲労度も増し、居眠りも許されないという状況の中で頭は朦朧としてくる。人によっては半覚醒の状態で講義を受ける」「午前中よりさらに眠くなる」（p.231）、「ほとんどの若者はセミナーの受講疲れのためにそこまで考える余裕はない」（p.232）などと、やたら受講生の眠気や疲れを強調し、正常な状態ではないかのように描いている。しかし、スケジュール表によれば睡眠時間は7時間あり、若者が眠気を催すような過酷な状況にはない。『ムーニーの成り立ち』においいても、睡眠不足が判断を鈍らせることはないことを以下のように論じている。

「修練会のゲストたちは、7時間ほどの睡眠が許される。彼らは必ずしも常にこれを利用するわけではないが、学生たちが試験の準備をするときにはもっと少ない睡眠しかとらないこともまれではないし、結果としてその試験で十分よい成績を挙げている」（前掲書、第5章「選択か洗脳か？」より抜粋）

「眠気」や「意識が朦朧」などという言葉を裁判資料が強調するのは、自分たちが通常ならざる状態で入教を決断させられたと原告たちが訴えることによって、勧誘行為の違法性を追及して損害賠償を勝ち取りたいからである。しかし、バーカー博士の客観的な研究は、こうした「生物学的な感受性」が説得を受け入れた原因であるという証拠は見いだせなかったという結論である。眠気や疲れだけで人が回心するわけではない。

櫻井氏の描くツーデーズの受講生像は、慣れない環境や眠気と疲労に苛まされた若者が、「講義内容が理論的にわかることはない」まま、「この先さらにライフトレーニングに進むかどうかの決断のみを迫られ」（p.232）、霊の親と支部の歓迎パーティーによって「ノリノリの雰囲気」（p.233）の中で決意を表明してしまうというものである。しかし、これは脱会者が後から訴訟のために描いたストーリーであり、平均的なツーデーズ受講生の体験だという客観的な証拠はない。講義内容を理解したことにすると、入信は自体責任ということになってしまうので、敢えて異常な状態であるかのように事実を変形し、研修会の外的要因に回心の原因を責任転嫁しようとした描写であろう。

「5　ライフトレーニング」

櫻井氏は、ツーデーズセミナーを、次のステップである「5　ライフトレーニング」への参加を決意させるものであると主張するが、これは私の講師体験からすれば誤った認識で、少なくとも著しく偏った主張であると言わざるを得ない。原理研究会の2日修は、札幌「青春を返せ」裁判の原告たちが体験したツーデーズセミナーとほぼ同じようなスケジュールである。一方で、「東京第7地区」で壮年壮婦を対象として私が行った2日修練会は、それよりもはるかに緩やかで短時間だった。この二つの体験から、修練会の環境と回心の関係、そして人が伝道されることの本質について私の考えを述べよう。

私が「東京第7地区」で行っていた2日修練会は、自身の運営する受講施設に通うゲストの中から、学習の進展度が同じくらいの2〜4人を選び、受講施設のスタッフが日程を決め行っていた。既婚の婦人の場合はウイークデーがいいので、1か月に1〜2回、日程を決め、堕落論までビデオ学習が進んだ人を対象に、セミナーに参加するよう勧める。受講施設所長の私が、感想文やカウンセラーの報告などをもとに、理解が良いと思われる人に2日修練会を勧めるようカウンセラーに指示した。紹介者はゲストが2日修練会に参加すると非常に喜び、当日プレゼントなどを持って受講施設を訪れることがよくあった。

壮婦の場合には家庭があるので、2日修練会は合宿ではなく通いで行われた。一日の講義時間は午前中2時間と午後2時間の2コマで4時間、全体の講義時間は2日間で合わせて8時間ほどである。幼い子供がいる場合は、保育室に子供を預けて講義に参加することになる。これまでビデオを通して聞いてきた内容を同じ建物の中で学ぶのであり、生の講義で聞くということだけが違いで、特に閉鎖的な環境で行われるわけではない。また普段の生活をしながら通いで講義を受けるので、特に睡眠不足や過労の状態で講義を受けるわけでもなく、時間の関係で青年のセミナーのようにレクリエーションやスポーツなどが行われることはない。にもかかわらず、壮婦の2日修練会が青年の合宿セミナーに比べて教育力が劣るかといえば、決してそんなことはない。講義時間が短いので獲得する知識の量は減るかもしれないが、しっかりとポイントをつかんで理解し、次の段階に進んで行く人は大勢いたのである。

原理研究会における合宿型のセミナーと壮婦のための通いのセミナーの両方を担当した私が結論として言えるのは、都会を離れた研修所の合宿や短期間での数多くの受講、比較的プライバシーの抑制された環境下での集団生活、レクリエーションやスポーツ、班長による面接などは、回心を生み出すための必要条件ではない。なぜなら、それらを体験しても回心せず、去って行く人が大勢いる一方で、こうしたものが全くなくても回心し、伝道される人も多いからである。事実、通いの2日修練会を通して多くの壮婦が伝道され、信仰を持ち続けている。こうした環境的な与件は、回心の本質的な要因ではなく、人が伝道されるかどうかは、教えそのものを受け入れるか否かで決まるのである。

2日修練会の講師を務めた当時の私は24～26歳で、そのような若者が30代から40代の家庭の主婦、ときには自分の母親よりも年上の60代の方に説教じみた内容の講義をするわけだから、よく黙って聞いてくれたものだと思う。私は受講施設のカウンセラーから「うちの所長です」とゲストに紹介された以上に、大げさな形容をされたことはない。どんなに権威付けをしても、その人の本質は語る内容や態度に現われるものだから、余計なことを言わなくてもいいと指導していたためである。

私と受講生との年齢的なギャップ、および極めてシンプルな紹介の仕方にもかかわらず、私は多くの受講生に「先生」として受け入れられ、その前で一定の権威をもって語ることができた。それは受講生たちが私自身を見ていたのではなく、私が語る内容に集中していたからだと思う。語る私に人生経験や個人的な内容がなくても、語られている内容が奥深い真理を含んでいるので、その内容そのものの権威が時として受講生を圧倒し、感動させるのである。私は原理研究会にいた頃から原理講師を幾度も担当してきたが、常に「人の心は神が動かすのであって、小手先の技術によって感動が生まれるのではない」という信念で講義をしてきた。したがって、講義のための最高の準備は話術の研究ではなく、自我を捨て、その人に神が語ろうとする内容を伝える通過体、媒介となることで、そのための最高の手段が「祈り」である。これが講義に臨むときの私の基本姿勢であった。

講義の内容は、1日目が創造原理で、2日目が堕落論と復帰原理であった。復帰原理は「歴史の同時性」の説明で終了する。個々の事実と年代を示しながら、いかに人類歴史が繰り返されてきたかを説明すると、多くの受講生が感動すると共に、いま自分が生きている時代がちょうど2000年前にイエス・キリストがこの地上に誕生したのと同じような時代なのだと理解する。2日修の講義を聞き終え、関心を深めた人は、「メシヤ」という存在について関心を示し、メシヤが誰なのか知りたい、メシヤに会ってみたいと思うようになる。もちろんすべての人がそうなるわけではなく、2日修練会の反応は人それぞれで、神にも罪にもメシヤにも全く関心を示さず、勉強を中断してしまう人もいる。そういう人をつなぎとめるのは不可能で、自然に受講施設には通わなくなってしまう。

しかし、2日修練会で感動し、その内容を真理として受けとめた人は、結論を早く知りたいと思うようになる。そういう人には、メシヤに出会うにはそれなりの心構えがいるから、そのための勉強を継続しましょうと勧める。それは同じ受講施設に週に2回くらいのペースで通ってきて受ける一連の講義で、それも所長である私自身が担当した。この決定プロセスには、櫻井氏の言う「ノリノリの雰囲気」(p.233) などは一切なかったが、関心のある受講者は自らの意思で先に進むことを決めた。

このように、壮年壮婦と青年学生では、同じ2日修練会でも環境はかなり違うが、教えられる内容はほぼ同じで、詳しさや講義時間が異なるだけである。そしてどちらも、関心のある人は学び続け、関心のない人は去っていくのも同じである。人が伝道されるプロセスという観点からすれば、セミナーの外的な環境の差異は、さほど本質的な違いをもたらさない。ましてや櫻井氏の言うような寝不足や疲労感などは、宗教的回心とは何の関係もないのである。

櫻井氏が描くような合宿のセミナーと通いのトレーニングの組み合わせによる教育は、日本での青年伝道の特徴のようである。

ライフトレーニングでは、一般的に受講生たちは昼間は学校や職場などに出かけて通常の社会生活を行っており、夜だけ講義による研修を受け、信仰生活の初歩的な手ほどきを受ける。一日のうちで宗教的理念に触れ、宗教的な環境下で生活するのは数時間で、言ってみれば世俗世界と聖なる世界を行ったり来たりするような環境で教育がなされる。

こうした中で受講生は、櫻井氏が指摘するように「再臨論」や「主の路程」に関する講義を受け、彼らの多くが、この時点でメシヤが文鮮明師であることを知るようになる。これを信者たちは「主を証される」とか、「主の証しを受ける」と言ってきた。泊まり込みのセミナーに比べるならば、研修の途中でライフトレーニングを離脱するのは容易である上に、これまで日常生活を送ってきた一般社会との接触が常にあるために、世俗的な誘惑がより働きやすい環境下にある。したがって、ライフトレーニングで「主の証し」を受けるときの受講生の心理状態は、泊りの研修生よりもはるかに冷静で客観的な状態にあり、世俗的情報と宗教的情報の両者が拮抗する環境下で、文鮮明師や統一運動に関する情報を提供されることになる。しかも、ライフトレーニングの会場となる施設は通常駅などの近くにあるため、自分がかかわっている団体の背景を知った時点で離脱することは、意思さえあれば非常に簡単である。

ライフトレーニングの参加者のうち、どの程度の割合の者が次の段階である4日修練会に参加するかは確たるデータがないが、全員が参加するわけではないことは「青春を返せ」裁判の原告たちも認めている。拙著『統一教会の検証』（光言社）のデータによれば、2日間の修練会に参加した1万4383人のうち、4日間の修練会に参加した者は8258人なので、この間の離脱率は42・6％となる。ライフトレーニングを前後して少なくともツーデーズ参加者の40％が離脱するので、それほど効率がいいわけではない。

私が講師をしていた壮年壮婦を対象とする2日修以後の講義は、①緒論・アダム家庭、②ノア・アブラハム家庭、③メシヤの降臨とその再臨の目的、④再臨論の5コマの講義からなり、受講生は各々のスケジュールが空いている時間に昼間受講施設を訪れ、講義を受けたら感想文を書き、カウンセラーと話をして帰宅する。仕事を持っている婦人の場合には夕方6時以降に受講することもあった。合宿ではなく通いの講義だが、教育効果はさほど変わらない。本質をつかむ人は、通いの講義でもよく内容を理解した。最後の再臨論の講義を聞いた人は、その時点でメシヤが文鮮明師であることを明かされることになる。その意味では、青年に対する講義も、壮年壮婦に対する講義も詳しさが違うだけで、教育内容は同じである。

さて、櫻井氏はライフトレーニングの教育内容を批判的に記述しているので、その内容を検証しておきたい。

「受講生には歴史的・摂理的必然ということが先行して教えられているために、なぜ文鮮明がメシヤなのかと、逆に彼から歴史をたどる発想は生まれてこない」(p.233)

「どんなことがあってもメシヤを受け入れなければならないのだという心構えが重視され、まさにその心的態度をビデオ学習やツーデーズセミナー、ライフトレーニングという三段階の研修を通じて養成しようとするのである」「日本の統一教会は、信じがたさという弱点を強みにする論理を強調する」(p.234)

「ここで再臨主に関わる一般的な理解の問題が個人の信仰の問題に置き換えられていることを確認しておきたい。……文鮮明を明かすまで、人間の不信仰による摂理の失敗、人間と世界に関わる諸問題は全て不信仰が原因で生じたということを繰り返し説かれている。そういう認識の枠組みがある程度できあがった段階で文鮮明をメシヤと明かされると、信仰的によく生きることを考え始めた受講者は受け入れようかなという心境になる」(p.235)

統一教会の信者たちが行ってきた伝道の方法において、最初から文鮮明師をメシヤであるとか教会の創設者として紹介するのではなく、教理を説明する中で「メシヤ」という抽象概念を理解してもらい、それを受け入れやすいように一定の教育を施した土台の上で、最後に「再臨のメシヤは文鮮明師である」という結論を告げていたことは事実であろう。しかし、宗教の世界においては、「奥義」や「秘儀」などと呼ばれる奥深い真理を伝える際に、最初からすべての情報を開示するのではなく、段階的に情報を開示しながら、求道者にその真理を受け止める心構えができたときに初めて秘密の内容を伝えることがある。そうした教え方も「信教の自由」の一部であり、世俗の論理で「最初から全情報を開示すべきだ」と強要できるものではない。

櫻井氏は、「再臨主に関わる一般的な理解の問題が個人の信仰の問題に置き換えられている」と批判するが、メシヤを受け入れることができなかったという歴史の教訓を、個人の信仰のあり方と関連付けるのは当然で、それを通して過去の物語が私にとって「生きた物語」となるのである。キリスト教の礼拝において語られる説教は、そのほとんどが聖書の物語を単なる過去の出来事として教えるのではなく、自分がその時代、その場所に生きていたらどう振舞ったであろうかという「実存的問題」として教えようとする。統一教会の信徒たちが再臨主を受け入れていく際にも、これと同様の理解がなされている。

にもかかわらず、そうした教育によってすべての人が文鮮明師を再臨主として受け入れるわけではなく、むしろ受け入れない人の方が多いという事実は、こうした教育が必ずしも奏功するわけではないことを示している。櫻井氏の言うように、文鮮明師をメシヤとして受け止める「認識の枠組み」を受講者の中に形成しようという努力がなされても、願った通りの認識を受講者がしてくれるとは限らないのである。こうした教育によって、「なぜ文鮮明がメシヤなのか」という批判的な思考をする能力が受講生から剥奪されるわけではなく、実際にはそのような批判的な思考をして結論を受け入れない受講生も多数いる。最終的には、受講者が文鮮明師をメシヤとして受け入れるかどうかは、もともとその人に統一原理を受け入れる素養があるかないかによって決定されると言っていいだろう。

「6　フォーデーズセミナー」

櫻井氏は、ライフトレーニングの次の段階としての「6　フォーデーズセミナー」(p.235-245) について説明している。これは4日間の泊まり込みの研修会で、櫻井氏によればそのスケジュールは「基本的にツーデーズセミナーと同じだが、研修内容として、文鮮明の生涯、統一教会をとりまく国際情勢や反対運動をそれぞれ半日かけて学習することが加わる」（p.235）とされている。

櫻井氏は冒頭で、「このセミナーの目的は、受講生に統一教会の信者として献身生活を決意させることにある」（p.235）と断言しているので、まずはその目的がどの程度達成されているかを数値に基づいて分析することにする。拙著『統一教会の検証』（光言社）によれば、「日本においては外部の学者による統計調査は存在しないが、統一教会の信徒団体が一九八四〜九三年にわたって一部地域で行ったサンプリング調査がある。それによれば、その十年間に伝道されて定期的に統一原理を学習するようになった者三万六千九百十三人のうち、二日間の修練会に参加した者が一万四千三百八十三人（三九・〇％）、四日間の修練会に参加した者が八千二百五十八名（二二・四％）、そしてその中から実践活動を行う信者になった者が千二百七十四名（三・五％）であるという結果が出ている」（p.32）。ここでフォーデーズに参加した8258人のうち、最終的に実践活動を行うほど献身的な信者となった者が1274人であることから、櫻井氏の記述する「フォーデーズの目的」に基いて分析すると、目的の達成率は15・4％にすぎないことになる。

また、東京における「違法伝道訴訟」に原告側が提出した証拠（甲第57号証）には「4DAYS現状調査」という、フォーデーズ参加者の追跡調査を行った表がある。これは連絡協議会傘下の東東京ブロックの青年支部が行っていた伝道活動に関する資料で、1988年11月から1989年3月までのフォーデーズ新規参加者数が438人で、そのうち新生トレーニングに進んだのが288人、実践トレーニングに進んだのが165人、その中で「フリーになる」、つまり仕事を辞めて連絡協議会で専従的に活動するようになった者は18人である。この数はフォーデーズの全参加者の4・1％にすぎず、私の著作の15・4％よりかなり低い。統一教会の伝道方法が「強制的」なものと主張するためには、セミナーに出た人のほとんどがフリーになると主張した方が説得力がありそうなものだが、実際の数値は驚くほど低い。この証拠は、統一教会を訴えた原告側が提出したもので、敢えて嘘をついて低い数字を示す理由はなく、実際のデータを提示したと考えられる。

すなわち、いくらセミナーに参加させても、全員に「献身」を決意させられるものではなく、大部分の者はそれを拒絶しているのが事実で、そこには明らかに本人の自由意思が働いており、教えを受け入れない人に無理やり「献身生活」を決意させることなどできない。したがって、櫻井氏がいかにフォーデーズの様子を情緒的に描写してその説得力を強調したとしても、その効果は客観的な数値によって反証されてしまう。櫻井氏は社会学者なのだから、裁判の原告側が主張する情緒的な説得力を鵜呑みにするのではなく、客観的なデータに基づいてその効果を評価すべきであろう。

しかし、櫻井氏はこうしたデータには触れることなく、以下のような表現で「フォーデーズセミナー」が人の情緒を揺さぶるものであることを強調する。

「宗教的行為は、知情意のうちで情に関わる部分が著しく大きいという点で、他の社会的行為と異なる。どんなに崇高な教えや徳目であっても、頭で理解し、強い意志をもって行為せよと命じただけでは人は動かない。自ら動き出さざるをえないような強い情動が必要である。多くの宗教では儀礼に参加することでそうした情動を得ることができる。儀礼は荘厳な雰囲気の中、伝統的なやり方で執行することで、儀礼参加者は過去現在未来永劫に変わらない普遍的な聖なる時間に生きることができるのである。ヨーロッパの大聖堂において荘厳なミサに出席すれば誰しも敬虔な気持ちになるだろう」(p.237)

ここまでは教科書的な「儀礼の効果」の説明にすぎないのだが、問題は次の記述である。

「日本の統一教会のように建物を飾らず、聖なる象徴物も置かない研修施設では、聖なる雰囲気を醸し出すのが難しい。したがって、ここが聖なる空間であることを統一教会では能弁に物語る必要性が出てくる。唯一、儀礼的空間を作り出しているのが、『お父様の詩』いう文鮮明の教説を示すときである」「イエスはメシヤであることが認められなかったばかりか、惨めで無念な死を遂げたことを講師は泣き出さんばかりの無念さを持って語るのである」(p.237)

「ここまで二時間あまりもこの種の話を聞かされれば、女性の受講生は大半が泣き出してしまう。あまりに臨場感のある説明のために受講生達は自分がイエスを十字架につけたという気になっている。感情が盛り上がってきたところで、聖歌、祈禱がなされ、講師は退席する」(p.238)

「ありとあらゆる音響がこだまする中で受講生達の感情は抑制が完全に外された状態になる」(p.241)

イエスの生涯を感動的に語るというのは私自身がやってきたことなので、櫻井氏の描写する「イエス路程」がそれほど事実と異なっているとは思わない。むしろ女性の受講生の大半が泣き出してしまい、受講生たちに自分がイエスを十字架につけたのだと思わせることに成功したとすれば、それは素晴らしい講義なのではないかと思う。これがキリスト教の礼拝でなされたら、最高の説教として礼賛されることだろう。言葉をもって人を感動させるのは宗教の王道であって、なんら批判されるべきものではない。

宗教が人を感動させる方法は様々ある。立派な聖堂や伝統的で荘厳な儀礼によって聖なる雰囲気を醸し出す宗教もあれば、能弁な語りによって感動させる宗教もある。修行などの体験を重視するものもあれば、最近はハイテクの演出効果によって雰囲気を盛り上げる宗教もあるだろう。キリスト教の中では、カトリックが立派な聖堂や荘厳な儀礼によって宗教的雰囲気を醸し出すのに対して、プロテスタントの礼拝堂はむしろシンプルで飾りが少なく、「神の言葉」を語ることが重要視される傾向にあることはよく知られている。統一教会の研修会の伝統は、どちらかといえばプロテスタント的であり、それも含めて個性だとしか言いようがない。もっとも、最近は統一教会も韓国の清平に巨大な宗教施設を建て、「按手」や先祖解怨などの儀礼を通して信仰心を高めるなどカトリック的要素を取り入れていると見ることもできる。いずれにしても、それは「信教の自由」の範疇に属し、善悪・優劣をつけられるものではない。

櫻井氏が、研修会でセミナー室の明かりが消され、班長達がロウソクをもって並んでいる中で朗読されるという

「お父様の詩」の全文は以下のＵＲＬで見ることができる。
http://www.glo.gr.jp/uta.pdf

　さて、この詩は櫻井氏の言うように「文鮮明の教説」（p.237）と呼べるものだろうか？　この詩の出典はいずれの資料にも明記されておらず、これを一体誰が書いたのかは実は不明である。文鮮明師の語った内容であれば、通常は語った年月日が記載されていたり、マルスム選集の巻数や頁数、講演文のタイトルなどが出典として記載されているはずだが、そうしたものが一切ないので、文鮮明師が直接語ったものではなさそうである。文体や表現からしても文鮮明師の言葉とは考えられず、日本語としてあまりにこなれすぎているために、韓国語からの翻訳でもなさそうで、出所は日本に違いない。

　この「お父様の詩」と呼ばれる内容は、日本の統一教会の食口（信者）の誰かが啓示かインスピレーションを受けて書いたものではないかと思われる。それはそれで一つの宗教的文学としての価値はあり、この詩を聞いて感動したり、原理の奥深さや神の心情を悟ったり、宗教的回心を体験したりすることはあるかもしれない。しかしそれでも、文鮮明師の語った言葉でないものを、そうであると語っていたとすれば、それは問題である。「誰かがお父様の心情を祈って尋ね求めた結果、与えられた啓示的な詩です」と紹介するのであれば、問題はないと思われる。

　しかしそうした性質上、この「お父様の詩」は統一教会における権威ある文書となることはないし、この詩の朗読は統一教会の正式な儀礼とすることはできない。これはある特定の時代の、ある特定の地域の研修会において、現場で用いられていた一種の宗教的文学であって、それを読み上げる行為も、統一教会の儀礼というよりは研修会のイベントの一つといった方がよいであろう。私自身、伝道されたときに修練会でこの詩が朗読されるのを聞いたことはなかったし、伝道する側に回ってもこれを朗読したことは一度もなかった。

　統一教会の儀礼と呼べるものには、もっと普遍的で公式的なものがたくさんあるから、櫻井氏も宗教学者であればそうしたものをもっと研究すべきであろう。主要なものだけを列挙しても、①毎週日曜日の礼拝、②安侍日、月初め、名節、記念日などに行う敬礼式、③家庭盟誓の唱和、④祝福式、⑤聖和式、聖和祝祭、⑥聖別式や奉献式、⑦清平における役事など、これら一つひとつの儀礼的意味を記述しただけでも大論文になるはずである。こうした教会の公式的儀礼にはほとんど触れることなく、「お父様の詩」などという公認されていない研修会の行事を「儀礼」と呼ぶ櫻井氏の記述は、宗教学者として最低限の調査さえしていないことを明らかにするものである。これも「青春を返せ」裁判の原告側の資料にのみ依存しているために起こる根本的な理解不足であると言えるだろう。

「7 孝行を要求する神」

さて、櫻井氏はこのイエス路程の解説の中で、統一教会の救済観を韓国の「恨プリ」と関連付けて解説している。それは以下のような記述である。

「文鮮明は説教集の中で、神というのは一人子を亡くされた悲しみの恨を深く心にとどめた悲しみの神様であり、人間の生の目的とは神様の恨を解くことなのだと何度も繰り返す。日本の信者は韓国風の恨プリ(恨を解く)の儀礼を知らないために神の無念さに心を痛めるだけだが、韓国の信者達はこれほどの恨を解かないでおくことができようかと考えたに違いない。冷静に考えれば、全知全能の神でも恨みを抱くのだろうかと首を傾けざるをえないが、旧約聖書には嫉む神というイスラエル民族の神観が出てくるので、韓国に土着化したキリスト教において神様が恨を抱き恨プリを求めていると文鮮明と彼の弟子達が考えたとしても自然なことだ」(p.238)

櫻井氏は「恨プリ」という韓国の土着の宗教的概念によって聖書を解釈した統一教会の救済観をやや批判的に解説しているが、こうした理解の仕方自体は神学的・宗教学的には間違いではなく、かなり本質的なところを捉えている。「恨を抱いた神様」というのは統一教会の独特な神観の一つであり、統一教会の信徒の信仰生活を動機付けるものとして大きな役割を果たしている。この問題に関する文献としては、古田富建氏の『「恨」と統一教』という論文があり、以下のURLから全文を読むことができる。

https://repository.dl.itc.u-tokyo.ac.jp/records/30477

「恨」は、韓国人にとっては民族が持つ固有の情緒や美意識として理解されており、韓民族の代表的な民族性の一つとして、日本でもよく紹介される言葉である。それはしばしば日本や中国の「怨」とは違い、その中心的要素は「悲哀」の感情であると説明される。これはもともとは巫俗（韓国のシャーマニズム）の用語で、「死者のやるせない思いや、やり残したこと」を意味し、「恨プリ」はその恨みを解くこと、すなわち「恨み解き」を意味する鎮魂儀礼の一つである。この概念は韓国の宗教史に大きな影響を与えているが、その中でも統一教会の教義は「恨」を一つのキーワードにしている。すなわち、神やイエスは「恨」を抱いており、それを解くことが教義の核心となっているという。

それでは神の「恨」とは何か？　統一教会では、神を人間と全く変わらない喜怒哀楽を感じる存在として捉え、人間の堕落の故に神はこれまで悲哀の感情に支配されてきたとする。神と人は元来「親子の関係」であったのに、堕落によって「関係が断絶」したのが神の哀しみであり、元の「親子の関係」に戻りたいと願い続けてきた。神は「あるまじき姿」から「あるべき姿」へと戻りたいという切なる願望を抱いており、それが果たされない神は「解くべき恨」を抱えた存在なのである。したがって人類歴史は、神の理想を成就するための「神の恨プリ」の歴史として理解される。統一教会の教義における最終目的は、悲しい歴史の清算と「恨の神」の解放である。

一方、「イエスの恨」は、「結婚して神の血統を残すべき」であったのに、家族やイスラエル民族の離反によって、「結婚できずに（血統を残せずに）死んだ」という「恨」である。こうしたイエス像は、韓国の宗教伝統を背景として理解できるという。韓国の伝統社会は「儒教と巫俗の二重構造」として語られることが多い。すなわち、国家運営から民衆の倫理道徳に至るまで、表向きの価値観は儒教が支配していたが、その深層部には古来からの巫俗の伝統が横たわっており、儒教とは相互補完的な関係にあったという。儒教的な倫理によれば、「子を残さず死んだ者」は祭祀を受けられず怨霊になる。一方、儒教的価値観では引き受けられない死者を巫俗が一手に引き受けて、巫俗式の鎮魂祭や死後結婚を行ってきた。こうした宗教伝統を背景としてイエスを見ると、そもそも結婚して血統を残すことを理想とする儒教社会においては、独身を貫いて死んだイエスの生涯は望ましいものではない。そして「巫俗」の観点から見ると、イエスは未婚で哀れな死を迎えた若者であり、その恨を解くための「鎮魂の対象」となるのである。

このように、「神の恨プリ」「イエスの恨プリ」として歴史を捉える統一教会の教説は、キリスト教神学の中では特異なものだが、韓国の宗教的伝統からすると、ごく自然な発想であると理解できよう。しかし、「全知全能の神」という西洋的で合理的な神観からは、こうした発想はまず出てこない。日本人にとっては、「統一原理」の救済史観は今すぐにでも人類を救いたいという切々たる神の心情が描かれており、一種の浪花節的な世界があるので理解しやすいのではないか。そしてこれは、統一教会信者の「救済観」にも大きな影響を与えている。一般のキリスト教では、神は全知全能の存在として、罪深い人間を一方的に救ってくれるものと捉えているが、統一教会ではむしろ恨を抱えた可哀想な神様を解放し、慰めて差し上げたいという心情が、信仰の動機となることがある。こうした神観や救済観は、統一教会が持つ独創性の一つの根拠となっている。

「お父様の詩」の分析を通して統一教会の信仰の本質を捉えようとする櫻井氏の論理展開には、彼独特の発想法や誤解、あるいは悪意ある恣意的描写を垣間見ることができるので、その点を指摘してみたい。

櫻井氏はまず、「(1) 神と人間の互酬的関係を最初に確認している。しかもその間柄は親子だとされる」(p.242)と分析する。「互酬(ごしゅう)」とは、文化人類学、経済学、社会学などにおいて用いられる概念で、英語ではReciprocity

という。人類学においては、義務としての贈与関係や相互扶助関係を意味するのであるが、統一原理の用語ではReciprocityは相対性や相対的関係という意味で使われる。したがって、「相対的関係」も「互酬的関係」もほぼ同じ意味であると考えられる。櫻井氏がこの言葉を選んだのは、「私があるからお前があり、お前があるから私があるのだよ」という「お父様の詩」の一節から連想したものと思われる。

西洋的なキリスト教神学においては、神と人間の関係が互酬的関係として捉えられることは少ない。神は創造主であり、人間は被造物である。神は偉大であり、人間は卑小である。神は神聖であり、人間は罪深い。神は与える存在であり、人間は受ける存在であるため、その関係は互酬的というよりは一方通行の関係だ。「神があるから人間がある」のみであって、「人間があるから神がある」という発想はない。「お父様の詩」における「お前があるから私があるのだよ」という一節は、創造の秩序を逆転させるような存在論的な主張であると捉えるよりは、親子の心情的な関係を表現していると見た方がよいであろう。このことは、人間の行動が神に影響を与え得るという統一原理における神と人間の関係性が、西洋のキリスト教神学とは異質なことを物語っている。統一原理の神と人間の関係の方が、むしろ「親子関係」と呼ぶにふさわしい親密なもので、そしてこれが、「神様のために親孝行したい」という統一教会信者の信仰の動機に直結している。

続いて櫻井氏は「(2)　子供は罪人である」(p.242)という点が普通の親子関係とは異なると主張するが、人間は罪人であり、親なる神の前に負債のある存在であるというのはキリスト教の基本的な人間観である。人間がその罪を償い、原罪から脱却するために努力することが神から期待されているというのは、西洋のキリスト教神学と比較して、統一原理が強調しているポイントである。というのは、原罪の清算は「神とメシヤによる一方的な恩寵によって人間が救われる」という中心ポイントにおいては一般のキリスト教神学でも統一原理でも同じだが、統一原理ではメシヤを迎えるためには人間が自らの責任分担として「蕩減条件」を立てなければならないという観点がある。救いは無償で与えられるのではなく、人間には責任分担があり、努力が必要だというのは統一原理の基本的な人間観である。

櫻井氏は、子供が親を裏切り、親の思いに気付かないまま自由放縦に生きたことが罪であり、その親の期待に応えることこそが人の生きる道であるとする統一原理の世界観に対して、「孝行を要求する神」(p.238) などというタイトルを付け、文中でも「親孝行の押しつけ」「献身を求めている」「コミットメントを要求」(p.242-243) などという穿った表現をしている。しかし、ことさらに「超越神」を強調する西洋のキリスト教神学を除けば、神や仏などが人間に「恩」を与え、人間がそれに「報恩」することが期待されているのは宗教における一般的な関係であり、特に珍しいものではない。そして神と人間の関係をどう描こうと、それは信教の自由によって保障された宗教的世界観の表現なのであり、それを受け入れて信者になるかどうかも、個人の信教の自由である。

続く一節は、櫻井氏の宗教学者としての見識を疑うような内容になっている。

「筆者が最も驚いた発想は、この詩が『お父様の詩』と題されていることにある。文鮮明が自分の意志を信者に伝えているわけだが、神の立場に立ってこれを語っている。イエスであっても自分の心を神の心として語ってはいないし、聖書の執筆者もイエスを神そのものとして描くことはなかった。文鮮明は再臨主だから神でもあるということなのだろう」(p.243)

櫻井氏は新約聖書の中で、イエスが自分を神のごとく語った部分があることをまさか知らないわけではないだろう。代表的なイエスの言葉だけでも以下のものを挙げることができる。

「わたしと父とは一つである」(ヨハネ10：30)
「わたしを見た者は、父を見たのである」(ヨハネ14：9)
「わたしが父におり、父がわたしにおられる」(ヨハネ14：11)

これらの言葉は、当時のユダヤ人からすれば神を冒涜する言葉として捉えられたため、彼らはイエスを殺そうとしたほどだったのである。その理由は「あなたは人間でありながら、自分を神とするからです」(ヨハネ10：33)

とユダヤ人たちは述べている。

後のキリスト教神学は、こうした聖書の記述以上にイエスを神格化し、彼は「神のロゴスが受肉した存在」であり、「神が人となられた方」であるとする。キリスト教の三位一体の教理では、父と子と聖霊のすべてが神であるとされており、ここでいう「子」とは歴史的人物としてのイエス・キリストのことである。西暦325年に開かれたニケア公会議と、451年に開かれたカルケドン公会議で、三位一体論とキリスト論に関するキリスト教の正式な見解がまとめられたが、このニケア・カルケドン信条を受け入れるかどうかが、今日に至るまで正統的なキリスト教かどうかを見極める重要な試金石になっている。ニケア信条は、父と子は「同質」であるとし、カルケドン信条は、イエス・キリストは「真に神であり真に人である」としている。イエス・キリストが神であるというのは、キリスト教の正統神学の重要な部分で、宗教学者の櫻井氏がこうしたキリスト教の基礎知識を知らないはずはない。だとすれば、彼の著書における描写はこうした事実を隠ぺいして、伝統的なキリスト教と比較して文鮮明師が自らを異常に神格化しているかのような印象を与えようとする悪質なものであると言える。

「お父様の詩」は、統一教会の公式的な神学を表明したものではなく、信徒の間に流布していた宗教文学にすぎないが、統一教会の神観やメシヤ観をそれなりに表現している。それは、「お前と二人で天のお父様の前に行ける日を私の唯一の楽しみにしているよ」（p.240）という言葉が示しているように、「天の父」である神と自分自身が存在論的に同一であると言っているのではなく、自分が神と同じ心情で子供を見つめていることを訴える内容となっている。神とメシヤが存在論的に一体であると主張する伝統的神学のキリスト論に比べれば、統一教会における「再臨のメシヤ」は苦悩する一人の人間として描かれており、神格化の度合いは低いとさえ言えるだろう。

最後に櫻井氏はこうした「お父様の詩」の内容に関して、「正統派のキリスト教であれば腰を抜かしかねない教説」（p.243）と揶揄した上で、それがいともたやすく統一教会の信者たちに受け止められているのは、この詩を朗読する儀礼によって受講生の感情が揺さぶられ、正常な判断力を失ってしまうからだと主張する。はたしてこの詩には、それほど魔法のような効果があるのだろうか？

実はこれと同じことを札幌「青春を返せ」裁判の原告たちも主張していたのだが、これに対して教会側は、「この詩が朗読されると、内容に感動して号泣する受講生が出ることは事実のようである。しかしながら号泣した人が、文師をメシヤとして受け入れるとは限らない。情緒的な人は一時の感情の高まりで涙するが、セミナー後にはその感情もすっかり冷めて、やめる人も多いという。原告らの言うような『その様な情緒に訴えられた結果、文師をメシヤと受け入れさせてしまう、認識が変えられるのである』ということはない。却って、冷静で詩の朗読の時にあまり感動しない知的な人の方が、その後の学びを進めていくとも言われている」と主張している。実際にフォーデーズに出て信者になる人の割合が4・1～15・4％（データによって差異がある）というかなり低い数字に留まっていることも、この詩の「効果」がそれほどのものではないことを示している。櫻井氏はこの詩の内容に感情を揺さぶられてその効果を過大評価するのではなく、もっと社会学者らしく数値によるデータに基づいてその効果を測定した方がよいのではないだろうか？

「8　セミナーの構造」

櫻井氏は「8　セミナーの構造」として以下のようなポイントを挙げている。⑴閉鎖環境とスケジュール管理、⑵指導階梯の徹底、⑶集団心理としての感応、⑷批判的思考を妨げる研修のルール、⑸スタッフによるケア、の五つである。これらはいわゆる「マインド・コントロール理論」において主張されていたことと大差がない。これは米国の心理学者マーガレット・シンガー氏が１９８６年に発表した、「詐欺的で間接的な説得と支配の方法」に関する報告書の中で述べているマインド・コントロールの五つの構成要素である、①社会的・物理的環境のコントロール、②家族との接触を断ち無力感に陥れる、③一連の報酬、罰則、経験による組織化と操作、④組織批判ができない閉鎖された論理システム、⑤特別な無情報状態の存在、と極めて似通っていることからも明らかであろう。こうしたセミナーの特性によって受講生の心理を操作することが可能であるという主張には科学的根拠がなく、逆に大多数の者がこうした環境に抵抗して自分の意思を貫くことができることが、様々なデータによって立証されている。こうした議論をする際には、セミナーの構造の分析だけでは不十分で、その効果を定量的に測定しなければ意味がないが、櫻井氏はそれを行っておらず、「青春を返せ」裁判の原告たちの主張を繰り返しているだけである。これらの分析は使い古されたもので、あまり価値はないので、ここではそれに対する批判は繰り返さない。

櫻井氏はフォーデーズの説明の冒頭部分で、「このセミナーの目的は、受講生に統一教会の信者として献身生活を決意させることにある」（p.235）と断言しており、その最後の様子を以下のように締めくくっているので、その部分に注目してみたい。

「フォーデーズセミナーを通して、受講生たちは統一教会がどのようなところか、大要を教えられたように思う。しかし、その理解は抽象的なままにとどまっている。統一教会に献身するということの意味は、献身的な努力をするくらいにしかわかっていない。だからこそ、セミナー修了後のパーティーで決意表明を促された際に、私は献身しますと宣誓できるのである」（p.244-245）

フォーデーズの終了後に支部でパーティーが開かれ、そこで「献身の決意表明」をする宣誓式のような行事がどのくらい広範に行われていたのかは定かでないが、少なくとも札幌「青春を返せ」裁判の原告たちはそのような儀式をしたと主張しているようである。もし事実だとすれば、それはキリスト教における「信仰告白」と似た儀式と理解できる。これは統一教会の正式な宗教儀式ではなく、現場の信徒らが編み出した独自の慣習と考えられる。しかし、それは信徒らの主観の中においては重要な宗教的意味を持つと思われ、その宗教的意義は尊重されるべきであろう。

キリスト教における信仰告白とは、イエス・キリストに対する信仰を明白な言葉で言い表すことを指す。信仰を告白することの重要性は、以下のような聖書的根拠を持つ。

「すなわち、自分の口で、イエスは主であると告白し、自分の心で、神が死人の中からイエスをよみがえらせたと信じるなら、あなたは救われる。なぜなら、人は心に信じて義とされ、口で告白して救われるからである」（ローマ10：9−10）

「さて、わたしたちには、もろもろの天をとおって行かれた大祭司なる神の子イエスがいますのであるから、わたしたちの告白する信仰をかたく守ろうではないか」（ヘブル4：14）

「もし人が、イエスを神の子と告白すれば、神はその人のうちにいまし、その人は神のうちにいるのである」（ヨハネⅠ4：15）

このようにキリスト教においては、自己の信仰を公的な形で告白することは、宗教的アイデンティティーを確立する上で極めて重要な意味合いを持っていたことが理解できる。それはその人の魂の成長や内面の刷新にとって必要不可欠な宗教的儀式であり、いわば「信仰告白」をするかしないかによって信者であるかどうかが見分けられるほどに決定的な意味を持つものであった。

櫻井氏も認めているように、この時点での受講生の統一教会に対する理解は「大要」にすぎず、「その理解は抽象的なものにとどまっている」（p.244）。したがって受講生たちがフォーデーズ終了後に行ったとされる「献身の誓い」なるものは、それを促す指導する側にとっても、それを行う受講生にとっても、自らの内面における決意を示す信仰告白にすぎず、具体的な活動につながるものではない。したがって、そのことと受講生が以後、どのような活動に参加するかは別問題で、そのことは受講生にもスタッフにも十分理解されていた。したがって、そこには一切の情報の秘匿はなく、十分に説明された通りの行為を同意に基づいて行っているにすぎない。

信徒たちが行っていた様々な統一運動を支える活動に関しては、それを行う段階に至った時点で、その都度意義と価値の説明を受けており、それを行うかどうかは本人の自由意思で判断できるようになっていた。したがって、フォーデーズ終了後の「献身の誓い」がその後の具体的な活動を行うことの誓いとして理解されることはなく、またそのように機能することもない。また、このときになした誓いを言質とし、その後に活動を強要するという事実もないし、たとえ後日この誓いを破棄して信仰の道を去ったとしても、そのことによって何らかの罰則や不利益を被ることもない。これは何ら法的・組織的な拘束力のない口頭の宣誓であり、一種の宗教的儀式にすぎないからである。

確かにこの時点では受講生は信仰生活に関する具体的な指導や、先輩の信徒たちがいかなる実践活動を行っているかについての情報はまだ受けていない。しかし、そのような情報は分かりやすいように順を追って段階的に説明されるのであり、その都度納得したことだけを受け入れればいい。そして、信仰生活の具体的なあり方を紹介するための「新生トレーニング」の概要が説明され、それに参加することを通してさらに信仰の道を深めるよう勧められるのは、極めて親切であり、何の問題もない。

「9　新生トレーニング」

この点を櫻井氏は「9　新生トレーニング」で以下のように批判する。

「一般の宗教団体であれば、信者になる決心をする前であっても、全てではないにせよ教団の様々な宗教活動を知ることができるし、教団はむしろそうしたものにふれてもらうことを教化活動の中心に置いている。一般の子供や青少年達、信者の子供達にできるだけ活動に参加してもらう。そうした活動がどのような教義や教団の方針に基づいているのかを徐々にわかってもらえばよろしいし、あえて説明すらしないこともある。

ところが、統一教会では一般市民に統一教会信者となることを強く勧め、献身まで誓わせているにもかかわらず、では具体的な教団活動にどのようなものがあるのかを新生トレーニングに入るまで明かさない。ビデオ学習から始まり、二つの合宿セミナーを含め数ヶ月かけて教説のみを学習する。神の摂理では統一教会信者として献身することが最高の幸せであり、人類に課せられた使命の一点張りである。具体的な宗教活動を示して、ではそれはどのような人間観や世界観に裏打ちされたものなのか知ってみたいと関心を持たせるような教化方法ではない」(p.246)

これは要するに、「教義が先か？　実践が先か？」という問題であり、科学の教育においては「座学が先か？実験が先か？」と似たテーマのように思える。人にはいろいろなタイプがあり、理論面から関心をもち実践に移る人もいれば、体験を重視して理論は後からついてくるという人もいる。宗教団体の個性も同様に様々で、まずは教義を理解することを重要視する主知主義的な宗教も存在すれば、「考えるよりも先に体で感じなさい」という体験重視型の宗教もある。櫻井氏の言う「一般の宗教団体」なるものがどのくらい一般的なのかは不明だが、一般大衆に対して奥義を公開しない秘密主義的な宗教や、そもそも広く教えを流布することを目的としないエリート主義的な宗教もあり、そのどれが良いのかを決めることはできない。統一教会の信徒たちが行っていた伝道の方法も、彼らなりの試行錯誤を繰り返して確立した一つの方法にすぎず、それは一つの個性として認めるべきなのではないかと私は思う。

「10　信仰規律」

櫻井氏は新生トレーニングで説かれる実践的な信仰規律を説明しているので、それを順番に引用しながら反論しよう。

「(1)　アダム・エバの教訓。エバがサタンに誘惑され、不倫・姦淫を行ったがゆえに人間は堕落した。先に堕落したのがエバ、女性であり、次いで、アダム、男性を誘った。その結果、人類はエデンの園から追われ、堕落した状態から神への復帰の摂理的歴史を歩むことになったとされる。エバはアダムよりも罪が重いので、男性に仕えなければならない。この教説が信仰生活に適用されると、男女は文鮮明＝神が許可する祝福まで禁欲を守ることが最重要の規律となる。若い男女数十名が同じ屋根の下で一ヶ月の共同生活をしても、互いに好意を抱くことすら許さない。また、青年期の若者にとってプライバシーを完全に奪われることは性的にも苦痛だ。心身両面から性を統制することによって、受講生の訓育が進むことは論を待たない」（p.247）

この記述には多くの誤りが含まれている。そもそも統一教会にはエバはアダムよりも罪が重いので男性に仕えなければならないという教義や考え方はない。もしそうであれば、男女平等が叫ばれ女性の権利が主張される現代社会にあって、統一教会は「男性天国」の社会となり、多くの男性たちが女性に仕えられるために統一教会に入教するはずである。しかし、実際には日本の統一教会では男性信徒よりも女性信徒の方が多く、統一教会は男性よりも女性にとって魅力的な宗教ということになる。櫻井氏の主張するような女性蔑視の教義を持つ宗教団体に多くの女性たちが入信し、信仰生活を継続しているというのは不合理で、実態との間に大きな乖離がある。

また、女性が男性よりも罪深いということと、祝福まで禁欲を守ることの間には論理的な関係は全くなく、説明として意味をなしていない。統一教会で祝福を受けるまで禁欲生活が奨励されるのは事実だが、これは女性だけでなく男性にも等しく要求され、その点に関しては男女は平等である。統一教会では、男性と女性のどちらが罪深いかがとりたてて強調されることはない。男も女も等しく堕落した罪深い存在であり、その罪を清算するための蕩減条件として禁欲の道を歩まなければならない点も同じである。細かいことだが、櫻井氏は「文鮮明＝神」と記載しているが、統一教会のキリスト論ではメシヤは神ご自身ではなく、人間始祖の立場に立つ「真の人間」であるため、この記述も神学的には誤りだ。

「禁欲」と「恋愛禁止」がもつ宗教的意味

さて、ここで最も本質的なテーマである新生トレーニングにおける「禁欲」や「恋愛禁止」について考察することにする。櫻井氏はこれらが若者にとって苦痛であることを強調し、あたかも人権侵害であるかのように記述しているが、実際には恋愛やセックスを禁止している団体は統一教会に限らない。AKB48などアイドルグループのメンバーや、NHKの「歌のお姉さん」に恋愛禁止が課せられていることはよく知られている。これはアイドルとしての彼女たちの価値を守るための「商業目的」や、子供向け番組の出演者がイメージを壊さないために、当人たちはそれを納得して禁欲生活を行っているのである（中には秘密でそれを破る者もいるが、統一教会の信徒の中にも禁欲を守れない者がいるので実情は同じである）。

このことは、人は何らかのより大きな目的のために、「禁欲」や「恋愛禁止」を自分の意思で受け入れることがあり得るので、統一教会においてはそれが「宗教的目的」であると理解すれば、それも一つの合理的な選択であると言えよう。宗教的目的で禁欲生活をする事例は枚挙にいとまがなく、まさか宗教学者の櫻井氏がそれを知らないわけはないだろう。原始仏教では出家信者は徹底的に性欲を否定することが要求されたし、カトリックの修道士、修道女、および司祭などの聖職者は生涯にわたって禁欲生活を送っている。これらは宗教的目的による「禁欲」や「恋愛禁止」で、現実には苦痛を伴うものだが、これを人権侵害であるとは櫻井氏は言わないであろう。

米国の宗教社会学者ジェームズ・グレイス博士の著作『統一運動における性と結婚』は、この問題を真正面から扱った客観的な研究書である。グレイス博士の観察によれば、統一教会における未婚の男女は恋愛や性交渉が全面的に禁止された極めて禁欲的な信仰生活を営んでいるが、これは結婚を神聖なものにするという究極的な目標のための準備期間としての意味をもっているという。グレイス博士が行ったインタビューによれば、すべての統一教会のメンバーが「婚前の性交渉はそれ自体悪であり、未成熟な段階のセックスであるため、そこには真の愛は実現されない」と答えたと言う。すなわちメンバーにとって結婚前の禁欲生活は、自分自身の愛を清め、成長させるための貴重な期間であり、この期間に純潔を守ることは結婚を成功させるための絶対的な条件として認識されているのである。

グレイス博士が観察したアメリカの統一教会では、入教したメンバーは最初の3年間、若い男女が共に活動するような環境下において、禁欲生活をすることが義務づけられているという。このような環境下では、当然異性に対する欲望が芽生えるのであるが、それらは、①祈祷、②自己の鍛錬、③活動への没頭、などの手段によって抑制される。これらは基本的に個人の努力であって、環境的に男女を分離することによって性的なトラブルを避けている修道院とは驚くべき違いであると同博士は指摘する。統一教会がこのような環境下で性的なトラブルを抑制することに成功している秘訣は、比較的プライバシーが抑制された共同体での生活と、未婚の男女はお互いに兄弟姉妹という家族的な一体感を形成している点にあると、同博士は分析している。

このような禁欲を実践する共同生活に入ることによって、メンバーは過去の習慣性を断絶し、祝福を受けて結婚するに値するだけの内的な資質を磨くために努力する。アメリカの統一教会においては、教会に来る前に性的に活発だった者や同性愛者だった者も多いが、彼らは宗教的な価値観を共有した集団の中で一定期間生活することを通して、過去の習慣性を克服する戦いをする。グレイス博士の研究を通して、櫻井氏にとっては「苦痛」としてしか感じられなかった若い男女の禁欲生活が、将来の結婚を神聖なものとするための価値あるものとして認識されていることが理解できるであろう。

日本の統一教会でも、未婚の男女は恋愛や性交渉が全面的に禁止された極めて禁欲的な信仰生活を営んでいる。これはグレイス博士が研究したアメリカの教会と同じく、結婚を神聖なものにするための準備期間としての意味をもつ。統一教会信者の独身時代の目標は、第一に心身を清く保ち結婚に備えることで、第二に愛と奉仕の生活を通して人格を磨き、良き夫、妻、親となるために準備することである。これは結婚に対する日本の保守的な考え方とも一致し、なんら社会的な批判を浴びるべき内容ではない。

統一教会に魅力を感じる若者たちには、社会全般に蔓延する「性の乱れ」に幻滅し、不満や不安を感じている者が多い。入信する以前に性経験があったかどうかは別として、性的な事柄に対して潔癖な価値観を持っている人は、統一教会の教えに魅力を感じるのである。もともと「清い結婚がしたい」「不倫や離婚などの不安のない、幸福な家庭を築きたい」というニーズを持つ人たちに、「祝福式」という形で示された統一教会の結婚の理想が一つの回答を提示しているので、若者たちはその理想を実現するために「禁欲生活」を自らの意思で選択するのである。

これは「自由恋愛至上主義」という現代の日本社会の風潮に対する一つのアンチ・テーゼとしても機能している。そもそも、デートとプロポーズを経て結婚に至るという方法は、特に20世紀のアメリカで発達し、それが日本に輸入された。しかし、欧米諸国の高い離婚率や、日本における離婚率の上昇などを考慮すれば、それは必ずしも理想的な配偶者選択の仕組みとは言えない。一時的な恋愛感情が幸福な結婚を保証しないならば、もっと堅固な土台の上に結婚を築きたいと願う者が現れても何ら不思議ではない。統一教会の信徒たちは、「信仰」という土台の上にそれを築こうとしているのである。

カイン・アベルの教えの正しい意味

櫻井氏は、統一教会のカイン・アベル関係について次のように述べる。

「⑵　カイン・アベルの教訓。二人はアダムとエバの子供だったが、農耕者カインの供えものよりも牧畜者アベルの供えものを神は喜ばれた。嫉妬したカインはアベルを殺したために、あなたは呪われて地上の放浪者になるだろうという神の言葉を得た。ここから、統一教会は神に喜ばれるものアベルと、兄でありながらも本来弟に従うべきだったカインの関係を組織上の階梯と捉える。通常、アベルというのは信仰や組織において上にあり指令を下すものを指す。アベルへの絶対服従こそ摂理の中にいる人間がなすべきこととされる」（p.248）

このようなカイン・アベルの教義の解釈は、一連の「青春を返せ」訴訟の中で原告たちが主張してきた内容と全く同じである。彼らは、カイン・アベルという統一教会の教義は「カイン（一般信者）がアベル（上司）に対して絶対服従しなければならない」という教えであり、上命下達の組織体制の根拠であると主張しているが、これは完全に曲解である。カイン・アベルの教えは、彼らが主張するような人間を強制的に組織が縛り付け、自由意思に反した方向に駆り立てるような教えではない。そこで統一教会側の出版物に見られる記述に基づいて、この教義の意味について解説をすることにする。

櫻井氏がカイン・アベルの教えを間違えているのは、カインとアベルという二つの存在が「お互いのために生き合う」という教義の全体像を正確に捉えようとせず、その一方向のみを抽出して曲解しているからである。統一教会には「為に生きる」という教えがあり、例えば「夫は妻のために、妻は夫のために」というように、お互いが相手のために生き合うことを勧めている。このうち「妻は夫のために生きるべきだ」という一方のみを抽出すれば、それは男尊女卑の教えに聞こえるし、「夫は妻のために生きるべきだ」という一方のみを抽出すれば、逆に女尊男卑の教えに聞こえる。したがってこの両方をバランスよく理解しなければ、その本質を外れることは明らかであろう。

実は櫻井氏はカイン・アベルの教えに関して、これと同じ一面的理解をしている。日々の信仰生活において、ある者がアベルの立場、ある者がカインの立場に立つことはあるが、一方的な服従と従順がカインに要求されているのではない。むしろアベルの方がカインのために生き、犠牲となって、カインの信頼を勝ち取るよう努力することが求められている。これについては文鮮明師ご自身が再三にわたって語っておられる。

「カインを救うためには、神様から受けたその愛を全部与えると同時に自己の愛までも合わせて与えなければならない」（『御旨の道』p.364）

「アベルは、そのサタン世界の底辺に住む僕のような人たちに仕えるようにして、感化させせなくてはならないのですから、僕の歴史にいま一つの僕の歴史を積み重ねなくてはならないのです。しかしその場合、サタン世界の僕たちと、天の世界のアベルのどちらがより悲惨な道を歩んだのかを問われる時に、アベルがアベルとして認定されなくてはならないのです。その時にサタン世界の僕たちは、『何の希望ももてないどん底の中にあっても、あなたは希望を捨てることなく、力強く私を支えた』と認めるのです。アベルは『いかに耐え難い時も、信義の理念をもち、愛の心情をもち、天国の理想をもっていたから、最後まであなたを信じて尽くすことができました』と、言えるのです。そこで『地上で自分の生命も惜しまず、愛と理想をもって犠牲的に尽くしてくれたのはあなたしかいません。私は誰よりもあなたを信じ、国よりも世界よりも、あなたのために尽くします』と、なるのです。その認められた事実でもって、初めて『自分はアベルであり、あなたはカインである』と言うことができるのです。アベル・カインの関係はその時から始まるのです」（『摂理から見たアベルの正道』p.9-10)

「アベルは、カインに尽くしたあとにアベルとなるのです。互いに相手を尊重しなければなりません。尊重されるためには先に、カインとなる人に尽くすのです。誰よりも信仰心が篤く、誰よりも愛の心情が深く、誰よりも理想的であるという模範を示し、自然屈服させたあとに、カインたちのほうから、『我々の代身となって指導してください』と願われた時、『はい』と答えてアベルになれるのです」（前掲書 p.37)

「カインのメシヤはアベルであり、アベルのメシヤはカインであるということを知らなくてはなりません」（前掲書 p.12)

このようにカインとアベルは、兄弟間の心情関係のあり方、すなわちお互いに尽くし合い尊重し合う人間関係として教えられていることが、文鮮明師の直接の説教から理解できる。また文鮮明師の弟子である李耀翰牧師の著書『信仰と生活』第一集（現在は『心情開拓』に改題）は、１９７４年に初版が発行されて以来多くの統一教会信徒たちの信仰生活を導いてきたロング・セラーで、そこでもカインとアベルがお互いに尊重し合うべき存在であることが強調されている。

「だから、カイン・アベルは、お互いが神の立場です。アベルの神様はカインであり、カインの神様はアベルです」(『心情開拓』p.249)

また李耀翰牧師の著書では、アベル・カインという立場は固定された組織原理ではなくて、人に接するときの内的な姿勢であることが強調されている。

「言ってみれば、アベル・カインという立場は、いつも決定していないのです。……教会でいえば、経済的に責任をもった人がアベルになる時もあるし、伝道の時には説教する人がアベルになる時もあるし、要は、その仕事においてだれが中心になるかという問題になるのです。

家庭に帰ってきても、物事の責任をもった人がアベルになるのです。ですから、その時間はそのアベルに対して謙遜に喜びながら侍って、その人を慰めなくてはいけないのであって、食事の時でも、いつも自分が上であるという立場には立てないのです。

その時々の仕事によって、中心となる兄弟がアベルの立場で苦労するのです。そこに平和があるのであって、『一人だけがアベル』というように決まった考えをもったなら、その教会は苦しみ、家庭にも苦しみが来るのです」(前掲書 p.27)

「カイン・アベル(の問題)は、みなカイン、みなアベルと思ったらいいのです。自分を自分で、カインと思ったらいい。いわゆる謙遜で人を自分より貴重に思う素性を持てば、失敗はありません」(前掲書 p.216)

文鮮明師ご自身も同様のことを語っておられる。

「堕落性を脱ぐ道は千万人を全部アベルとして侍ることである」(『御旨の道』p.371)

したがってカイン・アベルとは、自己の罪深さを深く感じて他者の中に宿る神性を貴重に思うときには、その人にとって万人がアベルとなり、また自分自身を神の愛を伝える使命を帯びた者として自覚するときには周囲の者すべてがカインとして認識されるという性格のものであり、個人の主観によって誰がアベルで誰がカインであるかが決定される、極めて流動的な概念である。このようにカイン・アベルの教えの本来の意味を理解すれば、アベルとカインの関係を「組織上の階梯」とする櫻井氏の主張は、真実からほど遠い。

しかし統一教会の一部信者の中には、カイン・アベルの教えを上下関係と誤解していた者がいたこともまた事実で、間違ったカイン・アベル観に対して、文鮮明師は激しく叱責しておられる。

「このような原則があるにもかかわらず、今日の統一教会の信者の中には、自分は不信仰であろうと、不心情であろうと、不天国であろうとどうでもよく、『ただ先に入ってきたからアベルであり、お前はカインだから屈服しなさい』と言う者がいます。そんな法がどこにありますか!」(『摂理から見たアベルの正道』p.10)

カイン・アベルの教えはもとより組織論ではなく、信仰生活上の人間関係を通して自己の内面を成長させていくための宗教的な教えである。その意味を正確に描写できるのは、統一教会の現役の信徒たちだが、櫻井氏はその人たちにインタビューをしていないので、その意味を正確に捉えることができなかった。櫻井氏の記述は、統一教会信徒の一般的なカイン・アベル観を代表したものではなく、「青春を返せ」裁判の原告たちの歪んだ教義解釈をそのままトレースしたものにすぎない。

「イサク献祭」の意味

櫻井氏は「イサク献祭」について、次のように紹介する。

「(3) イサク献祭の教訓。一〇〇歳のアブラハムと九〇歳のサラとの間に生まれた子がイサクで、神は彼と契約を立てるとまで言った。しかし、神はイサクを燔祭に献げるようアブラハムに言い、アブラハムはイサクに手をかけようとしたとき、神はアブラハムが神を畏れるものであることを知ったと言った。ここから、最も大切なもの、我が子すら神のものであり、神にお返しすることが信仰、義とされるという。この世のものは全て神のものであり、神は万物を主管される方であることを強調する。実践信仰としては、自分に所属するもの全てを神に捧げることが信仰の始まりとされる」(p.248)

ここで述べられている「イサク献祭」は、聖書の物語を題材とした宗教的言説であり、こうした言説自体は信教の自由によって保障された領域に属することは言うまでもないが、櫻井氏による解説は誤っている。「イサク献祭」の教訓は万物を神にお返しすることではなく、神の命令に絶対的に従う信仰の重要性を説いているのであり、その点で既存のキリスト教の聖書解釈と相通じている。神がアブラハムに「イサク献祭」を命じた動機については、「イスラエル民族から人身御供の習慣を絶つため」も含めて複数の解釈がある。しかし、最も主流の解釈はアブラハムの信仰心を試すためであり、このような事態に陥っても動じなかった彼の偉大な精神を公にするためでもあったというものだ。そしてこの試練を乗り越えたことで、アブラハムは模範的な信仰者としてユダヤ教徒、キリスト教徒、イスラム教徒から今日でも「信仰の祖」として讃えられている。これに関して、原理講論は以下のように述べている。

「アブラハムはその絶対的な信仰で、神のみ言に従い、祝福の子として受けたイサクを燔祭としてささげるため殺そうとしたとき、神は彼を殺すなと命令されて『あなたが神を恐れる者であることをわたしは今知った』(創二二：12)と言われた。神のみ旨に対するアブラハムの心情や、その絶対的な信仰と従順と忠誠からなる行動は、既に、彼をしてイサクを殺した立場に立たしめたので、イサクからサタンを分離させることができた。したがって、サタンが分離されたイサクは、既に天の側に立つようになったので、神は彼を殺すなと言われたのである。『今知った』と言われた『今』という神のみ言には、アブラハムの象徴献祭の過ちに対する叱責と、イサク献祭の成功に対する神の喜びとが、共に強調されていることを、我々は知らなければならない」(『原理講論』p.327)

ここで強調されているのは、万物を神に返すことでも、息子を殺すことでもなく、神に対する絶対的な信仰であり、それによってサタンを分立することにある。聖書に「あなたはいけにえを好まれません。たといわたしが燔祭をささげてもあなたは喜ばれないでしょう。神の受けられるいけにえは砕けた魂です。神よ、あなたは砕けた悔いた心をかろしめられません」（詩篇51：16-17）という言葉や、「わたしはいつくしみを喜び、燔祭よりもむしろ神を知ることを喜ぶ」（ホセア6：6）という言葉にあるように、神が望まれるのはいけにえを捧げることではなく、私たちの心からサタンが分立されることであると統一原理は教えているのである。

さらに、「イサク献祭」のような聖書の物語を題材とした宗教的言説を聞いたからといって、即座に自分の一番大切なものを捧げなければならないと決意するほど人間の心理は単純ではないことも押さえておく必要がある。実際には、こうした教義を聞いても自分の大切なものを捧げたり諦めたりすることを拒否する人は多い。「イサク献祭」のような宗教的言説を聞いて感動する人は、もともと自己犠牲的な生き方を理想とする宗教性を備えた人と言える。

櫻井氏は続いて以下のように述べる。

「心情解放展と呼ばれるイベントでは、イサク献祭同様に自分にとってかけがえのないものを献げることが求められる。具体的には、受講生がこれまでの人生における異性関係を告白して罪を悔い改めること、現在交際中の人とは別れること、個人の貯金などを統一教会に献金することだ。神の祝福によらない結婚は罪と頭で理解していても、この教えを徹底すれば自分が恋人と別れることになるとまでは考えてはいなかったろう。この辛い決断をしてしまうと最も親密な人間関係が失われるために、これまでの自分ではなくなってしまう」（p.248）

ここで言われている「心情解放展」なるものは、統一教会の公式の儀礼には存在しないが、札幌「青春を返せ」訴訟の原告たちはそうしたイベントがあったと主張しているので、信徒たちが現場で行っていた行事をそのように呼んでいた可能性はある。問題は名称よりもその中身で、ここでの中心ポイントは統一教会の信仰を持った結果として、交際中の恋人と別れる場合があることだ。櫻井氏は恋人と別れることで「これまでの自分ではなくなってしまう」といういささかオーバーな表現をしている。これを文字通りに受け取れば、人は恋人と別れるたびに違う人間になってしまうことになり、こうした大げさな表現はとても社会学者の文章とは思えない。

信仰を持つことによって異性との関係に問題を来すようになる事例は一般のキリスト教にもあるようで、以下のような問答が『クリスチャン生活事典』に掲載されている。

「Q：私が教会へ行くようになったら、これまで交際していた男性が『話が合わなくなった』と遠ざかっていきました。とても寂しいことです。

A：イエスさまは、私が来たのは、人を仲たがいさせるためだ、とさえおっしゃいました。それはだれとでもけんかをしろという意味ではなく、人を神から離したり、罪への誘惑をもたらしたりする人からは、離れてゆかなければならない、ということです。

あなたがその男性を愛し、どうしてもイエスさまの福音を伝えたい、救われる者になってほしい、という強い願いをもつほどでしたら、追いかけていってでも交際をなさるといいでしょう。しかし、あなたの神への思いや信仰の妨げになるような人なら、思いきってあきらめることがよいでしょう。

主を信じるために寂しい思いをされるなら、神は必ずあなたにもっとすばらしい幸せと慰めを与えてくださいます。『わたしは人よりも主を愛します。』と祈ってみて下さい」

「Q：未信者の異性と交際していますが、やめるべきでしょうか。

A：未信者との交際が、必ずしも悪いとはいえません。その人が人間的に誠実な人であり、あなたの信仰をよく理解し、協力さえしてくれるような人であれば、むしろ、その人を信仰に導くよい機会であるかもしれません。

しかし、その人があなたのどこに魅力を感じ、あなたの何を求める人であるかどのような性質の人であるかを、よく見抜かなければなりません。信仰的なことや精神的なことに理解する心のない人と交際を続け、ついには結婚するようなことになれば、あなたは非常に苦労するようになります。ついにはあなた自身の信仰さえ、維持することができないようになる危険があります。

だから今、よく祈り、考え、また信仰の先輩の助言も受けてください。自分ひとりでなく、多くの人の助けもあり、その相手の中にもよい可能性があり、自分も苦労を覚悟してのことなら、むしろ強い信仰に立って、必ず相手を信仰に導く決意で交際してみるとよいでしょう。そうすれば、相手の性質もわかってきます」(『クリスチャン生活事典』p.214-215)

これらの信仰指導は、基本的に異性との交際を優先し信仰をやめるべきだとは決して言わない。知恵を持って対処し、基本的には信仰を優先して判断し、できるだけ妥協しないように勧めているのである。特に信仰に至る可能性のない交際相手に関しては、別れた方が良いと勧めている点には注目する必要がある。こうした異性問題へのキリスト教の信仰指導は、新生トレーニングで行われている指導と本質的に異なるものではない。このように男女の愛よりも信仰を優先させ、交際中の異性と別れるように説得を行うこと自体は、宗教の世界においては一般的なことである。特に統一教会においては罪の本質を「愛と性の問題」として捉えて、祝福による結婚が救いにとって必要不可欠なものだと教えているため、異性の問題は信仰の本質として避けて通ることができない。恋人と別れることとは、受講生にとって一時的には辛いことかもしれない。にもかかわらず、彼らが信仰を優先して異性関係を断ち切るのは、祝福によってより大きな幸福が得られるに違いないという「希望」があるからで、それもまた一つの合理的な選択であると言える。

「11　実践トレーニング」

櫻井氏は第六章の「三　統一教会特有の勧誘・教化」の「11　実践トレーニング」の講義内容について「一　公式七年路程、二　万物復帰・伝道（実践）、三　展示会思想（実践）、四　祝福の意義と価値、五　反対派」(p.249-251)に分け次のように述べている。

このうち、一と二と四は統一教会の教義の説明で、教会で用いられている用語と一致している。「展示会思想」は統一教会の教義にはない言葉で、櫻井氏によると「信者の家族・親族・友人を宝飾品・着物・絵画等の展示会に誘う等、販売促進員となることだ」（p.249）という。これは要するに営業活動で、当時は連絡協議会の信徒たちがこうした商品を扱う会社を設立して販売を行っていたため、現場の信徒たちがその営業活動に宗教的な意義付けをして教育していたと考えられる。「反対派」とは、拉致監禁を伴う強制改宗を行う「反対牧師」と呼ばれる人々のことで、それに対する対策の講義であろう。こうした迫害から信徒を守るための教育をすることは当然である。

櫻井氏は、「実践トレーニングの講義題目が、統一教会員のなすべき全ての信仰実践を示している」（p.249）と述べている。それでは、ここまで来るのに通常どのくらいの時間がかかるのであろうか？　櫻井氏の記述によれば、勧誘されてから統一教会の信者になることを決意するまでの期間は4か月が突出して多く、それはフォーデーズセミナーを終えた時点である（p.211）という。その後に1か月の新生トレーニングが続き（p.245）、その後さらに数か月の実践トレーニングが続く（p.249）ことを考慮すると、受講生が統一教会とはどんなところであり、どのような信仰実践があるのかを知るまでにかかる時間は、出会ってから半年ほどになる。しかも、新生トレーニングと実践トレーニングでは、いま自分が学んでいるのは統一教会の教義であることを知った上で学んでいるのである。櫻井氏は「正体を隠した伝道」を強調するが、多くの受講生は出会って4か月で自分の学んでいるものが何であるかを知り、半年でそこで行われている活動の中身を知るようになる。つまり、その時点で自分が聞いてきた宗教的な世界観や実践を受け入れるか否かを判断するための、基本的な情報をすべて与えられるわけだ。人生において、これは決して後戻りできないほどに長すぎる時間ではないし、実際に「いい勉強だったが自分には合わない」と言って、トレーニング終了後に関係を絶つ受講生も多い。

既述したが、東京における「違法伝道訴訟」に原告側が提出した証拠（甲第57号証）には「4DAYS現状調査」という、フォーデーズ参加者の追跡調査を行った表がある。これは連絡協議会傘下の東東京ブロックの青年支部が行っていた伝道活動に関する資料で、1988年11月から1989年3月までのフォーデーズ新規参加者数が438人で、そのうち新生トレーニングに進んだのが288人で、実践トレーニングに進んだのが165人、その中で仕事を辞め連絡協議会で専従的に活動するようになったいわゆる「献身者」は18人で、実践トレーニング参加者の11%にすぎない。櫻井氏は「正体を隠した伝道」と巧みな誘導によって受講生は統一教会が命ずるままに行動するしかない状態に追い込まれていくかのように記述しているが、勧誘する側の目的が「献身者」を生み出すことだとすれば、実際には大多数の人が実践トレーニングを終えた時点で、それに対して「ノー」と言える判断力を持っていたことをデータは示している。ここでもわれわれが認識するのは個人の自由意思の存在であり、受講生たちは教えられた内容に対して十分な抵抗力を持っていたということだ。その中で信仰の道を行くことを選んだ人は、圧力の犠牲者ではなく、自らの自由意思によって主体的な決断をしたのである。

さて、櫻井氏は「一連のトレーニングにおいて、教義の学習を終えてから最後に実践内容を語るというのは筋が通っているように見える」（p.250）と認めておきながら、それを語学の学習になぞらえて、「学びを始めるものが何を学ぶことになるのかを最初に教えられていない」と批判した上で、その言語がどこで使用され、話者はどのような文化・歴史・国家を持った人かを知らないまま、ただひたすら文法の学習を泊りがけで行い、特定言語を母語に優先して用いるという選択を最終的に迫られるという経験をすることになるという、荒唐無稽な例え話を展開している。そもそも、何語であるか分からない言語の文法をひたすら学び続け、それを母語に優先して用いるようになるというような状況は実際に起こりえないので、例え話として意味をなさないであろう。

しかし、敢えて櫻井氏の強引な例え話に合わせてストーリーを作ればこういうことになるだろう。ある人が、何語か分からない意味不明の言語を用いて会話している人々に出会った。その人は日本語もしゃべれたが、そのグループの人だけが理解する言語で会話しているときの様子はとても楽しそうで生き生きとして見えたので、よく分からないがその言語を学んでみる気になった。言語の習得は一筋縄ではいかず、泊りがけの合宿に参加することでようやく身に付いてきた。やがて少しずつその言語を使えるようになってくると、その言語でしゃべることが嬉しくなり、その言語でしか体験できない仲間意識や共同体意識が芽生えてきた。そしてある日、その言語は自分たちが理想とするある外国の言葉で、その国の国民となるためには言語の習得が義務付けられていることを初めて明かされ、あなたも母国を捨ててその国に移住してみないかと誘われる。すると、その言語を通して得られた仲間意識や共同体意識に強烈に魅了された一部の者は移住を決意したが、残りの者はやはり日本での生活に未練があり、見たこともない外国に行くのは不安なので言語の学習をやめてしまった。ここで「言語」を統一原理に、「理想とする外国」を天国に置き換えれば、伝道されるのがどんなことかを、一つの例えとして表現したことになろう。この例えが荒唐無稽だと思う人は、それは櫻井氏の最初の例えに無理があるからだ。

さすがに飛躍があると思ったのか、櫻井氏は「言語と宗教では比較の次元が異なるかもしれないということであれば」（p.250）という言い訳をした上で、異なる宗教間の対比へと話を持っていく。彼は特定宗教の中身を知る方法として、①出版物による教説の理解と、②指導者や信者に宗教活動や信仰生活の実態を尋ねる、という二つの方法をあげ、既成宗教においては①と②の両方とも誰でも可能だが、統一教会では、一般市民は①も②もほとんど機会がないという。これは単に、仏教や神道などの日本のメジャーな宗教と、比較的小規模な新宗教である統一教会では、一般市民が持っている情報量が異なると言っているにすぎない。そしてその結論として、「要するに、宗教実践に関わる何の情報も持たず、与えられることもなく、ひたすら教説の学習を繰り返されてきたのが統一教会の入信者達である」（p.251）と無理な結論を導き出している。確かに統一教会の教義や信仰生活の実態は、多くの日本国民に知られていないだろうが、そのこと自体が悪いのではない。知らないからこそ、興味や関心を持った人はそれを学ぶのである。

櫻井氏の論法は、特定宗教に対する前知識のない人は、その宗教について正しい判断ができないという結論に持っていこうとしているが、人は必ずしも前知識や冷静で客観的な比較検討によって宗教を選択するわけではない。た

また たま出会った見ず知らずの人と恋に落ちることがあるように、前知識のない宗教にいきなり出会って、それを一生信じるようになる人もいる。そもそも世にあるすべての宗教の教義や実践内容を知ることはできない以上、人はたまたま出会ったとしても、自分に合っていると信じられる宗教を選択するのである。そしてそのときに判断材料として、まずはその特定宗教の教説を知的に一生懸命学ぶことは至極まっとうな方法である。

ひたすら教説の学習を繰り返した後で初めて実践内容を教えられるという櫻井氏の批判についても、「教義が先か？　実践が先か？」という選択の問題であり、科学の教育における「座学が先か？　実験が先か？」と似たテーマである。人にはいろいろなタイプがあり、宗教団体の個性も同様に様々で、まずは教義を理解することを重要視する主知主義的な宗教もあれば、「考えるよりも先に体で感じなさい」という体験重視型の宗教もある。櫻井氏の調査対象となった元信者たちは、前者が多かったというだけであろう。これが教会内で生まれ育った二世信者になれば、事情は全く異なる。彼らにとって統一教会の信仰は生まれたときから生活の一部であり、教説について本格的に学び始めるのは中高生程度まで成長した後である。実際には、ひたすら教説を叩き込まれなければ統一教会の信徒になれないわけでもない。

「12　演繹的思考と帰納的思考」

次いで櫻井氏は、統一教会信者たちの信仰や思考のあり方を分析する目的で、「12　演繹的思考と帰納的思考」(p.251) という議論を展開している。演繹とは与えられた命題から論理的形式に頼って推論を重ね、結論を導き出すことであり、帰納とは個々の具体的な事例から一般に通用するような原理・法則などを導き出すことを意味する。櫻井氏は、自然科学や数学は演繹的思考を用いるのに対して、人文学・歴史学・社会科学などは帰納的方法が多く使用されるという。厳密にはどの学問にも演繹的思考と帰納的思考の両方が用いられるが、櫻井氏はかなり大雑把な手法で学問を二つの分野に分けている。

しかし、櫻井氏が演繹的思考を用いる学問として見落としている、あるいは意図的に避けていると思われるのが神学である。神学とは信仰を前提とした上で、神をはじめとする宗教概念についての理論的考察を行う学問である。一般的なキリスト教神学においては、神が存在すること、聖書が神の啓示の書であること、イエスがキリストであることなどは、人間の帰納的な思考の結果として導かれる結論ではなく、学問の大前提として予め与えられている「真理」である。つまり、それを信じる立場で出発する学問で、データを取ることによってその真偽を検証しようという発想はしない。キリスト教神学は、こうした大前提のもとに個々の教義の詳細を論ずる学問である点で、徹底した演繹的思考を用いる。しかし、神学は自然科学に分類されることはなく、哲学や宗教学に類似するものとして人文学に分類されるのが普通である。櫻井氏は人文学においては帰納的方法が圧倒的に多く使用されると述べているので、彼の論法によれば、神学はその中の異端的学問になる。

櫻井氏がこうした神学の特徴を知らないわけはないが、彼が敢えて神学に触れることを避けたのは、神学的思考とはすなわち宗教的思考であるため、それについて説明してしまえば、統一教会信者の発想や思考とほとんど区別がつかなくなるからである。櫻井氏としては、統一教会信者の思考法を非科学的で異常なものとして描きたいので、それとそっくりな思考法が「神学」という伝統ある学問としてあることが分かると都合が悪いので、敢えて触れないのだろう。

櫻井氏はこうした学問的思考法をモデルとして、人間観・歴史観・社会観の獲得に話を進める。彼によれば、一般の人たちは具体的な事柄から認識を導き出す帰納的方法を使っており、それによって人間観・歴史観・社会観を作り上げるという。これが彼の言う「人間の諸科学の営みや日常生活の思想」で、それに比べると統一教会の学習法は「極めて特異な学習過程」(p.252) であるという。一般的な人間の思考が帰納的であるという彼の前提もかなり大雑把で怪しいものだが、統一教会の学習方法の特異性に関する彼の説明は、明らかに事実と異なり、偏見に満ちている。その一つひとつを検証してみよう。

「⑴ 演繹的発想により自然を説明しようとする」(p.252)。ここでは創造原理の二性性相の部分が取り上げられているが、『原理講論』をよく読めば、帰納法と演繹法の両方がこの議論では用いられていることが分かるはずだ。『原理講論』は、神の性質について知るために、被造物の中に潜んでいる普遍的な共通の事実を発見しようとする。その結果、人間には男と女があり、動物には雄と雌、植物にはオシベとメシベ、分子・原子・素粒子にはプラスとマイナスの電荷があることが分かったので、そこから一般的な法則として「陽陰の二性性相」を導き出し、その原因的存在である神もまた「陽陰の二性性相」を持った存在であると論じている。これはまさに帰納的な論理展開である。一方で、それはそもそも神ご自身が陽陰の二性性相の中和的主体であるため、それに似せて創られた被造物はすべて二性性相になっているとするのは、演繹的な論理展開である。

創造原理の二性性相に関する議論は一種の自然神学であると言えるが、神についての認識を啓示によらず、理性によってのみ探究していこうとするため、自然神学は基本的に帰納的方法を用いる。しかし、理性的な観察によって得られた法則を一般化して世界に当てはめるときには、その発想は演繹的となる。これは科学の分野でも同じであり、データの分析から得られた法則性を仮説として立て、それを一般化してより広範な事象を説明するとき、帰納法と演繹法を交互に用いることになる。これは人間の思考の基本パターンであり、櫻井氏の言うように学問によって単純に分類できるものではない。『原理講論』でも、その学習過程にも、統一教会の信徒の思考の中にも、帰納法と演繹法は混在しており、「統一教会の信徒は演繹的な思考法しかできない」などということはあり得ない。

宗教を信じる者は、日常生活で信仰を中心として発想しているときには演繹的になる。疑うことの許されない大前提が存在し、そこから「こうあるべきだ」という思考をするのが信仰である。しかし、宗教を信じる者も日常生活のすべてを信仰に基づいて演繹的に思考しているわけではない。信仰とは本質的に関係のない日常生活の雑事は経験に基づいて判断しているのがほとんどで、人は時と場合に応じて帰納法と演繹法を使い分けている。問題は、信仰を中心とする演繹的思考と、経験に基づく帰納的な思考が矛盾・対立するときで、こうした瞬間は常に信仰者に訪れる。それは時には信仰の危機になり、時には信仰の飛躍にもつながるという両面性を持っている。この問題は、「信仰と理性」「啓示神学と自然神学」にも通じる神学の古典的なテーマだが、どうも櫻井氏にはそのような神学的センスが欠如しているようで、極めて乱暴で大雑把な議論になっている。

櫻井氏は、創造原理の説明では陰陽説の二元論を仮定として、そこから霊肉二元論が演繹的に導かれるかのような説明がなされていると述べるが、実際には創造原理がそのように教えられることはない。創造原理で説明している二性性相には「陽性と陰性の二性性相」と「性相と形状の二性性相」の二種類があり、霊と肉は後者に属するものであるから、両者に直接的な因果関係はなく、「陽陰の二元論があるから霊肉の二元論も正しい」というような説明がなされることはない。人間に男と女がいることは客観的に観察可能な事実であるが、霊魂や霊界があるかどうかはわれわれの五感で経験的に観察できるものではないので、「人間には男と女があるのだから、霊と肉もあるはずだ」というような議論に説得力がないことは明らかであろう。こうした稚拙な議論ができるのは、櫻井氏が原理講義を直接聞いたことがないためであると思われる。

また、受講生が創造原理を受け入れる理由に関して、「陰陽説の二元論を仮定とする以上、霊肉二元論の結論だけを否定しても、導出の論理自体が正しいために理解不足という指摘をされてしまう。陰陽説の根本原理まで遡って否定できる人は極めて少ないために、受講生の多くは直感的にはひっかかる事柄があっても、論証の過程に圧倒されて疑問を出せないまま、結論を承認せざるをえないという心境に至るのである」（p.252）と記述しているが、これは宗教的回心に対する彼の根本的な無知あるいは偏見を表明している。

そもそも人は、理路整然と教義を説明され、それに対して反論できなかったり、反論しても論破されてしまうという理由で、その宗教に回心するのであろうか？　回心とは、理論的に反駁できない教義の結論をしぶしぶ承認することなのだろうか？　そんなことはない。筆者はこれまでに、原理に反論できずに悔しい思いをして、それでも原理を受け入れずに去って行った修練生をたくさん見てきた。理論的に圧倒したからといって人は伝道されるものではない。人が原理を真理であると受け入れて回心する理由は、それが自分の過去の人生や現在の状況、あるいは自分の理想とする生き方の「説明理論」として納得でき、そのことに感動するからである。宗教とは自分自身や世界について説明する「物語」であり、人が回心するのは、ある宗教が説いている物語を、「自分の物語」として採用することを意味する。それは単に教義に理論的に反駁できなかったから起こるのではなく、自分の人生と宗教的教義の間に何らかの実存的な出会いがあることで起こるものである。

宗教学者であるはずの櫻井氏に、なぜこのことが分からないのであろうか？　それは資料に問題があるためである。櫻井氏が調査対象とした人々は、「青春を返せ」裁判で統一教会を訴えている原告たちが中心である。彼らは一度は統一教会に入信し、熱心に活動までしたのであるから、何らかの宗教的回心を体験しているはずである。ところが、自らの宗教的回心が真正であることを認めてしまうと、主体的な信仰を動機として活動したことになってしまうために、教会に対して損害賠償を請求できなくなる。それでは訴訟が成り立たないので、自分が回心した過程を正直に描写するのではなく、教会の巧みな誘導によって説得され、納得させられた「受動的な被害者」として描写する必要がある。こうした目的に基いて書かれた歪んだ描写を基礎資料としたところに、櫻井氏の研究の致命的な欠陥がある。

宗教と科学の関係に対する櫻井氏の浅薄な理解

櫻井氏は「(2)　堕落論と復帰原理では救済史という目的論により人類の歴史を説明しようとする」（p.253）に関して、その直後で「創造説を採用する限り、自然にも歴史にも目的が付随するのは当然であり、それ自体問題というわけではない」と認めているように、堕落や救済史という考え方そのものがユダヤ・キリスト教的なものである。それは演繹的な思考で、統一教会だけに見られる「極めて特異な学習過程」ではなく、非常に古くからキリスト教神学の中に存在する歴史解釈だ。歴史に目的があるという主張はすぐれて宗教的なもので、それを受け入れて自分の信仰として採用するかどうかは受講生の判断に委ねられ、学問的な論証を求められる内容ではない。しかし、櫻井氏はそこに学問的な論証を要求して批判するのである。

櫻井氏はここで、受講生にキリスト教的な原罪理解や歴史学による古代や近代の事実理解などの知識、あるいは自然や歴史に目的があることの論証に対する批判的思考能力がないために、原理の結論を受け入れてしまうかのような議論を展開している。「しかし、ここまで考えが及ぶ受講生はほとんどいない」（p.253）という櫻井氏の上から目線の発言には、「統一教会に入信した若者たちは、私のように宗教や歴史に対する広範な学問的知識や、物事を批判的に見る精神が欠如していたために、いい加減な教義に騙されてしまったのだ」という含意が読み取れる。しかし、もとより受講生たちは学問的な探究心を動機に統一原理の歴史論を学んだわけではないだろう。もしそうであれば、歴史学を教えている大学の講座を聴けばよいからである。受講生たちは自分の人生の指針になるような世界観を探していたからこそ、ビデオの受講を始めたのであり、それは学問的探究心というよりも自分の人生にとってどんな意味があるのかという、実存的な問いかけが動機であろう。要するに櫻井氏の批判は「畑違い」なのである。

櫻井氏はまた、「⑶　統一教会の教説は、自然の様子や歴史の出来事を説明領域に加えているために、自然科学・社会科学の認識にも通じるものがあるように統一教会員はもとより受講生も錯覚している」（p.253）と批判する。この問題は、宗教と科学の関係という古典的で重要なテーマにかかわり、櫻井氏のように「錯覚」などという簡単な言葉で片付けられるものではない。一般に、科学は合理主義に基づき、啓示を無条件に受け入れる宗教とは対立関係にあると理解されることが多い。しかし、宗教と科学、信仰と理性の関係はもっと複雑で、櫻井氏のような二分法で解決できる問題ではない。

『キリスト教大事典』（教文館、１９８５年）の「科学とキリスト教」の項目は、「近代自然科学は西欧キリスト教社会のなかから生まれた」とした上で、科学の発達の背景にキリスト教信仰があったことを以下のように述べている。

「古来、物質や人間が容易に神格化される汎神論的な世界観のもとでは自然科学は生まれてこなかった。キリスト教信仰は天地万有の創造主なる神を示すことによって、自然を究めて、その創造主なる神の御業をあがめる意欲を人々のうちに起した。中世末期の近代科学の創始者たちは、そのような意欲に燃えた人たちで、その多くは聖職者であった」(p.202)

このように、近代自然科学がキリスト教文化圏である西欧から生まれたという歴史的事実から見ても、キリスト教信仰と科学を二分法で分けて、対立関係にあるという見方は浅薄であることが分かる。

合理主義とキリスト教信仰の関係についても同じことが言える。そもそも、信仰と理性がどのような関係にあるかという問題は、キリスト教神学の世界において古代より現代に至るまで様々な議論が展開されている。A・リチャードソンとJ・ボウデンの編著による『キリスト教神学事典』(教文館、1995年)の「理性」の項目は、信仰と理性の関係について、以下の四つの立場が存在することを解説している。①対立の関係、対極的な関係、②同一のものとは言わないまでも、調和した関係、③理性はある種の信仰の決断を基礎とするか、または啓示の枠組みのうちでしか機能しない、④理性と信仰は相互に独立したものであって、優劣の比較もできない。以下にこの四つの内容を敷衍する。

①「対立の関係、対極的な関係」にあると説く立場は、信仰と理性は水と油のように分離していると説き、理性を排除し、信仰を重んじる立場である。この代表者は、聖パウロ、テルトゥリアヌス、ルター、カント、ヒューム、キルケゴールなどである。特に2世紀から3世紀に活躍したテルトゥリアヌスの「不条理なるがゆえに私は信じる」という言葉は、この立場を代表している。

②「調和した関係」を解く立場は、18世紀合理主義のライプニッツやスピノザ、19世紀のヘーゲルなどに共通した見解で、これは「キリスト教合理主義」と呼ばれる立場である。イギリスの哲学者ジョン・ロックは、1695年

に『キリスト教の合理性』という本を著し、「理神論」への道を開いた。「理神論」は、啓示を認めず、理性のみを信頼し、宗教的真理も理性にかなったものだけを認める立場をとった。このように、キリスト教信仰の中にも、人間の理性の働きだけによって神について知り得るという立場があり、これに基づいて様々な「神の存在証明」が試みられた。こうした立場においては、キリスト教信仰と合理主義は対極どころか完全に一致する関係にある。

③「理性はある種の信仰の決断を基礎とするか、または啓示の枠組みのうちでしか機能しない」と説く立場は、理性を少しは評価しているが、信仰がその基礎となっているときに限るという見解である。すなわち、まず信仰があった上で理性が働くという見解である。この代表者は、アウグスチヌス、カンタベリーのアンセルムス、カール・バルトなどである。特に11世紀から12世紀初頭にかけて活躍したアンセルムスの有名な言葉「理解するために、わたしは信じる」は、この見解を端的に表明している。

④「理性と信仰は相互に独立したものである」との見解は、13世紀に活躍した神学博士トマス・アクィナスの立場であり、神学を「自然神学」と「啓示神学」の二つに分け、前者が理性によって神を知る道であり、後者が信仰によって神を知る道であるとした。すなわち、信仰と理性は各々独立した領域を持ちながらも、お互いに矛盾はせず、かえって役立つという立場が存在するのである。

このようにキリスト教の伝統の中にも、宗教と科学、信仰と理性の関係に関しては多様な見解があり、櫻井氏が主張するように、その間に通じるものがあるという認識が「錯覚」だなどと簡単に片付けられる問題ではない。それでは、この問題に対する統一教会の見解はどのようなものだろうか？　『原理講論』は総序において、「宗教と科学とが統一された一つの課題として解決され、内外両面の真理が相通ずるようにならなければならない」（『原理講論』三色刷、p.24）と述べているので、少なくとも対立関係にあるとする①の立場でないことは明らかである。かといって啓示を否定するほど合理主義に徹しているわけでもないので②の立場でもない。宗教と科学、信仰と理性の親和性を主張している点で、③と④のどちらかの立場になるが、そのどちらにより近いかは、個人の個性や信仰観・世界観によって異なるのが実情であろう。

櫻井氏は統一教会信徒の思考法は、「全て原理原則、目的に遡って考えなければならず、最終的な結論と事実的事柄の齟齬から論理そのものの妥当性を判断できないために、思考に著しい負荷がかかることになる」（p.253）と主張しているが、これは信仰に基づいた宗教的な思考と、事実に基づいた合理的な思考との間に生じる齟齬や葛藤を意味していると考えられる。だとすれば、それは古代より現代に至るまで多くのキリスト教の信仰者や神学者たちが悩み苦しんできた問題であって、統一教会信徒に固有の葛藤ではない。信仰を持って現実世界に生きるものであれば、程度の差こそあれ誰でも感じることであり、知識の多い者や知的に優れた者であるほどその試練は大きいであろう。

このように櫻井氏の統一教会に対する批判は、そのまま伝統宗教にも当てはまる内容が多く、彼の主張するような「極めて特異な」「統一教会特有」の問題とは言えないものである。

修練会の受講生は「受動的な被害者」ではない

櫻井氏による「統一教会の学習方法」を簡潔にまとめると以下のようになる。①統一教会の学習方法はすべてを演繹的発想によって説明しようとする。受講生はその論証の過程に圧倒されて結論を承認せざるを得なくなる。②堕落論と復帰原理では救済史という目的論により歴史を説明しようとするが、受講生には宗教や歴史への学問的知識や、物事を批判的に見る精神が不足しているため、それを否定できない。③統一教会の教説は演繹的で目的論的なものだが、自然科学や社会科学の認識にも通じるかのように語られているため、両者の間に齟齬が生じた場合に、受講生の思考には著しい負担がかかる。

これらの分析から櫻井氏が導き出す結論は、「受講生達の対処方法としては、これ以上考えることをやめるのが手っ取り早いやり方だろう」（p.254）という驚くべきものだ。櫻井氏の主張によれば、統一教会への回心は「思考を停止することで、統一教会の教説は討議すべき課題ではなく、事実として受け入れられるべき事柄になっていくことで生じるというのだ。さらに彼は、「じっくり考える思考力も体力もなくなっている」とか、「もはや自分で判断することはなくなり、委ねるかどうか、ひたすら信仰的であろうとするかどうかだけの問題になる」（p.254）といった状況に受講生たちが追い込まれていくと主張している。要するに、受講生たちの主体的な判断によって信仰を獲得するのではないとの見方を貫いているが、これらはすべて、「青春を返せ」裁判で原告たちが主張していることの繰り返しにすぎない。彼らは自らの宗教的回心に主体的な動機があったことを認めてしまうと、教会に対して損害賠償を請求できなくなるので、教会の巧みな誘導によって説得され、納得させられた「受動的な被害者」として自らを描写する必要があった。こうした目的に基づいて書かれた描写を基礎資料としたため、櫻井氏の描く回心は悲壮な雰囲気に満ちている。しかし、彼は参与観察を行っていないので、新生トレーニングや実践トレーニングの現場や、受講生が原理を受け入れていく様子を直接観察したわけではない。すべては教会を訴えている元信者の証言というフィルターを通して結ばれた像なのである。

一方で、人が伝道され回心していく過程を直接観察したイギリスの宗教社会学者アイリーン・バーカー博士は全く違う結論を下している。まず、食事、睡眠時間、疲れなどの修練会の環境が脳の機能を低下させることによって「洗脳」されると伝統的に主張されてきたが、彼女は自らの参与観察に基づき、修練会の環境はどの点においても普通で、環境的要因によって脳の機能が低下することはないと結論している。

こうした「生理的な強制力」の存在を否定した上で、彼女は「マインド・コントロール」が意図するような、より内面的な強制力が働いているかどうかも検証している。これは統一教会の修練会に参加した人は誰でも、その人の持つ背景、個性、経験などにかかわらず、全員が統一教会式の世界の解釈をするように誘導され得るのか、それとも自分の考えに照らして統一教会の世界観を拒絶したり受け入れたりする、主体的な選択を行うのかという問題だ。彼女は修練会の参加者たちの感想文を基礎データとして、修練会に対する反応は人それぞれであり、非常に多様性がある事実を明らかにし、内面的な強制力の存在を否定している。要するに統一教会の修練会は、ある人にとっては非常に興味深く魅力的なものだが、別の人にとっては非常に退屈で受け入れ難く、個人がどう感じるのかを主催者側がコントロールできるわけではないとする。さらにバーカー博士は「被暗示性」について論じた章の中で、言われたことを何でも受け入れてしまうような説得に弱いタイプの人も、ムーニーにはなりにくいと分析している。したがって、参与観察を伴う社会学的な研究によれば、説得された「受動的な被害者」は回心の実像とは合わないのである。

それではバーカー博士の研究で、統一教会の神学の真理性はどのように正当化され、論証されると分析されているのだろうか？　この点についてバーカー博士は第3章の「統一教会の信条」で詳しく論じている。彼女が第一に挙げているのは「聖書」で、原理講義では論拠として聖句が引用されることを指摘している。これはキリスト教文化圏であるヨーロッパやアメリカにおいては説得力のある根拠として機能するが、日本では「聖書がこう言っているから真理だ」という主張はごく一部の人にしか通用しないであろう。

次にバーカー博士が挙げるのは、「霊界からの証し」であり、これは霊能者や霊媒者が原理や文師のメッセージが正しいことを証しすることを意味する。そうした実例として、アメリカのアーサー・フォード氏やサー・アンソニー・ブルックなどが挙げられている。さらには、修練会のゲストも夢を見たり啓示を受けたりすることがあるという。こうしたことを根拠に、原理が真理であると確信する人がいてもおかしくはないだろう。次にバーカー博士が挙げるのが科学で、統一神学は科学と宗教の間にあるギャップに橋渡しをすると主張し、その真理性の証明のために科学に訴えることがあると指摘している。

こうした議論はある程度の納得がいくものだが、統一教会の信者が「原理は真理である」と認識するメカニズムとして一番腑に落ちたのは、バーカー博士の次の記述であった。

「しかし、『原理講論』がもっているその真理性のさらなる証明が一つある。それが『作用する』という主張だ。

統一神学は、それが経験的に現れると信者たちが信じているという点において、実用的な神学である。それを信じ、それに従うことによって生じる目に見える結果のゆえに、それは真理に違いないと理解するのである。ある程度までそのような証明は、その形態はどうであれ、裏付けになり得る。もしその運動が成功しつつあれば、これは、その運動が神の望まれることを行っているがゆえに、神は彼らの側におられるということを示している。もし、その運動が激しい敵意と反対に直面しているのであれば、これは、その運動が神の望まれることを行っているがゆえに、サタンが懸念しているということを示しているのである。もちろん、歴史上には、自らの位置を裏付けるためにそのような論理を用いた多くの宗教が存在してきた。しかし、神の真理とこの世に起こっていることとの関係を認めるいかなる『実践神学』もまた、その反証になると思われる証拠を人々が見いだすであろうというリスクを負っている。多くのムーニーたちが彼らの周囲で起こっているあらゆることを解釈することによって、自らの信仰を強くしてきたということには疑いの余地がない一方、その実践的な神学は運動にとって両刃の剣であることを証明してきた。そのメンバーの多くは、原理が『作用する』ということを信じなくなったか、あるいはそれが作用する方法をもはや歓迎しなくなったがゆえに、脱会した」（『ムーニーの成り立ち』第3章「統一教会の信条」より）

バーカー博士のこの記述は、統一原理の学習は単なる理論の習得ではなく、体験学習であるという事実を正確に見抜いている。宗教的真理は座して学ぶだけの理念体系ではなく、それを実践し、全人格をかけて生きるときにその真理性が実感できる「体験的真理」である。人が伝道される過程では、いかなる学問的検証よりもこうした生きた体験が回心の決め手となる。統一原理という世界観を自分の「生き方」として採用するかどうかを決定する、実存的な出会いが必要であり、単なる知的学習では回心は起こらない。一方で、こうした体験は基本的に主観的なものなので、自分の回りで起きている出来事が原理によって「説明できる」と感じているときにはその真理性が証明されるが、「説明できない」と感じたときには、人はその世界観を捨てることになる。

このように統一原理を受け入れて回心していく過程では、受講者の主体的な意思が大きな役割を果たしているのだが、櫻井氏の記述にはその重要な部分が抜け落ちており、回心の原因をもっぱら伝道する側の意図やテクニックに帰属させている。

「13　伝道」

櫻井氏は第六章の「三　統一教会特有の勧誘・教化」の「13　伝道」について次のように説明している。櫻井氏は初めに「統一教会信者にとって、伝道とは自分が勧誘されてきた経路を新しい人達にたどらせることにほかならない」(p.254) と述べているが、これは統一教会に限らず、どんな宗教にも当てはまりそうな説明である。ただし、ここで櫻井氏が敢えて「勧誘」という言葉を使っていることに注意したい。なぜなら彼は「本章では統一教会が布教行為と明言しないで行っている行為を勧誘と呼ぶことにしたい。統一教会の信者達には伝道しているという意識がある。しかし、街頭や戸別訪問で対象者に話しかける際に、宗教とさとられないよう、またそういう質問を受けても宗教ではないと言うように指示されていた。これでは一般市民にとって勧誘以外の何ものでもない」(p.218) という前提で「勧誘」という言葉を使用しており、統一教会の信者たちが行っているのは「伝道」の名に値せず、「勧誘」にすぎないという価値判断をしているからである。

そもそも「伝道」は主にキリスト教において使われる言葉で、基本的に信仰を持つ者が使う言葉である。類義語に「布教」「宣教」「唱導」などがあるが、天理教の「においがけ」や「おたすけ」、創価学会の「折伏」や「公宣流布」など、特殊用語が用いられることもあり、外部からは即座に理解できず、その宗教特有の世界観が込められていることも多い。「伝道」は信仰を持たない第三者から見れば「勧誘」に見えるので、第三者の櫻井氏がそう呼ぶのも仕方ない。統一教会信者にとってそれは「伝道」なのだと言えば済む話かもしれないが、櫻井氏の価値観によれば、信教の自由が存在せず、キリスト教が迫害されているような国で、自らの信仰を公にできない状況下で密かに伝道活動を行っている宣教師たちの行為も、「伝道」と呼ぶに値せず、「勧誘」にすぎないとなってしまう。「伝道か？勧誘か？」という議論にそれほど意味があるとは思わないが、櫻井氏のものの言い方は、宗教的な価値判断を控える中立的な立場ではなく、宗教者の主観の世界にまで土足で踏み込み、その信仰を侮辱することを目的としているとしか思えない。要するにこの本は、学問の体裁をとった敵意の表明なのである。

続いて櫻井氏は伝道の二つのやり方として、⑴家族・友人を展示会やビデオセンターに誘う、⑵路上でアンケート調査や手相見と称してビデオセンターに誘う、を挙げている。この内容自体はこれまでの彼の記述の繰り返しだが、問題は、それに続く櫻井氏の統一教会の伝道方法に対する評価である。

「伝道の仕方は講師がまず伝道の心構えを講義し、受講生達は班長達と共に街頭に出る。当然のことながら、座学で原理講義を習っただけの受講生が人に統一教会の何たるかを伝えられるわけがない。統一教会が受講生たちに求めていることは、路上や訪問でともかくも人を呼び止めたり、玄関のドアを開けさせて話をさせたりして被勧誘者をビデオセンターにつなぐことだ」（p.255）

これも、どんな宗教でも同じではないだろうか。伝道されたばかりで、最初から教義をすらすらと説明できる人はまれであり、組織や先輩の助けなしに一人で伝道活動ができる人も少ないであろう。最初は不安や葛藤を抱えながらも、先輩の姿を見よう見まねで実践しながら徐々に慣れていくのが普通である。それは新入社員の営業研修でも同じで、最初から上手にやれる人はまれで、徐々に慣れて上達していく。櫻井氏は、統一教会の信者教育はひたすら教説の学習を繰り返した後で初めて実践内容を教えられると批判している割には、この段階では「座学で原理講義を習っただけの受講生が人に統一教会の何たるかを伝えられるわけがない」と言う。それではいつ実践を始めたらよいのか？　教義の概要を一通り学び、伝道することの意義と価値を理解した後の実践トレーニングで、先輩の指導の下に体験的に伝道実践をしてみるのは至極まっとうなやり方だと思われる。

櫻井氏は、「統一教会の伝道方法は非常にシステム化されているために、各教会員が自分で伝道した人を最後まで育成することはない。もちろん、最初に伝道したものが霊の親、されたものが霊の子として、教会員である限り終生交流を持つこともあるのだが、信者としての育成や組織の中の仕事において直接関わり続けることはない。このために受講生に対して人を呼び止めるだけの役を与えることが可能になる。彼らも呼び止めた後どうするかは班長の判断に任せればよいと言われる。生半可な教義理解や信仰の段階で人を誘うことに躊躇してしまうものにも、アベルの命令を神の意志として従うことが信仰だとアドバイスすることで、人を誘う心理的負担を軽くすると共に、自ら判断しないことを信仰として強化するのである」(p.255-256) という。

櫻井氏の指摘するシステム化された伝道方法は、もともと統一教会に存在した伝統ではなく、１９８０年代から連絡協議会によって導入されたビデオによる原理講義の受講システム、青年伝道のシステムとして開発されたライフトレーニング、新生トレーニング、実践トレーニングなどとして構築された日本独自のものである。こうしたシステムの開発は伝道の効率化、コストパフォーマンスの向上に貢献したと考えられるが、統一教会の内部で必ずしもプラスの評価だけではないことは既述した。

統一教会における伝道行為は、伝道する側の「霊の親」が伝道される側の「霊の子」を愛し、み言を語って育てることにより、親の心情を復帰（獲得）し、人格を向上させるという意味付けがなされていた。霊の親は手間暇をかけて霊の子を育てるからこそ、一人の人間として成長できるという考えが、伝統的な統一教会にはあった。しかし、「霊の子」の教育をビデオ受講、専門のカウンセラー、そして一連の教育システムに任せることにより、「霊の親」は信仰者として成長する機会を奪われたという評価も一方にある。

しかし、だからといって櫻井氏が指摘するような、「信仰が自己の心の問題として育っていかない」(p.258) と結論づけるのも大きな飛躍で、なぜなら、こうしたシステム化された伝道方法の中でも、やはり人は信仰的に成長していくからである。ビデオセンターのカウンセラーや修練会の講師は「み言を語る」役割をする。多くの対象に対して普遍的な内容を語るという点では、彼らは訓練された専門家で、こうした人は統一教会の信者の中でも少数である。しかし、それは一般の宗教団体でも牧師や教師は特別な訓練を受けた人でないとできないのと同様であり、むしろ統一教会は一般の信徒が積極的に伝道活動にかかわる団体であると言える。

一方で、霊の親の役割は「み言を語る」こと以上に、無条件に霊の子を愛し、その心を受け止めてあげることにある。人は正論を聞かされただけで伝道されるものではない。その人が抱えている個人的な事情、人間的な思いをそのまま受け止め、黙って聞いてあげたり、プレゼントを贈ったりして、言葉によらない愛情を示すことが霊の親の主な役割であり、実際そうした霊の親の姿に感動して伝道される人は多い。そうした愛情の注ぎ方を通して信徒は信仰的に成長し、伝道活動を通して、愛するとはどういうことかを学ぶ。そして櫻井氏も認める通り、霊の親と霊の子が終生交流を続けるのは統一教会の伝統である。

また櫻井氏は、実践トレーニングの班長が、受講生たちとほぼ同世代の先輩信者で、受講生たちが成長した数年後の姿であることにも敢えて触れていない。最初は見よう見まねかもしれないが、そうした受講生たちの中からやがて新しい者を指導する班長やカウンセラー、講師が生まれ、若者たちは一定の期間をかけて成長していく。

伝道方法がシステム化されたことにより、霊の親が霊の子に講義をして育てる機会は昔に比べて少なくなったかもしれないが、これは家内制手工業から工場制手工業への発展のようなもので、手作り感を重視するか効率性を重視するかという選択の問題であろう。もっとも、霊の親が霊の子に講義することで霊の親としての自覚が育ち、成長するという考え方がなくなったわけではない。信徒一人ひとりが講師になる道としての「チャート式原理講義」の導入や、ブラジルにおける伝道の成功例である「ホームグループ・一対一・オイコス伝道」を日本に導入する試みなどは、そうした原点回帰の一環であろう。

「14　信仰強化のメカニズム」

櫻井氏は第六章の「三　統一教会特有の勧誘・教化」で、実践トレーニングにおける伝道実習の分析の一環として、「14　信仰強化のメカニズム」(p.256-259)について論じている。櫻井氏は初めに「見知らぬ人に声をかけるだけではなく、人を勧誘するということには勇気がいる。統一教会に勧誘され、実践トレーニングまで残った人達の多くは、繊細で押し出しの弱い人が多い」(p.256)と述べているが、これはデータに基づかない情緒的な印象論にすぎない。

櫻井氏の言う「繊細で押し出しの弱い人」というのは、アイリーン・バーカー博士が『ムーニーの成り立ち』の中で論じている「被暗示性(Suggestibility)」の強い人と意味が重なる。「被暗示性」とは「他者の提案や示唆を受け入れやすい傾向」のことである。「統一教会に入るような人は基本的に説得に弱くて、勧められるとNOとは言えないタイプの人だから巻き込まれてしまったのだろう」とか、「カルトに巻き込まれるような人は、素直なお人好しタイプが多い」とか、「精神的な弱さや隙があったから統一教会につけこまれたのだ」という推論に基づき、第三者が統一教会信者に対してこうしたイメージを持つことは多いようだ。しかし、本当にそうかどうかは、科学的な検証によって証明しない限りは分からず、憶測にすぎない。

そこでバーカー博士は、対象群との体系的な比較によって統一教会員の「被暗示性」が強いかどうかを客観的に測定するために、統一教会に入会したかどうかとは別の「独立した」指標で、「受動的な被暗示性」を定義した。それは具体的には、「青年期の未熟さ、精神障害、薬物乱用、あるいはアルコール依存症などの経歴、学校における成績や素行の不良、両親の離婚や不幸な子供時代、友人関係を維持する能力の欠如、過渡的な状況にあるか人生の明確なビジョンや方向性を持っていないこと、優柔不断の傾向、職業やガールフレンド(ボーイフレンド)を次から次へと変える傾向」などとなっている。

バーカー博士は分析の結果として、ムーニーになる人にこうした傾向があるとは言えないと結論している。具体的には、①ムーニーは貧困または明らかに不幸な背景を持っているという傾向にはない、②もともと精神的な問題や薬物使用などの問題を抱えていたというムーニーは少数派である、③ムーニーが基礎的な知識に欠けるがゆえに説得を受け入れやすいのだという証拠はない、ということを明らかにしている。これらはすべて対象群との比較によって裏付けられている。面白いことに、これは櫻井氏自身の統一教会員の描写である「受講生達は育ちもよく、学業、仕事も人並み以上にこなしてきた模範的な学生、市民だった」(p.257)という像と一致している。要するに統一教会に来るような人は、能力や精神的な強さ・成熟度において「平均以上」のレベルを持つ人が多いということだ。少なくとも、相手の言うことを何でも受け入れてしまうような意志の弱い人ではない。こうした特性を持つ人が、「繊細で押し出しが弱い」ために統一教会の説得に抵抗できずに実践トレーニングまで残ったという櫻井氏の描写は論理的に矛盾している。

説得に弱いタイプの人が統一教会に入るわけではないとすれば、最終的に信者になるかならないかを決定する要因は何であろうか？　バーカー博士はそれを「感受性」と呼んでいる。「感受性」と「被暗示性」との違いを簡単に説明すれば、「被暗示性」が基本的に他者の提案や示唆を受け入れやすい傾向であり、何でも受け入れてしまうような受動的で説得に弱い性格なのに対して、「感受性」は統一教会が提供するものに積極的に反応するような性質であり、その個人がもともと持っているセンサーのようなものである。こうしたセンサーやアンテナが発達している人は統一教会の教えや修練会に積極的に反応するが、発達していない人は反応しないので入教しないことになる。

それでは、そのような性質の具体的な中身は何なのか。バーカー博士によると、ムーニーになりそうな人は以下のような特徴を持っているという。①「何か」を渇望する心の真空を経験している人、②理想主義的で、保護された家庭生活を享受した人、③奉仕、義務、責任に対する強い意識を持ちながらも、貢献する術を見つけられない人、④世界中のあらゆるものが正しく「あり得る」という信念を持ち続けている人、⑤宗教的問題を重要視しており、宗教的な回答を受け入れる姿勢のある人々。

こうした特性をもともと持っていた人々が、修練会で教えられた統一原理の内容に反応してムーニーになったという。バーカー博士の研究において「ムーニーになった」と判断された人とは、2日間、7日間、21日間の修練会に参加して統一教会への入会に同意し、少なくとも1週間以上の信仰生活を送った人のことであり、それ以前に離脱した人は含まれていない。欧米と日本では教育プロセスが異なるが、日本の実践トレーニングでは既に統一原理の受講はすべて終わっており、教会や創設者についての情報もすべて学び、入会を決意して実践段階にまで入っていることから、バーカー博士の「ムーニーになった」という基準を満たしていると言えるだろう。したがって、実践トレーニングまで残った人も、これと類似する性質をもともと持っていたので、統一原理の教えに共鳴したと理解できる。

要するに、実践トレーニングまで残ったのは本人が説得に弱かったからではなく、むしろ統一原理に主体的な関心を抱き、自らの生き方として採用しようと決意したからである。能力や精神的な強さ・成熟度において「平均以上」のレベルを持つ人は世の中に山ほどいるが、そのすべてが原理を聞いて信仰を持つわけではない。それでは、最終的に信者になるか否かを決定する要因が何かと言えば、第一にその人の宗教性であり、第二に統一原理が教える世界観そのものに共鳴したことである。しかし、櫻井氏は初めから受講生たちは「受動的な説得の被害者」であるという像を描いているために、何の実証的なデータも示さずに「繊細で押し出しの弱い人」という印象論を書いてしまう。こうした誤解の根本的な原因は、「自分たちは統一教会の被害者である」と訴えている「青春を返せ」裁判の原告たちの主張を基礎資料にしたことにある。

櫻井氏や「青春を返せ」裁判の原告たちが描こうとする像とは異なり、実践トレーニングの受講生には「繊細で押し出しの弱い人」ばかりではなく、多種多様な性格の人々が混在している。明るくて社交的な女性もいるし、体育会系のノリでやたらと元気のいい男性もいる。たまに元ヤンキーや不良だったという人もいるし、真面目な公務員もいるし、学校の先生や看護師など、特定の職業のプロとしてキャリアを積んでいる人もいる。その中には明らかにリーダーとしての資質を持つ人もいて、彼らはやがて統一運動の中でリーダーとして頭角を現し、「統一教会の説得に抵抗できなかった、繊細で押し出しの弱い受動的な被害者」とは全く正反対の性格を持つ、主体的な活動家となる。彼らは統一運動の中に自分の居場所と存在意義を感じ、人に説得されたからではなく、自らの主体的意思で信仰生活を送るようになり、同時に後輩たちの指導に当たるようになる。

こうした多様な性格を持つ若者たちが実践トレーニングで伝道活動を初めて体験するわけで、それが勇気を要し、不安や葛藤を伴うことは事実であろう。しかし、櫻井氏はこうした実践活動を「信仰強化のメカニズム」として、何やら意図的にその人の人格を変えるために行われていると、以下のように主張する。

「信仰の告白という意味もあるが、羞恥心、世間体を捨てさせることの効果も大きい。何だろうと奇異の視線で見られたり、無視されたりすることで、通行人とは違う種類の人間にならざるをえないのである」(p.256)

「受講生達にとって無視され、その上バカじゃないか、迷惑だと非難され、さらには変な団体につかまった可哀想な人達と蔑みや哀れみの視線を投げかけられることは、屈辱というよりも自分の全人格やこれまでの人生を否定されたに等しいショックだろう」(p.257)

「社会心理学的解釈を施すなら、統一教会における信仰強化は認知的不協和の意図的・効果的な利用とされよう。つまり、自尊心を剝ぎ取るような状況に受講生を追い込むことで、彼らの自己認知や世界観を大いに揺さぶる」(p.258)

苦難や迫害がもつ宗教的意味

櫻井氏は、トレーニングの受講生たちは街頭で伝道する中で、奇異の目で見られたり、無視されたり、非難や嘲笑を浴びたりすることによって、全人格や人生そのものを否定されたような屈辱感を覚えるとし、街頭での伝道活動は非効率的であるにもかかわらず、統一教会が30~40年にもわたって街頭伝道を続けてきたのは、こうした実践活動を「信仰強化のメカニズム」として位置付けているからであると主張する。すなわち、「自尊心を剝ぎ取るような状況に受講生を追い込むことで、彼らの自己認知や世界観を大いに揺さぶる」(p.258)ことで、意図的に心理操作や人格の変革をしようとしているというのだ。

しかし、統一教会が「認知的不協和の意図的・効果的な利用」(p.258)をしているというのは言いがかりにすぎない。なぜなら、統一教会内ではそのような心理学的概念は共有されていないし、伝道活動を心理操作の方法として認識している事実もないからである。ある宗教活動がどのような意義を持つかは、あくまでもその団体の論理に沿って、内在的に理解するのが正道である。そして、伝道実践の中で受講生が感じ、教えられることは、伝統的な宗教の世界観の背景から見て、初めてその意味が明らかになる。

道端で見知らぬ人に声をかけて、無視されたり嘲笑されたりするのは、歴史的に宗教が受けてきた迫害や弾圧に比べれば大したことではない。生命や財産に実害はなく、心が傷付く程度である。しかし、伝道されたばかりの実践トレーニングの受講生にとっては、これまでの人生で体験したことのない「否定」であるかもしれない。そうしたときに、先輩の信者たちがそれを神、メシヤ、そして統一教会の先輩たちが歩んできた「苦難」や「迫害」の路程を追体験し、その「心情を復帰」するための機会であると諭すことはあるだろう。受講生たちはこうした小さな「苦難」や「迫害」を乗り越えることによって成長し、やがてより大きなものに立ち向かう信仰を培っていくのである。

このとき、世俗の世界は自分たちに試練を与える敵対的な存在として認識されるが、宗教的真理が世俗社会から受け入れられず、神の使者や預言者が迫害されるという観念は数多くの宗教に見られ、統一教会に限ったことではない。そしてそれを一番実感できるのが、人を伝道しようとして否定されるときなのである。

自分たちの集団を神聖なものとし、現実世界を「悪の支配する世界」として敵視する宗教は多数存在する。キリスト教の中でも福音派や根本主義に属する教団は、「この世」を罪悪世界と認識して、それに染まらないよう信徒たちに呼びかけ、教会を神の道徳を守る最後の砦として位置付けている。このように「この世」が神の民を憎み迫害するという思想は、以下に示すように、聖書にその根拠があり、「この世」は真理を悟らずに、それを憎み迫害するものとして描写されている。

「キリスト・イエスに結ばれて信心深く生きようとする人は皆、迫害を受けます」（テモテⅡ3：12）

「そのさばきというのは、光がこの世にきたのに、人々はそのおこないが悪いために、光よりもやみの方を愛したことである」（ヨハネ3：19）

「（イエスの言葉）もしこの世があなたがたを憎むならば、あなたがたよりも先にわたしを憎んだことを、知っておくがよい。もしあなたがたがこの世から出たものであったなら、この世は、あなたがたを自分のものとして愛したであろう。しかし、あなたがたはこの世のものではない。かえって、わたしがあなたがたをこの世から選び出したのである。だから、この世はあなたがたを憎むのである」（ヨハネ15：18‐19）

「いなずまが天の端からひかり出て天の端へとひらめき渡るように、人の子もその日には同じようであるだろう。しかし、彼はまず多くの苦しみを受け、またこの時代の人々に捨てられねばならない」（ルカ17：24‐25）

「だから、神の知恵もこう言っている。『わたしは預言者や使徒たちを遣わすが、人々はその中のある者を殺し、ある者を迫害する。』」（ルカ11：49）

さらに聖書は、この世が信徒たちを迫害するのは、この世の知恵に溺れ、神の知恵を悟れずにいるからであるとしている。

「知者はどこにいるのか。学者はどこにいるのか。この世の論者はどこにいるのか。神はこの世の知恵を、愚かにされたではないか。この世は、自分の知恵によって神を認めるに至らなかった」（コリントⅠ1：20–21）

「この知恵は、この世の者たちの知恵ではなく、この世の滅び行く支配者たちの知恵でもない。むしろ、わたしたちが語るのは、隠された奥義としての神の知恵である。……この世の支配者たちのうちで、この知恵を知っていた者は、ひとりもいなかった。もし知っていたなら、栄光の主を十字架につけはしなかったであろう」（コリントⅠ2：6–8）

このように、聖書における「この世」の概念は、神の意思に従わない邪悪な世界として表現されており、キリストに従う信徒たちには、この世と妥協せず、交わらず、染まらないよう勧告されている。同様に現世を否定する観念は仏教やイスラム教などの世界宗教にも見られ、かなり広範な傾向である。また、善なる者が悪なる世界から迫害されるというテーマは、キリスト教に限らず仏教にも見られ、迫害のことを「法難（ほうなん）」と呼び、特に日蓮は、「法難」によって逆に自らの信仰の正しさが証明されるという思想を強調する。日蓮は権力筋から迫害されることにより、何回も死にそうになるが、多くの法難に遭えば遭うほど、この道こそ正しい道であると確信していった。彼は、自分の受けている法難も、法華経の中で予言されていることと解釈し、自分こそが末法の世に現れる法華経の行者、上行菩薩の生まれ変わりだと確信するようになった。

それではこうした迫害や試練をどのように乗り越えていくことを聖書は教えているのであろうか？　第一に、イエス・キリストは迫害を受けることによって天国に近づくことを喜ぶように教えている。

「義のために迫害されてきた人たちは、さいわいである、天国は彼らのものである。わたしのために人々があなたがたをののしり、また迫害し、あなたがたに対し偽って様々の悪口を言う時には、あなたがたは、さいわいである。喜び、よろこべ、天においてあなたがたの受ける報いは大きい。あなたがたより前の預言者たちも、同じように迫害されたのである」（マタイ5：10–12）

使徒パウロは、迫害を受けるのは神が正しいことの証明なので誇りに思うべきであり、患難を喜ぶことによって良い方向へと向かうことを教えている。

「そのために、わたしたち自身は、あなたがたがいま受けているあらゆる迫害と患難とのただ中で示している忍耐と信仰とにつき、神の諸教会に対してあなたがたを誇としている。これは、あなたがたを、神の国にふさわしい者にしようとする神のさばきが正しいことを、証拠だてるものである。その神の国のために、あなたがたも苦しんでいるのである」（テサロニケⅡ1：4－5）

「それだけではなく、患難をも喜んでいる。なぜなら、患難は忍耐を生み出し、忍耐は錬達を生み出し、錬達は希望を生み出すことを、知っているからである」（ローマ5：3－4）

また使徒パウロは、迫害にあって自分が弱いと感じるときこそ、キリストの恵みが自分に現れるチャンスであると述べている。これは世俗社会から否定されることによって宗教的アイデンティティーが強化されることを物語っている。

「ところが、主が言われた、『わたしの恵みはあなたに対して十分である。わたしの力は弱いところに完全にあらわれる』。それだから、キリストの力がわたしに宿るように、むしろ、喜んで自分の弱さを誇ろう。だから、わたしはキリストのためならば、弱さと、侮辱と、危機と、迫害と、行き詰まりとに甘んじよう。なぜなら、わたしが弱い時にこそ、わたしは強いからである」（コリントⅡ12：9－10）

コリント人への第一の手紙1章31節に「誇る者は主を誇れ」という言葉があるように、伝統的に信仰者たちは世俗的な地位、権力、知識、能力などを誇ることを戒めてきた。神はこの世においては愚かな者たちに敢えて恵みを下さったのだから、自分自身を誇るのではなく、神の前に謙虚になって「主を誇る」ように指導してきたのである。

このように、「苦難」や「迫害」を信仰の糧としながら宗教的アイデンティティーを確立してきた宗教の伝統を背景に見ると、櫻井氏の描写する統一教会の「信仰強化のメカニズム」は心理学的なテクニックというより、極めて伝統的な宗教の営みと理解できる。

信仰育成と信者のスクリーニング

櫻井氏は札幌「青春を返せ」裁判に原告側の資料として提出された「伝道勝利十則」と呼ばれる文書にある以下の文章を引用しながら、そこに統一教会の世界観と理想とされる信者像が示されていると主張する。

「街頭ではゲストのメッタ打ちに耐えよ。この精神的な打撃を神と共に耐えられるか、耐えられないかが、勝利への道か、敗北への道かの重大な岐路である。そして、常に新規伝道を忘れるな。新規伝道を怠る成約聖徒の行き先は、敗北と転落と侮辱と堕落しかない」(p.256)

「伝道師こそ神とサタンの戦いの最前線の戦闘部隊である。血と汗と涙の決死的なすさまじい行動こそが勝利の道である。小手先の小理屈など、いっさいいらない」(p.257-258)

こうした文言は統一教会というよりは、現場の信者たちが自己の経験に基づいて作文したものと思われるが、「神」や「サタン」などの宗教用語を除けば、保険のセールスを行う営業マンを奮い立たせるためのスローガンや、体育会系のサークルで闘争心を掻き立てる「はっぱ」に似ている。活動を始めるに際し「気合い」を入れるためにそのような言葉遣いをするのは一般社会にもあり、別に異常ではない。

確かにそこで語られる言葉は激しく、決死的な思いにさせるものではあるが、それは人を奮い立たせるために用いられるもので、四六時中そのような精神状態でいるわけではない。統一教会の信徒たちも、しばらく集中して活動した後は、お互いの労をねぎらうような和気藹々とした雰囲気になり、兄弟姉妹の交流を笑いながら楽しむ場面もある。それは信仰生活における、いい意味での「緩急」で、そもそも、四六時中そのような緊張状態を強いられたのでは人の精神は耐えられず、逆に能率は下がるであろう。櫻井氏は参与観察によって実際に伝道している様子や信徒たちの生活を見たわけではないので、こうした裁判資料に頼り、そこから想像を膨らませている。しかし、それは極めて限定的な性格を持つ文書から全体を推し量ろうとするもので、実像とはかけ離れた想像の産物なのである。

極端な表現の文書だけに頼って統一教会信者の心理状態を分析し、櫻井氏は実践トレーニングの受講生たちを「二つのグループに分かれることになる。どんなに辛くともこの道を全うしようと決意し直すものと、敗北感・喪失感を持って教会から脱落するものである」（p.257）という二者択一で描く。しかし、この選択肢には重要な「喜んでこの道を行こうとするもの」という選択肢が抜けている。そもそも、伝道されて4か月から半年程度の、信仰的な面ではまだ幼い実践トレーニングの受講生たちが、ただ辛くて苦しいだけの生活に耐えて信仰を持つようになるというのは非現実的である。この時期はまだ先輩信者のスタッフから愛され、面倒をみられる段階であり、実践の訓練を受けると同時に、手厚いケアも受けるからこそ成長していくのである。また、一緒にトレーニングを受けている兄弟姉妹との心の絆や仲間意識による喜びも、この時期の信仰形成の大きな要因となる。要するに「喜び」や「感動」なくして信仰が育ち強化されることはあり得ない。そうした部分が櫻井氏の記述にはすっぽり抜け落ちているのである。

こうした短期間の訓練は、内向的で悲観的な性格の人には辛く苦しいものかもしれないが、積極的で楽観的な性格の人にとっては、チャレンジ精神をくすぐるエキサイティングなものと感じられることもある。それはスポーツで勝利するために限界に挑戦していく感覚に似ていて、肉体的には苦しいが、大きな目標のために自分を投入していくことに喜びを感じるからこそ、人はそれを乗り越えて頑張るのである。そして目標を達成したときの喜びは、それまでに体験した辛さや苦しさに比例して大きくなる。人は自分が取り組んでいることに大きな意義を感じることで、苦しみを喜びに変える存在なのである。統一教会の信徒たちは、「自分が世界を救うために役に立つことができる」ことに意義を感じ、辛さや苦しみを乗り越えていく。そして何かを達成したときの喜びは、やはりその過程にある苦労の量に比例して大きくなる。まだまだ小さな次元であるとはいえ、そうした体験をすることが実践トレーニングにおける「信仰強化のメカニズム」の本質であると言ってよい。信仰は屈辱や否定の体験だけでなく、成功体験による喜びと感動によって成長していくものなのに、櫻井氏の記述にはそれが全くないのである。

櫻井氏は「統一教会にとってこの伝道方法は信仰育成と同時に信者のスクリーニングをも兼ねている。どの道お荷物になる信者はいらない」(p.257)と述べているが、これはとんでもない誤解である。統一教会の信仰は「万民救済」なので、役に立たない人を振るい落としてしまうような発想は基本的にない。伝道する側や指導する側が弱い者は脱落していくことを前提に受講生に接することはなく、できれば全員を導きたいのだが、本人の自由意思を否定することはできないので、結果的に脱落者が出るだけのことである。現実には、実践トレーニングを終了した段階で、原理への確信や活動への積極的な姿勢が見られない受講生には、一般社会で働きながら教会に通う「勤労青年」として信仰を継続する道を選ぶようアドバイスするなど、その人の個性と事情に応じて配慮されている。

櫻井氏は「伝道実践こそが信仰を作っているのであって、信仰ができたから伝道しているのではない」(p.258)と批判する。しかし、信仰が先か実践が先かという話は、鶏と卵の関係であって、どちらが先かというより相互に補強し合う関係である。座学で統一原理を学ぶだけで、深い理解や強い信仰が得られるわけではない。宗教的真理は、頭で学ぶ抽象的な知識ではなく、実践することによって初めてその意味が分かる体験的な知識であるから、「伝道実践こそが信仰を作っている」のは悪いことではなく、むしろ「信仰とはそもそもそうしたものだ!」と多くの宗教者が反論することだろう。もちろん、意義と価値も分からずにやみくもに実践すればよいものではない。一通り教義を学んだ後に、それを実践してみて、そこで体験したことや感じたことを教義で解釈することによって信仰を血肉化していくのは、宗教的教育の王道と言える。実践トレーニングは受講生にとって、まさにそのような場なのである。

櫻井氏は実践トレーニングのやり方を、「統一教会独自の方法というよりも、教勢を急速に拡大する新宗教が採用する典型的なやり方でもある」(p.258)と、つい筆を滑らせてしまい、自家撞着に陥っている。そもそも彼が第六章の三で訴えたかったのは、「統一教会特有の勧誘・教化」で、ほかに類例のない特異な勧誘と教化の方法でなければならなかったのに、ここにきてその手法は急成長する新宗教では「典型的」といえるほど、ありきたりな手法であることを明らかにしたのである。

櫻井氏はこうした伝道のあり方を、「どんなに拒否されてもめげないというだけではセールスマンとどこが違うのか」とか、「常に業績を追求され、実績において評価されるという点でも普通の会社と変わらない組織になる」(p.258)などを根拠に、「簡単にいえば、信仰が自己の心の問題として育っていかないということだろう」と批判している。いったい彼は何を根拠としてこのような大雑把な総括をしているのであろうか？　特定宗教の信仰実践が、信徒たちの内面にどのような影響を与えているかという問題は、実際に信仰している人々に対する広範な聞き取り調査を行うことで初めて明らかになる。しかし彼はそうした調査は一切行わず、既に脱会して後悔の念をもって信仰生活を振り返っている人々の手記を主たる資料として、そこから得られた知見を一般化している。そうした人々は、①信仰が自己の心の問題として育っていなかったからこそ脱会したのであり、②教会を離れた自分を正当化するために過去の体験をネガティブに描写する必要がある、という二重の意味において偏ったデータの提供者である可能性が極めて高く、統一教会信者全般において信仰が心の問題として育っているかどうかを論じる上で信頼できるデータとは言えない。

こうしたすべての問題は、櫻井氏が現役信者を対象とした調査を行わず、「青春を返せ」裁判で教会を訴えた元信者たちの証言を主たる資料として研究を行っていることに起因し、繰り返しになるが、これこそが彼の研究の致命的な欠陥である。

「16　神体験と限界突破」
「17　信仰が生まれるとき」

櫻井氏は本章の「三　統一教会特有の勧誘・教化」で、統一教会の信者が信仰を獲得していく過程として、「16　神体験と限界突破」(p.262-266)、「17　信仰が生まれるとき」(p.266-274) について論じている。ここで櫻井氏は、統一教会の信者たちがファンドレイジング等の活動における否定の体験を、悲しみの神の心情を追体験していると指摘する。「この世のものを神に返す（万物復帰）ために自分が必死で走っているけれども、多くの人はわかってくれない。神様の心情もこのようなものだったんだ」(p.263) という「気付き」である。これ自体は事実だが、その直後に出てくる櫻井氏の解説はいささか常軌を逸し、統一教会における信仰生活のリアリティーを反映しているとはとても言えない。

「しかし、統一教会の献身者はそのような追体験程度では甘すぎるとして叱責されるだろう。神が求めるのは実績だけで、実績を出せないものには天は居場所を与えないとはっきり言うだろう」(p.263)

櫻井氏はその根拠として、「完全投入の誓い」という文章を挙げている。「青春を返せ」裁判の原告である元信者たちが、この「完全投入」のみ言を出発式などの場において全員で唱和していたのは事実であろう。私も原理研究会にいた学生時代には同じようなことをやった記憶がある。一番初めにこれを聞いたのは、１９８３年夏の新人研修会の時で、確かに激しいみ言だが、出発の時に決意を促すためのスローガンやセレモニーのように用いられたのであって、「み旨のため死んだ覚悟でとび込め！」と叫んだとしても、実際に死ぬまでやるわけではない。それはスポーツの世界や営業の世界で語られる勇ましいスローガンと似たようなもので、それが宗教的な言語で表現されているだけである。櫻井氏は現役信者の活動を参与観察し、インタビューをしたことがないので、このテキストだけを根拠にして、「神が求めるのは実績だけ」で、「実績を出せないものに天は居場所を与えない」などというリアリティーのない描写ができるのであろう。

こうした宗教的な言語と信徒の現実の信仰生活の間にギャップがあることは、宗教学の世界では常識であり、テキストだけを根拠に実際にそのような生活が行われているという櫻井氏の主張はあまりに軽率すぎる。

例えば、旧約聖書の中には動物の供え物を捧げる方法が事細かに記されているので、いまでも敬虔なユダヤ教徒はこれを厳格に守って動物を供え物として捧げていると思う人もいるかもしれないが、都市に暮らす現代のユダヤ教徒にそんなことができるわけがない。私がアメリカの神学校時代にユダヤ教のシナゴーグを訪問したとき、ラビが現代のユダヤ教徒は動物を供え物にすることはなく、「祈り」で代替していると説明してくれた。

また、コーランの9章5節を引用して、イスラム教では多神教徒を殺すことが奨励されていると主張するのも同じような間違いである。確かにそこには、「聖月が過ぎたならば、多神教徒を見付け次第殺し、またはこれを捕虜にし、拘禁し、また凡ての計略（を準備して）これを待ち伏せよ。だがかれらが悔悟して、礼拝の務めを守り、定めの喜捨をするならば、かれらのために道を開け。本当にアッラーは寛容にして慈悲深い方であられる」と書いてある。これを文字通り実行すればイスラム教に改宗することを拒む異教徒は殺さなければならないはずだが、これはある時代の特定の状況に対して語られた言葉であり、この聖句を根拠に殺人を繰り返すテロリストたちの解釈は誤りであると大部分のイスラム教徒たちは考えている。このように、宗教的テキストだけを根拠に、その信仰の実態を判断することはできない。

そもそも、統一教会信者の信仰生活において「神が求めるのは実績だけ」であるとか、「実績を出せないものに天は居場所を与えない」などと明言されることはあり得ず、もしあったとしたらそれは個人における信仰の歪みや逸脱である。信仰生活における実績には、常に「内的実績」と「外的実績」があり、それらは性相と形状、主体と対象の関係にあるため、内的実績の方がより重要であると教えるのが正統的な信仰指導だからだ。

「外的実績」とは、例えば何名伝道したとか、ファンドレイジングの実績がいくらかというような目に見える実績である。一方で「内的実績」とは、そうした活動を通じて神の心情を復帰することである。「心情を復帰する」というのは統一教会の独特な言い回しで、神が感じた心情の世界を追体験し、自分のものとして感じ、それを通して神の心情への理解を深めることを意味する。私が信仰指導を受けていた若い頃は、いくら外的な実績を出しても、それを通して内的な実績を積み上げていかなければ、やがて傲慢になり、霊的に枯渇するから、外的な実績に振り回されず、常に内的な実績に集中するよう指導されたものである。

櫻井氏が掲載している元信者の「マイクロ隊の活動記録」(p.267-271)の中にも、外的な実績に相当する日々の「販売実績額」と共に、「隊のスローガン」「個人のスローガン」「就寝前の所感」などが記載されている。その内容は極めて宗教的なもので、マイクロ隊で歩んでいる信者たちが単に外的実績だけを追求していたのではなく、その中に宗教的な「気付き」や「悟り」の体験を求めていたことがよく分かる。その中の代表的な言葉を拾ってみれば、以下のようになる。

「私はみ旨を愛します」「神の子として神の悲しみを担当しよう」「主と共に苦労できる時を」「天の祝福を周辺に集結させよう」「神様と御父母様を代身し、天運を動かそう」「真の愛を中心として苦労しよう。犠牲になろう」「まず、神の立場を考えよう」「真の愛を中心として神様と御父母様に侍ろう」「真の愛を中心として判断し、行動しよう」「神様に委ねて歩む」「神様の心情をたずねてみます」「真を尽くす」「サタン分別をする歩みをします」「神様を慰める歩みをします」「神様を慕い求めて歩みます」「苦労を感謝して歩みます」「低いからといって悲しんじゃいけない。高いからといって喜んじゃいけないと言われた」「実績を上げる人を自分のごとく喜べたら神様は与えざるを得ない。心情をチェック」「神様の悲しみを知った。二度と離れませんと誓った。少しでも負債を清算する歩み」「愛したいのに否定される忍耐の神様」「否定されても愛していく神様」「愛する実践。マイクロは自分を育ててくれている」

さて、櫻井氏はマイクロにおける歩みの記録や反省文などを掲載した上で、統一教会信者の信仰の特徴について以下の3点を指摘している。

「⑴　マゾヒスティックな信仰である」（p.273）。櫻井氏のこの指摘は誤りである。一般的にマゾヒズムとは、「肉体的精神的苦痛を与えられたり、羞恥心や屈辱感を誘導されることによって性的快感を味わったり、そのような状況に自分が立たされることを想像することで性的興奮を得る性的嗜好の一つのタイプである」（Wikipedia より）とされる。マイクロで活動していた統一教会の信者は、そのような感情とは無縁であった。もし櫻井氏が罪責感を常に感じながら生活することを「マゾヒズム」と呼ぶのであれば、敬虔なクリスチャンの信仰生活はまさしくそのようなものであろう。自分の罪深さや不足を深く自覚して悔い改めるのはキリスト教信仰の基本である。それを櫻井氏は「マゾヒスティックな信仰」として批判するのであろうか。

「⑵　体験主義的な信仰である」（p.273）。およそ体験を伴わない信仰はあり得ないので、この分析にあまり意味はない。櫻井氏はビデオセンターから新トレまでの過程に関しては、ひたすら教説の学習を繰り返した後で初めて実践内容を教えられると批判したが、それがいよいよ実践の段階に入ると「体験主義的だ」と批判する。これは座学で学んだことを体験しているにすぎないので、極めて一般的な学習法である。

「⑶　途中で離脱するものに計り知れない後ろめたさを残す信仰である」（p.274）。もし離脱者が後ろめたさを感じるとすれば、それはまだ信じているからにほかならない。もはや信じられなくなった者は後ろめたさを感じることもないであろう。離教者の心理に関しては、アイリーン・バーカー博士の『ムーニーの成り立ち』で実証的な研究がなされている。彼女によれば、離教者の中には教会に対して恨みや敵意を抱く者もいるが、離教者の大多数が依然として、活動が自分たちの人生にもたらした変化を肯定的に見ているのを発見したと述べている。離れた後も教会での経験を自分なりに整理し、人生における成長のための一つのプロセスであったとみなしている。こうした事実は、裁判のテキストに頼り、実証的な調査を行っていない櫻井氏はキャッチできないのであろう。

「四　統一教会における霊界の実体化」への反証

この節は大きく分けて「四-一　霊能師になった信者」と「四-二　清平の修練会」からなり、前者が1980年代から始まったいわゆる霊感商法を扱い、後者は1995年以降の韓国の清平における霊的な役事を批判的に扱っている。

この節はビデオセンターに通い始めた時点から、ライフトレーニング、新生トレーニング、実践トレーニング、マイクロでの歩みなどを描写した後に位置付けられているため、新しく伝道された者たちが一通りの教育を終えた後に進路を割り振られる話から始められる。櫻井氏はここで、特殊な事情の故に通教を勧められるもの以外は「献身の道を強く勧められる」(p.274) とし、そのときに統一教会の本部教会員になったことを認定する「教会員証」をもらうと説明する。

事情が分からない人はこの部分を「そういうものか」と読み流すかもしれないが、この記述は一種のトリックである。それは、統一教会の本部会員となることと「献身」することとの間には何の因果関係もないからである。たまたま両者の時期が一致したにすぎない。櫻井氏が示した「本部教会認定証」には、「あなたは所定の資格審査に合格し、統一教会の本部会員として認められましたのでここに証します」と書かれ、日付に続いて「宗教法人 世界基督教統一神霊協会　会長　久保木修己」と書かれている。これはおそらく「青春を返せ」裁判の原告となった元信者らが裁判に提出した証拠の文面を書き写したものと思われるが、この認定証が示しているのは、記名された人物が信仰上の所属として統一教会に入会したことだけで、宗教法人との間に雇用関係が発生したとは一切書かれていない。

宗教法人との間に雇用関係のある人は教会の職員で、本部教会に勤務する者や地方の教会で教区長や教会長などを務める「牧会者」と呼ばれる人や総務部長、会計などが該当し、彼らが任命されるときには必ず辞令が発行される。「青春を返せ」裁判の原告となった元信者らの中で、こうした立場にいた人はいない。彼らは統一教会との間に雇用契約を結んだことはなく、雇用関係にない者を教会が人事異動することはあり得ない。

それにもかかわらず櫻井氏は、「献身後の統一教会員のライフコースとしては、①伝道機動隊で新規の伝道を担当する、②マイクロ隊で訪問販売を担当する、③統一教会系の企業で会社員として働き、給与を献金する、④姓名判断・家系図診断による信者や篤志家獲得に従事する、⑤統一教会の支部や本部で会計・総務を担当する等のコースが用意されている。本人に選択の余地はなく、全ての人事は本部が一括管理する」（p.275）と、何の証拠もなしに書いている。もし統一教会の本部がこれらの人事を一括して行ったのであれば、辞令や記録が残っているはずだが、そうしたものは一切なく、ただ信仰上の所属を示した「教会員証」が提出されているだけである。

信仰を持ち宗教団体に所属するのは、個人の内面に関することであり、それによって礼拝の参加や献金などが奨励されるかもしれないが、それは自発的な意思に基づいて行うことであり、宗教団体が信徒に命令できるわけではない。まして宗教団体は信徒に給料を払って雇用しているわけではないので、人事や進路の振り分けなどできる立場にはない。櫻井氏の記述では、こうした内面にかかわる宗教的所属の問題と、人事異動や指揮命令という社会的契約にかかわる問題が混在している。もし誰かが原告の元信者らに対して進路の決定や人事異動を行ったことが事実ならば、それがいかなる組織のどのような人物によって行われたのか、そして彼らは宗教法人統一教会とどのような法的関係にあったのかが明らかにされなければならない。それらを一切しないままに、一方的にすべて統一教会本部がやったことだと主張しているだけで、これは「青春を返せ」裁判の原告たちの主張と同じであり、櫻井氏はただ無批判にそれを繰り返しているにすぎない。

「四―一　霊能師になった信者」への反証

次に櫻井氏は「霊能師役」をする人物について述べる。

「一般の青年信者が人の好さそうな素朴な感じを漂わせているのに対して、霊能師役をやる女性達はスラッとして目鼻立ちが整い、如才なくサラッと話せるタイプであることが多い。筆者は脱会後十数年経った三名の霊能師役をやった信者にインタビューを行ったが、当時は巫女さんの雰囲気すら漂わせていたのではないかと思われた。男性の霊能師もおり、能弁なものか非常に個性的な人達がやっていたという」(p.275)

こうした霊能師たちは「トーカー団」に属し、「○○先生」と呼ばれてゲストにトークをする役割を専従的にする信者であるとされる。しかし、櫻井氏は「統一教会の霊能師に霊能はない」(p.276)という。彼らはいわゆるシャーマン的な素質や操霊の技法を持っているのではなく、上司からその役に指名され、「霊能師としてのいっぱしの口上をゲスト相手に操れるよう訓練された」(p.276)信者たちにすぎないというのだ。これだけを聞いたら一般の人々は、統一教会はありもしない霊能をあるかのように見せかけている詐欺集団であるという印象を受けるであろう。そもそも、櫻井氏が言及しているのは、開運商品等の販売に携わっていた連絡協議会所属の信者たちについてであり、「統一教会の霊能師」など存在したことはなく、前提から間違っている。

実は、この問題はそれほど単純ではない。まず櫻井氏はそもそも「霊能」の存在を認めているのであろうか？　だとすれば彼は、いわゆるシャーマンや霊能者には「霊能」が存在するが、「統一教会の霊能師」には霊能はないと主張していることになる。彼が一般的に「霊能」なるものが存在するというとき、それは「本当に」霊界からのメッセージを受けたり、霊を操ったりするのであろうが、統一教会では「偽って」霊界からのメッセージを語り、霊を操っている「演技」をしているだけだと主張したいのであろうか？　だとすれば、霊能が「本当にあるかどうか」を判断する客観的な基準がなければならない。しかし、目に見えない世界にかかわることを客観的に判断する基準は存在しないのである。

通常、宗教学はこうした検証不能な事柄に立ち入ることはしない。例えば出口なおや中山みきに「本当に」霊能があったかどうかを調べるようなことは、宗教学のテーマにはならない。検証する方法がないからである。宗教学は、神のお告げを受けたと主張する霊能者や教祖の言動や教えの内容を、客観的に記述することを基本とする。その真偽を判断しようとすれば、宗教学の領域を超えて神学に立ち入ってしまうからである。

にもかかわらず櫻井氏が「統一教会の霊能師に霊能はない」と言い切るのは、「自分は霊能師役をやっていた」という元信者が、「あれはマニュアル通りの演技だった」と証言するからであろう。そこに印刷されたトークマニュアルのようなものが証拠として提出されれば、「これは人工的に演出された偽りの霊能に違いない」と思わせる。

それでは「霊能トーク」と呼ばれるものの内容はどのようなものか？　櫻井氏が277～279ページに掲載している「販売マニュアル」の内容をみると、そこには姓名判断による吉凶の判断、商品である印鑑の説明、値踏み、クロージングの流れが書いてある。要するに占いを根拠として印鑑や開運商品を販売するためのトークにすぎない。トークの内容は突き詰めれば「あなたの名前は運勢が悪いから、開運のために印鑑を買いましょう」ということで、「私にはあなたの背後霊が見える」とか、「あなたの先祖の霊が苦しんでいる声が聞こえる」などの霊能力を示す言葉は一切語られていない。このトーカーは占い師であって霊能師ではないのである。このトークを聞いて、顧客はよく当たる人だと思ったとしても、何か特別な霊能力がある人だとは思わないであろう。また、霊能師が担当したトーク内容としてメモが紹介されている「Wトーク」と「Mトーク」（p.280-281）の内容も、因縁果報、先祖供養の必要性、家系や血統の重要性について分かりやすく説いたものにすぎず、具体的に「霊が見える」とか「霊の声が聞こえる」とか語っているわけではない。

霊能師といえば、かつての宜保愛子さんや近年の江原啓之氏のような人物、あるいは「イタコ」や「ユタ」のような霊媒、神憑りして託宣を受ける巫女のような存在を連想するかもしれないが、櫻井氏の示した「トーク」を語る「霊能師役」なる人物は、こうしたことは一切行わず、ただ一般的な運勢や霊界の話をするだけである。その意味では彼らは霊能師というよりは占い師か説教者のような存在であった。もし彼らが見えもしない霊が見えると言い、聞こえもしない霊の声が聞こえると演技していたのであれば、それは相手を欺罔していたと言えるが、自らが信じる占いで吉凶を語り、霊界の話をしたのであれば、それは欺罔にはならない。彼らは相手を欺罔するために活動したのではなく、あくまでも自らの信念に基づき、相手の救いのために活動していたのである。櫻井氏の語る「統一教会の霊能師」とはこうした人々であったのだ。

また、こうした「トーク」を受けた人の中から、最終的には統一原理を学んで伝道される人も出てくるのであるから、彼ら自身が信じている原理の内容とかけ離れた話をすることはない。ただし、彼らのトークの内容は純粋な統一原理の教えではなく、それに日本の土着の宗教概念を混在させたものであり、一種のシンクレティズムである。

要するに、「霊能師」の語った内容は、統一教会の信者として自らが信じていることをそのまま述べただけであり、見えもしない霊が見えたとか、聞こえもしない霊の声が聞こえたというような「偽り」や「欺罔」に当たることは一切行われていない。彼ら自身の中には「相手を騙している」という意識は全くなく、むしろ相手の救いのために自らの信念を語っていたにすぎない。それを受け入れるかどうかは、ゲストが自由意思に基づいて判断すればよいのである。

続いて櫻井氏は、「4　霊能師達の心情」という興味深い分析を行っている。まず櫻井氏は「統一教会脱会後十数年を経過しても、霊能師役をやっていた元信者達は、基本的なトーク例を立て板に水のごとく語ってくれた」(p.286) という観察を披歴している。もしトーカーたちにとってこの活動が辛く、自分の意に反して行ったものであれば、それを思い出すことは苦痛であり、十数年後に思い出すのは困難であろう。それを立て板に水のごとく再現できたのは、トーカー時代の彼らの活動が濃密で充実した体験であったことの証左ではないか。彼らは自己の信念に基づき、情熱を込めて活動したからこそ、鮮明な記憶として残っているのである。

次に櫻井氏はトーカーをしていた女性たちが霊能師役に徹することができた理由をいくつか挙げ、それを理解することで「なぜ統一教会信者達が人を欺せるのかがわかる」（p.286）と分析している。それを列挙すると以下のようになる。

「⑴　限定された認識。霊能師はラインの流れ作業に従事しているにすぎない」「⑵　限定された心理。霊能師は感情移入しない」「⑶　限定された責任感。霊能師はメシヤの代理にすぎない」（p.286-287）

ゲストにトークを行っていた統一教会の信徒たちが、もっぱら自分の果たすべき役割に集中しており、組織全体における自分の位置や立場、ゲストが支払ったお金の行方、ゲストのその後の人生、活動そのものが社会的に見て正しいのかどうかなどあまり考えていなかったというのは、おそらく事実であろう。しかしそれは、櫻井氏の言うような「なぜ統一教会信者たちが人を欺せるのか」の説明にはならない。そもそも当時の彼女たちに相手を騙しているという自覚はなかったはずで、自己の信念に基づいて行動していたのである。

統一教会の信仰生活は、ある意味で神とサタンの戦いの中に身を投じることである。最前線で戦う信徒たちが、聖書に「わたしたちの戦いは、血肉に対するものではなく……やみの世の主権者、また天上にいる悪の霊に対する戦いである」（エペソ６：12）とあるように、信仰的な闘いを真剣に行う心理状態になったとしても不思議ではない。これは統一教会の信徒に固有のものではなく、目的に徹して激しい闘いを展開している集団の一員となった者は、ある程度普遍的に陥る心理状態であろう。

カルヴィニズムでは、自分自身を「神の道具」と感じることによって禁欲的な生活を送り、経済活動に没頭することによって巨大な富を生み出した、というのがマックス・ウェーバーの分析である。トーカーをしていた統一教会の信徒たちも、自分がそれをしているというよりは、自分は神の御旨を進めるための道具にすぎないという信仰で、禁欲的な活動に没頭していたと思われる。それは自己を客観的に見つめる広い視野を持った自己認識ではないかもしれないが、一つの宗教的自己像として普遍的に存在し、統一教会に固有のものではない。

私が韓国のソウルで活動していた頃に、同じ教会にいた日本人の教会員の中に、かつて連絡協議会に所属してこうしたトーカーをしてかなり高額の開運商品を売っていた人がいた。彼は人の家系図を見ると、その人が抱えている問題や先祖の願いが分かると言った。「家系図を解く」という言い方をし、そのやり方は達人の境地に達していて、誰もがまねできるものではなかった。紋切り型に誰にでも同じことを言うわけではなく、その家系図から浮かび上がる内容をその人に合せて語るのである。彼は家系図を解く能力には確信を持っているようで、自分が人を騙しているとは微塵も思っていなかった。彼は一つの宗教的な境地に到達しているようで、決して組織の操り人形には見えなかった。しかし、すべてのトーカーが彼のような境地に達していたわけではないだろう。一口にトーカーと言っても個人によって大きな差があり、櫻井氏のように十把一絡げに語ることはできない。

「四-二　清平の修練会」への反証

「1　清平修錬苑」では施設としての清平の概要と、そこで行われている修練会の日程をスケジュール表入りで紹介している。これは客観的な記述で、スケジュール表は天宙清平修錬苑公式サイトから取ったものなので、特に間違いは見当たらない。ただ一部、「清平修練会は体力的にきついものと思われる。しかも、そこで加えられる霊界の精神的プレッシャーは相当なものである」(p.288-289)という彼の評価が、主観的な要素として挿入されている。清平修錬苑はいわゆる宗教的な修行をするための場所で、そこでの生活が体力的にきついのは禅寺における生活がきついのと同じである。しかし、「霊界の精神的プレッシャーは相当なものである」というのは櫻井氏の勝手な想像にすぎない。

清平のような外国にある施設で行われる修練会への参加は、よほど主体的な動機がない限りはあり得ない。清平の修練会に参加する人々は基本的に宗教的修行を求めて集まった求道者であり、み言や祈りに強い関心を持ってやって来たのである。彼らにとって、夜遅くまで説教を聞いたり役事をしたりするのは体力的にはきつくても、精神的には喜びを感じるものである。霊界に関心を持ち、霊的な現象や雰囲気に触れようとやって来たのを、「霊界の精神的プレッシャー」などという受動的な表現で述べるところに、櫻井氏の悪意が感じられる。彼は元信者から清平の修練会に関する聞き取りを行ったようで、統一教会を相手取って裁判を起こした元信者たちが、清平の修練会も「被害」の一部として悪意的に描写したイメージが、彼自身にも投影されたのかもしれない。

「2　先祖解怨式」

次の「2　先祖解怨式」の解説で櫻井氏は、「統一教会の教えによれば、人間は死後『霊人体』となって霊界に行く。原罪を持ったまま霊人体となった先祖は地獄で永遠の苦しみを受けているのだが、地上にいる子孫の善行により功徳が先祖に転送され、先祖は安らぐのだという。ところが、このことを知らずに功徳を送らなかった人は死後、霊界で先祖の霊たちに責められる。この教えの前半部分は先祖崇拝と混淆した東アジアの仏教や東南アジアの上座仏教に見られる観念である。しかし、後半部分は統一教会独自の論理である」(p.289-295) と述べている。

この解説はどこで前半と後半が分かれるのか釈然としないが、前半に登場する「原罪」という概念はキリスト教的なもので、先祖崇拝や仏教には見られない。「霊人体」という表現も統一原理に固有の言葉である。むしろ、地上にいる子孫の善行により先祖が安らぐという観念の方が、先祖崇拝と習合した仏教の教えに近いだろう。功徳が転送されるという考え方も、「廻向」という仏教的概念で、櫻井氏の宗教的言説の概念整理はどこか混乱しているように思われる。

次に櫻井氏は先祖解怨がただではないと批判しているが、先祖供養にお金がかかるのは伝統仏教でも新宗教でも同じである。金額の多寡は、その人がどれだけ真剣に取り組もうとしているかの姿勢の表れと言えよう。清平の修練会が120代から210代までの先祖解怨を勧めているというのは事実である。この数字が櫻井氏には荒唐無稽に思えるらしく、以下のように批判している。

「一二〇代遡るというのは、一世代三〇年として三六〇〇年前であり、日本においては縄文末期、弥生初期に相当する時代であり、日韓両民族の氏族は血縁を共にしていた可能性すらある。祖先をこれほどまで系譜でたどるというのは、日本では皇族であっても非歴史時代を想定しなければ不可能だろう。一般市民の場合は十数代たどることができるだけでも相当の名家である。しかし、統一教会の信者達は先祖解恩の教えをそのままに受け取っている」(p.295)

確かに一般市民が自分の先祖に関する事実を調べることができる範囲は通常は4~5代くらい前までであろう。私も除籍謄本を取り寄せて先祖の記録を調べたことがあるが、名前が判明したのは高祖父(4代前)までであった。しかし、清平の先祖解怨では先祖に関する具体的な事実が分からなければ解怨ができないと教えているわけではない。血統がつながって私という生命が存在する以上、名前が分からなくても120代前や210代前の先祖は存在しているはずで、その人たちの霊を解放しようという話である。これは信仰の論理であるため、櫻井氏のような冷めた分析を信者たちはしないのである。

そもそも、ヒンドゥー教や仏教にはカルマ(業)の刈り取りという考え方があり、それは自分の血統的な先祖ではなく、魂が前世で行った行為の代償を現世で自分が支払わなければならないという意味である。自分の魂が前世でどんな存在であり、どんな行為をしたのかは、自分の先祖がしたこと以上に分からず、科学的で客観的な知識として知ることはほぼ不可能なのに、ヒンドゥー教徒や仏教徒はその教えをそのままに受け取っている。さらにキリスト教では、3600年前どころか6000年も前に人類の祖先が罪を犯したという話を、少なくとも根本主義や福音主義の信徒たちは文字通りに受け入れ、それが「原罪」として自分に受け継がれていると信じている。単純に比較すれば、これらの信仰は清平の先祖解怨以上に荒唐無稽とも言え、こうした宗教的教説を信じる者においては、自己の魂の前世やアダムとエバの存在が科学的で合理的な思考の対象となることはない。しかし、それと同じことを櫻井氏は清平の先祖解怨に対して行っているのである。彼の批判がいかに「批判のための批判」であるかが分かるだろう。

櫻井氏は、「統一教会の世界観では、霊界と現実世界があり、相互に交信可能だし、霊人が地上人に影響力を行使することも可能であれば、地上の人間が霊人となった先祖を供養により慰撫することもできるという。信者はこの世において統一教会に入信して祝福を受け、真の家庭を築かなければ救済に与れないし、統一教会の教えを受けずに亡くなった先祖達は、死後において統一教会の研修と祝福を受けて真の家庭を築かなければならない。どちらの場合も、信者が統一教会にしかるべき金額の献金を納入しなければことが進まないとされる」（p.296）と述べている。これは「地獄の沙汰も金次第」というイメージであり、統一教会の救済観をあたかも特異なものであるかのように描写している。

しかし、これに類似する救済観を持つ宗教は、日本の新宗教にも多い。霊友会や大本、真如苑、解脱会、天照皇大神宮教、世界真光文明教団、阿含宗、ＧＬＡなどは多くの場合、宇宙を目に見えるこの世界すなわち現界と、目に見えない神や霊の世界すなわち霊界の二重構造からなると考え、それら二つの世界の間には密接な交流影響関係があるとしている。すなわち現界で生起する様々な事象は、しばしば目に見えない霊界にその原因があり、その働きは「守護霊」や「守護神」などの加護だけにはとどまらず、「悪霊」や「怨霊」などにより悪影響が及ぼされることもあるという。むしろ霊界の影響がクローズ・アップされるのは、苦難や不幸の原因について説明するときの方が多いくらいである。

この場合、現界に生きる人間に影響を及ぼす霊は、その人と何らかの縁があると考えられるケースが多い。したがって、血縁（親や先祖）、地縁（家や屋敷）、その他の個人的な縁を介して、その人とつながり（因縁）のある霊が大きな影響を及ぼすことになる。このうち特に重視され、しばしば言及されるのはやはり血縁者である。そしてこれらの新宗教には悪因縁を除去するために、除霊や浄霊の儀礼を行う例が多く、それは「先祖供養」（霊友会系教団）、「慰霊」（松緑神道大和山）、「悪霊済度」（天照皇大神宮教）などと呼ばれ、いずれも信仰実践として重要な位置を占めている。

日本の宗教伝統を概観すると、「先祖の因縁」という宗教概念が、極めて広く浸透していることは疑う余地がなく、こうした信仰を持つ人々からすれば、清平で行われている先祖解怨の教えや儀式は、やり方に違いこそあれ、基本的には同じ世界観に基づいていると理解されよう。清平の先祖解怨が、とりわけ日本人の統一教会信者に人気があるのは、その文化的親和性からであり、だからこそ彼らは海を渡ってでも研修会に参加するのである。

「3　役事」

櫻井氏は「3　役事」で、「役事とは統一教会の独自の用語であり、天使の助けを借りて体内から悪霊を追い出すという意味で最も一般的に使われている。しかし、より抽象的には、天界（霊界）と地上（現実世界）の間に交流を起こそうという儀礼である」（p.296）と説明する。実は「役事」（ヨクサ）という韓国語自体は統一教会の独自の用語ではなく、「働き」という広い意味で使われる。しかし、清平修錬苑での「役事」は天使の助けを借りて悪霊を追い出す儀礼を指すのが一般的である。

櫻井氏は「清平においては、金孝南という霊能者に大母様が再臨し、霊界のメッセージを伝え、先祖の霊を救い出すのは清平の役事しかないことを強調する」（p.297）と解説する。これはこの本が出版された２０１０年の時点では正しかったのだが、金孝南氏は２０１５年をもって清平修錬苑から姿を消した。彼女は一時期、清平修錬苑の事実上の最高指導者として君臨していたので、まさに「隔世の感」がある。私自身、かつては清平のシステムは金孝南氏のカリスマの上に成り立っていると理解していたのだが、どうやら彼女がいなくなっても「修行の場」としての清平は機能しているようである。なお、「大母様」（テモニム）とは、韓鶴子総裁の亡くなった母親である洪順愛大母様のことである。

役事の具体的な内容については、「聖歌を韓国語で歌いながら、拍手→前の人の肩→自分の頭・顔・首→拍手→胸・下腹部→相手の腰→自分の足・腕→拍手の順で叩き続ける。この集団で叩き合う行為を二セット行う」（p.297）という櫻井氏の描写は客観的事実としては正しい。しかし、その後の「壇上には興奮した（霊に憑かれた）若手の信者が上がって踊りだしたり、精神的に不安定な人が泣き叫んだりと、まさに悪霊が飛び交ってでもいるような情景が現出する」という彼の解説は、私自身も役事に参加した経験からして間違っている。

そもそも壇上に立つ若い信者は、大抵は清平修錬苑で行われている40日修練会の修練生で、役事をリードする役割を最初から任されており、興奮したり霊に憑かれたりした信者が壇上に上がって踊っているのではない。彼らは決められた時間の中で儀式を先導する役割を意識的に果たしており、トランス状態になっているわけではない。その証拠に、彼らは時計を見て決まった時間になれば役事を終了させるように全体を導く。

役事の中で何を感じるかはまさに人それぞれである。櫻井氏の言う「精神的に不安定な人が泣き叫んだり」という現象については、少なくとも私が参加したときにはそういう人を見かけなかった。役事は全体として、悪霊的な雰囲気よりも善霊的な雰囲気が支配する場である。皆が同じ行動をするため、会場には秩序ある一体感が生まれ、すがすがしい気持ちになることはあっても、無秩序で不快な様相になることはない。実際にその場を見たことのない櫻井氏には、こうした雰囲気は分からないであろう。「まさに悪霊が飛び交ってでもいるような情景が現出する」というのは、櫻井氏の想像の産物でなければ、ことさらに清平の役事をおどろおどろしく描くことで、裁判で被害を訴えようとした元信者の作文であろう。

清平の役事については、統一教会の現役信者の中でも「好き嫌い」があり、熱心に清平に通う者もいれば、懐疑的に見る者もいる。清平の役事は１９９５年に始まったが、それ以前の統一教会の文化とは異質な部分があるため、１９９５年以前に入教した教会員の中には、違和感を覚えてなじめない者もいる。１９９５年以降に入教した教会員にとっては、清平の役事は初めから統一教会の信仰の一部である。信仰歴の長い教会員の中にも熱心に清平に通う者は多いが、それはその人自身の感性にマッチしている場合で、清平の役事をどのくらい信じ重要視するかは、個人差が大きい。全体として、男性や合理的な人はあまり熱心ではなく、女性や心霊的なことを重んじる人は熱心に通う傾向にある。

「4　病気治し」

次に櫻井氏は「4　病気治し」で、「修錬苑において役事や研修に参加するものの中には家族、あるいは本人の病気を治そうと来るものが少なくない」とした上で、「悪霊を祓う、追い出すことで病気が本当に治るかどうかは医学者の見解を待つしかないが、清平において治らない病気があることは事実」(p.298) であると指摘して、元信者の証言から、病気が治るどころかかえって悪化した事例を紹介している。

宗教団体が「病気治し」をうたって信者を引き付けることへの懐疑的な視点は、櫻井氏のみならず合理的な現代人に共通している。しかし古来より「病気治し」は宗教が担ってきた重要な役割の一つで、それは科学的な世界観が浸透した現代でも消滅してはいない。かつて人々が新宗教に入信する典型的な理由に「貧・病・争」が挙げられていたが、それほど病気治癒を期待して宗教の門を叩く人は多いのである。

キリスト教でも、多くの人たちがイエス・キリストに従ったのは、彼が病気の治癒という奇跡を行ったからで、中世のキリスト教徒たちが聖地巡礼に出かけたり、聖人を崇拝したりした理由の大半は、病気の癒やしであった。

郵　便　は　が　き

料金受取人払郵便

市川局
承　認

198

差出有効期間
令和8年10月
31日まで
(切手を貼らずに
お出し下さい)

272-8790

(受取人)
千葉県市川市高谷 1-11-13-2
株式会社 世界日報 社
出版部 行

ふりがな お名前	(男・女)　　歳
ご住所 〒 電話　(　　) FAX　(　　) E-mail　@	
ご職業	会社 団体 名 学校

お預かりしたデータは、社内資料以外には使用いたしません

読者カード

●反証 櫻井義秀・中西尋子 著 『統一教会』

購読ありがとうございました。アンケート
協力下さい。感想をお寄せいただいた
希望者に、右記の見本紙・誌のいず
かを無料にてご提供いたします。

a 「日刊紙世界日報」10日間（都内のみ）
b 世界日報電子版1週間 ※メールアドレス必須
c 「ビューポイント」(月刊ダイジェスト版最新号)

希望する(abc)いずれかを○で囲む
しない

買い上げ店　　区市町村　　書店

書を何でお知りになりましたか。

人に勧められて　2. 広告で見て（掲載紙・誌　）
店頭・Webを見て（　）4.その他（　）

期購読新聞・雑誌を教えて下さい

新聞　朝日・読売・日経・毎日・産経・世界日報・その他（　）
週刊誌（　）　3.月刊誌（　）

書について読後感想をお聞かせ下さい。

弊社出版部　E-mail　publi@worldtimes.co.jp　令和6年11月　反証『統一教会』

聖地や聖人に神秘的な力を求め、そこで祈りを唱え、捧げものをすれば、その功徳によって願いが叶うと信じていた。したがって、礼拝所の捧げもので一番多いのは、捧げる人の身長か身幅の寸法に合わせたロウソクか、治してもらいたい手や足のひな型であった。かくして聖人の墓には、身体の部分や手足の形の捧げものがうず高く積まれることとなったのである。

仏教でも、密教は加持祈祷による病気の治癒や除災を行った。「ユタ」や「イタコ」と呼ばれる日本の伝統的な霊能者も、祈祷によって病気治しをし、天理教に代表されるように、日本の戦前の新宗教は病気治しを売りにして教勢を伸ばしたものが多い。私たちはそのような信仰を笑ったり、低次元なものとして見下したりすることはできない。民衆の信仰は、人生における不可解で耐え難い苦しみの中で、必死に生きようとする努力の現れで、神学者や高僧たちの宗教とはまた違う、人間がもつ宗教性の一面の現れなのである。

清平役事も、病気の治癒という具体的で分かりやすい恵みを前面に押し出している。按手によって霊が分立され病気が治ったり、生命水や天神水の恵みによって病気が治癒したりする証しもある。『成約時代の清平役事と祝福家庭の道』（成和出版社、２０００年）から主な項目だけを拾っても以下のように多数存在する。

・慢性のぜんそくが洗い流されたようになくなった。
・アトピー性皮膚炎の子供に生命水を塗りながら治療したら良くなった。
・人工呼吸器に依存していた生存確率50％の未熟児に天神水を塗りながら祈祷したら人工呼吸器を外すまでに良くなった。
・子宮筋腫だと思っていたら、いつの間にか胎児になっていた。
・霊的な問題のために子供ができなかったが、清平役事によって妊娠できた。その子供は中絶するしかない異常児だと医者から言われたが、清平役事によって正常になった。
・医者から奇形だと言われていた胎児が、清平役事によって無事に生まれた。

・子宮ガンの検査結果が良くなかったのが、清平役事によって正常値になった。
・膠原病を乗り越えて子女を授かった。
・20余年間患ってきたテンカンが消えた。
・30年間患ってきたひどい頭痛が完全に治った。
・胆嚢手術の合併症が治った。
・慢性気管支喘息が治った。
・網膜色素変性症を治療してくれた。
・長い間患ってきたアレルギー性皮膚炎がよくなった。

これらの証言を信じるか信じないかは読者次第だが、宗教的儀礼によって「病気が本当に治るかどうか」の探究は、実は宗教学の役割ではない。宗教学の役割は「宗教的儀礼によって病気が治るという信仰が存在する」という客観的な事実を観察し、それを記述し、その意味を考察することにある。櫻井氏の、清平の役事による病気治しの記述は、「病気が治った」という入手可能な多数の証言を一切無視して、「治らなかった」という一部の証言のみを取り上げ、一方的に批判しているだけである。こうした記述の偏りも、彼の研究に用いられた基本的な資料の偏りに原因があることは言うまでもない。

次いで、櫻井氏が批判する、清平修練会の特異な環境と一種の異常心理状態について述べたい。櫻井氏の批判の観点は、以下のような記述に見いだせる。

「夜中までの説教や役事、粗食、シャワー・雑魚寝で長期間を過ごす清平修練会は体力的にきついものと思われる」(p.288)

「壇上には興奮した(霊に憑かれた)若手の信者が上がって踊り出したり、精神的に不安定な人が泣き叫んだ

りと、まさに悪霊が飛び交ってでもいるような情景が現出する。従軍慰安婦の霊がよく女性信者に憑いたという」（p.297）

「夜中の二時三時まで数時間にわたって語り続け、信者はその言葉に感情を揺さぶられながら聞き続けるのだ」（p.298）

「筆者がインタビューを行った高齢の元信者は、二〇〇一年には四回、二〇〇二年にも四回の修練会に参加し、役事を受けている。彼女の思考の枠組みが、清平の修練会に参加する信者同様、霊界における先祖の苦しみ、悪霊の障り、役事による霊界への働きかけ、そのための献金、信仰生活という具合に固定化され、ここから逃れることは困難だったろうことが推測される。清平での生活は、滞在期間中を通して儀礼に参加しているのも同然であり、その儀礼においては悪霊や霊界の働きが、極めてビジュアルな形で統一教会によって現出され、それを信じ切る同信の信者数千名の集団的感応が元信者達にも及んでいた。統一教会における実践的な信仰とは、霊界への恐怖に動機づけられて、教団本部の指示に従うことである」（p.300）

櫻井氏が言いたいのは、清平の修練会は統一教会が人工的に作り出した特殊な環境であり、それは信者の中に一種の異常心理状態を作り出すことによって信仰を強化したり維持したりする装置だということだ。こうした主張は、統一教会を元信者らが訴えた民事訴訟の中でもなされたことがある。その主張においては、清平の修練会は「人為的に『霊体験』を参加者に引き起こすためのものであり、そのことによって、参加者の統一協会的人格をあと戻りが不可能なものに深化させるためのものである」とか、「変性意識状態（ＡＳＣ）を意図的に作り出し、禅に言う『魔境』＝一種の幻覚体験を意図的に作り出すための装置なのである」といったことが述べられ、心理学の権威を借りて清平の修練会の異常性を立証しようという試みがなされた。こうした「えせ心理学」の主張が裁判において功を奏することはなかったが、一種特殊な宗教的修行の環境やそこで起こる現象に対して違和感や嫌悪感を抱く人々にとっては、こうした主張は一定の説得力を持つ可能性がある。そこで以下、宗教的修行と「異常心理」の問題について掘り下げたい。

本題である宗教的修行と「異常心理」の問題に入る前に、大前提としての清平修練会の環境について、客観的な事実を押さえておきたい。そもそも宗教的修行は、それが自発的に行われるものなら、肉体的に過酷であっても非難されるいわれはない。しかし、私自身も参加したことがあるので自信を持って言えるのだが、清平の修練会は客観的に見て、それほど肉体的に過酷ではない。

裁判において過酷さの根拠としてよく主張されるのが「睡眠時間の短さ」だが、櫻井氏が掲載している修練会のスケジュール表でも、睡眠時間は6時間ある。これは裁判に提出された証拠資料でも同様で、それほど短いとは言えない。NHKが2015年に行った国民生活時間調査によると、日本人の平均睡眠時間は平日7時間15分で、年代別では30代男性が6時間59分、40代男性が6時間50分、40代女性が6時間41分、50代女性が6時間31分と、働き盛りの男性と中年の女性は特に睡眠時間が短い。これらの平均睡眠時間と6時間の間にはそれほど大きな開きはない。

よく、理想の睡眠時間は「一日8時間」と言われるが、医学的根拠はなく、多くの人の睡眠時間が6～9時間の間という統計から出た平均的な睡眠時間で、あくまでも一つの目安にすぎない。睡眠時間にはかなりの個人差があり、3～4時間の睡眠で十分な人もいれば、9時間以上の睡眠が必要な人もいる。

これらのデータから、清平で一日6時間の睡眠を40日程度続けることは、とりたてて異常なこととは言えないことが分かる。睡眠時間は個人差が大きく、6時間で全く平気な人もいれば、寝不足と感じる人もいるであろう。清平の修練会は、起床と就寝の時間こそ決まっているものの、毎日昼食後に90分間の「自我省察」と呼ばれる自由時間があり、週に一度は午後の時間がまるまる「自我省察」の時間に当てられている。眠気を感じる者は、こうした時間を利用して仮眠を取り、睡眠不足を解消できる。

また、「役事」と呼ばれる全身を手で叩く行為も、外形的に見れば軽い有酸素運動のようなものである。また、スケジュール中の「聖地祈祷」は、「祝福の樹」と呼ばれる木が植えられている山の頂上まで、片道15〜20分程度の軽い登山をした後にお祈りをする行為で、美しい山の景色を見ながらの登山は気分を爽快にしてくれる。加えて、清平修練会の食事は野菜中心の健康食で、これらの組み合わせはメタボリック症候群に代表される生活習慣病を抱えた現代人にとっては、極めて健康的な生活である。実際に、清平の40日修練会に参加して減量に成功したとか、糖尿病が治ったという信者も多数存在する。このことは、統一教会を相手取って裁判を起こした元信者の陳述書にもその根拠を発見することができる。こうした陳述書には、「何故、清平に行くと信者は元気になるのか」という項目があり、「実際に景色がとても綺麗だ」とした上で、「（または、科学的にも体を叩いて刺激を加えることは、血流を良くする効果等が多少あるのかもしれませんが）体が軽くなったように感じるようです」と述べ、最終的には「心も身体もリフレッシュして日本に戻ってくることになるのだと思います」と述べている。

体を叩くといっても、実際には血行を良くする程度のマッサージのような行為で、激しい痛みを伴うものではない。これらの描写から浮かび上がってくる清平修練会の特徴は、人工的に恐怖体験を作り出すようなグロテスクなものではなく、美しい自然の中で健康的な生活を送りながら行われる、非常にすがすがしいものであることが分かる。清平修練会に繰り返し多くの信者たちが参加する理由の一つは、こうした「リフレッシュ効果」にもあり、これは定期的に禅寺に通って座禅を組み、心の垢を落とす人々の動機と似ている。このような清平の修練会のあり方が、全体として過酷なものでも、社会的相当性を欠く異常なものでもないことは明らかである。

ところが、櫻井氏は自分が実際に参与観察したわけではないこの「役事」を、想像力をたくましくして、異常な強さで叩くものであるかのように描こうとしている。そこで利用されたのが、宗教的儀礼として信者を叩いた結果、死に至らしめたという「例外的な事件」の情報である。櫻井氏が著書の中であげている以下のケースは、清平の修練会とは全く関係のない別の宗教の事例である。

「一九九五年、福島県須賀川市の女性祈禱師宅で信者六名の死体が発見され、信者の筋肉を壊死させるほど太鼓のバチで信者を殴打し続けた事件があった。事件の首謀者とされる祈禱師には二〇〇八年最高裁で死刑が確定した。この祈禱師に命じられて信者を叩き続けた信者もまた被害者というべきであり、祈禱中の異常な状況の中で悟性が働かなくなったものと思われる」(p.300)

櫻井氏は一応「清平の祈祷室ではここまでは至らなかった」と断ってはいるものの、全く無関係の極端な事例をわざわざ挿入するあたりは、清平の修練会の実態をできるだけ異常でグロテスクに描写しようという「印象操作」の意図があると思われる。

宗教的修行と異常心理状態

清平の修練会は、禅宗の本格的な修行などとは異なり、一般信者でも特別な資格や訓練を必要とせずに参加でき、それほど精神的・肉体的に厳しいものではない。しかし、宗教的修行であるから、禅宗の修行に類似し、一見して異常な心理状態と見受けられる現象があるのも事実である。「霊の姿を見た」とか、「霊の声を聞いた」とかいった体験は、宗教を信じない人には異常だろうが、こうしたことは古来よりよくあった宗教現象である。

宗教的修行の場における一時的な異常心理状態を洞察し、深い理解を書いたのが、町田宗鳳氏の『狂いと信仰』(PHP研究所、1999年)である。町田宗鳳氏は1950年に京都市に生まれ、14歳で出家し、臨済宗大徳寺で修行を積んだ禅僧で、1984年に渡米し、ハーバード大学神学部修士課程修了後、ペンシルヴァニア大学中東・アジア学部で法然の研究により博士号を取得し、プリンストン大学東洋学部助教授、国立シンガポール大学日本研究学科助教授、東京外国語大学教授、広島大学大学院総合科学研究科教授などを歴任し、65歳にして比叡山で厳しい密教修行をした、比較宗教学の専門家で「ありがとう寺」の住職である。その町田氏が、「狂い」と「信仰」は切っても切れない密接な関係にあることを詳述した著作が『狂いと信仰』である。「狂い」という概念は宗教の本質を理解する上でのキーワードだとし、冒頭で以下のように説明している。

「宗教者の想像力には道徳があるなどというのは、まったくの思い過ごしであるばかりか、宗教体験の中で能動的に想像されるイメージとは、ほとんど〈狂い〉の産物といっても過言ではないだろうとさえ思うようになったのである。

さて、私のいう〈狂い〉の意味であるが、それは理性では覆いきれない人間性の最も奥深い闇の中で、不気味にトグロを巻いている何物かである。それは精神病理学的な意味での狂気と重なるところがあるかもしれないが、〈狂い〉はつねに病的症状を伴うわけではないから、狂気とまったく同じではない」（『狂いと信仰』p.8-7）

自ら禅宗と密教の修行をした町田氏は同書で、一種の「狂い」とみなせる修行中の異常心理状態について、以下のように述べている。

「坐禅を心身の健康法のつもりで、一般の人たちが実行することに何の異論もないし、むしろ、落ち着きのない現代人の生活における一服の清涼剤として大いに推奨したいぐらいである。坐禅や静坐の効能は、脳波の研究からも証明されており、通常の意識状態であるβ波から、気分の良好なときに現われるα波、さらに振幅の小さいθ波へと移行していくことが、明確に測定されている。そのような坐禅を日頃から実践すれば、健康にもプラスであることは、ほぼ間違いない。

しかし、ひとつの精神的覚醒をめざして、真剣に禅修行をするということになれば、話は別である。修行中には、凄まじい心理的葛藤と一種の精神不安定を経験することがあるから、それ相当の覚悟がいる。禅宗は、ときに意志宗と呼ばれたりするほど、強い意志を要求する宗教なのである。

修行過程で生じる心理的葛藤は、ふつう疑団（ぎだん）と呼ばれるが、英語ではグレート・ダウトと訳されるように、それは特定の概念や理論への懐疑ではなく、自己存在そのものに対するもっと根源的な不安である。……

曹洞禅では、只管打坐（しかんたざ）といって、ひたすら面壁し、自然に禅定が深まっていくのを待つが、臨済禅では、公案と呼ばれる論理的につじつまの合わない問題を修行者に与えて、人工的に心理的葛藤を起こし、そこから意識の飛躍を期するところがあるから、疑団は曹洞宗よりも臨済宗の修行者のほうが経験しやすい。

公案といっても、『空の星を数えてみよ』、『虚空を粉にして持ってこい』、『鍵の穴から入ってこい』などの頓智めいたものから、『父母が生まれる以前、自分の本来の姿はどういうものであったか』などと、やや哲学めいたものまで、内容は千差万別であるが、共通しているのは矛盾に満ちた問いかけであることである。

そのような非論理的な問題提起がなされている公案に対して、人間の思考はほとんど反射的に論理的解決を見出そうとする。二律背反的思考を砕くために設定されている公案は、初めから論理的解決が不可能な構造になっているわけだから、それに集中すればするほど、どうしても心理的に行き詰まってくる。そのような膠着状態が何カ月も長引くと、修行者は鬱病にかかったように、重苦しい雰囲気に包まれる。食欲が落ち、何を見ても聞いても、心楽しむということはなくなる。精神医学でいう離人症的な傾向も出てきて、人と語らうことすら苦痛になる。

さらに、接心(せっしん)と呼ばれる集中的な修行期間では、そのような心理的葛藤に、極端な睡眠不足、空腹、疲労、寒熱などの肉体的負担が加わるため、いよいよ心身ともに異常をきたしてくる。疑団は、公案を放棄するか、その解答が見つかるかするまで解消されることはないが、ひとつの覚醒にいたるには、どうしても避けることのできない心の試練なのである。そして、抱え込んだ疑団が大きければ大きいほど、悟りの深さも増すというのも、また真理である」(前掲書 p.27-28)

「鬱病的傾向を見せる疑団とはやや趣きが異なる禅病という心身症にも、禅の修行者はかかることがある。それは肉体的精神的負担が大きい修行を長期間にわたって続けるうちに、心身が消耗し、ついには神経衰弱になることである」(前掲書 p.30-31)

「鬱病としての疑団や神経衰弱としての禅病に加えて、さらに魔境という幻覚現象も、禅修行にはつきものである。なぜそういうことが起きるかというと、坐禅中に意識が沈潜していくにつれて、今までは自分の深層意

識の奥深くに抑圧されていたイメージや感情が、表層意識に急に突出してくることがあるからである」（前掲書p.32-33）

「しかし、古今東西の宗教が、肉体の極限状況と超常現象を宗教体験の中に、うまく取り入れてきたことは明白である。禁欲的修行には、断食・断眠・水行など、さまざまな形態があり、それらはたいてい贖罪の意味をこめて実践されている。肉体を痛めつければつけるほど、罪があがなわれるという信仰である。

それと同時に、禁欲のもう一つの目的は、心身の消耗に伴って、意識と無意識の境界線が曖昧になってしまう生理現象を利用して、絶対者との一体感を体験することにおかれているのである。中世初期の仏教者によって書き残された幾つかの『往生伝』にも、木喰（もくじき）行や断食行に専念する山林の修行者の話がよく出てくるが、彼らの死すらをも覚悟した極端な禁欲の狙いは、極楽の光景や、そこから来迎する阿弥陀如来を目撃することにあったのである。当然のことながら、禅の修行者も、たらふく食べて、存分に睡眠をとってから、坐禅をしたところで、おそらく〈悟り〉にいたることはないだろう。修行には、〈狂い〉にいたるだけの舞台仕掛けが必要なのである」（前掲書p.36-37）

ここで重要な点は、禅宗に代表される伝統的な宗教も、宗教的体験を引き起こすための舞台仕掛けを人為的に作ってきたことである。それには肉体的苦痛と心理的葛藤が付き物であり、鬱病や神経衰弱といった精神病のリスクさえも伴う。櫻井氏は、清平の修練会はこうした異常な心理状態を意図的に作り出していると批判しているが、これはそのまま伝統的な禅宗の修行にも当てはまり、それ自体を非難することはできないのである。

「変性意識体験」（ASC）と宗教体験

かつて元信者らが統一教会を訴えた民事訴訟の中で、清平の修練会は「人為的に『霊体験』を参加者に引き起こすためのものであり、そのことによって、参加者の統一協会的人格をあと戻りが不可能なものに深化させるためのものである」とか、「変性意識状態（ＡＳＣ）を意図的に作り出し、禅に言う『魔境』＝一種の幻覚体験を意図的に作り出すための装置なのである」と主張されたことがあったが、興味深いことに、町田氏は「変性意識体験」（ＡＳＣ）にも言及しており、その主張は統一教会反対派の主張とは１８０度異なるものである。

「非常に参考になるのが、オウム真理教徒が受けた洗脳を『変性意識体験（Altered States of Consciousness）』として分析する小田晋氏の研究である。彼は、洗脳が起きる条件として、八つの項目をあげている。

⑴ 感覚遮断（個室修行）
⑵ 睡眠剥奪（断眠）
⑶ 飢餓（低血糖及びアルカローシスによる意識低下）
⑷ 呼吸法による酸素欠乏及び過呼吸による血液のアルカローシス化
⑸ 様々な方法による権威と賞賛の相反するメッセージの洪水
⑹ マントラ（呪文）のような形での同一メッセージの反復注入による精神の自動化
⑺ 幻覚剤その他薬物の使用
⑻ 環境ビデオなど狭義の仮想現実の応用

洗脳という言葉とはおよそ縁のなさそうな禅修行にも、これらの条件はほとんどそのままあてはまる。ということは、禅もまた『変性意識体験』の一形態であることになる」（前掲書 p.37-38）

町田氏は著書の38～41ページで、これら八つの項目について禅宗の修行内容を分析した上で、「変性意識体験」を構成する条件のすべてが禅宗の修行に当てはまることを説明し、以下のような結論を下している。

「このように坐禅が『変性意識体験』となる条件は、ほとんどすべて整っているのである。それがカルト集団のように洗脳と呼ばれることはなくても、坐禅という行為に参加することによって、修行者が特殊な心理状態におかれることは否めない。外部からの強制で起きる洗脳と、自発的な信仰上の回心は、ふつう異なるものとして受け止められているが、その心理変化の過程を注意深く観察すれば、そんなに厳密に区別できるものではない」（前掲書 p.40-41）

このように、町田氏は「カルト」などと呼ばれる新宗教の、いわゆる「洗脳」の過程と、伝統的な禅宗の修行で体験される過程は、容易に区別することはできないとしている。すなわち、宗教体験と特殊な心理状態は普遍的に結び付いていて、特定宗教における異常心理だけを他と区別して非難することはできないのである。それではこのように一見して異常心理のように見受けられ、心理学的にも「変性意識体験」と呼ばれる体験が、宗教的修行において見受けられる本質的な意味はどこにあるのか。町田氏の結論は、以下のようなものである。

「疑団、禅病、魔境など、禅の修行に付随する幾つかの精神的リスクについて述べてきたが、そのような事情は『虎穴に入らずんば、虎児を得ず』という禅話によっても古くから表現されてきた。獰猛な虎が住む洞窟に潜入するがごとき危険を冒さざるを得ないのが、本来の修行者の姿なのである。では、その『虎』とは何かということになるが、それこそ筆者のいうところの〈狂い〉である」（前掲書 p.41-42）

「しかし、禅にかぎらず、人の精神を日常空間から非日常空間へ解放することに宗教の第一目標があるはずだから、最初から最後まで道徳的教訓しか垂れない宗教があれば、それを宗教と呼べるかどうか、はなはだ疑問とせざるを得ない」（前掲書 p.49）

「戒律を重視し、禁欲的な実践修行をその教義の中心にすえる禅仏教でさえも、一皮めくれば、〈狂い〉の要素がいくらでも見つかるのである。別な言い方をすれば、理屈や道徳ばかりを説いて、〈狂い〉の要素をいくらかでももたない宗教は、磁力を失った磁石のようなもので、人を〈救い〉の世界に導き入れることもできなければ、そこに人が集うこともないだろう」（前掲書 p.53）

これは「試練と恵み」という宗教における普遍的なモチーフの一種であり、宗教現象の本質的な部分である。これらは二つで対を成して全体として宗教体験を構成する要素であり、そこから、「試練」や「狂い」に該当する部分だけを切り離して否定することは、宗教そのものの解体につながる。「試練」の要素を人為的に取り去れば、その後に訪れるはずの「恵み」「悟り」「救い」といった肯定的な部分も失われてしまうからである。

立命館大学教授の斎藤稔正氏の論文「変性意識状態と禅的体験の心理過程」は、ＡＳＣと禅の修行中に起こる異常体験について扱ったもので、彼の論文は禅宗の修行の中にこのような肯定的な部分があることを以下のように述べている。

「中でもとりわけ坐禅を通じての見性体験（悟りへの段階）は、他のＡＳＣ現象とは部分的に共通性は見られるものの特異な創造的な体験である。またこの種の感動的な体験は、Maslow（１９６２）が指摘しているように至高の体験であり、人格の成長を促すような性質を持っている」（斎藤稔正「変性意識状態と禅的体験の心理過程」p.46）

「一見すると、異常性、病理性、現実逃避性、退行性の要素も見られるが、究極的には根源的意識の方向性をもった状態である」（斎藤、前掲論文 p.46）

「確かに自我機能が低下してセルフコントロールが困難になった状態は、理性によって統制された社会の通念とは真っ向から対立する現象であることは言うまでもない。だが、ＡＳＣには一過性に精神病理的な症状に類似した現象が顕在化する場合もあるが、そこを通過してさらに深層へと意識が深化したときには、人間的に価値の高い創造的内容をも体験することができる。精神病者との相違はそれらの体験をしたあと、再度通常の現実に可逆的に戻ることができるという点である」（斎藤、前掲論文 p.52）

清平の修練会に参加した統一教会の信者らもまた、禅宗の修行者と同じく、肉体的な苦痛や精神的な葛藤などの「試練」を通過した後に、神との出会いや先祖の救いなどの「恵み」を受けているからこそ、わざわざ韓国まで繰り返し出かけ修練会に参加しているのである。清平の修練会には自発的なリピーターが多い。単に人工的に恐怖体験を作り出して信者を精神的に拘束することだけが目的の修練会であれば、多くの人々が何度も自発的に修練会に参加することはないであろう。

また、清平の修練会に参加した信者たちは、修練会中に「霊体験」をしたとしても、それがその後の日常生活において継続するわけではなく、修練会から帰ってくれば普通の日常生活に戻るので、これは斎藤の言う「可逆的」な体験であり、病的体験ではない。清平の修練会に参加する人々は、そのほとんどが健常者で、精神病者ではない。精神病的症状を持つ者に対しては、修練会に参加することよりも、医学的な治療を受けることが推奨されている。そのために、清平の敷地内には「清心病院」があり、こうした問題を抱えた信者たちに対応できるようになっている。このことからも、清平の修練会が、病的な症状を人工的に作り出すことが目的でないことは明らかであり、あくまでも健常者が修行を通じて宗教的体験をする環境を提供しているのである。

「五　統一教会の祝福」への反証

「1　祝福の原理的意味」

櫻井氏は「1　祝福の原理的意味」で、「統一教会の信者にとって祝福こそ信仰生活における最大の秘蹟であり、祝福を受けないのであれば統一教会にいる意味はないといってもよい」(p.301) と述べている。これは基本的に正しい見解なのだが、何事にも例外は存在する。統一教会の信者の中には、様々な理由により祝福を受けられなかったとしても、なお信仰を維持している人々がいる。具体的には病気や障害、年齢、夫の反対が極端に激しいなどで、祝福を何度も受けたがうまくいかなかったり、受ける決意ができなかったり、多様なケースがあるが、だからといって統一教会の信仰を持つことは「意味のないこと」ではない。人が信仰を持つ動機は様々で、祝福は確かに統一教会の信仰の中核だが、すべてではないのである。

続いて櫻井氏は祝福の実態を紹介する書籍として、全国霊感商法対策弁護士連絡会、日本基督教団統一原理問題連絡会、全国原理運動被害者父母の会編著『統一協会合同結婚式の手口と実態』(緑風出版、1997年)を紹介している。この本は、拙著『統一教会の検証』(光言社、1999年)で批判的に取り上げており、私のブログの「文献資料室」でも同書に対する私の見解を読める。

http://suotani.com/materials/kensyou/kensyou-6

続いて櫻井氏は祝福の原理的意義を解説するために統一教会の教義を極めて大雑把に解説しているが、そこには誤りと誇張が多い。まず、「メシヤ夫妻の司式による『祝福』『聖婚』後の『合同結婚式』によって、人類の原罪を贖うと説いた」(p.301)とあるが、これではかつて「祝福」や「聖婚」と呼ばれていたものが後に「合同結婚式」と呼ばれるようになったと誤解される恐れがある。この三つの言葉はそれぞれ異なるものを指している。まず「祝福」はマッチング、聖酒式、蕩減棒行事、結婚式、三日行事などを含む一連のプロセスを総合した言葉であり、これらを通過すること全体を「祝福を受ける」と言う。一方、「聖婚」は文鮮明師夫妻の結婚の呼称である。そして文師夫妻の主礼によって行われる「合同結婚式」は祝福の構成要素の一つで、親族やマスコミにも公開して行われるオープンな行事である。

続いて櫻井氏は、「統一教会が説く神の摂理とは、性にまつわる堕落を性に関わる特別な儀礼により解消するということに尽きるかと思われる」(p.301-302)とまとめているが、これは過度の単純化で、神の摂理の全体像を表現していない。もし櫻井氏の言うことが本当なら、統一教会は祝福の儀式のみを行う団体であるはずだが、実際の活動領域はそれよりもはるかに広い。櫻井氏は同書で、統一教会の特徴を事業の多角化とグローバルな事業展開の二点にあるとし、「宗教団体でありながらも、多種多様な事業部門を有する多国籍コングロマリット」(p.164)で、宗教団体としては稀有なほどに多方面にわたる活動を行っていると述べている。もし神の摂理が特別な性の儀礼によってのみ成就されるのであれば、こうした広範な活動を行う理由も意味もないはずである。このように櫻井氏の記述は矛盾に満ちているが、ここでは統一教会の教義が性に対する異常な関心を示しているとの印象を読者に与えるため、意図的に歪曲した表現をしたのだろう。

「2　祝福の過程」

「2　祝福の過程」で櫻井氏は、①写真マッチング、②約婚式、③聖酒式、④結婚式、⑤蕩減棒、⑥聖別期間、⑦三日行事、の順で祝福のプロセスを解説しているが、ここにも多くの誤りがある。

まず、マッチングのプロセスに関しては、かつては実体マッチングであったものが最近は写真と書類が本部から信者に送られて来るだけで、「一般的に断る信者はいない」（p.302）という極めて粗雑な描写をしている。このあたりは、マッチングの実態をインタビューと参与観察によって調査したグレイス博士の研究『統一運動における性と結婚』（1985年）と比較することで一層明らかになる。

グレイス博士の著作によれば、アメリカでの初期の実体マッチングの様子は以下のようなものであったという。

①文師は行事の最初にスピーチをしたのち、東洋人とのマッチングを望む白人のメンバーに対して前方に出てくるように指示し、各人に対して東洋人の相対者を一人ひとり「推薦」する。

②次に、白人と黒人のマッチングを望む者に対しても同じプロセスが進行する。

③二人が文師によって組み合わされると、彼らはボールルームを離れて隣接した部屋に行き、マッチングを受け入れるか否かを決定するために、15分から20分にわたり話をする。

④もし彼らが文師の選択を肯定すれば、ボールルームに戻ってきて、初めに文師の前に、次に聴衆の前に頭を下げることによって受け入れたことを示す。

⑤マッチングを拒否したわずかな者は、リーダーの一人にただその決断を告げて、再びマッチングを受けるためにボールルームに戻ってくる。(『統一運動における性と結婚』第5章「祝福:準備とマッチング」より要約)

このように、たとえ文鮮明師によって推薦された相手を受け入れるように教育がなされていたとしても、実際にはそれを拒絶する人はいたのである。これは、日本でも韓国でも同様であったことを、私は周囲の知人・友人の例を通して知っている。

さらにグレイス博士は、マッチングのあり方に関する歴史的変遷にも触れている。アメリカでの相対者の選び方は、初期の頃はその選択を完全に文師に委ねるのではなく、自分が選んだ人を認めてもらったり、4~5人の候補者の写真を選び、それを文師に渡して最終的な選択をしてもらうこともあった。日本の祝福の証しでも、777双までは自分の希望する異性の名前を5人まで書いたという先輩の証しを聞いたことがあるので、日米ともに初期の頃はそうしたやり方だったのである。また、文鮮明師が聖和された後は、信者たちの祝福は教会のマッチング・サポーターの推薦を受けることから始まり、以前に増して本人の意思が尊重されるようになったという。したがって長い目で見れば、相対者の選択を全面的にメシヤに委ねたマッチングのあり方の方が歴史的に見て珍しく、貴重なものと言えよう。その意味で櫻井氏の「写真マッチング」の描写は、かなり時代的に限定された情報を誇張して表現したものである。

次に、櫻井氏は聖酒式の意味について「娘の立場から相対者の立場へ変わることの意味は、女性信者が文鮮明の花嫁になったということである。これが統一教会でいう『血統転換』の中身であり、復帰されたアダムであるメシヤを霊的に迎えて一体化し、愛の因縁を元に返すという」「一般信者が祝福に対して抱くイメージは、文鮮明の霊的種を自分が宿し、原罪のない子を生むという観念である。そうである以上、その後に実際どのような男性と結婚生活を送ろうと、ある意味関係がない。霊的にはメシヤと結ばれた身の上なのである」(p.303)と極論を述べている。

彼の記述は、あくまでも祝福の意味に関する神学的な解釈であり、それが個々の信徒にどのように受け取られ、実際に彼らの信仰生活や夫婦生活をどう規定しているかとは別の問題であることは、社会学的には常識である。にもかかわらず、櫻井氏は敢えてそのギャップを無視して、すべての統一教会員の女性がどのような男性と結婚しようと関係ないと思っていると断言している。これは実際に信仰生活を送っている現役の信徒たちの参与観察をせず、インタビューしていないからこそ吐ける暴言である。

統一教会の女性がメシヤの前に花嫁の立場になり、将来の夫となる男性に対して母親の立場に立つのは、祝福を受けてから家庭を持つまでの限られた期間のみであり、家庭を持った後には、文鮮明師を父として慕いつつ、自分の夫との夫婦関係を充実したものとするために努力するというのが一般的な統一教会の女性信徒の姿である。生涯を共に過ごし、子供を一緒に育てるパートナーである男性がどんな相手でもよいと本気で思っている女性が実際にどれほどいるのか、櫻井氏はきちんとした社会学的調査を行っていない。そのような信徒像は、教義の神学的表現から演繹された、彼の妄想にすぎない。

櫻井氏は④結婚式（祝福）の説明で、「文鮮明夫妻を主礼として迎え入れ、聖水と祝禱を受けた後、新郎新婦で指輪の交換がなされ、万歳三唱のうちに終わる」（p.303）と記述している。重要な儀式の式次第の説明としてはあまりにも簡素な表現だが、実は重要な構成要素「成婚問答」を抜かしている。それは、神の創造理想を完成するために、永遠の夫婦となることを神と真の父母の前に誓う儀式で、主礼の問いかけに対して、「イェー」（韓国語で「はい」の意味）と肯定の返事をする形式で行われる。「成婚問答」で主礼が問いかける内容は歴史と共に変化し、私が受けた６５００双の時の「成婚問答」は以下のような文言であった。

一、君たちは本然の善男善女として、天の法律を守護し、万一失敗があるならば、自分たちが責任を執ることを宣誓しますか。

二、君たちは神様が喜ばれる理想的な夫婦として、永遠なる家庭をつくることを宣誓しますか。

三、君たちは天の伝統を受け継ぎ、永遠なる善の父母として、家庭と世界の模範となる子女を養育することを宣誓しますか。

四、君たちは理想的家庭を中心として、社会、国家、世界、天宙の前に愛の中心者となることを宣誓しますか。

6500双の時は、この成婚問答に続いて、以下のような「成婚宣布」がなされた。

「1988年10月30日、6516双が、神と真の父母と、世界と天宙の前に、成婚が成立したことを宣布します」

これにより、結婚式の重要な意義は、新郎新婦が永遠の夫婦となるのを神と真の父母の前に誓い、主礼が結婚の成立を宣言することにあることが分かる。にもかかわらず、櫻井氏は「マスメディアで報道されるのはこの場面だけだが、祝福の実質的な意味は、聖酒式と後に述べる三日行事にある」(p.303)などと知ったかぶりの解説をし、あたかも結婚式が対社会的なセレモニーでしかないかのような物言いをしている。

こうした櫻井氏による結婚式の意義付けは誤りである。確かに聖酒式と三日行事は祝福の一連のプロセスにおいて重要な意味を持っているが、結婚式の意義がそれに劣るものではない。結婚式は祝福を構成する重要な一つの要素で、その原理的な意義は、聖酒式によって神様の神聖なる子女として生まれ変わった男性と女性が晴れて本来の結婚をするということなのである。したがって、聖酒式の後に結婚式が行われなければならないし、結婚が成立しない限りは「床入り」に当たる三日行事も行うことはできない。それぞれに固有の意味があるため、その順番を逆転させることも、個々のプロセスを省略することもできないのである。

聖酒式も三日行事も人間の堕落によって必要となった蕩減のための行事で、結婚式は創造原理的な意味を持つ行事である。本来、人間始祖アダムとエバが堕落していなければ、成長期間を通過した後には神の下で結婚式を挙げ、創造本然の家庭を出発するはずであった。しかし、アダムとエバの堕落によりそれができなくなったので、統一教会ではそれを蕩減復帰して「真の結婚」をするために合同結婚式を行うのである。したがって、それ自体で宗教的意義を有し、社会やマスコミへのアピールのためにやっているのではない。

私が参加した６５００双祝福式の時には、「主礼のみ言」が語られ、その中に結婚式の意義と、それに臨む者の心構えが文鮮明師によって示されている。それをいま改めて読むと、新しい人生の門出に立つカップルに対して与えてくださった貴い訓示であることを感じる。少し長くなるが、私の人生にとって重要なスピーチであるため、ここで紹介したい。

＊＊＊

生命と愛と喜びの源泉としての幸福で、義なる真の家庭を培い、確立するということは、実に神様と人間の歴史的な願いでした。そのような観点から見ると、皆さんがきょう、神様を中心として夫婦の良き契りを結び、成婚式をささげることができるのは、本当に誇るべきことであり、喜ぶべきことであると考えます。

本来、夫婦というものは、真の愛によって結ばれた一心同体の存在であり、約束する伴侶の関係であるがゆえに、愛の本体であられる神様を中心としなければ、理想的な愛の家庭を興すことはできないのです。

私たち統一教会の新郎新婦は、正しくこの神様の愛を中心として結ばれた夫婦であり、神様の愛と真理を基盤とした家庭を作り上げるとき、愛と幸福と平和の世界が現れるのです。

神様は、長い受難の歴史を克服して、人類を一つに束ねる勝利の基盤を整えてこられました。すでに、私たちは、ソウルオリンピックを通して、東西が和合して、全人類が地球村として一家族を成す様相を見ることができます。国境と、血統と、歴史的感情や思想を超越して、一つの世界を指向する外的な摂理の基盤の上に、人類の霊魂と精神を一つに束ねる内的な摂理としての、「世界文化大祝典」を、１９９０年から3年ごとに開催することを宣布することによって、世界統一国家たる人類大家族主義の社会が到来しているのです。

玄界灘を越えて、共に手を取り合って茫々たる大海に出帆する新郎新婦の皆さん！

きょうまで、全世界の耳目が、私たち統一教会に集まってきました。しかし、今からは皆さんと皆さんの家庭に一層視線が注がれるようになるでしょう。それゆえに、皆さんは全生涯を通して次の三つの事柄を特に心に銘記しなければなりません。

第一に、祝福を受けた夫婦は、永遠に一つにならなければなりません。皆さんの結婚は、「死が私たちを引き離すときまで」というのではなくて、永遠に共に行くのです。真の幸福というものは、永遠に変わらない愛の夫婦によってのみ成り立ち、また享受することができるのです。きょうの新郎新婦の皆さんは、今から皆さんの家庭に、神様の愛を実現することによって、神様に侍り、私たち人間世界に神様をお迎えするようにしなければなりません。

第二に、家庭的な愛の伝統を確立しなければなりません。この理想的な結婚をした後には、公的な約束を守って、子女たちを原理的にも、道徳的にもりっぱに養育しなければなりません。皆さんは、責任分担と使命を完遂するために、一切の精誠を傾けるばかりでなく、特に子女教育に対して、父母としての責任を果たすことに格別に尽力すべきです。

第三に、神様の理想世界を建設するために全力を注がなければなりません。天国は、万民が互いに信じ合う、愛で結ばれた心情の世界であります。霊的にも、肉的にも、空虚と困ぱいと苦痛がある限り、真なる天国は実現されません。皆さんはすべて、神様の愛を共有する福なる天国を建設する天国の市民として、責任を果たすだけでなく、この伝統と遺産を、皆さんの子女と後孫に相続できるよう、全力を尽くさなければなりません。

どうか、きょう祝福を受けられた皆さんが、天の模範的な家庭を築き上げるよう尽力してくださることを願っています。

＊＊＊

このメッセージから、結婚式に重要な宗教的意義があることと、神を中心とする夫婦の因縁を結ぶことがその中心テーマであることは明らかであろう。

続いて櫻井氏は⑤蕩減棒について説明しているが、興味本位で書けば面白いかもしれないこの行事を、櫻井氏はどういうわけか深堀りせず、通り一遍の解説で終えている。この場面を「奇行」「野蛮な暴力」「韓国の土着の文化」という視点で描こうと思えばいくらでも膨らませるのに、それはあまり櫻井氏の興味を惹かなかったのであろうか？

「聖別期間」に対する櫻井氏の誤解

櫻井氏は⑥聖別期間に関する説明で、「四〇日間を聖別期間として別居する（家庭を持つ前の準備を行う）のが本来の決まりである。しかも、祝福の相手はその場で初めて会った相手であることからいろいろな問題が生じてくるとして、さらに三年間を独身の状態で信仰生活を継続することが求められる。この期間は、韓国人男性と日本人女性の組み合わせの場合は、韓国人男性の霊的優位が認められてこれほどの期間をおかずに韓国で結婚生活に入ることもある」（p.304）と記述しているが、誤解や説明不足がある。

まず、統一教会の信徒が結婚式を終えた後に40日間の聖別期間（すぐに新婚初夜を迎えるのではなく、お互いに純潔を守って家庭出発の準備をする期間）を持つのは、教義的な根拠を持つ原則である。したがって、これに関しては国や民族の違い、あるいは個人の抱える事情などに起因する差異はなく、誰もが40日の聖別期間を通過する。しかしその40日を超えた後に、具体的にいつ家庭を出発するかは、時代や国、個人の事情により異なるのが実際である。

この問題は、マッチングで相対者が決定してから家庭を持つまでの期間という観点まで含めて考えるとより複雑になり、中にはマッチングを受けてから家庭を持つまで10年を要したカップルもある。祝福について研究した米国の宗教社会学者ジェームズ・グレイス博士は、著書『統一運動における性と結婚』で、アメリカにおける祝福のプロセスが変化したことを以下のように分析している。

１９７８年までのパターンは、①マッチング、②祝福式、③聖別、そして④家庭出発というものだった。しかし、文師は１９７９年に新しいパターンに着手し、そのとき資格のあるメンバーはマッチングを受けたが祝福式を受けなかった。これらのカップルはその後は聖別をし、１９８２年の式典で祝福された。この新しいパターンは、①マッチング、②聖別（これを「約婚」と呼ぶアメリカのメンバーもいた）、③祝福式（その後に絶対的で摂理的な40日間の聖別が続く）、そして④家庭出発という順序に従う。グレイス博士は、この新しいパターンは、結婚の前に婚約期間を置くという伝統的なアメリカの慣習に運動が適応したのではないかと分析している。

このマッチングと祝福式の間に時間を置くというやり方は、日本では１６１０双のマッチングと６０００双の祝福式の関係が代表的である。１９７８年9月22日に日本で１６１０双のマッチングが行われたが、彼らが祝福式に参加したのは１９８２年10月14日の６０００双の祝福式の時であり、実に4年間も祝福式まで待ったことになる。しかし、マッチングから祝福式までにこれほど長い期間を置いた例はその後には見られない。私が祝福を受けた６５００双ではマッチングはまさに祝福式の直前であったし、その後の祝福式においてもマッチングから祝福式まで1年以上待ったという例は聞かない。したがって、これは１９７０年代後半の特別な事情であろう。

さて、櫻井氏は祝福後の40日の聖別期間を過ぎた後でも、さらに3年間を独身状態で信仰生活を継続することが求められ、その理由は祝福の相手とはその場で初めて会ったばかりなので、いろいろな問題が生ずるからであるとしている。ここにも誤りがある。まず40日の聖別期間を過ぎた全員がさらに3年間の独身生活をするわけではないし、家庭出発を遅らせるのは必ずしもカップルの相性の問題が理由ではない。実際には、40日の聖別期間は普遍的だが、家庭を出発するまでにその後どのくらいの期間を置くかは、様々な理由や事情によって異なっている。

実は最も重要な理由は年齢で、統一教会では結婚したら子供を産むことが奨励されているので、祝福を受けた時点でカップル（特に女性）の年齢が高い場合にはできるだけ早く家庭を持つことが奨励される。女性の妊娠適齢期は限られているので、この点に関する方針は万国共通である。逆に、カップルの年齢が20代の前半の場合には、お互いが精神的にさらに成長し、お互いを人間としてもっとよく知るために、家庭出発までの期間が長くなる場合が多い。

次に、家庭を出発するために満たすべき条件に関しては、国ごとに方針や基準が異なる。日本では、家庭を出発する前にまず個人路程を勝利しなければならないという考えが強く、修練会に出たり、実践活動をしたりという様々な条件が求められ、結果として家庭出発の時期が遅れる傾向があった。これは「祝福家庭とはかくあるべき」という理想が高いためにそうなったという側面と、より現実的には独身のマンパワーをできるだけ多く確保するという組織的な理由の両側面があったように思われる。日本の統一教会には、天の祝福を受けたとはいえ、家庭に関することは私的なことで、教会のために奉仕するというより公的な目的のために家庭を犠牲にすることが美徳と考えられる傾向は確かにあった。

日本人と韓国人が祝福を受けた場合、こうした日本固有の祝福に対する考え方を理解できないために、韓国人の側に不満が生じることはあったであろう。その際の現実的な処理の方法として、韓日カップルの場合には日本人同士のカップルよりも少し早めに家庭出発を許可する例はあったと思われる。しかしそれは、櫻井氏の言うように「韓国人男性の霊的優位」が理由ではなく、カップルの幸せのために現実的な判断をしたのである。

櫻井氏はこの聖別期間に対して、家庭を持つことを待たされるというネガティブな評価しかしていないが、実際に祝福を受けたカップルに対する聞き取り調査を行ったグレイス博士は、この聖別期間が宗教的な意味を持つ肯定的なものとして個々のカップルに受け取られていることを明らかにしている。彼の分析によれば、マッチングを受けてから家庭をもつまでの聖別期間は、共同体の価値観を夫婦生活にいかに活かしていくかという「翻訳作業」を行う期間であり、これによって共同体の価値観が結婚という場に結実するという。すなわち、それまで個人的に積み上げてきた信仰を、家庭生活の場でどう実らせるかについて、カップルが話し合って準備する期間だというわけだ。

家庭をもつまでの聖別期間は、メンバーにとって多くの意味がある。その一つは、地上天国実現というより大きな目的のために捧げる「犠牲」で、世界の救済のために自分自身を捧げるのである。さらに、神を中心とする家庭を築くための「基礎固めの期間」で、この期間、自己犠牲的な奉仕の生活をすることにより、自己の精神的・情緒的成長をはかり、理想的な家庭を築くための準備をするのである。

これに加えてグレイス博士は、極めて現実的な意味合いとして、聖別期間は、多くの場合、結婚する直前まで見知らぬ同士だったカップルが、文通などを通してお互いをよく知り合う期間として機能していると分析している。とりわけ言語や文化の異なる国際カップルの場合にはこの期間は重要であるという。

グレイス博士が多くのメンバーと接して得た印象としては、統一教会における結婚は永遠のものであるため、聖別期間にあるカップルはお互いにより良い関係を築くことに対して真剣であるという。この期間のカップルの交際の手段として最もポピュラーなのが文通であり、その内容はいわゆるラブレターというよりは、お互いが今まで歩んできた人生の紹介や、信仰的価値観に基づいて将来どのような家庭を築いていくかという理想を語り合うものが多いという。多くのカップルの証言によれば、お互いに対する恋愛感情はこの聖別期間中に徐々に芽生えるという。神の目から見れば自分たちは夫婦であると認識してはいるものの、この期間におけるカップルの交際は、とりわけ身体的接触という点に関しては非常に制限されている。このようにして聖別期間を通じて育まれた二人の愛は、やがて三日行事を通して実体的に結実し、一つの家庭を形成するようになるのである。

こうしたグレイス博士の分析は、日本の祝福家庭にもほぼそのまま当てはまる。聖別期間は単に家庭出発を待たされている期間なのではなく、お互いの成長と関係性の構築という積極的な意味を持っているのである。

「三日行事」の記述にみる櫻井氏の非礼

古来より宗教には秘儀や奥義と呼ばれ、非信者はもとより、信者の中でも一定の資格を有する者にしか公開しない教えの内容や、参加はおろかその存在さえ知らされない儀式が存在した。主な理由は、その教えや儀式にやましいことがあるからではなく、「教育的配慮」や「誤解を避けるため」であった。これは真理の段階的開示で、宗教的真理は客観的な情報というより、それを聞く人の前知識や心の姿勢が伴ってこそ正しく理解されるからである。したがって、その教えを受ける準備ができたとみなされた者のみが、奥義を明かされたり、それに基づく宗教的儀式に参加する資格が与えられたりする。このように真理を段階的に開示することもまた、信教の自由の一部として尊重されるべきである。

三日行事に関する詳細な内容は、統一教会の秘儀または奥義に該当するもので、広く一般に公開されていない。独身時代はもとより、祝福を受けた後も、家庭を出発する直前に参加する「家庭修練会」に参加するまでは、この内容が信徒に知らされることはなく、家庭修練会の中で特別な講義として語られるのが一般的である。先輩信者に聞いたりして知ることができないわけではないが、「時が来るまで知らない方がよい」内容として伝統的に扱われてきた。櫻井氏はこうした性格を持つ三日行事の詳細を、誰でも読むことができる書籍の中で、統一教会に許可を取ることもなく、無断で全文公開している。もとより彼には統一教会に礼儀を尽くすつもりは毛頭ないのかもしれないが、これは統一教会に対して極めて失礼な行為である。

櫻井氏は305~312ページで、「三日行事式次第」「三日行事失敗の対処法」の内容を掲載し、以下のようにコメントしている。

「統一教会の堕落─復帰を再現するシンボリズムが、強烈なイデオロギーとして信者達に内面化されたことはいうまでもない。信者の精神と肉体を根本的に組み替える強烈な儀式の力は、マインド・コントロールという言葉では弱すぎるとさえ思う。

この儀式は、イデオロギーの注入にとどまらず、文鮮明の霊肉によって罪の解放を実現するという実質的効果を信者に経験させるために、性を用いる。この儀式書が性的結合に至るプロセス（体位を含めて）を念入りに規定し、例外は許されないこと、性器の挿入に至らなければ儀式の効能が現れないことなど縷々述べているのはそのためだ。儀礼であれば、類似行為によって代替可能だが、三日行事においては性行為の実践がなければならない。

信者達は、献身生活中の数年間、極度に性的な緊張や禁欲を強いられてきた。異性への感情の揺れはアダム―エバ問題として原罪の根源として否定され、唯一性愛の夢想が許されるのはメシヤが用意した祝福に関わるものだった。思春期・青年期にある若い男女が、共同生活を送りながら相手への好意すら禁じられ、三〇歳近くまで身体的接触が全く許されない環境にあった。これは驚くべきことだ。性的衝動を抑圧すると同時に解放のチャネルを用意して信者を方向づけている教化システムは極めて強固なものだ。祝福の最終的な儀礼として、性愛への衝動やエネルギーは堕落からの復帰という性行為に注ぎ込まれる。

この性行為は恋人や夫婦間の私的な秘められたものではなく、真の父母が写真を通して監視しているところでなされる公的で摂理的な儀礼なのである。人が宗教的信念のゆえとはいえ、自分の意志や好みで最も親密な関係を構築することができない。本来最高度に親密な関係ですら、メシヤとの霊肉結合や堕落からの復帰といったシンボリズムにより統制を受け、教会本部から行為のやり直しを命じられることすらある」(p.313)

櫻井氏が言いたいのは、要するに三日行事を含む祝福のプロセスは性を通して信者をコントロールするシステムで、本来極めて私的なものであるはずの性に関する権利を、信者たちは教会によって侵害されているということである。しかし実際問題として、三日行事を行うことが信徒の宗教的アイデンティティーの形成にどの程度の効果があるのかは、より厳密な調査が必要である。櫻井氏は三日行事の書類を見ただけで想像をたくましくし、「信者の肉体と精神を根本的に組み替える」とか「マインド・コントロールという言葉では弱すぎる」などと大げさな表現をしているが、現実には三日行事を行った後で教会を離れる信者も多い。この行事がそれほど強力な拘束力を持つものであれば、その後の信者の離脱をうまく説明できない。

祝福について研究した米国の宗教社会学者ジェームズ・グレイス博士は、著書『統一運動における性と結婚』で、祝福行事の役割について櫻井氏の主張と同じような分析を行っているが、その評価は真逆である。グレイス博士が同書で掲げているテーゼは、「統一運動の性と結婚に対するアプローチは、そのメンバーの献身的な姿勢を維持し、強化するのに非常に有効に機能している」(p.31)というもので、「社会学的には、結婚前の禁欲生活、マッチング、聖別期間、祝福の儀式、家庭出発のための儀式、および夫と妻としての家庭生活は、個々のメンバーの教会に対する献身を強めるための求心力として働いている」(p.115)とする。しかし、彼はそもそもそれをネガティブには捉えず、ある意味で宗教においては当然のことであると考えている。

「長年にわたって宗教と社会と性の関係について調査した結果、私は宗教が持つ非常に重要な社会機能のひとつが、結婚生活が人間の共同体のさまざまなニーズに役立つように、結婚生活における性的表現を形成する役割であるという確信を持つようになった。この『形成』が、個人をグループに適合させ、『真正な』メンバーとしての彼または彼女の活動をコントロールするプロセスを促進するのである。……私は以下のことを主張する。そしてこれらは本研究の基本的な前提となっている。(1)そのメンバーの性や結婚に関する生活をコントロールすることのできる社会やグループは、彼らの生活全般をも相当にコントロールすることができる。(2)歴史的にみて宗教的信仰の形成は、共同体がそのメンバーの性と結婚に関する活動を規制するための最も効果的な手段であることが証明されている」(p.8)

そもそも結婚とは社会的に承認された男女の結合であり、勝手気ままな男女の性交とは区別されるものである。婚姻は当事者の男女に対して「夫」「妻」という地位を与え、当事者の性関係に社会的承認を与えるとともに、婚外の性関係を制限し、この統率を通じて社会の基本構成単位である家庭の存立と、社会そのものの安定に寄与する機能がある。したがって、いかなる文化圏にも結婚が成立するために必要な様々な規制や条件があり、それらはいずれも基本的にはその社会や文化を維持し、発展させるために形成されたものである。このような視点からすれば、統一教会も一つの社会である以上、その結婚制度がその共同体を維持・発展させるために機能しているのは当然であろう。

グレイス博士は、統一教会における結婚の最も顕著な特徴の一つは、個々の家庭の目的と共同体全体の目的が分かち難く結び付いており、さらにそれが世界全体の救済というより大きな目的につながっている点にあると指摘する。このように個々の家庭と社会全体の目的が強く結び付いている結婚の形態は、極度に個人主義的になったアメリカ人の結婚への一つのアンチ・テーゼとして理解できる、とグレイス博士は論ずる。社会学者たちは総じて、性と結婚についての価値観に関する限り、アメリカ人は極度に個人主義的になっていると指摘している。そしてアメリカ社会における婚約破棄、別居、離婚の増加は、この問題の顕著な表れであり、統一教会の結婚はこのようなアメリカ社会における結婚の危機に対して、一つの解決の選択肢として考慮すべきものだと述べている。

櫻井氏も、宗教が性を統率してきた歴史的事実を知らないわけではないので、著書の314ページでその事例を並べた上で、「その意味では、統一教会による性の統制、家族の形成も、宗教としてありえないものでも例外的なものでもない」と認めている。しかしそれでも、「近現代では宗教による性への統制が抑圧的とみなされて批判されてきた」「このように性行為まで支配する教団は、近代社会では稀といわざるをえない」「現代日本において一宗教団体が信者の性と家族形成を完全に統制していることの問題性は大いに議論されるべき」(p.314)などと、批判の手を緩めることはない。

この問題は、最終的には宗教が性を統制することの是非を問う価値観の戦いとなるであろう。櫻井氏はこの問題に関しては個人の権利を主張するリベラル派であり、三日行事は性を利用した教団による信徒の抑圧であるとしか考えない。一方、グレイス博士は保守派であり、過度の個人主義に陥った結婚や家庭はやがて崩壊する運命にあり、宗教が性と結婚のあり方を規定し、それを通して個人と共同体を結び付ける役割は尊重されるべきであると主張している。櫻井氏のような考え方の持ち主には、三日行事を含む祝福の意義が正当に評価されることはないであろう。

「3　祝福の教団組織上の機能」

櫻井氏は、「統一教会の組織構造は、東アジアの宗族に見られる族長支配と王朝による臣民統制をかけ合わせたようにも見える。つまり、祖先を同じくする人々が宗族の長に従いながら、宗族内の利益を最大化するように協力行動を行い、他の宗族と勢力を張り合う。族長は宗族内の婚姻関係を統制する。宗族は一般に外婚制（同じ姓同士は結婚しない）だが、統一教会は信者のみの内婚制をとる。その代わりに韓国人男性と日本人女性のような国際結婚という外婚制に似た仕組みで教団の国際的なネットワークを形成しようとする。また、王朝支配というのは文鮮明自身がこの世と霊界の王を自称している点からも妥当な形容であり、臣民である信者達は王のために王の命じる使命を全うするのである」（p.314）という、いささか矛盾した主張をしている。これは組織構造の社会学的な分析というより、イメージに基づく連想であり、仮にも社会学者の主張としては乱暴な印象論にすぎない。

櫻井氏は統一教会を「コングロマリットといって差し支えがない業態・組織形態を有している」（p.132）と論じている。コングロマリットとは、直接の関係を持たない多岐にわたる業種・業務に参入している企業体のことで、「複合企業」とも言われる。彼が統一教会をそう規定する主な理由は、統一運動が実に多種多様な領域に関連団体をもっており、多角的な活動を行っているためだ。多角経営を行う複合企業と、東アジアの宗族や王朝の組織構造は似ていないと思われるが、それが統一教会の組織構造の分析にも使われているのは実に奇妙である。

そもそも、東アジアの宗族に見られる族長支配は、同一の価値観が支配する社会で、生物学的な血統を共有する人々の間にのみ成り立つものである。社会全体が「親や年長者の命令には従うべき」「個人は一族の名誉や利益のために生きるべき」という価値観を共有し、本家の分家に対する優位性が確立され、それが幼い頃から道徳的価値として叩き込まれ、その社会から抜け出すことが極めて困難であるからこそ、そうした支配は成り立つ。そこに生きる個人にとって、自分の生物学的な出自とアイデンティティーは分かち難く結び付いており、その否定は自分の全人生を否定するのと同じ重みがあり、社会的制裁をも覚悟しなければならなかった。

それに比べれば、統一教会の祝福家庭になるのは、自分の生物学的な出自によるものではなく、個人の自由意思によって選択したものである。祝福家庭として教会の中で生きる以上は、その価値観に従うことが求められるが、ひとたび教会の外に出てしまえば、それに従う義務はなく、その意志さえあれば脱出はそれほど困難ではない。統一教会の価値観は、広い社会全体を覆うものではなく、自分の所属する宗教コミュニティーの中でのみ通用する価値観である。そしてほとんどの祝福家庭が、教会という宗教コミュニティーと一般社会という外の世界で「二重生活」を送っている。そうした状況における支配は、東アジアの宗族に見られる族長支配ほど強力ではありえない。教会による祝福家庭の支配は、櫻井氏の想像よりも緩く、もし教会の価値観が個人や家庭に深く浸透しているケースがあるなら、それは組織的な支配というより、個人の信仰の力によるものであろう。

しかし、統一教会の二世となると少し事情は異なってくる。彼らにとっては自分の生物学的な出自と宗教コミュニティーの価値観、そして自己のアイデンティティーは分かち難く結び付いており、それは個人の自由意思によって選択したものではない。彼らは幼少期から教会の価値観を教えられ、親の信仰を素直に相続した二世信者にとっては、そこから離脱することは自分のそれまでの全人生を否定するのと同じ重みを持つであろう。にもかかわらず、現実には二世信者たちも宗教コミュニティーと外の世界での「二重生活」を送り、その間で揺れ動き、どちらの世界で生きるかは自分の意思で選択しているのが現実である。その結果、親の信仰を相続せず、教会の祝福を受けずに一般社会での結婚を選択する祝福家庭の二世も多い。これは教会員の立場としては悲しい現実だが、事実を直視すれば、二世信者に対してさえ、教会による支配はかなり緩いのである。

統一教会の組織構造と東アジアの宗族の構造とは、社会学的に見て明らかに異なる。その違いは、櫻井氏自身が指摘しているように、宗族が一般に外婚制を取るのに対して、統一教会は内婚制を取っているという現象に端的に表れている。東アジアの宗族の外婚制として最も有名なのが、本貫が同じであれば結婚できないという韓国の風習である。東アジアの宗族が外婚制を取っている理由は様々な説明が可能だが、①近親相姦禁忌が一定の方向へ拡大された、②集団内部での婚姻を禁じることにより、他の集団との間に婚姻を通じての社会関係をつくり出すため、③男子の血統の拡大を重要視するため、他の宗族との間で女性を交換する必要がある、といった説明が一般的である。統一教会の組織構造にはこの三つはいずれも当てはまらない。

まず、統一教会は宗教的回心によって信者となった者たちの集団なので、信者間には生物学的な家族・親族関係はないので、信者同士が結婚する内婚を行っても、近親相姦にはならない。信者が「お互いに兄弟姉妹」という認識を持ち、「祝福によって真の父母の血統に生みかえられ、同じ血族となった」という信仰を持っても、それは霊的・精神的な意味で、生物学的に家族になるわけではなく、信者同士が結婚しても近親相姦にはならない。

統一教会では、信者を非信者と結婚させることによって他集団との社会関係を作ることは行われない。信者同士、祝福の子女同士というように、同一のアイデンティティーを持つ者同士が結婚することでそれを強化・維持する傾向があるためである。婚姻によって社会関係を作るというよりは、外の世界の人を伝道して信者にし、内婚させることで組織を拡大しようとする。これはイスラム教徒と結婚しようとするときに、非信者がムスリムになることを求められるのと似ている。

また、統一教会の祝福家庭は男子の血統の拡大にはこだわらない。祝福を受けて生まれた子供は、男子も女子も「天の血統」を持つと信じられているため、男子の祝福の子女の配偶者を敢えて非信者の女子の中から求めようとはしないし、女子の祝福家庭の子女を敢えて非信者の男子に嫁がせることもしないのである。男子も女子も共に「天の血統」を持って生まれたのであるから、二世信者同士が結婚することが理想とされ、非信者と結婚することはそうしたアイデンティティーの喪失として否定的に捉えられている。

こうして見ると、東アジアの宗族の構造と統一教会の組織構造とは、根本的に異なっていることが分かる。統一教会においては、たとえ韓国人男性と日本人女性が結婚しようと、それは信仰を共有する者同士の「内婚」であり、教会の外の社会との関係を作るための「外婚」とは根本的に異なる。その意味で櫻井氏の主張する類似性は破綻している。

最後に「王朝支配」について整理すれば、ユダヤ教、キリスト教、イスラム教などの一神教の伝統では、神を「王の王」として崇めることがある。これらの宗教では、ヤハウェ、イエス・キリスト、アッラーを指して「王の王」と呼ぶが、その「王」は、政治的な権力を持つ存在を意味するのではなく、それ以上の権威と力を持った至高の存在であるという、宗教的・理念的意味合いの言葉なのである。統一教会でも、確かに文鮮明師を「平和の王」と呼ぶことがあるが、それは教団や信徒に対して政治的権力をふるうという意味ではなく、真の愛によって子女を治める父母なる存在という意味である。

櫻井氏は、「統一教会の組織構造は、東アジアの宗族に見られる族長支配と王朝による臣民統制をかけ合わせたようにも見える」(p.314)と述べた上で、「もちろん、この王朝は李朝や北朝鮮の金日成―金正日親子の体制以上に強力な王朝であることはいうまでもない。政治的支配は、従わないものには暴力をも含む権力的支配を行うが、家族的領域には介入しない。北朝鮮の金体制は完全な思想統制を行うが、男女の性愛を支配下に治めるまでのことはしなかった。できなかったといってもよい。統一教会は人間の根源的な欲望と根源的な関係形成の仕組みまで支配しようとし、それに成功した。したがって、これほど強い支配構造はない」(p.314-315)という、情緒的で混乱した主張をしている。

そもそも、国家による支配と宗教による支配のどちらが強力かを比較すること自体がナンセンスであり、とても社会学者の主張とは思えない。櫻井氏が「政治的支配は、従わないものには暴力をも含む権力的支配を行う」という通り、政治学や社会学で国家の物理的強制機能を指す用語として、「暴力装置」という言葉が用いられる。これは国家権力によって組織化、制度化された暴力の様態を意味し、具体的には軍隊や警察の実行力を指している。したがって、北朝鮮のような「ならず者国家」でなくとも、国家である以上は「暴力装置」を持っている。これは聞こえは悪いが、必ずしも悪い意味ではない。戦争や犯罪が現実に存在する以上、国の独立や社会の秩序を守るために、国家が暴力装置を合法的に独占・所有するのは不可欠で、それこそが国家の本質的機能であるとも考えられる。

一方で、ジェームズ・グレイス博士が指摘したように、男女の性愛や家族的領域を伝統的に支配してきたのが宗教である。櫻井氏もこのことを知らないわけではないので、著書の中で「歴史的には宗教が性を統制してきた」「宗教制度は女性・男性のセクシャリティやジェンダーを規定し、安定的な家族の再生産を方向づけてきた」「統一教会による性の統制、家族の形成も、宗教としてありえないものでも例外的なものでもない」(p.314) と述べている。櫻井氏が大げさに「これほど強い支配構造はない」という統一教会の支配は、実は歴史的に宗教が果たしてきた役割と同じなのである。国家は法と暴力装置によって人を「外側から」支配しようとするが、宗教は権威と価値観によって人を「内側から」支配しようとする。そしてその価値観は男女の性愛や家族のあり方と密接に結び付いていることが多い。要するに宗教と国家では人の支配の仕方が異なるので、「どちらが強力か」という比較自体がナンセンスなのである。

強制力という観点からすれば、暴力で人を従わせる力を持つ国家権力の方が強力なことは明らかである。暴力には人を意思に反して従わせる力があるが、暴力では人を自発的に従わせることはできない。その意味で、人を自発的に従わせる宗教には、暴力以上の力があると論じるのは可能かもしれない。しかし、宗教によって自発的に従う人の割合は、暴力によってしぶしぶ従う人の割合に比べて著しく低い。要するに「どちらが強力か」という議論は、ものの見方によって結論が変わり、本来は比較の対象にならないのである。

櫻井氏はあたかも見てきたかのように、李朝や北朝鮮の体制以上に統一教会の支配は強力だと主張するが、はたして彼が李朝や北朝鮮での結婚のあり方についてきちんと調査した上でそう主張するのかは怪しい。李氏朝鮮時代の家父長的家族制度は、王朝の根本理念に採択された儒教によって厳格に統制され、生活の規範と儀式はすべて儒教の教えによっていた。家長の権威は国家によって保証され、家長は内では先祖の祭祀を主宰し、家族の管理と扶養、分家や養子縁組、子女の婚姻・教育・懲戒・売買などの全権を持って家族を統率していた。また、外では民間の契約は家長の署名なしには成立せず、官庁でも家長を相手にすべてのことを処理した。その意味で李朝は家父長的家族制度によって民を統治していたと言っても過言ではない。「家族的領域には介入しない」のではなく、王朝の支配が家族制度を通して個人にまで及んでいたのである。

北朝鮮もまた、単に「暴力装置」によって外側から国民を統治するだけでなく、思想統制によって内側から国民を支配するため、それは性愛や結婚の領域にまで及ぶことがある。北朝鮮には全人民を網羅する監視統制システムがあり、国民は小学校2年生から「朝鮮少年団」に入り、満14歳になると金日成・金正日主義青年同盟に加入する。その後は年齢や職業によって細分化された組織に属し、死ぬまで何らかの組織に所属する。そして「生活総和」という定期的に行われる思想教育の行事で、他人の批判と自己批判を繰り返すことで統制される。したがって、国民を監視統制し徹底的な思想教育を行う北朝鮮が、「結婚も党や国家のためにするもの」という考えを持つのは不思議でない。

北朝鮮の結婚や恋愛のあり方については正確には分からず、インターネット上の情報から推察するしかない。それによると、以前は労働党や親が決めた人と結婚する例が多かったが、最近は自由恋愛が許されるようになったという。ネット情報の中には、北朝鮮の政府が男女の性愛や家族的領域にまで介入した事例として、政治犯収容所における「表彰結婚」の話が出てくる。

北朝鮮の政治犯収容所では、男女の愛、子供の出生さえも「計画管理」に含まれる。男女模範囚を選んで子供を産ませる「表彰結婚」がそれだ。こうした方法で政治犯収容所で生まれ、脱北に成功したシン・ドンヒョクさん（30）が2012年2月28日、脱北者の人権について口を開いた。韓国に定着した脱北者のうち、政治犯収容所の「表彰結婚」で生まれたのはシンさんが唯一だ。
シンさんは完全統制区域である平安南道价川市（ピョンアンナムド・ケチョンシ）の「价川14号管理所」で生まれた。出生から政治犯として烙印を押されたまま24年間暮らし、２００６年に脱出した。
この日、ソウルの中国大使館前の脱北者送還反対デモに参加したシンさんは、政治犯収容所の肉体的拷問よりも残酷な人権蹂躪は「感情拷問」だと述べ、「表彰結婚」を例に挙げた。遅刻もせず熱心に働き、「生活総和（お互い監視させる自我批判の場）」に誠実に臨んだ模範囚の男女を、金日成や金正日の誕生日に選び出し、５日間ほど同じ部屋に同居させて子供を産ませる制度だ。２人の看守が収容所内の２５００人ほどの収監者を監督しているが、男女の相手は看守によって決められる。シンさんは「政治犯収容所10大原則に男女接触禁止があるが、表彰結婚はこれを許す唯一の窓口」とし「こうした環境の中で、人間の原初的な感情である家族、愛、友情のような概念自体を理解することができなかった」と告白した。（https://japanese.joins.com/JArticle/148747 より引用）
シンさんの証言が事実なら、北朝鮮の金体制が男女の性愛を支配下に治めるまではしなかったという櫻井氏の主張は誤りになる。北朝鮮の結婚事情について社会学的な調査をすることもなく、イメージだけで比較をする櫻井氏の態度は、学問的とは言い難い。

「第七章　統一教会信者の信仰史」への反証

この章はこれまでのようなテーマごとの統一教会の分析とは異なり、櫻井氏が直接インタビューした元信者が体いる。

験した統一教会の信仰生活の回想の記録が中心で、その中に櫻井氏の主観的な分析が織り交ぜられた格好になって

「一　元信者のライフストーリー研究」

櫻井氏は統一教会信者の信仰史の具体的な事例の分析に入る前に、「一　元信者のライフストーリー研究」の「1　証言は事実を語るか」で、信仰の物語を分析する理論的な枠組みについて語っている。これは突き詰めて言えば、「現役信者と元信者のどちらの証言がより信じられるか？」という問題である。これまで「カルト」などと呼ばれる新宗教信者の体験は、その教団を脱会した元信者たちが自分たちの過去を振り返って語るものが多かった。しかし、その多くが「ディプログラミング」と呼ばれる強制棄教や脱会カウンセリングを受けていたりしたため、そのときの体験やカウンセラーによって教え込まれた内容が、過去の体験を振り返る思考の枠組みに大きな影響を与えている可能性を、アメリカの宗教社会学者たちが指摘してきた。つまり、「洗脳」や「マインド・コントロール」などの言説によって自分の体験を再構築し、その枠組みの中で自分の物語を語るため、信者だった頃の本当の体験を語っているかどうか疑わしいのである。

それに対して、現役の信者たちもまた、信仰という枠組みによって自分の経験を再構築しており、ある意味では脱会者の語りと同じように自らの本当の体験を語っているかどうか疑わしいという主張もある。こうした論法は、反カルトの立場に立つ人々によって主張されており、要するに教団を離れない限りは自分を客観的に見つめられないという立場である。これは一種の水掛け論で、脱会者の目には、自分が体験した修練会や信仰生活に対する後悔や怒りという色眼鏡がかけられ、それを通して自分の体験を再解釈し、他方の現役信者は、自分の信仰を正当化するために過去の体験を解釈する。信仰は人間のアイデンティティーの中核をなすため、信仰を持って世界を見るの

と、信仰を失って世界を見るのとでは、世界は全く異なる像を結ぶことがある。このように全く相反する二つの立場からの物語を比較して、そのどちらが真実かを論じても平行線に終わる。そこで、「語る立場によって真実は異なる」という一種の相対化がなされる。櫻井氏の紹介している「2　ナラティブ研究の新展開」も、基本的にはこの問題を解決しているとは思えない。

こうした「相対化」の土台の上に櫻井氏が主張するのは、「3　研究者の立場性」という問題である。要するに、研究者は研究対象である教団や信者・元信者に対して、無色透明な客観的第三者としてかかわることは不可能で、教団に対して親和的であるか、あるいは元信者や教団の反対勢力に対して親和的であるかという、何らかの「立場性」を取らざるを得ないとする。これは実質的に、論争の多い新宗教に対しては価値中立的な研究などあり得ないと言うに等しい。櫻井氏はこのことを以下のような言葉で表現している。

「このように調査が現実的に可能となる状況を考えると、調査者は調査前に研究の立場性、被調査団体・個人との関係性に関して継続的に特定の立場をとることが要請されている。その点を十分に自覚し、被調査者との関係を維持できたものが安定的な調査環境を得ることができるのである。研究者は教団と反カルト運動の対立構造の中でフィールドワークを行っているのであり、自分の身を安全地帯に置いて第三者としてこの問題に関わるわけにはいかない」(p.324)

この発言は櫻井氏が客観的で価値中立的な研究者としての立場放棄を宣言しているようなものだが、彼の置かれた状況からそのような立場をとることが学問的に「要請されている」のではない。彼はそう言うことで責任転嫁しているにすぎず、「安定的な調査環境を得る」ために、自らの意思によって敢えてそのような立場を選択したのである。彼は「研究者は教団と反カルト運動の対立構造の中でフィールドワークを行っている」と言うが、その対立構造の一方当事者に完全に依拠する立場をとるのは、やはり偏りすぎであろう。

「虎穴に入らずんば虎児を得ず」で、統一教会について本当に知りたければ、教団の中に果敢に飛び込まなければば何も分からないはずである。しかし、櫻井氏は統一教会と適切な距離を取るためにはそれができないという。実際には、教団と適切な距離を取ること自体が難しいのではなく、学問的には適切な距離を取って調査研究をしても、それを世間一般や統一教会反対派から「適切な距離である」と評価してもらえないのである。

もし日本の宗教学者が統一教会に入り込んで情報提供を受け、それをもとに統一教会について客観的な記述をしたら、「統一教会に好意的すぎる！」「統一教会の広告塔！」などと、反対勢力から一斉にバッシングされるので、うかつに手を出せない。日本では宗教学者にも「政治的正しさ」が要求され、そこには、学問の自由や独立性は事実上ない。これがオウム真理教事件以降に日本における新宗教研究が事実上死滅してしまった大きな原因で、あからさまに批判的な立場をとる以外に、物議を醸している新宗教を調査研究することを世間は許容しないのである。これが櫻井氏の「継続的に特定の立場をとることが要請されている」という言葉の意味で、それは学問的な要請ではなく政治的な要請で、彼は政治的な要請に従い学問の自立性を放棄したとも言える。

櫻井氏は「虎穴に入る」ことを拒否し、安全圏から相手を砲撃するという研究方法を採用した。統一教会と反カルト運動を天秤にかければ、後者と一体化し、そこに身を置いた方がはるかに安全である。その意味で彼は「第三者」ではなく、対立関係にある一方と同じ立場で研究し、それによって「自分の身を安全地帯に置いて」いるのである。

こうした彼の立場は、「4　筆者の立場性」において一層明確に述べられている。

「⑴　筆者は統一教会の諸活動が社会問題化していると認識しており、布教方法と資金調達方法は違法行為だと捉えている。そして、統一教会が日本社会に与えてきた深刻な被害をなくすべく、統一教会の調査研究を行い、統一教会を批判する個人・団体、あるいは行政や宗教界の人々、一般市民に役立ててもらおうと考えている。このようなことを研究のねらいとして調査対象者に説明し、調査協力を得ている。

⑵　調査対象団体・対象者は、前記の言明をする限り、統一教会そのものや信者から協力を得られることはなく、統一教会を批判する諸団体、元信者や関係者の人達が主な対象者となる。筆者は、一九九七年より全国

霊感商法対策弁護士連絡会を支援する会の会費を払い、同団体から機関誌の提供を受け、同団体が主催する会合に参加してきた。また、同年より研究者としてカルト批判の運動体である日本脱カルト研究会（現在は日本脱カルト協会）にも所属している。このような団体・関係者とのつながりによって、調査対象者を紹介してもらったり、会合で出会った人に調査を申し込んだりしてきた」（p.324）

これは「統一教会反対派宣言」と言っていい内容である。対立構造にある一方当事者に対してこれほどまでに肩入れした「立場性」を主張する研究が、「学問的研究」の名の下になされるのは稀有なことで、それは学問的体裁を装ったプロパガンダと言えよう。

裁判の原告になっていない元信者にインタビューする意味

本章で「信仰史」を記述するために櫻井氏のインタビューを受けたのは全員が元信者で、現役の信者は一人もおらず、情報源にかなり偏りがある。『ムーニーの成り立ち』の著者であるアイリーン・バーカー博士は、統一教会の主催する修練会に自ら参加し、統一教会のセンターに寝泊まりしながら組織のリーダーやメンバーの生活を直接観察するなどの「参与観察」を行っているが、櫻井氏はそれをしていない。また、バーカー博士は現役の信者と元信者の両方にインタビューをしており、中には信者だった頃と脱会した後の両方の立場で対話し、その変化まで観察している者もいる。しかし櫻井氏は元信者に対するインタビューしか行っていないのである。

統一教会の信仰の本質を理解しようと思えば、本来なら信仰を持つ当事者にとって統一教会の体験が何を意味するのか聞かなければならない。信仰を持って世界を見たとき、自分の人生をどう理解するかが、その人の「信仰史」の中核をなすはずである。そこには、自らの人生に神が介入したことへの感動や、世界が輝いて見えるほどの高揚感があり、信仰の物語とは本来そのようなものだ。しかし、信仰を失った人の目には、もはやかつてのように世界が輝いて見えることはなく、色褪せた幻のような体験にしか映らない。元信者の証言という時点で、その「信仰史」

は重大なものを欠いているのである。

元信者の証言はさらに二つのタイプに分かれる。一つは裁判資料で、もう一つは裁判とは関係のないインタビューの記録である。櫻井氏は、「以下で記す信者の証言は全て直接筆者が聞き取り調査を行った元信者のものであり、元信者Iを除き調査時点において統一教会を告訴した原告のものではないことを記載しておく」(p.326) と述べている。これは櫻井氏のインタビュー対象者が裁判にかかわっていない元信者であることを意味しているのだが、彼は法的概念を混乱して用いていると思われる。「告訴」は刑事訴訟で用いられる言葉で、犯罪の被害者などが捜査機関に対して犯罪事実を申告し、その訴追を求める意思表示をいう。一方で「原告」は民事訴訟を起こして裁判を請求する当事者である。元信者が統一教会を「告訴」しても、彼らが「原告」になることはない。櫻井氏は刑事訴訟と民事訴訟を混同しているようだ。正しくは、「統一教会を相手取って民事訴訟を起こした原告のものではない」という表現になり、実際、「青春を返せ」訴訟や献金返還訴訟はすべて民事訴訟である。

細かい間違いはさておき、櫻井氏が裁判資料だけに頼るのではなく、裁判の原告になっていない元信者にインタビューをしたことは一定の評価ができる。なぜなら、統一教会を相手取った民事訴訟に提出される元信者の陳述書や証言は、事実を歪曲している場合が多いからである。具体例を挙げれば以下のようになる。

「青春を返せ」裁判における原告たちは、ビデオセンターにおける学習は内容もよく理解できず感動もしなかったが、巧みに誘導されてビデオを見続けたと主張している。しかし、感動しないものを誘導されながら見続けるのは苦痛なはずだ。見たくもないビデオを見続ける人がそれほど多いのは不自然で、信じ難い。これはビデオを見て「喜んだ」とか「感動した」と言ってしまえば、自分の意思でビデオセンターに通っていたことになり、損害賠償を請求するための違法性を主張しづらくなるため、敢えて本意ではなかったかのように主張する「裁判上の戦略」なのである。

また「青春を返せ」裁判の原告たちは、ツーデーズに代表される修練会の様子を描写する際に、熟睡できず、緊張感と疲労で頭が朦朧とし、半覚醒の状態で講義を受けるなど、やたらと受講生の眠気や疲れを強調し、正常な状態ではないかのように主張する。しかし、スケジュール表によれば睡眠時間は7時間あり、客観的には若者が眠気を催すような過酷な状況にはない。彼らがことさらに「眠気」や「意識が朦朧」などという言葉を用いるのは、正常な状態で合理的な判断をした結果に対しては、自分自身が責任を負わなければならないからである。そこで、自分たちが通常ならざる状態で入教を決断させられたと訴えることにより、勧誘行為の違法性を追求して損害賠償を勝ち取ろうとしているのである。

さらに「青春を返せ」裁判の原告たちは、自分自身の宗教的回心が真正なものではなく、他者に操られて引き起こされたものだと主張する。彼らは一度は統一教会に入信し、熱心に活動までしたのだから、何らかの宗教的回心を体験しているはずである。ところが、彼らは自らの宗教的回心が真正なものだと認めてしまうと、主体的な信仰を動機として活動したことになり、教会に対して損害賠償を請求できなくなってしまう。それでは訴訟が成り立たないので、自分が回心した過程を正直に描写するのではなく、教会の巧みな誘導によって説得され、納得させられた「受動的な被害者」として描写する必要があるのだ。このように、訴訟を有利に進める戦略として、敢えて事実を歪曲して主張することが裁判資料にはままある。

こうした資料をもとに統一教会の伝道や教育を分析しているため、これまで櫻井氏が描写してきた受講生や信者の心理状態は極めて悲壮なものであった。ところが、民事訴訟の原告になっていない元信者たちは、こうした歪曲をする必要がない。ビデオを見て感動したことも、神と出会ったことも、喜んで信仰生活をしていたことも、原理に対して様々な疑問を持ちながらも信仰を続けていたことも、結構正直に話しており、本音がちりばめられている。それは結果的に、彼がこれまで裁判資料に基づいて描いてきた悲壮な統一教会信者のイメージとは異なり、より現実に近い姿である。その意味で、私は櫻井氏が裁判の原告になっていない元信者にインタビューしたのを評価する。

「二　青年信者　自己実現と改変された記憶のはざまで」への反証

「1　元信者A（女性）の事例」

櫻井氏のインタビューした元信者A（女性）の事例から分析してみよう。

彼女は統一教会を脱会後、プロテスタントの信者となっており、元統一教会信者の夫との間に二人の子供がいる。親族から監禁された統一教会信者を脱会させるための説得を行うのはキリスト教の牧師が多く、脱会した信者の一部はその教会の信者になる。日本基督教団のリベラルな牧師は統一教会の信仰を棄てさせるだけの「棄教説得」で終わる場合が多いが、福音派の牧師は彼らの信じるキリスト教への「改宗説得」を行うことが多く、後者の場合、元信者がクリスチャンになる確率は高い。

一方で、牧師の説得によって脱会した元信者同士が結婚する事例も多い。統一教会での体験が忘れてしまいたいような悲惨なものであるなら、それを思い出す可能性の高い元信者と結婚するのは不合理であり、避ける方が賢明であろう。しかし、脱会者の心理はそれほど単純ではない。彼らの記憶から消えることのない「統一教会体験」は、それを経験したことがない人には容易に理解されないもので、実の親をはじめとする親族でもそうであろう。自分がなぜ教会に入り、なぜやめたのかを説明するのは困難である上に、相手に理解を求めることもできない。それを理解してくれる存在が、まさに自分と同じ体験をした元信者なので、そこに一つの安心感を得て、元信者同士で結婚するのであろう。

統一教会での体験が本当に悪いもので、できれば忘れてしまいたいものなら、脱会後はできるだけ遠ざかり、統一教会にかかわる人物とはなるべく会わず、宗教そのものさえも否定する人生を選んでも不思議ではない。しかし、この元信者Aはキリスト教会に通い、元信者と結婚している。これは結果的に、統一教会の信仰そのものは棄てたとしても、相変わらずそれに近い世界観の中に身を置いていることになる。要するにAは本質的に宗教的な素養のある人なのである。説得による棄教は、宗教的アイデンティティーを人工的に破壊することを意味する。それは心の中にぽっかりと穴の開いたような状況を作り出し、一種のアイデンティティー・クライシスを引き起こす。Aは本質的に何らかの宗教的アイデンティティーを必要としているので、それを埋め合わせるために、プロテスタントという新たな信念体系を受け入れたのである。Aがもともと世俗的な人であったら、脱会後に信仰を必要とすることはなかったであろう。

そして一度は祝福の理想を受け入れた者は、完全に世俗的な結婚に対しても抵抗感を残す場合が多く、そこで一度は祝福の理想を信じた元信者と結婚するのである。祝福の価値そのものは既に信じていなかったとしても、「不倫や離婚の心配がない結婚がしたい」とか、「夫婦円満の幸せな家庭を築きたい」という理想だけは持ち続けている場合が多い。一時でも統一教会で信仰生活をした元信者とは、そういう価値観を共有しやすいのかもしれない。したがって脱会してもなお、Aは「統一教会的な」価値観を引きずっている可能性は高い。アイリーン・バーカー博士の研究によれば、こうした価値観は統一教会に来る以前から本人が持っていたもので、それが統一教会の示す価値観と一致したために信者になった可能性が高いという。

Aは20歳になったばかりの１９８７年に、街角で誠実そうな男性に声をかけられ、手相を見てもらったことがきっかけで伝道された。仕事で行き詰っていたこともあり、人生の転換期ではないかという言葉に反応している。Aは「講座を受講したり、立て続けにセミナーに参加したりして、半年あまりで献身を決意した」(p.326) という。

櫻井氏自身の示しているデータによれば、次頁の図6-8に見られるように、入信から献身を決意するまでの期間は数か月から1年、複数年まで散らばりがあるという (p.212)。このグラフの中に位置付ければ、確かにAが献身を決意するまでに要した期間は最も短い部類に入ると言えるだろう。櫻井氏は、統一教会への伝道・入信・献身までの期間が極めて短いことを理由に、信仰の獲得が本人の主体的な意思ではなく、プログラムや説得による受動的なものであると言いたいようである。しかし、その期間は人によって大きなばらつきがあり、Aのように半年あまりでトントン拍子に行く人もいれば、数年かかる人もいる。櫻井氏の示す「伝道から入信までの期間」と「入信から献身までの期間」のデータに大きなばらつきがあることは、伝道する側の思い通りに相手をコントロールできるわけではなく、最終的には本人次第であることを物語っている。入信や「献身」までの期間が短い人は、それだけ本人が納得していたのであり、長い時間がかかった人は、納得するのに時間がかかったのである。その意味でAは「感度が良かった」のだろう。

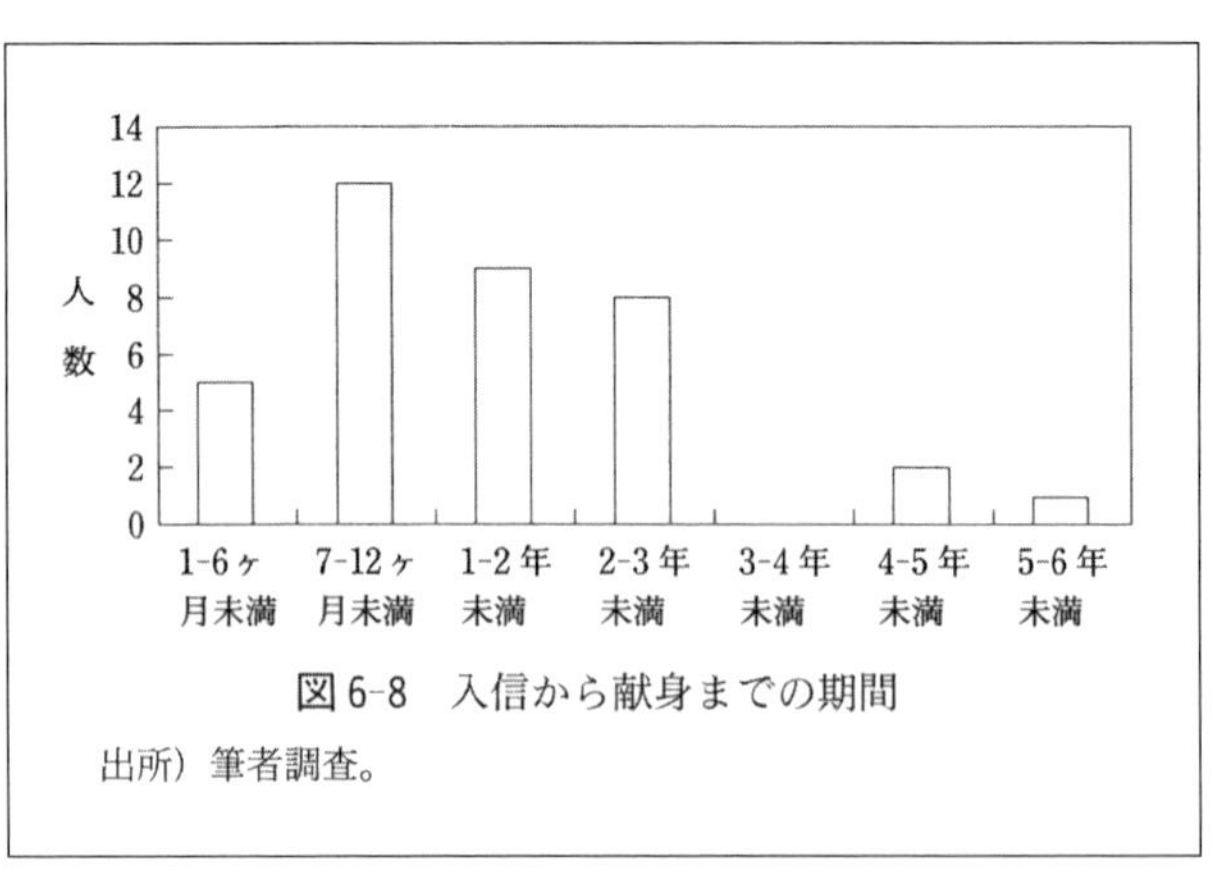

図6-8　入信から献身までの期間

出所）筆者調査。

出典）『統一教会――日本宣教の戦略と韓日祝福』212ページ

　この点に関して櫻井氏は、「これほどの短期間で献身してしまったのは、統一原理のような話を全く聞いたことがなく、真理として教え込まれたことを本当にすごい話だと思い込んでしまったこと、あなたが世界を変えていく使命を持っているのだというメッセージを受けたことがある。自分にそんな役割があったのかと」(p.326)と受動的に表現している。しかしこれは、宗教的回心をあくまでも主体的なものではなく、勧誘によって引き起こされたものとして描こうとする、裁判資料によくある表現方法である。当時の状況をより事実に近く表現すれば、「これほどの短期間で献身してしまったのは、初めて聞く統一原理の内容は新鮮で、本当にすごい話でまさに真理だと思ったこと、自分に世界を変えていく使命があるんだという話に感動したこと」になるであろう。宗教的回心の動機としては至極まっとうであり、Aはかなり宗教性のある感度の良い受講生だったことが分かる。

しかし、人が伝道される理由はこうした教義の内容に対する反応だけではない。櫻井氏はAについて、「東京に出て心を許せる友達がなかなか得られなかったこともあり、同じ志を持った仲間と暮らせることが嬉しくて仕方なかった。自分をご存じの神様がいるという話にも純粋に感動した」（p.326-327）とも記述している。トレーニング中の仲間たちとの共同生活が楽しかったという話は、元信者の証言だけでなく、現役の信者たちの証言にも見いだすことができる。『ムーニーの成り立ち』の著者のアイリーン・バーカー博士は、統一教会の信者に「入会したとき、何が最も印象的だったと記憶しているか?」というアンケート調査をしており、その順位は英国の場合は①結論：メシヤが地上にいること（46%）、②会員自身（22%）、③統一原理のその他の内容（16%）、④ファミリーの共同生活（9%）、⑤ファミリーの政治的な立場（1%）で、アメリカの神学生の場合は①結論：メシヤが地上にいること（32%）、②統一原理のその他の内容（29%）、③会員自身（26%）、④ファミリーの共同生活（6%）、⑤ファミリーの政治的な立場（0%）となっている。このデータは西洋においても、教義の知的な内容に感動したという要素と共に、心理的または情緒的な解放や慰めを入信の動機としている者も多いことを物語る。すなわち、かなり多くの者が「アットホーム」な感じのする雰囲気や、統一教会のメンバーから感じた親近感や愛情表現が原因となって入会したいと感じたと答えているのである。こうした状況は日本でも同じで、教義に対する感動と、心許せる同世代の仲間たちとの触れ合いが相乗効果となって感動を引き起こし、統一教会に入信することが多いのである。そしてそれは、若者たちが新宗教に入信する際の典型的な動機でもあり、それ自体は社会的に批判されるようなものではない。

宗教性があったAは信者時代の神体験をいまでも覚えている

しかし、この幸福な状態は長くは続かなかった。「楽しいだけの統一教会は献身するまでだった」(p.327) と言っているように、その後の彼女の信仰生活は楽しいことよりも辛いことの方が多かったようである。この頃の彼女の活動は、街頭伝道、代理店などを通じた印鑑、数珠、絵画などの物品販売、そして1990年から3年間マイクロでの販売活動を行ったという。そのときのハードな生活が、Aにとっては信者だった頃の辛い体験として心に焼き付いているように思われる。

受講生として教育を受けていた頃は「楽しいだけの統一教会」だったのが、「献身」をしてから悩みや苦しみが多くなっていくのは、実はよくあるパターンである。誰でも信仰の初期はいろんな人から愛される。特に霊の親、教育過程のカウンセラーや班長、そして先輩の信者たちは、新しく生まれようとしている霊的な生命を大切に育てるために、常に関心を注ぎ、話を聞いてあげ、共に喜んだり悲しんだりしてくれる。それを通して、ここはなんと愛のある団体なのだと受講生は思うのである。しかし、一通りの教育が終わると、今度は受講生は信仰者として独り立ちを求められるようになる。ただ愛されるだけの立場から、み旨に対して責任をもち、誰かを愛する側になることが求められ、このとき、受講生は寂しさや「愛の減少感」を感じる。この段階を乗り越えることができるかどうかが、受講生が信仰者として自立するかどうかの分かれ目となる。「献身」は独り立ちし、一人前の信者になるときに迫られる決意として機能していたのかもしれない。

Aにとっての「献身」も、そのような独り立ちの時期として訪れたのかもしれないが、なまじ宗教性があり感度の良かったAは半年余りで「献身」を決意したため、愛される側から愛する側へと成長していく十分な時間を与えられなかったのかもしれない。だからといって、私はAが愛されたいだけの幼い信仰者であったなどと言うつもりはない。外面的には立派に歩みながらも、自分は愛されているという内面的な充足感がそれに伴なっていないとい難しい。

う、微妙なアンバランスがあったのかもしれない。しかし、そうした内面のもろさに周囲が気付くのは、実際には

インタビューの文面を読む限りでは、Aは非常にまじめで責任感が強く、かなりの信仰者という印象を受ける。そもそも3年間もくじけずにマイクロ生活を続けたというだけで立派なものである。しかし、内面では「毎日が辛い日々で泣かない日はなかった」(p.327) と、内外の乖離が大きい、かなり無理な信仰生活をしていたと思われる。

Aが宗教的な素養を持った人だと感じるのは、人間である隊長に叱責されること以上に、「神に対する責任分担を果たせないことが辛かった」(p.327) と、脱会した後のインタビューにおいてさえ語っていることである。Aは人目を気にし、人間関係で葛藤していたのではなく、神の目を気にし、神との関係で信仰的な戦いをしていたことになる。「自分は氏族メシヤだという使命感、今ここでやめたら摂理はどうなってしまうのか、神様がどれほど悲しむだろう」(p.327) と感じて、死ぬことまで考えるほど深刻になっていたという。

そうした限界状況の中で、Aは神の声を聞くという宗教体験をしたのであるが、驚くべきことに統一教会を脱会した後のインタビューにおいてさえ、活動の最前線で自分の身に起こった神体験をはっきりと覚えており、それを否定していない。こういう神体験がなかったなら、「あのとき自分はどうなっていたのかわからない」(p.327) とまで言っている。統一教会の信者だったときの神体験は、単なる思い込みや勘違いであったなどと片付けられないほどに強烈な実感を伴うものであったことが分かる。Aは説得によって何かを信じ込まされた受動的な被害者なのではなく、自らの主体的な意思で信じ、それを強烈な宗教体験が下支えしていたことはインタビューから明らかであり、その信仰が真正なものであったことは疑いがない。脱会後にクリスチャンになったAは、いまでも神の存在を信じているわけで、統一教会の信者だった頃に活動の最前線で自分に語りかけた神と、現在自分の信じている神が、全く別の神とは思っていないであろう。

そのAが統一教会をやめるようになったのは、韓国人と祝福を受けて渡韓する前に実家に挨拶するために戻った

とき、両親、親族、牧師から脱会説得を受けたためである。それが監禁を伴うものであったのかどうかは書いていないので不明だが、もし仮にそうだったとしても、櫻井氏が敢えてそのことに触れることはないであろう。かなりの信仰者であったAが、なぜ牧師の説得によって1か月半で脱会してしまったのかを説明するのは難しい。原理に対する知的な理解が足りなかったために牧師の説得に屈してしまったと考えるのはむしろ後付けの解釈であり、そもそもなぜAは統一教会を信じるようになったのかを分析する方が、やめた理由を考える上では役に立つかもしれない。

「両親は、脱会を決意した後も感情を失って呆然としている娘の姿に不安だった」（p.328）とあるように、Aが脱会によって陥ったアイデンティティー・クライシスはかなり深刻なものであったと思われる。Aのように純粋で宗教性があり、責任感が強いタイプであれば、信仰という自分の中核を失ったショックは大きかったであろう。その心の穴を埋めたのが、キリスト教の信仰であった。

Aは脱会後に自らを振り返り、「統一教会は、自分の中にある依存的な部分に合っていた」「統一教会の生活は苦しかったが、それでも何でも相談できて指示に従ってさえいれば上から褒められる。そのような統一教会は居心地がよかったのだと思う」（p.328）と分析している。これに櫻井氏は解説を加え、「筆者なりにカルト的信仰を定義するならば、組織に依存させられた信仰である。個人を既成観念から解放し、自由にするような信仰のあり方ではない」（p.328）と述べている。

櫻井氏のカルト批判は、フロイトの宗教批判を彷彿とさせる。フロイトは1927年に『幻想の未来』という本を書いて、将来宗教はなくなるだろうと予言した。彼によれば、宗教とは結局、親の庇護を求める幼児の依存的体質の変形であり、幻想であるから、科学と理性の発達によって人間が迷信から解放されれば宗教はなくなるだろうという。フロイトの時代には「カルト」などという概念はなかったが、彼によれば「カルト」だけではなく、すべての宗教が人間の依存的体質の上に成り立っているのである。こうした宗教批判は耳触りがよく、もっともらしく聞こえるが、それでは組織や既成概念から解放されて自由に生きているような人間がいったいどれほどいるであろうか？　何ものにも依存せず、自由に生きることができるほど、そもそも人は強い存在なのだろうか？　フロイトが宗教の消滅を予言してから１００年近く経っても宗教がなくならないのは、人間には宗教に依存したいという基本的な欲求があるからではないだろうか？

宗教と依存

Ａは脱会後に自らを振り返り、「今冷静に当時の自分を考え直してみると、統一教会にすっぽりはまってしまったわけもわかるような気がする。統一教会は、自分の中にある依存的な部分に合っていた。両親、特に母に何でも聞いてもらって、いいよ、と言われてからやる習慣が子供のうちに身につき、働き始めてもその性格が変わらなかったので、上司に何でも報告、相談する統一教会の仕組みがしっくりきたのかなとも思う。就職も親の敷いたレールに乗っかった。本当は別のことをやろうと思っていたのだが。統一教会に入信したときは、ここで初めて親から自立できると思ったのかもしれない。しかし、自分の性格は変わらず、命令に素直に従ったままだった。統一教会の生活は苦しかったが、それでも何でも相談できて指示に従ってさえいれば上から褒められる。そのような統一教会は居心地がよかったのだと思う」（p.328）と分析している。

この部分は、「宗教と依存」という興味深いテーマにかかわるので、少し掘り下げて分析してみたい。宗教とは親の庇護を求める幼児の依存的体質の変形であると言ったのはフロイトだが、自分の中の依存的な部分と統一教会が「合っていた」というＡの自己分析も、フロイトの宗教論とどこか通じるところがある。「神はあなたがたをかえりみていて下さるのであるから、自分の思いわずらいを、いっさい神にゆだねるがよい」（ペテロⅠ５：７）という新約聖書の言葉に典型的に示されているように、宗教を信じる者は自分の人生に対して主体的に判断するのではなく、神に判断を依存して生きているといると思われるふしがある。

統一教会に関する社会学的な研究で有名なアイリーン・バーカー博士も、統一教会はある意味で依存的な人々には居心地の良いところであると述べている。多くの宗教団体と同じように、統一教会の内部には唯一の支配的な世界観しかなく、信徒たちは比較的閉ざされた共同体を形成して生活している。多くの選択肢と不確実性に満ちた広い世界で孤独に生きるよりは、安定した狭い世界で隣人との絆を感じながら生きることを好むような性格の人にとっては、統一教会は居心地の良い場所なのである。それを「依存的性格」と呼ぶのであれば、そうした性格の持ち主は、ある意味で自分の特性に従って合理的な選択をしているとさえ言える。

たとえそうした性格でない人でも、人間関係に魅力を感じるか、友情を動機として共同体の一員になることはあり得る。しかし、そのことの故に自分自身の自由や選択肢が制限されるという代償を払わなければならない。その価値があると思えるほど統一教会内での生活や人間関係に魅力を感じ続ければ教会に残るであろうし、魅力を感じなくなってしまえば、自由を求めて離脱することになる。

依存的な人とは確固たる自分の意志を持たず、人に言われるままに何でも従ってしまうような人であると思われるが、それでは統一教会に残る人は全員が依存的な性格の人なのであろうか？　このことに関してバーカー博士は次のように述べている。

「神に服従しようとする人々はあまり強い意志を持っていないのだと思われているけれども、神のみ旨と信じるものに従う男女が極めて強靭な意志を持っていたと考えられるケースは歴史的に数多く挙げることができるだろう。そして私は非常に強靭な意志を持っているムーニーに何人か出会っている」（『ムーニーの成り立ち』第10章「結論」より）

バーカー博士の言う強靭な意志を持った歴史上の信仰者とは、パウロやルターのような人物を指すと思われる。「神はわがやぐら」はマルティン・ルターが作詞した最も有名な讃美歌で、これは「宗教改革の戦いの讃美歌」と呼ばれ、宗教改革者たちをよく助けた。このように、信仰と強靭な意志が両立することは多くの歴史的人物たちが実証していて、信仰を持つ人が必ずしも依存的で意志薄弱とは言えない。統一教会の信仰を持っていたAの場合も、3年間の過酷なマイクロ生活を歩み切った点に着目すれば、かなり強靭な意志の持ち主であったとも言える。ただ甘えたいだけの依存的な性格の持ち主であれば、とっくに途中で逃げ出していたことであろう。彼女もまた、信仰によって強靭な意志を発揮した人であった。そのときには、まさに「神はわがやぐら」であったのだ。自分は依存的であったというAの自己分析にもかかわらず、Aは何でも言われるままに受動的に信じていたのではなく、様々な苦難や試練を乗り越えるほどの主体的な意志をもって、自ら信じる価値観に従って生きていたのである。

この「依存」という概念は、両親との間においても意識されており、それは入信の動機の説明にもなっている。Aは、自分は母親に対して依存的で、統一教会に入った動機の一つは、親から自立できるかもしれないと思ったからだと述べている。これは興味深い分析である。日本における数少ない外部の学者による統一教会研究に、塩谷政憲氏の研究があるが、彼もまた若者たちが統一教会に入信する動機を「親からの自立」という観点から分析している。詳しくは、「宗教運動への献身をめぐる家族からの離反」（森岡清美編『近現代における「家」の変質と宗教』に掲載）という論文に書かれているが、要するに子供が親の引力圏から脱出するために、心許せる若者たちの集団である統一教会に魅力を感じて飛び込み、その中で親からの自立をはかろうとしているということだ。こうした傾向は、西洋の統一教会にもあり、バーカー博士はこのことを以下のように表現している。

「私が示唆しているのは、幸福で安定した家庭背景を持っていた者たちの中には、初めて世の中に出て行ったときに経験する失望、痛み、幻滅などに対処する準備が十分にできていなかった者が若干おり、そのような人々は、同じ価値観を持ち、同じ基準を信じているように見える友好的な人々のグループと出会うことによって、かなりの安堵感を経験したかもしれないということである。多くのムーニーが運動と出会ったときの最初の反応は『自分は家に戻ってきたように感じた』と語ったことは、まったく驚くにはあたらない。これはムーニーが単に家に戻りたがっていたということを意味しているのではない。彼らの大部分は統一教会に出会うかなり以前から、両親から独立する必要性を感じていた。これは成長の正常パターンの一部に過ぎないが、少数ながらも認識可能な数のムーニーが、両親の世話と愛情を息苦しく感じ、両親から逃れることを切に望んでいたのである。それはときには息子（あるいは娘）に対して、自分と同じ道を歩んでほしいとか、自分以上になってほしいと期待する父親であった。そしてその『以上』とは、子供にとっては魅力的でない職業における成功として規定されることが多く、子供自身は自分が選んでもいない方向に向かって教育の生産ラインに押し出されているように感じており、その方向は彼が幼少時代に両親によって教え込まれた理想そのものを達成するのを妨げているように思われたのである。

もう一つのタイプの窒息は、自らの人生を惜しみなく捧げて子供たちの面倒を見てきたが、子供たちが離れていくのを望まない母親によって生じた。彼らは、子供たちが母親を必要とする以上に、母親が子供の依存を必要とするという事態になっていた。子供（いまや20代前半になっているであろう）は、それに抵抗して自分自身の生き方を選ばなければならないと感じていた。しかし同時に、彼が自分は大切にされていると感じ、自分のために決定がなされるという環境で育てられたという事実により、彼が自立の決断をする時にも、もう一つの『われわれはあなたを愛しており、すべての答えを持っている』という環境の中でその決断をする傾向がより強くなる、ということもあり得るのである」（『ムーニーの成り立ち』第8章「被暗示性」より）

Aの入信の動機と、塩谷政憲氏やアイリーン・バーカー博士の分析には多くの一致点が見いだせる。したがって、Aの入信動機はとりたてて珍しいものではなく、むしろ典型的なものであると言えるのだろう。問題は、親から自立しようとして統一教会に入信し、それを契機として人間としての自立を果たせたかどうかで、Aの場合にはそれがうまく行かなかったために、再び親の元に帰ってやり直すという結果になった。しかし、統一教会の中で人間としての自立を果たし、やがて結婚して自分も親となり、人間として成熟していく人は多く、「依存」というキーワードだけで統一教会の信仰を説明することはできない。人は、幼い時には誰しも依存的で、そこから成長して自立できるかどうかは、ひとえにその人の努力にかかっているのである。

櫻井氏は、「筆者なりにカルト的信仰を定義するならば、組織に依存させられた信仰である。個人を既成観念から解放し、自由にするような信仰のあり方ではない」（p.328）と主張するが、もしこの定義をそのまま受け入れれば、社会から認められている伝統教団の中にも「カルト的信仰」は存在し、社会から「カルト視」されている教団の中にも、カルト的でない信仰が存在することになるであろう。一つの教団にあっても、信徒と教団の関係は一様ではなく、そもそも組織に全く依存しない信仰などというものは実在しない。これは個々人の生き方や性格に関わる問題であり、Aという個人の事例をもって統一教会の信仰が「カルト的信仰」であるとは言えないのである。

「2　元信者B（女性）の事例」

Bは1987年から94年まで8年近く統一教会で活動した元信者で、櫻井氏は彼女が脱会して6年目に聞き取りを行ったという。伝道されたときには大学2年生だったので、年齢的にも信仰歴においても私の少し後輩にあたる。Bは札幌の短期大学の2年生の時にクラスの友人から伝道されたので、「個人的縁故者」から最初の接触を受けたパターンである。ここでBという個人の事例ではなく一般論として、見知らぬ人から勧誘される場合と「個人的縁故者」から勧誘される場合のどちらがより信者になりやすいかという疑問に答えた、アイリーン・バーカー博士の研究の結果を紹介したい。

「個人的縁故者は、回心にいたる手続きの最初の段階を抜かしているという感じがする。彼らの多くは、見知らぬ人からアプローチされても反応しそうな人々ではないし、友人や親類から運動についてより深く検討するよう説得されなければ、その過程が始まる前にそこから『抜け出すことを選択した』であろう。したがって、彼らはメンバーの中ではいくらか非典型的なグループを構成しているのである。これは入教した両親たちの場合に最も明らかで、友人に連れて行かれて修練会に参加した人々は、とりわけ入教する可能性が高いと示唆されてきた。新しく知り合った人よりも、もともと知っていた友人の方が忠誠心や義理の圧力が大きいだろうと思われるからである。実際には、そうではないことが分かった。その縁故関係は回心にいたる最初の選択を飛び越すことになるかもしれないが、それ自体は、それ以上の結果をもたらすほど強力なものではない。縁故者は見知らぬ人々に紹介された人よりも入教する割合は少ないし、さらに、彼らは修練会の体験をした後に運動に対して最も激しく否定的な評価を下すグループなのである。すなわち、統一教会の『キャリア』の最初のハードルを越えた後に、最終的な結果を決めるより重要な要因は、友人や親類の経験ではなく、その人自身の個人的な経験であり傾向であることは明らかであると思われる」(『ムーニーの成り立ち』第4章「ムーニーと出会う」より)

この分析をBの事例に当てはめれば、彼女が最初にビデオセンターに通うようになった理由としては、誘ってくれた友人に対する信頼からかもしれないが、最終的に原理を受け入れるかどうかに関しては、そのこと以上に本人にそのような素地があったか否かが大きく影響したことになる。友人に誘われたことで伝道される確率が高くなるわけではなく、むしろ見知らぬ人に誘われたケースよりもその割合は低い。Bの場合、家の信仰が浄土真宗であったにもかかわらず、小学校のときに教会の日曜学校に通っていたことから、もともとキリスト教的な教えに親和性を持っていたのではないかと思われる。

櫻井氏の記述では、彼女がビデオセンターで学んでいる間、そこが統一教会で、宗教を教えることなど一言も説明されなかったことが強調されている。しかし、Bの場合にはこうした情報の開示・非開示の問題とは関係なく、特別な認識の枠組みを持っていたと思われる。Bはフォーデーズまたはライフトレーニングで再臨主の名前と統一教会の名前を明かされ、その後、新生トレーニング、実践トレーニングを経て「献身」した後でさえ、「統一教会を世界救済の団体だと思っており、宗教団体とは思っていなかった」(p.331)という。客観的に見れば統一教会は明らかに宗教団体で、その中にいながらもそう認識していなかったというのは、一般の人からは理解し難い感覚であろう。しかし、統一教会の信仰を持つ者であればある程度は理解が可能である。

統一教会の純粋な若い信者は、「統一原理は単なる宗教団体の教理ではなく、宇宙の真理である。統一教会は単なる宗教団体ではなく、世界を救済するために神が立てた特別な団体である」と信じていることが多い。もし統一教会の信者の中に、「統一原理は一宗教団体の教理にすぎず、統一教会も一つの宗教団体にすぎない」と思っている人がいたとすれば、その人は既に信仰が冷めてしまった人か、よほど客観的な立場で教会に所属している人であろう。多くの信者たちは、統一教会やその教義を自分自身の実存と結び付けて認識している。

そしてこれは統一教会に限らず、およそ熱心に信仰する宗教団体の信者においては共通した感覚で、「教義＝真理」なのである。教義が真理であると信じているからその宗教に属しているのであり、自らの信奉する教義が「特定宗教の一教義にすぎず、普遍的真理ではない」などとは考えない。したがって、そもそも彼らの主観においては「真理」と「教義」の区別は存在せず、その教義は宇宙の真理で、人間の生き方に対する普遍的な指針である。そして自分が所属するのは「世界救済の団体」で、単なる宗教団体だとは思っていないのである。

Bもまたこのような感覚の持ち主であった。したがって、文鮮明師や統一教会等の名前を明かされた後でも、宗教団体とは思っていなかったのである。こうした感性を持つBの主観においては、最初から教団の名前を明かさなかったことや、宗教であると教えなかったことなどはむしろどうでもよく、それよりもこの教えが「自分にとって真理であるかどうか」を真剣に考える、実存主義的な傾向があったと言える。このことで、最初から教団名や伝道の意図を明かさない伝道方法の倫理的な問題を正当化することにはならない。しかしBという個人の主観においては、そのことはさしたる問題ではなかった。それをインタビューした第三者が問題視するのは、後付けの解釈にすぎない。

Bは「創造原理の神観には感動した」（p.330）と正直に述べているので、基本的に宗教的感性のあることが分かる。Bの堕落論に対する反応は興味深い。「堕落論では罪の観念を持った」「自分にもあてはまる、自分は汚いと思った」「自分は堕落しているからやめます」（p.330）といった表現からは、原理を聞く前の男女関係が個人的な負債として認識されていたことが推察される。自分の体験した男女関係から堕落論を受け止め、自分は罪深いと感じるのは青年が伝道される過程ではよくあり、とりたてて珍しい現象ではない。しかしながら、自己卑下的な感覚で罪を捉え、それが信仰の動機となった場合には、神から愛され許されている自分であるという感覚を育てることができず、健全な信仰を育てられないことも多い。Bの場合にはこうした課題を持っていたように思われる。

Bはセミナーで聞いた教義を深刻に受け取り、その真理性も認めていたが、この道があまりにも大変そうなので、やって行ける自信がなかったという。ここで重要なのは、原理の真理性を認めたとしても、この道を行かないという選択をする人は実際に多数存在するということだ。バーカー博士は著書『ムーニーの成り立ち』の第6章「修練会に対する反応」の中で、統一教会の修練会に参加した人々は「完全な肯定」から「完全な否定」に至るまで実に多様な反応を見せたが、「非入会者たちのほぼ半数が講義はかなり多くの真理を含んでいると思い、9％がそれらを真理で『ある』と信じていた」という事実を明らかにしている。このように「原理は真理である」と認めながらも彼らが信者にならなかった理由は、自分はそこまで献身的になれないので荷が重すぎると感じたからであるとか、自分はこの教会にいるにはあまりに利己主義的である、といったものであった。これはBが「献身」を決意できなかった理由とほぼ同じなのだが、最終的にBは信仰を持つようになる。それは基本的にBの中に「自分を変えたい」とか「自分の悩みを解決したい」という欲求があったからであると思われる。

Bは引っ込み思案でこつこつと積み上げるタイプだったという。そのBが自分を変えるために、札幌のススキノを走ったり、大通公園の噴水に飛び込んだりといった、いわゆる非常識なことに敢えて挑戦しながら、自分の殻を打ち破ろうとする姿もまた、青年信者の信仰生活にはよくある。しかし、Bの信仰の本質的な課題は、基本的に自己肯定感が弱く、嫌な自分を否定して生まれ変わろうとするあまり、無条件に自分を愛してくれる親なる神を感じられず、心霊が健全に成長できなかったことにあったのかもしれない。

Bの信仰が抱えていた問題点

Bは短大生だった1987年に伝道され、卒業して就職した後も伝道活動などをしながら信仰生活を送っていた。しかし仕事の後、夜遅くまで活動して帰宅する彼女を姉が怪しく思い、何をしているのか問い詰めるようになった。それで彼女は家を出て、仕事を辞めて「献身」し、そこから彼女の苦しい生活が始まった。

櫻井氏の記述によれば、「数年間の伝道（壮婦対象の訪問伝道）と経済活動（改造ワゴン車で道内を移動し、訪問販売）に明け暮れ、健康を害した。元々身体が丈夫ではなかったが、身体を酷使しすぎた」（p.332）とある。一般の生活においても、健康状態がすぐれなければ陰鬱な気分になるように、健康を害することによって心霊が暗くなることは信仰生活においてもよくある。信仰の本質はマゾヒズムではないので、体を壊す程度にまで自分を酷使するのではなく、きちんと健康管理をしながら息の長い信仰を持つように心がけることが大切である。しかし、これを若くて純粋な信者だけの責任に帰するのは酷というものであり、健康面における上司の配慮は必要であろう。

しかし一方で、信者も自分の健康を守るために留意すべきで、体の不調を訴えるのは不信仰でもなんでもなく、身体の状況を正確に報告して上司に適切な判断をしてもらう努力も必要である。この辺のコミュニケーションがうまく行かないために、結果的に無理をして体を壊し、恨みが残り、信仰を失ってしまっては元も子もないであろう。

Bの場合には単に身体が弱かっただけでなく、自分自身に対する意識の持ち方にむしろ問題があったのではないか。「伝道でも経済活動でも常に葛藤を抱えながらの歩みでどうしようもなく辛かった。マイクロでは実績を上げないと負債になった」(p.332)とあるように、活動に対する感情は概してネガティブなものが多い。普通に考えれば、それほど辛いならやめたらいいのにと思う。信仰そのものをやめることは可能で、信仰をやめないにしても、いまのような活動形態ではなく、もっと緩い形で教会につながる方法を探せばそれも不可能ではなかったはずで、そのような人も多い。

辛い活動にもかかわらず彼女がこの道を捨てられなかった理由は、「氏族メシヤである自分の存在を否定することができない。そのときはもう自分はどうなってもいいと思っていたのだ。しかし、マイクロは家族のためになければならなかった。そうしなければサタンが讒訴する……と信じていた」（p.332）というのである。自分はどうなっても構わないから家族のためにこの道を歩むというのは、一見自己犠牲的で人のために生きる素晴らしい信仰のように聞こえるかもしれないが、神に対する感謝の念がなく、半ば自暴自棄になっている点で正しい信仰姿勢であるとは言えないし、健全な精神状態であるとも言えない。これは統一教会の理想的な信仰者の姿ではないばかりか、典型的な姿でもない。

キリスト教の伝統においては、他者のために犠牲的に生きることを美徳として教えてきたが、これは決して自分自身を粗末にすることを意味しない。「自分を愛するようにあなたの隣人を愛しなさい」（マタイ22：39）というイエス・キリストのみ言にあるように、誰もが自分自身を愛しているという前提のもとに、隣人愛が説かれている。そしてまた、本当の信仰は、神が自分を愛しておられるが故に、私も自分自身を大切にしようと考え、その意味で自己愛と隣人愛は究極的に矛盾するものではない。

統一教会の信徒たちが長年にわたって信仰の指針としてきた『御旨の道』という文先生のみ言集には、以下のような言葉がある。

「自分が生まれた地を愛することを知る者は、自分の体を愛することを知る者である。自分の体を愛する人は自分の心を愛する人であり、自分の心を愛する人は神様を愛する人である」

「人格者とは、自分のことを早く済ませて、他人のことをまず考える人のことをいうのである」

統一教会では、まず神から頂いた自分自身の体を大切にするよう教えている。健康管理も自身の体を愛することの一つで、自分の心、魂、心霊を大切にすることもまた、自分自身を愛することである。自分の精神状態が不安定で不健全であれば、神の御旨を正しく担うことができないので、常に祈り、み言を学ぶことを通して心を正しい状態に保つことが、自分の心を愛することである。それが究極的には神を愛することにつながる。そして、私自身の心と体が神を中心として一つになっていなければ、他者の前に正しい主体として立つことができない。その意味では、自分自身を正しく愛することのできる人が、他者を正しく愛することができる。こうした考えを持つ人が健全な信仰者と言えよう。

その基準から見れば、Bの信仰はどこか自暴自棄的なところがあり、本音においては自分自身を嫌っていて、そういう自分を犠牲にすることに一種のヒロイズムを感じていたのではないかと思われるふしがある。酷な言い方かもしれないが、そうした信仰姿勢のままではいつか枯れてしまい、長続きしない。信仰は何よりも、自分が神に愛されていることへの感謝の念から出発するものだからである。

神に対する感謝の念が欠けていたBの信仰の動機は何だったのだろうか？　それは「恐怖」で、「自分にはものすごい恐怖心があった。脱会するときに家族に何かあるのではないかと非常に怖かった」「自分の不信仰で家族にけががあったという証しを以前に聞いていたためだ」（p.333）という表現にも示されているように、自分がこの道を行かなければ家族が酷い目に遭うかもしれないという恐怖心が、辛くてもこの道を行く動機となっていたのである。「恐怖」が信仰の動機になるのは統一教会以外の宗教でもあり、「祟り」「バチ」「因縁」「怨恨」から逃れることが信仰の動機になるのは日本の宗教においては珍しくない。ユダヤ・キリスト教の伝統においても、旧約聖書の世界においては恐怖が信仰を鼓舞するケースが多く登場する。それはイスラム教においても同様である。

しかし、統一原理の理解によれば、こうした「恐怖」を動機とした信仰は人間の心霊の成長の初期段階であり、そこからやがて喜んで信じる段階へ、さらには親の事情や心情を悟って「侍る」段階へと成長するとされている。そうした意味では、Bの信仰はまだ初期段階のものであり、そこから神の愛を感じて感謝し、喜んで信じる段階へと成長して行かなければならなかったのである。

より正確には、Bの信仰は恐怖や家族に対する使命感によってのみ支えられていたわけではなく、祝福に対する希望も動機の一部を形成していたようである。それは櫻井氏の以下のような表現に現れている。

「Bの八年間に及ぶ統一教会員の生活において信仰を継続した理由は、家族への使命感と自身の幸福への希望だった。これは途中でやめることへの恐怖と祝福へのあこがれ、期待が半ばした」(p.334)

これはBの信仰生活の実際という点ではある程度正しい指摘かもしれない。しかし問題は、その祝福への憧れが組織によって阻まれているとB自身が感じてしまったことである。櫻井氏の表現によれば、「伝道と経済活動は祝福のための条件だから辛いのだと自分に言い聞かせるところもあった。しかし、Bには祝福を受けるようにという知らせは来なかった。祝福を受けたいということで責任者にも意向を伝えていたが、何度か合同結婚式の選にもれた。その後、聞いたところでは、祝福該当年齢・条件を満たしても教区の都合により選考されないこともあるらしい。『この時期、ベテランの女性信者が合同結婚式や海外伝道のためにいなくなり、地区長が自分を地区に置こうと考えていた』」(p.333) ということらしい。

Bのこの現状認識が正確で客観的なものとの保証はないが、絶対にありえないともいえない。しかし、祝福適齢期の女性信徒を永遠に未婚のまま地区に置いておこうという地区長はいないので、もう少し待てば彼女にも祝福のチャンスはあったであろう。残念ながら、彼女はそれを待つことができずに信仰を棄ててしまったのである。

「三　学生信者　学生と統一教会」への反証

「三―一　原理研究会の学生」

櫻井氏は統一教会の学生信者を「原理研究会の学生」と「地区教会の学生信者」に分け、両者の待遇や性格の違いを強調する。これは私にとって個人的に興味深いテーマである。私は「原理研究会の学生」出身者であり、地区教会の学生信者という立場を経験したわけではないが、櫻井氏によって強いコントラストで描かれた二つの立場は、いささか極端で、ステレオタイプ化されたものであると感じる。これが櫻井氏による意図的な差別化なのか、それともたまたまインタビューした学生信者の性格が極端だったのかは定かでないが、私は前者の可能性が高いと思う。原理研究会と地区の学生部の間に文化の違いがあるのは事実であろうが、性格や待遇は櫻井氏が強調するほど大きく異なっているわけではない。

原理研究会の紹介の冒頭に、櫻井氏は文顕進氏の掲げる「核心的価値」(Core Values)を紹介している。これは私が学生だった時代にはなく、２００８年頃に原理研究会の中で強調されていた価値観である。いまやその文顕進氏は統一教会(家庭連合)本体とは袂を分かっているので、「隔世の感」を禁じ得ない。櫻井氏はこの内容に関して、「アメリカ流のポジティブシンキングをまとめたもので、特に統一教会の活動に即して語っているわけではない。ここだけ見れば青年にとっては非常に有益な心構えを教えているということになる」(p.336)と評論している。

櫻井氏はファンダメンタリスト的なものよりリベラルなものを好む傾向にあるので、文顕進氏のアプローチは肌に合うのかもしれない。もとより宗教の教えには普遍的な部分と個別的な部分があり、リベラルな宗教の特徴は、個別的な部分を極力削ぎ落として普遍的な部分を強調する。例えばキリスト教では隣人愛などは普遍的な部分で、十字架による贖罪などは個別的な部分であろう。同じく統一教会の教えにも、「為に生きる」や「家庭の価値」という普遍的な部分もあれば、「真の父母による血統転換」という極めて個別的な部分もある。もし櫻井氏が統一教会の教えの普遍的な部分を正確にキャッチできたならば、同じように「ここだけ見れば人間にとって非常に有益な心構えを教えているということになる」というような評価も可能であろう。しかし、櫻井氏には統一教会の教えの個別的な部分があまりにも鼻について、普遍的な部分が見えなくなっているようだ。

それに対して、文顕進氏の掲げる「核心的価値」は普遍的な部分を前面に押し出しているため、櫻井氏から「青年にとっては非常に有益な心構え」という評価を得ている。今になって思うと、文顕進氏の抱えていた問題は、統一教会の教えの中から普遍的な部分のみを抽出して強調するあまり、個別的な部分を軽視し、アイデンティティーが希薄になったことにあるのではないかと思われる。

この「コアバリュー運動」について櫻井氏は、「正体を隠した勧誘だからサークルへの誘い込みには成功するし、ボランティア活動等への動員も一定程度の効果を上げている。しかし、文化系サークルから原理研究会への移行が必ずしもうまく進まず、サークルのメンバーは多いが、原理研究会は少数という状態が生じているらしい」(p.338)と評論している。これは原理研究会の元メンバーの証言に基づくものなので、客観的な状況分析として信用できるかは疑問だが、この「コアバリュー運動」が現在は継続されていないことから判断して、それほど成功しなかったのであろう。

これはリベラルなキリスト教の教派が社会に迎合するあまり、キリスト教の本質を見失う傾向にあるのとよく似ている。現代社会においては、概してリベラルな教派は教勢を伸ばしておらず、逆に個別性を強烈に主張する福音派や根本主義の教団の方が成長する傾向にある。リベラルな教団の方が一般社会に迎合しているから人気が出そうだが、実際はその逆で、宗教の中にある一般常識に通じるような普遍的価値観に共鳴したからといって、その人が宗教的回心に至るとは限らないのである。

櫻井氏は、「原理研究会の活動は、年間を通した新人開拓と夏季・春季休暇におけるキャラバン（物品販売による信仰強化・資金調達）に分けられる。地区教会との違いは、大学の学事歴に従って活動がスケジュール化されていることと、日本の統一教会に割り当てられた資金調達のノルマが原理研究会には直接課されないということである。そのために、原理研究会における信仰生活には、ある種体育会的で濃密な人間関係による共同生活の楽しみがある。地区教会信者のように通教からホーム生活、献身、そして祝福へという一直線の信仰生活を求められるのではないために、卒業後に就職して通教者となるか、統一教会を離れるか、統一教会の献身者として全国大学連合原理研究会の業務に就くか、様々な道が選択可能である」（p.338-339）という分析を行っている。これはおそらく原理研究会に所属していた元信者から聞き取った内容をそのまま記述しているにすぎないと思われるが、極めて限定された知識に基づく偏った分析であると言える。一つひとつ検証してみよう。

まず、原理研究会の活動が主に新入会員の勧誘と夏季・春季休暇のファンドレイジング（資金集め）であるというのはほぼ合っている。しかし、大学の学事歴に従って活動がスケジュール化されるのは当たり前で、これは地区教会に所属する学生でも同じであろう。原理研究会における信仰生活には、ある種体育会的で濃密な人間関係による共同生活の楽しみがあるのは、私自身も経験した。しかし、それは志を同じくする若者たちが共同生活をすれば必然的に生じるもので、原理研究会にあって地区教会にないものではない。櫻井氏自身が地区教会の女性信者Aについて、「東京に出て心を許せる友達がなかなか得られなかったこともあり、同じ志を持った仲間と暮らせることが嬉しくて仕方なかった」（p.326）と記述しているように、これはどちらの組織でも共通して感じる喜びで、資金調達のノルマがあるかないかなどということとは全く無関係である。

日本統一教会の草創期には、多くの先輩たちが御旨のために大学を中退して活動に専念した歴史があり、それ故に「親泣かせの『原理運動』」などと批判されたが、少なくとも１９８０年代以降は学生は大学を卒業することが推奨されるようになった。私の時代の原理研究会もそうで、それは地区教会の学生部でも変わらないであろう。どちらの組織においても大学生は少なくとも卒業するまでは「信仰的モラトリアム」を経験する。したがって、卒業後に信仰を続けるかやめるか、就職して一般社会に出て信仰を続けるか、宗教活動に専従するか、じっくり考える時間があるのは何も原理研究会の学生に限らない。

また、地区教会の信者が通教からホーム生活、献身、そして祝福へという一直線の信仰生活を求められるというのも間違いである。み言に対する反応のよい青年がそのような一直線に見えるコースを行くことがあるかもしれないが、実際には研修生の進路は人それぞれであり、信徒の組織の専従者になる人、仕事を継続しながら通教者にとどまる人、一般社会で働きながら祝福を受ける人、信仰をやめる人など、それぞれ進路を自分で決めるのである。

櫻井氏は、「原理研究会のメンバーには統一教会の次世代における指導者層になることが求められているために、勉学のゆとりが与えられている。核心的価値の教説もそうだが、社会事業や組織活動によって世界に貢献していくという意識が説かれ、エリート意識も強い」(p.339)として、エリート集団としての原理研究会の特殊性を強調する。しかし実際には、原理研究会のメンバーに勉学のゆとりが与えられているというのは怪しい。私の時代には、天の御旨をさておいて勉学に専念してよいなどという価値観はなく、むしろ睡眠時間や個人の時間を極力削って、御旨と勉学を両立することが理想と教えられていた。そして大学の勉強をしっかりすれば統一運動の次世代のリーダーになれるなどと考える者はおらず、むしろそのためには信仰訓練をしなければならないという考え方が強かった。私の時代の原理研究会にも、活動のために留年する大学生はいたので、地区教会の学生に比べて「勉学のゆとりが与えられていた」などといえば彼らは怒るであろう。

原理研究会の学生には「未来の指導者たれ」という理想が語られていたため、エリート意識が強いというのはある程度当たっているかもしれない。しかしこれは、一流大学の出身者が持つある種共通の感覚であろう。「男子学生が多いせいもあってノリは体育会、臨戦態勢の雰囲気がある」(p.339)という記述も、一部の男子学生から聞き出したことを一般化しているにすぎない。

これらは、櫻井氏のインタビューした原理研究会に所属していた元信者の経験が、櫻井氏の描いた悲惨な統一教会の信仰生活とかけ離れたものであったため、「これは特殊な組織における特殊な経験に過ぎない」「楽しい信仰生活は、原理研究会の学生時代にしか存在しない」と差別化し、統一教会信者全体の信仰生活に関する自らの主張が崩壊しないよう予防線を張ったと解釈できる。しかし現実には、「楽しい信仰生活」は原理研究会にも地区教会にも存在する。

「2　元信者C（男性）の事例」

櫻井氏がインタビューした元信者C（男性）は1995年から97年にかけて関西の有名私立大学の原理研究会に所属していたので、私より10年以上後輩に当たる。以下、原理研究会に関するCの描写を抜粋する。

「宗教的な話には抵抗感もあり、文鮮明がメシヤかどうかもよくわからなかったが、合宿が楽しかった」「学舎長は父親役、母親役の女性リーダー、信仰歴ごとに分けられた兄弟姉妹関係の中に収まり、そこは家族の雰囲気だった」「あの頃が一番勉強したと思うくらい。大学の講義以上に難しい。勉強しているというよりも、楽しかった。もっと聞きたい。もうほとんど麻薬に近い状態」「こうして一九九六年の夏には学舎に入り、原理研究会にどっぷり浸かっていく」（p.340）

「学舎では一日二〇人分の食事代（朝と昼）を二〇〇〇円で切り盛りするほど貧乏で、給食センターからパンの耳を安く分けてもらったり、時には廃棄されたドーナツをホームレスの人達と争ったりもした」「学舎に入りたての頃は、メンバーがみな子供じみて見えた。取るに足りないことを喜んだり、皆で笑ったりと。しかし、長くそこにいると『自分の価値観が変わり、また生まれ直すという感じで、子供みたいになる』。そのため、大学生の男女が一緒に暮らしているにもかかわらず、異性に対する恋愛感情などは起きず、むしろ、原理研究会のスケジュールの中で一緒にやっているもの同士のような愛情で満たされているように思われた」「貧乏で、本当に貧しくて、いつも腹減っていたけれども、楽しくて楽しくてしょうがないって感じ」「新人を誘うために、それまで手紙など書いたことのないCが、何枚も手紙を書けるようになった」「自分は尽くしてもらえたから、相手にも尽くせるようになった」「学生の一人暮らしをやっていて友達とも話すが、上滑りの会話が多いわけで、濃密な人間関係の中で自分のこと、家族のこと、将来の夢とか、しっかり話し込めるとどんどん入っていった」「原理研究会の熱さは自分に合っていた」(p.341)

Cの証言にはまるで青春ドラマのような熱さがある。それは彼にとっては楽しかった青春時代の一コマとして、今も記憶されているのであろう。通常、裁判の原告になった元信者はこうした信仰生活の「リアル」を陳述書に書いたり、法廷で証言したりしない。それでは被告を利することになるので、こうした記述はことごとく弁護士の指導によって削除され、受動的な被害者を演じるように矯正されるからである。ところがCは裁判の原告ではなく、自由な立場で純粋に櫻井氏のインタビューに答えたため、原理研究会での信仰生活が楽しくて仕方がなかったことを正直にしゃべっている。そこに、彼の証言のリアリティーと、裁判資料では隠されている信仰生活の真実がある。こうして櫻井氏の著作全体を俯瞰すれば、裁判資料を基に構築した「受動的な被害者」としての統一教会の信者像と、直接のインタビューから得られた、楽しい信仰生活を送っている能動的な信者像との間に、齟齬が生じている。そしてこの楽しい信仰生活を送っている信者像は、櫻井氏が特別な組織としている原理研究会にとどまらず、すべての統一教会員に共通する「リアル」なのである。

しかし、この「リアル」が普遍的な信仰生活の真実であると読者に思われては困るので、櫻井氏はこれがあくまでも「特殊な体験」であることを再度念押ししている。

「大学時代に運動部にでも所属し、辛いけれど楽しかった練習と合宿所での共同生活を物語るようなCの回顧談を怪訝に思う読者もいるかもしれない。原理研究会主催のセミナーを『修学旅行の夜』と評した塩谷政憲の研究（塩谷　一九八六）にも通じるものだが、これが統一教会における信仰生活の一側面を示していることは事実である。楽しくなければ続けられない」「しかしながら、既に述べたように原理研究会は統一教会にあって特別に保護された空間であり、伝道や経済活動において厳しく実績を追求されることはない。勧誘からツーデーズセミナー、シックスデーズセミナー、新人研修までは一気に進むが、これを終えれば後は大学の学事暦に沿って年間のスケジュールをこなしていけばよい。大学卒業までに普通に就職して通教するか、献身者になるかを決定すればよいので、セミナー後、新生トレーニング、実践トレーニングと矢継ぎ早に教義と実践を教え込まれ、一気に献身まで詰められるということも行われていない。そうした余裕の中で学生同士の屈託ない会話や寝食を共にする生活が楽しめる」（p.342）

ここで櫻井氏が、共同生活の楽しさを統一教会における信仰生活の一側面であることを認めているのは重要である。彼の言う通り、「楽しくなければ続けられない」のであり、それが現実の信仰生活である。これは櫻井氏が紹介している塩谷政憲氏の研究でも指摘されていることだ。塩谷氏は統一教会の魅力を、同じ目標を共有する若者たちが互いに競争し合い、励まし合いながら共同生活をする「青年集団」であるという点に見た。古来より、子供が大人として社会化する際には、一定期間親元を離れ、「若者組」などと呼ばれる青年集団で同じ世代の若者たちと共同生活をする風習が多くの文明圏に存在し、これが若者たちの自立を促進してきた。しかし現代社会においては親離れ・子離れがスムーズにできない場合が多く、その結果、子供たちは親からの精神的独立を求めて青年集団としての統一教会を必要とする、というのである。

「U会（統一教会）のもっている魅力は、単に宗教団体ということではなく、まずは青年集団だということである。この青年集団が若者達に与えてくれるのは、心許せる仲間達との暖かい雰囲気、同じ目標を共有する仲間達との競争、自己の潜在的エネルギィを引き出し方向づけてくれる使命とその使命にもとづく実践的な体験、その体験の世界へと導いてくれるアイデンティティモデルたる身近な指導者、そしてそれらを説明してくれるトータルで対抗的な世界観である」（塩谷政憲「宗教運動への献身をめぐる家族からの離反」森岡清美編『近現代における「家」の変質と宗教』p.170）

櫻井氏がインタビューしたCの体験は、奇しくも塩谷政憲氏による研究を裏打ちするような内容となった。しかし櫻井氏は「第六章　統一教会信者の入信・回心・脱会」で、統一教会信者の信仰生活を悲壮なものとして描いたので、齟齬が生じた。彼の描いた典型的な統一教会の信徒像は、組織に巧みに勧誘され、教育された受動的な被害者で、常に睡眠不足や緊張感や疲労と闘いつつ、朦朧とした意識の中でひたすら苦難に耐え続け、常に実績の追求と精神的な打撃を受けながら、勝利か敗北かという二者択一を突きつけられて、決死的な決意で教団から要求される活動を行い続ける悲惨な者たちであった。それがここへきて、「楽しくなければ続けられない」ことを認めたので、そのギャップは甚だしい。

この矛盾をカバーするために、櫻井氏は原理研究会が特別に保護された空間であり、彼らは余裕の中で楽しい信仰生活を送っていた、統一教会信者全体の中にあっては特異な存在であると強調する。実はこれは、統一教会と原理研究会の違いではなく、裁判で主張された歪められた信仰生活の描写と、リアルな信仰生活の描写の違いなのである。実際にはCの体験の中にも貧乏で辛かったことが語られており、地区教会の信者であったAの体験にも、同世代の仲間との共同生活の楽しさは語られている。どちらの信仰生活においても、辛いことと楽しいことの両方があるのが現実で、地区教会の信仰生活は辛いことばかりで、原理研究会の信仰生活は楽しいことばかりというのはあり得ない。しかし、裁判の主張では辛かったことばかりが強調され、楽しかったことは削除される。リアルな信仰生活の証言の前に、裁判資料によって形作られた虚像がまた一つ崩壊したと言ってよいだろう。

「3　元信者D（男性）の事例」

元信者D（男性）は1996年6月から2000年8月まで北日本にある総合大学の原理研究会で活動したという。私のかなり後輩にあたる彼は、単に自身の入信から脱会までの経緯を事実に基づいて話しているだけでなく、原理研究会の勧誘テクニックや、原理研究会と地区教会の違い、学生新聞会の舞台裏、自分自身が原理や組織に対して感じていた矛盾や疑問など、持ち前の分析力を働かせて、主観的な世界についても雄弁に語っている。

Dの思考は批判的・分析的で、これは理性的な男子学生にはよくあるパターンである。私も学生時代には同じような思考をしていたので、ある意味で親近感を覚える。彼はいわゆる「マインド・コントロール」されている人間とはほど遠く、現役の信者だった頃から自分なりに批判的に考えていたことが、インタビューからうかがえる。櫻井氏自身が「これだけよくわかっていて、統一教会に疑問を持ちながらやめずに四年も続けていたのはなぜだろうと脱会カウンセラーでなくとも考えてしまう」（p.352）と表現しているほどに、彼は「批判的な思考能力を奪われ、画一的な思考しかできない」という一般的な統一教会信者のイメージとはほど遠い。櫻井氏は、おそらくこれは原理研究会の知的な学生に固有の性格なのであると言いたいのであろう。しかし、実際には彼のような信仰上の疑問を持つ人は統一教会の中に多数いると思われ、またそれが原因で教会を離れる者も多いと思われる。その意味で、彼は特別な存在ではなく、程度の差こそあれ統一教会信者の中に一定の割合で存在するタイプなのである。彼がこうした批判的な思考をしながら4年間も原理研究会にいたのは、批判的で合理的な思考と、それを超越した信仰が、一人の人間の心の中に共存しえることを示している。そしてそれこそが、統一教会信者の「リアル」なので、「マインド・コントロール」された統一教会信者というステレオタイプを打破する意味も込めて、彼の批判的な思考を紹介してみたい。

Dは1996年に自分が原理研究会に勧誘されたときの様子を簡単に描写した後で、「勧誘される側の自分」から「勧誘する側の自分」へと視点を変え、「手付け金をその場でもらうことが重要だ」「男子学生は女子学生からの働き掛けに弱い」(p.344) といった勧誘テクニックの解説を入れ、同時に中心(学舎長)のやり方に対して自分が疑問を感じていたことにまで言及している。彼はこの「勧誘」という場面を中心として、①勧誘される受講者、②勧誘する霊の親、③それを指導するリーダー、という三つの視点からそのプロセスを分析し、三者の間にある意識や認識の違いにまで言及している。つまり、彼は一つの視点からしか物事を見られないのではなく、複数の視点から立体的に事態を分析する能力を持っているのである。

Dは原理研究会のシックスデーズセミナーに参加したとき、レクリエーションで班長から川に飛び込むよう誘われたが、その場の雰囲気に溶け込めなかったので、そのまま見ていたという。彼は進行役のスタッフから、「なんで飛び込まなかったの? 自分の枠を超えることも大事だよ」と言われた。Dはこの出来事に関して、「周到に準備されていたように思われる。川の中に入るというのが原理研究会に入るという象徴的な行為のように思われ、ノリでそこまで行かせるのがねらいと思われる」(p.345) という冷めた分析をしている。一般的に「マインド・コントロール」とは、本人に自分がコントロールされていることを気付かせることなく、強力な影響力を発揮して個人の信念を変革させてしまうことと説明される。その定義に基づけば、Dはコントロールしようとする側の意図を見抜き、それに抵抗している点において、「マインド・コントロール」された状態にはなく、それを回避しようという主体的な意思を発揮したことになる。にもかかわらず、彼は原理研究会に入会を決意したのである。これはDが原理研究会の勧誘テクニックに対しては批判的な姿勢を貫きながらも、何か別の理由で信仰を受け入れたことを物語っている。

櫻井氏は「第六章　統一教会信者の入信・回心・脱会」において、統一教会信者が勧誘されるときの状況を、睡眠不足や緊張感や疲労と闘いつつ、朦朧とした意識の中で決断を迫られるものであると描写した。Dはそれを裏打ちするかのように、「この説得はOKと言わない限り、明け方まで説得が続き、よほど体力があるか、気力のある人間でない限り、眠気と朦朧とした意識の中でOKしてしまう」と述べている。しかしその直後に、「しかし、ここでOKしたもの達でも、実際に夏の新人研に参加するかどうかはそのときになってみないとわからない。統一教会が嫌だ、ついて行けないと脱落するものも多い」(p.345)とも書いている。彼は自分が勧誘される側の立場だったときの描写としては、眠気と朦朧とした意識の中でOKしてしまったという自覚があったのであろう。しかし、勧誘する側に回って同じことをしてみた場合には、それが必ずしも有効であるとは限らない体験をしたのである。Dは自分の体験と他者の体験を相対的に比較し、同じ状況下に置かれたとしても、人は必ずしも同じ反応をするものではないことを冷静に観察している。要するに、眠気や根負けで一時的に説得を受け入れたとしても、それが永続的な回心であるとは限らず、最終的にはその人自身の心が決めることだと彼は知っていたのである。

Dはまた、原理研究会の学生たちが休み期間中に行っていたF(fundraising の略。資金稼ぎ)についても語っている。「自分は疲れて休むことが多かった」「自分はFに熱心ではなく、一、二万円分を売って、後は公園で寝たりしていた。売れないと電話で報告する際に班長に叱られ、歌いながら売ってみろとか言われたこともあったが、やらなかった」(p.346)などと自分の歩みを振り返っている。彼はもともと合理的で批判的な性格の持ち主だったため、おそらくリーダーの言うことを額面通りに信じ、実践するのが苦手だったのであろう。このような内的な葛藤を抱え、命令に従わずに活動をサボる信者も統一教会には一定数いて、誰もがアベルに言われたことを純粋に信じて歩んでいるわけではない。それでも彼は信仰を持っていた。こうした現役信者が存在することは、統一教会の信者の実像が、通常考えられているような「マインド・コントロールされた状態」とはほど遠いことを示している。

Dは原理研究会のメンバーが特別なエリート意識を植え付けられていたことを以下のように証言している。

「原理研究会は地区教会とは関係なく、日曜礼拝は原理研究会だけだ。『原理研究会はエリートであり、世界のことを考え世界を救うためにやる。地区教会は、先祖のため、家族のためにやっている人が多い。レベルが違う』と教えられた。原理研究会出身者と地区教会出身者では意識と体力・気力が違うという自負があり、Fをやるにしても実績の水準が違う」(p.347)

おそらく原理研究会のリーダーたちが学生に対してエリート意識を植え付けて信仰を鼓舞したというのは事実であろう。私の時代にも同じようなものの言い方はされていた。しかし、自分の所属する部署や組織が特別な使命を持っているという意識(うちの部署こそが神の摂理の中心であるという意識)は、おそらくどの部署にもあったのであり、原理研究会に固有のものではないだろう。それはメンバーを激励し、やる気を促進するという効果がある一方で、「井の中の蛙」的な発想でもある。私も原理研究会出身者なので同じような傾向があったと思うが、ひとたびそこを出てしまえば、それは全体の中のほんの一部にすぎず、規模からすればかなり小さな組織であったことに気付いた。

原理研究会の出身者が、教会の出身者と比較して意識や体力・気力において優れているとか、信仰姿勢において高度で高邁であるなどということは、客観的には言えないであろう。ただ一つ、客観的に言えるのは、より知的に優れた集団であるということだ。原理研究会のメンバーは、旧帝大を含む国立大学や有名私立大学の学生によって構成されているので、国民の平均値よりもかなり知的水準が高く、それは統一教会内においても同じであろう。もともと社会のエリートになるような大学生を伝道しているのが原理研究会であり、就職した後の男性を伝道するのが難しいという日本の社会状況もあいまって、統一教会の幹部候補生を輩出してきたのが原理研究会とも言える。ただし、それは「原石」や「可能性」としての話であって、原理研究会の出身者が本当に統一教会のリーダーになれるかどうかは、その人の実力次第であった。

Dは原理研究会の学生信者だったが、「初期から中期はホーム生活がとりあえず楽しかった」(p.347)と述べている。もう一人の学生信者C(男性)は原理研究会での生活について、「楽しくて楽しくてしょうがないって感じ」「原理研究会の熱さは自分に合っていた」（p.341）というように、まるで青春ドラマの一コマのような描写をしている。そして櫻井氏自身も、「これが統一教会における信仰生活の一側面を示していることは事実である。楽しくなければ続けられない」（p.342）と認めている。合理的で批判的な性格のDにとっても、心許せる同世代の仲間たちとの共同生活は楽しかったようだ。

もともとDは原理研究会の勧誘方法には懐疑的で、常に予防線を張っていたし、リーダーの言うことを額面通りに信じたり実践したりすることもせず、それでも原理研究会に入った理由は、単純に同世代の仲間たちといることが楽しかったし、「リーダーは信じられなくても仲間たちは純粋な人間で信じられる」と感じていたからではないか。アイリーン・バーカー博士は人がムーニーになる動機として、①統一原理の神学に魅力を感じた者と、②共同体の人間関係の中に愛情を感じた者とがいると大別しているが、Dの場合には原理には多くの疑問を持っていたので、後者の動機に近かったと推察できる。

ところがDのホーム生活は「後期になると辛くなった」（p.347）という。彼の信仰生活は少し特殊であった。「アパートでごろごろして、夜一〇時頃に学舎に帰った。アパートは原理研究会の学舎に入ってからも引き払わないでいた。それを学舎長に咎められたがつっぱねていた。自分の戻るところを確保しておきたいという気持ちもあったのだろう」（p.347-348）と述べている。筆者は、原理研究会のホームに入寮すると同時にアパートを引き払い、それには、退路を断ってこの道を行くという決意も込めていた。Dは信仰の道を行く決断はしておらず、逃げ道を残しておきたいという中途半端な気持ちだったのだろう。

学舎長に注意されても態度を変えなかったというから、学舎の中で彼は「問題児」として認識されていたのではないか。実際、こうした問題児はいつの時代にも、どこの学舎にもいたので、だからといって彼らを見捨てるのではなく、成長するまで見守りながら導くというのが基本的なリーダーの態度であった。これもまた一つの原理研究会の「リアル」で、メンバーは誰もが判で押したような従順で画一的な行動をとるわけではない。人それぞれ個性があるので、リーダーはそれに合わせて個別の対応をする必要がある。実際に「マインド・コントロール」が可能なら、統一教会のリーダーはどれほど楽か分からない。しかしそれができないからこそ、リーダーの人間としての成長があるのだ。

Dは「自分にとってFはきつかったし、伝道実績もたいしてなかったので、プレッシャーは相当あった」(p.348)と言っているので、少なくとも模範的なメンバーではなく、彼が存在することで組織が利益を得るようなメンバーではなかった。彼が「初期から中期はホーム生活がとりあえず楽しかった」と述べているのは、まだ幼い頃には一方的に愛されることが許されるからであり、それがある程度の期間を過ぎると今度は後輩が入ってくるなどの変化が起こり、組織に対して何らかの貢献をしない限りはいづらくなってきたために、「辛くなった」ということなのであろう。よくあるケースである。

それでもDがなぜ原理研究会に残っていたのかは、彼自身の言葉を引用するだけでは第三者には理解し難いであろう。

「ただ、それはやめるきっかけにはならなかったし、やめるという選択肢がなかった。ここにいるためにはどうしたらよいのかと常に頭をひねっていた。これは霊界の祟りを恐れたためではないし、氏族メシヤといった使命感のためでもない。なぜ、やめるということを思いつかなかったのか、いまだにわからない。最後の頃には学舎から出てしまえば立ち直れるかなと漠然と思っていた程度だった」(p.348)

Dの記述は、元信者Aの氏族メシヤという「使命感」や、元信者Bのやめたら何か悪いことが起きるのではないかという「恐怖」とも異なる動機で、彼が組織に所属していたことを物語っている。これは教会と原理研究会の違いというより、Dの個性であろう。Dには使命感も恐怖も心に響かず、それが信仰の動機となることはなかった。それでは何が動機になったのかは、D自身もよく理解していなかったことが彼の記述からうかがえる。

そもそも、辛く相当なプレッシャーを感じていたにもかかわらず、「ここにいるためにはどうしたらよいのかと常に頭をひねっていた」というのは矛盾である。それは辛いという感情と同時に、「ここにいたい。離れたくない」という感情があったのを意味している。原理にもリーダーにも反発していたDが、愛着を感じていたものは何か。それは学舎にいた兄弟姉妹たちへの愛着であり、彼らの純粋な生き方に対する憧れのようなものであったはずだ。Dは本心では彼らのように純粋な信仰を持って生きることに憧れていた。しかし、一方でそうはなりきれない批判的で分析的な自分自身がいて、それを否定することもできない。そうした自己矛盾の中で苦しみ続けたのが彼の原理研究会での生活だったのではないだろうか。「なぜ、やめるということを思いつかなかったのか、いまだにわからない」というのは、本心ではやめたくないと思っていたからにほかならない。

純粋な信仰者にはなれないが、原理研究会を離れることもできない彼は、様々な原理的な屁理屈を駆使して自己正当化しながら、組織に居座るようになった。

「学舎での生活も自分の行動に原理的なこじつけができるようになってから楽になった。伝道の実績が上がらないことに対して、Fを勝利していないのに、伝道できるわけがないと弁明した。自分は一〇分程度しか祈禱をしなかったが、長い人は四〇分も祈る。祈禱が短いと批判されたときには、聖書に短く祈れと書いてあるではないかと逃げた。断食をしないのかと尋ねられたときには、断食しているか、していないのかをなぜ見せつけようとするのかと逆に質問した。信仰は人に見せつけるものではないだろうとも」(p.348)

彼はなかなかの屁理屈の名人である。純粋な兄弟姉妹はこう言われれば反論できなかっただろうし、学舎長でさえ彼の説得には手を焼いただろうと思われる。しかし、辛ければやめてしまえばよいものを、彼がここまで屁理屈をこねながら自分を正当化した理由は、少しでも心を楽にして原理研究会に留まりたかったからなのである。この辺の心理は、信仰を持ったことがない者には分からないかもしれないが、彼は心の奥底では何かを信じて、兄弟姉妹と一緒にいたかったのであり、できれば彼らと同じように純粋に信じられればいいと思っていたのである。しかし、実際にはそれができないので、周りに壁を作り、悪ぶって反抗しながらも、愛されることを期待していたのだろう。

彼は自分自身が熱心な信仰者として燃えているわけではないにもかかわらず、「最近は原理研究会のメンバーが多様になり、みな、あまり燃えていないという印象がある。同じ統制を加えても、対応は人様々だ。無理が来ている。メンバーがこの活動にのめり込もうとしない。燃える派と燃えない派が対立し、熱くない人が多い。これは今の学生のタイプかも知れない」（p.348）などと評論家のような立場で語っている。彼自身が燃えていないにもかかわらず、燃えているメンバーが原理研究会の理想であると言っているのである。

さらにDは、ヤコブや祝福二世がCARPに入って来ることによって、叩き上げの信仰を持った原理研究会のメンバーとの間で価値観の齟齬が生じ、それが問題になっていることなども語っている。彼は自分のことは棚に上げて、いまの原理研究会は問題が多いと評論しているのである。

こうしたDの態度を見れば、彼に本当に信仰があったのかどうかは疑わしい。この団体には何かあるということを漠然と信じていて、信仰に対する憧れはあったかもしれないが、自分の心でしっかりとみ言と向き合ったのかと言えば、どこか逃げていたし、どこか斜めから見ていたところがあったのだろう。こうした彼自身の課題を克服してみ言と真剣に向き合わない限りは、原理研究会に残っていても彼の精神的な成長はなく、いつかは離脱する運命にあったのかもしれない。

Dが「原理研究会で生き抜く方法」というセクションで展開している論理を分析しよう。

「統一教会では、何かにつけ、うまくいっていないことは全て蕩減のせいにされ、世界的なレベルでうまくいかないことは全て日本のせいにされる。当事者の責任がどこにもない。○○大の伝道が昨年ふるわなかったのは、Fのときにメンバーが中心者と一体になっていなかったからだと言われた。各人に霊界と一体化することが求められた。個人の努力に霊界が応えてくれない。これは霊界が晴れていないからだとも」（p.350）

この部分に対しては、櫻井氏がさらに詳しく、統一原理の論理的欠陥といったような主旨で説明を加えている。少し長くなるが、その部分を引用してみよう。

「原理研究会では、霊界が働くとFの実績が出るといわれる。霊界は一方的に働く。霊界が働くような行いをすることがよいとされる。実績が上がったのは霊界が働いたからだ。しかし、実績が上がらないのは霊界のせいだということにはならず、本人の責任にされる。つまり、手柄は霊界に、責任は本人にという論理である。

これは矛盾している。霊界の方が現実界に優先しているのであれば、なぜ本人の小さな努力を超えるような強大な霊界の力が誰に対しても同じように働かないのかとDは考えた。おそらく統一教会の論理では、現実界で信仰の条件を立てなければ霊界は動きたくとも動けない、神も先祖もあなたに条件を積ませるために苦難の道に耐えるあなたの姿を見ながら泣いているのだというだろう。ほとんどの信者はこれに納得して、神や先祖の悲しみを知るためにFをやるようになる。Fを一生懸命やっていれば、霊界が働き、実績が出るようになることを実感することこそ信仰なのだという言葉を信じて」（p.352-353）

「結局のところ、統一教会の論理は循環論法であり、疑問には答えきれていない。霊界の働きには信者の信仰が、神や文鮮明の御旨が成功するためには信者の蕩滅条件が十分でなければならないという命題を立てているにもかかわらず、成功のための必要十分条件は明示されない。常に後知恵として失敗を説明するときにのみ、不十分さが問題にされる。成功したとしても手柄は神と真の父母の偉大さに帰されるだけだ。信者側の信仰や努力はいくら積み上げられても、文鮮明の事業計画が失敗に終われば吹き飛んでしまい、マイナスの段階からさらなる積み上げを要求される」（p.353）

宗教的言説と「反証可能性」

ここでDや櫻井氏が主張している統一教会の論理の欠陥は、「反証可能性がない」ことだ。この反証可能性という言葉はカール・ポパーが提示したもので、科学と非科学を区別する基準として語られることが多い。反証可能性とは、ある仮説が実験や観察によって、反証される可能性があるかどうかである。ポパーは、反証する方法がない仮説は、科学ではないとしている。一般に占いや宗教的言説は科学的でないとされるが、それはある命題に対してどんな結果が出でも、「外れ」や「間違い」という結論が出ない構造になっているからである。具体的な例で説明しよう。

例①：ある占い師が、「あなたの今日の運勢は東の方面で最高で、きっと良いことがありますよ」とAさんに言った。それを信じて東方面に行ったAさんの身には特別なことは何も起こらなかった。帰ってきて占い師に「あなたの占いは外れた。なにも良いことなどなかった」と文句を言った。しかし占い師は、「何もなかったことが良かったのです。もし西の方面に行っていたら大きな災難に遭うはずでした。その災難を避けることができたということが、最高に良かったことなので、私の占いは当たったのです」と答えた。こう答えれば、占いは外れる可能性はないので、反証可能性がない。当たったのか外れたのかを観察で判断する客観的な基準がないので、占いは科学的ではない。

例②：ある自称超能力者が、透視能力の検査を受ける際に、「私の能力を疑う者がいると、うまく能力が働かない」と言った。検査の結果は、彼の透視能力を否定するものであったが、彼は「私は実際に超能力を持っているが、それは信じる心を持った人にしか現れない。私の能力を疑う心をもって検査が行われたので、それが妨げとなって能力が発揮できなかったのだ」と言った。検査の結果が否定的でも、彼の超能力を否定できない論理構造になっているので、彼の主張は反証不可能であり、科学的でない。

例③：ある宗教指導者が、「迫りくる神の怒りの故に、２０XX年X月X日に人類を滅亡させる大惨事が起きる。信徒たちはこの世との交わりを避け、世界の終末を防ぐために祈らなければならない」と予言した。しかし、その日が来ても何も特別なことは起こらなかった。その宗教指導者は信徒たちに、「あなたがたの熱心な祈りにより、神は怒りをしずめられ、人類の滅亡は回避されたのだ」と説明した。これも予言が当たったか外れたかを客観的に判断する基準がないので、このような宗教的言説は科学的ではない。逆のパターンでは、「祈れば願いが叶えられる」と教えられて熱心に祈ったが、願いは叶わなかった。それに対して「祈りが足りなかったから、願いが叶えられなかったのだ」と理由を説明されることもあり得る。つまり、どちらに転んでも最初の命題が間違いだと証明される可能性がない場合は、反証可能性がなく、科学的言説とは言えないのである。

宗教は科学ではないので、宗教的言説には反証可能性がないものが多い。統一教会において語られる教えや、指導者たちによるその解釈も、基本的には宗教的言説であるため、科学のように実験や観察によって客観的に正誤が判断できる命題ではない。統一教会の事業が成功すれば、それは「神が共にあるから」「霊界が働いたから」「真の父母様の勝利圏によって」という説明がなされ、逆に失敗すれば「サタンが妨害した」「蕩減が重い」「人間の責任分担の失敗によるものだ」などと説明され、どちらの結果が出ても宗教的言説そのものの正しさが否定されることはない論理構造になっている。これは、アイリーン・バーカー博士も以下のように述べている。

「『統一教会の成功は、神がわれわれの側におられることを証明している』とか、『統一教会が直面している後退は、神がわれわれの側におられることを証明している。なぜなら、サタンがわれわれに激しく反対しているからである』といったような発言を、社会科学者が裁定することはできない。なぜなら、そうした発言を反証する方法が存在しないからである」（『ムーニーの成り立ち』第1章「接近と情報収集」より）

しかし、こうした反証不可能性は統一教会の教えに限ったことではなく、多くの宗教の教えに当てはまる。キリスト教における神の天地創造、人間の堕落、キリストの十字架による罪の贖罪、ヒンドゥー教における輪廻転生、仏教における因果応報、そして多くの新宗教が説く先祖の因縁や死後の世界などの教えは、実験や観察によってその正誤が客観的に判断できるような命題ではない。だからこそ、それらは科学的言説ではなく宗教的言説であると分類される。しかし、科学的で反証可能な言説にしか価値がないということではなく、人間社会には宗教以外にも正誤を客観的に判断できない価値観、習慣、伝統、イデオロギー、信念、主義主張などが溢れており、たとえ科学的にその正しさが証明されなかったとしても、一定の役割を果たしているので、すべてのことに科学性を求めるのが、逆にナンセンスなのである。

一般に、「諦めなければ夢は叶う」と信じるのは良いことだとされる。しかし、どこまで頑張り続ければ夢が叶うのかを客観的に判断する必要十分条件があらかじめ分かっていることは、実際の人生ではむしろ少ない。「精一杯努力したのに、夢は叶わなかった」と言う人に、「あなたが途中で諦めたから叶わなかったのだ。もっと頑張っていれば夢は実現した」と言えば、可能性はゼロではないので、これは反証不可能な命題となる。そもそも人は、「諦めなければ夢は叶う」という信念に対して、科学的であることを求めてはいない。それは生きるための指針や信念であり、その正しさは自分の生き方そのものの中で証明されると理解されている。それは科学的か、反証可能であるか、客観的かということを超えた次元の命題なのである。

Dや櫻井氏は、宗教的言説である統一教会の教えに対して、科学的な反証可能性を要求することで、その価値を否定している。要するに彼らはカテゴリーを誤っているのである。それでは、統一教会の信者たちはいわゆる「原理の正しさ」を、どのようにして判断しているのか。それは自分の実存をかけた神や原理との出会いである。神の存在や原理の真理性を、自分自身の人生体験として正しいと感じたかどうかである。この点に関してアイリーン・バーカー博士は以下のように述べている。

「しかし、『原理講論』がもっているその真理性のさらなる証明が一つある。それが『作用する』という主張だ。統一神学は、それが経験的に現れると信者たちが信じているという点において、実用的な神学である。それを信じ、それに従うことによって生じる目に見える結果のゆえに、それは真理に違いないと理解するのである。ある程度までそのような証明は、その形態はどうであれ、裏付けになり得る。もしその運動が成功しつつあれば、これは、その運動が神の望まれることを行っているがゆえに、神は彼らの側におられるということを示している。もし、その運動が激しい敵意と反対に直面しているのであれば、これは、その運動が神の望まれることを行っているがゆえに、サタンが懸念しているということを示しているのである。もちろん、歴史上には、自らの位置を裏付けるためにそのような論理を用いた多くの宗教が存在してきた。しかし、神の真理とこの世に起こっていることとの関係を認めるいかなる『実践神学』もまた、その反証になると思われる証拠を人々が見いだすであろうというリスクを負っている。多くのムーニーたちが彼らの周囲で起こっているあらゆることを解釈することによって、自らの信仰を強くしてきたということには疑いの余地がない一方、その実践的な神学は運動にとって両刃の剣であることを証明してきた。そのメンバーの多くは、原理が『作用する』ということを信じなくなったか、あるいはそれが作用する方法をもはや歓迎しなくなったがゆえに、脱会した」(『ムーニーの成り立ち』第3章「統一教会の信条」より)

つまるところ、統一原理によって自分自身の人生や、自分の身の回りで起こっている様々な現象がうまく説明できると感じているときには人は信仰を保つのであり、逆にそれらをうまく説明できると感じられなくなってしまうと、人は信仰を失うのである。そもそも宗教的信仰とはそのようなものだ。Dは、統一原理によって自分自身の人生や身の回りの出来事がうまく説明できるとは最後まで確信できず、世界観の受け入れ方としては中途半端なままであった。信仰に対する憧れや兄弟姉妹への愛着はあったが、本当の信仰を獲得することは最後までなかったのかもしれない。

「三―二　地区教会の学生信者」

「1　元信者E(女性)の事例」

櫻井氏が掲載しているAからIまでの元信者9人は、CとDだけが男性で、残りはすべて女性である。そしてC

とDだけが原理研究会の学生で、残りは教会に所属していた青年、学生、壮婦である。櫻井氏はなぜ、CとDの際立った特徴が、原理研究会の特徴ではなく、男性信者の特徴という仮説を立てて検証しなかったのか？ この一つだけでも、櫻井氏の分析手法に重大な欠陥があることは明らかである。もしインタビュー対象者に、教会の男性信者や原理研究会の女子学生だった者がいなかったのなら、その旨を正直に記載し、未検証の課題にすべきで、過度な一般化をすべきではない。それこそが社会学者としての真摯な態度であり、研究の信頼性が上がる。それをしないで、少ない事例から乱暴に一般化してしまうから、彼の研究の信頼度が下がるのである。

元信者Eの入信は手相占いがきっかけで、第六章で入り口部分における勧誘手段として「手相・姓名判断」を説明したように、比較的女性に多い経路から伝道されてきたといえる。元信者Aもきっかけは手相なので、壮婦に限らず青年にも、占いから伝道される人は少なからずいるのである。

櫻井氏は、調査対象となった元信者たちの「伝道から入信までの期間」を分析し、「勧誘されてから統一教会の信者となることを決意するまでの期間は人様々だが、四ヶ月間が突出して多い」(p.211) としている。それがEの場合には1年以上かかっており、比較的ゆっくりと時間をかけて伝道された方である。それからさらに1年以上経ってから「献身」を決意し、それでも大学卒業までにはまだ1年半あった。ここで留意すべきは、たとえ内的に「献身」を決意しても、彼女は退学を勧められたわけではなく、卒業するまでは原理研究会と同じく「信仰的モラトリアム」の期間を与えられていたことだ。その意味では、原理研究会と教会の学生の扱いに大きな違いはない。

彼女は人から頼まれると嫌とは言えないタイプだったのか、アベルから勧められるままに奨学金や親から預かった学費を献金したり、友達や先輩から借金をしたりと、無理を重ね、それが大きな負担となったらしい。マイクロで腰や足を痛めたこともあって、健康上の理由からもネガティブな感情が蓄積し、負のスパイラルに陥った。電車の中で涙が止まらなくなり、少しうつ状態になっていたという記述からも推察できるように、あまり精神的に健全な信仰生活ではなかったようだ。

その一方でEは神体験らしきものもしている。「二〇〇五年五月下旬に済州島の修練会に参加した。そこで、講義を受けている最中に『祝福を今すぐ受けなければならない！』という声が聞こえ、周藤副会長夫人（当時）に相談すると、それは先祖の声だと言われた。最終日、朝五時から修練所の前にある海岸で祈禱をするうちに、突然神様と会話をしているような感覚になった。それ以来、祝福のことが脳裏から離れなくなった」（p.357）と記載されているように、これはかなり自覚的な体験だったようで、脱会後にも彼女はそれを単なる思い込みや精神の異常であったとは思っていないようである。信仰というものは、単なる恐怖心や指導者の指示に従うことだけで成り立つものではない。辛い経験があったとしても、それを乗り越えてなお信じるという動機付けがないと、続けることはできない。彼女の場合には、原理や霊界、自分自身の罪に対する確信と共に、こうした神との直接的な出会いが信仰を支えていたのであろう。

櫻井氏は、「Eの入信契機は人生の移行期（高校卒業から大学へ進学、北海道から東京へ移動）に転換期トークが絶妙のタイミングではまったという偶然によるものだ。Eに統一教会で解決すべき問題は全くないといってよい」（p.359）という極めて乱暴な議論を展開している。こうした偶然で人が統一教会に入信するのであれば、同じようなタイミングで転換期トークを受けた多くの者が統一教会に入信するはずである。しかし実際には、同じように声をかけられても反応する者としない者とがおり、入信する確率は極めて低い。人生の転換期に統一教会に出会って入信するという「環境的要因」の存在を認めつつも、それだけでは入信の説明にはならず、同じような環境下にあっても人それぞれ異なる反応をする理由について、アイリーン・バーカー博士はさらに深く考察している。すなわち、声をかけられた人の側に、統一教会の提供する内容に対して反応する素養がなければ伝道されないし、反応する何かを潜在的に持っている者が伝道されるという。Eは原理の内容に反応しており、教会員となるべき素養があったので伝道されたのである。

Eはトレーニングの期間中に交際していた男性との関係を絶っている。このことについて櫻井氏は、「女性の青年信者に共通する介入だが、交際中の相手と絶縁させるというやり方である」（p.359）という奇妙な論理を展開している。未婚の青年が信仰を持つことによって恋人と別れることはあるが、そこに男女の差はない。女性は男性の恋人と別れるよう勧められるが、男性は女性の恋人との交際が許されるなどということはなく、どちらも等しく祝福を受ける準備として、それまでの異性関係の清算を勧められる。

以前にも櫻井氏は「心情解放展」と呼ばれる行事の中で、青年信者が交際中の恋人と別れさせられることがあると主張し、「この辛い決断をしてしまうと最も親密な人間関係が失われるために、これまでの自分ではなくなってしまう」（p.248）といういささかオーバーな表現で批判していた。これに対して私は、信仰を持つことによって異性との関係に問題をきたすようになる事例は一般のキリスト教にもあり、その際になされる信仰指導は、異性との交際を優先して信仰をやめるべきだとは決して言わず、基本的には信仰を優先して判断し、できるだけ妥協しないように勧めていることを紹介した。こうした異性問題に関するキリスト教の信仰指導は、統一教会でEに対してなされた指導と本質的に異なるものではない。このように男女の愛よりも信仰を優先させ、交際中の異性と別れるように説得すること自体は、宗教の世界においては一般的である。特に統一教会では罪の本質を「愛と性の問題」として捉えており、祝福による結婚が救いにとって必要不可欠だと教えているため、異性問題は信仰の本質として避けて通ることができない。恋人と別れることは、青年信者にとって一時的には辛い体験であるかもしれないが、彼らが信仰を優先して異性関係を絶つのは、祝福によってより大きな幸福が得られるに違いないという「希望」があるからである。

「四　祝福を受けた信者　合同結婚式の理想と現実」への反証

櫻井氏の著書の３６１〜３６８ページの７ページ半という比較的短い記述で紹介されているのは、統一教会で韓国人男性と祝福を受け、渡韓して家庭生活までしたが、離婚して信仰も棄てた二人の日本人女性である。この話題は本書の後半部分にあたる中西尋子氏の研究内容と重なるため、櫻井氏の担当する部分では簡単に済ませた可能性はあるものの、テーマの取り上げ方と事例の選び方が著しく粗雑で偏っている。

私は「統一教会信者の信仰史」と銘打たれたこの第七章の資料全般に関して、櫻井氏のインタビューを受けた人々は全員が元信者であり、現役の信者が一人もいないことに対して、情報源に著しい偏りがあることを繰り返し指摘してきた。伝道された経緯や統一教会における信仰生活を記述する上で、現役信者の声に一切耳を傾けていないのが欠陥であるのと全く同様に、祝福について論じる場合にも、信仰を維持し家庭生活を営んでいる現役信者には一切インタビューせず、離婚して棄教した元信者からの聞き取りのみに基づいて判断しようとすること自体が、社会学者としては致命的な欠陥である。そもそも、「合同結婚式の理想と現実」というタイトルの付け方自体が、学術論文というよりは週刊誌の見出しのようである。

本書は、統一教会の祝福を受けて韓国に嫁いだ日本人女性を誹謗中傷する目的で描かれた週刊誌の記事の「権威づけ」に利用され、「週刊ポスト名誉毀損訴訟」と呼ばれた裁判にまで発展した。それについて簡単に解説しよう。

『週刊ポスト』2010年6月4日号に「〈衝撃リポート〉北海道大学教授らの徹底調査で判明した戦慄の真実」「韓国農民にあてがわれた統一教会・合同結婚式　日本人妻の『SEX地獄』」という見出しの記事が掲載された。その内容は、統一教会および韓国に嫁いだ日本人女性信者らの結婚生活に対する侮辱で、信者の名誉を著しく毀損するものだったので、統一教会は『週刊ポスト』に謝罪と記事の訂正を繰り返し求めたが、誠意ある回答がなかったため、同年11月に『週刊ポスト』の発行元・

小学館を訴えたのである。

この裁判に対する地裁判決が下りたのが２０１３年2月20日で、東京地裁は被告・小学館に対して、原告・統一教会に55万円の賠償金を支払うように命じた。謝罪広告掲載の請求が棄却されたことに不満はあったものの、名誉毀損が認められ、少額でも損害賠償の支払いを命じる判決が下されたという点では統一教会の勝訴といってよい。

判決文では、「韓国で農業に従事する男性に嫁いだ日本人女性信者が、『地獄』と形容されるような極めて悲惨な性生活を強いられているとの印象を与えるような『SEX地獄』という見出しを付けることは、要約・強調としてもおよそ適切を欠くものであり、仮にそれが被告の意見・論評の類であるとしても、度を超えた性的表現であるというほかはない。（中略）違法性及び被告の故意又は過失があるというべきである」として、被告の名誉毀損を認めている。

〈衝撃リポート〉北海道大学教授らの徹底調査で判明した戦慄の真実

週刊ポスト

日本人は「天の精鋭部隊」

韓国農民にあてがわれた

統一教会・合同結婚式

日本人妻の「SEX地獄」

見知らぬ土地での生活、貧困、差別に「故郷に帰りたい……」と

『週刊ポスト』2010年6月4日号に掲載された記事の見出しページ

そもそも『週刊ポスト』の編集部が本書に触れたのは、彼らの書いた記事の権威付けに利用したかったためである。実際には、日本人妻の性生活をメインテーマにした箇所はないにもかかわらず、週刊ポストの記事には「〈衝撃リポート〉北海道大学教授らの徹底調査で判明した戦慄の真実」というサブタイトルが付けられ、記事本文でも、あたかも櫻井氏と中西氏の著作が日本人妻の「SEX地獄」を調査報告したかのような印象を読者に与えようと努めており、このことは判決文でも認定された。

実際に『週刊ポスト』の記事に利用されたのは、櫻井氏の提供した情報ではなく、中西氏の提供した情報だが、「北海道大学教授」の権威に魅力を感じたのか、あたかも櫻井氏が韓国に嫁いだ統一教会日本人女性の夫婦関係に関する実態調査を行ったかのような印象を与える見出しになっている。その意味では櫻井氏は「とばっちり」を受けたのかもしれない。しかし私は敢えて、そもそも櫻井氏のテーマの取り上げ方、事例の選び方、そしてタイトルの付け方に、学術論文としての品性を欠く、週刊誌的な粗雑さがあることを指摘しておきたい。だからこそ、この下品な週刊誌の記事の権威付けに利用されるのだ。

'하와' 일본, '아담' 한국과 天命을 엮는다

韓国の『月刊新東亞』2006年3月号に掲載された祝福家庭日本人婦人に関する記事

櫻井氏は二人の元信者のストーリーに入る前に、「信仰を継続している人達と途中でやめた人達との差異がどこにあるのかといった問題にも注意しながら、二人のライフヒストリーを見ていくことにしたい」(p.362)と言っているが、櫻井氏が信仰を継続している人たちのインタビューを行ったり情報を収集したりした形跡は一切なく、途中でやめた元信者FとGが、信仰を継続している人たちとどこが違ったのかに関する突っ込んだ分析もない。唯一存在する比較は、日本の信者たちが真剣に信じているのに対して韓国の信者の信仰はいい加減であったという、元信者FとGが受けた印象程度のものでしかない。元信者二人が途中でやめた理由を本当に追求したいのであれば、信仰を継続している現役信者の調査も行い、それらを比較するのがまっとうなやり方だが、櫻井氏はそれを全くしていない。

櫻井氏が著書で紹介しているのは、韓国での信仰生活と結婚生活に挫折して日本に帰国した二人の元信者だが、実際には韓国でたくましく生き、社会的にも活躍している日本人の祝福家庭婦人は多数いる。彼女たちは、言葉や文化の違いから当初は苦労が多かったとしても、統一教会の教えである「為に生きる精神」で困難を克服してきた。その結果、良妻賢母となり、夫や舅姑に気に入られ、周囲も感心する嫁になり、地域から「孝婦賞」を受けた者も多い。彼女たちの存在は、韓国社会に少なからぬ影響を与えた。2006年3月号『月刊新東亞』では、彼女たちのことが以下のように取り上げられた。

「この頃、農村社会で評判になっている話題の一つは、韓国農村独身男性に嫁いだ統一教会の日本人嫁だ。これらは地方各地、多くの団体で授与する孝婦賞を皆さらっている」

「孝婦賞」は、親孝行を実践した模範的な女性に与えられる賞で、里長や老人会長、地域の人々などの推薦により、郡、農協、赤十字、老人会などの団体が授与するという。祝福家庭の日本人婦人の場合には、農村に嫁いで言葉や生活習慣が違う中で、慣れない農作業や家事育児をきちんとこなし、舅姑が寝たきりになれば下の世話も嫌な顔をせずにするという姿が評価されて受賞するそうである。

韓国で活躍する日本人祝福家庭婦人

さらに、多文化講師（海外の文化を教える講師）や日本語講師として活動し、幸福に暮らしている国際家庭としてテレビ番組で報道された祝福家庭の婦人もおり、中には高等教育機関で働く者や高等教育を受ける者もいる。

例えば、山口英子さん（6500双祝福家庭）は3人の子の母親で、2009年に韓国の法務部が全国規模で組織した結婚移民者ネットワークのソウルの会長に就任し、2010年1月13日には李明博大統領（当時）の前で多文化家庭を代表して法律改善案のスピーチをしている。また同年5月20日にはイ・キナム法務部長官から法務部長官賞を受賞した。

浅野富子さん（36万双祝福家庭）は、2012年5月8日に韓国ソウルにある青瓦台（大統領官邸）で開かれた「全国隠れた孝行者及び素晴らしい親を迎えての午餐懇談会」で、「他の模範となる孝行者」に選ばれ、李明博大統領（当時）から直接、大統領賞を授与されている。

櫻井氏が本気で「信仰を継続している人達と途中でやめた人達との差異がどこにあるのかといった問題にも注意」して研究を行う気があれば、こうした成功事例と、元信者FとGのような失敗事例を比較し、両者の明暗を分けたのは何かを分析した方がより有益な研究となったであろう。もし山口さんや浅野さんのような華々しい活躍をした事例が少数だと主張するならば、地味でも構わないので幸福な信仰生活・家庭生活を営んでいる日本人祝福家庭婦人に対するインタビューくらいは試みるべきであっただろう。

統一教会の祝福を受けて韓国に嫁いだ日本人女性の数は約７０００人に及び、韓国で仕事をしたり長期滞在して

李明博大統領と山口英子さん

李明博大統領から表彰される浅野富子さん

いれば、同じ日本人である彼女たちと出会うため、その存在は韓国通の日本人の間では有名である。そうした韓国通の日本人が祝福家庭の日本人婦人について記述した本の中に、黒田勝弘著『韓国　反日感情の正体』（角川学芸出版、２０１３年）がある。黒田勝弘氏は産経新聞の国際面コラム「ソウルからヨボセヨ」で有名な在韓30年以上のジャーナリストで、同書のテーマは「反日」を叫ぶ韓国人の心理分析にある。第12章「韓国の中の日本　統一教会と創価学会」で、統一教会の在韓日本人妻について黒田氏は以下のように書いている。

「宗教あるいは結婚の動機の是非は別に、筆者はそうした日本人女性の韓国での存在に同じ日本人として関心を持たざるを得ない。韓国人と結婚した統一教会関係の日本人女性に話を聞く機会があったのだが、彼女らによるといわゆる合同結婚式などで韓国人男性と結婚し、現在、韓国に居住する日本人女性は約七千人という。すでに多くの子供が誕生しているはずだから、その数を加えると関連の日本人は倍はいるかもしれない。日本大使館によると在韓日本人は約３万人だから、統一教会関連の日本人居住者がいかに多いか分かるだろう。

……

統一教会の場合、きわめて多くの日本人女性が結婚というかたちで韓国社会に入り込み定着している。その宗教に対する評価は別にして、その存在は数が多いだけに日韓関係では無視できないように思う。そして〝日本文化〟としての彼女らが韓国社会にもたらす影響は気になる。……

ところで、韓国社会では日常的に彼女らを垣間見ることができる。たとえば取材で地方に出かけると、自治体の広報関係で日本語通訳としてよく見かける。日本系の居酒屋などのパートもそうだ。大卒がほとんどで、宗教に入れ込むほどの真面目派だから仕事はできる。

韓国では近年、先に指摘したような国際結婚や外国人出稼ぎなどで外国人居住者が急速に増えている。それを〝多文化時代〟として行政や支援組織などを通じた〝共生プロジェクト〟が盛んだが、日本人妻たちも多くそれに参加している。

一方、韓国のNHKにあたるKBSテレビの長寿番組に、毎週日曜の正午から放送される『全国歌自慢』というのがある。NHKの『のど自慢』をモデルにしたもので、視聴者出演だから人気が高い。……このKBS『全国歌自慢』に統一教会の日本人女性がよく登場するのだ。事前に予選をパスした人が本番に出るため、出場者は事前審査されるのだ。したがって、本番の出演者に彼女たちをよく見かけるということは、彼女らがその地域でそれなりの評価を受けていることを意味する。地方都市や田舎だけに、地元で排斥されたり疎んじられたりしていたのでは、〝晴れの舞台〟への出場は難しい。

宗教はともかくとして、彼女らは日本生まれの日本育ちで日本の文化を体現している。その彼女らが子育てや〝共生プロジェクト〟などを通じて韓国社会にもたらす〝日本〟が今後、韓国社会にどんな影響を与えるのか興味深いものがある」(p.255-259)

黒田氏の著作に登場する祝福家庭の日本人婦人たちは、既に紹介した山口英子さんや浅野富子さんのような華々しい活躍をしたり、立派な賞をもらって大統領と謁見したりしたわけではないが、通訳や多文化プロジェクトの講師として積極的に社会にかかわったり、歌自慢大会に出演したりして、韓国社会に適応してたくましく生きている様子がうかがえる。こうした女性たちがいる一方で、元信者FやGのように、挫折して日本に帰国する人がいるのも事実である。少なくともその両面を描かなければ、祝福を受けて渡韓した日本人女性について調査研究したとは言えないだろう。

韓日祝福を受けて渡韓した日本人女性の中から、敢えて不幸な結果に終わった二例だけを紹介することが、統一教会や祝福結婚に対する偏見を助長する可能性があることを、櫻井氏は少しでも考慮したのであろうか？　そもそも宗教を動機として結婚するこ

「合同結婚式、6500人の行方を捜して」被害者家族が訴え

2006年1月23日14時36分

ポスト　シェアする 504　印刷

関連タグ：日本基督教団 世界平和統一家庭連合（旧統一協会）

日本基督教団統一原理問題連絡会主催の統一協会問題日韓教会フォーラムで、日本側は、韓国で統一協会の合同結婚式に参加した後、行方不明になった日本人女性6500人の捜索を韓国教会に要請した。韓国教会側は教団と団体が協力し、問題解決に積極的に対処していくことに合意した。

「クリスチャントゥデイ」2006年1月23日号に掲載された記事の見出し

と、さらに外国人と結婚することだけでも、日本社会では偏見の対象になりやすいのだから、学術的研究をうたう以上は、より客観的で公正な調査が求められる。しかし、実際に櫻井氏が行ったのは、学問的体裁を装って偏見を助長しただけである。

私が敢えてこうした主張をするのは、現在韓国で生活する日本人の統一教会信者の中には、日本で拉致監禁された、あるいは韓国にお嫁に行った後に帰省した際に拉致監禁されたという被害者が約３００人いるからである。外国に在住する拉致監禁被害者の数としては韓国が最大で、どうして韓国に嫁いだ日本人女性たちが狙われるのか。それは以下のような理由による。

統一教会の教えは国家民族の壁を超えた世界主義であり、文鮮明師は「交叉交体祝福結婚」の価値を強調してこられた。特に、歴史的な怨讐関係にある韓国と日本の男女を組み合わせた「韓日・日韓祝福」を推進し、真の夫婦愛による歴史的怨讐関係の克服を指導してこられたのである。こうした理想が、一部のかたくなな日本の両親から理解されず、日本人女性が渡韓前に拉致されたり、帰省時に拉致されたりする事件が起こるようになった。

こうした両親の不安をさらに煽るのが、反対派による「韓日祝福」への誹謗中傷だった。キリスト教のインターネットメディアである「クリスチャントゥデイ」は、２００６年1月23日号に「『合同結婚式、６５００人の行方を捜して』被害者家族が訴え」というタイトルの批判記事を掲載し、韓国で統一教会の合同結婚式に参加した後、行方不明になった日本人女性が６５００人もいると報じている。

もしこれが本当なら、日本政府が動くべき重大な国際問題であるはずだが、そのような動きは全くない。実際には、大部分の日本人女性は平穏に暮らし、両親とも連絡を取っている。したがって記事の内容は完全なデマゴーグなのだが、こうした記事に不安を煽られて日本の一部の両親は拉致監禁に追い込まれていくのである。

反対弁護士は、統一教会信者の両親に手紙を出し、「娘が韓国の農村に嫁がされる前に自分か日本基督教団の牧師に相談して救出しないと大変なことになる」と脅し、営業をかけていることも明らかになった。

「1　元信者F（女性）の事例」

元信者Fは母親から伝道されたいわゆる信仰二世で、彼女は1992年に3万双の韓日祝福を受けた。その相手が「熱心な信者というわけではなかった」（p.363）という記述は、おそらくFが自分の視点から韓国人男性を評価したものであろう。以下、Fが葛藤を感じた中心ポイントを列挙する。

「ソウルでは夫の叔母がマンションを買って、入居するばかりに準備してくれた。しかし、驚いたことに、マンションをもらえたわけではなく、ローンはそのままだった。しかも、夫方から資金援助がなく、ローンを全額自分達で返済する計画になっていた。これが、自分達にほとんど何の相談もなく決めていく夫側親族への不信の始まりだった。実際は、夫へ相談があったのかもしれないが、夫はFに一言も相談がなかった。コミュニケーションの問題は言葉のギャップということもあるが、男尊女卑、長幼の序が強すぎる韓国と日本の問題とも思えた。統一教会が理想とする韓国の文化にショックを受けた」（p.363）

「長男である夫は両親に頭が上がらず従うばかりであり、不満のやり場がなかった」「また、韓国で実際に教会生活をしていくうちに、日本の統一教会の教え、生活との落差に疑問を感じていった」（p.363）

「韓国の統一教会信者は、日本の統一教会信者のように献身的でもなければ、日本で言われたように霊的に高いというようなこともなかった」「日本人は忠孝心で文鮮明教祖を信じてしゃにむに働いていたが、韓国の信者はマイペースだった。このような日本と韓国の信仰生活の落差を経験するうちに、ここには神はいない、この宗教は嘘だと確信を持った」「今の夫、この家庭は何なんだ。全て嘘に見えてきた」(p.364)

Fの葛藤を一言で表現すれば、日本と韓国の文化的ギャップに耐えられず、カルチャーショックを起こしたといってよいだろう。それは一般的な日本人と韓国人の民族性の違いにとどまらず、同じ信仰の統一教会信者であっても、韓国人と日本人の間には価値観の違いがあるため、Fは韓国社会と韓国統一教会の両方に対して不適応を起こし、夫を置いて日本に帰ったのであろう。

実はこのような葛藤は、多かれ少なかれ韓日祝福を受けたすべての日本人女性が感じている。信仰的要素を除けば、韓日祝福家庭に限らず、国際結婚をしたすべてのカップルが直面する問題といってもいいだろう。恋愛を動機として国際結婚をしたカップルは、夫婦の愛情でこうした葛藤を乗り越えていくのであろうが、統一教会の祝福家庭の場合には信仰によって乗り越える場合が多い。そのどちらのケースでも、カルチャーショックを乗り越えられずに離婚に至るケースもある。

たとえ信仰が同じでも、言葉もうまくできない異国の地に嫁ぎ、その地の文化や風習を学びながら、同国人同士でも難しい姑や親族との関係をこなしていくのは、相当の苦労があると思われる。統一教会では、大量の韓日・日韓祝福家庭を生み出す一方で、こうした困難に直面している信徒たちに対するサポートをしていないのであろうか？　実は相当システマティックに行っている。韓日祝福を受けて韓国にお嫁に行く女性信徒たちは、通常は「渡韓修」と呼ばれる修練会に参加し、その中で宗教的な教育だけでなく、韓国と日本の文化の違いや、韓国の家庭に嫁入りする際の心構えや注意事項などを教えられる。

こうしたサポートを受けられる恩恵は、時代と共に変遷してきた。6000双（1982年）以前にはほとんどなく、韓日の文化的な違いを乗り越える戦いはもっぱら個人の努力に任されていた。6500双（1988年）で過去に例のないほど多数の韓日・日韓家庭が誕生し、多くの日本人が韓国に渡ったため、そのケア体制の必要性が認識されるようになった。韓国教会に「国際家庭特別巡回室」が設置され、鄭壽源巡回師が渡韓した日本人の指導に当たり、3万双の祝福式が行われた1992年から、国際家庭特別巡回室が主催する修練会が本格的に行われるようになった、というのがおよその経緯である。

この修練会で語られた内容を中心として構成された本が、国際家庭特別巡回師室編『本郷人の行く道』である。この本は前半が「み言葉編」で、韓国で生活する「本郷人」に対して語られた文鮮明師のみ言と、鄭壽源巡回師のみ言によって構成されており、後半が「生活教育編」で韓国での生活全般について知っておくべき内容や文化の違い、韓国と日本の統一教会の信仰観の違いなどが詳しく解説されている。この「生活教育編」の部分は、一つの文化論として読んでも面白い。

後編の「生活教育編」を執筆している武藤將巨氏は、私のCARP時代の後輩で、彼が学生として参加したCARPの新人研修会で私が進行を務めたため、古くから知っている。私は彼が講演するのを何度も聞いたが、非常に話がうまく魅力的で、それは『本郷人の行く道』の文章からも伝わってくる。

『本郷人の行く道』の表紙

彼の指導は非常に具体的で、「韓国で勝手な行動をして行方不明になったら、警察から日本大使館に連絡が行き、国際問題になる」「ビザの延長手続きを絶対に忘れないように」「外国人登録を必ずするように」「日本に一時帰国するときは、出入国管理事務所で再入国許可をもらうのを忘れないように」「パスポートの期限切れに注意」「B型肝炎の予防接種を受けるように」など基本的で細かいことから始まっている。

韓国と日本は、文化的な類似性を持ちながらも、風俗や生活習慣では大きく異なる側面もある。これが西洋人と東洋人なら違っても納得がいくのだが、韓国人と日本人はなまじ姿かたちが似ているので、「同質性の中の異質性」を感じ、逆に葛藤が大きくなるというのが武藤氏の解説である。そこで彼は、韓国人と日本人のどこがどのように違うのかをまず追求する。それは「まず最初に違いを正確に理解したところから真の一体化の道も開けると考える」(『本郷人の行く道』p.202)からだという。

韓国の文化について何も知らないまま渡り、日本の常識を当てはめて葛藤するよりも、事前に韓国と日本の文化の違いを知り、納得した上で韓国人と向き合おうという指導で、こうした教育は日本人女性が現地に適応する上で大きな助けになったと思われる。

元信者Fがこうした渡韓修の教育を受けたかどうかは不明だが、彼女の場合には渡韓の経緯が特殊であるため、こうした教育を受けなかった可能性が高い。通常、韓国人と祝福を受けた日本人女性は、独身の状態で渡韓し、家庭を出発する前に合宿でこうした修練を受けると同時に、「任地生活」といって4か月ほど韓国の教会で奉仕活動をしながら、先輩の婦人たちや韓国の食口からアドバイスを受け、韓国文化を学ぶのである。いきなり夫の家に一人で入り、家庭生活を始めると、慣れない環境や食事、言葉の不自由さに加えて、難しい親族との対応に、極度のストレスがかかってしまう。

しかしFは、家庭をもってしばらくは日本で生活し、二児をもうけた後で渡韓している。そのために、彼女は韓国での「任地生活」を体験できなかったであろうし、韓国の文化について学ぶ機会もなく、いきなり夫の親族に対応しなければならなくなった。そこで彼女は自分なりの日本的な常識や信仰観を「ものさし」として、韓国の親族や韓国統一教会の信徒たちを裁いてしまったのである。もし彼女が渡韓修や任地生活でしっかりと韓国文化について学んでいれば、違った結果になったかもしれない。

『本郷人の行く道』にみる日本と韓国の文化の違い

国際家庭特別巡回師室編『本郷人の行く道』の後半の「生活教育編」では、韓国での生活全般について知っておくべき内容や文化の違いなどが紹介されている。著者の武藤将巨氏は、韓国人と日本人のどこがどのように違うのかを述べている。主な項目は以下のようである。

・韓国では一人で食べるのではなく、食べるときは「みんな一緒に」食べる。
・韓国人は食べ物があれば、まず最初に目上の人に「食べてください」と差し出す。
・「ご飯食べましたか」は韓国では挨拶で、会えば人の食事の心配をする。
・韓国では「この食べ物は自分のものだ」という所有観念がない。
・韓国で食べ物を買いに行くときは、自分の分だけでなく、必ず全員の分を買う。
・おかずは一人ひとりに分けずに真ん中においてみんなで突っつく。
・韓国では一緒に食事をした仲間が「割り勘」をすることは絶対にありえない。
・韓国では人前で鼻をかむのは失礼にあたる。
・人に物を渡すときには、両手もしくは右手で渡す。右手で渡す際は左手を下に添える。
・韓国では長幼の序の意識が強く、敬老精神が徹底している。
・韓国では親は絶対的存在であり、自分の親をけなされると冷静ではいられない。

これらの文化や習慣は、たとえ親族関係にならなくても、留学や仕事で韓国に行く人は知っておくと役立つであろう。結婚して韓国人と家族になるのなら、家庭のしきたりや親族関係の決まりを、さらに深く理解しなければならない。そこで武藤氏は、「親族への挨拶訪問」という一節で、愛される嫁として夫の親族に受け入れられるための秘訣を紹介している。その記述と、Ｆの体験談を比較すると、Ｆの韓国文化に対する無知が、夫の親族との人間関係を難しくした可能性が浮かび上がってくる。武藤氏は、韓国の嫁入り習慣である「婚需（ホンス）」について以下のように説明している。

「参考として、韓国に嫁に来る女性が分かっていなければならないことは、韓国での伝統的な結婚時の贈り物は『婚需（ホンス）』といって、新婦側がひと財産投げうって贈り物や嫁入り道具を持っていくという風習があるということです。現在、『婚需』費用の相場は一般でも一千万ウォンを超えるといい、韓国人も自ら驚くような額に上っています。本来ならば、新婦側ではまず冷蔵庫から、洗濯機、電子レンジなど、家具家財道具すべてを揃えなければなりません」

「一方、新郎側はというと、住まいを準備して、新婦の服と『結婚礼物』としてのアクセサリー（イヤリング、ネックレス、指輪、時計など）、そして余裕があれば、新婦の両親に韓服をプレゼントします。これらが『婚需』というものなのです」

「主体者の中にも、日本の嫁ということで反対されるのを認めてもらうために、嫁いでくる相対者が親にある程度の『婚需』を持ってきてくれることを願っていたなどの場合があります。日本人相対者の中で、結婚した後に、主体者側からお金を要求されて、『持参金目当ての結婚か』とつまずく人がいるようですが、それもこのような文化的背景から理解する必要があります」（以上、すべて『本郷人の行く道』p.213）

もちろん、武藤氏はこの「婚需」の習慣を祝福家庭がそのごとくに実践することを勧めているわけではない。日本の教会員の場合には経済的な事情でそれができない場合が多いが、それでも夫の親がその文化的習慣から「婚需」を期待する気持ちがあることを理解した上で、日本には「婚需」という習慣がないことや、自分たちの経済的事情ではそれができないことを相手方に理解してもらうために誠意をもって説明し、たとえ金額は小さくてもそれに代わる真心のこもった贈り物をすることで、親族との関係が円満に行くように努力するよう勧めている。

それを背景に、Fの記述を改めて読んでみよう。

「ソウルでは夫の叔母がマンションを買って、入居するばかりに準備してくれた。しかし、驚いたことに、マンションをもらえたわけではなく、ローンはそのままだった。しかも、夫方から資金援助がなく、ローンを全額自分達で返済する計画になっていた。これが、自分達にほとんど何の相談もなく決めていく夫側親族への不信の始まりだった。実際は、夫へ相談があったのかもしれないが、夫はFに一言も相談がなかった。コミュニケーションの問題は言葉のギャップということもあるが、男尊女卑、長幼の序が強すぎる韓国と日本の問題とも思えた。統一教会が理想とする韓国の文化にショックを受けた」（p.363）

まずFは、夫の親族がマンションを買い取って、自分たちにプレゼントしてくれると期待していたのだろうか？そうだとすれば、それは相当に虫の好い要求で、自立した経済を営む夫婦であれば、自分たちの住むマンションのローンを支払うのが常識だろう。外国で勝手が分からないだろうからとマンションを買って準備してくれた夫の叔母は、明らかに親切心からそれを行っている。もしかしたら頭金だけを負担して、残りのローンは夫婦が支払うという話し合いがあったのかもしれない。それは決して非常識ではなく、要するにFがその意思決定に参加できなかったことを不満に思っただけのことである。

韓国の「婚需」の習慣からすれば、Fは家具や家財道具などをすべて揃えなければならなかったが、夫の叔母がマンションを買って入居するばかりに準備してくれたということは、それを夫の親族に頼って、自分では何も準備しなかったことを意味している。家財道具もお金も準備せずに韓国に嫁ぎ、親族に世話になったのだから、せめてマンションのローンぐらいは自分たち夫婦で責任をもつべきだという発想ができず、ローン返済の責任が自分たちにあることに「驚いた」というのであるから、Fはかなり依存的で自己中心的と評価されても仕方がないであろう。

Fは夫側親族と信頼関係を構築する努力をすることなく、「自分に何も相談しないで決めていく」と不満を抱き、相手を不信し始める。はたして彼女に、相手の立場に立って物事を考え、相手の文化を理解し、こちらの考えを相手にきちんと伝え、問題を解決していこうと努力する姿勢があったのかどうか、甚だ疑問である。

Ｆが問題とした「長幼の序」は、年長者と年少者との間にある秩序で、子供は大人を敬い、大人は子供を慈しむというあり方を指す。それは儒教において人の守るべき五つの道の一つとされ、父子の親、君臣の義、夫婦の別、朋友の信と並んで、中国、韓国、日本において共通の徳目であった。もともと儒教社会の韓国では、近代化と共に個人主義的になった日本に比べて、その伝統が強く残っている。これは統一教会で教える家庭倫理とも共通するので、Ｆはその文化から何かを学ぼうという発想をすべきではなかったか。韓国ではそれが強すぎるから日本人である自分には合わないといって切り捨ててしまうのは、やはり自己中心的と言わざるを得ない。

「長男である夫は両親に頭が上がらず従うばかりであり、不満のやり場がなかった」(p.363) というが、子が親に従順であることや、親孝行しようという子供の姿勢は儒教における重要な徳目であるだけでなく、統一教会においても一つの原理的な価値観として大切にされている。こうした韓国の文化を、単に自分の中にある現代日本の文化と合わないからといって不満を持つのは、やはり信仰者として正しい態度とは言えないであろう。韓日祝福を受けた以上は、そうした文化の違いを乗り越え韓国の地で嫁として勝利するという決意をもって渡韓すべきであったのだが、Ｆはその点で中途半端であり、どこかに甘えがあったとしか思えない。

元信者ＦとＧとの事例の共通点は、どちらの夫にも妻に対する暴力、生活費を稼がない、不倫などの世間一般で離婚の原因となるような明らかな落ち度がないばかりか、統一教会では禁止されている酒やタバコの問題もなく、単に日韓の文化的な違いに疑問を感じたとか、夫の親族に対する不信感や葛藤などの理由で離婚に至っている点である。現実には、ＦやＧよりもはるかに厳しい環境下にあっても、それに耐えて夫婦関係も信仰も維持している日本人女性はいる。こうした女性たちからすれば、ＦやＧの葛藤は「贅沢な悩み」に見えるのかもしれないが、それでもＦとＧは耐えられずに離婚し、信仰も棄ててしまった。

Ｇは主体者(夫)に好感を持っていたし、「夫は家族を大切にし、自分を大切にしてくれた」(p.365) というのだから、結婚生活そのものには特段の問題はなかった。櫻井氏はFとGをあたかも韓日祝福の被害者のように扱っているが、ひとたび妻の立場を離れ、夫の立場からこの物語を読めば、自分には何の落ち度もなく、夫として家庭を守るために一生懸命に努力していたにもかかわらず、自分には理解できない理由によってある日突然妻から離婚を言い渡された、ということになる。これでは気の毒としか言いようがない。

夫の悪い思い出はないというGだが、夫方の親族との間には以下のような葛藤を経験している。

「結婚式の取り決めなどで、金銭面で利用されているのではないかという気がした。Gの両親が来てくれて、八〇万円を出してくれたのだが、夫の親族には贈り物まで出し、その金をこちらで賄っているのに、自分の親への待遇は悪い。しかも、式は最低限の金で済ます。こうしたやり方や財布は一族のものという発想に反発して、祝福を蹴って帰ろうかと思ったほどだった」(p.365)

これもFの場合と同様の、「婚需」を巡る文化的な葛藤である。既に紹介したように、韓国での伝統的な結婚時の贈り物は「婚需」といって、新婦側がひと財産投げうって贈り物や嫁入り道具を持っていくという風習がある。「婚需」費用の相場は一般でも1000万ウォンを超えるといい、そのときの為替相場にもよるだろうが、Gの両親が準備した80万円は、相場とほぼ同じくらいか、やや下回る金額であろう。だとすれば、韓国の婚姻風習からすれば80万円は「当たり前」ということになる。Gとしてはそれが特別なことと感じたために、自分の両親に対する感謝や待遇を期待したのであろうが、夫の親族の対応はその期待に沿うものではなかった。

ここで留意しなければならないのは、結婚式にかかる費用は日本と韓国では差があることであろう。Gが結婚式を挙げたのは1990年代だから、日本と韓国の経済格差はいまよりはるかに大きかった。いまでもネットで検索すれば、韓国で結婚式を挙げた場合にはその費用は日本で挙げるよりもかなり安く、式自体は30分ほどで終わってしまい、その後はバイキングで食事をして終わる非常に簡素なものだと紹介されている。一方、日本で披露宴と言えばホテルを借りて行う人生の一大イベントで、その費用は平均で300万円を超えるといわれる。そもそもそれと同じようなものを韓国の庶民の家庭に期待すること自体が無理なのだが、一度親族に対して不信感を持ってしまうと、こうした違いの一つひとつが受け入れられなくなってしまうのであろう。ここでも、韓国の文化や風習に対する理解不足が葛藤の原因になっている。

日本と韓国の統一教会の違い

しかし、Gが最も葛藤し疑問に感じたのは、日本と韓国の統一教会の違いであった。これはFの事例でも同様なことが述べられているが、Gの表現によれば以下のようになる。

「韓国の統一教会の実態が徐々にわかるにつれて、日本との差が気になった」(p.365)

「韓国の夫達は(自分の妻が清平の修練会に参加することに対して)いい顔をしなかった。ところが、日本人妻は信仰に熱心な人が多く、みな参加したがり、夫との間に葛藤も生じた」「日本人女性は信仰と家族の板挟みで苦しんでいた」「Gの場合、青年期に献身者として教会生活ができず不完全燃焼だったという思いがあった。そのため、祝福を受けて、韓国で新しい信仰を確立することに相当な期待を持っていた。ところが、日本で教えられてきた韓国は自分の理想とは遠く、韓国では最終的に自分なりの信仰観を持つことにした」(p.366)

FもGも共通して感じているのは、日本にいたときは韓国の統一教会は日本よりも信仰的で霊的に高いと教えられてきたが、実際に韓国に来てみるとそんなことはなく、かえって日本の統一教会の方が信仰的で、献身的で、活動熱心であった。これはFやGの個性から来るものではなく、かなりの日本人が共通して感じることのようである。しかし、それは日本人の信者が持っている「ものさし」で測った場合に、韓国人の信仰が低いように見えるということで、文化的な葛藤とは通常そのようなものである。この点に関して武藤氏は、『本郷人の行く道』で以下のように述べている。

「たとえ国や文化が変わろうとも、〝神と父母と原理は変わらない〟という信仰それ自体を確認した上で、両国食口の信仰生活的側面における意識の違いを理解し、さまざまな誤解を乗り越えて共に一体化していかなければなりません」「しかし現実には、韓国人と日本人との間で、実体的にその信仰生活に接した時に互いに自分が信仰的に重視することを相手が重視しないことで、相手の信仰を裁いてしまうことが多くあります。驚くことは、この二つの国の信仰観をもって互いに相手を見た時には、互いに相手の信仰の方が幼いように見えるということです」（『本郷人の行く道』p.282）

武藤氏が韓国人と日本人の信仰観を比較して説明していることを要約すると以下のようになる。日本人はまず神と我の縦的関係を築くという旧約時代の立場から始め、その信仰生活は横的な自分を否定して縦的な関係を重要視するようになる。したがって日本人の信仰観は、み言を文字通り、外的に一字一句違えず守るという要素が強くならざるを得ない。そして外的な行動の基準や実績を立てることによって分別し、儀式的内容を厳密に重要視することを通して心霊の復活も果たされる。アベル・カインの関係も組織における規則的関係として捉えられることが多く、カインとしてアベルに従うことの重要性が強調される。

一方、韓国では外的な蕩減条件以上に内的な「精誠」が重要視される。そして韓国の食口は神と真の父母に対する自分の信仰を、人前にそれほど表現しないので、外から見ると信仰のない一般の人と変わらないように見える。それで問い詰めてみると、「そのようなことは分かっている」というように信仰の主体性があり、日本人のように自分と神との出会いや涙を流した話などをわざわざ人に知らせようとは思わない。韓国では「信教の自由」「本心の自由」が価値視され、教会でも何よりも個人の自由を尊重し、あまり干渉的な指導をしない。アベル・カインの関係も絶対的なものではなく、韓国人は位置的なアベルに一様には従わないことがある。韓国人は目に見える組織を超えた心情組織を持っていて、信仰的には一人でしっかりしている。

要約すれば、日本人は神との縦的な関係を築くために、常に外的に縦的な表現を必要としており、それがないと不信仰であるかのように不安を感じるのであるが、それは韓国人からは旧約時代の信仰かパリサイ人律法学者の信仰のように感じられ、「幼い信仰」に見えるのだという。一方で、韓国人が日本人のように「神様、神様」と自分の信仰を口にせず、それよりも親に対する「孝」や夫婦間における「烈」を口にするので、日本人からは世間の人と変わらない横的で人情的であるように見えるのだという。こう考えると、FやGが韓国の統一教会は信仰的でもなく霊的に高くもないと感じたのは、外的な規則や表現を重要視する日本的な「ものさし」をもって韓国人を裁いたにすぎない可能性が高いことが分かるであろう。

こうした日韓の信仰観の違いは、渡韓修の中で講義で教えられるのであるが、FもGもそのことを自分の実感としては捉えられず、日本人の「ものさし」では測ることのできない韓国人の信仰の本質的な部分を発見できなかったので、韓国の統一教会に幻滅し、失望してしまったのである。

私自身、Gのインタビューに出てくる「夫の実家はみな食口(統一教会信者)であり、夫は成和学生といって、幼少のときから統一教会系の学校に通っていた。しかし『原理講論』を読んだことはなかった。友人付き合いなど楽しいことの好きな人だった」(p.365)という一文を見て、あることを思い出した。それはGと同じように韓日祝福を受けて韓国にお嫁に行った知り合いの女性教会員の言葉である。

彼女の主体者は親戚に教会員がいて、その人から「統一教会に入れば結婚できる」と言われて入教し、祝福を受けた韓国人であった。こうした場合、祝福を受ける動機は結婚そのものにあるので、宗教的教育は一通りの原理講義を聞いて終わりという場合が多い。『原理講論』を読んだこともなく、その内容を細かく覚えてはいない。伝道される過程で原理講義を何度も受け、『原理講論』を熱心に読む日本の統一教会信者から見れば、「本当に原理を分かっているのかしら?」と思うかもしれない。

ところが、彼女の捉え方は違っていた。主体者の両親と同居しながら結婚生活をする中で、主体者が両親に親孝行する姿に感動したのである。主体者はいわゆる優秀で社会的地位のある人ではなかったが、思いやりがあり、人に尽くす人であった。その姿を通して彼女が感じたのは、「自分は『原理講論』の内容を頭で知っているけれども、実際には人の為に生きる生活ができていない。しかし、彼は教理としての原理は良く知らないかもしれないけれども、生活の中で自然に親孝行し、人の為に生きている。彼は心で原理を知っているのであり、彼の生活は私よりも原理的かもしれない」ということであった。日本人は信仰をとかく理論理屈で捉えるのに対して、韓国人にとってそれは生活の中で自然な情の発露として現れるものであるという、典型的な例であった。彼女はそうした夫を尊敬し、愛し、二人の子供に恵まれて韓国で幸せに暮らしている。彼女が韓国に適応できた主要な理由は、自分の日本人としての「ものさし」で韓国人を裁くことなく、韓国人の中にある本質的な良さを発見することができたことにある。

『本郷人の行く道』の中で、武藤將巨氏は以下のように述べている。

「実際、韓国社会でこの任地期間の三年間を過ごしていくうちには、私たちの中には明らかに二タイプの人が現われ、韓国人との人間関係と、この国の住みやすさに惚れ込むようになるタイプと、韓国に批判的な感情しか持てずに日本に帰ることを願うタイプに分かれてしまいます。

異文化の中では、物事をプラス的に見ることができる人はその文化の心情的内容から良いものだけを吸収してどんどん成長して行くのに対し、マイナス的に見てしまう人は悪い堕落性の部分に相対して批判しながらどんどん居場所を失うようになってしまうものです」（『本郷人の行く道』p.340）

「教会生活における韓日の一体化を考えた時に、韓国人と日本人が互いに理解不能に陥り、対立しやすい観点は、まず『韓国人は』『情的すぎて合理的話が通じない』『計画性がない』『約束を守らない』『自分の非を認めない』『おおざっぱすぎる』VS『日本人は』『冷情하다（情がなくて冷たい）』『마우미・チョプタ（心が狭い）』『融通性イオプタ（融通性がない）』『毒하다（性格に毒がある）』『固執이 세다（我が強い）』などという感じになってしまいます。それはお互いにとかく〝自分にとって当然のことが相手においては全く通じない〟というもの

なのです。
基本的には、韓国人が何よりも『人間』としての情を中心に考えるのに対し、日本人は比較的理性を中心に考え、物事の合理性、規則性、契約性、計画性、さらにその達成感を重要視します」（『本郷人の行く道』p.340-341）
「いずれにせよ、私たちは批判してマイナスになるより、いいものを受け入れて自分にプラスになる発想をすること、いわゆる〝アベル的な発想〟をすることが重要なのです」（『本郷人の行く道』p.348）
FとGは結局このような発想ができず、韓国に居場所がなくなってしまったのであろう。
さて、櫻井氏は韓国人の夫に比べて日本人の妻が信仰熱心であるが故に生じる夫婦の葛藤についても記述している。日本人女性は清平の修練会に参加したがるが、韓国人の夫はそれに反対する。韓国の統一教会員は、教会よりも家族・親族のことを優先するが、日本では教会のためにすべてを投げ出すことが奨励される。それで日本人女性は「信仰的であればあるほど、自分達の家庭生活に犠牲を強いることになる」（p.368）、「御旨をやればやるほど家庭が崩壊していく」「日本人女性は信仰と家族の板挟みで苦しんでいた」（p.366）というような葛藤である。実際、日本人の女性信者たちが韓日祝福を受けた理由は個人的な結婚というよりも「神の御旨のため」という意識が強く、結婚した後にも熱心に教会活動をしたいという願望があったであろう。一方で韓国の夫や親族が期待していたのは嫁として家族を守る役割だったので、この意識のギャップが日本人妻の苦しみの原因となったことは事実である。
この点について、『本郷人の行く道』で武藤将巨氏は以下のように述べている。これは渡韓修において日本人女性に対してなされていた指導であると思われる。
「任地生活は本来、夫婦が一つの心情で共に行くべきものです。私たちが陥ってはいけない立場は、相対者に向かう横的情を犠牲にして信仰生活に投入する、といっては、『教会活動』を理由に相対者の意識を無視してしまい、結局、相対者の中に教会に対する不信感を抱かせてしまうことです。本来教会によって得た祝福であって、常に私たちを通して相対者が教会を理解し、教会に感謝し、そこから喜びを持って信仰生活ができるようにしていかなければなりません。時々、韓国の相対者に『あなたは教会と私のどちらを取るのか』などの思い詰めたことを言われてしまう例があります。結局、その『教会』と『私』を一つにできなかったということは、任地を共に勝利したということにはならず、家庭出発後も変わらずみ旨を中心に生活していくということが難しくなってくるのです」（『本郷人の行く道』p.323）

武藤氏は日本人女性に対して、こうした韓国人男性の心情をよく理解し、日本的な「ものさし」で裁くのではなく、極力その情に応えることによって、賢く対処することを勧めている。規則を優先させることの多い日本人は、韓国人からは情が淡白に見えることが多いので、韓国人の夫は妻の愛情を疑うようになる。それによって夫婦関係に溝や葛藤が生じないように、日本人女性の側が努力するように指導しているのである。

最後に、FとGが二人とも離婚した後に、自分に子供がいることに対して違和感を覚えたと櫻井氏が記述している部分を取り上げてみることにする。

F：「日本に帰ってきて、しばらくは何で自分に子供がいるのかわからなかった。夢の中にいた気分。脱会したときは、入会の二〇歳のときに戻り、子供がいることに違和感を覚えた」（p.364）

G：「突然、統一教会のおかしさを確信して自分から信仰がストンと落ちた。気づいた瞬間、夢からさめた気分だった。すると目の前に子供がいた。子供に対して、自分の子供でありながら、これはなに？　どうしてここにいるの？　誰の一歳半の子供だろう、という心境だった」（p.367）

まるで判で押したような同じ描写である。「マインド・コントロールの被害者」を演出したいのかもしれないが、これを文字通りに受け取るわけにはいかない。FもGも、信仰を失った瞬間に、信仰を持っていた頃の記憶を喪失したわけではなく、以前の年齢や人格に戻ったわけでもない。実際には「マインド・コントロールが解けて元の自分に戻る」などということはなく、信仰を持つ前、信仰を持っている期間、脱会後は時系列的につながっており、記憶は一貫しているけれども、それぞれの時期で違ったものの考え方をしているにすぎないのである。

FとGの覚えた違和感は、自分自身の結婚に対する後悔と敗北感、そして今後の生活に対する不安から、自分に子供がいるという重い現実から逃避したいという心理の表れであろう。しかし、信仰を持ったのも、結婚したのも、離婚したのも、信仰を棄てたのも、すべて自分自身の判断によるものだから、その責任は自分自身が負わなければならない。「子供がいることに違和感を覚えた」などと言うのは、「マインド・コントロールによって意に反する結婚をさせられ、子供までできてしまった」と言っているようなもので、生まれてきた子供に失礼である。櫻井氏は彼女たちが統一教会の被害者であるかのように描いているが、一方的に離婚を言い渡された韓国の夫も、両親の離婚を経験した子供たちも、彼女たちの行動の被害者であるという点を忘れてはならない。

「五　壮婦（主婦）の信者　家族との葛藤が信仰のバネに」への反証

櫻井氏はここで、「日本の統一教会にとって壮婦伝道は、教化活動として副次的に位置づけられてきた。統一教会の教えを厳格に適用するならば、文鮮明が司式する祝福を受けて家庭を出発できる未婚の青年男女しか原罪のない子を生むことができない。既に世俗的な恋愛・婚姻をなしているものは究極の救済には与れないのである」(p.369)という偏見を改めて披露している。

私は既に櫻井氏が統一教会の青年信者と壮年壮婦の間に価値的な序列をつけ、壮年壮婦は価値がない副次的な存在であるかのように主張していることに反論した。その根拠は以下のようなものである。

文鮮明師に従った韓国の初期の弟子たちの中には、既成教会で重要な役割を果たしていた中年の婦人や老婦人も多く含まれており、草創期の韓国統一教会は全体として若者ばかりの宗教というわけではなかった。梨花女子大の若い学生たちが多く入教したときでさえ、当時大学の教授をしていた年配の女性たちも同時に入教したのである。

統一教会草創期に韓国で行われた祝福式には既婚の壮年壮婦が「既成家庭」として参加し、日本統一教会の最も古い祝福双にも既成家庭がいるように、祝福を受けるのも若者だけではなく、年配の既婚者も祝福を受けることは最初から可能だったのである。

文鮮明師から最初に祝福を受けた3家庭のうち、金元弼先生の家庭は既成祝福で、その3家庭を含む36家庭が祝福の歴史の中では最も古く、その3分の1に当たる12家庭が既成祝福である。日本で一番初めに祝福を受けた久保木修己会長の家庭も、統一教会に出会う前に既に結婚していた既成家庭で、日本で最初に祝福が行われた22組のうち12組がマッチングによる祝福で、10組が既成家庭であった。これらの事実から、文鮮明師は統一教会に出会う前に結婚していたカップルに対しても、初めから既成祝福という救いの道を準備していたことが分かる。

こうした事実は櫻井氏も否定はできないので、「もっとも、日本統一教会初代会長の久保木修己は入信前に結婚していたため夫婦で祝福（四三〇双）を受けているし、結婚後入信した初期信者にも祝福は与えられていた」(p.370)と述べた上で、既成祝福は一種の例外として片付けている。しかしながら、韓国で行われた最初の祝福の3分の1が既成祝福であり、日本人が受けた最初の祝福（久保木家庭）が既成祝福であり、さらに日本で行われた最初の祝福の45％（22組中10組）が既成祝福であるという事実は、例外とするにはあまりに比重が大きい。

とはいえ、日本統一教会の初期の時代に学生や青年が全体的に多かったことは事実である。櫻井氏の主張を要約すれば、日本の統一教会における伝道や活動の主役はあくまで青年信者で、壮年壮婦のプレゼンスが上がってきたのは１９８０年代に中高年者がつながってきた後のことであったというものである。青年信者と壮年壮婦の間に価値的な序列をつけるという誤った認識を除けば、彼の主張は外面的な事実としては間違っていない。

日本では「親泣かせの『原理運動』」と叩かれた１９６０年代後半には大学生が多く伝道されたし、１９７０年代から80年代にも多くの若者が入教した。これは統一教会が宗教として若者たちを惹きつける魅力を持っていたからであろう。１９８０年代以降に壮年壮婦と呼ばれる層が増えてきたのは、統一教会が教団として成長し、成熟した大人さえも魅了し包容できる団体になったことを示している。それでも、まだまだ統一教会は勢いのある若い宗教で、そのエネルギーが若者たちを魅了し続ける限り、これからも10代後半から20代前半の若者たちが伝道され続けるであろう。すべての世代の人々にとって魅力的であることが教団としての理想の姿である。

実は統一教会がこのように教団として成熟してきたことは、櫻井氏自身も次のように認めているのであり、この部分に関しては珍しく私と櫻井氏の見解が一致している。

「このようにして、一九八〇年代の後半から一九九〇年代、二〇〇〇年代と、統一教会の活動は中高年の主婦層にも担われていくようになる。青年層が担った学生運動の趣があった原理運動から、宗教団体としての体裁を整え、どの年代でもそれなりの役割を与えられる教団に変化した。その意味では、日本の他の新宗教同様に教団安定化の時期を迎えたといえるのかもしれない」(p.370)

「1　元信者H(女性)の事例」

こう前置きをした上で、櫻井氏は元信者H(女性)の事例に入る。Hは12年間も壮婦として統一教会の活動に従事してきたので(p.370)、かなり熱心に活動した過去を持つ元信者と言ってよいだろう。

櫻井氏は、「Hのライフストーリーは主婦が統一教会に伝道され、壮婦として活動を継続する典型事例であり、信仰と家族との葛藤が余計に信仰を強化する面がよくわかる。また、同時に一般家庭の主婦が統一教会に巻き込まれた結果、家庭が被る被害についても了解されるだろう」(p.370-371)と述べるが、この記述には多くの問題が含まれている。

まず、元信者Hのライフストーリーが、主婦が統一教会に伝道され、壮婦として活動を継続する典型事例であることの根拠を示していない。一つの事例が典型であることを示すためには、多数の壮婦に対してインタビューを行い、伝道された過程や活動の様子を聞き取り、そこで大多数の者が経験していることがその一つの事例に集約されていることを示さなければならない。しかし、櫻井氏がインタビューした壮婦はHとIの二人だけで、母集団としては小さすぎるし、どちらも現役信者ではなく既に信仰をやめた後の回想の記録である点でバイアスがかかっている。しかも、Iは統一教会を相手取って民事訴訟を起こしている原告という「利害関係者」であり、「典型」とはほど遠い立場にいる。櫻井氏がこれを単に一つの事例として紹介しているのであれば学問的には問題がないだろうが、「典型事例」と言い切る以上はその根拠を示すべきであろう。

櫻井氏は壮婦の信者の分析に、「家族との葛藤が信仰のバネに」というタイトルを付けていることからも分かるように、「信仰と家族との葛藤が余計に信仰を強化する」という面を統一教会の信仰の一つの特徴とみているようである。しかし、子供が宗教に入ったのを親が反対し、妻の信仰に夫が反対するのは、特に新宗教においてはよくあるケースで、その際に家族の反対を受けて余計に信仰が強化されるというのも珍しい話ではない。

また、「一般家庭の主婦が統一教会に巻き込まれた結果、家族が被る被害」という表現は、統一教会を悪者・加害者とし、信者の家族を被害者と決めつける一方的な視点である。家族の誰かが宗教を持つことによって生じる家族間の葛藤を、一方的に宗教が悪いという前提で論じるのは、客観的で中立的な視点ではない。そこには、宗教に入信した動機に家族との葛藤があったのではないか、入信した家族の気持ちを理解できなかった他の家族の側にも問題はなかったのか、家族の一人が入信するのをきっかけに、やがて家族全員が信仰を持ち、幸せになるケースはないのか、といった視点が抜け落ちている。櫻井氏の研究は「批判のための研究である」と明言しているくらいだから、こうした多様な視点を最初から排除して、加害者と被害者という固定化された関係で統一教会と信者の家族を描くことしか念頭にないようである。

櫻井氏によれば、Hは「霊感が強い方」だという。わざわざ鉤括弧でくくって表記しているのは、H自身がそう語ったということだ。櫻井氏がHにインタビューしたのは脱会して2年目で、その時点でも彼女は霊界の存在や、自身にそれを感知する能力があることを信じていたことになる。おそらくそれは統一教会に入る以前からで、統一教会によって霊界の存在を教え込まれ、信じさせられたわけではない。それは統一教会の信仰をやめた後でさえ、インタビューにおける自己認識の中で「霊感が強い」という言葉が出てくることからも明らかである。Hはもともと目に見えない世界に対する興味や感性を持ち、いわゆる宗教性があったのである。

これは統一教会に伝道される素養のある人々に共通の特徴で、加えて「神や宇宙の始まりといったことに素朴な関心を持っていたが、拘束してくる宗教を嫌っていた」(p.371) というのも、伝道される人の典型的な特徴である。『ムーニーの成り立ち』においてアイリーン・バーカー博士は、ムーニーとなった若者たちが統一教会に最初に出会ったときには、その過半数が神は信じているけれども、ある特定の宗教は拒絶するか、あるいはある特定の宗教に属しているとは感じていないと述べたという。彼らはカトリックや英国国教会に代表されるようなイギリスの伝統的な教会に幻滅していたのであり、それに代わる何かを探していたのである。そしてほとんどすべてのムーニーが運動に出会った後にある種の霊的または宗教的な体験をしたと言ったが、彼らの優に4分の3以上は、運動に出会う「以前にも」そのような体験をしていたと主張したという (『ムーニーの成り立ち』第9章「感受性」より)。

したがって、拘束してくる宗教を嫌いながらも神、宇宙の始まり、霊界といった宗教的な事柄に関心の強かったHは、統一教会に伝道された人としては典型的な素養を持っていたと言ってよいだろう。そもそも、神や霊界といった目に見えない存在を最初から否定し、関心を持たないような人は、伝道の入り口のところで淘汰されてしまうのである。

Hが伝道された入り口は姓名判断による占いで、いわゆる「因縁」について語る連絡協議会において典型的に使われていたトークを受け、結論として勧められたのは「婦人教養講座」を1万2000円で受講することだった。Hは物品販売を契機として伝道されたのではなく、占いから直接ビデオ受講に進んで行ったことが分かる。占いのトークにはHは恐怖しか感じなかったと述べているが、「婦人教養講座」のビデオの内容は彼女がかねて抱いていた関心に合い、これがHが伝道されていく直接的な原因で、占いはきっかけにすぎなかった。

Hは、「初級コースでは因縁や霊界の講話、『不幸の原因』『不倫による家庭の崩壊』『生命に対する尊厳性』等のビデオが見せられ、引き込まれていった。専業主婦が日頃直面する女性個人としての生き方と妻・母としての役割が葛藤するときはどのように対処したらよいのか、三世代家族の場合には嫁姑の葛藤をどう解決するかといった方法を教えられ、納得するところがあった」(p.371)と書かれていることから、彼女がビデオの内容に関心を持ち、納得しながら学んでいたことが分かる。彼女が講座を受け続けた理由は、不安や恐怖ではなく、これを学んでいけば自分の抱えている問題が解決されるかもしれないという希望と関心であった。彼女には学習に対する主体的な動機があったのだ。

櫻井氏は、「ツーデーズセミナーやその後の講義に参加していく際に、罪の告白(家族に献身的でない、婚前交渉の経験、妊娠中絶の経験に関わる情報)が強要されたりもした」(p.371)と述べている。しかし何をもって「強要」というのか、彼は明確にしていない。強要とは辞書的には「無理に要求すること。無理やりさせようとすること」だが、これだけではその意味は明確でない。刑法上の強要罪は、「生命、身体、自由、名誉若しくは財産に対し害を加える旨を告知して脅迫し、又は暴行を用いて、人に義務のないことを行わせ、又は権利の行使を妨害」(第223条)した場合に成立することになっている。もし信者Hがそのような方法で罪の告白をさせられたことを証言したのであれば、それは統一教会の罪状を暴く絶好のチャンスとなるので、櫻井氏がそのことを記述しないはずはない。にもかかわらず、脅しや外的な強制力を用いて罪の告白をさせた経緯が一切書かれていないのは、そうしたことがなかったからにほかならない。

櫻井氏は第六章の「三　統一教会特有の勧誘・教化」で、青年信者に対する新生トレーニングでも受講生がこれまでの人生における異性関係を告白し、罪の悔い改めを求められることがあると記述している。青年と同様、壮婦の場合にも伝道される過程において過去の罪を告白する場合があるだろう。しかし、それを本人が納得して行ったのであれば強要ではなく、自由意思によるものである。人は通常、信頼できない人に自分のプライバシーにかかわることや悩みなどを話したりしないものだ。それを話したということは、ビデオ受講のカウンセラーを信頼していたからにほかならない。それは心許せる相手に対する単なる愚痴とも異なり、ビデオや講話の人間の罪に関する宗教的な話が心に響いたからだろう。自分にもそれに該当する罪があると気付き、それを告白することによって解放され、救いを得たいと欲したのである。Hはビデオ受講のカウンセラーに、ちょうどカトリックの信者が神父に対して罪の告白をするのと同じような感覚を抱いていたのであろう。

これはキリスト教の「告解」をはじめとして、多くの宗教に共通する救いのプロセスの一つであり、その宗教的意義は十分に尊重されなければならない。こうした現象を宗教学者である櫻井氏が知らないはずはないが、彼は敢えてその宗教的な意義には目をつぶり、根拠も示さずに「強要」という言葉で片付けてしまっているのである。

Hは、「通い始めてから二ヶ月ほど経ち、『トレーニング』を勧められ、朝一〇時から午後二時半までの間、毎日子供を連れて通うことにした。その期間に『主の路程』が講義された。そのとき、メシヤが地上天国実現のために、あまりにも悲惨で過酷な生活の中で神の摂理、人類（H自身）救済をなしてきたということに対して申し訳なく感じた」（p.371）とされている。通い始めてから2か月でここまで理解したということは、Hはかなり宗教的感性の豊かな優秀な受講生だったことが分かる。こうした話を聞かされても、自分と何の関係があるのか理解できない受講生もいるからである。

櫻井氏は青年信者が伝道されるプロセスにおいて、勧誘されてから統一教会の信者になることを決意するまでの期間は4か月が突出して多く、それはフォーデーズセミナーを終えた時点であるとしている（p.211）。これはちょうどメシヤが文鮮明師であると明かされるときで、そこまで4か月かかる場合が多いということだ。多くの受講生は出会って4か月で自分の学んでいるものが何であるかを知り、約半年でそこで行われている活動の中身を知るようになる。その時点で、自分がそれまで聞いてきた宗教的な世界観や実践を受け入れるか否かを判断するための、基本的な情報をすべて与えられるわけだ。人生の中において、これは決して後戻りできないほどに長すぎる時間ではないし、実際に「いい勉強だったが自分には合わない」と言って、トレーニング終了後に関係を絶つ受講生も多い。

それに比べれば、Hは2か月というさらに短い期間で基本的な情報を知らされ、さらにその先に進むか否かを判断する機会を与えられたことになる。櫻井氏の記述によれば、Hは「このとき初めてここは宗教で、統一教会だということもわかった。一瞬、『やっぱり、宗教じゃない。欺された』と思った。しかし、もうそのときには統一原理の内容を受け入れるようになっていたので、疑うことができなくなっていた。心の中で、これまで導いてくださった神様、先祖に対して、『どんなに苦しい道だったとしても必ず使命を全うします』と誓うまでになっていた。そして統一教会入会書にサインをした」(p.371-372)となっているが、これは典型的な「マインド・コントロール論者」の物言いである。

やっぱり宗教だと分かったにもかかわらず、先に聞かされた教義を信じてしまっていたので、騙されたにもかかわらず疑い得なくなっているから、操作されているという理屈である。しかし、ここでもHは合理的な判断をしている。Hが求めていたのは自分の人生を導く真理であったが、宗教という形式には抵抗があった。しかし、自分が学んだ内容がこれこそ真理であると納得のできるものであったため、それが宗教の教義であるという形式は気にならなくなったのである。ここでHは、真理に対する納得度と宗教に対する抵抗感を天秤にかけ、前者がはるかに重かったので、後者を軽視したにすぎない。これがH以外の人で、学んだ内容に対する納得度が低く、宗教団体に入会することへの抵抗がそれ以上に大きかった場合には、この時点で関係を絶つ選択も可能である。要は、その人の天秤がどちらに振れるかの問題であり、それはその人の個性によって決定される。

宗教を信じることによる家族との葛藤

櫻井氏が付けたタイトル「家族との葛藤が信仰のバネに」は、「信仰と家族との葛藤が余計に信仰を強化する」

現象こそ統一教会の信仰の特徴であると彼が認識していることを物語っている。そしてそこには、統一教会の信仰は異常で家族関係を破壊する有害なものだという含意がある。しかし、子供が宗教に入ったことを親が反対し、妻が信仰を持ったことを夫が反対するのは、特に新宗教においてはよくあるケースで、家族の反対を受けることで余計に信仰が強化されるのも珍しい話ではない。

イエス・キリストはマタイによる福音書の中で、「またあなたがたは、わたしの名のゆえにすべての人に憎まれるであろう。しかし、最後まで耐え忍ぶ者は救われる」（マタイ10：22）と語っている。イエスの言葉は、迫害が却って信仰の正しさを証明するのだと言わんばかりである。そしてその迫害は、最も近い自分の家族からもなされるが、それもまた必然であるとイエスは語っている。

「地上に平和をもたらすためにきたと思うな。平和ではなく、つるぎを投げ込むためにきたのである。わたしがきたのは、人をその父と、娘をその母と、嫁をそのしゅうとめと仲たがいさせるためである。そして家の者が、その人の敵となるであろう。わたしよりも父または母を愛する者は、わたしにふさわしくない。わたしよりもむすこや娘を愛する者は、わたしにふさわしくない」（マタイ10：34－37）

イエスが弟子たちに命じたのは、家族よりも自分を愛せということで、こうした信仰のあり方が必然的に家族との葛藤を生むことは明らかである。かつて原理研究会に関する調査研究を行った塩谷政憲氏は、この問題をテーマにした論文をいくつか発表している。彼の分析は、回心者を求めて活動する宗教集団と家族集団とは、そもそも競合すべき性格をもっているというものだ。彼はこのことをイエスや釈迦や道元の言葉を例に挙げながら、歴史的に常に起こった葛藤であると説明している。

「もっとも、これは統一教会に特有ということではなく、家族と、回心者を求めて活動する宗教集団とは、本来的に対立する契機をふくんでいるのである。例えば、イエスによって指名された弟子達は、親や家業をすててイエスにつき従ったのである。イエスは自分の言動が平和な家庭をかきみだすことに気づいていたし、気づいていればこそ、自分が来たのは平和な家庭に剣を投げこむためであると言い切ったのである。あるいはシャカにしても家族生活をすてて家を出たのである。出家ということそのものが家族の否定である。道元は、老母への孝養とおのれの出家遁世との矛盾に悩む僧に対して、『此こと難事なり。』と言いつつも『老母はたとひ餓死すとも、一子出家すれば七世の父母得道すと見えたり。』と答えている」（塩谷政憲「宗教運動をめぐる親と子の葛藤」『真理と創造』24、1985年、p.59）。

初期の統一教会への回心者は、大学生をはじめ未婚の若者たちが多かった。したがって主な迫害は親からくるものであり、その最たるものが実の親による子供の拉致監禁であった。日本の新宗教で拉致監禁による強制棄教の被害に遭った人数は、統一教会の信者が圧倒的に多く、その次に多いのはエホバの証人であろう。教団自身の調査によれば、統一教会の場合には4300件以上、エホバの証人の場合には百数十件ほどである。エホバの証人では、妻の信仰に反対する夫が、妻を監禁して信仰を棄てさせようとするケースが多かったという。統一教会の場合には親による子供の監禁が多いが、1980年代以降は統一教会の信者にも「壮婦」と呼ばれる既婚女性が多くなったため、エホバの証人のケースと同様に、夫が妻を監禁して棄教させるケースが出てきた。櫻井氏の紹介する元信者Hは、2000年に夫によって「保護」され、「長い話し合い」（p.374）を行ったということであるから、実態は監禁による棄教説得だったのだろう。櫻井氏は実際には監禁されて棄教した青年の元信者に関しても、「保護」や「話し合い」という表現を用いているので、これらの言葉は「監禁」と「説得」に読み替えることが可能である。

さて、元信者Hの信仰生活はどのようなものだったのだろうか。彼女は「女性の訪問から四ヶ月後、実践トレーニングで『お茶売り』を行い、友人・知人にCB展（クリスチャン・ベルナールという統一教会関連企業の服飾・宝石販売会場）への動員も行い、半年後には手相の勉強中と言いながら二人組で戸別訪問した。その頃は、全てが新しいことでどんどん吸収しながら、のめり込んで行った」（p.372）という。この記述からは、Hが脅されたり説得されたりして嫌々ながらに活動をしていたのではなく、主体的な意欲をもって、それこそ「のめり込んで行った」

様子がうかがえる。要するにHは活動が楽しかったし、興奮していたのである。Hは体を動かすことで充実感を得る活動的なタイプであった可能性が高い。そして統一教会の中には、活動にのめり込む中で充実感や興奮を感じるタイプの人は一定の割合でいると思われる。

Hの信仰は、夫や子供から理解されることはなかった。夫は妻の教会通いをやめさせるために引っ越しまでしたが、それでもHは再び教会に戻った。日中だけでなく、早朝や深夜にまで教会に出かけることも多く、自分の頭の中には統一教会のことしかなく、「また行くのか」という夫の言葉や「家にいて」という子供の声をふりきって教会に行っていたという（p.372-373）。

「一九九七年、ワシントンで開催された合同結婚式に既成祝福として参加した。当然のことながら夫は同行に応じるわけがなく、姑や子供達も猛反対した。そうした家族の反対を押し切って渡米し、夫の写真を抱いてワシントンのロバート・ケネディスタジアムの合同結婚式に出た。……夫は妻の信仰を全く理解せず、何の価値も見いだしていなかった。そうした夫であっても祝福を受けたからには必ず現世がだめでも霊界では幸せになれるという確信があった。その頃からHの信仰は命がけになっていった」（p.373）

こうしたHの信仰は、家族の気持ちを無視したとんでもない信仰であると櫻井氏は言いたいのであろうし、常識的な人の多くは彼の主張に同意するであろう。しかし、迫害を信仰の糧とする宗教の伝統から見れば、Hの信仰はまさに称賛すべきものであった。イエス・キリストはマタイによる福音書で次のように語っている。

「義のために迫害されてきた人たちは、さいわいである、天国は彼らのものである。わたしのために人々があなたがたをののしり、また迫害し、あなたがたに対し偽って様々の悪口を言う時には、あなたがたは、さいわいである。喜び、よろこべ、天においてあなたがたの受ける報いは大きい。あなたがたより前の預言者たちも、同じように迫害されたのである」（マタイ5：10-12）

そして、たとえ自分の信仰を理解せずに迫害する夫であっても、自分が祝福を受ければ霊界では幸せになると信じたHの信仰は、現世においては「とんでもない妻」と罵られようとも、信仰を立てて功徳を積めば、来世においては報われるという発想である。「殉教」は自分の命を犠牲にして来世の幸福を得ようとする行為だが、Hの信仰は現世における人間関係を犠牲にして来世の幸福を得ようとするものであり、Hも一時期は「殉教精神」に近い心理状態になっていたと推察される。こうした心理状態は、「死なんとする者は生きん」という言葉がHの中にすみつくようになった（p.373）という櫻井氏の記述とも一致する。

「神様とメシヤだけは自分の苦しさ、悲しさを全て知っている。信仰の兄弟姉妹はわかっている。それだけが孤独なHの唯一の慰めだった。だからこそ、教会に行き、同じような境遇で苦しんでいる壮婦達と気持ちを分かち合っていた」（p.373）という記述も、迫害された宗教団体や、マイノリティー・グループの中に自分の居場所や精神的安らぎを見いだす人々の典型的な状況であり、統一教会に特異な現象であるとは言えない。

ここでHの信仰を家族からの逃避であると批判することはたやすい。しかし、家族の中に自分の居場所がなく、宗教の中に生きがいを見いだし、それにのめり込むことで家族の中でますます居場所を失っていくという悪循環が起きるとき、その信仰を持った個人が一方的に悪く、家族は被害者であると言い切れるであろうか？　家族の中に、なぜ自分の妻や母親がそれほど宗教にのめり込むのかを、もっと共感的に捉える姿勢があれば、信仰と家族の関係は違ったものになっていたかもしれない。それを理解せず、一方的に反対することで、「殉教精神」に火をつけた可能性はないのだろうか。これは非常に複雑な問題で、解決には双方の歩み寄りと共感力が必要だ。櫻井氏のような一方的な理解であれば、最後は拉致監禁による強制棄教という暴力的な手段に訴えるしかなくなってしまうだろう。

「家族の破壊」に対する欧州人権裁判所の判断

日本には家族の絆を何よりも重要視する文化があるため、信仰のために家族を犠牲にするというHの姿勢は共感を得られにくいが、国際的な人権及び信教の自由の基準によれば、信仰を巡る家族間の葛藤は、特定の信仰に反対する家族の側の無理解にも原因があると判断される。そうした判決の代表的なものが、欧州人権裁判所が下した「エホバの証人モスクワ支部等」対「ロシア」(2010年6月10日)である。この判決は少々事情が複雑なので順を追って解説したい。

ロシアの法律は「過激派」と宣言された宗教団体の解散を認めているが、この法律が適用されてエホバの証人のモスクワ地方組織が2004年に解散され、エホバの証人の全国組織が2017年に解散された。2022年の対ウクライナ戦争まで、ロシアは欧州評議会のメンバーであったため、人権問題に関しては欧州人権裁判所の管轄下にあった。そこでエホバの証人はこの件を欧州人権裁判所に上訴し、この解散命令が正当であるか否か、および信教の自由と結社の自由の原則に違反するものであるか否かについて、裁定を仰いだのである。

ロシアがエホバの証人を「過激派」であり、解散に値すると判断した理由は、輸血の拒否、マインド・コントロール、家族の破壊、二世信者への洗脳および宗教活動への参加の誘導、「不当な圧力」の中での寄付金集めなどであり、輸血の拒否を除けば統一教会に対してなされている非難とほぼ同じである。

これらの告発に対して欧州人権裁判所は以下のように指摘した。①これらの告発は宗教論争においては一般的であり、あらゆる種類の宗教に対して向けられることが多い。もしこれらが解散命令の根拠として利用できれば、いかなる宗教も安全ではなくなるだろう。②エホバの証人のような「カルト」の汚名を着せられたグループの場合、告発は虚偽であるか、政治的または宗教的な理由で操作されている可能性がある。

この判決の中で、「家族の破壊」に関して欧州人権裁判所が下した判断は、櫻井氏の主張とは真逆であり、国際的な人権規約の判断基準がどこにあるかを示唆している。

「ロシアの法廷が『家族の破壊を強制した』とみなしたのは、エホバの証人の信者ではない家族が、信者である家族が宗教的教えに従って生活を営むことを決めたそのやり方をめぐる意見の相違の結果として経験したフラストレーションであり、信者である家族が執着していた共同体生活の外に彼らが取り残されたために増大した孤立感である。宗教的な生き方が、信者に対して宗教的規則の遵守と宗教活動への自己献身を求めること、そしてそれらが信者の時間のかなりの部分を占め、場合によっては極端な形態をとる……可能性があることはよく知られた事実である……。それにもかかわらず、宗教的な事柄への自己献身が信者の独立した自由な決定の産物である限り、その決定について他の家族がどれほど不満を抱いていたとしても、その結果として生じた仲違いについて、宗教が家族を破綻させたと解釈することはできない。しばしば、真実はその逆である。宗教を信じない家族が、宗教を信じる家族が自分の宗教を表明し実践する自由を受け入れ尊重することに対して抵抗したり、消極的であったりすることが紛争の原因となるのである」（「エホバの証人モスクワ支部等」対「ロシア」第111項）。

Hは既に櫻井氏が紹介した元信者の事例の中では、Bの精神状態に近い。Bは数年間の伝道活動と経済活動に明け暮れた結果として、健康を害した（p.332）。それがBの中にネガティブな思いが蓄積する原因となったのだが、Bの場合には単に身体が弱かったというだけでなく、自分自身に対する意識の持ち方にむしろ問題があったのではないかと思われる。彼女は自身の活動全般を辛いと感じていたのだが、それにもかかわらず彼女がこの道を捨てられなかった理由は、「氏族メシヤである自分の存在を否定することができない。そのときはもう自分はどうなってもいいと思っていたのだ。しかし、マイクロは家族のためにやらなければならなかった。そうしなければサタンが讒訴する……と信じていた」（p.332）という。

ここで「自分はどうなってもいい」という表現が、BとHにおいて一致していることに注目したい。自分のことは構わないから家族や夫のためにこの道を歩むというのは、一見自己犠牲的で人のために生きる素晴らしい信仰のように聞こえるかもしれないが、神に対する感謝の念がなく、半ば自暴自棄になっている点で正しい信仰姿勢とも、健全な精神状態ともいえない。これは統一教会の理想的な信仰者の姿ではないばかりか、典型的な姿でもないのである。このことに関しては、Bに関する分析でキリスト教の伝統や文鮮明師自身のみ言を根拠として既に論じた通りである。

Hの信仰はBの信仰と同じく、どこか自暴自棄的なところがあり、本音においては自分自身を嫌っていて、そういう自分を犠牲にすることに一種のヒロイズムを感じて酔っていたのではないか。酷な言い方かもしれないが、そうした信仰姿勢のままではいつかは枯れてしまい、長続きしない運命にあったのではないか。信仰は何よりも、自分が神に愛されていることへの感謝の念から出発しなければならないからである。このようにネガティブな感情を蓄積している人は、「拉致監禁による棄教説得」にせよ、「保護による話し合い」にせよ、結果として信仰を棄ててしまうことが多いようだ。なぜなら、信仰を棄てることは自分を束縛している辛さやネガティブな感情からの解放を意味するからである。

櫻井氏によれば、「夫は妻のあまりの借金行為に耐えかねて、何とかして妻を統一教会から引き離さないと家族がだめになってしまうと考え、方々で情報を集めた後に脱会カウンセラーに相談するようになった。そして二〇〇〇年にHを保護し、長い話し合いに入った」(p.374) という。ここで言う「保護」や「話し合い」という表現を「監禁」と「説得」に読み替えることが可能であることは、既に述べた通りである。

Hが「保護」を受けた瞬間の気持ちは、「もう、これで何もかもが終わるだろうと、どこかにホッとした気持ちがあった。よかった、統一教会と離れることができる」(p.374) というものだったという。これはある意味で、Hが統一教会の信仰生活の中で蓄積させてきたネガティブな感情が一気に反動となって現れたものであろう。

夫の本来の目的は、妻であるHを統一教会から引き離して家族のもとに連れ戻すことであった。その通りになったのであれば、このストーリーは反統一教会側の視点からの「ハッピーエンド」となったのかもしれないが、現実はそうはならなかった。Hは、自分は家族と別れることになるだろうと覚悟を決めてカウンセリングを終了し、その後しばらく家族と別居した後に、離婚と自己破産の道を選択したのである（p.375-377）。結局、統一教会を脱会しても家族が元の状態に戻ることはなかった。このことの原因を櫻井氏は統一教会の信仰のあり方に見いだそうとしているが、私は敢えてここで、「家族の元の状態」が必ずしも理想的で幸福な状態ではなく、Hが信仰の道に解決を求めざるを得なかったような深刻な問題を、もともとこの家族は抱えていたという点を指摘したい。

実は櫻井氏自身がそのことをほのめかしている。「Hは入信前に夫との関係に悩んでいた。家庭内暴力に近いものがあった。こうした状況でHが積極的に問題の打開策を求めていったともいえるし、統一教会の伝道者がつけ込んだともいえる」（p.375）という記述がそれだ。

櫻井氏は家族側の立場で記述しているので「家庭内暴力に近いもの」という曖昧な表現をしているが、実際には家庭内暴力そのものがあったであろう。要するにHが統一教会に救いを求めなければならない状況に追い込んだのは、夫自身であったということだ。櫻井氏はHが信仰を持った理由を、H自身の積極的な求道であるとも、伝道者の働きかけでもあるといっているが、そもそも伝道とはする側とされる側の相互作用の中でなされるもので、どちらか一方が「マインド・コントロール」するということはあり得ない。ここでのポイントは、Hには敢えて統一教会の信仰の道に入っていく動機があり、その主たる原因は夫の暴力であったという点だ。

しかし、結果的に統一教会における信仰は矛盾をはらんだものとなった。統一教会の信仰が「駆け込み寺」的なもので、夫を捨てて出家して楽になればよいのであれば、結論は離婚しかなく、それはHにある種の心の平安を与えたかもしれない。しかし、統一教会で教えられたことは「夫を復帰して祝福を受け、理想家庭を築きなさい」だった。だからこそ彼女は1997年にワシントンで開催された合同結婚式に夫の反対を押し切って参加し、夫の写真を抱いてロバート・ケネディスタジアムで既成祝福を受けたのである。しかし、これでは理想と現実のギャップは甚だしく大きい。この頃から、地上において夫を復帰して祝福家庭となるという希望はほとんどなくなり、祝福の儀式に参加することで霊界における夫婦としての幸せに懸けるという状況になった。これもHなりの信仰に基づく夫への愛の表現だったのだが、それが夫に理解されることはなかった。こうして、家族の中に自分の居場所を失い、宗教の中に生きがいを見いだし、それにのめり込むことで家族の中でますます孤立していくという悪循環が起きたのである。

櫻井氏は、「Hの信仰的動機づけは、夫の救済だった。夫は信仰を認めず、それがHの信仰的『負債』になり、家族との葛藤を教会活動で克服することに信仰の意味を得た」(p.375)と分析している。一方で、「夫は統一教会に入信した妻の行為が全く理解できなかったが、それでも離婚することなく妻を統一教会から引き離すべく転居したりしながら結婚生活を継続してきたのは愛情のゆえだった」(p.376)とも分析している。お互いに対する愛情があるにもかかわらず、相手の愛情表現を理解することも受け入れることもできないという悲劇が、この夫婦の間には横たわっていた。そうした中で、「迫害者」と「殉教者」という役割を演じながら12年間も葛藤を続けたのである。ある意味では、統一教会の信仰がこの夫婦の葛藤を緩和するのではなく、「拍車をかけた」と言えるのかもしれない。ただし、それは統一教会の信仰一般が家族関係を破壊するという意味ではなく、Hがもともと持っていた性格、夫の個性、もともと夫婦が抱えていた問題、教会の指導のあり方など、複数の要素が絡み合って悪循環を生み出したと見るべきであろう。

夫が抱えていた問題は、妻への家庭内暴力で、それが嫌で妻は統一教会の信仰を持つようになった。夫が統一教会から妻を救い出す手段もまた、実態としては拉致監禁による棄教説得という暴力的なものだった。夫は何も変わっていないのである。Hは統一教会で夫婦関係の問題を解決することはできなかったが、信仰を棄ててもそれが解決されるわけではなく、帰るべき家庭にHの幸せはもともとなかったので、離婚の道を選ばざるを得なかった。Hが信仰を棄ててホッとしたのは、辛い活動から解放されたからでも、夫の愛に感謝し、助けてくれた夫と共にやり直したいと思ったからでもない。脱会はしたものの、夫婦はすれ違ったままで、結果として、Hは信仰と家庭の両方を失うこととなった。

脱会しても「ハッピーエンド」にはならなかった

Ｈの脱会説得を行った夫の本来の目的は、妻を統一教会から引き離して家族を元の状態に戻すことであったが、現実には反統一教会側の視点からの「ハッピーエンド」とはならなかった。Ｈは、自分は家族と別れることになるだろうと覚悟を決めてカウンセリングを終了し、その後しばらく家族と別居した後に、離婚と自己破産の道を選択したのである（p.375-377)。結局、統一教会を脱会しても家族が元の状態に戻ることはなかったのだが、そうなった原因についてさらに深く分析したい。

まず、「一二年間という歳月は長すぎた。自分は家族と別れることになるだろうと覚悟を決めてカウンセリングを終了した」（p.375）という記述から、Ｈは信仰を棄てた直後から、家族と一緒に暮らすつもりはなかったことが分かる。「Ｈはしばらく家族と一緒に過ごしたが、自分を見つめ直すということで一時別居し、自分で食べていけるようにパートをしながら資格を取ることにした」（p.375)、「Ｈは夫に助けられて脱会したが、一二年の溝を家族と埋めるために辛い日々を送ることになる」（p.376）などの記述から、ごく短期間は家族として一緒に過ごしながらやり直す努力をした時期もあったのかもしれないが、それも長くは続かなかった。これらの事実から分かることは、家族との間の溝は埋め難く、家族と一緒にいては自分を見つめることができず、経済的にも家族には依存したくないとＨが望んでいたということだ。要するにＨは家族と一緒にいることを苦痛に感じたのである。それはＨの側の家族に対する負債感もあったかもしれないが、櫻井氏の記述からは、脱会後の家族の心理状態も大きな要因であったことがうかがえる。

「脱会させるまでということで必死に活動してきた家族は、妻が脱会した後にある種気が抜けた状態になる。そして、自分達の苦労を知ってか知らずか、妻・母・嫁であるＨが簡単に元のさやに収まってしまうことへのいらだちも出てくる」「青年信者は親の庇護のもとで家族との関係を再構築できるが、壮婦の場合、葛藤していた家族に自分の居場所をもう一度作り出してもらうのは容易ならざるわざである。親にとっては音信不通の子供が戻ってくるのは喜び以外の何ものでもない。しかし、実生活において、相当の期間、葛藤していた配偶者とよりを戻す過程は、喜びである反面、これまでの鬱積した怒り、不満が交錯する複雑な心理状態にもなる。現実の家族へ戻ることは難しい」(p.376-377)

これらの記述から、Hが家族と一緒に住むことに苦痛を感じたのは、不満やいらだちが交錯する一種異様な心理状態にある家族と一緒に暮らすストレスに耐え難かったからであると推察することは容易である。

櫻井氏は青年信者の場合には信仰を棄てて親の元に帰ってくれれば親は喜び、家族との関係を再構築できるが、夫婦の場合にはそれが難しいという対比をしているが、実は問題はそれほどシンプルではない。現実には、信仰を棄てて戻ってきた子供に親が苛立ちや不満を感じ、逆に子供が親との生活に苦痛を感じることはよくある。

普通に考えても、多大な時間と労力とお金をかけて子供を統一教会から取り戻した親が、その犠牲的な行為に対する感謝の念を子供に要求するのは自然であろう。そして今度こそまっとうな人生を歩んで恩返しして欲しいと願うのも当然である。しかし、子供の立場からすれば、それは自分が頼んだことではなく、親の意思で一方的にやったことだし、いまは自分をどう立て直すかで精一杯なので、親の期待に応える余裕などない。「やっと脱会した」ということで、安心して親が「恩返し」を期待すれば、それは傷ついた子供にとってはプレッシャーでしかない。そして統一教会を脱会した後でも、子供は親が真に自分のことを理解しているとは感じておらず、親の方は、いつまでも立ち直らない子供に苛立ちを感じたり、「感謝の念が足りない」という不満を抱いたりするのである。

統一教会に反対する牧師や脱会請負人らは、親に対して「統一教会が子供を奪ったので、そこから取り返せば元の家族に戻れる」と説得して、拉致監禁を伴う強制棄教を教唆してきた。しかし、子供が信仰を棄てて親元に戻れば家族が元通りになるというのは幻想で、実際には脱会後に親子関係が悪くなったり、親と一緒に住むことを子供が拒否したりすることは多い。その第一の理由は、拉致監禁を受けた子供のトラウマである。たとえ信仰を棄てたとしても、自分を暴力的な方法で屈服させた親に対する恨みは残る。このことは、ルポライターの米本和広氏の記述や、精神科医の池本桂子氏の論文「宗教からの強制脱会プログラムによりＰＴＳＤを呈した1症例」（『臨床精神医学』２０００年10月号）に詳しい。自己決定権を剥奪されることによる心の傷が残るということだ。

一方、監禁を受けた子供の予後が良くないことは、それを行った本人たちも気付いていたため、できるだけ子供の心を傷付けないように説得方法の改善を試みてきたことも分かっている。このことは、高木総平・内野悌司(編)『現代のエスプリ No.490　カルト―心理臨床の視点から』（２００８年5月号）で論じられているが、その概要は以下のように要約される。

元来、カルト問題は牧師などの宗教家が担当してきた。家族の願いはカルトからの脱会だったので、カウンセリングの主要な目的は脱会だった。しかし、その中で脱会さえすれば問題が解決するわけではなく、脱会後にも様々な問題を引きずることが分かってきた。そこで１９９０年代の後半から、宗教者が脱会させた後のアフターフォローとして、臨床心理士やカウンセラーがカルト脱会者の心の問題を扱うようになってきた。

前掲の『現代のエスプリ』の中で、脱会説得を行ってきた反対牧師の一人である豊田通信氏は、「特に、『保護説得』の最中の出来事については、私の能力が足らないばかりに、どれほど多く彼らを傷つけたかを直視せざるを得なかった」（p.107）、「最近の私は、カウンセラーの倫理に関する本にはまっている。倫理違反だと指摘される具体的な事例と正答を読んで、それを自分の現場に当てはめてみると、かつての『保護説得』であれば違反の大パレード、最近模索している手法でもなお課題を残していると思う」（p.109）と率直に述べている。

同じく脱会説得を行ってきた杉本誠牧師も、２００７年10月19日に全国霊感商法対策弁護士連絡会の主催で行われた全国集会での講演で、脱会させた後の被害者の精神的ケアが非常に重要である理由として、「救出されることによって『心に傷を受けていく人もいる』のは事実だ」「脱会させた後、家族はバラバラ、親子関係は滅茶苦茶になるなど悲惨なケースも多々ある」（『キリスト新聞』２００７年11月17日号）と率直に述べている。やっていた側が言うのだから事実であろう。

脱会後の家族関係の難しさは、物理的な拘束を伴わない説得においても同様であり、このことは渡邊太氏の論文「カルト信者の救出――統一教会脱会者の『安住しえない境地』」(『年報人間科学』第21号、2000年、p.225-241)の中で掘り下げた分析が行われている。渡邊氏の論文は、家族の説得によって信仰を棄てた元信者たちが、脱会後に様々な心理的苦悩やコミュニケーションの困難に直面することに着目し、統一教会信者の救出活動を事例として、このポスト・カルト問題と救出カウンセリングのコミュニケーション・パターンとの関連を明らかにしたものだ。

渡邊氏によれば、脱会者の苦悩は「自己の存在の根本的な安定性が失われること」によるもので、それは救出カウンセリングの現場においてR・D・レインが指摘するような、人を「安住しえない境地」に置くコミュニケーション・パターンが繰り返されるためであるという。それでは、R・D・レインが指摘する「安住しえない境地」とはどのような意味なのであろうか?

人はアイデンティティーについての確かな感覚を得るために、他者の存在を必要とするとレインはいう。他者から確認されないようなアイデンティティーは、全く不安定なものである。そのとき私は私の中の世界に安住することもできないし、他者の世界の中に身を置く場所を見つけることもできなくなる。このような、どこにも身を置くことができない宙ぶらりんの状態を指して、レインは「安住しえない境地」といった。渡邊氏は救出カウンセリングのコミュニケーション・パターンは、人を「安住しえない境地」に置くタイプのものであり、それは具体的には「無効化」と「属性付与」、そして「自発的であれ!」という命令が組み合わされたものであるという。

「『無効化』とは、ある人の意志を無効なものと見なすことによって実際にその効力を奪うことである。『無効化』は『属性付与』とセットで用いられる」(渡邊太前掲論文、p.234)

マインド・コントロールされた統一教会信者は自分で自分の意志が分からない状態になっていると想定する救出カウンセリングは、まさにこのような「無効化」と「属性付与」のコミュニケーションに一致するという。要するに、「お前は自分の意志で信じているんじゃない」と無効化され、「おまえは統一教会に入って悪いことをするような子どもではなかったはずだ」と、親が子供の属性を一方的に決めつけることである。

マインド・コントロールから目覚めよという親の訴えは、「ちゃんと自分の頭で考えろ」という命令である。この「自発的であれ！」という命令はパラドックスになる。命令を実行しようとすると命令に反することになり、従うことができない。このような命令が出されると、そのコミュニケーションは病的になるという。

渡邊太氏は、こうしたコミュニケーション・パターンによって作られた「安住しえない境地」から逃れるには、家族から離れるしか方法がないと結論する。たとえ親子であっても、このように脱会後の関係は櫻井氏の言うようには簡単ではない。夫婦の場合にはそれ以上に難しいというのはあり得ることだが、その主たる原因は脱会カウンセリングの病的なコミュニケーション・パターンが、元信者を「安住しえない境地」に追いやり、それを引き起こしている家族と一緒にいることに苦痛を感じるからである。

「2　元信者Ｉ（女性）の事例」

壮婦の元信者Ｉについて櫻井氏は冒頭、「本事例は他の事例と比べてかなり詳細な記述となる」と前置きし、その理由を「対象者であるＩが統一教会相手に計五億四七〇〇万円の損害賠償を求めて訴訟を起こした際に、筆者は彼女の弁護団から彼女への違法な働きかけに関する意見書の作成を求められ、四〇〇字詰め原稿用紙換算で二〇〇枚もの意見書を東京高裁に提出した」（p.377）からであると述べている。

私はこれまで、元信者ＡからＨまでの事例に関しては、櫻井氏が裁判資料だけに頼るのではなく、裁判の原告になっていない元信者にインタビューをしたことに一定の評価をしてきた。なぜなら、統一教会を相手取った民事訴訟に提出される元信者の陳述書や証言は、事実を歪曲している場合が多いからである。

しかし、元信者Ⅰに関する資料は、既に裁判用に加工されたもので、櫻井氏は「意見書作成に際して、段ボール二箱分の資料、陳述書、原告側・被告側準備書面等を参照」(p.377)したと書いているが、経験豊富な弁護士たちによって作成された原告側の裁判資料は、元信者Ⅰの入信から脱会までの過程を、訴訟に有利なストーリーにまとめた可能性が高い。

このように資料自体に偏りがあることに加えて、櫻井氏は客観的な研究者という立場を越えて、原告側弁護士の求めに応じ「彼女への違法な働きかけに関する意見書」(p.377)を作成しているのであるから、一方の利益を代弁する立場に立っていることは明らかである。要するに、櫻井氏は元信者Ⅰの弁護団とは緊密な協力関係にあると同時に、統一教会とは敵対関係にある。資料そのものの偏った性質に加えて、彼の信者Ⅰに対するスタンスやかかわり方にも、学問的な中立性を離れた「当事者性」があると言ってよい。

櫻井氏によると、「この裁判の結果は、二〇〇八年二月二二日、最高裁がⅠの上告を退けて東京高裁の判決が維持された。東京高裁では、統一教会の違法な勧誘及び献金強要行為を請求金額の二億七六二〇万円分についてだけ認めた」(p.377)という。3億円近い損害賠償を裁判所が命じたのであるから、事情をよく知らない人は、統一教会は彼女によほど酷いことをしたに違いないと思うかもしれないが、事実はそうではない。損害賠償の額が大きいのは、それだけ彼女が資産家だったために多額の献金をしたことを表しているにすぎず、勧誘行為の違法性の度合いを示しているのではない。しかしながら、捧げた献金の額が大きいということが、裁判官の判断に影響を与え、利益回復のために違法性を認定する傾向にあるという側面も否定できない。

勧誘行為の違法性とは、端的に言えば、統一教会の信者らがⅠを騙したり脅したりして勧誘したり、献金させたりしたのかどうかということだ。実はこの点はそれほど明らかではない。もし献金させる側に騙す意思が明らかにあり、それを立証できるのであれば、刑事事件として立件することも可能だが、事実はそうではないからだ。櫻井氏は宗教的な儀礼を通してⅠの信仰が強化されたことを説明し、それに以下のような解説を加えている。

「このような儀式に登場する先生役の信者やIを始終導いてきた信者にとっても、儀式において霊界を現出する行為は彼女ら自身の信仰を強化する。［欺し―欺される］関係とは単純に言い切れない『本気』の部分がある」(p.378)

Iを伝道する側は、自分たちが語っている内容や行っている儀式はまさに真実そのものであると信じているわけであるから、そこに騙す意図がないことは明らかである。したがって、Iは統一教会の信者に「騙された」のではなく、彼らと「信仰を共有するようになった」というのが正しいであろう。実は櫻井氏もこのことは認めている。

「ここで信者となれば、統一教会とIは先祖の因縁を切るという行為において協働関係に入るのであり、入信すれば、まさに信仰共同体の一員となる」(p.380)

Iの信仰が形成された背景には、因縁や霊界に対する恐怖だけではなく、霊の親から尽くされ、教会のスタッフから愛されたことに対する感謝の念があり、そこで築かれた人間関係があったことは櫻井氏も認めている。

「Iの信仰心を持続させた要因は二つあり、……もう一つは、Iをとりまく統一教会信者達による励ましや人間的ふれあいだった。これは確かにIにとって新鮮な出会いであり、人間交際の喜びでもあった」(p.392)

「Iは霊の親だった若い信者からの手紙を大切に保管していた。統一教会の人間として自分を欺したことには間違いないのだが、自分のことを本気で心配し、気にかけてくれた真情に溢れた手紙を捨てるに忍びなかったのだろう」(p.380)

「自分を欺した」ということと、「自分のことを本気で心配し、気にかけてくれた」というのは論理的には矛盾するのだが、要するにIの発想はこうである。霊の親に個人として自分を騙すつもりがなかったことは明らかだが、その霊の親もより大きな組織としての統一教会に騙されており、その指示に従って自分を導いたのだから、本人にその自覚がなくても結果的に騙したのと同じだ、という論理である。しかし、組織としての統一教会はIや霊の親のような個々の信者の集合体なのであり、その全員が同じ信仰を共有しているとすれば、組織が騙したという論理も成り立たない。要するに、Iはもはや統一教会の信仰を共有できなくなり、信じられなくなった、心変わりした、ということなのだが、自分が信じてしまったことへの後悔から、「欺された」と言っているにすぎない。

櫻井氏は結論の部分で、「このような分析的知見からIの信仰を捉えると、Iに対して統一教会が献金を要請する度に畏怖困惑に追い込む心理的プレッシャーをかけていたのではないことがわかる」(p.393) と述べている。一度、信じる思考の枠組みが出来上がってしまえば、後はそれを維持・強化すればよいのであって、そうした状態の下では騙したり脅したりしなくても、献金するようになるのだということだ。

そもそも、こうした状態で献金した場合には、それは信じて行ったことなのであるから、違法行為として認定して損害賠償を命じるには無理がある。Iは13年間も信仰を持っていたというので、その間に行った献金の大部分は、「信じて」行ったのであり、騙されたり脅されたりしたものではない。にもかかわらず献金額の約半分の損害賠償を命じた理由は、勧誘の初期の段階で、宗教であることを明確に述べなかったなどの「瑕疵」があり、その結果として得た信仰を動機として捧げた献金であるから、違法行為の延長線上にあると裁判所が判断したためである。これはかなり強引な論理展開である。

宗教的価値観と世俗的価値観の対決

Iは統一教会を相手取って計5億4700万円の損害賠償を求める民事訴訟を起こし、このうち2億7600万円の支払いを命じる判決が東京高裁で下され、判決は最高裁でも維持され確定した。なぜ裁判所がこのような判断をしたのだろうか。

裁判所が統一教会に対して損害賠償を命じたということは、統一教会の信者がIに対して行った勧誘行為に違法性があったことを認定したということだ。ここで問題となるのは、どの部分に違法性があると認定したのかだ。そもそも、「宗教団体が信者から献金を募るのは違法か?」と言えば、その答えは明白である。宗教団体は信者からの献金によって成り立っているので、これを否定したら宗教団体は存在できない。伝統宗教でも献金は義務であり美徳であると教えられている。例えば、神道の賽銭は「祈願成就のお礼として神や仏に奉納する金銭」という意味があり、「賽」とは神から受けた福に感謝して祭るという意味がある。仏教の「布施」の中には「財施」という概念があり、これは金銭や衣服食料などの財を施すことをいう。キリスト教の献金は、収入の十分の一を捧げることが伝統になっているし、イスラム教においても喜捨（ザカート）が重要な信仰実践として位置付けられている。すなわち、献金そのものに違法性はないのである。

次に、「宗教団体が、神、霊界、サタン、罪、地獄、蕩滅、因縁などの教えを説くのは違法か？」という問題がある。この答えも明白で、日本国憲法第二十条に「信教の自由」が保障されているため、こうした言説を説くこと自体に違法性は全くない。また、これらの宗教的概念の正しさを証明する義務も、宗教団体にはない。さらに、政教分離原則により、宗教的信念の真偽や是非を国家が判断することは禁止されているので、こうした言説が間違いだと裁判所が判断することもできないのである。現実問題として、もしこうした教えを説くことが違法なら、ほとんどの宗教は存在できないであろう。

上記の二つを組み合わせたものが、「宗教団体の信者が罪や霊界について語って献金を勧める行為は違法か？」という問いになる。これも原則としては信教の自由が保障する範囲内であり、一般的には合法と言えるが、実際の裁判では、献金を勧めるときのやり方や捧げた金額などの「社会的相当性」が問われ、民法上の不法行為と判断されることもある。統一教会が民事訴訟で損害賠償を命じられるのは、こうしたケースがほとんどである。

こうした事態を受け、2009年3月25日の徳野会長（当時）による教会員に対するコンプライアンスの指導で、以下のような注意がなされるようになった。

①献金と先祖の因縁等を殊更に結びつけた献金奨励・勧誘行為をしない。

②霊能力に長けていると言われる人物をして、その霊能力を用いた献金の奨励・勧誘行為をさせない。

③信者への献金の奨励・勧誘行為はあくまでも信者本人の信仰に基づく自主性及び自由意思を尊重し、信者の経済状態に比して過度な献金とならないよう、十分配慮する。
④献金は、統一原理を学んだ者から、献金先が統一教会であることを明示して受け取る。

宗教的価値観	世俗的価値観
神や霊界は存在する	神や霊界は幻想
人間には罪がある	犯罪者にしか罪はない
献金は善である	献金は宗教団体の搾取
多額の献金も当然	多額の献金は暴利
神のために献身的に働くのは美徳である	宗教団体にただ働きさせられるのは人権侵害だ
宗教的価値観や行動を世俗の法では裁けない	宗教的行動といえども、世俗の法に服する

要するに、献金を勧誘する際には、その目的をきちんと開示し、「威迫・困惑」や「不実告知」とされるような行為をしてはならないという通達である。

しかし、「献金の額に限度や『社会的相当性』はあるか？」という問いは、一般論としてはかなり難しい問題をはらんでいる。その一例が、「イオン布施目安提示事件」だ。2010年5月に大手流通のイオンが、自社カード会員向けの葬儀紹介サービスで「布施の価格目安」を打ち出した。これに対し、8宗派、約600の日本国内の寺院の協力が得られた一方で、全日本仏教会などの一部の仏教団体は「布施に定価はない」「企業による宗教行為への介入だ」と反発したのである。これに対して、「消費者の立場からすれば明瞭な布施価格の明示はありがたい」との評価と、「今後これが『定価』として一人歩きしてしまう」と懸念する意見があった。その後、2010年9月10日にイオンは「布施の考え方にはさまざまなものがある」として、この布施の価格目安をサイトから削除した。布施や献金の「妥当な金額」を決めるのはやはり難しいようだ。

こうした問題は、「宗教的価値観」と「世俗的価値観」の二つの異なる価値観の対決で、それは上の表のような対立構造を持っている。

実際の裁判の場では、統一教会は宗教的価値観に基づき、「み言に感動し、神の摂理と世界平和のために全財産に近い献金をしようと短期間で決意することは十分にありえるし、実際にあった。献金の多寡を世俗的な価値基準で判断すべきではない」と主張することになる。一方、反対派は世俗的価値観に基づき、「出会って短期間のうちに全財産に近い献金を捧げるというのは、因縁や地獄の話によって脅されて献金を決意したとしか考えられない。宗教的献金にも『社会的相当性』の範囲がある」と主張することになる。裁判官はどうしても「世俗の価値観」に基づいて判断するので、反対派の主張を認めてしまうという傾向がある。

それでは元信者Iが献金を捧げたときの様態はどのようであり、そこには社会的相当性を逸脱する要素があったのだろうか？　客観的な事実からすれば、Iは出会って短期間のうちに「威迫・困惑」によって全財産に近い献金を捧げたわけではない。最終的にIが統一教会に求めた損害賠償は計5億4700万円で、これが全財産にあたるかどうかは不明だが、1991年4月にIが初めて統一教会信者に出会い、翌月にIが決意したのは献金ではなく、1000万円の借用であった。そして年内には400万円が返金され、残りの600万円を献金することを決意した。この時点で出会って8か月程度であり、しかも出会って3か月目には統一教会であることを明かされているので、献金を決意した時点で既に事実を知らされて5か月ほど経過している。仮に5億4700万円を全財産とすれば、最初の借用の1000万円は1.8％、600万円は1.1％にすぎない。Iが資産家であったため、献金の額は一般常識から見れば大きく感じるが、これは「全財産」とはほど遠い。また、借用の中から一部を献金し、一部を返金してもらうなど、Iは合理的な思考をしており、平常心を失っていたとは考えられない。

櫻井氏が提示したIの日記は、2002年7月から2003年6月までの約1年間の出来事を綴ったもので、その間に5回ほど献金したことが記されている。この時点で信仰を持って11年以上が経過しており、その年月の長さを考慮すれば「短期間のうちに捧げた」とは到底言えない。しかも、日記には献金の記述に合わせて「感謝」という言葉が記されており、「威迫・困惑」によって献金を捧げたわけでもないのは明白である。

このことは櫻井氏も認めており、「このような分析的知見からIの信仰を捉えると、Iに対して統一教会が献金を要請する度に畏怖困惑に追い込む心理的プレッシャーをかけていたのではないことがわかる。統一教会に関わる過程において強迫・恫喝といった外形的な心理的圧力が常にかけられていたとすれば、Ｉの精神はストレスで疲弊し、精神的な疾患に追い込まれるか、統一教会を去ったはずである」(p.393)とまで述べている。

だとすれば、「社会的相当性」の根拠となるような、「威迫・困惑」によって出会い、短期間のうちに全財産に近い献金を捧げたという事実は、Ｉのケースにおいて存在せず、事実としてはみ言を信じて感謝して献金していたことになる。にもかかわらず、裁判所がこの献金勧誘に違法性を認め、損害賠償の支払いを統一教会に命じたのは、億を超える金額を社会的評判のよくない宗教団体に捧げた信者が、それを取り戻せないという判断を裁判所がしたとなると、世間の批判を免れないという「世俗的・常識的判断」が先にあり、違法性の根拠は後付けの解釈によるこじつけにほかならない。これは純粋に法的に見れば不条理な判決だが、これもまた裁判所の現実である。判事も人の子であり、判決には「世間体」が影響するのである。

Ｉの献金の動機を「幸福学」で分析する

Ｉの際立った特徴は資産家だったことである。損害賠償の請求額5億4700万円は、一般庶民には想像のつかない金額であり、それだけで統一教会は反社会的団体で、Ｉは統一教会によって騙されたのではないかと常識的には思いたくなる数字である。おそらく櫻井氏が元信者Ｉの事例をこの本で扱ったのは、「統一教会からこれほど大きな被害に遭った人がいる」ことを読者に見せつけ、統一教会の反社会性を示す格好の例としたかったからではないか。

一般に、財産のある人は幸福であるという社会通念がある。単純にこの図式に従えば、「統一教会に出会う前のＩは多くの財産を持つ幸福な人であったにもかかわらず、統一教会に出会うことによってその財産を奪われ、不幸のどん底に叩き落された。その被害の一部を裁判を通して取り戻したのである」というストーリーになる。裁判所の判断は客観的で世俗的な価値観に基づいて行われるため、こうした目に見える客観的な「モノサシ」で被害を判断する傾向にある。しかしそれでは、なぜ幸せであったはずのＩが統一教会の信仰を持つに至ったのかという動機は見えてこない。

実は、「財産のある人は幸福である」という前提自体が不確実なもので、幻想であるかもしれないと気付かなければ、Ｉの信仰の本質は見えてこない。これは私が苦し紛れに言っていることではなく、最新の幸福学の研究成果を基にした主張である。慶応義塾大学大学院教授の前野隆司氏の著書『幸せのメカニズム：実践・幸福学入門』（講談社現代新書、２０１３年）は、最新の幸福学の成果に関する解説書で、前野氏は幸福と相関関係にある様々な要素を分析しており、特に興味深かったのが、年収や財産と幸福感の関係である。

調査会社カンター・ジャパンが16歳以上の男女を対象に、財産の所有と幸福感に関し、２０１２年に21か国で行った調査によると、「もっと多くの財産があれば幸せなのに」と思う人は、日本人では65％に達したという。この数値には国ごとに大きな差があり、日本は欧米諸国に比べてかなり高い数字になっているという。しかし前野氏は、人が「もう少し収入や財産が多ければ幸せなはずだ」と思ってしまうのは「フォーカシング・イリュージョン」であり、幻想にすぎないのだという。

これは、プリンストン大学名誉教授でノーベル経済学賞受賞者でもあるダニエル・カーネマン氏が編み出した言葉で、前野氏の解説によると、「フォーカシングとは焦点をあわせること、イリュージョンは幻想。だからフォーカシング・イリュージョンとは、間違ったことに焦点を当ててしまうという意味です。つまり、『人は所得などの特定の価値を得ることが必ずしも幸福に直結しないにもかかわらず、それらを過大評価してしまう傾向がある』[Kahneman, et al., 2006]ということ。『目指す方向が間違ってるよ』です」（前掲書p.63）。

カーネマン氏らは、「感情的幸福」は年収７万５０００ドルまでは収入に比例して増大するのに対し、それを超えると比例しなくなる、という研究結果を得たという。これを日本円に換算し、購買力の比で補正すると、ざっと

1000万円くらいになるので、日本に当てはめれば、年収が1000万円だろうと1億円、10億円だろうと、感情的幸福とは関係がないということである。カーネマン氏の結果はアメリカのものだが、実際に前野氏が日本人1500人に対して行った調査の結果を見ても、年収の高い層では、年収と感情的幸福には相関がなかったという。にもかかわらず、人はさらに高収入を目指してしまうのが「フォーカシング・イリュージョン」なのだと前野氏は指摘する。

ある年収までは収入と感情的幸福が比例し、それ以上になるとなぜ相関しないのかについては複数の理由が考えられる。年収が低いと、住居や食事や身の安全といった最低限の欲求が危険にさらされるので、年収を上げることによってそれらの危険を回避し幸福度が上昇するが、ある程度の収入を得ると、基本的な生活には支障がなくなるので、愛情・所属欲求、尊厳欲求、自己実現欲求などのより高次の欲求を満たしたいと思うようになり、それは収入の上昇によっては得られないからである。

このように考えると、5億を超える資産の元信者Iは、1000万円の資産を持っている人の50倍の幸福を感じていたかといえばそうではなく、感情的幸福度において両者にさほど差はなかったことが分かる。少し乱暴な言い方をすれば、Iの基本的な生活に支障をきたさない限りは、5億円の財産が1000万円に減ったとしても感情的幸福度においてはさほど大きな変化はないことになる。さらに、より高次の欲求である愛情・所属欲求、尊厳欲求、自己実現欲求を満たすために、5億円の財産を犠牲にしても、Iの感情的幸福度は低下するどころか、むしろ上昇するという結論になる。このように、感情的幸福度の視点から見れば、愛情・所属欲求、尊厳欲求、自己実現欲求を満たすためにその対価として5億円を支出することは合理的な判断であるとさえ言える。ところが、お金の量に比例して幸福度が上がるという「フォーカシング・イリュージョン」に陥っている人には、それが理解できないのである。

前野氏は、人間の幸福に関して「地位財・非地位財」というもう一つの面白い視点を紹介している。地位財とは、所得、社会的地位、物的財のように周囲との比較により満足を得るものなのに対して、非地位財とは健康、自主性、社会への帰属意識、良質な環境、自由、愛情など、他人が持っているかどうかとは関係なく喜びが得られるものであるという。そして、地位財による幸福は長続きしないのに対して、非地位財による幸福は長続きする、という重要な特徴があると前野氏は解説する。平たく言えば、目に見えて他人と比較できるような地位財によって得られる幸福は長続きしないのに対して、目に見えないより本質的な非地位財によって得られる幸福は永続性がある。にもかかわらず、目に見えて分かりやすい地位財を人は追い求めやすい傾向にあり、それがまさに「フォーカシング・イリュージョン」だというわけだ。

ここまで説明すると、Ｉがなぜ信仰を持つようになったのか、その動機の部分がかなりはっきりしてくる。Ｉは資産家であったため、住居や食事や身の安全といった最低限の欲求が危険にさらされることはなかった。そこでＩの幸福度は財産という「地位財」によってはそれ以上高まることはなく、Ｉはより高い次元の幸福を求めて、「非地位財」を探し求めていたということになる。

一般に宗教の役割は、目に見えて他人と比較できるような地位財に対する執着を捨てさせ、目に見えないより本質的な非地位財によって得られる幸福に焦点を当てさせることによって、人間に永続的な幸福をもたらすものであると言える。一部の宗教における現世否定や物欲の否定は、地位財に対する執着を捨てろということである。それは統一教会においても同じで、Ｉは統一教会と出会うことを通してより本質的で永続的な価値観に目覚めたため、地位財に対する執着を捨てて献金したと考えられるのである。

前野氏の著作の中でも、宗教的信仰を持っている人はより幸福度が上がるという調査結果を報告している。それは宗教が人の人生観を地位財中心から非地位財中心にシフトさせる役割を果たすので、永続的な幸福度が増すからであろう。こう考えると、元信者Ｉが統一教会に対して５億円を超す献金をすることによって得た幸福感は、幸福学の見地からすれば５億円という金額と比較しても、十分に対価性があるという結論になる。ところが、こうした主観的な幸福感は世俗的で客観的な視点からは過小評価される傾向にあるので、Iが信仰をもつようになった動機の部分を正当に評価することができず、騙されたとか脅されたのだと推論してしまう。裁判所が下した判断は、まさにこのような「フォーカシング・イリュージョン」に基づくものであった。

幸せの四つの因子と信仰の関係

前野氏の著作で紹介されている「幸せの因子」に基づき、信仰を持つことでなぜ幸福感がアップするのかを解説しよう。前野氏の研究グループが日本人1500人に対してアンケート調査を行い、幸せの心的要因を因子分析した結果、以下のような四つの因子が浮かび上がった。こうした特性を持っている人はより幸せになる傾向があるということだ。

第一因子「やってみよう！」因子（自己実現と成長の因子）

・コンピテンス（私は有能である）
・社会の要請（私は社会の要請に応えている）
・個人的成長（私のこれまでの人生は、変化、学習、成長に満ちていた）
・自己実現（今の自分は、「本当になりたかった自分」である）

第二因子「ありがとう！」因子（つながりと感謝の因子）

・人を喜ばせる（人の喜ぶ顔が見たい）
・愛情（私を大切に思ってくれる人たちがいる）
・感謝（私は、人生において感謝することがたくさんある）
・親切（私は日々の生活において、他者に親切にし、手助けしたいと思っている）

第三因子「なんとかなる！」因子（前向きと楽観の因子）

・楽観性（私はものごとが思い通りに行くと思う）
・気持ちの切り替え（私は学校や仕事での失敗や不安な感情をあまり引きずらない）
・積極的な他者関係（私は他者との近しい関係を維持することができる）
・自己受容（自分は人生で多くのことを達成してきた）
第四因子「あなたらしく！」因子（独立とマイペースの因子）
・社会的比較志向のなさ（私は自分のすることと他者がすることをあまり比較しない）
・制約の知覚のなさ（私に何ができて何ができないかは外部の制約のせいではない）
・自己概念の明確傾向（自分自身についての信念はあまり変化しない）
・最大効果の追求（テレビを見るときにはあまり頻繁にチャンネルを切り替えない）
（以上、前野隆司著『幸せのメカニズム：実践・幸福学入門』p.105-111）
それでは、統一教会の信仰とこれらの因子がどのように関係しているのかを見てみよう。

1．自己実現と成長の因子

統一教会の人間観は、「神の子女としての人間」が基本にあり、これは個人に対して肯定的なアイデンティティーを与える役割を果たしている。人生の意味が分からない、自分自身の存在に価値を感じられないといった悩みを抱えた人々に対して、「自分は神様の子供だったんだ」という回答を与えるのは、その人の幸福度を上げるのに貢献する。

さらに、「氏族のメシヤ」というアイデンティティーは、個人に対して一種の使命感を与え、自分は氏族を救うべき特別な存在であるとの自覚を与える。これはその人のコンピテンスを上昇させると考えられる。

統一教会を一つの社会と捉えたとき、信者はその中で使命や役割を与えられ、それに応えることによって自分自身の価値を感じる。献金を通して経済的に貢献し、伝道して人を増やすことによって教会に貢献すれば、その人は教会からその貢献を評価され、讃美されることで喜びを感じ、幸福感が増すのである。信仰の動機では、自分の財産を献金することによって教会に貢献し、そのことを感謝され讃美されることがIにとっての大きな喜びであったことが重要な要素であった。前野氏は著作の中で、「お金を他人のために使ったほうが、自分のために使うよりも幸せ」という研究結果を報告している（p.152）。献金にはIの幸福度を増大させる効果があったのである。

統一教会では人間には成長期間があり、個人は信仰生活を通して霊的に成長していくと教えている。その究極的な目的は個性完成、人格完成で、日々の様々な経験を通して自分がどのように成長したかを常に内省するのが統一教会の信仰生活である。Iも霊の親やカウンセラーから見守られ、指導される中で自分の成長を実感していたのである。

2. つながりと感謝の因子

宗教ほど感謝することの大切さを説くものはない。自分は偉大な存在によって守られ、導かれながら生きていることに気付くことが信仰の出発点である。そうした感覚を持たない人に比べ、信仰を持っている人は日常の様々な出来事に感謝する傾向が強い。これは統一教会においても同様であり、「感謝」を口癖とする教会員は多い。

統一教会では、伝道される過程において「霊の親」やカウンセラー、教育を担当するスタッフからたっぷり愛情を注がれ、大切にされる。それは西洋においては「愛の爆撃」と呼ばれて洗脳やマインド・コントロールの根拠に挙げられたこともあるほどである。他人から本気で心配され愛される体験がその人の幸福感を増すことは疑いがない。このことは櫻井氏自身も認めていて、Iが自分のことを本気で心配し、気にかけてくれた霊の親からの手紙を大切に保管していたことを紹介している（p.380）。

統一教会の信仰のモットーは「為に生きる」である。人は自分のためではなく、他者のために生きたときに本当の幸福を感じることができるという教えにより、統一教会の信者は愛されるだけの立場ではなく、愛する立場に立とうと努力する。これは日々の信仰生活の中で兄弟姉妹に親切にし、喜ばせることも含まれるが、最も大切な信仰実践は人を伝道することである。伝道するときには、自分は霊の親として徹底的に霊の子を愛する側に回る。それを通して、人を愛する喜びを感じるのが統一教会の信仰生活の醍醐味である。Iの日記の中にも、CB店に「百合子さん」を誘って指輪を授かったことに対する喜びの心情が記されている（p.387）。Iにとってこれは、愛されるばかりではなく、自分から愛情を注ぐ対象が生まれたことに喜びを感じる貴重な体験であった。

こうした人間関係がIにとって喜びであり、信仰の動機付けになっていたことは、櫻井氏自身も以下のように認めている。

「Iの信仰心を持続させた要因は二つあり、……もう一つは、Iをとりまく統一教会信者達による励ましや人間的ふれあいだった。これは確かにIにとって新鮮な出会いであり、人間交際の喜びでもあった」（p.392）

3．前向きと楽観の因子

一般に信仰を持つ人は楽観的である。それは人知を超えた偉大なる存在が自分の人生に介入し、自分を保護しているという信念があるからである。例え客観的な状況が厳しかったとしても、それに心を奪われず希望をもって生きていく力を宗教は与えるのである。統一教会の信仰の特徴は、生ける神が自分の人生にダイナミックにかかわっており、自分の身の回りに起きる様々な出来事が、神や霊界の働きであると捉えることにあると言ってよい。

また宗教的儀礼は、人のネガティブな気持ちを癒やし、前向きに変えていく効果があることは多くの社会学的研究で指摘されている通りである。毎週礼拝に参加することを通して一週間の嫌な出来事や感情を整理し、信仰に基づいて再出発していくという「気持ちの切り替え」を信仰者は常に行っているのである。また、定期的に集会に参加してみ言を受けたり、清平の修練会に参加したりすることも精神的な「リフレッシュ効果」がある。そしてその中で確認するのは、たとえ多くの問題を抱えた自分であったとしても、神は変わらずに自分を愛し続けているのであるから、自分自身を受け入れて前向きに歩んでいこうという「自己受容」の感覚である。

教会における人間関係は、利害や損得の入り混じった世俗社会の人間関係とは異なり、神を中心とする兄弟姉妹の関係であるため、私心がなく、純粋で濃密な人間関係を構築することが可能である。それは統一教会の魅力の一つとなっている。

4．独立とマイペースの因子

統一教会のように共同体に対する所属意識が強く、人間関係が濃密な組織においては、独立とマイペースの因子は他の因子に比べるとさほど強く作用しているとは思われない。統一教会に所属する人々は、どちらかといえば「自由」よりも「絆」を求める。にもかかわらず、統一教会の教えや実践の中には、この因子に該当する部分も存在することを指摘しておく。

統一教会では天使長ルーシェルの堕落の動機が「愛の減少感」であったため、他人と自分を比較してうらやんだり嫉妬したりすることを戒めている。他者との「横的」な関係ではなく、神との「縦的」な関係を重要視せよという教えである。これは社会的比較志向を抑制する効果があり、幸福感の増大に寄与するものと思われる。また、信仰を持つということ自体が「自己概念の明確傾向」を高めることになり、周りの様々な状況の変化に影響されずに自分自身についての信念を安定させる効果がある。

以上のように、宗教的信仰が一般的にそうであるのと同様に、統一教会における信仰のあり方が人の幸福感を増す多くの因子と関係していることが分かるであろう。したがって、Iが統一教会の信仰を持っていた当時に、その信仰が彼女の幸福感を増大させていたことは疑いがなく、それがまさしく彼女の信仰の動機となっていたのである。

統一教会信者が持つ固有の特徴について研究したアイリーン・バーカー博士の『ムーニーの成り立ち』に基づいて分析を進めよう。

バーカー博士によると、ムーニーになりそうな人の特徴は、①「何か」を渇望する心の真空を経験している人、②理想主義的で、保護された家庭生活を享受した人、③奉仕、義務、責任に対する強い意識を持ちながらも、貢献する術を見つけられない人、④世界中のあらゆるものが正しく「あり得る」という信念を持ち続けている人、⑤宗教的問題を重要視しており、宗教的な回答を受け入れる姿勢のある人であるという。

一方、以下のような特徴の人はムーニーになりそうもないという。①宗教問題や社会問題に関心がない人、②神が存在するという考えを全面的に否定する人、③聖書が神の啓示であることを否定する人、④特定の信仰や世俗的なイデオロギーを堅く信奉している人、④すでに人生に明確な目的を持っている人、⑤物質的な成功を収めることに関心のある人、⑥自分自身の内的意識に集中するために世俗的な追求から身を引くことに関心のある人、⑦幸福な結婚をしているか、ボーイフレンドやガールフレンドとの安定した満足な関係がある人。

バーカー博士は著書の中で、統一教会の信仰がムーニーたちに与える満足感について、以下のように説明している。

「それは日々の生活の中心に神が存在する宗教的共同体を提供する。神は、各個人が個人的な関係を持つことができる生きた存在である。それは各個人が愛なる神の慰めを感じることができる共同体であるだけでなく、各個人に神を慰める機会を与えている共同体でもある。それは会員たちに温かみや愛情を与えるだけでなく、他の人々のために愛し犠牲になるチャンスをも与える、愛と思いやりに満ちた環境を提供する。……

統一教会は新会員候補に、世界の状態について心配し、高い道徳水準を受け入れてそれに従って生き、神の天国を地上に復帰することに献身している、同じ志を持ったファミリーの一員となるチャンスを提供する。それは『帰属』する機会を提供する。それは価値あることを『行う』機会を提供し、それによって価値ある『存在』となる機会を提供するのである。

これは、『何か』に対するうずくような真空を経験している人々の一部にとっては、極めて興奮させる内容である。……奉仕、義務、責任に対する強い意識を持ちながらも、貢献したいという欲望のはけ口を見つけられない人々。世界中のあらゆるものが正しく『あり得る』という信念を、子供の頃に幻想を打ち砕かれてひねくれてしまった友達よりも長く持ち続け、彼らと共通点を見つけることが難しい人々。宗教的問題を重要視しており、宗教的な回答を受け入れる姿勢のある人々」(『ムーニーの成り立ち』第10章「結論」より)

バーカー博士の研究したムーニーたちは主として青年であったので、壮婦で未亡人のIには直接当てはまらない属性もある。しかし、年齢や婚姻状態によって大きく変化する属性を除けば、Iもまた統一教会の信仰を受け入れる基本的な素養を備えていたと言ってよいであろう。

バーカー博士の研究対象の中で、Iの立場に近いのが当時のイギリスではまだ初期の段階であった「ホームチャーチ会員」である。それに関する記述を拾ってみよう。

「ホームチャーチ会員がいるということは、統一教会がフルタイムのムーニーの出身階級よりも、もっと幅広い顧客層にアピールできるということを示唆している。だがそれは、若い未婚のムーニーだけが捧げる覚悟ができている、絶対的献身と犠牲的なライフスタイルを要求しない限りにおいて成功しているのである。そうした生活はある面で『普通の』教会員というよりも、修道士、尼僧、あるいは神父に対して期待されるような献身の基準なのである。にもかかわらず、ホームチャーチ会員がしばしば与える印象は、自分たちは孤独で満足感の得られない生活を送ってきたし、おそらくいまなお送っているというものであった。彼らは関わりたいし、支援したくて仕方がないのである。実際、最もよく聞かれる不満の一つは、運動が自分たちを十分に用いてくれないということであった」(『ムーニーの成り立ち』第9章「感受性」より)

これらの記述から、Iが高額の献金をした動機が浮かび上がってくる。もともと統一教会に入会するような人は、奉仕、義務、責任に対する強い意識を持ちながらも、貢献したいという欲望のはけ口を見つけられない人、理想主義的で世の中のあらゆるものが正しくあり得るという信念を持った人、高い道徳水準に従って生きる共同体への「帰属意識」を持ちたいと思っている人、価値あることを行い、それによって価値ある存在となることを願っているような人である。青年の場合には、自分自身の人生そのものを捧げ、禁欲生活を送り、一切の所有物を持たずに、朝から晩まで献身的に活動に没頭することによって、その欲求を満たすことができる。しかし、ホームチャーチのメンバーやIのような壮婦は、それと同じ生活をすることができないので、欲求不満に陥るのである。「かかわりたいし、支援したくて仕方がない」のにもかかわらず、その道を与えてくれないとすれば、それは彼らの宗教的欲求に応えていないということだ。

内心では自分自身の全生活を捧げて、神のために献身的に働きたいにもかかわらず、事情によってそれができない人がなし得る教会のための貢献とは何だろうか？　それ以外のやり方で、自分が持っている物を捧げることである。Iの場合には多くの財産を持っていたので、自分がこの共同体のために、そして神の摂理のためになし得る貢献が何であろうかと真剣に考えたとき、それはできるだけ多くの財産を神に捧げることだという結論になったと思われる。そして献金をするたびに霊の親、カウンセラー、そして責任者から褒められ、それが喜びとなり、自分は価値あることを「行い」、それを通して価値ある「存在」になっているという実感を高めていったのである。

櫻井氏はIが資産家であるが故に統一教会の若手女性信者による接遇を受けながら、ろくに伝道活動もせずにイベントに出かける程度の「微温的な状況」の中で信仰生活を送ってきたと批判的に記述しているが、信仰の表現の仕方は人それぞれであり、IはIなりに自分のできる精一杯の貢献をすることを通して宗教的欲求を充足させていたと言える。

それではなぜ、Iは統一教会の信仰を棄てたのであろうか？　それは一言で言えば、帰属すべき二つの「共同体」の間で相克が生じたからである。Iは個人としては統一教会という信仰共同体に帰属していることに満足し、それに貢献することに喜びを感じ、教会の人間関係も良好で感謝の思いを持っていた。しかしIは教会に貢献したいと思うあまり、本人名義の預金以外に、子供や夫の兄弟の名義、あるいは積み立てや保険等の取り崩しを、子供たちや親族に内緒で行っていたのである。本人の動機としては子供たち、孫たちのためにと思ってやってきたことが、肝心の子供たちや孫たちから感謝されるどころか、逆に非難され、統一教会という信仰共同体と、子供や孫という血縁共同体のどちらを選ぶのかという二者択一を迫られたのである。Iが信仰を持つようになった元々の動機は子供や孫のためであったから、それらを切って捨てて信仰の道を選ぶことはIにはできなかった。結果として、信仰共同体よりも血縁共同体の方を選択したので、Iは信仰を棄てたのである。これは統一教会の教理や信仰の問題というより、価値観の異なる二つの共同体のどちらに帰属するかという個人の選択の問題であった。

「六　統一教会の教化方法の特徴」への反証

「1　思考の枠組みの転換と強化」

櫻井氏はこの節の冒頭で、「全員が規格化された統一教会の勧誘・教化コースを通過して信者になったことがわかる。信仰の持ち方は、個々人の状況に応じて若干の相違点はあるが、伝道やマイクロ、献金の儀礼や決断といった局面において信仰を深めてきた過程は共通しており、特に家族との葛藤（元々葛藤があるのではなく、活動により発生・深刻化させられる）が信仰のバネとなるというカルト教団特有の特徴を示していることにも注意したい」(p.393) と述べている。この櫻井氏の分析の評価から始めよう。

まず、統一教会の信者となった者が規格化された勧誘・教化コースを通過しているという指摘について、これは統一教会に限らずどの宗教でも当たり前のことで、とりたてて問題視されるべきことではない。宗教の教理につい

差があり、櫻井氏が強調するほど規格化されてはいない。

さらに、家族との葛藤が信仰のバネとなるという現象はカルト教団に特有のもので、しかもそれはもともと葛藤があるのではなく、活動により発生・深刻化させられるという彼の主張も誤りを含んでいる。彼は「カルト」の信仰は異常で家族関係を破壊する有害なものだと言いたいようだが、子供が宗教に入ったことに親が反対し、妻が信仰を持ったことに夫が反対するというのは、新宗教においてはよくあるケースで、その際に家族の反対を受けることで余計に信仰が強化されるのも珍しい話ではない。迫害を信仰の糧とする伝統は多くの宗教に見られ、それは家族からの迫害であっても同様である。

それを押さえた上で、個々の事例について指摘すれば、元信者Fの母親は現在も壮婦の信者であり、彼女は母親の強い勧めによって統一教会に入信したから、F自身は信仰のことで家族から反対されたことはなく、櫻井氏の主張は全く当てはまらない。彼女が経験した「家族との葛藤」は、むしろ祝福を受けて渡韓した後に、夫の親族との間に生じたものであった。そしてこの葛藤は信仰のバネになるどころか、結果的には離婚と棄教という、信仰を破壊する方向に作用したのである。

わざわざ櫻井氏が「家族との葛藤が信仰のバネに」というサブタイトルを付けている壮婦のケースにおいて、元信者Hの事例はもともと夫との関係に葛藤を抱えていたケースであった。実は櫻井氏自身がそのことをほのめかしている。「Hは入信前に夫との関係に悩んでいた。家庭内暴力に近いものがあった。こうした状況でHが積極的に問題の打開策を求めていったともいえるし、統一教会の伝道者がつけ込んだともいえる」（p.375）という記述がそれだ。

櫻井氏は家族側の立場に立って記述しているので「家庭内暴力に近いもの」という曖昧な表現をしているが、実際には家庭内暴力そのものがあったのであろう。要するにHが統一教会に救いを求めなければならない状況に追い込んだのは、夫自身であったということだ。だとすれば、「元々葛藤があるのではなく、活動により発生・深刻化させられる」(p.393) という櫻井氏の主張も、Hには当てはまらないことになる。

同じく壮婦の元信者Iの事例においても、夫は既に亡くなっていたため、家族と言えば子供たちだったのだが、「子供達は母親の統一教会における活動を当初は世間一般の宗教と同様に考え、母親の気晴らしになるのであればと気楽に捉えていた」(p.391) とあるので、家族との葛藤が信仰のバネになったとは到底思えない。彼女は家族の反対によって信仰を強化するどころか、息子たちとの話し合いによって比較的あっさりと信仰を棄ててしまったのであり、信仰を巡って子供たちと激しく闘った様子は見られない。

総じて、櫻井氏の分析は個別の事例が持つ多様性を無視した無理な一般化が多い。偏ったサンプルにもかかわらず彼の一般化が当てはまらない例外が多いので、もしこれをより広く公正なサンプルに照合した場合には、彼の一般化はほとんど現実を反映しない思い込みであることが明らかになるであろう。

櫻井氏は、「統一教会の宣教方法において問題となるのは、心理的なプレッシャー以上に一連のセミナーやイベント、信者同士の交流によって、徐々に信者達の人生観・世界観に関わる認識の枠組みが転換されたという事実である」(p.394) と述べている。ここでは「心理的なプレッシャー」が洗脳論やマインド・コントロール論において主張されているものと思われ、勧誘者が被勧誘者に一方的に心理的圧力を加えて、個人の世界観を短期間で変容させてしまうというモデルである。櫻井氏は統一教会の元信者たちにインタビューした結果、それが事実ではないと判断するに至った。実際には人生観が転換されるプロセスは徐々に起きているのであり、それも「騙す・騙される」「加害者・被害者」という単純な図式ではなく、信徒同士の交流という社会的なダイナミズムの中で起こるものである、という知見を述べている。これ自体は、事実と乖離している分析とは思われない。

実は櫻井氏自身が「この事態は、統一教会に限らず、他の宗教団体においても見られることだ」(p.394) と告白しているように、セミナーやイベントや信者同士の交流によって人生観や世界観が変わることこそ、まさに「伝道」

なのである。したがって、伝道のあり方自体は統一教会においても他の宗教団体においても本質的な差異があるわけではない。このことは、統一教会が「洗脳」や「マインド・コントロール」と呼ばれる何か特殊なテクニックを用いて伝道しているという従来の指摘が誤りだと櫻井氏が認めたことになり、その点においては評価したい。

社会心理学が専門の西田公昭立正大学教授は、「カルト」と呼ばれる新宗教に人が伝道されていく過程を「永続的マインド・コントロール」と名付け、そのメカニズムをモデル化した。それはビリーフ・システムと呼ばれる意思決定の装置を入れ換えることにより、人を永続的にコントロールする技術であるという（西田公昭『マインド・コントロールとは何か』紀伊國屋書店、１９９５年）。西田氏の言う「永続的マインド・コントロール」とは、ある人が新宗教に出合い、その教えに共鳴して、教団の中で徐々に自分のアイデンティティーを確立していく過程を、悪意をもって表現したものにすぎない。

西田氏は、Ａさんがもっていた独自のビリーフが、Ｘ組織との接触を通して、徐々にＸ組織のビリーフと入れ替わっていく様子をモデル化して説明しているが、これは米国の哲学者で心理学者のウィリアム・ジェイムズによる回心の描写に酷似している。ジェイムズは回心の経過を「今までは、当人の意識の外囲にあった宗教的なものが、いまや中心的地位を占め、宗教的目標が当人の精神的なエネルギーの中心として習慣的にはたらくようになる」（小口偉一・堀一郎監修『宗教学辞典』東京大学出版会、１９７３年、p.84）と説明している。たとえこれが伝道者の働きかけによって引き起こされたとしても、それはどこの宗教においても日常的に起こっていることであり、敢えて「永続的マインド・コントロール」などという仰々しい名前を付ける理由はどこにもない。

このように、統一教会の伝道方法そのものは他の宗教団体と本質的に変わらないことを認めた櫻井氏は、問題点をどこにシフトさせるのかと言えば、「どのような宗教行為をなすように信者達の認識枠組みが転換されたかということである。客観的には青年信者であっても数百万円、壮婦であれば資産に応じて一〇〇〇万円から数億円の献金を要請されるままに出し続け、それ以外の選択の余地がないような精神状態に追い詰められていた」（p.394）ことにあるという。要するに統一教会は献金が高すぎるからダメだという、かなりありきたりの主張なのだが、彼の主張の問題点は「それ以外の選択の余地がないような精神状態に追い詰められていた」という分析がはたして正しいかどうかである。

櫻井氏はあたかも高額の献金が悪であるかのように決めつけ、それを実現するためには教団の要請に抗うことができないような精神状態に信徒を追い込まなければならないと前提している。しかし、こうした前提が正しいことを彼は証明していない。まず、高額の献金を自らの意思で感謝して行う信徒がいる可能性を、櫻井氏は初めから排除している。私は既に元信者Iの事例の分析において、統一教会の信者が高額献金をする動機を以下の三つの観点から分析した。

まず、最新の幸福度研究によれば、ある一定の収入や財産の基準を超えれば、その人の幸福度がそれ以上に上昇することはなくなるという。したがって、その人の基本的な生活に支障をきたさない限りは、献金によって財産が減ったとしても感情的幸福度が下がることはなく、むしろ信仰を持つことで、より高次の欲求である愛情・所属欲求、尊厳欲求、自己実現欲求を満たすことで、感情的幸福度が上昇することがあり得るのである。したがって、高額の献金をするのは精神的に追い詰められていたからではなく、こうした喜びを動機とした合理的な判断である可能性があるのである。

次に、宗教の役割は目に見えて他人と比較できるような「地位財」に対する執着を捨てさせ、目に見えないより本質的な「非地位財」によって得られる幸福に焦点を当てさせることによって、人間に永続的な幸福をもたらすものであると言える。統一教会の信者が高額の献金をするのは、み言を通してより本質的で永続的な価値観に目覚めたため、地位財に対する執着を捨てたからであり、これも幸福学の立場からすれば一つの合理的な判断と言える。一般に宗教的信仰を持つことはその人の幸福度を高めることに役立つが、これは統一教会においても同じであり、信者たちはその対価として献金をしているのである。

最後に、アイリーン・バーカー博士の研究によれば、そもそも統一教会に入会するような人は、奉仕、義務、責任に対する強い意識を持ちながらも、貢献したいという欲望のはけ口を見つけられない人であるという。青年信者の場合には、自分自身の人生そのものを捧げ、禁欲生活を送り、一切の所有物を持たずに、朝から晩まで献身的に活動に没頭することによって、その欲求を満たすことができる。しかしＩのような壮婦は、それと同じ生活をすることができないので、欲求不満に陥るのである。内心では自分自身の全生活を捧げて、神のために献身的に働きたいにもかかわらず、事情によってそれができないＩは、できるだけ多くの財産を神に捧げることによって貢献したいと思ったのである。そして献金をする度に霊の親、カウンセラー、そして責任者から褒められることにより、自分自身の価値を感じ、喜びを感じていたのである。

したがって、いかに高額な献金であったとしても、それを主体的な意思で感謝して捧げ、それによって幸福を感じることは現実としてあり得るのであり、その可能性を最初から排除する櫻井氏の議論は、極めて一方的な決めつけであると言わざるを得ない。

ではその逆に、自分が教団に所属しているからという理由で、半ば義務的に嫌々ながら献金するケースはないのであろうか？　習慣的に教団に所属してはいるものの、信仰が低下し、感謝の気持ちが薄れた場合には、そうした心理状態になる人は一定の割合でいると思われる。そのような感謝できない状態で献金を勧められたときに、献金をするかしないかの決断は、その人自身の主体的判断によるものか、それとも教会の強制によるものか、その責任はどちらにあるのかという問題が発生するかもしれない。実はこの問題に対する回答は、櫻井氏自身が書いた論文「オウム真理教現象の記述をめぐる一考察―マインド・コントロール言説の批判的検討―」（『現代社会学研究』１９９６年９月、北海道社会学会）で与えられている。

「信仰者は、教団へ入信する、活動をはじめる、継続する、それらのいずれの段階においても、認知的不協和を生じた諸段階で、自己の信念で行動するか、教団に従うかの決断をしている。閉鎖的な、あるいは権威主義的な教団の場合、自己の解釈は全てエゴイズムと見なされ、自我をとるか、教団（救済）をとるかの二者択一が迫られることがある。自我を守るか、自我を超えたものをとるかの内面的葛藤の結果、いかなる決断をしたにせよ、その帰結は選択したものの責任として引き受けなければならない」（p.94-95）

入信するプロセスにおいても、入信した後の信仰生活においても、その人の自我が完全になくなることはあり得ないし、自由意思が機能しなくなるということもない。したがって、外的な強制力やあからさまな強迫によるものでない限りは、信仰に基づいて献金した責任はその人自身にあると言えるだろう。それを「それ以外の選択の余地がないような精神状態に追い詰められていた」などと教団に責任転嫁する櫻井氏は、自らが1996年に書いた論文をもう一度読んでみるべきではないだろうか？

統一教会の信仰は「パブロフの犬」なのか？

櫻井氏は、人が統一教会に伝道されるプロセスに関して、以下のような非常に分かりづらい内容を書いている。

「一般市民が統一教会の信者になる過程は、心理的圧力→認知のゆがみ・不安状態→正常に戻る→心理的圧力→認知のゆがみ・不安状態に陥るというプロセスの繰り返しではない。心理的圧力→不安状態→認知枠組みの揺れ→問題解決の指針の提示→認知枠組みの転換といった一連の過程により、徐々に当人の思考方法の基盤が変容していくのである」（p.394）

にわかに理解し難い解説だが、要するにここで言いたいのは統一教会の影響力が「その都度型」なのか「永続型」なのかという問題であり、櫻井氏は前者を否定して後者を肯定している。こんな分かりにくいことを述べるのは、元信者Ｉが統一教会を相手取って起こした裁判に櫻井氏がかかわり、Ｉの弁護団から依頼されて、Ｉに対する違法な働きかけに関する意見書を提出したからである。

通常、民事訴訟において損害賠償が成り立つのは、被告側に違法行為があったと認められる場合である。これは

う。これは櫻井氏が統一教会信者の生の信仰生活を知らないから言えることで、現実とは全く乖離している。

私は現役の統一教会信者だが、統一教会の信仰を持つようになった主要な感情は恐怖や不安ではなく喜びと感謝である。そもそも、統一教会信者の信仰の動機が不安や恐怖であると規定すること自体に重大な誤りがある。さらに私はリーダーが語る専門用語を聞いたからと言って、条件反射的に献金することもない。指導者の言うことが本当に正しいのかどうか批判的に聞く耳を持っているし、たとえ指示が正しいものであると思われたとしても、それを実行するのが現実的に難しいと思った場合には従わないこともある。そして、やるべきことがあまりにも多すぎてすべてを実行できないときには、何を重要視すべきかを取捨選択するという合理的な判断をする。理想と現実には常にギャップがあり、それにうまく折り合いをつけていくのが信仰生活の実際である。大枠として信仰を維持しながら、個々の指示に対しては臨機応変に対応しているのが統一教会信者の大半であるし、指導者の言うことを信じられなくなったり批判的になったりした場合には、離教する信者もいる。これらはすべて条件反射ではなく、個々の信者が自分の頭で考えて決断していることである。櫻井氏の研究の致命的な欠陥は、こうした現役統一教会信者のリアルに触れたことがなく、裁判資料や脱会した元信者の証言だけに基づいて分析と理論構築をしている点にある。

続いて櫻井氏は、統一教会信者が信仰を獲得し、維持するプロセスについて以下のように論じている。

「統一教会のセミナーやイベントにおいて、信者は常時不安を生み出すような映像、説教、信者同士の語りにさらされている。そこで本来欲してもいなかった救済を求める心境に追い込まれ、救済の方法に関しても特定の方法しかないように思い込むに至る。統一教会において、信者は特有の言語により会話し、感情・意志を伝えるようトレーニングを受ける。特定のボキャブラリーを駆使して状況を切り抜け、展開できる信者ほど信仰のレベルが高いと評価される。そのため、古参信者や幹部はもとより、新参の信者もまた同じ言語でコミュニケーションする中で、一つの言語に一つの感情、一つの言い回しに一つの論理が自動的に連結するようになる」「統一教会は特段の威迫・強迫的言動を用いずとも、信者達にとって救済のキーとなりうる一押しの言葉を語ることで様々な活動をさせることができた」(p.395)

ここでも「パブロフの犬」のように条件反射的に行動する哀れな統一教会信者像が語られている。いったい櫻井氏は、そうした現場を見たとでもいうのであろうか？　この櫻井氏の記述でまず問題となるのは、統一教会に伝道される過程の求道者たちを常に受動的な立場として捉え、伝道する側によって事実上操作されているかのように描いていることだ。「統一教会の教化方法の特徴」というタイトルからも分かる通り、人が統一教会に伝道される原因は、もっぱら統一教会側の教化のテクニックに帰されており、それに対応する求道者の側に何らかの原因があるとか、それに反応する潜在的な要素があるとは前提されていない。統一教会は主体であり、求道者は客体であって、統一教会が一方的に求道者を操作してその認識の枠組みを変容させるというモデルである。これでは洗脳論やマインド・コントロール論とさして変わらない。櫻井氏は人が統一教会に伝道されるということは、「本来欲してもいなかった救済を求める心境に追い込まれ、救済の方法に関しても特定の方法しかないように思い込むに至る」ことであると言い切っているが、いったい彼はいかなる根拠をもってそう断言するのであろうか？

統一教会の伝道方法について徹底的な社会学的調査を行ったアイリーン・バーカー博士は、「ムーニーの説得力が効果を発揮するのは、ゲストがもともと持っていた性質や前提と、彼に対して提示された統一教会の信仰や実践との間に、潜在的な類似性が存在するといえるときだけだ」(『ムーニーの成り立ち』第10章「結論」より）と結論している。すなわち､操作されることによって「本来欲してもいなかった救済」を求めるようになったのではなく、もともとその人が求めていたもの、あるいはそれに類似したものを統一教会が提供したので、両者が合致して信仰を持つに至ったということである。そこには求道者の主体的な取捨選択という要素があり、もし求道者がもともと求めていたものと統一教会の提示する選択肢が合致しなかった場合には信者にならないのである。そして、実際には両者が合致せずに信者にならないケースの方が圧倒的に多い。実は、このことに櫻井氏が気付いていないわけではない。櫻井氏自身が書いた論文「オウム真理教現象の記述をめぐる一考察—マインド・コントロール言説の批判的検討—」の中に以下のような記述があり、この論文では、西田公昭氏のマインド・コントロール理論を批判している。

「西田もハッサンも、誰もがマインド・コントロールを受ける可能性があることを強調する。『いかなる人も例外ではない』と。ここに疑問がある。特殊な状況の下で一面的情報提供を受けたり、行動を支配されると、人はその信念まで支配されると、一般的に言い切れるのだろうか。……より深刻な問題は、実験結果から『人は』という主語で命題を構成するために、人間一般の認知・行動を説明することになり、誰しもがその対象になってしまうことである。しかし、社会学の理解に従えば、社会過程に登場するのは普遍的な人間ではなく、地域的規定性（地理的風土）、社会的規定性（生育歴、学歴、職業歴）、文化的アイデンティティ（エスニシティ、サブカルチャー）、政治体制等の様々な影響力の結節点として個人の生き方が現れると考えられている。個人特有の信念、社会構造的規定性が、同じ条件下の人間の行動様式を差異化させる。つまり、勧誘されても入信しないもの、加入しても信じ切れずに脱会するものが出るのはなぜかという問いに答えなくては、入信行為の説明にならない」（前掲論文 p.88-89）

ここで櫻井氏はアイリーン・バーカー博士と同じく、同じように勧誘されても入信しない者がおり、個人が持つ特性によって人は異なる反応をするものであることを十分に理解している。にもかかわらず、櫻井氏の著書においてはあたかも全員が統一教会に一方的に心理操作された被害者のように描かれており、その人たちの個性や主体的な意思が統一教会の信仰を持つようになった原因だという可能性は初めから排除されているのである。

宗教社会学では回心の「心理操作モデル」は否定されている

こうした「心理操作モデル」は、宗教社会学の世界では批判されており、むしろ回心する側の主体的な役割が強調されている。キース・A・ロバーツ氏の『社会学的視点から見た宗教』は、アメリカの大学と大学院で宗教社会学の教科書として広く用いられている。この教科書の第五章「回心と献身：社会学的視点」は、宗教的回心の問題を取り扱い、その中の「実践主義者としての回心者」で、以下のように述べている。

「歴史的に、ほとんどの社会科学者は人間の行動のやや受動的なモデルを使って回心を説明してきた。回心とは、無意識の心理的プロセスや強制的な社会的緊張のゆえに個人に引き起こされる出来事であった（リチャードソン、1985)。確かに、〝マインド・コントロール〟の仮説はこの見方と矛盾しない。ロフランドその他によるプロセス・モデルは、いくぶんかこうした決定論からの脱皮を意味した。一連の出来事が働きかけ、それらの出来事の中で参加者はなんらかの選択の余地をもっており、何らかの決断をするものであると信じられている。しかし、幾人かの研究者はこれらのモデルでさえ回心者に対してあまりにも受動的な見方をしていると信じている。彼らは、これらのモデルでさえ回心を個人の外側にあるさまざまな社会的圧力の結果として描写していると感じるのである。

幾人かの社会科学者が述べてきた回心に対する見解においては、個人は目的を持って選択を行い、回心を求める積極的な行為者として捉えられている（ストラウス、1976, 1979; バルク、1980; バルクとテイラー、1976, 1977; リチャードソン、1985)。実践主義者の見解は、個人は人生の意味を求めており、彼らは自分たちのニーズを満たしてくれるであろうと信じるグループに意識的に参加する、ということを強調する。その信仰に公平な機会を与えるために、彼らはそのグループにおける役割と行動に自分自身を押し込むのである。

この視点は、続いて、役割理論に焦点を当てる。人々は回心者の役割を果たしているうちに、ときどき役割の報酬を感じるようになる。彼らはグループに投入し、彼らはその役割をうまく果たしていることによる自己満足を得るようになり、そして彼らはそうした役割を正当化し説明している思想を信じるようになるのであろう。本質的に、新入会員は自分自身を回心させるのである。しかしながら、参加した者の中には報酬に値する役割を見出せなかったり、その信仰が彼らの意図するニーズに合致しないと思ったりする者がおり、彼らは脱退する。それでも他の者はしばらくの間は期待に適った役割を見出しているが、やがて役割のパートナーが変わり組織が進化すると、その役割は満足できないものになる。こうした人々は、その時にグループから離れていく。

この実践主義者の視点は、必ずしも後に論ずる所属グループ・モデルと矛盾するものではない。それは一つの矯正として働くに過ぎない。回心者は受動的参加者であり、彼らは自分たちのコントロールを超えた社会的圧力による無意識の『犠牲者』であると見ることは誤りである。新入会員は、彼ら自身の状況を決定する参加者である。ほとんどの社会学者は、人間を外的な刺激によって完全にコントロールされるロボットとしては見ていない。人間は自分の環境を形成するのを助ける積極的な行為者である」(Keith A. Roberts, Religions in Sociological Perspective 2nd Edition より日本語訳 p.101-103)

宗教社会学者である櫻井氏が、回心に関するこうした学問的業績を知らないはずはない。にもかかわらず彼は、むしろ「洗脳論」や「マインド・コントロール論」に近いような受動的なモデルで統一教会の回心を描き切った。なぜか？　それはこの分析の部分が櫻井氏が裁判に提出した「意見書」と深くかかわっており、そこでの主張と一貫性を持たせるためだと推察される。裁判の必要上、統一教会信者は哀れな「受動的犠牲者」でなければならないのである。櫻井氏が裁判のために宗教社会学の一般的見解を捻じ曲げ、また過去において自らが書いた主張とも矛盾した内容を自書で書いていることは、学者としての良心や貞操観念の放棄であると私は考える。

「2　献金と判断力」

この節は、なぜ統一教会信者がそれほど熱心に献金するのかという疑問に櫻井氏が答えたもので、「統一教会の献金強要」（p.396）の説明だと主張している。まずは彼の議論に耳を傾けてみよう。

「まず、霊能師が新規の信者に一万円の献金をさせ、一ヶ月ごとに同じく一万円の献金を要求するとする。初回はまるまる一万円を出すのであるから信者にとってゼロから一万円への飛躍は無限大ともいえる。信仰があったとしても大いに悩む。ところが、二回目であれば一万円出したところから二万円目を出すのであるから、差額は一万円分であるが、心理的には一万円から二万円となって二倍の飛躍といえる。これが三回目となると同じく差額は一万円であるが、二万円から三万円となって一・五倍の飛躍でしかなくなる。

この調子で献金を出し続けていくと何回目かには、一万円というのは心理的には実にたいした献金ではなくなってしまうのである。心理的負担は実額ではなく、その都度参照される金額からの相対的な比較によって決まる。……

霊能師は、最初に信者に献金させることさえできれば、後は同じ説得の労力をかけずとも同額の献金を得られるようになる。信者にとって献金への心理的負担はどんどん鈍感になっていくからだ」（p.396）

はたして櫻井氏の言うように、ひとたび献金してしまえばその後からは献金に対する心理的負担は鈍感になり、簡単に献金させられるようになるのだろうか？　さらに、献金に対する心理的な負担の感じ方は誰でも同じであり、感じ方に個人差はないのであろうか？　櫻井氏の説明はどうも机上の空論のようで、あまりリアリティーを感じない。それは、実際に献金をする人がそのように感覚が麻痺し、鈍感になっていったという実証がないからである。実は、櫻井氏の主張とは全く反対のことが、ちょっと視点を変えるだけで頭の中ではすぐに組み立てられてしまう。

例えばこんな感じだ。

「まず、霊能師が十万円の財産を持っている新規の信者に対して一万円の献金をさせ、一ヶ月ごとに同じく一万円の献金を要求するとする。初回は十万円の中から一万円を出すのであるから、信者にとって一万円の価値は全財産の十分の一である。まだまだ余裕である。ところが、二回目であれば残金が九万円の中から一万円を出すのであるから、同じ一万円でも全財産の九分の一になるため、心理的負担は増大する。

この調子で献金を出し続けていくと、その度に献金する一万円が全財産に占める割合は大きくなっていくので、心理的には大きな金額であると感じられるようになってしまうのである。心理的負担は実額ではなく、その都度参照される残りの全財産との相対的な比較によって決まる。……

そして九回目に献金させるときには、全財産の半分を捧げることになるので、心理的負担は相当なレベルに上昇する。そして十回目には、全財産を捧げてゼロになることを意味するので、その飛躍は無限大となり、献金に対する心理的な負担は極限に達する。

霊能師は、最初に信者に献金させることができたとしても、それと同じ献金を継続してさせるためには、説得の労苦はどんどん大きくなっていく。信者にとって献金への心理的負担はどんどん敏感になっていくからだ」どうだろう。櫻井氏の「作文」と私の「作文」のどちらにリアリティーがあると読者は感じられたであろうか？これはどちらも人の頭の中がどうなっているかを想像して書いた作文にすぎない。実際に人が献金するときにどのように感じるのかは、こうした「作文」で一般化して語れるほど、単純なものではないのである。

現実には、新規信者がひとたび献金したからと言って、その次からはさしたる説得の労苦もなく「やすやすと」(p.396) 献金するようになることはない。その人が献金することに対する意義を感じ続けない限りは、どこかで熱意が冷めてしまうからである。特に献金することによって財産が目減りしていくと、献金に対する心理的な負担はどんどん大きくなっていくのが普通である。

献金を継続して出し続けるのは、ビジネス用語で言えば「リピーター」である。新規の顧客の多くが一回限りで終わり、リピーターにならないケースの方が圧倒的なため、その人をリピーターにするための様々なテクニックが研究され、実践されている。

新規顧客をリピーターにするには「バイヤーズリモース」に対処することが重要であると言われている。バイヤーズリモースとは、大きな買い物をしたときに、買った直後に感じる後悔の感情のことで、人はものを購入するプロセスの中で、どれを買うか迷いながら徐々にテンションを上げていき、購入の瞬間が最も満足した状態になるという。しかし、車や家などの大きな額の購入ほど、その後すぐに後悔を始めるというのである。

具体的には、「買ってみたら他の車の方がよく見えてきた」「この担当者で本当に良かったかな」「理由はないけど、もう少し検討すれば良かったな」といったような感情に襲われることである。こういった感情には、購入商品の品質はほぼ関係なく、どんなに品質が良くても、購入後にはバイヤーズリモースが起こるという。こういった感情になるのは、「この購入という自分の決断が正しかったのか？」という不安が生じるからで、それを解消してあげれば、顧客は自分の判断が正しかったと感じて満足するという。

ビジネスのアドバイスを掲載したインターネットのサイトには、そのための具体的なテクニックが以下のように紹介されている。

「リピーターを獲得する為の3つの集客方法：①次回来店のきっかけを作る。（例：2〜3回目の再来店を促す特典やイベントを用意する。見送り時に「次回は〜」「また来てください」など、再来店を促す言葉を付け加える。）②サプライズ（特別感）を演出する。（例：味見やプチギフトなどのサプライズで、お客さまの記憶に残る演出をする。）③お客様にダイレクトに情報を届ける手段をゲットする。（例：DMやメルマガ、店舗アプリなどを活用し、直接的に再来店を促す連絡ができるようにしておく）」

「①お客さんが価値を感じる商品、②ミッションを載せた冊子、③会員証や会員バッジなどの〝しるし〟、④

リピーターだけが分かる共通言語、⑤限定イベント、⑥会報やブログ・SNS発信、⑦感情を動かす特典」
「①優良リピーターはとことん優遇する、②メールマガジンやダイレクトメールで、お客様とコンタクトを取り続ける、③他にはない目玉商品を作り、キャンペーンを行う、④1回目の来店と2回目の来店で、対応の仕方を変える、⑤ホッとできる環境づくりに全力を注ぐ」

といった具合である。要するに、新規顧客を放っておいただけではリピーターにはならず、相当な努力をしない限り顧客は自然に離れていく。その努力のポイントを一言で言えば、顧客の満足度を上げることである。

これと同様に、初めて献金した信者は、「バイヤーズリモース」に該当する「ドナーズリモース」が生じる可能性がある。人は献金を決意するプロセスの中で、献金することの意義について真剣に悩み、献金するかしないか迷いながら徐々にテンションを上げ、献金する瞬間が最も満足した状態になる。

しかし、献金の額が大きいほど、その後すぐに後悔を始めるという現象が、「バイヤーズリモース」と同様に起きる可能性がある。それに対処する唯一の方法は、ビジネスにおける顧客のケアと同じように、献金という決断が正しかったことを相手に繰り返し伝え、信仰生活の満足度が上がるように様々なサービスをすることである。これはビジネスにおけるリピーターの獲得と同じことであろう。新規の信者はよくケアしないとすぐに信仰を失ってしまうので、櫻井氏の言うように「お金をやすやすと出す」ようにもならないし、最初に献金させることさえできれば、献金への心理的負担はどんどん鈍感になっていくというほど簡単ではないのである。

櫻井氏がここで述べていることは全くの机上の空論で、現実から乖離している。それは彼が実際に献金を継続している現役信者に対するインタビューや参与観察をしていないが故に書ける、「想像の産物」にすぎないのである。

「3　信仰生活・宗教行為と記憶」

櫻井氏はこれまで30人近くの統一教会の元信者に聞き取り調査をしたとのことだが、その中で一つの発見があったという。それは、「入信までと脱会までの心理的葛藤や経緯はよく記憶されているのだが、献身者となって全ての時間を教会に捧げていたような元信者は、日常的な教会生活をあまり明確に記憶していないということ」(p.398)だそうだ。その理由としては、統一教会信者の生活は画一的に管理されているため、「およそ自分で考え、判断する余地もなければ、必要もない」ため、「ルーティーン化された日常生活と宗教生活に関わるところの記憶は曖昧である」(p.398)からであるという。

まずはこの記述が元信者AからIまでの記述と比較して、正しいのかどうかを評価してみたい。つまり、本当に統一教会の信仰生活に対する記憶が曖昧なのかだが、細かく検証してみると櫻井氏の一般化は当てはまらないことが分かってくる。

元信者Aは、3年間のルーティーン化された生活を送っていたが、この頃のことを「毎日が辛い日々で泣かない日はなかった」と鮮明に記憶している。そうした限界状況の中でAは神の声を聞くという宗教体験をし、統一教会を脱会した後のインタビューでさえ、それを「神体験」として語っている。元信者Bも、「伝道でも経済活動でも常に葛藤を抱えながらの歩みでどうしようもなく辛かった。マイクロでは実績を上げないと負債になった」(p.332)というネガティブな記憶として鮮明に覚えている。

一方、元信者Cの場合には原理研究会における信仰生活を、青春ドラマのような熱く楽しい思い出として記憶している。「あの頃が一番勉強したと思うくらい。大学の講義以上に難しい。勉強しているというよりも、楽しかった。もっと聞きたい。もうほとんど麻薬に近い状態」(p.340)、「貧乏で、本当に貧しくて、いつも腹減っていたけれども、楽しくて楽しくてしょうがないって感じ」「学生の一人暮らしをやっていて友達とも話すが、上滑りの会話が多いわけで、濃密な人間関係の中で自分のこと、家族のこと、将来の夢とか、しっかり話し込めるとどんどん入っていった」「原理研究会の熱さは自分に合っていた」（p.341）といった具合である。同じく原理研究会の学生であった元信者Dは、単に自身の入信から脱会までの経緯を事実に基づいて話すだけでなく、原理研究会の勧誘テクニックや、原理研究会と教会の違い、学生新聞会の舞台裏、自分自身が原理や組織に対して感じていた矛盾や疑問など、持ち前の分析力を働かせて、主観的な世界についても雄弁に語っている。彼も当時考えていたことや、疑問に思っていたことを鮮明に記憶している。

教会所属の学生信者E（女性）の場合には、信仰生活の途中で健康を害したためにネガティブな記憶が多いが、その一方で神体験らしきものもしている。これはかなり自覚的な体験だったようで、脱会後にも彼女はそれを明確に覚えていた。

韓国に嫁いだ元信者FとGの記憶は、韓国人の夫の親族や韓国統一教会との間に感じたカルチャーショックに関するものがほとんどである。日本における信仰生活の記憶が曖昧では韓国との比較はできないから、彼女たちもはっきり覚えていたことになる。

壮婦である元信者Hの記憶は、もっぱら夫との葛藤の記憶である。たとえ教会における信仰生活のあり方がパターン化されていたとしても、「殉教精神」に近い彼女の信仰の記憶は鮮明に描かれており、明確に記憶していないとは言い難い。もう一人の壮婦Iは、信仰生活の日記をこまめにつけていたので、いつどこで何をしたか日記を見れば記憶が蘇る。

AからIまでのインタビューとは別だが、櫻井氏は連絡協議会にいた他の元信者にインタビューしたことがあるらしく、彼女について「統一教会脱会後十数年を経過しても、霊能師役をやっていた元信者達は、基本的なトーク例を立て板に水のごとく語ってくれた」（p.286）という観察を披歴している。すごい記憶力である。

これらを概観して言えることは、それぞれ自分の感情に深くかかわるような重大な事柄は、たとえ教会生活がルーティーン化していた時期であっても、よく覚えていることである。そもそも人の記憶とはそのようなものだ。自分にとって重要だと思われることはよく覚えていて、そうでないものは忘れる。入信と脱会は自分の人生の方向性を大きく変えた出来事であるため、よく覚えているのは当たり前である。しかしそれ以外にも、信仰生活の中で感動したポジティブな思い出や、辛かったというネガティブな思い出は、記憶に鮮明に残っていることが分かる。

これは信仰があるなしにかかわらず、人の記憶の一般的な性質であろう。櫻井氏自身が「なお、社会調査に係る一般論を付け加えると、中年期から老年期にかけての日常生活に関わる出来事を詳細に回想できる人は少ない」(p.399)と認めているように、単にあまり刺激的でないことは人の記憶に残らないと言っているにすぎない。

2018年7月20日放送のNHKの人気番組「チコちゃんに叱られる!」では、「大人になるとあっという間に1年が過ぎるのはなぜ?」という疑問が取り上げられていた。それに対するチコちゃんの答えは、「人生にトキメキがなくなったから」というものだった。一川誠千葉大学教授の解説によると、時間の感じ方には心がどのぐらい動いているかが重要だということだ。言い換えると、「トキメキをどのくらい感じるかで変わる」という。例えば同じ食事をしても、子供は「今日のご飯は何かな?」「どんな味かな?」「作り方は?」「ニンジンが星形に切ってある!」「大好きなポテトサラダだ!」と食事中に発見、疑問、驚きなどの多くのトキメキがあるのに対して、大人はただ食事をするという作業になってしまう。子供の場合には様々な感情が生まれているために長く感じるのに対して、大人の場合は食事をしただけなので短く感じるのだという。

大人になると毎日同じ作業の繰り返しに感じられ、印象に残る出来事は少なく、トキメキが少ない。トキメキやワクワクを忘れてしまった大人たちの1年はあっという間に過ぎていってしまうわけだ。子供と大人のトキメキの数を比較するためにそれぞれに「昨日は何をしましたか?」「去年何をしましたか?」という質問すると、子供の方は様々なトピックが溢れてくるのに、大人はほとんど思い出せないという。これもトキメキがないことが原因だというのだ。結局、櫻井氏が「気付いたこと」は、統一教会の信仰に固有なことではなく、せいぜい「チコちゃんレベル」の、人の記憶に関する一般的傾向にすぎなかったというわけだ。「ボーっと生きてんじゃねーよ！」とチコちゃんに叱られる櫻井氏の姿が目に浮かぶようだ。

櫻井氏は第Ⅱ部の最後に当たる４００ページで以下のように書いている。

「本章を終えるにあたって、統一教会元信者の人生を聞き取り、分析した作業に若干の感想を付記しておきたい。学生を含む青年信者が人生の最もいい時期をひたすら統一教会の伝道やマイクロに費やした時間、祝福家庭の信者が人生の一大事である結婚を統一教会でした経験、壮婦の信者が捧げた献金や労力、そして失ってしまった家族との絆。取り返しがつかないものだ。わずか九名の人生を記述することですらこれほど重いのに、七〇〇〇人あまりの女性信者が渡韓して祝福家庭を築き、日本でも数万人の統一教会信者が活動し、多くの人達を巻き込んでいる現実を考えると、言葉も出ない」（p.400）

「言葉も出ない」と言いながら櫻井氏はかなり雄弁に自分の主観を吐露しているが、はっきり言わせてもらえば「大きなお世話」である。信仰を棄てた元信者へのインタビューを重たいと感じたなら、それは元信者の過去の重さに限定して理解すべきであり、それを現役信者に投影すべきではない。彼はすべての統一教会信者は哀れで不幸な存在であり、いまも取り返しのつかない人生の浪費をしていると一方的に決めつけ、「救わなければならない」という上から目線の使命感を勝手に持ち、それができない自分の無力さに絶望している。これは完全に彼の独り相撲であり、「私は幸せだからほっといて！」というのが現役信者の率直な感想であろう。少なくとも私はそうである。

最後にもう一度繰り返すが、こうした櫻井氏の研究の独善性は、もっぱら情報源を脱会した元信者に頼り、現役の統一教会信者の「リアル」と向き合うことを意図的に避けてきたことに原因がある。

#「第Ⅲ部　韓国に渡った女性信者」への反証

櫻井氏が執筆を担当した第Ⅰ部と第Ⅱ部に対する検証が終わり、ここから中西氏が執筆を担当した第Ⅲ部に入る。櫻井氏と中西氏には共通点がある。それは初期の段階では統一教会に対する客観的で中立的な論文を書いていたにもかかわらず、それが統一教会をあまりにも肯定的に評価していると反対派から批判され、その圧力に屈服して批判的な論調に転向したという点である。

櫻井氏と中西氏が転向した過程については「まえがき」で書いたので、ここでは繰り返さない。要するに櫻井氏も中西氏も、統一教会に反対する弁護士たちに徹底的に糾弾され、その圧力に屈した結果、共著者として統一教会に批判的な本を書くことになったのである。こうした事実関係を踏まえ、中西氏が執筆した部分の分析に入ることにする。

「第八章　韓国社会と統一教会」への反証

「一　問題の所在」への反証

「第八章　韓国社会と統一教会」の冒頭部分で彼女は以下のように書いている。

「第六章、七章は信仰をやめて統一教会を脱会した元信者が調査対象だったのに対し、第八章から一〇章は信仰を続ける現役信者が対象である」(p.403)

この部分は、本全体の客観性や公平性を担保するために中西氏の研究が位置付けられたことを物語っている。これまで再三述べてきたように、櫻井氏の研究は脱会した元信者の証言に依拠した研究であり、一宗教団体の信仰のあり方について研究しているにもかかわらず、現役信者に対する聞き取り調査を全く行っていない。これではいくらなんでもサンプリングが偏っているというそしりを免れないので、もともと全く別の研究をしていた中西氏を共同研究者として巻き込み、「現役信者の証言も聞いていますよ」というアリバイを作るために、彼女の調査結果を利用したということだ。しかし、現役信者と元信者を比較する彼女の記述は奇妙な論理になっている。

「脱会する信者がいる一方で、現役信者が信仰を保ち続けていられるのはなぜかが問題となる」(p.403)

この書き方には、「普通の人であれば統一教会を脱会して当然であるにもかかわらず、現役信者として信じている奇特な人々がいる。どうして信じ続けることができるのか、その理由を解明しなければならない」というニュアンスが込められている。普通の宗教団体に対しては、このような書き方はしないであろう。「現役信者として信仰を保ち続けている者たちがいる一方で、脱会する信者がいるのはなぜかが問題となる」と書くのが普通である。現存する宗教団体に現役信者がいるのは「当たり前」である。その中で、信仰を続けられなくなる人が出てくるので、その事情の分析を通して、人が信仰を棄てる理由について考察するのが通常のアプローチであろう。しかしここでは、やめるのが当たり前であるのに、統一教会のような宗教をどうして信じ続けることができるのか、というバイアスがかかった表現になってしまっている。中西氏は続けて以下のように述べている。

「調査対象は祝福により韓国人の配偶者を得て韓国に暮らす日本人信者である。脱会信者と現役信者の対比ならば日本にいる現役信者を対象としてもいいのだが、おそらく日本で現役信者を調査しようとしても困難だったのではないかと推測される。問題視される教団だけに正攻法で調査ができたかどうか、できたとしても逆にデータの信憑性が問われかねない」(p.403)

これは完全な後付けの説明であり、「おそらく」とか「ではないかと推測される」などといった自信のない表現からも分かるように、挑戦してみることさえしなかった事柄に対する勝手な想像にすぎない。

中西氏自身が調査の経緯について説明しているように、彼女は最初から在韓の日本人統一教会信者を調査しようと思っていたわけではなく、家族意識と高齢者問題に関する国際比較研究のために韓国の農村を訪れていたときに、そこで偶然に統一教会の信仰を持つ日本人女性に出会い、そこで得た知見を論文で発表したにすぎない。ましてや櫻井氏の研究には現役信者に対する調査が欠けていたために、それを補う目的で調査を開始したわけでもない。脱会信者と現役信者の比較という視点は、中西氏自身に動機があったのではなく、櫻井氏が中西氏の研究に目を付け、自分の研究の欠陥部分を補うのに好都合だということで利用したにすぎないのである。

したがって、第八章のこの冒頭の言葉は、中西氏自身による自己の研究の位置付けというよりは、櫻井氏が描いた本全体の構成の中における中西氏の調査部分の位置付けを、そのままなぞって表現したものとみることができる。

「虎穴に入らずんば虎児を得ず」というように、統一教会について本当に知りたければ、教団の中に果敢に飛び込んでみなければ何も分からないはずだ。しかし、櫻井氏は統一教会と適切な距離を取るためにはそれができないという。実際には、教団と適切な距離を取ること自体が難しいのではない。学問的には適切な距離を取って調査研究を行ったとしても、それを世間一般や統一教会反対派から「適切な距離である」と評価してもらうことが、日本社会においては難しいのだ。そのリスクを敢えて犯す勇気は、櫻井氏にはなかった。

だからといって中西氏にその勇気があったわけでもない。彼女には最初から統一教会を調査してやろうなどという動機はなかったからだ。しかし韓国で偶然出会ったために、彼女は統一教会の現役信者に関心をもって聞き取り調査を行った。それをそのまま発表した論文がバッシングを受けたことで彼女はショックを受けたのだが、その研究に目を付けた櫻井氏に利用され、結果的には統一教会を批判することを目的とした著作の共同執筆者となったのである。

「2　調査の経緯」

中西氏は自分が担当する第八章から第一〇章までの構成を概略で述べた後に、調査の経緯についてかなり詳しくいきさつを語っている。

「筆者が大学院博士課程のとき所属ゼミで『家族意識と高齢者問題に関する国際比較研究――韓国・タイ・日本』という調査を行うことになり、韓国を担当することになった。韓国の農村部に行ったことがなかったので、一九九六年一二月、韓国の大学で教員をしている知人に協力を依頼し、調査地として候補に挙げてくれたA郡の二、三のマウル（ムラ）を一緒に回った。そのとき訪れたPマウルで、高齢の韓国人女性に『うちに日本人がいるからおいで』と声をかけられた。『こんな田舎に日本人が?』と半信半疑でついて行くと、赤ちゃんを抱いた若い日本人女性（G）がいた。話を聞くと統一教会の合同結婚式で結婚したと教えてくれた。日本人が住んでいそうにない農村で日本人女性に会ったこと自体驚きであったが、『合同結婚式で結婚した』と聞いて信じられない思いであった。少し立ち話をして名前と住所を聞いて村をあとにした」（p.405）

これが最初のきっかけである。要するに統一教会の日本人妻を調べようと思って韓国を訪れたわけではなく、別の調査目的で行ったときに偶然出会ったという。中西氏は私と同じ１９６４年生まれだ。１９９６年であればこの調査をしていたときは32歳になっていたことになる。

二世でない限り、祝福を受けて渡韓し、韓国で家庭を持っている女性信徒であれば30代以降である可能性が高い。赤ちゃんを抱いた若い日本人女性であればまだ家庭をもって間もない頃である可能性が高く、20代後半から30代前半くらいであろう。この年齢は当時の中西氏と同世代の女性というイメージになる。

中西氏が『宗教と社会』第10号（２００４年）に寄稿した「『地上天国』建設のための結婚：ある新宗教教団

における集団結婚式参加者への聞き取り調査から」という論文では、「聞き取りをした日本人女性たちの生年は、1956年から1978年である」(p.55)と明かされているが、これは中西氏から見れば8歳年上から14歳年下までで、それほど大きな年齢の乖離はない。インタビューされる方としても、同世代の女性研究者ということであればあまり警戒心を持つことなく話ができた可能性が高い。しかも彼女は初めから統一教会について調べてやろうとか、実態を暴露してやろうという動機を持っていたわけではないので、自然な形で統一教会の現役信者に接することができた。このことが韓国に渡った日本人女性信者の実態を知る上では有利に働いたと思える。

中西氏は、統一教会信者に出会ってすぐに調査を始めたわけではない。「やはり統一教会を調査するにはためらいがあり」(p.405)というのがその理由である。要するに、世間的評判のよくない宗教について調査することに対する不安や恐ろしさ、それを発表した際の学会や世間の反応などが気になり、すぐに取り組む勇気がなかったということなのだろう。少なくとも、世間が何と言おうと学問的真実を追求し、それを曲げずに発表するという信念はあまり感じられない。このあたりに、研究者としての中西氏の人物像がうかがえるが、これは中西氏の専門領域との「ずれ」もかかわっているのだろう。家族や高齢化の国際比較を中心的なフィールドとしていた彼女にとっては、直接宗教の問題に触れるのはやはり新しい領域の開拓であり、ましてやそれまでとりたてて統一教会に深い関心を持っていたわけではないので、「手に余る相手」と感じたのかもしれない。

結果的に調査を始めたのは、最初の出会いから5年後の2001年で、中西氏は37歳になっていたことになる。

中西氏は、最初に出会ったHやGに連絡を取り、「日曜日の礼拝に誘われて行ってみると何人もの日本人女性達がいた。以後毎年A郡を訪れ、聞き取り調査を続けた」(p.405)という。中西氏は、自分がHやGに出会ったのは偶然であることを前置きした上で、自分の研究目的について、「日本では統一教会の信者はマインド・コントロールされて入信したといわれるが、実際に会ってみると、それだけではないように感じる。統一教会との最初の出会いから現在に至るまでの経緯を聞かせてほしい」(p.405-406)と説明したそうだ。この説明自体は、その時点における中西氏の偽らざる動機であったと思われる。

中西氏の調査依頼は、当の日本人女性たちや韓国の牧師たちからもさして警戒されることなく受け入れられた。「調査に教団が介入し、調査対象者を紹介、推薦するようなことは一切なかった」(p.406)ことから、偶然の出会いと人脈による紹介に依拠した自然体の調査だったと言えるだろう。この点は教団から全信徒の名簿を入手し、ランダム・サンプリングを行って調査をしたアイリーン・バーカー博士とは全く異なる研究手法だが、少なくとも教団側がインタビューさせたい対象だけに絞られるという「情報統制」が全くない状態で行われた調査であり、地域限定とはいえ、客観的な情報源を確保できていると見てよいだろう。

中西氏は、「第六章で櫻井は社会問題化している教団は正面から正攻法で調査できない場合が多いと指摘しているが、筆者が現役信者を調査できたのは、教団を介さずに偶然の出会いで信者と接触できたこと、またその出会いが日本ではなく韓国であったことによるのだろう」(p.406)と述べている。

私はこの見解には必ずしも同意しない。批判的研究を最初から目的とした調査依頼に教団が協力しないのは当然であろう。客観的で価値中立的な研究を教団本部の協力を得てしたいのであれば、かつてバーカー博士がしたように、その旨を誠意をもって丁寧に説明すればよい。偶然による出会いから信徒に直接インタビューするという方法も、サンプリングの問題は残るとしても、より実現可能性の高い研究としては悪くないだろう。しかし、それが韓国でのみ可能であって、日本では難しいという理由はない。

中西氏が述べるように「韓国では統一教会が日本ほど問題視されていない」(p.406)ので調査者を警戒しないことは、程度問題としてはあるかもしれない。しかし、日本において偶然出会った末端信徒のすべてが警戒心に満ちていて、調査に協力してくれないという根拠は一切示されていない。そのようなことに挑戦してみた形跡すらない。要は日本では難しいが韓国では可能だったのではなく、偶然韓国でやってみたらできただけの話であり、日本ではやってみもしなかったということである。それでは比較は成り立たない。

私は日本にも、偶然の出会いから社会学的調査に協力する統一教会の信者は一定数いると思うし、その情報から客観的で中立的な研究を行うことは可能だと思っている。それは日本の末端信者の中には、マスコミの偏向報道によって統一教会信者の実像は世間に正しく伝えられておらず、もし良心的な学者がその役割をしてくれるなら協力したいという者が一定数いると思われるからだ。しかし、彼らの声を拾い上げようとした調査者はいない。

中西氏が韓国に嫁いだ日本人女性から快く調査協力を受けられた主な理由は、彼女たちと仲良くなり、信頼関係を築いたからだと言える。そして中西氏が『宗教と社会』第10号（２００４年）に寄稿した「『地上天国』建設のための結婚—ある新宗教教団における集団結婚式参加者への聞き取り調査から—」の内容を見る限りでは、彼女たちの現実に対する不当な歪曲は見られず、その主観的な宗教観、結婚観に対する一定の理解が示されている。この時点では信頼関係は傷付いてはいなかっただろう。しかし、その後、中西氏の研究は統一教会反対派の攻撃を受け、その圧力に屈した彼女は反統一教会勢力に利用されることになる。

そして２０１０年に発売された『週刊ポスト』（6月4日号）に掲載された「〈衝撃リポート〉北海道大学教授らの徹底調査で判明した戦慄の真実」「韓国農民にあてがわれた統一教会・合同結婚式　日本人妻の『ＳＥＸ地獄』」という記事の内容に中西氏の提供した情報が利用されたとき、韓国に嫁いだ日本人女性と中西氏の間に築かれた信頼関係は崩壊することとなる。この下品な記事の内容が中西氏の本意でなかったことは想像に難くない。しかし、裁判の場において、週刊ポスト側は櫻井氏および中西氏に対しては原稿を送信して確認を受けたことが明らかになっている以上、中西氏は責任を免れないだろう。

仮にも祝福家庭婦人と実際に出会い、事実を知っている彼女が、あのような虚構と歪曲に満ちた記事を世間に流布することに自分が加担してしまったことに良心の呵責を感じないとすれば、学者として、そして同じ女性としての人間性を疑われても仕方ないであろう。それは一つの裏切りだった。

「3　韓国における統一教会研究」

中西氏は本章における「一　問題の所在」の「3　韓国における統一教会研究」で、先行研究について簡単に述べている。

「日本や欧米での統一教会研究は櫻井が第一章で述べている通りである」（p.406）という一文で日本と欧米の先行研究に関しては櫻井氏に丸投げした上で、中西氏が自分のフィールドである韓国に関しては詳細に調査を行っているのかと思えば、そうでもなさそうだ。もともと中西氏の専門領域は宗教ではなく、統一教会を研究するようになったのも韓国で偶然日本人信者と出会ったことがきっかけであったため、韓国における神学や宗教学の幅広いバックボーンがあったとも思えない。したがって、韓国における統一教会研究といっても通り一遍の紹介をしているにすぎない。

まず中西氏は「脱会者や現役信者に聞き取り調査をし、多面的に調査研究したものはない。しかし、統一教会を新宗教あるいは異端宗教として実態を捉えた研究は数多く見られる」（p.406-407）としているが、これはいかにも日本的な視点からの分析だ。これを言うには、初めに韓国における宗教研究全体のマップを示し、それが教義・神学、歴史の研究を超えて、特定の宗教団体に対するフィールドワークに基づく社会学的研究の例があるのかどうかを明らかにしなければ、日本との比較においてものを言ったことにはならないだろう。

日本には客観主義に基づく宗教研究の伝統があり、「宗教と社会」学会のような宗教と社会を巡る様々な問題に関心を持つ研究者の集まりがあり、研究業績も豊富だ。韓国でこれに該当する研究の伝統がないとすれば、そもそもあまり行われていない研究を統一教会に対してだけ求めることはできない。他方、韓国ではキリスト教の勢力が強いこともあって神学研究は盛んで、議論の中心が教義・神学の方面に偏ることは十分に予想可能だ。これは櫻井氏にも言えることだか、「日韓の統一教会の違い」を強調するあまり、「統一教会を取り巻く日韓の社会状況の違い」という視点が欠落しているか、敢えて無視しているように思えてならない。韓国における宗教学研究の概略を紹介することなく、このようなことを述べても無意味である。

続いて中西氏は卓明煥氏を「最も精力的に研究を行った」人物として紹介している。「彼の統一教会研究、『統一教、その実相――文教主説教集「マルスム」批判』（卓明煥　一九七八）や『改訂版韓国の新興宗教　基督教編第一巻』（卓明煥　一九九二）は、韓国における統一教会の実態についての非常に詳細な研究である」（p.407）と持ち上げているのである。

しかし、この卓氏は１９７８年に前者の本を出した後に、その内容に誤りがあったことを認めた上で、１９７９年9月10日付で「統一教会に対する謝罪文」を発表している「いわくつき」の人物である。その内容や背景に関しては以下のサイトで詳細を読むことができるが、念のために謝罪文そのものは転記しておくことにする。

http://ucqa.jp/archives/765

統一教会に対する謝罪文　―卓　明煥―

本人は多年の間、新興宗教問題研究所を運営してきながら、統一教会に対し、出版物（統一教、その実相）、スライド（これが統一教だ）、講演会、記者会見等を通して、統一教会が、非倫理的集団、政治集団、新型共産主義、邪教集団であると批判してきました。

しかし、本人に批判の資料を提供した一部の統一教会離脱者たちが、最近、名誉棄損等、犯罪嫌疑で拘束起訴されたのを契機として、新しい角度から、広範囲な資料を収集、総合検討した結果、本人が統一教会に対し批判した内容中、事実でない部分があることを確認、次のように訂正釈明します。

1、非倫理的な集団問題

本人は、統一教会の創始者、文鮮明氏が一九五五年七月四日社会風紀紊乱嫌疑で、拘束起訴されたものと知って、統一教会を非倫理的、淫乱集団と断定、批判してきたところ、調査の結果、当時の事件は兵役法違反嫌疑で起訴されたが、同年十月四日宣告公判において無罪で釈放されたのを知るようになりました。

これ以外、統一教会をめぐって、問題とされてきた淫乱集団うんぬんは、その根拠がないものと確認、ここに訂正します。

2、政治集団問題

本人は、この間、統一教会を政治集団と規定、批判してきたが、これは事実ではないことが明らかにされたので、ここに訂正します。

3、新型共産主義の問題

本人は統一教会を、新型共産主義集団であると批判してきたが、これは事実でなかったので、ここに釈明します。

以上、三つの項目以外に、一部の統一教会離脱者たちが提供した資料に、多くの間違いがあり、本人が統一教会を否定的に批判することによって、統一教会に被害を与えてきたことに対して、深甚なる謝罪の意を表し、今後は再びこのようなことをしないことを確約いたします。

この謝罪文は1979年9月10日付の朝鮮日報と韓国日報、9月11日付のソウル新聞、京郷新聞、東亜日報、新亜日報に載せられている。

このように一度は非を認めながらも、卓氏は懲りなかったようで、その後も統一教会に対する悪辣な批判を継続したようだ。このような人物の著作を、「韓国における統一教会の実態についての非常に詳細な研究である」(p.407)と持ち上げる中西氏は、文献や人物の裏取りが甘いのではないか。あるいは、こうした謝罪文の存在を意図的に隠ぺいしたのだろうか。

そのほかの「統一教会の実態」について書かれた著作に関して中西氏は、キリスト教関連の書籍の「異端コーナー」に並んでいると紹介している。代表的な二作が以下である。

・イ・デボク『統一教原理批判と文鮮明の正体』(イ・デボク　1999)

・朴熒鉄『奪われた三〇年、失った三〇年――文鮮明統一教集団の正体を暴く』(朴熒鉄　二〇〇〇)

この二作は、タイトルを見てもキリスト教信仰に基づいて統一教会を異端として断罪することを目的として書かれたもので、「統一教会の実態」を紹介した本というよりは、神学論争の類であることが明らかであろう。これは韓国における統一教会に関する書物の多くが、宗教的な動機と関心で書かれたものであることを示している。こうした特定の宗教的・イデオロギー的バイアスのかかった批判書は、客観主義に基づく価値中立的な宗教研究とは相容れない神学論争である。中西氏は、「日本で見られるような反統一教会の立場にある弁護士や元信者などによる批判的な書物や、脱会信者、現役信者に聞き取り調査をし、社会学的視点から分析を試みるような研究は見られない」(p.407)と述べるが、そもそも日本にあるものを韓国に求めること自体が見当違いなことに中西氏は気付いていないようだ。

実はこの結果は、第Ⅰ部第五章の「日本と韓国における統一教会報道」において櫻井氏が行った比較の結果と符合している。それは、日本の朝日新聞と韓国の朝鮮日報における統一教会関連の記事を検索することを通して、統一教会の活動が両国のマスメディアによってどのように報道されてきたかを分析したものだ。櫻井氏が注目しているのは、日本における統一教会報道が「家庭の破壊」や「洗脳」といった社会問題として扱われているのに対して、韓国における統一教会問題は「異端の教えを信じた」という宗教問題として扱われている点だ。彼は全般的な傾向として、「日本の統一教会問題とは社会問題であるのに対して、韓国では宗教問題にとどまる」（p.170）としている。この新聞の記事検索を先行研究の著作に置き換えれば、全く同じ構図になる。

櫻井氏は、こうしたマスコミ報道の違いは、日本と韓国における宣教戦略の違いに起因していると主張したが、私はむしろ、日韓における統一教会の相違というよりは、両国のメディアの宗教に対する態度や考え方に起因するのではないかと批判した。

実際、日本でも宗教的動機に基づくキリスト教側からの批判書は多数出版されている。反対するキリスト教牧師がいる点では日本も韓国も同じだ。しかし、日本のキリスト教はマイナーだが、韓国のキリスト教はメディアに対する影響力がある。日本にはキリスト教以外の反対勢力が多いため、教義・神学に基づく批判書以外に社会的な視点からの批判書が多く、こうしたものが韓国に少ないのも事実だろう。

日本、韓国、欧米の統一教会関連書籍の分類

両国において不足しているのは、むしろ客観主義に基づく価値中立的な宗教研究である。このような日韓の差異の原因は、日本と韓国における統一教会に対する反対勢力のより詳細な分析から導き出されなければならない。統一教会に対する批判的著作をテーマごとに整理するのは有意義な作業であると思われるので、ここで日韓だけでなく、欧米の状況も踏まえて分析を試みることにする。

中西氏の記述を踏まえて、統一教会自身およびその信者が出版している書籍を除いて、統一教会について扱った書籍を便宜的に以下の三つのカテゴリーに分けることにする。

①伝統的なキリスト教信仰に基づき、統一教会の教義・神学を批判または評価したもの
②脱会者や統一教会に反対する人物または勢力が主にその実態について批判したもの
③中立的な立場に立つ学者が、学問の対象として統一教会を客観的に研究したもの

その上で、それらのカテゴリーに属する文献が欧米、日本、韓国においてどの程度存在するかを私の分かる範囲で分析することにする。

1．伝統的なキリスト教信仰に基づき、統一教会の教義・神学を批判または評価したもの

欧米でも伝統的なキリスト教会から統一教会は異端視されているから、当然キリスト教神学の立場からの批判的書物や文献は存在するであろう。私はこれらを詳しく調べたわけではないが、アイリーン・バーカー博士の『ムーニーの成り立ち』にはこうした文献が紹介されている。

①アグネス・カニングハム、J・R・ネルソン、W・L・ヘンドリックス、J・ララ・ブランド「『原理講論』に明記されている統一教会神学の批判」米国キリスト教協議会・信仰と職制委員会の公式研究文書、10027、ニューヨーク州ニューヨーク市リバーサイド・ドライブ475番、1977年。
②H・リチャードソン（編）『統一教会に対する10人の神学者の返答』ニューヨーク、ローズ・オブ・シャロン・プレス、1981年。
③M・D・ブライアント（編）『統一神学に関するヴァージン・アイランド・セミナーの議事録』ニューヨーク、ローズ・オブ・シャロン・プレス、1980年。（『ムーニーの成り立ち』第3章、注12）

その他、多数の文献が同章の注32で紹介されているが、タイトルから見てもそれらは統一神学を一方的に非難す

るという内容ではなく、むしろ統一神学と既存のキリスト教神学の対話や、統一神学の肯定的評価を目指したものだと思われる。上述のＨ・リチャードソン（編）『統一教会に対する10人の神学者の返答』を私は神学校時代に英語で読んだが、いわゆる批判本ではなく、統一神学をかなり高く評価していた。これらの文献に関する詳しい情報は、以下を参照のこと。

http://suotani.com/archives/763

http://suotani.com/archives/814

また、私が神学校時代に出合った以下の二冊も、既存のキリスト教信仰を持つ神学者が統一神学について肯定的な評価をした書物の部類に入る。

・セバスチャン・Ａ・マチャック『統一主義：新しい哲学と世界観』ニューヨーク、ラーンド・パブリケイションズ、１９８２年。

・フレデリック・ソンタークク『文鮮明と統一教会』ナシュビル、アビンドン、１９７７年。（ちなみに後者は、１９７９年に邦訳が世界日報社から出版されている）

日本では、キリスト教関係者が統一教会の神学を肯定的に評価したものはほとんど存在しない。むしろ、福音主義の立場にせよリベラルな立場にせよ、統一教会が異端で間違いであることを徹底的に論じたものが多い。

日本イエス・キリスト教団荻窪栄光教会の森山諭牧師によるものがその先駆けで、『統一教会のまちがいについて――原理福音・勝共運動』（１９６６年）、『統一教会からまことのメシヤへ　原理講論のまちがいをただす』（１９８６年）などが代表的な批判本である。森山氏は福音主義者だが、リベラルな立場としては、東北学院大学名誉教授の浅見定雄氏による『統一協会＝原理運動――その見極めかたと対策』（１９８７年）などが代表的だ。

非主流のキリスト教からの批判としては、セブンスデー・アドベンチスト教会名誉牧師の和賀真也氏による『統一協会――その行動と論理』（1978年）などがある。そのほかにもあるだろうが、スペースの関係でこの程度にしておく。

韓国における神学的な批判本は、中西氏が紹介した卓明煥氏の著作『統一教、その実相――文教主説教集「マルスム」批判』（1978年）と『改訂版韓国の新興宗教　基督教編第一巻』（1992年）、イ・デボク『統一教原理批判と文鮮明の正体』（1999年）などを挙げることができるだろう。

2．脱会者や統一教会に反対する人物または勢力が主にその実態について批判したもの

欧米における脱会者の手記として有名なものは、A・T・ウッドとジャック・ヴィテック『ムーンストラック：あるカルトでの生活回顧録』（1979年）があり、『ムーニーの成り立ち』の中でも紹介されている。このほかにバーカー博士が同書の脚注において紹介しているものには、C・エドワード『神に夢中』（1979年）、C・エルキンズ『天的欺瞞』（1980年）、E・ヘフトマン『ムーニーたちの暗部』（1983年）、スーザン・スワトランドとアン・スワットランド『ムーニーたちからの逃亡』（1982年）、アンダーウッドとアンダーウッド『天国の人質』（1979年）などがある（第5章、注18より）。

邦訳されたスティーヴン・ハッサン氏の『マインド・コントロールの恐怖』（日本語版、1993年）はマインド・コントロールの理論書の体裁を取りつつも、元統一教会信者の暴露本としての性格も持っていると言ってよいだろう。西洋における反対勢力による書物を列挙するのは容易でないが、バーカー博士が「図書館のいくつかの棚には、（おもに元会員と福音派のクリスチャンたちによって書かれた）書物がいっぱいに並べられ、新しい運動のさまざまな悪、特に、会員たちに対する悪なる管理について語っている」（『ムーニーの成り立ち』第10章「結論」より）と述べているように、膨大な数にのぼると思われる。

日本における脱会者の手記として有名なのは、山﨑浩子『愛が偽りに終わるとき』（１９９４年）、南哲史『マインド・コントロールされていた私——統一協会脱会者の手記』（１９９６年）などが個人の著書としてあり、「青春を返せ」裁判（東京）原告団・弁護団の著作に『青春を奪った統一協会——青春を返せ裁判（東京）の記録』（２０００年）などがある。統一教会に反対する個人や勢力による著作も枚挙にいとまがないが、萩原遼、茶本繁正、有田芳生、山口広、郷路征記、杉本誠、川崎経子、パスカル・ズイヴィなど各氏の著作を挙げることができるだろう。

韓国における著作で「脱会者の手記」と呼んでよいものの一つが、朴正華『野録　統一教會史』（１９９６年）であろう（ただし、朴正華氏は日本語のこの著作出版後に『私は裏切り者』を出版している）。反対勢力の本に関しては、既に述べたものと重なり、神学的批判と実態の批判が混然一体となったものが多い。

3．中立的な立場に立つ学者が、学問の対象として統一教会を客観的に研究したもの

欧米における客観的な統一教会研究で代表的なものは以下である。

①Eileen Barker, "The Making of A Moonie: Choice or Brainwashing?"(1984)。これまで何度も紹介してきたバーカー博士の『ムーニーの成り立ち』である。

②George D Chryssides, "The Advent of Sun Myung Moon: The Origins, Beliefs and Practices of the Unification Church"(1991)。この本は『統一教会の現象学的考察』というタイトルで邦訳されている（訳者：月森左知、出版社：新評論、１９９３年）。

③Massimo Introvigne, "The Unification Church: Studies in Contemporary Religions, 2"(2000)。この本の日本語訳は存在しない。

④James H. Grace, "Sex and marriage in the Unification Movement"(1985)。祝福と結婚に関する社会学的研究。この本の全文訳は私の個人ブログに掲載している（http://suotani.com/archives/2220）。

日本における客観的な統一教会研究は希少だが、塩谷政憲氏の以下の三つの論文がある。
・「原理研究会の修練会について」『続・現代社会の実証的研究』東京教育大学社会学教室（1977年）
・「宗教運動をめぐる親と子の葛藤」『真理と創造』24（1985年）
・「宗教運動への献身をめぐる家族からの離反」森岡清美編『近現代における「家」の変質と宗教』新地書房（1986年）
渡邊太氏の以下の二つの文献も、どちらにも与しない中立的な立場である。
・「洗脳、マインド・コントロールの神話」『新世紀の宗教』宗教社会学の会編（2002年）
・「カルト信者の救出――統一教会信者の『安住しえない境地』」『年報人間科学』第21号（2000年）
『統一教会――日本宣教の戦略と韓日祝福』（北海道大学出版会、2010年）は、学問的な体裁を取ってはいるが、中立的な立場の本ではなく、内容面からは反対勢力による批判本に分類される。

米本和広氏による『我らの不快な隣人』（2008年）は、学問的な著作ではなくルポルタージュに分類されるが、立場は中立的である。

室生忠氏による『日本宗教の闇・強制棄教との戦いの軌跡』（2017年）は、統一教会そのものの研究というよりは、その信者に対する拉致監禁強制棄教の問題をジャーナリストが入念に取材して残した記録で、立場は客観的で中立的である。

韓国においては、少なくとも客観的で価値中立的な学者が統一教会について研究した著作は、私の知る限りでは存在しない。

以上を総合的に評価すれば、欧米が最もバランスがよく、批判的なもの、好意的なもの、中立的なものが揃っている。特に学問的研究においては欧米が最も進んでいると言ってよいだろう。欧米に比べて日本は、客観的で価値中立的な研究は少ない。韓国には、宗教的動機による神学と実態の双方に対する批判本しか事実上存在しないと言ってよいだろう。

統一教会反対運動の実相

これを通して見えてくるのは、統一教会に対する反対運動の実相である。そもそも、統一教会に対して何の利害関係も関心もない人が、わざわざ著作を書くということは通常は考えられない。宗教学者による客観的な研究は例外だが、その他の著作は教団側の宣伝を目的とした出版物か、反対派による批判本に大きく分類されると言ってよいだろう。したがって、統一教会に対する批判書の性格は、そのまま統一教会に対する反対勢力の性格を映し出していると考えられる。そこで、しばらく中西氏の記述に対する直接の批判を離れて、韓国、欧米、日本における統一教会反対勢力について解説することにする。

韓国における統一教会に対する反対勢力は、既成キリスト教会であると言ってよいだろう。櫻井氏が「日本の統一教会問題とは社会問題であるのに対して、韓国では宗教問題にとどまる」（p.170）と指摘した主な原因は、韓国における統一教会の特徴というよりは、韓国における統一教会反対勢力の特徴によるものといった方が適切であろう。韓国において、統一教会の信仰を持つようになった個人に対して、その親族が反対するケースが全くないわけではないだろう。しかし、それが「反対父母の会」のようなものを組織したり、子供を拉致監禁してまで取り戻そうとしたりする運動にまでなることはなかった。逆に、韓国では親族から伝道されたり、親族のほとんどが教会員という話が多く、「家族の反対」は韓国の統一教会における主要な問題ではなさそうだ。

一方、米国における反統一教会運動ではキリスト教は限定的な役割しか果たさなかった。むしろ「ディプログラミング」に代表されるような反カルト運動の行き過ぎた行為に対して、キリスト教会は反対声明を出しているくらいだ。米国聖職者指導者会議（ＡＣＬＣ）の牧師たちに代表されるように、統一教会に賛同的なキリスト教牧師も多数存在する。米国における反統一教会運動の発端はむしろ家族の反対であり、それが後に市民運動化していったというのが実情である。そして、これは統一教会にのみターゲットを絞った運動ではなく、「カルト」と呼ばれる新宗教全般を対象とした反対運動であった。

米国においては、1970年代の終わり頃から「洗脳」(brainwashing)という言葉が、突如出現した聞きなれない新宗教運動の台頭を説明する概念として使われ出した。1960年代後半から米国の若者たちを魅了し始めたこれらの新宗教運動は、主としてアジアが起源で、キリスト教を基盤とする米国文化の主流とは相容れない内容のために、対抗文化(counter culture)運動とも呼ばれ、激しい社会的リアクションを引き起こした。

1970年代の初め頃には既にこうした新宗教運動に反対するグループが誕生していて、こうしたグループを形成した人々は、主として新宗教運動に入信した若者たちの両親だった。彼らは既存の伝統的宗教と自分の息子・娘たちが入った新宗教運動との違いを強調し、それらは危険な団体であると主張し始めた。特にこれらの両親が新宗教運動に対して反発を感じた理由は、自分の息子・娘たちが将来のキャリアを棒に振ってまでも宗教運動に献身し、家族との絆を否定して禁欲的な共同体生活に入るという点にあった。こうした新宗教運動に回心した若者たちは、以前までのライフ・スタイルを大きく変え、何よりも宗教を第一優先とする生活をするようになったのだが、この予期せぬ事態を理解できなかった両親は、自分の息子・娘を「奪った」宗教団体を非難し、それらの団体が「洗脳」しているると非難するようになったのである。

こうしたグループは、この頃から新宗教運動を「カルト」と呼んでいた。この頃の「カルト」は主として福音派のクリスチャンたちの著作に見られる用法で、それは伝統的なキリスト教の教えからは逸脱した「異端的教団」という程度の意味だった。両親たちはこうした「カルト」から息子・娘たちを救出してくれるよう警察や裁判所に要請したが、信仰上の違いだけが理由であれば、公権力は介入できないというのが一般的な反応だった。しかし1970年代後半になると、以下の三つの要因によって新宗教運動を取り巻く状況は一変した。

第一は、「ディプログラミング」の出現である。ディプログラミングとは、ターゲットとなる宗教グループのメンバーを誘拐し、彼らの意に反して監禁し、彼らがその信仰を棄てるまで長い期間にわたり感情的・心理的圧迫を加えることを意味する。「ディプログラミングの父」と呼ばれるテッド・パトリック氏は１９７６年に『子供たちに自由を』(Let Our Children Go)という本の中で自分のディプログラミングの手法について描写している。彼は「信仰破壊者」としての実績によって新宗教運動に反対する両親たちの英雄となり、「市民自由財団」（ＣＦＦ）と呼ばれる反カルト組織を１９７４年に結成した。これが「カルト警戒網」(ＣＡＮ)の前身である(１９８６年に名称変更)。

第二の要因は、いわゆる「ハースト事件」である。大富豪で「新聞王」の異名を持つハースト家の娘パティ・ハースト氏は、１９７４年にＳＬＡと呼ばれる革命グループに誘拐され、数か月間にわたって監禁されたが、この期間に彼女の価値観はすっかり変わってしまい、彼女はＳＬＡの革命的なイデオロギーに完全に転向し、ついにはその組織と共に銀行強盗までするようになった。平均的な19歳の少女が短期間のうちに革命家に変身したこの事件は、「洗脳」が実在するという印象を一般大衆に与える上で重要な役割を果たした。

第三の要因は日本でも有名になった「人民寺院事件」である。これは１９７８年にガイアナのジョーンズタウンで教祖ジム・ジョーンズに率いられた人民寺院の信者が集団自殺を遂げた事件で、死者は９１２人にのぼり、同教団を調査するために米国から訪れたリオ・Ｊ・ライアン下院議員とその一行もガイアナの空港で殺害された。この事件は米国社会に大きな衝撃を与え、これを契機にそれまでバラバラに活動していた反カルトグループが全国組織にまとめられ、１９８０年代に「カルト警戒網」（ＣＡＮ）として結実していく。このＣＡＮは「カルトによる洗脳の危険を宣伝し、ディプログラミングを行う反カルト組織だった。同時期に結成された姉妹組織にアメリカ家庭財団（ＡＦＦ）があり、これら二つの組織はほとんど同じ人々によって構成されていた。

ＡＦＦは「カルト」に反対する父母の会として出発したが、現在はInternational Cultic Studies Association（ＩＣＳＡ：日本語に訳せば「国際カルト研究協会」）に名称変更して存在している。最近は弁護士、精神科医らの参加を募って学術研究機関としての色彩を強めており、アイリーン・バーカー博士など「カルト擁護者」と彼らが評価する学者も招いているが、基本的に「反カルト」であることに変わりはない。私自身もこのＩＣＳＡの国際会議には3回ほど参加したことがある。

一方、ＣＡＮの方は、「ディプログラミング訴訟」によって崩壊する。１９９０年代になると、拉致・監禁を伴うディプログラミングを経験した新宗教信者が、強制改宗屋や反カルト組織を相手取って損害賠償を求める訴えを起こすケースが増えた。これにより、ディプログラミングの実行に伴うリスクが増大し、その数は劇的に減少した。１９９１年にリック・ロス氏と他の強制改宗屋がジェイソン・スコット氏という若者を「ライフ・タバナクル教会」から脱会させるためにディプログラミングを施そうとしたが、彼は脱会せず、逆にロスとＣＡＮを相手取って損害賠償を求める民事訴訟を起こした。１９９５年、法廷はスコット氏に５００万ドルの損害賠償を支払うように原告に命じた判決の中で、このディプログラミングの責任がＣＡＮにもあることを認め、懲罰的罰金１００万ドルを含む合計１０９万ドルの賠償金を支払うようＣＡＮに命じ、ＣＡＮはこの判決により破産を余儀なくされた。結局、ＣＡＮは１９９６年に宗教的人権を守ろうとする人々によって買い取られ、現在では新宗教に対する偏見を取り除く組織に生まれ変わっている。

米国における統一教会批判を含む「反カルト文献」は、主としてこうした反カルト運動によって生産されてきたと言ってよい。それはキリスト教会が主導する運動というよりは、新宗教信者の両親、心理学者、職業的改宗請負人などの組織による活動で、一部にはお金目当てで改宗を請け負う者たちもいた。こうした運動は社会から支持を得ることはなく、過激な活動が良識あるキリスト教指導者や学者たちの非難の的となったため、１９７０年代から80年代に大きく盛り上がった米国の反カルト運動は、凋落の道をたどるようになったのである。

「新宗教研究センター」(Center for Studies of New Religions ＝ＣＥＳＮＵＲ) は新宗教研究の分野では最も古く、

尊敬され、影響力のある学術団体で、1988年にイタリアのトリノで設立された。ＩＣＳＡが新宗教を「カルト」と呼ぶ批判的な学会であるとすれば、ＣＥＳＮＵＲは新宗教に対して公正で客観的な学会であると言える。ＣＥＳＮＵＲの中心的な学者たちは、米国におけるカルト論争、洗脳論争で新宗教を擁護する重要な役割を果たし、強制改宗の終焉に貢献した。

ＣＥＳＮＵＲの代表を務めるマッシモ・イントロヴィニエ氏は、ヨーロッパの反カルト運動について以下のように述べている。

「ヨーロッパの反カルト運動は小さいがよく組織されており、資金も豊富で、1970年代初頭から存在した。彼らは80年代に政治的な関心を集めようとしたが成功せず、90年代になって太陽寺院の集団自殺事件が起こってからにわかに注目を浴びるようになった。しかし太陽寺院の事件は単なるきっかけにすぎない。反カルト運動が勢力を強めるようになった背景には、もう少し実際的な問題が絡んでいるのである。

一つは、共産圏の崩壊と冷戦の終結によって、フランスやドイツの諜報機関が共産主義者を監視する必要がなくなり、仕事が減ったために、カルトに対する警戒をそれに代わる仕事としてクローズアップさせたということだ。ドイツのシークレット・サービスが、大した事件も起こっていないのにサイエントロジーの捜査に総動員体制を引いたのは、その仕事がなければ人員を削減されてしまう可能性が大きかったからである。

またドイツの教会の職員には、神父や牧師のほかに『カルト専門家』という役職があり、それによって給料をもらっている人々がいる。彼らは常にカルトは重大な問題であると叫び続けなければ、自分たちが職を失ってしまう危険があるので、常に自己宣伝のために『カルトの脅威』を叫ぶのである。

これに政治的な理由が加わる。フランスにおいては、左翼的な陣営が徹底的に宗教の取り締まりを主張している。彼らは自発的な宗教組織に寛容な米国憲法を徹底的に批判し、世俗の国家が宗教をコントロールするフランス憲法の精神に帰れと叫ぶ。彼らのスローガンは、『もし太陽寺院のような宗教団体が嫌なら、アメリカのようになるな。アメリカのようになればカルトがはびこる』である。このようにフランスでは、左翼的で反アメリカ的な思想の持ち主が、反カルト運動の一翼をなしているのである」（１９９８年４月17〜19日に米国ワシントンＤＣで開かれたＩＣＲＦの国際会議での発言）

ヨーロッパにおける反カルト運動は、冷戦終結という政治的な状況、「カルトの脅威」を叫ばなければ職を失ってしまう人々の存在、世俗的で反宗教的なイデオロギーの台頭など、新宗教そのものが原因というよりも、それを取り巻く社会の事情によって突き動かされていることが分かる。

日本における統一教会反対運動

日本における統一教会反対運動は、大きく分けて三つの勢力からなっている。その勢力の一番目は、既成キリスト教の牧師たちである。彼らの反対の動機は、「異端との闘争」にある。彼らの視点からは統一教会は異端の信仰であるため、その信仰を棄てさせなければ救われないと考えている。日本において拉致監禁を伴う強制改宗を最初に行ったのは、日本イエス・キリスト教団荻窪栄光教会の森山諭牧師で、１９６６年早春のことだった。森山牧師は１９７６年に八王子の大学セミナーハウスで「異端問題対策セミナー」を開催し、それまでの10年間の経験を元に、身体隔離を手段とした脱会説得法を他の福音派の牧師たちに伝授した。その後、強制改宗事件が増加するようになる。

森山牧師とその薫陶を受けた牧師たちは、聖書を文字通りに解釈する「福音派」と呼ばれるグループだったが、統一教会に反対する牧師たちは必ずしも福音派というわけではなく、むしろ自由主義神学を信奉する、日本基督教団の牧師たちもいる。その中にはキリスト者でありながら左翼的な思想を持つ人物もおり、一口に「反対牧師」といっても、その思想的傾向は必ずしも同じではない。

二番目の勢力は、「反対父母の会」（全国原理運動被害者父母の会）である。統一教会に自分の息子・娘が入信した親たちの立場からは、わが子は統一教会に騙されている、洗脳されているとしか考えられなかったので、「子供を返せ！」と叫びながら反対運動をするようになった。これが「反対父母の会」が結成された背景である。

統一教会に対する「反対父母の会」が結成されるようになった背景には、マスコミの報道がある。1967年7月7日付の朝日新聞夕刊に、「親泣かせの『原理運動』」の記事が掲載され、これによって不安をかきたてられた統一教会信者の親たちが、やがて「反対父母の会」につながって教育されるようになる。

「反対父母の会」は、統一教会信者の父母たちが子供のことを心配して運営している組織というよりは、「統一教会に反対する」という思想的な目的のため活動している組織と言える。その役割は、①統一教会に関する悪い情報を社会に宣伝する、②統一教会信者の父母に連絡を取り、統一教会に対する悪い情報を提供して不安を煽る、③「保護」（実際には監禁）して脱会させなければ子供の人生が台なしになると説得する、④強制改宗を行う牧師や脱会屋を紹介する、などである。

三番目の勢力は、共産党や旧社会党に代表されるような左翼勢力だ。統一教会が共産主義に反対する保守勢力であったため、彼らはイデオロギー的対立を動機として統一教会に反対してきた。彼らの台頭は、国際勝共連合の活動と切っても切れない関係にある。国際勝共連合が推進したスパイ防止法制定運動と「全国霊感商法対策弁護士連絡会」（全国弁連）の設立との間に密接な関係があることは、既に述べた。

結論だけを言えば、「全国弁連」はレフチェンコ事件によって危機感を募らせた左翼勢力によって組織され、スパイ防止法制定運動の支援組織である国際勝共連合と、その関連団体である統一教会の壊滅を目的に「霊感商法」反対キャンペーンを展開した。その中心的人物が山口広弁護士だった。

これら三つの勢力は、もともとお互いに接点がなく、それぞれバラバラに統一教会に反対してきたが、1980年代初頭より「統一教会潰し」という目的のもとに結束し、いまやスクラムを組み反対運動を展開している。そこには以下のような共闘関係があった。

統一教会信者の親は、反対牧師に報酬を払って指導を仰ぐ。反対牧師らは親に具体的な拉致監禁のやり方を指導し、親が子供を監禁したら、監禁現場を訪問するなどして信仰を棄てるよう説得する。この説得を受け入れて信仰を棄てれば、親の目的は達成されるが、それで終わりではない。元信者は反対牧師の活動に協力させられ、さらには左翼弁護士を紹介されて、統一教会を相手取った損害賠償請求訴訟を起こすよう説得される。こうして起こされた訴訟の代理人を左翼弁護士が務めることにより、彼らは弁護士として報酬を得ると同時に、統一教会の社会的評価にダメージを与えることができる。さらに、こうした訴訟の情報はマスコミを通して社会に宣伝され、親の不安を煽るために利用される。このように反対運動は、両親、牧師、弁護士、マスコミなどが、それぞれの立場と職能を生かして統一教会を窮地に追い込もうとする、プロ集団の複合体となっている。しかし、後藤徹事件の判決以降(2015年9月29日、最高裁で判決確定)は、拉致監禁は激減したが、根絶したわけではない。

日本における統一教会批判文献は、主としてこうした反対運動の主導者によって生産されてきたと言ってよい。したがって、それは日本における統一教会の特徴というよりは、むしろ反統一教会運動の特徴を色濃く反映している。

翻って、櫻井氏や中西氏に決定的に欠如している視点とは何だろうか? それは「統一教会と社会」という対立軸をつくり、欧米、日本、韓国における統一教会の性格の違いから、それに対する社会の反応を分析するという単純な枠組み設定をしているため、反対勢力の存在を見落とし、あるいは意図的に無視している点にある。そもそも、無色透明で抽象的な「社会」などはどの国にも存在しない。統一教会に反応するのは社会一般ではなく、具体的な利害関係者である。彼らが書いた文献は、決して社会一般の見方を代弁するものではなく、自分たちの利益を主張するために書かれたという「相対化」の視点を持たなければ、「社会が統一教会の問題点を指摘している」というナイーヴな受け止め方になってしまう。

日本のみならず韓国や米国、ヨーロッパでも、統一教会に反対する人々にはそれぞれの立場、思想・信条、そして動機がある。それを分析することなく結果としての文献だけを並べて、そこから各国・地域における統一教会の性質を分析しようとしても、本質は見えてこないし、統一教会に対する「先行研究」を正しく理解することもできないのである。

「二　韓国における統一教会」への反証

「1　日本と異なるあり方」

これまで、中西氏が「韓国における統一教会研究」と題して紹介した韓国における先行研究、ならびに日本との違いに関する記述を踏まえて、韓国、欧米、日本における統一教会反対勢力についてかなり詳細に解説してきた。それは、統一教会に対する批判書の性格は、そのまま統一教会に対する反対勢力の性格を映していると考えられるからであり、しばらく中西氏の記述に対する直接の批判を離れてその問題を扱ってきた。

こうした知識を前提として、改めて中西氏の「二　韓国における統一教会」の記述を分析してみよう。彼女は「1　日本と異なるあり方」と題して以下のように述べている。

「韓国において統一教会は一般に異端、似而非宗教（偽宗教）とされている。日本での『カルト』と同様に否定的レッテルには違いないが、否定の程度は日本よりはるかに弱く、反社会的宗教教団とまでは思われていない。後述するが、韓国の農村部では男性の結婚難が見られる。統一教会は布教の一環として結婚相手の紹介を行っており、日本の女性信者と結婚した韓国人男性が多数いる。反社会的宗教集団と捉えていたら、いくら結婚難があっても統一教会に相手を世話してもらおうという人はいないはずである。……韓国で統一教会が日本ほど否定的に捉えられていない理由は、霊感商法や正体を隠しての組織的勧誘が行われていないために『被害者』がいないことが大きい。……統一教会に対して多くの裁判が起こされ、違法性を認めた判決が出ている日本と、それらが一切見られない韓国では当然、教団イメージは異なる」(p.407-408)

「もう一つ、これは否定的に捉えられていない理由というより、韓国の統一教会が日本と大きく異なる点だが、単に宗教団体というよりも傘下に多くの団体、会社を持つ事業体（ある種の財閥）と捉えられている」(p.408)

日本と韓国における統一教会の社会的評判が異なるのは、両国における統一教会自体のあり方の違いが原因であると見る中西氏の見解は、基本的に櫻井氏の立場と全く同じである。中西氏はもともと日本の統一教会に関して詳しくはなかったから、この論調は櫻井氏の指導を受けたものである可能性が高い。

櫻井氏は著書の第五章において、韓国と日本における統一教会に関する報道のあり方が異なる原因は、両国における統一教会の「宣教戦略の相違」にあると分析した。日本では統一教会は「反社会的」集団であるとみなされているのに対して、韓国ではそのような考え方が共有されていない理由として、彼は以下のような点を挙げている。

①韓国において統一教会は、さまざまな関連企業や団体を有しており、統一教会と利害関係を持つ一般人が少なからずいるので、教団批判は関係者批判につながる。

②韓国では統一教会は農村の未婚男性に結婚相手を世話してくれる団体として認識されており、韓国社会に損失のみをもたらす教団ではない。

③統一教会はキリスト教から見れば異端だが、朝鮮民族のナショナリズムを前面に出しているため、反民族的・反国家的団体ではない。したがって、統一教会を批判することは愛国主義に対する批判につながる。

④韓国社会では、統一教会は資金力を背景にして政界・経済界とパイプを維持している可能性が高い。

これらの分析は、中西氏の記述と酷似していることが分かるだろう。櫻井氏は、韓国の統一教会は「花形スター」

であるのに対して、日本の統一教会は「金のなる木」であり、両国における教団のあり方が全く違うので、マスコミの報道内容も違うと分析したが、私は第五章の分析においてその見解に疑問を投げかけた。日韓における報道の相違は、日韓における「統一教会自体」の差異に起因するというよりも、それらを見つめる一般社会やマスコミの意識や捉え方の違いに起因する部分の方が大きいと主張した。統一教会は韓国にとっては「自国の宗教」であり、日本にとっては「他国の宗教」である。したがって、韓国の新聞がそれを客観的あるいはやや好意的に扱い、日本の新聞が批判的に扱うのはある意味で当然といえよう。日本社会にとって統一教会は「異物」であるのに対して、韓国社会にとって統一教会は自分たちの「一部」なのだ。

このことは、統一教会に対する断罪的なメディア報道が、日本のみならず西洋の国々にもあることからも傍証可能である。櫻井氏によれば、「金のなる木」として位置付けられているのは日本のみで、それが日本において統一教会が「反社会的団体」と認識されている理由の一つなのだが、そうした使命や活動が存在しないはずの西洋諸国においても、統一教会は「反社会的団体」としてマスコミから攻撃されてきた。

西洋においても、統一教会は「他国の宗教」で、「異物」である。それがマスコミの攻撃を受ける理由は日本とさほど変わらない。宗教の受容においては、こうした文化的相克は極めて重大な障害となる。韓国だけが、統一教会発祥の国として特別なのだ。中西氏はこの韓国の特殊性を理解せず、日本との違いだけを強調して、西洋との比較という視点を見落としている点で、その分析は一方的で偏ったものになってしまっている。

さて、韓国の統一教会が単に宗教団体というよりも傘下に多くの団体、会社を持つ事業体（ある種の財閥）と捉えられているのは事実である。韓国では統一教会（家庭連合）は財団法人で、傘下に多くの企業体が存在する。日本では統一教会（家庭連合）は宗教法人として独立しており、その他の事業体との間に指揮命令関係は存在しない。これは両国の法制度が異なることに起因する違いだが、宗教的理念に基づいて創設された様々な組織が「統一運動」

を形成しているという見方をすれば、両国の間に本質的な違いはない。宗教団体を中心とする「統一グループ」は世界各国で実に多角的な事業を行っている。櫻井氏はこれを「国際的なコングロマリット的宗教団体・事業連合体」と位置付けた。これに関連して、櫻井氏が134ページの表4-3で示している統一教会関連団体は以下の諸団体である。

・宗教：統一教会（世界基督教統一神霊協会）、世界平和統一家庭連合
・政治：国際勝共連合、真の家庭運動推進協議会
・大学：世界大学原理研究会、世界平和教授アカデミー
・メディア：世界日報、ワシントンタイムズ財団
・出版：光言社、成和出版社（韓国の統一教会系出版社）
・大学：鮮文大学校（韓国の総合大学）
・芸術：ユニバーサルバレエ団、リトルエンジェルス
・ボランティア：しんぜん、野の花会
・企業：㈱ハッピーワールド、㈱インターナショナルホームメディカルグループ（配置薬）、龍平リゾート（韓国）、一和（韓国）

「統一グループ」を構成するこうした様々な事業体や組織を概観すると、それらは韓国にのみならず日本にもアメリカにも存在していることが分かる。その中には一般社会に開かれた企業もあり、経済活動を通じて一般社会とのかかわりを持っているのは日本でも同じである。決して中西氏の言うように日本では統一運動は「単に宗教団体」として存在しているわけではない。

したがって、「日本と韓国では統一教会のあり方が違うので、それに起因して社会的評判も異なる」という櫻井氏および中西氏の主張はあまり根拠がないことが分かる。

「2　宗教団体としての統一教会」

中西氏は、韓国において統一教会が日本ほど否定的に捉えられていない理由をまずは「2　宗教団体としての統一教会」のあり方から分析する。これは韓国でどのような勧誘が行われ、どのような動機で人々が信者になるのかを、彼女が直接出会って知り合いになった韓国の統一教会信者から聞き出して整理したものだ。①一般の女性信者、②一般の男性信者、③結婚目的で信者になった男性を、それぞれ一例ずつ挙げているが、仮にも日本との比較で韓国統一教会のあり方を論じるには、情報収集の母集団が小さすぎる感は否めない。三つのインタビューは個人のライフストーリーの紹介としては成り立つかもしれないが、この三例だけで韓国統一教会の伝道方法のあり方全般を論じるのは拙速と言えないだろうか。

学問的には、ここでは自分が偶然出会った韓国の統一教会信者に関する知見という抑制的な表現をすべきだろうが、日本と韓国の比較を通して日本統一教会のあり方を批判するという櫻井氏が設定したイデオロギー的枠組みに合わせて表現したため、飛躍があることを承知で断定的な書き方をした可能性がある。それを前提として、個々の事例を見てみよう。

一般の女性信者

一般の女性信者（1934年生まれ、1975年入信）は、1974年に復興会を通して統一教会に出会っている。原理を聞いたときは既に40歳の既婚で、二男三女がいたというから、青年として信者になったのではなく、「壮婦」の立場で入教したことになる。「反対があっても教会を離れなかったのは霊的な体験があったからである」（p.409）という記述からも分かるように、宗教的素養のある人のようだ。反対を受けつつも夫を修練会に出して納得させ、子供もみな祝福に導いた模範的な婦人食口という感じの経歴である。

この女性信者の入信動機に関して中西氏は、「女性が新宗教の説く倫理規範に夫婦や家庭のあり方、生活指針を求めることは、日本の新宗教研究においてこれまで指摘されてきたことである（井桁　一九九二）。この女性にとって統一教会の信仰は、日本において戦後から高度経済成長期にかけて主婦が新たな家族規範を新宗教に求めたのと同じようなものだったのではないだろうか。韓国では日本の壮婦のように布教や経済活動に追われることもない。統一教会の信仰を持っても肉体的・経済的な負担を感じることはなく、多少の反対はあっても無理のない信仰生活を続けられる」（p.410）とまとめている。

中西氏の分析には大きく分けて二つの問題点がある。まず中西氏は「復興会は韓国キリスト教会では伝道集会をいうが、統一教会も復興会を通して伝道を展開したことが窺われる。この女性の語りによれば、最初から統一教会とわかって復興会に参加し、原理の内容に共感を覚えて入信している」(p.410) と記述することを通して、「霊感商法」や「正体隠し」の勧誘を行っているとされる反対派の描く日本の統一教会との違いを表現しているのだが、これは時代状況を全く無視した比較になっている。

この韓国人女性が入信した１９７５年当時、日本には「霊感商法」も「正体を隠した伝道」も存在しなかった。当時の日本では、韓国と全く同じように「復興会」を通して伝道していたのである。この時代、韓国と日本の統一教会は同じ方法で伝道していたので、勧誘方法や入信の動機に関して日本と韓国の違いを説明したことにはならない。

１９７０年代の日本統一教会のあり方に関しては、櫻井氏自身が「はじめに」の「１　顕示的布教から正体を隠した勧誘へ」という項目で以下のように論じている。

「一九六〇、七〇年代に統一教会の学生組織である原理研究会は大学構内で堂々と示威的な布教活動を行っていた。……彼らが左翼系学生と論戦を交わしたり、路傍で黒板を立てて講義したりする姿は、確かに異様では

あったが自信に満ち、活動を誇示しているようでもあった」(p.ii)

「一九八〇年代から統一教会は宣教戦略を大きく転換し、世界宣教の活動資金を調達するために、いわゆる『霊感商法』と批判される物品販売を大々的に行った。……また、この時期から統一教会はビデオ教材を用いた教養講座を装うビデオセンターを各地に設置し、統一教会であることを隠して一般市民を勧誘するようになった」(p.iii)

「要するに、統一教会は自覚的な参画者からなる宗教運動から一般市民の動員と資金調達を戦略的に行う組織宗教となった」(p.iii)

私は櫻井氏のこの主張に同意するわけではないが、これが櫻井氏と中西氏が共有する日本統一教会の時系列的変化であるとすれば、少なくとも1975年当時の伝道方法に、日韓の違いはないことになる。このように時代的にずれている事例を比較して「日韓の勧誘方法の違い」を主張する中西氏の論法は乱暴としか言いようがない。

しかしより本質的な問題は、入信の動機や信仰生活の実際に関する比較が、本人と向き合ったインタビュー（韓国）と文献や伝聞によって形成されたイメージ（日本）という組合せになっているため、分析に深みがないことである。本当に日本と韓国における勧誘方法と入信動機の違いを比較研究したいのであれば、①伝道された時代と年齢、②性別、③未婚と既婚の区別、④大都市圏と田舎の区別、⑤教育レベルや社会的階層などの基本的ファクター、の似ている者同士を日韓から複数選んで、両方に直接インタビューしてデータを取るのが正統的なやり方ではないだろうか？　しかし、彼女が直接出会ったのはあくまで韓国で暮らす日本人の統一教会信者と韓国人の統一教会信者であるため、日本国内の現役の統一教会信者に関しては直接取ったデータがない。そこで、その部分に関してはできあいのイメージに頼らざるを得ないのである。

おそらく中西氏の頭の中にある日本統一教会信者のイメージは、櫻井氏から提供された大量の文献と、櫻井氏自身の記述によってつくり出されたものであろう。しかし、それに問題があることはこれまで繰り返し指摘してきた。

改めて問題点を整理すれば、①櫻井氏の情報源が統一教会を相手取って民事訴訟を起こした元信者及びその関係者であり、裁判資料という偏った情報源に依存していること、②入信を後悔している元信者の証言という点で強いネガティブ・バイアスがかかっている可能性が高いこと、③参与観察を行わずにインタビューとテキストに頼っているために情報に直接性がないこと、④統一教会信者の宗教経験を包括的かつ公平に扱っておらず、裁判資料の信頼性を補強するために情報を恣意的・選択的に集めていること⑤事実の追求を主張しながら、利害の対立する一方当事者の「真実」に肩入れし、他方当事者の「真実」を捨象していること、などである。

櫻井氏はあたかも自分が見聞きしたかのような筆致で「統一教会のセミナーやトレーニング」と称するものについて描写しているが、実際には彼は参与観察を行っていないので、それはすべて裁判資料で述べられていることを再構成しているにすぎない。彼自身が見聞きしたファーストハンドな情報ではなく、あくまで元信者の目を通して観察されたセミナーやトレーニングの描写をトレースしているだけである。

櫻井氏の描く統一教会信者の入信過程や信仰生活の実態は、「青春を返せ」裁判で原告たちが主張していることの繰り返しにすぎない。彼らは自らの宗教的回心に主体的な動機があったことを認めると、教会に対して損害賠償を請求できなくなってしまうので、教会の巧みな誘導によって説得され、納得させられた「受動的な被害者」として自らを描写する必要があった。こうした目的に基づいて書かれた歪んだ描写を基礎資料としているため、櫻井氏の描く統一教会への回心は悲壮な雰囲気に満ちている。中西氏はこのようにして出来上がった日本の統一教会信者のイメージと、自分が実際に出会った韓国の統一教会信者を比較しているにすぎない。

これは要するに、自分が直接出会った「リアル」な韓国統一教会信者と、歪められた伝聞によって構成された「イメージ」の比較にすぎず、実感のあるものとないものとの比較なので、深まりようがない。もし中西氏が日本の現役統一教会信者の中から、数名の壮年婦人を選んでインタビューし、彼女たちの入信の動機や信仰生活の実態について共感的に聞く機会があったならば、「女性が新宗教の説く倫理規範に夫婦や家族のあり方、生活指針を求めることは、日本の新宗教研究においてこれまで指摘されてきた」ことを再確認し、「日本において戦後から高度経済成長期にかけて主婦が新たな家族規範を新宗教に求めたのと同じようなもの」（p.410）を、日本の統一教会信者たちの中にも見いだしたのではないかと思われる。しかし、日本の統一教会信者について何かを共感的に捉えることは、この研究では最初から「禁じられている」ようなので、彼女はつくり上げられた日本統一教会信者の「虚像」と紋切り型の比較をするほかなかったのである。

一般の男性信者

一般の男性信者（1971年生まれ、1997年入信）は、一人目の事例に比べると年齢的に若く、信仰歴も浅い。彼は統一教会の牧師の妻（日本人）から伝道され、2002年に日本人女性と祝福を受けたというから、日本人と縁の深い韓国人信者と言える。彼が「霊の親」である日本人女性と出会ったのは、1995年に日本語学校で日本語を教え、通訳や翻訳の仕事をしていたときだった。当時大学で日本人女性教員をしていた「霊の親」にサークルでの日本語指導を依頼したのがきっかけで、やがて個人的な話をするようになり、自宅での訓読会や教会に通うようになった。家庭環境が複雑だった彼は、幸せな家庭への憧れから祝福を受けることを決意したようである。2002年に祝福を受け、2003年に長女、2005年に次女が生まれ、現在は妻の親族と三世代四家族がそれぞれ同じマンションで暮らしているというから、家庭生活は順調で幸福であると言ってよいだろう。

この男性信者の入信経緯に関して、中西氏は以下のようにまとめている。

「韓国の大学で教員をしている日本人信者と知り合ったことが統一教会に関わるきっかけになったという点ではやや特殊な事例かもしれないが、入信の経緯から祝福までのプロセスが日本の青年信者と違うことは明らかであり、教化プログラムや献身生活は経験していない。熱心な勧誘を受けたというより教員との個人的な交流や、自分自身の家庭環境から家庭の重要性を説く統一教会に関心を持つようになったものと思われる」（p.412）

結婚目的で信者になった男性

次に中西氏は、「結婚目的で信者になった男性（1963年生まれ）」を紹介する。

この男性は、36万双（1995年）の祝福を受けた日本人女性の夫で、彼女の紹介で中西氏は夫にインタビューを行っている。自分の夫へのインタビューを許可し、包み隠さず話をさせたので、このときにはまだ中西氏と在韓日本人祝福家庭婦人の関係は良好だったということだ。

この男性は、母親の勧めで「祝福申込書」を出したという。その母親が統一教会にかかわるようになったのも息子の結婚が目的で、その背景には6500双や3万双で祝福を受けて渡韓した日本人女性たちの評判がよかったことがあり、「うちの息子にも」と考え勧めたという。このように、韓国の農村部の独身男性やその親に、統一教会は「結婚相談所」として受け取られており、信仰というよりは結婚を目的に祝福を受けた韓国人男性がいるのは事実である。そのことの是非について中西氏はここでは触れていないので、私も触れないことにする。

この事例を元に、中西氏は「農村部における統一教会のあり方は、全く日本とは異なることが確認できる」と分析し、その根拠として「信者になったからといって日本でのような体系化された教化プログラムで原理を学ぶこともなければ、献身することもない。献金や布教が強要されるわけでもない。祝福献金は必要だが、A郡では日本の一〇分の一と聞いている。修練会はあっても日本で行われているような管理された内容ではなさそうである。……入信しても日本のように特異な信仰にはなっていない」（p.414）という理由を挙げている。

さて、これら二つの事例から中西氏は、韓国における統一教会の布教のあり方は日本とは全く異なると結論する。

「韓国での統一教会は正体を隠して組織的伝道をしているわけでもなく、入信したからといって信者はビデオセンターから始まる教化プログラムを受けて献身することもなければ、献金に追われることもない。要するに入信後の信仰のあり方が日本のように特異な宗教実践とはなっていない。イエスを否定し、文鮮明を再臨主とするようなキリスト教と相容れない教義を持っていても、それは宗教団体として社会的に逸脱しているとはいえない」(p.414)

さて、一人目の女性信者のときに既に私が指摘した内容ではあるが、この中西氏の分析の問題点は、韓国の統一教会信者に対しては直接インタビューを行い、入信の動機や伝道されるプロセスについて共感的な理解をしているにもかかわらず、日本人の青年信者については文献から得られた二次的な情報に頼って比較を行っていることだ。その目的は、韓国では統一教会が「普通の宗教」として存在し、勧誘のプロセスが異常なものではないのに対し、日本では特殊な教化プログラムや献身生活が存在するために、異常で反社会的な団体であると認識されている、という鮮やかなコントラストを読者に印象付けることにある。しかし、その手法がいささか強引で、広範なデータに基づいた客観的な調査とはお世辞にも言えないレベルになっている。

日本と韓国の伝道の方法や信者の入信の動機を比較したいのであれば、本来ならば日韓の両方にどのようなパターンがあるのかをもっと幅広く調査しなければならないはずである。例えば、日本において個人的な交流から自然に伝道されたケースや、教化プログラムや献身生活を経験しないで入信した例がないのかどうかを調べる必要があり、さらに韓国にも日本に類似するようなシステマティックな伝道方法がないのかどうかも調査しなければならない。しかし中西氏がそうした調査をした形跡はない。

中西氏の記述で興味深いのは、「信者及び一般を対象にした一泊二日の修練会に筆者も参加したことがある。第九章で触れるが、パワーポイントを用いての原理講義を聞くだけだった」(p.414)という部分である。韓国での修練会に参加したのであれば、日韓の比較を行うために、中西氏は日本における修練会に参加すべきだったのではないだろうか。それこそが実体験に基づく生きた比較になると思うのだが、彼女はそれをしていない。韓国での修練会の内容は、「パワーポイントを用いて原理講義を聞くだけ」ということだが、黒板講義かパワーポイントかは時代によるプレゼンテーション方法の違いにすぎず、「修練会とは原理講義を聞くもの」という本質は、韓国でも、日本でも、西洋でも同じで、時代が変わっても中身が大きく変わるわけではない。アイリーン・バーカー博士は『ムーニーの成り立ち』の中で修練会の講義について、「講義は、高等教育の多くの場所で毎日（同じかそれ以上の時間）なされているものよりもトランスを誘発するものではない」と分析している。中西氏が自分の体験した修練会と比較しているのは、櫻井氏の記述によって歪曲された日本の修練会の「イメージ」である。これは実体験を伴わない「虚像」と比較しているにすぎない。

さらに、バーカー博士が欧州と米国の統一教会信者について調査した『ムーニーの成り立ち』を読めば、西洋にも日本と同じような修練会や教化のプログラムが存在し、それ故に「洗脳」や「マインド・コントロール」の疑いをかけられたことが分かる。単に日本と韓国の事例を比較するだけではなく、日本と西洋にあるものがどうして韓国にないのかを掘り下げて分析する必要があるのではないだろうか?

中西氏の分析は、たった三つの事例をもって韓国における伝道方法を代表させ、それを文献や伝聞で得られた知識をもとにした日本の伝道方法と単純に比較するという、極めて大雑把で乱暴なものである。さらに、システマティックな伝道方法があるかどうかは、国ごとの個性の問題であり、その国の国民性や文化と深くかかわっている。一つの国でうまくいく方法が他の国で同じようにうまくいく保証はない。それ故に、各国の伝道方法に簡単に優劣や善悪などの価値判断はできない。にもかかわらず、中西氏は「普通な韓国統一教会」と「異常な日本統一教会」というシンプルな枠組みを最初から作り、それが日本において統一教会が世間から否定的に捉えられている根拠にしようとしている。これは言ってみれば「結論ありきの事例紹介」であり、客観的な日韓の比較とは言い難い。

「3　団体・事業活動の側面」

中西氏は、韓国において統一教会が日本ほど否定的に捉えられていない理由を「3　団体・事業活動の側面」から分析している。韓国の統一教会は、単に宗教団体というよりも傘下に多くの団体、会社を持つ事業体（ある種の財閥）と捉えられている点において、日本の統一教会とはあり方が違うという主旨である。そこには、日本では統一教会は「反社会的団体」として社会から孤立しているのに対して、韓国では多くの企業体を通して一般社会とのつながりがあるという含意がある。

既述したように、韓国の統一教会が単に宗教団体というよりも傘下に多くの団体、会社を持つ事業体（ある種の財閥）と捉えられているというのは事実である。韓国では統一教会（家庭連合）は財団法人として存在しており、その傘下に多くの企業体が存在する。日本では統一教会（家庭連合）は宗教法人として独立しており、その他の事業体との間に指揮命令関係は存在しない。これは両国の法制度が異なることに起因する違いだが、宗教的理念に基づいて創設された様々な組織が「統一運動」を形成しているという見方をすれば、両国の間に本質的な違いはない。この点を、中西氏は貧弱な知識に基づいて誤った理解をしているか、あるいは意図的に韓国の運動を対社会的に開かれたものであり、日本の運動を反社会的なものであるというステレオタイプに当てはめようとしていると考えられる。彼女の具体的な記述に基づいて、その誤りを分析することにする。

まず中西氏は日本の事業体について、「野の花会」が募金活動、「ハッピーワールド」が霊感商法にかかわっているという事例を出して、「統一教会であることを隠して布教・経済活動を担うフロント組織」（p.415）であると位置付けている。それに対して韓国の関連団体や会社は「直接に布教・経済活動はせず、個別に事業を展開している」と指摘する。といっても、中西氏は韓国における統一教会関連の団体・事業体に関して独自の調査や取材を行っているわけではない。キム・ヨンム／キム・グチョルによる『チャートで見る　異端と似而非』に載っている情報を整理して「表8−2　統一教会関連の企業体」（p.416）を作成しているだけである。

この本はそのタイトルからして、統一教会に対する批判的な勢力によって書かれたことは明らかである。「異端

表 8-2　統一教会関連の企業体

㈱統一(自動車部品，機械類)，韓国チタニウム(チタニウム)，韓国ワコム電子(流通業)，巡伝団ホーム(チョン・ドンウォン)，㈱チンファ印刷(印刷業)，㈱一信石材(施工)，㈱精進化学(金属表面処理)，イルウォン宝石工芸(金属加工)，ムービングサービスエクスプレス(引っ越し専門機関)，㈱統一実業(紳士服：クリスチャンベルナールアルベルト)，㈱ソンド産業(陶磁器生産)，㈱韓国チタン工業(各種道路原料)，㈱イルホン(流通，いか製品，食品)，㈱ナムギョン物産(流通業，農水産物)，㈱サモン礼服(礼服製造業)，㈱一信石材工業(建築用資材，大理石加工)，㈱一成総合建設(土木建築設計)，㈱セイロ(かつら，電子，皮革)，㈱チョクソン産業(骨材採取)，㈱ウチャン興業(ファン・ファンチェ)，㈱ホンサン木材(木材輸入，家具製作)，㈱興栄 LOE(水産物加工)，㈱イルホン釜山事務所，㈱興栄水産(遠洋漁業)，㈱サムジョン水力(発電機)，㈱イルサン・イルサン競漕(競漕，農芸，不動産管理)，㈱ソンイル機械商事(機械類販売)，㈱統一ソウル代理店(機械類販売)，㈱ウリモール，ソンシン商業投資(証券)，ヨンド産業，ハッピーワールドソウル支社(日本の販売網)，㈱マカンドゥラ水産(海運業)

出典）キム・ヨンム/キム・グチョル 2004：138 より筆者翻訳・作成。

出典)『統一教会――日本宣教の戦略と韓日祝福』416 ページ

と似而非」という表現からは、「正統」を自認する既成キリスト教勢力によって書かれたと推察され、要するに「統一教会はこんなに幅広く商売をやっているので気をつけろ。これらの企業体と取引して統一教会を利することがあってはならない」と注意喚起するのが目的であろう。したがって、表8-2で挙げられている企業体の中には、統一教会の信者が個人的に経営しているだけの会社が含まれている可能性がある。このほかにも中西氏は、龍平リゾート、麗水のリゾート施設や汝矣島の土地なども紹介し、「韓国では統一教会が一宗教団体というよりも事業体として受けとめられていることが理解されよう」(p.416-417) と述べている。このことから中西氏が演繹する結論は以下のようなものである。

「様々な事業展開は統一教会に金銭的な利益をもたらすだけでなく、間接的支持者を生み出す。これだけ種々雑多な事業を行っていれば、統一教会傘下の会社と知った上で取引をする企業、会社はあるはずであり、異端、似而非宗教の側面はさておいて取引優先となり、表立っての統一教会批判は出てきにくくなる。韓国において統一教会が日本のように反社会的宗教集団とされないのは、同時に事業体として韓国社会に根を張っていることで一面的な評価を免れているとも考えられる」(p.417)

韓国における統一教会系の企業が社会に根を下ろし、一定の評価を受けていることは事実である。しかし、日本における統一運動のあり方が、韓国と全く異なっているという中西氏の主張は、彼女の無知に基づくものである。日本における統一教会系（ここでは統一教会の信者が中心となって運営しているという意味で「統一教会系」という言葉を用いている）の事業体の実態を知れば、韓国との間に本質的な差はないことが分かるであろう。しかし、中西氏は日本におけるこうした事業体に対するきちんとした調査を行っていない。

中西氏が名前を挙げている「ハッピーワールド」の事業内容は、そのウェブサイト（https://www.hwi.co.jp/）をチェックしただけで簡単に知ることができる。ハッピーワールドの事業内容は、①旅行事業、②貿易事業、③不動産事業、④石材事業、⑤国際事業、の五つの柱からなり、それぞれが社会に開かれた事業を展開している。

旅行事業は「世一観光」と呼ばれ、ブランド名は「ブルースカイ・ツアー」である。海外および国内の旅行を企画販売し、航空券の予約販売、海外のホテルや交通機関の予約・手配、さらには海外から日本への旅行者のためのインバウンド事業などを行っている。

世一観光は特に日韓線の航空チケットの販売に関しては日本屈指の実績を上げている会社であり、統一教会系の企業だと知られているにもかかわらず、旅行業界では無視できない存在となっている。世一観光を通してチケットを買うのはもちろん統一教会員だけではなく、販売数自体は非教会員の方が多いくらいである。旅行業なので当然、航空会社との取引があり、日本社会に根を張った一つの事業体として存在していることは明らかだ。

貿易事業では、高麗人参や活ロブスター・活アワビの輸入事業を行っている。高麗人参は健康食品として、ロブスターやアワビは贈答品としての人気が高い。「日本活魚」も統一運動と関連のある企業だが、行っているのは水産物の販売で、購入者もほとんどが非信者の一般の人々である。統一教会との関連を思わせるのは、ウェブサイトに記されている「私たちは『為に生きる』精神を具現化する企業として発展します」という企業理念くらいである。

不動産事業ではいくつかのビルを所有し、それを賃貸している。石材事業は「一信ジャパン」と呼ばれ、石工事の設計・施工、建築石材の加工・販売、および砂利、環境石材の輸入販売などを行っている。国際事業ではハワイアンコーヒーの輸入販売を行っている。

中西氏が「霊感商法に関わっている」とだけ紹介したハッピーワールドは、韓国の統一教会関連の事業体と同様に、実に多種多様な事業を展開し、日本社会に根を張っていることが分かる。そこには取引先の企業や一般の顧客との関係があり、「反社会的団体」として社会から孤立してはいない。ハッピーワールド以外の事業体には「セイロジャパン」があり、CAD／CAM／CAEシステムおよび工作機械の販売サポートなどを行っている。

日本における事業体で歴史が古く規模が大きいものでは、「世界日報社」を忘れてはならない。統一運動系の日刊紙として世界で初めて（1975年）創刊されたのが日本の世界日報であり、愛国保守の立場でありながら国際報道に強いクオリティーペーパーとして、日本の知識人や保守層から高い評価と支持を受けるようになった。新聞社を持つことにより、統一運動は日本の言論界や政界とのパイプがあるだけでなく、取引先の企業、執筆者、一般の読者と幅広いつながりをもっている。

東京都豊島区大塚にある総合病院「一心病院」も、1978年に創設された歴史ある事業体で、内科、小児科、消化器科、外科、整形外科、皮膚科、婦人科、泌尿器科、形成外科、リハビリテーション科、眼科などの診療科目を持ち、地域社会の医療拠点として定着している。一心病院の医師や看護師の中には教会員もいれば非教会員もいる。当然のことだが患者の大半は非信者の一般の方々である。

こうした事業体のほかに、政治家、学者、宗教者、青年、学生、女性などを主な対象としたNGO・NPOが日本にも存在するが、中西氏が敢えて韓国の「企業体」に絞って紹介しているので、私も省略する。

こうして日韓の統一運動関連の事業体を比較してみると、中西氏が主張するような、日本では統一教会は「反社会的団体」として社会から孤立しているのに対して、韓国では多くの企業体を通して一般社会とのつながりがある、というシンプルな差別化はできないことが分かる。日韓の事業体を、国内での社会的地位という点から比較した場合に、その規模において差があるとは言えるかもしれないが、統一運動全体が持つ基本的構造は、日本も韓国も同じである。すなわち、一つの宗教的理念を中心として、それを実現するために創設された多種多様な事業体があり、それらは統一教会の信仰を持つ人々が中心となって運営しているが、目的は宗教そのものではなく、一般社会に根を張った活動を展開しているのである。

「4　韓国における反統一教会運動」

中西氏は「4　韓国における反統一教会運動」と題する項目で、日本との比較において韓国の反対運動について説明している。その冒頭部分は、中西氏の思考の枠組みをよく表しているので、少し長くなるが引用することにする。

「反統一教会の活動は日本ほど活発ではない。日本では統一教会の問題性を告発し、被害者救済にあたる団体として全国霊感商法対策弁護士連絡会、全国統一協会被害者家族の会、統一協会問題キリスト教連絡会、日本脱カルト協会などがあり、弁護士、脱会した元信者、現役信者の家族、宗教者、社会学や心理学の研究者などが異なる立場から垣根を越えて統一教会問題に関わっている。それだけ統一教会の問題が広く社会問題として共有されていることの表れであろう。

韓国には反統一教会を掲げる団体として、大韓イエス教長老会などを中心とした韓国キリスト教統一教対策協議会がある。このキリスト教関係者による団体のほかには、統一教会問題に関わる実践的な取り組みをしている団体はあまり見ない。これまで述べてきているように、韓国では霊感商法がなされておらず、宗教団体であることを秘匿しての組織的な布教が行われていないためであろう。統一教会に関わって『被害』を受けたとする人々がいなければ、日本に見られるような弁護士、脱会者、信者の家族、宗教者、研究者などが連携して取り組むという幅広い運動とはなりにくい」(p.417-418)

このような分析の枠組みは、櫻井氏と中西氏に共通するものだ。櫻井氏は統一教会の活動が両国のマスメディアによってどのように報道されてきたかを比較して、「日本の統一教会問題とは社会問題であるのに対して、韓国では宗教問題にとどまる」（p.170）と結論付けた。櫻井氏が注目したのは、日本における統一教会報道が「家庭の破壊」や「洗脳」といった社会問題として扱われているのに対して、韓国における統一教会問題は「異端の教えを信じた」という宗教問題として扱われている点である。

櫻井氏は、こうしたマスコミ報道の違いは、日本と韓国における宣教戦略の違いに起因していると主張したが、私はむしろ、日韓における統一教会の相違というよりは、両国のメディアの宗教に対する態度や考え方に起因するのではないかと批判した。櫻井氏は「日韓の統一教会の違い」を強調するあまり、「統一教会を取り巻く日韓の社会状況の違い」という視点が欠落しているか、敢えて無視しているように思えてならない。

この批判は、中西氏による統一教会に関する統一教会の先行研究の比較にもそっくりそのまま当てはまる。中西氏は本章における「一　問題の所在」の「3　韓国における統一教会研究」において、先行研究について簡単に述べた上で、日韓の統一教会研究の違いとして、「脱会者や現役信者に聞き取り調査をし、多面的に調査研究したものはない。しかし、統一教会を新宗教あるいは異端宗教として実態を捉えた研究は数多く見られる」(p.406-407)、「日本で見られるような反統一教会の立場にある弁護士や元信者などによる批判的な書物や、脱会信者、現役信者に聞き取り調査をし、社会学的視点から分析を試みるような研究は見られない」（p.407）と日韓の違いを分析している。

櫻井氏や中西氏に決定的に欠如している視点とは何だろうか？　それは「統一教会と社会」という対立軸をつくり、日本と韓国における統一教会の性格の違いから、それに対する社会の反応を分析するという単純な枠組み設定をしているため、反対勢力の存在を見落としているか、あるいは意図的に無視している点にある。

それがここにきて、韓国における反統一教会運動を扱うようになったため、日本における反対運動にも触れざるを得なくなり、奇しくもその全体的な構造を明らかにすることになった。中西氏が挙げた反対運動の要素は、日本における統一教会反対運動の構造に当てはめて整理することができる。それは既述したように、①既成キリスト教の牧師、②「反対父母の会」に代表される信者の家族の集まり、③共産党や旧社会党に代表されるような左翼勢力、の三つである。

これら三つの勢力は、もともとお互いに接点はなく、それぞれバラバラに統一教会に反対してきたが、1980年代初頭より「統一教会潰し」という目的のもとに結束し、いまやスクラムを組んで反対運動を展開する状態になっている。中西氏が指摘するように、「垣根を越えて統一教会問題に関わっている」状態なのである。脱会した元信者、社会学や心理学の研究者などは、これら三つの勢力の目的に協力している立場であり、「日本脱カルト協会」はこれらの勢力に属する個人とその協力者たちが集まった組織だと考えればよいであろう。

韓国にも脱会者がいるにもかかわらず、それが統一教会を相手取った訴訟にまで発展しないのは、韓国の主要な反対勢力が宗教者たちであり、第二の要素である弁護士がいないことが大きな要因であろう。その弁護士たちが統一教会に反対した理由は、左翼思想が背景にあるイデオロギー的なものだった。したがって、日本における反対運動が韓国よりも活発な主な理由は、左翼勢力による反対が激しいからという結論になる。実際、キリスト教の牧師と信者の家族だけでは、強力な反対勢力はつくれなかっただろう。彼らを取り込んで統一教会撲滅プロジェクトを立ち上げたのは、実質的には左翼思想を持つ弁護士たちだった。これこそが韓国の反統一教会運動にないものである。

伝統的に韓国は北朝鮮と対峙している関係で、「反共」を国是とする国だった。韓国でも日本と同様に国際勝共連合が設立され、勝共運動が行われたが、そのような国柄であったために、統一運動が共産主義者から攻撃されることはなかった。実はここに、日本と韓国の反統一教会運動の最も本質的な差がある。こうした日韓の思想的・社会的状況を全く考慮に入れていないことが、中西氏の分析の致命的な欠陥であると言える。

「5　教勢」

中西氏は「5　教勢」と題する項目で、韓国統一教会の信者数を紹介して以下のように書いている。

「一九五四年に設立された統一教会は一九六三年に韓国政府から財団法人の認可を受けた（韓国には日本のような宗教法人制度はない）。教勢は『韓国宗教年鑑』（一九九五年）によると、牧師一二一六人、長老二七一〇人、伝道師四四〇〇人、信者五五万人（男性二五万、女性三〇万）となっている。公称信者数は必ずしも正確な数を表しているとはいえないが、日本の四七万人（『宗教年鑑』平成六年版）と比べると多い。しかし、韓国には結婚目的で『にわか信者』になったものもいるので、信者が日本より多いかどうかは不明である」（p.424）

公称信者数が必ずしも正確な数を表していないというのは、統一教会に限らず、伝統宗教でも新宗教でも似たような状況と考えられる。そもそも何をもって「信者」と認定するかは宗教ごとに異なっており、数え方の精度もまちまちなので、比較しようがない。日本の文化庁が発行している『宗教年鑑』（令和5年度版）には仏教の信徒数が掲載されており、日本には仏教の信者が合計で7076万人いることになっている。これは日本の総人口の約6割が仏教徒であることを意味するが、これらすべてが熱心な仏教徒であると信じる人はいないだろう。さらに神道系の信者が8396万人、キリスト教系が126万人、諸教を合わせて700万人で、これらをすべて合わせると1億6299万人になる。これは日本の人口をはるかに超える数字である。こうしたことが起こるのは、仏教や神道が個人の内面の信仰にかかわりなく、檀家や氏子に属する人を全員信者としてカウントしているからだ。

一方で信仰について個人にアンケートをすると全く異なる数字になる。統計数理研究所（https://www.ism.ac.jp/）が「あなたは何か信仰や信心を持っていますか?·」という調査を個人に対して行ったところ、72%の日本人が「持っていません」と答え、「持っている」と答えたのは28%だった（2013年のデータ）。『宗教年鑑』のデータでは、日本人の約6割が仏教徒であり、約7割が神道の信者であるはずなのに、日本人で信仰そのものを持っている人は28％しかいないことになる。このように日本の伝統宗教においては、宗教法人側では信者だと思っているのに、本人には信者の自覚がない者が非常に多いという事実がある。新宗教の信仰はむしろ自覚的で、伝統宗教に比べればこうした差は小さいのかもしれないが、それでも「名ばかりの信者」と言える人が公称信者数に入っていることは十分に考えられる。しかし、伝統宗教の信者数にもそうした人々が含まれていることを前提とすれば、韓国の統一教会信者が55万人、日本の統一教会信者が47万人（『宗教年鑑』平成6年版のデータとされる）という数字はそれほど不正確な数字であるとは思えない。

こうした数字の性格からすれば、韓国で結婚目的から「にわか信者」になった者を含めてはいけないことにはならないであろう。にわかでも、信じているのであれば「信者」と呼べ、少なくとも「名ばかりの信者」よりは自覚的な信者と言えるのではないだろうか。

日本における統一教会の教勢に関しては、櫻井氏が以下のような分析を行っている。

「日本における統一教会の信者数は、四七万七〇〇〇人（平成七年文化庁宗教統計）とされるが、献身した本部教会員の実数は数万人の規模と思われる。統一教会問題を手がけてきた日本基督教団の牧師や全国霊感商法対策弁護士連絡会、及び脱会した元信者の証言によれば、統一教会の修練会に多数の若者が参加していたのは、一九八〇年代末までである」（p.96）

この47万7000人という数字は、活動しているかどうかは別として、本部教会に登録した教会員の名簿上の数として文化庁に報告したものと思われる。ただし、統一教会の信仰を持っている人には、社会で働きながら信仰を持つ「勤労青年」や、家庭の主婦が信仰を持つ「壮婦」、その夫に当たる「壮年」、さらには幼児、小学生、中学生、高校生などの「二世」も含まれるので、どこまでを「信者」として数えるかによって、その数は大きく変わる。

ちなみに、1999年に発行された拙著『統一教会の検証』の「資料編」には統一教会本部広報部からもらった教団の教勢に関するデータが掲載されている。それによれば、信者数は約60万人、講師が約8000人、教師が約4000人となっている。公益財団法人・国際宗教研究所の「宗教情報リサーチセンター」のウェブサイト（https://rirc.or.jp/database/）によると、国内信者数は「公称60万人」となっている。このように多少のばらつきはあるものの、日本国内の信者数はかなり一貫性のある数字となっている。

「6　東南アジア出身の女性信者」

続いて中西氏は、韓国に在住する外国人信者の数を『本郷人』に記載された数字からまとめている。それによると、「日韓家庭」（日本人の夫と韓国人の妻のカップル）が約6500家庭、「韓日家庭」（韓国人の夫と日本人の妻のカップル）が約300家庭、それに若干の韓比家庭、韓泰家庭、韓蒙家庭などが加わるという。『本郷人』は韓国統一教会が在韓日本人信者を対象に発行している新聞なので、この数字は信憑性があると思われる。

「6　東南アジア出身の女性信者」という項目の中で、中西氏はフィリピンやタイ出身の女性信者について述べているが、その描写はいささか差別的で、フィリピンやタイの女性に対する日本人女性としての「上から目線」を感じさせる。

「フィリピン人やタイ人女性の場合、日本人女性のような信仰ゆえの結婚ではない。自国よりも経済的に豊かな韓国の男性と結婚することで故郷の親に仕送りができることを期待して結婚する」（p.425）

「彼女達にとっての祝福は日本人女性のような信仰あっての結婚ではなく、階層上昇を願っての結婚だったのではないだろうか」（p.427）

国の経済的な豊かさの比較により、日本から韓国へ嫁ぐことが「下降婚」であり、フィリピンやタイから韓国へ嫁ぐことが「上昇婚」であるとはいえるかもしれないが、だからといってフィリピンやタイから韓国へ嫁ぐ統一教会信者の内面の動機や信仰について調査もせずに断言するのは、社会学者としてはあるまじき独断と偏見である。

フィリピンから韓国に嫁いだ統一教会の女性が韓国での結婚生活に適応できず、「フィリピーノ・カトリック・センター」に駆け込むという話は、私も聞いたことがある。しかし、そこで彼女たちが「韓国へ行って豊かな生活をしたくないか」「毎月小遣いがもらえてフィリピンに送金できる」などと言われて韓国に行くのを誘われたという話を真に受けて一般化するのは、統一教会脱会者の話を聞いて統一教会の信仰生活一般を論じるのと同じことだ。脱会者の証言にはネガティブ・バイアスがかかっており、自分を正当化して同情を買うために虚偽の証言をする可能性もある。

中西氏がまだ良心的なのは、自らが直接出会ったフィリピンやタイの女性のインタビューに基づき、信仰を保って平穏に暮らしている者もいることを明らかにしている点である。中西氏が紹介しているフィリピン人の女性信者は、真の父母様が夢に現れるなどの宗教的体験をしている。彼女はちゃんと統一教会に通って原理の教育を受けており、祝福の意義と価値をきちんと理解して結婚したと考えられる。彼女の結婚が信仰の故でなく、自国よりも経済的に豊かな韓国の男性と結婚することで故郷の親に仕送りができることを期待していたと断定できる証拠はどこにもない。

タイ人の女性も、「タイ語の『原理講論』とマルスム（文鮮明の御言集）で原理の勉強をした。いい子が生まれ、いい家庭が作れると思った」（p.426）と語っており、表現はシンプルであるが、原理を正しく理解して信仰に基づいて祝福を受けたと考えられる。この二人に信仰がないとすれば、いったい信仰のある人とはどのような人を指すのだろうか？

中西氏は下降婚と上昇婚の問題と、信仰のあるなしをごっちゃにしているとしか考えられない。そこには、信仰がなければ下降婚を敢えてするはずがなく、上昇婚をした人は信仰が動機であるはずがないという思い込みがある。そこには、日本から韓国へと下降婚をする日本人女性は、なにか「マインド・コントロール」に近いような特殊な精神状態に追い込まれない限り、そのような選択をするはずがないという前提があり、一方で上昇婚をするフィリピンやタイの女性にはそのような信仰は必要なく、経済的理由で結婚したに違いないという偏見が重なっている。中西氏の論法は、自身の世俗的な価値観をフィリピンやタイの統一教会信者に投影したにすぎず、彼女たちの内面の信仰を素直に見つめようとしない点で、失礼極まりないものである。

「三　韓国農村の結婚難と統一教会」への反証

「1　韓国における男性の結婚難」

中西氏は「三　韓国農村の結婚難と統一教会」と題する節をもうけ、その中の「1　韓国における男性の結婚難」の項目で、統一教会の数多くの日本人女性が韓国人と結婚するようになった背景を以下のように説明している。

「統一教会が目指す理想世界『地上天国』は国家・民族・宗教が垣根を越えて一つになった世界とされるために国際結婚が奨励されるのだが、理由はそれだけではなく、もっと現実的な理由がある。これまで述べてきているように、韓国農村部における男性の結婚難である。統一教会は配偶者になかなか恵まれない農村の男性達に『理想の結婚、純潔な結婚』をしませんかと結婚相手の紹介を持ちかけ、日本の女性信者を世話しているのである。仮定の話になるが、韓国の農村に男性の結婚難がなかったとしたら、七〇〇〇人もの日本の女性信者が合同結婚式で韓国人男性の妻となって渡韓することはなかったはずである」(p.427)

中西氏の述べている統一教会の理想と国際結婚の奨励に関する解説は、基本的に正しい。文鮮明師はこれを単なる「国際結婚」と呼ばずに、「交叉結婚」と呼ぶ。それは越えるべきなのは国家の壁だけでなく、人種、宗教、文化の壁も含まれるからである。文師は以下のように語っている。

「神様の目には、皮膚の色の違いはありません。神様の目には、国境も存在しません。神様の目には、宗教と文化の壁が見えません。このすべては、数万年間人類の偽りの父母として君臨してきた悪魔サタンの術策にすぎません」

「白人と黒人が、東洋と西洋が、ユダヤ教とイスラーム（イスラム教）が、さらには五色人種が一つの家族になって生きることができる道は、交叉結婚の道以外にほかの方法があるでしょうか?・」（2005年9月12日「神様の理想家庭と平和世界のモデル」より）

統一教会の信徒たちが国際結婚を選ぶ理由が、こうした文師の教えにあることは明らかである。文師は特に、怨讐関係にある人種や民族が神を中心とする真の愛によって結ばれれば、それが歴史を清算して世界平和を築く土台になると教えている。そのために敢えて黒人と白人のカップル、過去に戦争をした国同士のカップル（例えば日本人とアメリカ人）、怨讐関係にある民族同士のカップル（例えば日本人と韓国人）のマッチングを積極的に行ってきた。

米国の宗教社会学者ジェームズ・グレイス博士が1985年に出した著作 Sex and marriage in the Unification Movement（統一運動における性と結婚）は、統一教会における結婚の実像を公平で客観的な立場で描き出している貴重な学問的研究成果であるが、この本の中でも異人種間の結婚を文師が奨励していることを紹介している。

「ストーナーとパーカーは1977年に『統一教会が発行した結婚相手の長いリストから、偶然にせよ意図的にせよ、これらの結婚の半分以上がアメリカ人と外国人との間でなされたことは明らかである』と報告している。現在の筆者の調査は、これらのマッチングがまったく偶然ではなく、少なくともあるレベルにおいて、人種と文化が全く異なる人々を結婚で一つにすることにより世界の統一をもたらそうという文師の努力の直接的な結果であると見られるべきであることを示している」（ジェームズ・グレイス『統一運動における性と結婚』第5章「祝福：準備とマッチング」より）

ここでグレイス博士が、異人種間の結婚を単に教会の教えや理想という側面からだけでなく、より現実的な視点からも分析していることは特筆に値する。すなわち、米国の統一運動では男女比が2対1であり、男性の方が多い。アメリカ人同士をマッチングしようとすれば、どうしても女性の数が足りなくなってしまうので、アメリカ人の男性と東洋人の女性をマッチングすることによって、組織の具体的なニーズに合わせているという点である。さらにアメリカ人の男性と結婚した外国人の妻は永住ビザを取得できるので、米国で自由に活動できるようになるという利点も上げている。

ここで留意すべきなのは、特定の国における教会員の男女比は文師がコントロールできる事柄ではないので、「国際結婚の奨励」という理想と、「国ごとの男女比の違いを国際結婚によって調整する」という現実的な対応が両立していることである。日本人と韓国人の国際結婚も、こうした両側面から理解しないと本質は見えてこない。日本の統一教会の信者は、数として女性の方が多い。したがって、日本人同士をマッチングしようとすれば、どうしても男性の数が足りなくなるので、韓国人、アメリカ人、ヨーロッパ人、その他のアジア人、アフリカ人の男性と日本人の女性をマッチングしてきた。もちろん、日本人同士を希望する場合にはその意思が尊重されるが、国際結婚によって世界に出ていくことが日本人女性には奨励されてきた。その中でも韓国の男性と祝福を受けることは、信仰の祖国であるという認識から、統一教会の日本人女性の憧れともなってきたのである。

中西氏は「統一教会の韓日祝福がある程度まとまった数で出始めたのは一九八八年の六五〇〇双から」(p.431)と書いているが、これは「数が増えた」時期を示しているにすぎず、それ以前の祝福にも韓国人と日本人のカップルは存在した。すなわち「交叉祝福」の理想は初めからあり、6500双(1988年)はその数が飛躍的に伸びた祝福であった。

実際には中西氏の指摘する「韓国における男性の結婚難」と韓日祝福の間には、6500双以前の時代には何の関係もなかった。なぜなら、この頃に祝福式に参加したのは信仰を持つ教会員だけであり、花嫁を紹介するという形で韓国農村部の非信者の男性に祝福結婚を呼びかけることはなかったからである。それが行われるようになったのは3万双（1992年）以降で、特に36万双（1995年）のときにそうした傾向が強くなったと思われる。

それ以前は、祝福を受けるためには非常に高い信仰の基準が要求されていた。基本的に原理の修練会を受けて真の父母を受け入れていなければならなかったし、信仰生活を始めてからは恋愛や性交渉は一切禁止されていた。「成約断食」と呼ばれる7日間の断食を終了し、本部教会に会員登録して、責任者が祝福候補者として推薦できるような模範的な信仰生活をしていなければならなかった。伝道活動を熱心に行い、霊の子を3人立てることが祝福を受ける条件とされていたが、これは努力目標のようなもので、実際にはそれほど厳格な条件ではなかった。とはいえ、多くの教会員は祝福を受けるために熱心に伝道したのである。6500双までの祝福は、こうした献身的な信者同士の祝福であったと言える。したがって、韓国人の側にも信仰の基準が要求されたため、そもそも非信者の一般男性に祝福を勧めるという発想自体がなかったのである。

中西氏は、「仮定の話になるが、韓国の農村に男性の結婚難がなかったとしたら、七〇〇〇人もの日本の女性信者が合同結婚式で韓国人男性の妻となって渡韓することはなかったはずである」（p.427）と述べているが、私はここで敢えて別の仮定を立てて彼女の主張に反論したい。すなわち、「仮定の話になるが、もし韓国統一教会に7000人の日本の女性信者とマッチングすることが可能なくらいに十分な数の男性信者がいたならば、これらの女性信者は配偶者に恵まれない韓国の農村の男性に嫁いだのではなく、信仰を動機として結婚する韓国の男性信者のところに嫁いでいたであろう」ということだ。

祝福は、本来は男女とも信仰を動機としてなす結婚であるべきである。しかし、韓国統一教会には日本人女性の相手となる十分な数の男性信者がいなかった。そこで日本人の女性信者の相手を探すために、結婚難に苦しむ田舎の男性に声をかけ始めた。信仰のない男性に嫁がせることに対する不安や批判は当然あったと思われる。しかし日本の女性信者は優秀で信仰が篤いので、そうした男性をも教育して最終的には教会員にすることを期待して、これらのマッチングが行われたのであろう。

ただ、それにも限度があり、個人としては負い切れないような十字架を背負った女性たちを生んでしまったこともまた事実である。それは特に36万双（1995年）において顕著で、単に信仰がないだけでなく、酒やタバコの問題、定職がなく経済的に困窮している、夫から暴力を受けるなどの様々な困難に直面した女性がいたことも聞いている。

ただし、結婚難に苦しむ韓国の農村の男性に祝福を紹介すること自体が悪だと言っているのではない。こうした男性に祝福を受けさせる場合には、まず結婚不適合者でないかどうかをきちんと調査し、最低限の原理教育を行ってから祝福を受けさせるべきであったにもかかわらず、それをきちんとしなかったことが問題だと言える。

韓国の農村男性の結婚難について中西氏が解説している部分は統一教会に対する直接的な分析ではなく、彼女の専門領域でもあるため、適切な記述であると評価することができる。重要な部分をピックアップしてみよう。

「韓国は朴正熙政権下（一九六三―七九年）において『漢江の奇跡』といわれるほどの急速な経済成長を遂げ、都市部では所得が増加し、生活水準の向上が見られた。その一方で地方は経済発展から取り残され、都市と地方で経済格差が生まれ、生活水準にも大きな開きが出る結果になった」（p.427）

「特に一九七五年以後、農村部から都市部への人口流出が進んだ。なかでも若い女性の流出が著しく、『結婚適齢期男性』の数に対して『結婚適齢期女性』が少なくなって、農村男性の結婚難の第一の要因になった。第二の要因は都市と農村の生活水準の格差である。一世帯あたりの所得は農村が都市よりも低く、経済面、文化面での格差を生み出し、これが農村の女性に『農漁村定着忌避』の傾向を生んだとされる」（p.427-428）

「筆者の調査地であるA郡でも未婚男性に対して未婚女性の数が少ない。A郡の二五―二九歳の未婚率（二〇〇〇年統計）は、男性七一パーセント、女性二八パーセントである。韓国全体では男性七一パーセント、女性四〇パーセントである。日本の場合、二〇〇〇年の統計では二五—二九歳の男性の未婚率は六九・五パーセント、女性は五四パーセントであった（総務省統計局、平成一二年国勢調査）。韓国は日本以上に未婚の男女比に開きがあり、A郡ではさらにその傾向が著しい」（p.428）

これは韓国の地方における問題だが、読んでいて他人事とは思えない。日本においても農村男性の結婚難は昔から語られていることであり、地方から大都市圏への女性の流出も同じような形で続いている。韓国においては「農村男性の結婚難」という切り口で語られているが、日本においてこれらは少子化と人口減少の問題として語られた。地方に女性がいなくなり、男性が結婚できなければ当然子供も生まれないので人口減少につながる。地方における男性の結婚難と人口減少は、切り口の違いだけで本質的には同じ問題だと言える。

日本においては、民間の有識者による「日本創成会議」（座長：増田寛也東京大学大学院客員教授、元総務相）の人口減少問題検討分科会が2014年5月に「全国1800市区町村別・2040年人口推計結果」を公表した。それによると、地方からの人口流出が続く前提で、2040年までに若年女性（20～39歳）の人口が50％以上減少し、消滅する可能性がある市区町村は全国に896あり、中でも人口が1万人未満で消滅の可能性が高い市町村は532にのぼるという結果となった。子供を産む年齢層の女性の数が半数以下に減れば、たとえ現在より出生率が上がっても追いつかず、急激な人口の減少が起きて、こうした地方自治体は存続できなくなる。日本全体のほぼ半数の市町村がこうした消滅の危機に瀕しているという驚くべき推計は多くの波紋を呼び、これらの市町村は「消滅可能性自治体」などと表現された。要するに日本も韓国も同じ問題を抱えているのだ。

中西氏によれば、韓国の農村男性の結婚難を解決するために民間団体と行政が協力して様々な取り組みが行われたが（その中には統一教会と関係のない「合同結婚式」も含まれていたという）、それでも解決に至らなかったので、2000年代に入って韓国では国際結婚が増加したという。特に農山漁村部の男性と外国人女性の国際結婚の増加が著しく、2001年から2006年の間に3倍に増加している。韓国の男性と結婚した外国人女性の主な国籍は、中国、ベトナム、フィリピン、モンゴル、カンボジアなどである。

しかし、こうした国際結婚の急増に伴って様々な問題も浮上しており、「2　急増する国際結婚と発生する諸問題」という項目で中西氏は『朝鮮日報』日本語サイトを引用する形でその問題を扱っている。

「急増する国際結婚の中には、『結婚相手を探し夫婦関係を結ぶ過程から「売買婚」方式がまん延し、結婚後にも人種差別と人格べっ視・虐待により破綻に至るケースが少なくない』ものもある（二〇〇五年三月二二日）。電話相談機関が『韓国人男性と結婚した外国人女性を対象にアンケート調査を実施した結果では、三二％が夫から暴力を受けた経験がある』と答え、別の機関が外国人妻一〇〇人にアンケート調査を行った結果では、一〇人中八人が『二度と韓国人男性と結婚したくない』と答えているという（二〇〇五年一一月二三日）」（p.429-430）

中西氏は、２０００年以降になって急増した韓国の国際結婚は統一教会とは無関係の国際結婚であり、引用した『朝鮮日報』の記事のようなことが韓日祝福家庭に起こっているわけではないとしつつも、統一教会の日本人妻であれ、中国、ベトナム、フィリピンなどの女性であれ、韓国の農村男性の結婚難を解決するための国際結婚であった点については同じであり、そこに嫁いだ女性たちの苦労には共通点があると指摘する。

しかし、国際結婚をした女性たちの悲惨な体験だけを強調するのはフェアでないと私は考える。外国に嫁げば言葉や文化などの問題で苦労することはある程度予想できたはずであり、「二度と韓国人男性と結婚したくない」と思う外国人女性がいたとしても、それは一方当事者の言い分にすぎず、韓国の農村男性の人格がとりわけ酷いという証拠にはならないだろう。たとえそういう事例があったとしても、こうした国際結婚は韓国の農村における嫁不足に対する一定の解決策になっているのである。

地方で農業を営む男性が配偶者に恵まれないという事情は日本でも同じで、外国人の女性を嫁に迎えるという問題解決の仕方も、同じように日本に存在する。嫁不足が深刻な農村では、かなり以前から農家の跡取り息子をターゲットにした「外国人花嫁ビジネス」があった。日本で外国人花嫁ビジネスが盛んになったのは、１９８５年に山形県で行政が主導する形でフィリピン人女性を迎え入れたのがきっかけと言われており、民間業者による紹介サービスがそれに続いて広がっていった。民間の業者の中には営利目的に走ったり、詐欺まがいのものも含まれていたりしたこともあり、こうした結婚ビジネスのあり方は「メールオーダーブライド」と呼ばれ、フィリピン当局から批判されることもあった。

このように日韓の地方が同じ課題に直面していることを背景として考えると、多くの日本人女性が統一教会の祝福によって韓国の農村に嫁いだことに対して日本社会が批判的な理由が透けて見えてくる。２０１０年の『週刊ポスト』（6月4日号）に掲載された記事の見出しが「韓国農民にあてがわれた統一教会・合同結婚式日本人妻」と表現されていたのは、この問題に対する日本人の感情を象徴的に表している。

もし統一教会の合同結婚式で、配偶者に恵まれない日本の農村男性に花嫁が紹介され、農家に後継ぎが生まれたというストーリーであれば、それは日本社会に貢献していることなので、批判的に捉える人は少ないだろう。たとえ花嫁がフィリピンやタイなどの開発途上国の女性であったとしても、農村の窮状を救う方法として理解されよう。しかし、韓国の農村の花嫁不足を解決するために、日本の女性が紹介されたという話だから受け入れられないのである。要するに、「日本の農村でも花嫁が不足しているのに、貴重な日本の女性をどうして韓国の農村の花嫁不足を解決するために差し出すのか？」と感じてしまうのだ。

中西氏が指摘するように、日本人の女性が韓国の農村に嫁ぐことは「上昇婚」ではなく「下降婚」である。フィリピンやタイなどの開発途上国の女性が韓国に嫁ぐことは上昇婚なのであり得るが、先進国である日本の女性がわざわざ韓国の田舎に嫁ぐことはないだろうと考えるのが一般的な日本人の感覚だろう。そこには、日本民族をアジアの他の民族よりも上位に置く一種の「エスノセントリズム」が潜んでいるのだが、そのことを自覚できる日本人は少ないだろう。韓国の田舎に嫁いだ統一教会の日本人女性たちは、こうしたエスノセントリズムを超越した宗教的信念を持っていたのだが、日本の一般社会はそれを肯定的に受け入れられなかったのだ。

「3　韓国人の結婚観と統一教会」

中西氏は「三　韓国農村の結婚難と統一教会」と題する節の中に「3　韓国人の結婚観と統一教会」という項目をもうけ、なぜ統一教会の推進する国際結婚が韓国内で受け入れられるのかを説明しようと試みている。初めに彼女は新聞に掲載される国際結婚関連の記事には統一教会が散見されることを取り上げ、韓国では国際結婚と統一教会が離れ難く結び付いていることを指摘している。統一教会が国際結婚を推進していることは事実であり、それがマスコミに取り上げられることも事実なので、ここまでは何の問題もない。続いて中西氏は、「統一教会で相手を紹介してもらい、国際結婚になってでも結婚をする。日本ではまず考えられないことが韓国では成り立っている」(p.432) ことの理由を探ろうとする。「日本ではまず考えられないこと」という表現には、彼女の偏見を感じざるを得ない。

この問いかけに対する彼女の答えは、①韓国では統一教会が反社会的宗教団体とまでは認識されておらず、ある程度受け入れられていること、②韓国では儒教倫理が家族規範としてあり、日本以上に「結婚はしなければならないもの」であるという文化的要因があること、の二つだ。韓国ではいまでも先祖祭祀が重要な儀礼として継続されており、長男にはそれを行う責任がある。祭祀の継承者である男子を絶やすことは「不孝中の不孝」とされ、家督を相続する男子を産むことが結婚の主たる目的であるとされる。日本では子供がいなければ養子を取って家を継がせるが、父系血統の存続が重要視される韓国では婿養子を取ったり、非血縁者を養子として迎えたりすることはない。

さらに、結婚は韓国人の来世観から見ても「しなければならないもの」となっている。人は死んだ後に子孫に祀られることによって祖先になるのであり、未婚で死んだ男の霊は「モンダル鬼神」になると信じられている。モンダル鬼神とは独身男性の幽霊のことで、結婚して子供を残さない状態で死んだために、祭祀をしてもらえないことを恨み、生きている人に害を及ぼすとされる。中西氏は触れていないが、モンダル鬼神の女性版が「処女鬼神」である。昔は、嫁に行けない女は男よりも恨みが強かったので、鬼神の中で一番邪悪でタチの悪いのが、処女鬼神だと言われている。処女鬼神が一番嫌うのが婚礼なので、婚礼を行う前は、処女鬼神の祭祀を行わなければならず、それを怠ると結婚式の直前に死ぬこともあるという信仰がある。韓国のシャーマニズムではこうした未婚の霊を慰めるため、未婚で死んだ者同士の霊魂結婚が行われ、それは現在まで残っているという。

このように、結婚を何よりも重要視する韓国社会であればこそ、統一教会に紹介してもらってでも結婚相手を見つけてもらおうとするのが、中西氏の指摘する文化的要因である。こうした中西氏の指摘は、統一教会の信仰を持っているわけではない韓国の農村男性が統一教会を通して配偶者を見つけようとする動機の一端を捉えている。問題は、その韓国の文化をどう評価するかだ。来世観の問題はさておき、「結婚はなんとしてでもしなければならないもの」と考える韓国の文化は、日本における結婚の現状と比較すると、私には非常にすばらしいものに思える。親や親戚が、配偶者に恵まれない男性のためになんとかお嫁さんを見つけようと必死になる姿から、日本社会は何か大切なことを学ばなければならないのではないだろうか。

周知の通り、現在日本が直面している「国難」の一つが急激に進む少子高齢化と人口減少である。そしてこの少子高齢化の主たる原因は若者の未婚化・晩婚化にある。少子化というと、昔は子だくさんだった日本の家庭が少ししか子供を産まなくなったというイメージがあるが、実際には既婚夫婦が産む最終的な子供の平均数は１９７２年の２・20から２０２１年の１・90とさほど大きく変わらず、日本の夫婦はいまでも平均して約２人の子供を産んでいる。少子化が急激に進んでいるのは「若者の結婚離れ」が主な原因である。

２０２０年に行われた国勢調査のデータによれば、30～34歳の未婚率は男性で51・８％、女性で38・５％となっている。１９６０年にはこの数字が男女ともに10％以下だったことを思えば、現在の30代前半の若者がいかに結婚していないかが分かるだろう。50歳まで一度も結婚をしたことがない人の割合を示す「生涯未婚率」は男性で28・25％、女性で17・81％にのぼり、２０１０年の結果と比べて急上昇し、過去最高を更新している。最近は生涯結婚しない人も増えていることから、「非婚化」という言葉も使われている。

若者たちが結婚しない理由については、内閣府が発表した『平成26年度「結婚・家族形成に関する意識調査」報告書』で実施した20～30代の未婚者に対するアンケートが参考になる。選択肢を複数回答できる調査で若者たちが多く選んだ理由は、①適当な相手にめぐり会わない（54・３％）、②自由や気楽さを失いたくない（27・２％）、③結婚後の生活資金が足りない（26・９％）、④趣味や娯楽を楽しみたい（23・７％）、などだった。一番大きな理由は出会いに関するものだが、②と④は価値観やライフ・スタイルに関する問題で合計すれば事実上の二番となり、経済的な問題が三番目にくることが分かる。

若者たちが結婚について不安に感じることとしては、「生活スタイルが保てるか？」「余暇や自由時間があるか？」「お金を自由に使えるか？」などが上位にくるが、これは若者たちの間に個人主義的な価値観が蔓延していることを物語っている。結婚すれば多少はこうしたことを犠牲にしなければならないわけだが、それ以上に結婚で得られる「一緒にいる幸せ」や「分かち合う喜び」に対する魅力を強く感じれば結婚するはずだ。しかし、今の若者はそこまでの強い動機を持てないでいる。

それでは「出会い」の問題はどうだろうか？　国立社会保障・人口問題研究所の主任研究官らの調査によると、１９７０年代以降底なしに進む未婚化の原因を夫婦の出会い方の側面から分析すれば、初婚率低下の最大の原因は見合い結婚の減少にあるという結果が出ている。ここでの「初婚率」は１０００人の未婚女性に対して年間何件の結婚があるかを計算した数値だが、１９６０年代前半には恋愛結婚が35件、見合い結婚が29件という数字だった。これが２０００年以降には恋愛結婚が38件、見合い結婚が３件となっている。つまり、恋愛結婚の数は微増であるのに対して、見合い結婚が激減したために、全体としての初婚率を大きく押し下げている。

実は、恋愛結婚の件数は1970年代前半に一度56件まで上昇しているが、その後、徐々に下降している。この間に恋愛結婚が減った主な要因は、職場で出会って結婚する「職縁結婚」の減少にあると分析されている（岩澤美帆・三田房美「職縁結婚の盛衰と未婚化の進展」、https://www.jil.go.jp/institute/zassi/backnumber/2005/01/pdf/016-028.pdf）。

高度成長期の企業は社員を家族のように扱う「日本的経営」が特徴だったが、その頃の女性従業員は労働力というよりは男性従業員の配偶者候補として雇用されていた側面があった。つまり、当時の職縁結婚は当事者の意識においては恋愛結婚なのだが、企業が事実上のマッチ・メイカーとして機能していたのだ。しかし、女性の雇用形態と企業文化の変化により、いまでは企業がこうした役割を果たすことはなくなった。

こうした事実から分かることは、若者たちの未婚率がここまで上昇したのは若者たちだけの責任ではなく、彼らを取り巻く大人社会にも原因がある。伝統的な日本の社会には、若者たちの結婚をサポートする共同体意識が存在していた。例えば「結婚してこそ一人前だ」「早く身を固めたらどうだ」と語る説教おじさんや、出会った若者にどんどん縁談を勧めるマッチングおばさんのような人がいて、若者たちの結婚を後押ししてきた。しかし、現代日本においてはこうした文化が失われてしまい、そのようなことをすれば、かえって「セクハラ」「パワハラ」「プライバシーの侵害」などと言われそうである。その結果、若者たちは結婚に対して誰にも背中を押してもらえず、助けてもらえない状況に陥っている。

統一教会のマッチングと祝福は言ってみれば「神を中心とするお見合い」のようなものである。そして信仰共同体としての統一教会は若者たちに結婚と家庭の意義を教育するだけでなく、具体的に相手を探して結婚まで導いていくマッチ・メイカーとしての役割を果たしている。もし日本社会が受け入れるならば、統一教会こそは若者たちの結婚を強力に推進する貴重な存在と言える。それは、いま日本が直面している「国難」を解決する処方箋になる可能性がある。

結婚を重要視する韓国社会は、統一教会の祝福を農村青年の結婚難を解決する手段として受け入れた。日本社会はそれを「日本ではまず考えられないこと」というような偏見を持って非難するのではなく、自分たちの抱える深刻な課題を解決する方法として受け入れていくことを考えるべきではないだろうか。

「4　祝福に対する意味づけ」

中西氏は「三　韓国農村の結婚難と統一教会」と題する節の中に「4　祝福に対する意味づけ」という項目をもうけ、統一教会の教義からみた韓日祝福の意味を解説している。しばらく彼女の解説をそのまま引用するが、この部分は基本的に大きな間違いはない。
「祝福では同じ国や民族同士の結婚よりも国際結婚に価値が置かれる。その理由は統一教会の目指す理想世界『地上天国』が、国家・民族・宗教が垣根を超えて一つになった世界とされるからである」(p.433)
「国家・民族・宗教が一つになることは不可能だろうが、国際結婚をすれば、家庭の中で国家・民族・宗教の垣根を超えることは不可能ではないし、子供は生まれながらに垣根を越えている。地上天国実現の第一歩はまず家庭からということで国際結婚が奨励されるのである。さらに国際結婚の中でも不幸な関係にあった国や民族同士の結婚が最も理想的とされる」(p.435)
「日本人と韓国人がカップリングされる理由はここにある。日本は朝鮮半島を三六年間にわたって植民地支配したという歴史的関係ゆえに、韓日・日韓カップルは最も理想的なカップルとされる」(p.435)
「また、これがアダム―エバ関係にもなぞらえて捉えられる。統一教会では韓国をアダム国家、日本をエバ国家と考える。エバは蛇(サタンの隠喩)と不義の関係を持った上にアダムを誘惑し、人類を堕落させた悪女である。植民地支配し民族の尊厳を踏みにじった日本はエバと同じであり、韓国に贖罪しなければならないとされ、日本人女性が韓国に嫁ぎ、夫や夫の家族に尽くしなさいという理屈になる。韓日祝福は韓国社会の構造的な歪みに起因する農村男性の結婚難という現実的な問題と、日韓の不幸な歴史という歴史的事実を結びつけたところに成り立ち、韓日カップルが生み出される。国家・民族・宗教を超えるという理念だけによるのではなく、農村男性の結婚難という現実の社会問題に対処するものとなるだけに、韓国社会で祝福は受け入れられるものになっている」(p.435)

彼女の解説は、祝福において国際結婚が価値視され、とりわけ韓日カップルが推奨される理由についてはほぼ正確に表現している。統一教会の文献を引用しながらそれを根拠づけている点も評価できる。しかし、韓国の農村男性の結婚難と日韓の不幸な歴史が結び付けられたのは1992年の3万双以降のことであり、それ以前は両者の間には何の関係もなかった。このことについては繰り返しになるが、6500双までは韓日祝福を受けた韓国人男性は統一教会の信者だったのであり、日韓の不幸な歴史的関係の改善という意味はそこに込められていたかもしれないが、農村男性の結婚難という現実の社会問題に対処するために韓日のマッチングがなされることはなかった。1992年、1995年の祝福でこうしたことが行われるようになったのは、日本人の女性信者の数に比して韓国人の男性信者の数が少なかったために、結婚目的の非信者の男性にまでその範囲が広げられたからである。

「5　韓日祝福・日韓祝福の始まり」

こうした時系列による違いについては、中西氏も一応説明している。「5　韓日祝福・日韓祝福の始まり」という項目で、以下のように説明している。

「祝福に日本人の参加が見られるようになるのは四三〇組(一九六八年)からであり、このとき日本統一教会の初代会長である久保木修己が参加した。韓日や日韓のカップリングは六〇〇〇組（一九八二年）から出始め、六五〇〇組（一九八八年）で本格化した。『祝福の歴史』（http://www.wcsf-j.org/blesshis.htm）によれば、このときの参加者実数は六五一六組であり、韓日カップルが一五二六組、日韓カップルが一〇六〇組生まれた。統一教会では特に六五〇〇組の祝福を『交叉祝福』と呼び、『韓日一体化のための重要な祝福であった』としている（歴史編纂委員会二〇〇〇：四二八）。その後、桜田淳子や山崎浩子が参加した三万組（一九九二年）で韓日・日韓カップルが多数出ており、続く三六万組（一九九五年）でこれまで以上に多くの韓日・日韓カップルが生まれた。祝福対象者を信者でないものにまで広げたのが一九九二年とされ（『本郷人』二〇〇三年八月号）、これによって多くの韓日祝福が生まれることになった」（p.436）

中西氏はここで、韓国における農村男性の結婚難に関する『東亜日報』の記事が出たのが1989年であり、6500双の祝福が行われた1988年の翌年であることから、「統一教会が当時から農村男性の結婚難をどれだけ認識していたのかはわからない」（p.436）としながらも、結婚難の社会問題化と韓日祝福の本格化が時期的に重なっていることを強調している。ここに1987年の全国霊感商法対策弁護士連絡会（全国弁連）の結成、ソウルオリンピックなどを結び付けて、「軌を一にしている」の一言で中西氏は因果関係を示唆しているが、これはいささか乱暴な論法だ。

ある出来事がほぼ同時に起きたからといって、両者の間に即座に因果関係を設定できないのは科学の常識である。そもそも全国弁連の結成は日本における教勢拡大と直接的な因果関係はなく、結成の動機はむしろ政治的なものだった。また、そのことと韓日祝福の間にも何の因果関係もない。ソウルオリンピックは韓国の経済発展の結果としての象徴的な意味はあるかもしれないが、そこにもやはり直接的な因果関係はない。経済的に成長してもオリンピックを誘致できない国もあれば、オリンピックが行われる国が必ずしも高度経済成長をしているとは限らないからだ。このように、直接的に因果関係のないことをただ単に時代が近いからという理由だけで関連付ける中西氏の論法は、およそ社会学者のものとは思えない。もっと他の本質的な疑問に中西氏は答えようとすべきではなかったのか？

例えば、せっかく韓日祝福の歴史を調べたのだから、社会学者らしく祝福の対象が信者から非信者に拡大された理由についてもっと突っ込んだ調査があってもよさそうなものだが、中西氏はそれをしていない。韓国の統一教会が農村男性の結婚難を伝道の契機として利用しようとしたのが事実であるとするならば、それ以前とそれ以後ではどのような変化があり、なぜそのような決断がなされたのかを追求しない限りは、こうした結婚のあり方がなぜ可能になったのかを解明したことにはならない。そこには、①日本の女性の側の動機、②韓国の男性の側の動機、③両者を結び付けようとする教団の動機、がそれぞれ存在する。中西氏は①と②に関してはある程度のインタビューを行っているが、③の部分の調査が不十分であるために、①と②を結び付けた要因が何であるのかが明確になっていない。

「6　農村部における布教の方法」

続いて中西氏は「6　農村部における布教の方法」と題して、韓国の統一教会が具体的にどのような方法で結婚相手を紹介しているのか述べている。そこに登場するのが次頁の図8-2として紹介される結婚相談のチラシである。

このチラシは「真の家庭実践運動　○○委員会」（○○は地名）とあるだけで統一教会とは書いていないという。これが日本で行われたならばただちに「不実表示」という追及を受けそうだが、なぜか中西氏は「これが日本でいうところの『正体を隠した伝道』になるのかどうかは判断しかねる」（p.438）として、判断を曖昧にして追及していない。理由は、たとえチラシに統一教会と書いていなくても、このようなチラシが統一教会によることは農村では知られたことであるからだという。どうせ知っているからはっきり書かなくても正体隠しにならないというのは、説得力のある論理ではない。日本の統一教会の伝道方法に対する厳しい非難と比較すると、どうしてもダブルスタンダードを感じざるを得ない。

中西氏は414ページで、「韓国での統一教会は正体を隠して組織的伝道をしているわけでもなく、……日本のように特異な宗教実践とはなっていない」と言い切り、「普通な韓国統一教会」と「異常な日本統一教会」というシンプルな枠組みを作っているため、いまさら韓国の統一教会が正体隠しをしているとは言えないという事情があるのかもしれない。

私がこの項目で特に印象に残ったのは、「ここ（A郡）では結婚を目的として伝道している。国際結婚をしませんかで伝道。日本人女性と結婚をしませんかで。男性はここにいても結婚できないし、女性も残っていない」(p.439)という女性の言葉である。日本人の女性と韓国人の男性では、祝福に参加する動機の部分が逆になっている。日本人女性は統一教会の信仰を動機として韓国人男性との結婚を受け入れるのに対して、韓国人男性は結婚を動機として統一教会の信仰を受け入れるという、逆の経路になっている。これは一種の「バーター」と言えるかもしれない。日本の信者の立場に立てば、韓国人男性の動機は清くないと感じるかもしれない。しかし、どちらから

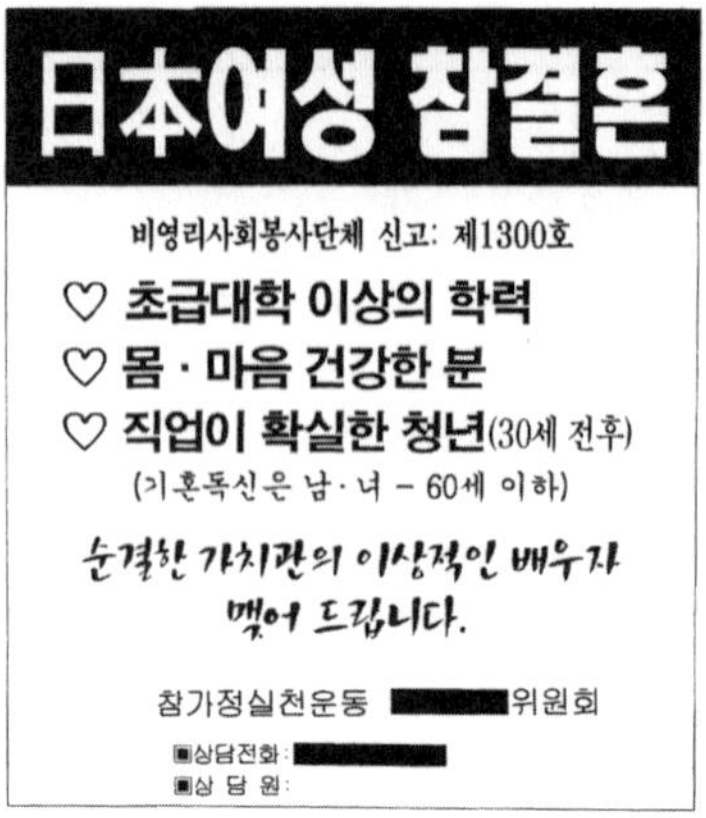

日本여성 참결혼

비영리사회봉사단체 신고: 제1300호

♡ 초급대학 이상의 학력

♡ 몸 · 마음 건강한 분

♡ 직업이 확실한 청년(30세 전후)

(기혼독신은 남 · 녀 – 60세 이하)

순결한 가치관의 이상적인 배우자 맺어 드립니다.

참가정실천운동 ■■■■■위원회

■상담전화: ■■■■■

■상 담 원:

日本女性　真の結婚

非営利社会奉仕団体届：第1300号

▽短期大学以上の学歴

▽身体・心の健康な方

▽職業がたしかな青年(30歳前後)

(既婚独身は男・女—60歳以下)

純潔な価値観の理想的な配偶者

結んでさしあげます。

真の家庭実践運動　○○委員会

■相談電話：

■相談員：

図8-2　結婚相談のチラシ(筆者翻訳)

出典)『統一教会——日本宣教の戦略と韓日祝福』438ページ

入っても、入り口が問題なのではなく、結果が問題なのであり、双方が欲しいものを手に入れて幸福になればそれでよいのだと考えることも可能で、そんなことを思わされた言葉である。

「7　統計資料に見る在韓日本人女性の数」

中西氏は「三　韓国農村の結婚難と統一教会」と題する節の中に「7　統計資料に見る在韓日本人女性の数」という項目をもうけ、公的な資料に基づいて韓国で暮らしている日本人女性信者の実数に迫ろうと試みている。これは韓日祝福で結婚し、韓国に暮らす日本人女性信者の数が7000人であると言われているのが「誇張された数字ではないことを確認するため」(p.439) だという。こうした数字を誇張することの意味は不明なのだが、7000人もの日本人女性信者が祝福結婚によって韓国に移住しているのはある意味で驚くべきことなので、事実を確認したいというのであれば理解できる。彼女の手法は学問的に手堅いものであり、参照している統計資料も信頼に値するものだ。

中西氏が参照した統計資料は、韓国の国勢調査の結果と、日本の外務省による「海外在留邦人数調査統計」である。韓国の統計庁が5年ごとに行っている国勢調査によると、在留外国人の数としては中国人、朝鮮族の中国人に次いで日本人は3番目に多いのだが、日本人の特徴は男女比に表れており、2000年のデータで男性5715人に対して女性7683人で、女性の方が2000人近くも多い。日本以外の国では中国が男女ほぼ同じであるのを除けば、他のすべての国において男性の数が女性の数を上回っている。これらの国々で男性の数が多いのは、単身で企業の駐在員や労働者として韓国に暮らしている男性が多いためと推察されるが、日本だけが女性が男性の約1・3倍になっている。

これを地域別に分析するとさらに顕著な傾向が出てくる。ソウル、釜山、済州島では男性が多く、これは日本企業の駐在員などが男性であるためと思われるが、他の地域（すなわち韓国の田舎）では女性が男性を上回っている。特に全羅南道と全羅北道では女性の数が男性の約20倍になっている。このことから、在韓日本人は男性が都市部に集中して住んでいるのに対して、女性が地方に集中していることが分かるという。その地方に住む日本人女性の大半が、韓国人と結婚した統一教会の女性信徒ではないかという分析である。

中西氏は在韓日本人女性の年齢分布も同時に分析している。２０００年のデータによれば、20歳から24歳までは大きな差はないが、25～29歳、30～34歳、35～39歳では女性の数が男性の2倍から3倍になっているという。この年齢層の女性は、統一教会の祝福を受けて韓国にお嫁に来た日本人女性の年齢と一致するというわけだ。中西氏が『宗教と社会』第10号（２００４年）に寄稿した「『地上天国』建設のための結婚：ある新宗教教団における集団結婚式参加者への聞き取り調査から」という論文では、「聞き取りをした日本人女性たちの生年は、１９５６年から１９７８年である」（p.55）と明かされているが、この生年であれば２０００年には22～44歳となり、実際の統一教会の日本人女性信者の年齢とほぼ一致すると言ってよいだろう。これらのデータに基づいて、中西氏は合同結婚式で韓国人男性と結婚し、渡韓した日本人女性信者が７０００人いることはほぼ裏付けられると結論付けている。

日本の外務省による海外在留邦人数調査統計によると、永住者と長期滞在者を合わせた在留邦人の数は２００７年の時点で2万３２６７人で、そのうち1万４９０１人が女性である。男性の数は８３６６人であるから、女性は男性の１・7倍になる。実は１９８８年の時点では男性２５０７人に対して女性１９９９人で、男性の方が多かったのだが、１９９２年に男女の数は逆転し、それ以降は女性の数の方が多い状態が継続している。１９９２年は3万双の祝福のあった年だが、祝福を受けてから渡韓するまでには実際には時間差がある場合が多いので、６５００双（１９８８年）の祝福を受けた日本人女性が１９８９年から92年にかけて渡韓していったことがこの期間の数の増加に影響していると考えられる。

韓国に長期滞在する日本人を職業別に分類したデータも存在し、「民間企業関係者」「報道関係者」「自由業関係者」「留学生・研究者・教師」「政府関係者」「その他」に分類される。この「その他」に分類される女性の数が1988年の280人から2007年の6388人に激増していて、この数は他のどのカテゴリーよりも多い。女性に限って言えば、それに続くのは1655人の留学生、民間企業関係者の113人であり、あとは100人以下である。韓国人男性の妻として在留する日本人女性は「外国人妻」に分類されるが、これが「その他」のカテゴリーに含まれることから、「その他」の大部分が統一教会の女性信者によって構成されるのではないかという分析である。そもそも民間企業関係者として韓国に在留している日本人の数は男性で2750人、女性で113人（2007年）で、留学生は男女合わせても3000人ほどであるのに、それをはるかに上回る「その他」の女性が6000人以上いることは、何か特別な理由がない限りは説明がつかないというわけだ。

この「長期滞在者」のほかに日本国籍を所有する「永住者」に分類される日本人女性が2007年の時点で2717人いて、その中にも韓国人と結婚した統一教会の日本人女性信者が多数いることが推察される。韓国で永住することを選ぶ理由は、やはり婚姻にあると考えるのが普通であろう。永住者の数は、男性186人に対して女性が2717人だから、ここでも女性の方が圧倒的に多い。前述の6388人にこの数を加えれば、7000人という数字はほぼ裏付けられる。

以上の中西氏の分析は韓国の統計庁と日本の外務省が発表している公的なデータに基づいているため、かなり正確なものだろう。数の問題とは直接関係はないが、こうしたデータから、韓国人と結婚した統一教会の日本人女性信者は日本の外務省によって把握されると同時に、韓国の国勢調査でもカウントされていることが分かる。すなわち、彼女たちはきちんと両国政府に認識された上で韓国に渡って結婚生活をしているのだ。

私は櫻井氏が執筆した第Ⅱ部の「第七章　統一教会信者の信仰史」の「四　祝福を受けた信者　合同結婚式の理想と現実」に対する反証の部分で、キリスト教のインターネットメディアである「クリスチャントゥデイ」が、2006年1月23日号に『合同結婚式、6500人の行方を捜して』被害者家族が訴え」というタイトルの批判記事を掲載し、韓国で統一教会の合同結婚式に参加した後、行方不明になった日本人女性が6500人もいると報ずることにより、祝福を受けた日本人信者の両親の不安を煽ったことを紹介した。私はそこで、「もしこれが本当なら、日本政府が動くべき重大な国際問題であるはずだが、そのような動きは全くない。実際には、大部分の日本人女性は平穏に暮らしており、両親とも連絡を取っているのである。したがって記事の内容は完全なデマゴーグなのだが、こうした記事に不安を煽られて日本の両親は拉致監禁に追い込まれていったのである」と批判したが、中西氏の研究によってこれらの日本人女性は決して行方不明ではなく、日韓両国の政府によって認識されていることが皮肉にも証明されたことになる。「クリスチャントゥデイ」の根拠なきデマゴーグに比べれば、中西氏の調査と分析は良心的であると言えよう。

統一教会の日本人女性信者は合法的に韓国人と結婚し、きちんとした手続きを経て渡韓し、韓国社会に定着して生活している。また日韓両国の統一教会も、入籍、渡韓に際してはきちんとした法的手続きを行い、さらに渡韓後の生活においても法規を遵守するよう指導している。例えば、国際家庭特別巡回師室編『本郷人の行く道』には、渡韓した日本人に対して、韓国での生活全般について知っておくべき内容や文化の違い、韓国と日本の統一教会の信仰観の違いなどが詳しく解説されているが、その中には「韓国で勝手な行動をして行方不明になったら、警察から日本大使館に連絡が行き、国際問題になる」「ビザの延長手続きを絶対に忘れないように」「外国人登録を必ずするように」「日本に一時帰国するときは、出入国管理事務所で再入国許可をもらうのを忘れないように」「パスポートの期限切れに注意」など基本的で細かい指導が行われている。こうした指導の結果として、統一教会の日本人女性信者はしっかりと日本政府に認識された状態で、韓国での結婚生活を送っている。

蛇足ながら、統一教会の祝福によって韓国人と結婚した日本人は女性だけでなく、男性もいること、そして渡韓して韓国で生活する日本人男性もいることは付け加えておきたい。その中には私の直接の知人も何人か含まれている。しかし、統計資料によって裏付けられるのは、やはり女性の方が圧倒的に多いということだ。

「8　布教戦略としての韓日祝福」

中西氏は「三　韓国農村の結婚難と統一教会」と題する節の中に「8　布教戦略としての韓日祝福」という項目をもうけ、韓日祝福が統一教会の布教戦略においてどのように位置付けられているのかを簡単に分析し、次に続く章への前置きとして整理している。ここで述べられている内容は、第八章のまとめにあたる。したがって、特に新しいことを述べているわけではないが、彼女の論理展開を再確認するために引用し、批判内容も整理しておく。

「第八章以降での問題は、統一教会の信仰は特異な宗教実践によって獲得されたものであるにもかかわらず、信者が信仰を保ち続けていられるのはなぜかである。第八章は九章、一〇章の前置きにあたる」(p.446)

中西氏が担当している第九章は韓国に嫁いで暮らす日本人の統一教会女性信者に対するインタビューと参与観察に基づいて記述されており、第十章は統一教会発行の祝福家庭向け新聞『本郷人』(韓国在住の日本人祝福家庭婦人に向けて発行されているもの)の内容に基づいて書かれている。こうした内容をいきなり記述しても読者によく分からないので、事前の解説という意味で、韓国における統一教会と社会の関係、日本との違い、韓日祝福が成立する社会的背景などを説明したのが第八章という位置付けなのであろう。常識的には、7000人もの日本人女性が信仰を動機として韓国人と結婚するというのは驚くべきことなので、それが成立する背景から説明しようというのは理解できる。しかし、中西氏の研究において韓国在住の日本人女性信者に関する情報は直接見聞きした生の情報であるのに対し、日本の統一教会に関する知識は間接的な歪んだ情報に基づいているという欠陥があることは、既に指摘してきた通りである。

「統一教会の信仰は特異な宗教実践によって獲得されるものである」という表現自体が、「普通な韓国統一教会」と「異常な日本統一教会」というステレオタイプ的な枠組みに基づいている。中西氏の頭の中にある日本統一教会のイメージは、櫻井氏から提供された大量の文献と、櫻井氏自身の記述によってつくり出されたものであろう。しかし、それに偏りや歪みがあることはこれまで繰り返し指摘してきた。

中西氏の日韓の比較分析の不備の多くは、彼女が日本の統一教会に直接触れたことがなく、無知である上に、歪んだ情報に基づいて比較していることに起因する。こうした歪められた日韓の比較の上で、中西氏は渡韓した日本人の信仰生活を以下のように分析する。

「この点では、韓国は日本人信者にとって暮らしやすい。日本であれば、信仰を持っていることを周囲に明かせず、隠れキリシタンのごとく信仰を続けなければならない。もしわかったら白い目で見られるかもしれない。これはストレスになる。韓国であれば、日本にいたときのように隠す必要はない……。渡韓してしまえば、親の反対からも逃れられる。韓国ではストレスを感じないで暮らせる」(p.446)

これは渡韓した日本人女性信者へのインタビューに基づいた知見であると思われ、ある程度の実感に基づいた日韓の比較とは言えるのかもしれない。しかし、これはあくまでも相対的な比較である上に、個人差が大きいため、過度に一般化することはできないだろう。そもそも日本における統一教会信者がすべて信仰を持っていることを周囲に明かせず、隠れキリシタンのように信仰を続けているという描写自体が、非常に極端である。周囲に対して堂々と統一教会信者であることを公言し、なお社会と協調して生活している信者も多く、統一教会の信仰を持つことによって完全に社会と断絶すると考えるのは誤りである。

「しかも韓国は教祖の国であり、統一教会が生まれた国である。そこで韓国人の配偶者と家庭を築いて暮らせるのだから、信者としてはいい環境である」(p.446-447)

この部分には、統一教会信者の内面的価値に対する理解が見られ、この種の批判的研究においてこうしたことが述べられるのはある意味で驚くべきことであり、評価に値する。韓日祝福に対する批判的な文献の中には、韓国にお嫁に行った日本人女性は苦労ばかりで不幸な生活をしているという決め付けが多い。2010年に発売された『週刊ポスト』(6月4日号)に掲載された記事などはその典型であるが、実際に日本人女性信者をインタビューした中西氏は、彼女たちがある意味で韓国は日本よりも暮らしやすいと感じていることを正直に報告している。一方で信仰以外の言葉、文化、経済といった面での苦労があるので、日本と韓国でどちらが幸せかという単純な比較はできない。しかし、信仰の内面的な価値に基づけば韓国での生活は幸せなものであり、その価値観を強く内面化している人にとってはかけがえのないものであるという理解は重要である。

「実態としては、韓日祝福で嫁いだ日本人女性達は農村花嫁にほかならない。それを彼女達に納得させているのは、祝福の意味づけである」(p.447)

「韓国の農村に男性の結婚難がなければ、そして日韓の歴史的関係に植民地の支配―被支配の関係がなかったならば韓日祝福は成り立っておらず、七〇〇〇人もの多くの日本人女性信者が結婚して渡韓することはなかった。結婚したいという韓国人男性と、教えを内面化することによって韓国に贖罪せねばと思う日本人女性信者とが夫婦になって韓日家庭を築いている。この点で韓日祝福は韓国社会の社会構造的な歪みの上に日韓の歴史的関係を結び合わせたところに展開された布教戦略であるといえる」(p.447)

この分析は、歴史に「もし」という発想を持ち込んでいる点でナンセンスである。歴史上のある出来事がなかったら現在の事態はなかっただろうということは無限に言え、その分析自体に意味はない。過去の歴史的な出来事の積み重ねとして現在があるのであり、一つでも欠けたら現在はないからである。これは既に私が「もし韓国統一教会に7000人の日本の女性信者とマッチングすることが可能なくらいに十分な数の男性信者がいたならば、これらの女性信者は配偶者に恵まれない韓国の農村の男性に嫁いだのではなく、信仰を動機として結婚する韓国の男性信者のところに嫁いでいたであろう」と反論したように、そのような布教戦略が実行されなかった歴史の「もし」を仮定しようと思えば、いくらでもできるからだ。

さて、韓国人と結婚した統一教会の女性信者の中には、韓国に対する贖罪意識があるというのはおそらく事実だろう。特に韓国人の夫や韓国での生活に不満や苦労があるときに、自分を納得させるためにそうした過去の歴史に思いをはせることはあるかもしれない。しかし、結婚そのものの動機や目的を単にネガティブに「贖罪のため」と思って結婚する日本人女性がどれだけいるのかは疑わしい。それよりも、祝福に対する理想や、韓国に嫁ぐことに対する宗教的な意義付けというポジティブな部分が大きいと思われる。その部分を理解しないと、韓日祝福の意義付けが悲壮なものに歪められてしまうことになる。中西氏の分析は、意図しているかどうかは不明だが、結果としてそのような悲壮な色付けを韓日祝福に対して施している点は批判されるべきである。

「第九章　在韓日本人信者の信仰生活」への反証

「一　在韓日本人信者の入信・回心・合同結婚式への参加」への反証

「1　現役信者達」

これまで「第八章　韓国社会と統一教会」の内容を扱ってきたが、ここからは「第九章　在韓日本人信者の信仰生活」の内容に入る。この章は、韓国に嫁いで暮らす日本人の統一教会女性信者に対するインタビュー内容に基づいて記述されている。前章の最後に中西氏は以下のように書いている。

「第九章では、在韓日本人信者そのものに迫ろう。入信・回心・合同結婚式への参加のパターンを見た上で、祝福家庭の形成過程、信仰生活や家庭生活の実態を見ていく。韓国での暮らしは経済的に楽な生活とはいいがたい。農村男性との祝福は上昇婚ではなく、下降婚である。しかも夫は結婚目的で統一教会に関わっただけで信仰はないか、あっても熱心ではない。韓日祝福の家庭は最も理想的とされながら実態はその逆といってもい い。それにもかかわらず、なぜ信仰を保ち続けていられるのか。これについての答えを在韓信者の生活から探っていきたい」(p.447)

これはかなり野心的なテーマ設定である。韓国に嫁いだ日本人女性の置かれている外面的な生活環境を分析することは容易であるし、インタビューを行えば、彼女たちの夫婦関係や家庭生活について何らかの情報を得ることはできるだろう。しかし、「なぜ信仰を保ち続けていられるのか」という問いかけに対して、同じ信仰を持ったこともない人が答えを出せるのだろうか？　人はなぜ信じるのかという問いかけは、その人の内面を理解しなければならないが故に、他人が答えを出すのは難しい。自分が信じられないことを他人が信じる理由を見いだそうとしても、本当の意味で納得するのは難しいだろう。

アイリーン・バーカー博士は、「人はなぜムーニーになるのか?」という問いを立て、それに対する答えを見いだそうとした。彼女は統一教会の伝道のプロセスである修練会に参加してみたが、自分自身が「入会したい」と思ったことは一度もなかったという。彼女は自分自身が信じることのできない宗教に、他の人々がなぜ入るのかを理解しようとすることは、必ずしも不可能ではないという前提に基づいて研究を進め、ある一定の説明をしようと試みた。それでも彼女は、いかなる単一の説明も不可能であるし、実際、いかなる単一の説明も「誤っている」とも主張したくなると言っている。人がある宗教を信じる理由を第三者が説明するのは非常に困難であり、過度な一般化はできないとわきまえているからだ。

たとえ多くの人にインタビューをしたとしても、その情報を自分なりの尺度によって取捨選択し、一方的な解釈をしてしまう危険は常につきまとう。中西氏の分析がそうした罠に陥っていないか、チェックしながら第九章を読み進めることにする。

「2　調査対象者の基本的属性」

第九章の最初の部分では、在韓日本人信者の入信・回心・合同結婚式への参加のプロセスが、インタビューに基づくデータ分析という形で示されている。櫻井氏が第Ⅱ部において脱会信者に対する分析を行っているので、現役信者のデータを分析することによって両者を比較対照しようというわけだ。中西氏は在韓日本人信者の属性について以下のように述べている。

「調査では何人もの信者に会って、生い立ちや統一教会との出会いから現在の生活に至るまでについて聞き取りをしたが、特筆するような剝奪状況にあった人はおらず、およそ平均的な家庭環境で生まれ育ってきているという印象を持った。親に対する不満、父母の不和、家があまり経済的には豊かでなかったという話なども聞かれたが、そのような点は程度の差はあれどこの家庭にもあることであり、現役信者が脱会者よりも家庭的に恵まれなかったとはいえない。第六章で指摘されているように、筆者が韓国で聞き取りをした現役信者達も『育ちのよい素直な青年』といっていい」(p.449)

このような統一教会信者の特徴は、バーカー博士の研究とも一致していて面白い。中西氏が「剝奪状態」を見いだそうと試みたのは、伝統的に日本で新宗教に入信する人のニーズは「貧・病・争」であると言われてきたためである。しかし、このような入信のニーズは比較的古いタイプの新宗教に典型的なもので、それは日本がまだ貧しく、社会福祉も十分に整っていなかった時代に庶民が宗教に救いを求めたからだとされる。しかし、高度経済成長期以降(1970年代以降)に教勢を伸ばした新宗教は必ずしもこのパターンには当てはまらず、もっと精神的・倫理的なニーズで宗教に入信する人が多くなったと言われている。これは日本が経済的に発展し福祉制度が充実したことにより、貧・病・争の解決に必ずしも宗教が必要なくなったという時代背景も関係している。統一教会が台頭してきたのも１９７０年代以降であるから、入信の動機も貧・病・争に代表される剥奪状態によっては説明できず、もっと精神的な動機によるものだということだ。

中西氏は調査対象者の基本的属性として、細かいデータを提示している。これらのデータそのものには基本的に誇張や歪曲はないと思われる。聞き取りをした現役信者は38人で、女性が35人（92％）で男性が３人（８％）だったという。女性が極端に多い理由は、①そもそも日韓祝福よりも韓日祝福の方が数が多い、②日韓祝福の家庭は日本で暮らす傾向にある、③男性信者はソウルに偏っており、農村部には少ない、などの理由を挙げているが、これらは合理的な説明であると評価できる。

青年／壮婦の分類は脱会者とは異なり、壮婦は一人だけで、あとの37人は青年だったという（壮婦の一人も伝道されたときには離婚しており、子供はいなかった）。これはある意味で当然である。通常、統一教会で「壮婦」と呼ばれる人々は、伝道される前に既に結婚して配偶者を持っている人々を指す。彼らが祝福を受けるときは、既に結婚している相手との関係を神に公認してもらうための「既成祝福」となるので、壮婦の中に韓日家庭や日韓家庭がいることは滅多にない。たまたま国際結婚をしていた韓国人と日本人のカップルが伝道されることがあったとしても、数においてそれほど多くはないだろう。日本人と韓国人のカップルは基本的にマッチングによって成立するのだから、韓国で生活する日本人妻が伝道されたときには未婚だったのは当然である。一人の壮婦は例外的存在であり、むしろ離婚歴のある高齢の独身青年と考えた方がよいだろう。

生年は１９６０年代生まれが22人で58％を占め、１９７０年代生まれが10人で26％を占める。これらを合計すると84％を占めるが、この年代が多いのは「一九八〇年代に勧誘・教化システムが確立されたことと無関係ではないだろう」（p.450）と中西氏は分析している。これには異論がある。

そもそも統一教会の伝道方法が確立されたのは１９８０年代ではない。１９６０年代から70年代にかけては、その時代なりの伝道方法が既に確立されていたのであり、時代によって方法が変化しただけだ。１９８０年代からビデオによる原理講義の受講方法が導入されたことによって、伝道の効率が高まり、より多くの人が伝道されるようになったことは事実であろう。櫻井氏は、「統一教会の修練会に多数の若者が参加していたのは、一九八〇年代末まで」(p.96)であり、この頃が宣教活動のピークだったと分析している。1960年代生まれの人が1980年代には20代となり、統一教会が布教対象とした年齢層と一致するというのは当たっているので、基本的にこの時期に伝道された人に1960年代生まれが多いというのは理に適っている。

しかし、中西氏の調査対象が韓国在住の日本人信者であるという属性に着目すれば、より直接的な原因が浮かび上がってくる。実は1950年代以前に生まれた人の割合が低い理由は、祝福を受ける年齢と韓日祝福が本格的に始まった時期との関係によって説明できる。中西氏自身が説明しているように、韓日や日韓のマッチングは6500双(1988年)で本格化した。それ以前は日本人と韓国人の組み合わせは少なく、韓国人同士、日本人同士が多く結婚していた。日本人と韓国人のマッチングが大量に行われ始めたのが1988年で、統一教会において祝福を受ける年齢層は20代後半が中心であることを考えると、6500双で韓日・日韓祝福を受けた人々は1960年代生まれが中心であり、それ以降の3万双(1992年)、36万双(1995年)から1970年代生まれが入ってくることは容易に推察できる。すなわち、生年の分布と最も相関関係の強い要因は、韓日祝福が本格化した時期ということになる。

中西氏がこの調査を行ったのは2001年頃であるから、現在この調査を行えば当然違った数字となり、1980年代や90年代に生まれた者の割合が増加していることだろう。韓日祝福は1995年以降も継続しており、特に最近は祝福二世が韓日祝福を受けて渡韓し、韓国で生活しているケースも増えているからだ。

中西氏と櫻井氏のデータを比較する

調査対象の生年の分布に次いで、中西氏が示しているのは統一教会との最初の接触のパターンである(表9-2、

中西尋子氏の調査データ

表 9-2　統一教会との最初の接触

伝道方法	実数	%
路　傍	13	34.2
訪　問	6	15.8
友　人	5	13.2
同　僚	4	10.5
母　親	3	7.9
きょうだい	2	5.3
いとこ	1	2.6
親　類	1	2.6
姉を誘った人	1	2.6
不　詳	2	5.3
計	38	100.0

出所）筆者調査。

出典）『統一教会——日本宣教の戦略と韓日祝福』451 ページ

櫻井義秀氏の記述（p.206）

- 自ら統一教会の門をたたいたものはいない
- 統一教会の伝道者と出会って関りを持つ
- 最初の時点で統一教会の布教活動を受けていることを認識していたものは皆無
- 青年意識調査と称するアンケート調査を路傍や訪問で受けて勧誘される
- 姓名判断等の運勢鑑定を訪問で受ける
- 個々人の入信経路はほぼパターン化している

中西氏の調査データとの違い

- 路傍や訪問と系統伝道の比率をデータ化して示していない
- 家族や親類から伝道された者はいない

p.451）。この部分を２０６ページの櫻井氏の脱会者のデータと比較すると、興味深い事実が浮かび上がってくる。

中西氏は、「統一教会との最初の接触は、半数が街中でのアンケート、手相などの占いで声をかけられるか（路傍伝道）、あるいは自宅に印鑑の訪問販売や姓名判断の訪問（訪問伝道）を受けてであり、およそ残りの半数は友人や同僚、既に信者だった母親やきょうだいなどに誘われてである」（p.451）としている。これは現役信者に関するデータだが、確かに表9-2を見れば、勧誘者が見ず知らずの人であったケースは「路傍」と「訪問」を合わせて19人であり、全体の約49％である。不詳が５％ほどいるが、残りは家族や親族、友人や同僚などのもともと知っていた人から誘われている。

櫻井氏は、「見ず知らずの人を誘う伝道以外にも、家族や知り合いを誘うＦＦ（Family and Friend）伝道と呼ばれるやり方もある」（p.219）と述べていることから、こうした経路で伝道される人がいることを知らないわけではない。しかし、櫻井氏の示した脱会者に関するデータには、こうした最初の接触について分析した表は示されていない。その代わりに、最初の接触はほぼ一つのパターンに集約されるかのように書かれている。それは以下のようなパターンだ。彼らの中で自ら統一教会の門を叩いた者はおらず、統一教会の伝道者と出会うことによって初めてかかわりを持つようになった。最初の時点で統一教会の布教活動を受けていることを認識していた者は皆無であり、青年であれば青年意識調査と称するアンケートを路傍や訪問で受けて勧誘されるか、壮婦であれば姓名判断等の運勢鑑定を訪問で受けることがきっかけとなる。勧誘者はみな見ず知らずの人であり、家族や親類から伝道された者はいないとしている。

しかし、現役信者の場合には約半数がもともと知っていた人から伝道されており、その中には母親、きょうだい、いとこ、親類などの血縁者が含まれ、全体の18％を占めている。問題は、この違いをどのように解釈するかだ。

もともと、統一教会に伝道された人の最初の接触に関するデータは、中西氏の示した値に近いと思われる。すなわち、見ず知らずの人から路傍や訪問によって勧誘される人がおよそ半分、家族や知人・友人などから勧誘される人が半分ということだ。この中で、家族から伝道された人は、家族から棄教の説得を受けたり、反対されて信仰を棄てたりすることは考えづらい。一方で、見ず知らずの人から路傍や訪問によって勧誘された人は、信仰を持っていることが家族に知られたときには反対されたり、棄教の説得を受けたりする可能性がある。したがって、結果として脱会した人の最初の接触に関するデータは、統一教会信者全体のデータから見ればかなり偏ったものとなり、見ず知らずの人から路傍や訪問によって勧誘された人の割合が特に高い集団となっている。

実際には統一教会に伝道されるパターンは多種多様であり、母親から伝道された者の場合には礼拝や行事について行って自然と信者になり、最初から統一教会であることが分かって信者になっている。ところが、脱会者のほとんどが家族の説得によって信仰を棄てるので、入信経路がほぼパターン化されたような人々の集団となる。実は櫻井氏自身が「裁判を起こした元信者のデータははずれ値の可能性が高い」（p.201）と認めているのだが、中西氏のデータとの比較によって、皮肉にもこの懸念が実証された結果となったのである。

櫻井義秀氏の調査データ
日本の元信者

表6-2　調査対象者の家族構成

青　年	核家族	単　親	9.0%
		両　親	76.0%
	三世代		3.0%
壮　婦		夫子供	6.0%
		離死別	4.5%
		不　明	1.5%
	計		100%

出所）筆者調査。

出典）『統一教会――日本宣教の戦略と韓日祝福』205ページ

中西尋子氏の調査データ
在韓の現役信者

表9-3　調査対象者の家族構成

			実数	%
青　年	単　親	核家族	4	11
		三世代同居	1	3
	両　親	核家族	23	61
		三世代同居	7	18
	不　詳		2	5
壮　婦	離婚して単身		1	3
	計		38	100

出所）筆者調査。

出典）『統一教会――日本宣教の戦略と韓日祝福』452ページ

続いて中西氏は、調査対象の家族構成を分析している（表9-3）。これも櫻井氏の205ページの表6-2と比較した方が分かりやすいので、両者を並べてみた。果たして脱会者と現役信者の間で家族構成に有意な差があると言えるのだろうか。剥奪という観点からすれば、両親が揃っていない単親家庭は、両親の離婚や死別、あるいは貧困を経験している可能性が高いという点で、宗教に救いを求める要因となると推察することは可能である。しかし、二つの表を比較すれば分かるように、脱会者の単親の割合が9%であるのに対して現役信者の単親の割合が11%なのは、母集団の数からして誤差の範囲内とも考えられ、有意な差とは言い難い。そのため中西氏も「脱会者と比べて現役信者に母子・父子家庭が多いといえるのかどうかはわからない。聞き取りでは、母子・父子家庭だったことが入信の直接的なきっかけになったと思われる事例はなかった」（p.451）と分析している。

このことは、アイリーン・バーカー博士の調査結果ともほぼ一致している。彼女は、会員とその両親の双方に対するアンケートおよびインタビューを通じて、ムーニーは貧困または明らかに不幸な背景を持っているという傾向には「ない」ということが明らかになったと結論付けている。自身が21歳になる前に両親が離婚した者は、対照群（8%）よりもムーニー（13%）においてわずかに多かったが、それでもムーニーの中で不幸な子供時代を過ごしたと主張する人はほとんどいなかったという。イギリスにおけるムーニーの家庭環境も、日本における統一教会現役信者および脱会者の家庭環境も、それほど大きな違いはなく、一言で言えば平均的な家庭環境であり、特に不幸な家庭環境に育った者たちが統一教会に入信したとは言えず、そのことが信仰を持つ原因になったという証拠もない。

中西氏は脱会者よりも現役信者の方が母子・父子家庭がやや多い理由に関して、母子・父子家庭の場合には脱会カウンセリングに取り組むだけの余裕がないというような趣旨の分析を行っているが、これは推察の域を出ない。「推測でしかないが、現役信者は家庭的に脱会者よりも複雑なものを抱えているケースが中にはあるかもしれない」(p.452) という自信のない表現からも分かるように、誤差の範囲内の違いを無理に説明しようとしたとしか思えない。仮にも社会学者であれば、実証できない推察は書くのを控えた方が賢明であろう。

むしろ、脱会者と現役信者の家族構成で目に付く違いと言えば、三世代同居率の差である。脱会者では三世代同居率は3%にすぎないのに対して、現役信者では単親の三世代同居率が3%、両親揃っている三世代同居率が18%で、合わせて21%にのぼる。現役信者の三世代同居率が脱会者の数値の7倍ということになれば、これは誤差の範囲内とは言い難いだろう。しかし、そのことが持つ意味は必ずしも明確ではない。三世代同居は統一教会の教えの理想であり、祖父母のいる家庭環境は子供の精神的発達にとって好ましいものであると考えられている。だからといって、三世代同居家庭で育った人の方が統一教会の信者になる傾向が高いとは直ちに結論付けられないし、脱会者よりも現役信者の方が三世代同居率が高いことの説明にもならない。この点に関しては、今後の研究を待つしかないだろう。

続いて学歴を比較することにする。これも櫻井氏による脱会者のデータと並べた方が比較しやすいので、比較表を並記する。次頁の図6-3と図9-1がそれである。

櫻井義秀氏の調査データ
日本の元信者

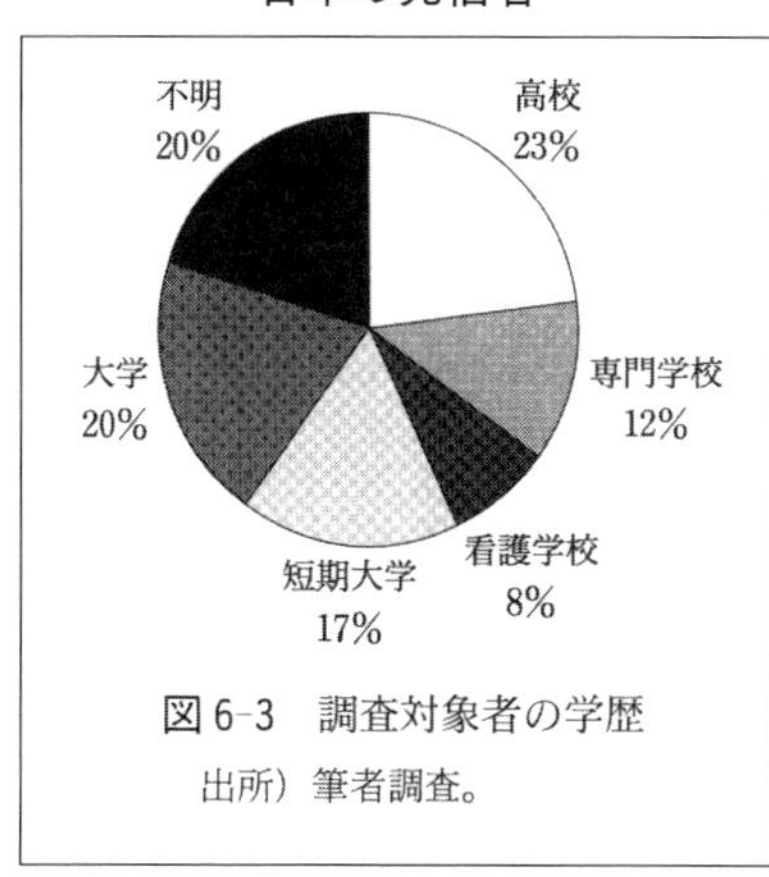

図6-3　調査対象者の学歴
出所）筆者調査。

出典）『統一教会――日本宣教の戦略と韓日祝福』205ページ

中西尋子氏の調査データ
在韓の現役信者

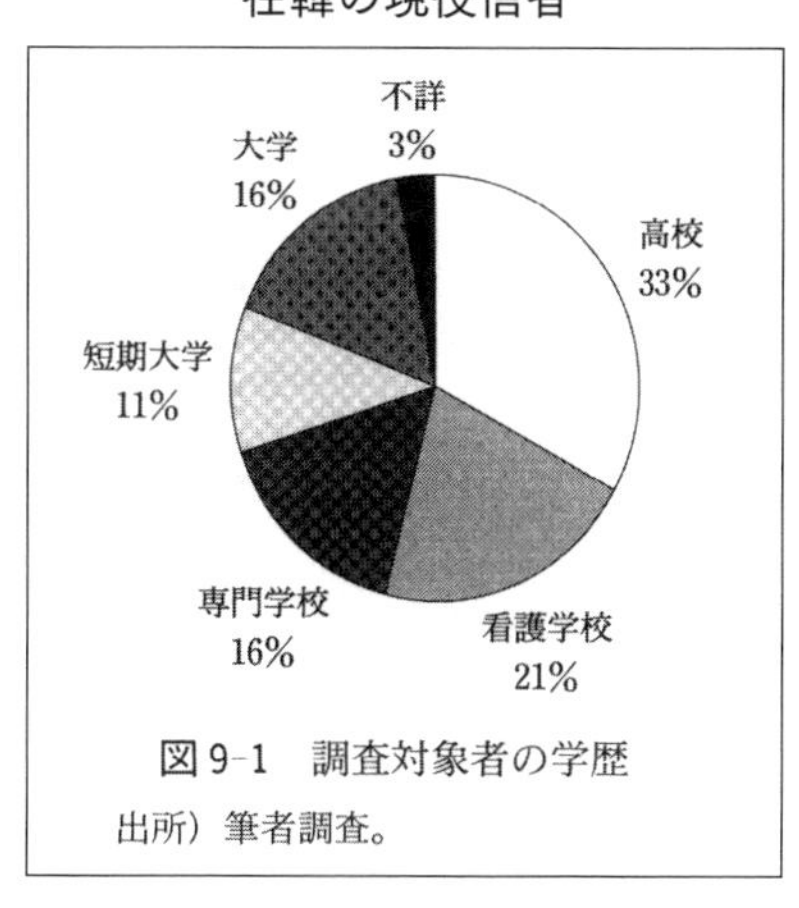

図9-1　調査対象者の学歴
出所）筆者調査。

出典）『統一教会――日本宣教の戦略と韓日祝福』452ページ

現在でこそ大学進学率は50％を超えているが、これらのデータには1950～80年代生まれの幅広い年齢層の人が含まれているので、統一教会に入信する人の学歴が一般に比べて低いとは言えないだろう。さらに男女の差も考慮する必要がある。2018年では、男女の大学進学率はそれぞれ56・3％と50・1％で拮抗してはいるが、それでも男性の方がやや高い。これが1978年では男性が40・8％に対して女性が12・5％で、男女の大学進学率にはかなりの差があった。同じ年の短期大学への進学率は男性が2・3％に対して女性が21・0％で、当時、まだ女性は大学よりも短大に進学する者が多かった。現在では、短大よりも4年制大学に進学する女性の方がはるかに多い。

中西氏の調査対象は1960～70年代生まれが84％を占めており、その年齢層の人が18歳になるのは1978年から97年の間となる。文部科学省の学校基本調査によると、この期間の高校進学率は常に90％を超えているが、大学進学率は男性が40・8％から34・1％に下落しているのに対して、女性は12・5％から14・7％に上昇している。短大への進学率は男性が2・3％から1・7％に減少、女性は21・0％から22・1％とほぼ横ばいである。櫻井氏の調査対象の79％が女性で、中西氏の調査対象の92％が女性であることを考えれば、脱会者の大卒が20％、現役信者の大卒が16％であることは、この年代の女性としては平均よりもやや高学歴と判断できるだろう。一方、短大卒は脱会者で17％、現役信者で11％だが、これは平均値よりもやや低い数字になっている。

黒田勝弘著『韓国　反日感情の正体』（角川学芸出版、2013年）の中では、在韓の日本人女性に関して、「韓国社会では日常的に彼女らを垣間見ることができる。たとえば取材で地方に出かけると、自治体の広報関係で日本語通訳としてよく見かける。日本系の居酒屋などのパートもそうだ。大卒がほとんどで、宗教に入れ込むほどの真面目派だから仕事はできる」（p.257）と描写されている。実際の大卒は16％で、短大を含めても27％にすぎないが、黒田氏が出会ったような通訳として社会で活躍しているような女性たちは大卒が多いのだろう。

統一教会信者の学歴に関する櫻井氏と中西氏の見解はほぼ同じであり、この点で脱会者と現役信者の間には差はない。櫻井氏は脱会者について、「青年信者の教育歴に関してみると、専門学校・短期大学を含む高等教育を受けたものは半数を超え、同世代の高等教育修了者より若干高い程度である。もちろん、女性が多いために、専門学校・看護学校・短期大学だけで二四名（三六パーセント）もいる（図6－3）」（p.205）としており、中西氏は在韓の日本人信者について、「脱会者と同じく半数以上が専門学校、短期大学を含めた高等教育を受けている」（p.453）とまとめている。このように、統一教会に入信する人が一般よりも低学歴であるという証拠はなく、むしろやや高い傾向にあるというのが妥当だろう。すなわち、彼らは高等教育を受けた後に信者となっているのであり、「無知ゆえに信者となった」とは言えない。

こうしたデータは、アイリーン・バーカー博士の『ムーニーの成り立ち』において示されているデータとも符合している。

「ムーニーが基礎的な知識に欠けるがゆえに説得を受け入れやすいのだという証拠はほとんどなかった。3分の2（非入教者あるいは離脱者のどちらよりも高い割合）が18歳を超えても教育を受けていた。5分の4

櫻井義秀氏の調査データ
日本の元信者

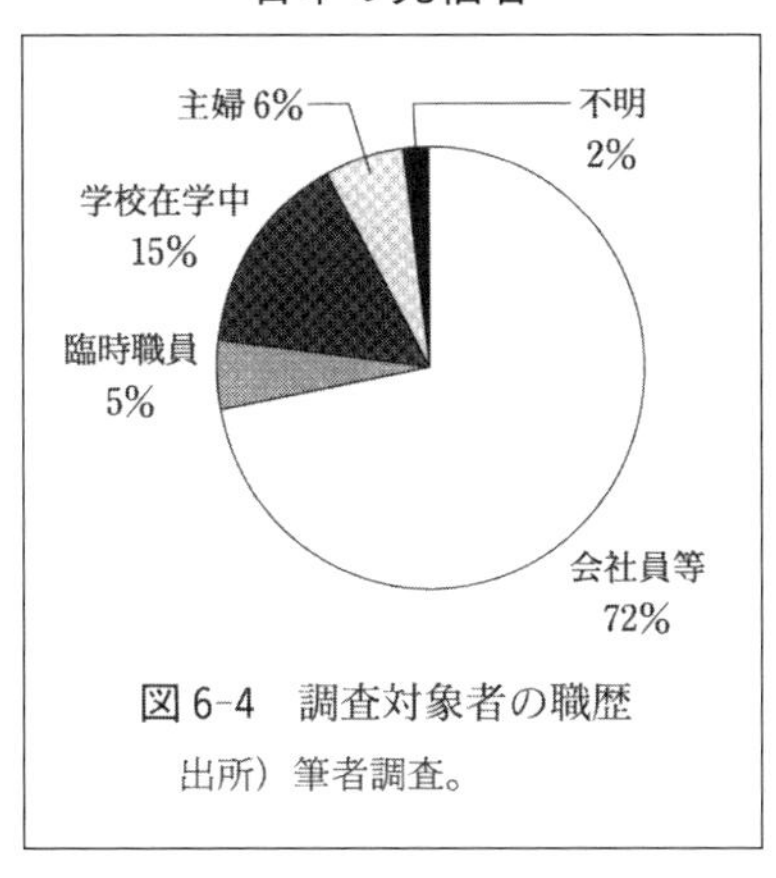

図 6-4　調査対象者の職歴
出所）筆者調査。

出典）『統一教会――日本宣教の戦略と韓日祝福』205 ページ

中西尋子氏の調査データ
在韓の現役信者

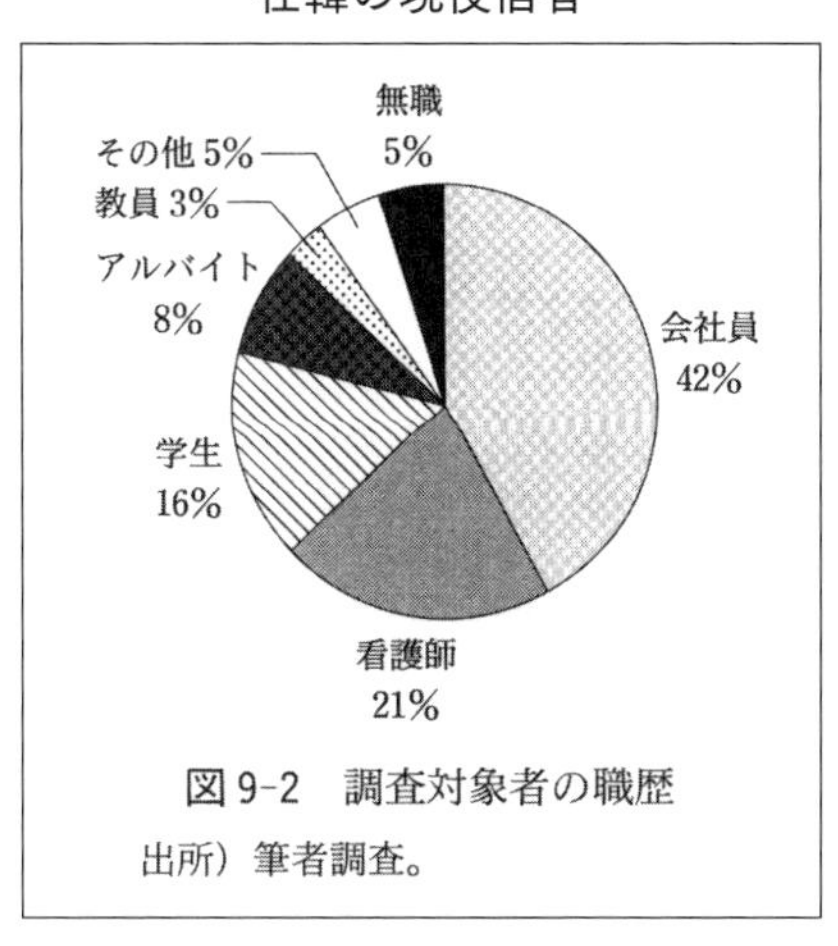

図 9-2　調査対象者の職歴
出所）筆者調査。

出典）『統一教会――日本宣教の戦略と韓日祝福』452 ページ

以上が、少なくとも「一般教育修了資格証書Oレベル」（あるいはそれと同等の学力）には到達していた（注：「一般教育修了資格証書」とは、イギリスおよびイギリスの旧植民地で1951年以降に導入された中等教育の修了証明。16歳で受験する基本的な内容のO（Ordinary）レベル、18歳で受験する専門的な内容のA（Advanced）レベルなどがある）。8分の1は学位を持っており、また別の8分の1は大学生であった。さらに別の4分の1は、義務教育後の試験を受けていた。ムーニーは対照群と比較して、成績優秀者の割合こそより少ないものの、より着実な学力を示す傾向がかなり強かった。離脱者は不安定である傾向が最も強く、成績の悪い者の割合は、ムーニーよりも非入会者においてより高かった。ムーニーの半数以上は仕事に就くために必要な何らかの資格を持っており、そのうち半数は専門的な資格だった」（第8章「被暗示性」より）

次に職歴である。図6－4で示されているように、櫻井氏の調査対象では、72％が会社員等となっており、臨時職員が5％、学校在籍中が15％である。前頁の図9-2で示された中西氏の調査対象では、会社員42％に加えて、看護師が21％、教員3％と別のカテゴリーをもうけているが、安定した職業に就いている者が66％であり、アルバイトが8％、学生が16％となっている。職歴の属性に関しては脱会者も現役信者も大きな差はないが、両者に共通しているのは、安定した職業に就いているか、学生だった頃に伝道された者が大半であり、無職や社会的に不安定な状態の者が信者になるという傾向はない。この点もバーカー博士の調査結果と一致する。彼女によれば、修練会参加の時点で失業していたムーニーは3％にすぎなかったという。

結論としては、学歴と職歴において脱会者と現役信者の間には有意な差はなく、どちらも平均的で一般的な学歴と職歴を持つ人が統一教会に入信したと言えよう。このことは、特に学歴が低くて無知であるとか、職業に就いたことのない社会不適合者であるといった特殊な傾向の人ではなく、ごく普通の人が統一教会の信者になることを物語っている。

中西氏のデータで特筆すべき点は、学歴における看護学校卒業生の割合と、職歴における看護師の割合の高さだろう。在韓の現役信者ではこれらの数値はいずれも21％にのぼる。看護師は女性の代表的な職種といえ、「為に生きる」職業の代表という側面もある。統一教会に入信するような人は、基本的に人のために生きたいという奉仕の精神を持った人であることを反映しているのかもしれない。3％の教師も、「子供たちのために」という奉仕の精神を特徴とする職業である。

バーカー博士は、ムーニーになりそうな人の特徴の一つとして、奉仕、義務、責任に対する強い意識を持ちながらも、貢献する術を見つけられないことを挙げている。彼女が出会ったムーニーの中には、もともと看護師や教師だった者がいた。しかし、理想主義的な性格の強かった彼らは、そうした他者に奉仕する職業の中でも幻滅や欲求不満を感じていたという。例えば、看護師だったムーニーの何人かはバーカー博士に対して、医療関係の仕事では患者を「全人格」として見ることができないと感じたとか、「私たちに期待されていたのは、病気を治療することだけだった。何がおかしいのかという根本原因を、誰も尋ねようともしなかった」と語ったという。

また、教師をしていた別のムーニーは、自分が道徳の面で子供たちの役に立つことができないと感じ、親もまた子供たちの学校の成績にしか関心がないのを見て幻滅したという。そこで彼女は教師を辞めて養護施設で働くことにしたのだが、自分たちは社会の過ちの結果を処理しているだけで、問題の核心を扱ってはいないことを知ったという。教育は彼女の夢の職業であったため、それを辞めるときには人生の目標を失ったような気持ちだったが、そうしたときに統一原理に出会い、長年探し求めていた答えを見つけ出したと感じて入会を決意したという。

統一教会信者がもともと「人のために生きたい」という理想を持っており、それを実践するような職業にいったんは就くが、そこでも理想を実現できないので、それを教会の中で実現しようとするあり方は、洋の東西を問わず、一つの典型的なあり方と言えるだろう。

「3　入信の経緯」

入信の経緯に関するデータについて、櫻井氏のデータと比較しながら考察しよう。これも櫻井氏による脱会者のデータと並べた方が比較しやすいので、スキャンした図を並記する。次頁の図6-5と図9-3がそれである。

中西氏は、「ヤコブ」と呼ばれる信仰二世を除いて、在韓の日本人現役信者も脱会者とほぼ同じようなイベントを経験して入信しているという。それは、最初の出会い、ビデオセンター、ツーデーズ、ライフトレーニング、フォーデーズ、新生トレーニング、実践トレーニング、布教活動や経済活動、祝福式への参加、家庭出発などによって構成されるという。脱会者の中にはこれら一連のイベントの途中で脱落する者がいるかもしれないが、基本的には同じような経験をしているということであろう。初めに、伝道された年に関して、櫻井氏と中西氏のデータを比較してみよう。

櫻井義秀氏の調査データ　日本の元信者

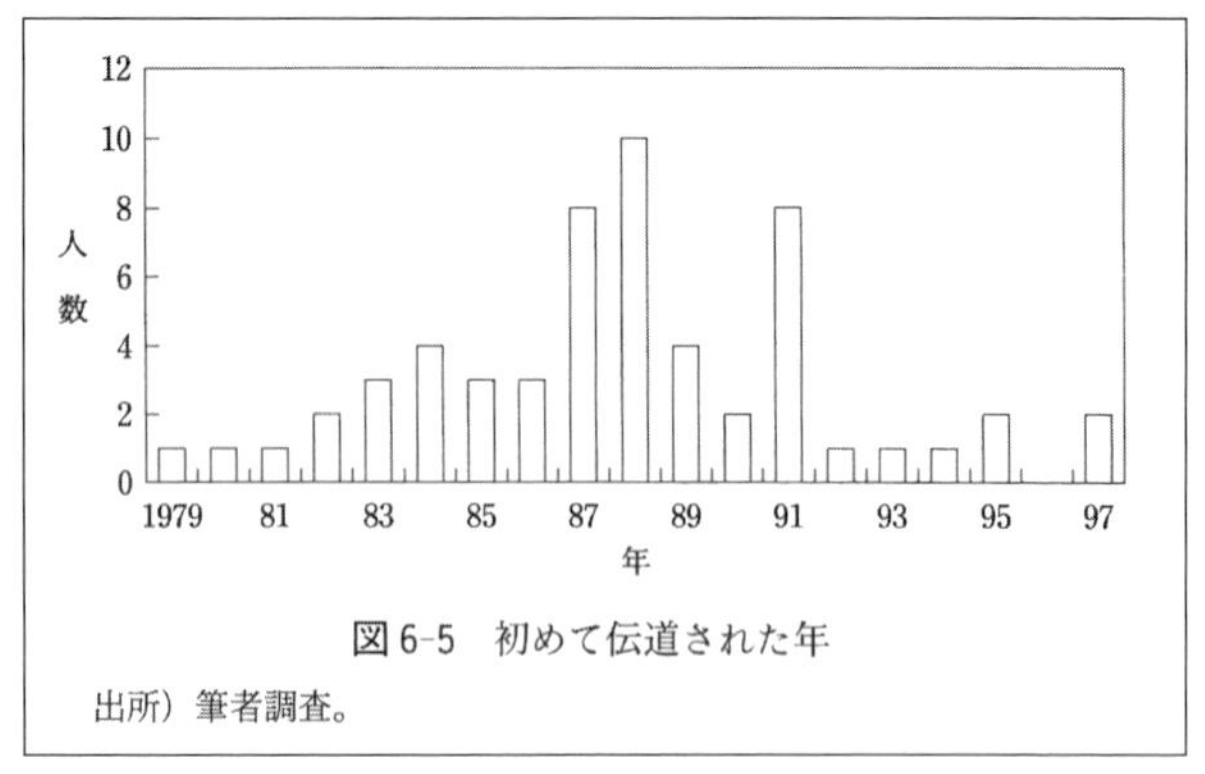

図6-5　初めて伝道された年

出所）筆者調査。

出典）『統一教会――日本宣教の戦略と韓日祝福』210ページ

中西尋子氏の調査データ　在韓の現役信者

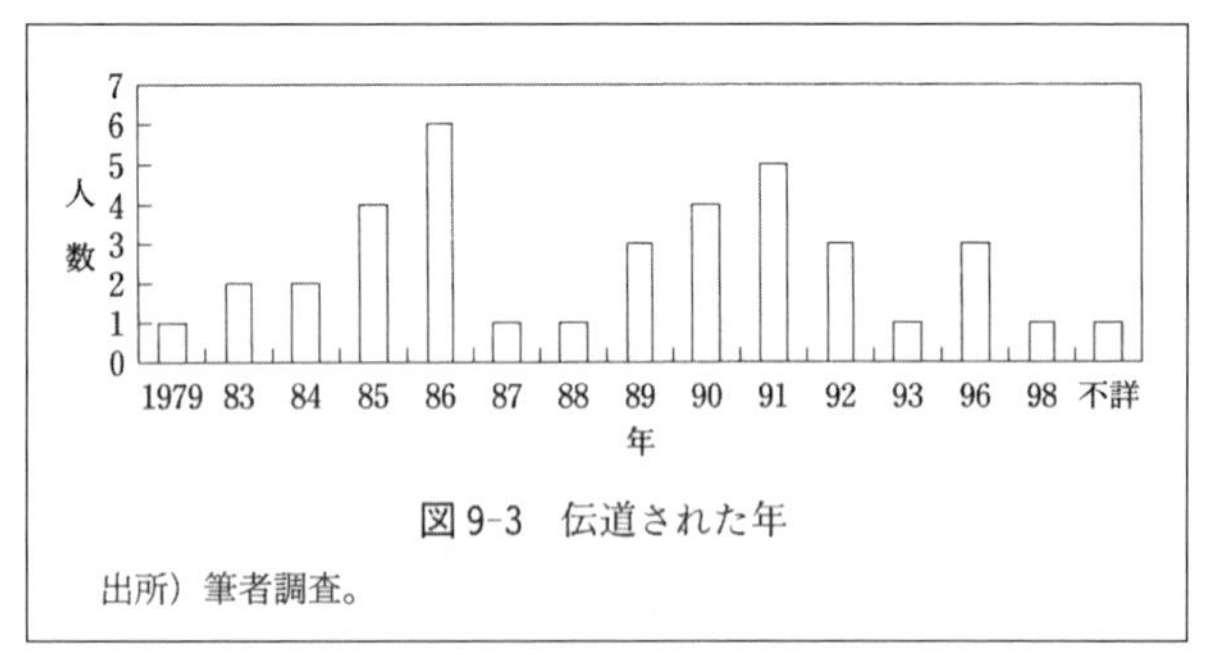

図9-3　伝道された年

出所）筆者調査。

出典）『統一教会――日本宣教の戦略と韓日祝福』454ページ

櫻井氏と中西氏の調査対象は、どちらも１９７９年から90年代の後半にかけて初めて教会に出会い、伝道されたという点で共通している。ほぼ同じ世代の、同じ時期に伝道された人々と考えていいだろう。そうであれば、伝道される過程で経験したイベントが似通っているのはある意味で当然である。脱会者においては１９８７年と88年にピークがあるのに対して、現役信者においてはこの２年が大きく落ち込んでいる。現役信者のピークは１９８５年と86年である。この違いの原因は分からない。一方で１９９１年にもう一つのピークがある点では両者は一致している。こうした細かい差異を除けば、両者はほぼ一致するデータであると言えるだろう。

入信時の年齢と入信にかかった年数

次に入信時の年齢を比較する。次頁の図６－６と図９－４がそれである。櫻井氏のデータは１歳ごとに細かくグラフにしているのに対して、中西氏のデータは5年ごとや10年ごとの塊で表記されており、大雑把なグラフになっている。それでも、10代後半から20代前半にかけて伝道される人が大半を占める点では一致している。統一教会は基本的に「若者の宗教」になるのだろうが、この二つのデータは統一教会の全体像を反映したものであるとは考えられない。それはどちらの調査対象も、若い頃に伝道された人だけがたどるようなライフコースを前提としているからだ。

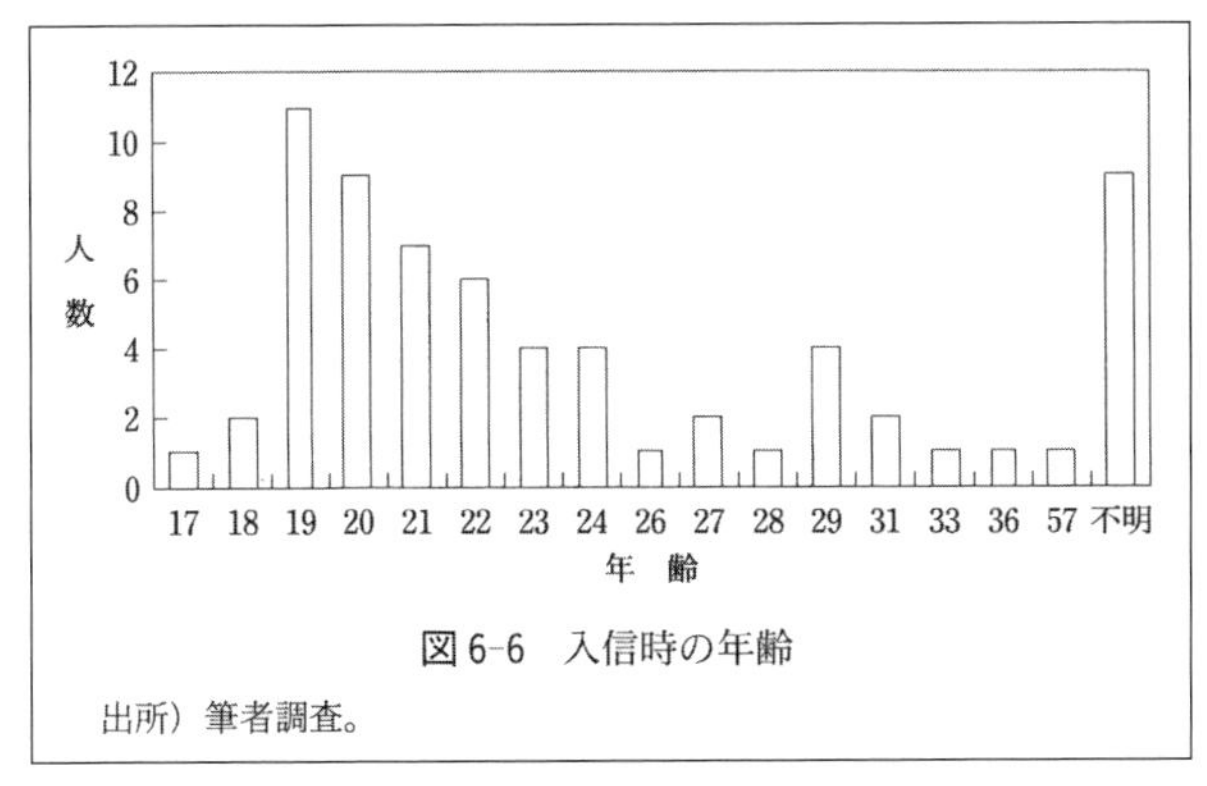

図6-6　入信時の年齢
出所）筆者調査。

出典）『統一教会――日本宣教の戦略と韓日祝福』210ページ

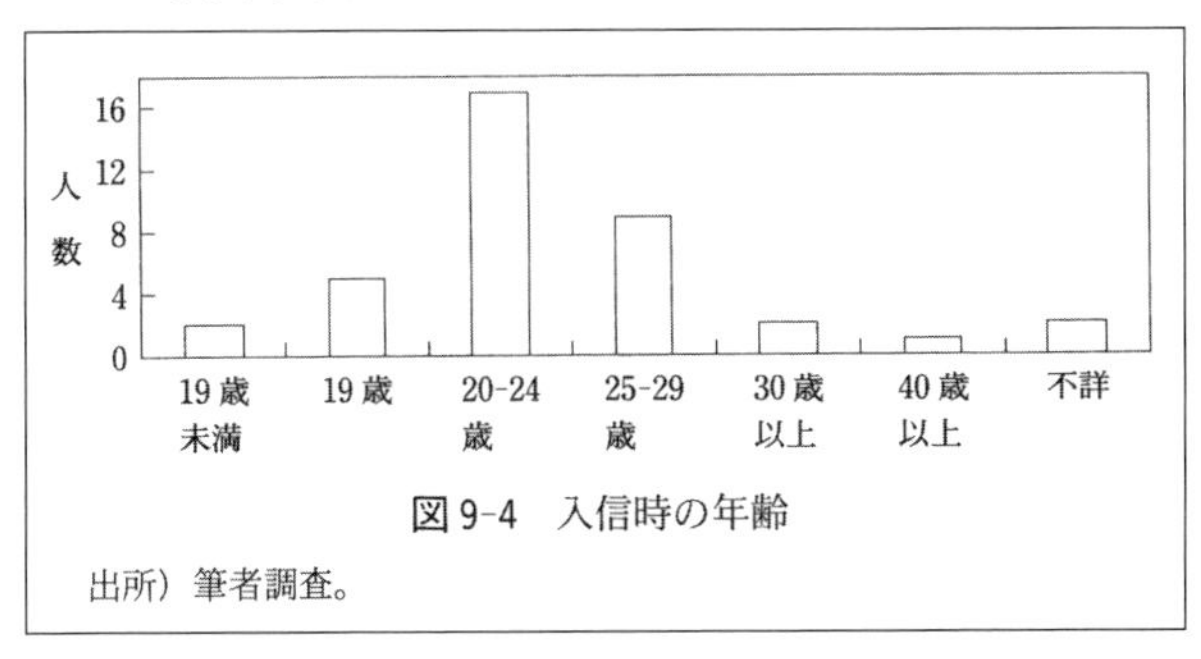

図9-4　入信時の年齢
出所）筆者調査。

出典）『統一教会――日本宣教の戦略と韓日祝福』454ページ

櫻井氏の調査対象は、壮婦の脱会者11％を除いて、89％が青年信者たちだ。彼らは10代後半から20代前半にかけて入信し、両親をはじめとする家族の反対に遭って脱会した者たちである。彼らが若くて人生経験が未熟だからこそ親は宗教にかかわったことを心配したのであり、自分が助けなければならないと思ったからこそ棄教の説得をしたのだろう。その意味では、脱会者の多くは比較的若い頃に伝道されている可能性が高い。

一方、中西氏のデータはマッ

チングによって韓国人と結婚した日本人が調査対象になっている。韓日祝福を受けるためには、伝道された時点で独身でなければならず、基本的に壮婦は対象から外れる。独身時代に入信し、数年の信仰生活を経た後に韓国人と結婚して韓国に渡るというライフコースは、やはり若者でなければたどることができない。その意味で、在韓日本人女性の多くは若い頃に伝道されている可能性が高い。中西氏は、「入信時の年齢は二〇代前半が約半数（一七名）、二〇代後半を合わせると七割近い（二六名）（図9－4）。学校を卒業し、社会人として働き始めた時期に伝道され、入信したということだろう。一九歳未満で入信した二名はヤコブである。入信時の平均年齢は二三・二歳である」（p.454-455）と述べている。

10代で伝道された者は櫻井氏の調査対象者にもいるが、こちらがヤコブである可能性は低い。なぜなら、親から伝道されたヤコブが親の反対を受けて棄教するとは考えにくいからだ。櫻井氏の調査対象は家族・親族や知人・友人ではなく、見ず知らずの人から伝道されたケースが多いようだが、彼らの中にも10代で伝道された者がいてもおかしくはない。なぜなら私は18歳で伝道されており、大学に入学した年に伝道されることは決して珍しくなかったからだ。かつて「親泣かせの『原理運動』」と呼ばれた通り、初期の統一教会が若者の宗教だったことは事実だが、1980年代には多くの壮年・壮婦が伝道されるようになった。

現時点では、統一教会の信者全体の中で壮年・壮婦の占める割合はかなり大きく、少なくとも櫻井氏のデータにおける11％、中西氏のデータにおける3％（38人中1人）よりは、はるかに大きな数字になると思われる。壮年・壮婦であれば、入信時の年齢は20代後半から40代、50代に至るまで幅広く分布すると思われ、彼らを含めたデータを取れば、統一教会は若者の宗教であるという印象はなくなるだろう。その意味で、入信時の年齢という点では、櫻井氏のデータも中西氏のデータも「はずれ値」と言える。

次に伝道から入信までの年数を比較する。中西氏は、「現役信者への聞き取り調査では伝道年、入信年を脱会信者のように何年の何月だったかまで厳密な聞き取りはしていない。本人がよく覚えていなかったり、何歳頃という漠然とした回答だったりしたこともあった」（p.455）としている。したがって、中西氏のグラフ（図9－5）は櫻井氏のグラフ（図6－7）に比べて大雑把なものになっている。櫻井氏のデータが緻密なのは、調査対象が裁判の原告が多いことによるものだろう。統一教会に対して損害賠償を請求するためには、少なくとも何年の何月頃に何があったかをできるだけ正確に陳述しなければならないからである。そうした必要がなければ、人は自分の人生に関する記憶であっても細かい年月日を覚えていないものだ。その意味では、中西氏のデータの方が自然である。

櫻井義秀氏の調査データ　日本の元信者

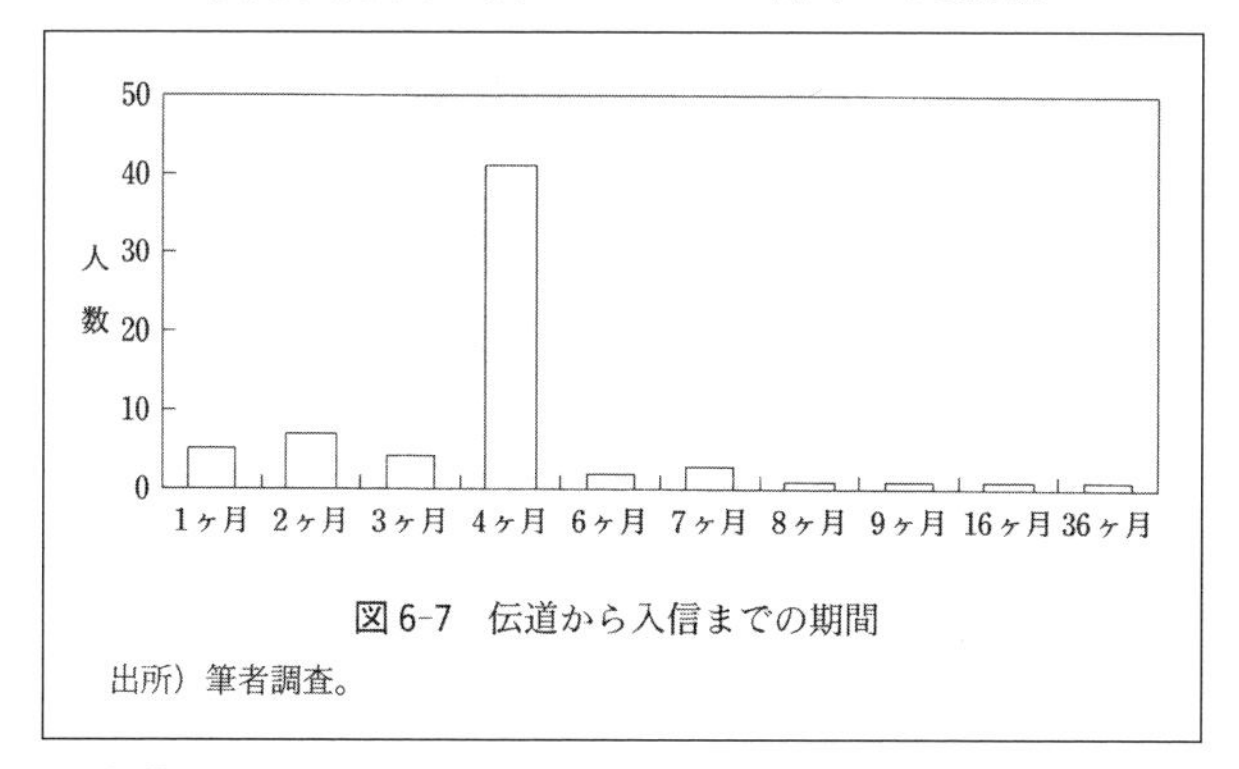

出典）『統一教会――日本宣教の戦略と韓日祝福』211ページ

中西尋子氏の調査データ　在韓の現役信者

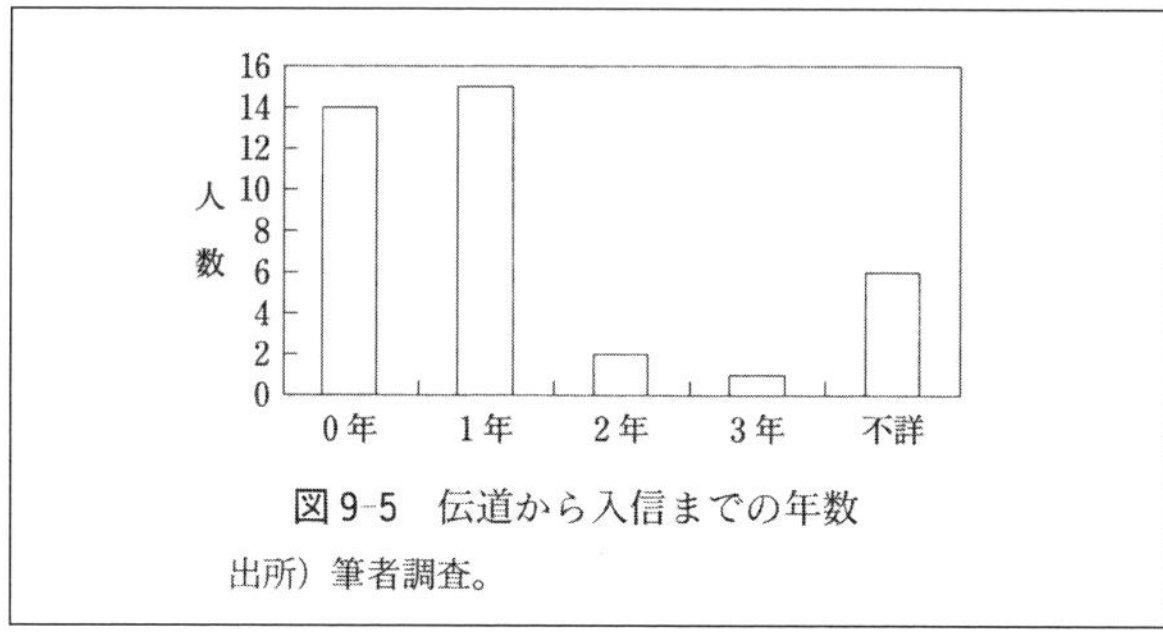

出典）『統一教会――日本宣教の戦略と韓日祝福』455ページ

　伝道されてから入信するまでの期間は、櫻井氏においては4か月が突出して多く、大部分が1年未満に入信している。一方で、中西氏のデータは0年（1年未満）と1年がほぼ拮抗している。これをもって、脱会信者の方がより短期間で伝道されたと結論付けできるのかどうかは分からない。しかし、中西氏にとっては0年も1年も同じように「短い」と感じられるようで、現役信者と同様に「やはり伝道されてから入信に至る期間は非常に短い」（p.455）と結論付けている。さらに、「脱会者と同様に現役信者も短期養成的な教化プログラムによって信者になったことが窺える。とりあえず入会し、座談会などに出席しながらゆっくりと信仰を育んでいくような新宗教教団の入信過程とは異なっていることが明らかである」（p.456）とまで言っている。

この論法は櫻井氏と全く同じであり、統一教会に入信するまでの期間が極めて短いことを理由に、信仰の獲得が本人の主体的な意思ではなく、プログラムや説得による受動的なものであると言いたいようだ。櫻井氏と中西氏の主張の問題点は、最初に出会ってから入信するまでの数か月から1年という期間が「短い」という根拠を示していないことである。「とりあえず入会し、座談会などに出席しながらゆっくりと信仰を育んでいく」ことが一般的な新宗教への入信過程だというのは、単にイメージとして提示されているだけで、実証的な根拠は示されていない。他の宗教の入信プロセスについて、伝道者と出会ってから入信を決意するまで平均でどのくらいの期間を要しているのか、実証的なデータに基づいて比較しない限りは、統一教会への入信に要する期間が「短い」とは言えないはずである。

仮にその期間が統一教会において他の宗教と比較して短かったとしても、それは一つの個性であり、そのこと自体の良し悪しを問い、回心が本物であるかどうかを疑うことには意味がない。アイリーン・バーカー博士は『ムーニーの成り立ち』の中で、「突然で劇的な回心の話は歴史にあふれており、聖パウロの体験はその中でも最も広く知られている話の一つである。北米や欧州における福音派の伝道集会は、突然の回心を体験した何千人もの『新生した』クリスチャンを生み出している」（第5章「選択か洗脳か?」より）と述べている。さらに彼女は実際に入会するまでに何か月から何年という時間をかけているムーニーも存在し、それは「突然でない」回心の例として挙げられている。「長い」「短い」という判断は相対的なもので、出会ったその日に聖霊を受けて劇的な回心を体験し「新生した」クリスチャンに比べれば、統一教会への回心は極めてゆっくりとしたものといえるのかもしれない。

櫻井氏のグラフには印象操作がなされている

図6-8と図9-6はいずれも入信から献身までの期間を示している。櫻井氏も中西氏も統一教会への献身を前提として調査を行っているが、既に説明したように、彼らが宗教法人である統一教会に献身した事実も、雇用関係にあった事実もなかった。彼らが「献身」したと認識していたのは実際には「全国しあわせサークル連絡協議会」の活動に専従するようになったということであり、統一教会に献身したわけではないが、以下の説明ではそうした前提で「献身」という言葉を用いることにする。

櫻井氏と中西氏ではデータのとり方の細かさに若干の違いがあるものの、大半が入信してから2～3年の間に献身している点では共通している。これに関して、櫻井氏は「入信から献身を決意するまでの期間を見ると、これは数ヶ月から一年間、複数年ま

櫻井義秀氏の調査データ　日本の元信者

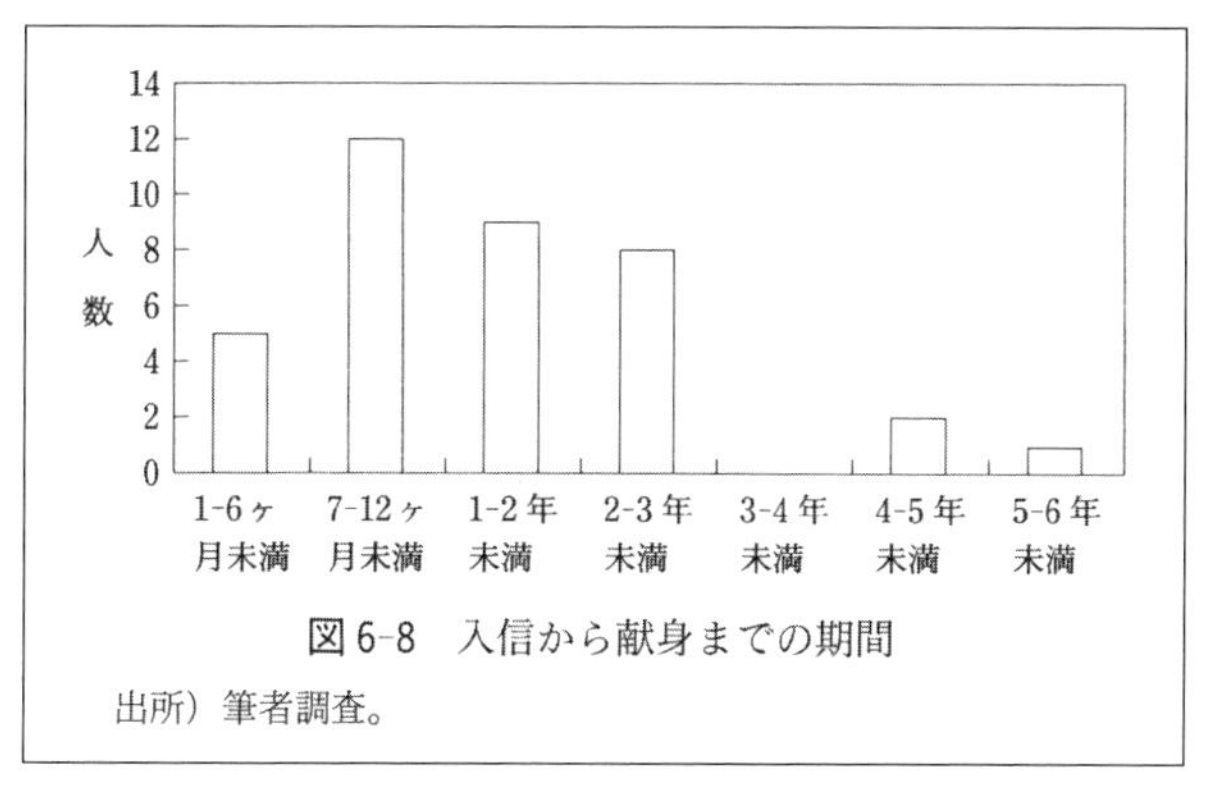

図6-8　入信から献身までの期間

出所）筆者調査。

出典）『統一教会――日本宣教の戦略と韓日祝福』212ページ

中西尋子氏の調査データ　在韓の現役信者

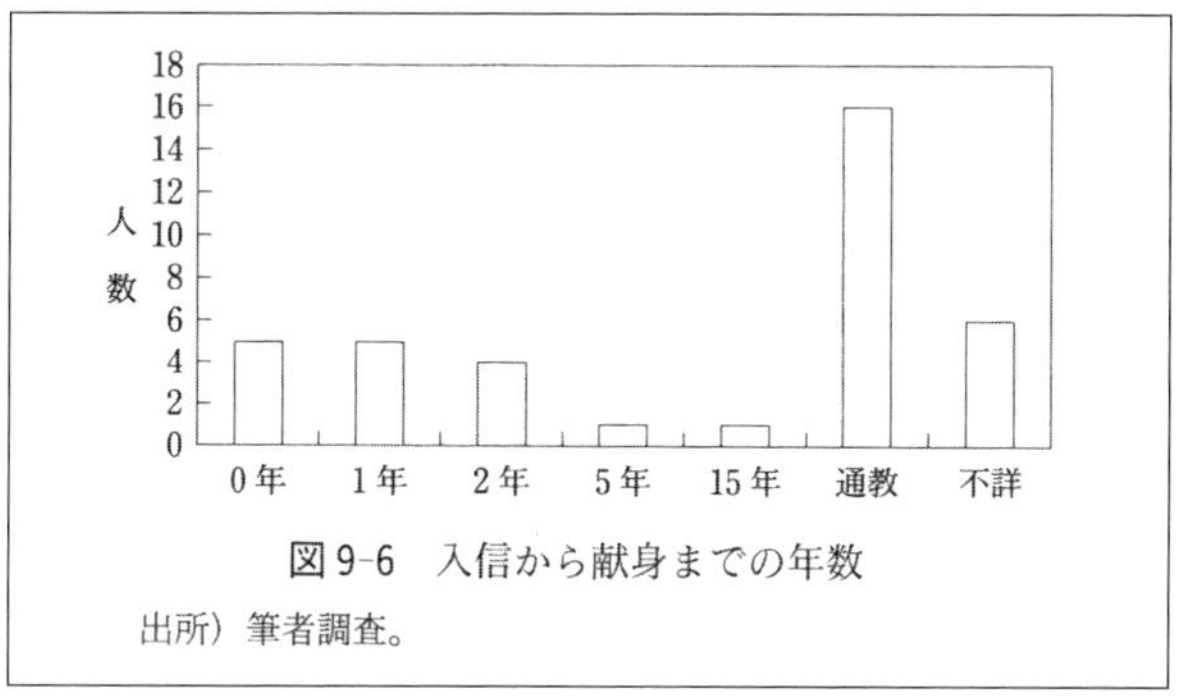

図9-6　入信から献身までの年数

出所）筆者調査。

出典）『統一教会――日本宣教の戦略と韓日祝福』455ページ

で散らばりがある」（p.212）と評価しているのに対して、中西氏は「入信して短期間のうちに献身に移行している」（p.455）と評価した上で、入信から献身まで15年かかった者は例外的な事例であると言い切っている。しかし、統一教会ではこのケースのようにいったん離れてから再び教会につながる「再復帰」と呼ばれる現象はよくあり、決して例外的な事例とは言えない。現実に存在するばらつきを無視して、「例外」として切って捨てる態度は、社会学者としてはいかがなものだろうか。

実際には、ばらつき具合は櫻井氏のデータでも中西氏のデータでも似たようなものであり、誰もが同じように短期間で献身するのではなく、個人の決意や事情によって短くなったり長くなったりする。このように同じ現象に対する評価が櫻井氏と中西氏の間で分かれているのは、こうした期間が長いか短いかという判断がそもそも客観的ではなく、主観的なものであることの表れであろう。宗教的回心や献身を決意するのに要する時間に「適切な長さ」というものが客観的に存在するわけではないからだ。

それよりも櫻井氏のグラフと中西氏のグラフを比較すると興味深い事実が発見できる。櫻井氏のグラフを見ると、入信から2～3年の間にほとんどが献身し、残りも6年以内には献身するかのように描かれている。しかし、それらの数字を合計しても37人にしかならず、調査対象の総数である66人に及ばない。その差は29人であり、彼らは献身しなかったというのが事実である。これを櫻井氏は、「献身する前に脱会した信者がいるので、総数は調査対象者の六六名になっていない」（p.212）とごまかしているが、これはもし彼らが脱会していなかったら献身していたはずだという根拠なき前提に基づくものである。実際には、入信しても献身せずに勤労青年として信仰を続け、そのまま祝福を受ける者も多数いるのだから、献身しなかった者が29人（43％）もいたという事実はグラフの中にきちんと表示すべきである。これを櫻井氏がしなかった理由は、彼が示したグラフの最高値が12人であるため、その2倍以上になる29人という数字を棒グラフで示してしまえば、「献身しない人がこんなにたくさんいるんだ」という印象を読者に与えてしまうことを恐れたからと思われる。そこで櫻井氏は、この棒グラフを消去するという印象操作を行ったのだ。

一方で、中西氏のグラフはこの点でもっと正直だ。調査対象の38人のうち、献身せずに「通教」だった者の人数が16人（42％）としてグラフ化されており、それはこのグラフの中ではどの値よりも高い数値になっている。奇しくも、伝道されたけれども献身しなかった者の割合は、櫻井氏のデータでも中西氏のデータでもほぼ同じ値となっており、4割以上の者が献身せずに通教あるいは勤労青年の道を選択するという事実が明らかになった。中西氏はこの点について、「入信後もそのまま学業や仕事を続けている通教が一六名であり、不詳を除けば半数が献身している」（p.455）と分析している。献身するかしないかの割合がほぼ半々であるとすれば、その決定は一方的な教化や誘導によってなされるのではなく、個人の事情と自由意思による判断がかなりの割合を占めていると言えるのではないだろうか。すなわち、献身しなくても信仰生活を継続して祝福を受ける道があることは信徒たちの間で広く認識されており、どちらの道を歩むかは個人の主体的な判断に委ねられている。それが事実であるにもかかわらず、櫻井氏はそれを「不都合な真実」としてグラフから消去して隠ぺいしようとした。それが皮肉にも中西氏のグラフとの比較によって明らかになってしまったのだ。

脱会信者の物品購入金額

続いて中西氏は、「巻末資料2の脱会信者の一覧表には『物品購入金額』があるが、現役信者にはこの点について聞き取りをしていない。購入したものが大量、高額であったとしても現役信者にとってそれは『被害』ではない。四万九〇〇〇円で買った象牙の印鑑を今でも銀行の通帳を作るときに使っている、壺を実家の神棚の横に置いているというものもいる」（p.455-456）と述べているが、これは正論である。本人が納得しているのであれば、どんなに高額であっても被害とは言えない。印鑑のように実用性のあるもので、何十年も継続的に使っているのであればそれはなおさらである。問題は、中西氏の述べているような正論が通じない弁護士たちがいることである。彼らはたとえ感謝して買っていてもそれを「被害」と決め付け、「騙されたんだ」と説得する。今は脱会者でも、購入した時点では感謝して納得しており、クーリングオフ期間を過ぎてから心変わりして価値を感じなくなった場合には、それは被害とは言えず、売った側に賠償の責任はないはずである。にもかかわらず、そうした事実を無視して損害賠償を請求し、裁判でそれが認められてしまうケースがある。そうした現実を背景とすれば、中西氏の述べている当たり前のことは評価できる。

巻末資料2の脱会信者の一覧表に「物品購入金額」があるのは、櫻井氏の調査対象である脱会者が統一教会を相手取って民事訴訟を起こした元信者たちであり、その代理人を務めた弁護士から彼らの情報が提供されたことを物語っている。通常の宗教学の調査では宗教的回心や脱会などの内面に関する情報が収集されるのであり、こうした物品購入に関する情報が詳しく調べられることは稀である。しかし、裁判においてはこうした金額を細かく提示しないと損害賠償を請求できない。このことはむしろ脱会者の情報の特殊性を物語っているのであり、決して中西氏の調査した現役信者に関する情報が欠けていたのではない。

「4　合同結婚式への参加から家庭出発まで」

続いて中西氏は、献身してから祝福を受けるまでの年数と、入信してから祝福を受けるまでの年数を表とグラフで提示している。次頁の表9-4と図9-7（p.457）を見て言えることは、「ばらつきがあり、一定していない」ということだけである。中西氏はその期間が非常に長くなったケースが例外的な事例であることを様々な理由で説明しようとしているが、それは個人の事情以外の何ものでもない。要するにいつ祝福を受けるかは個人の事情で変化し、人によってまちまちであるという事実が明らかになったにすぎない。

しかしこうした事実は、統一教会ではマインド・コントロールが行われており、誰もが判で押したような教化プ

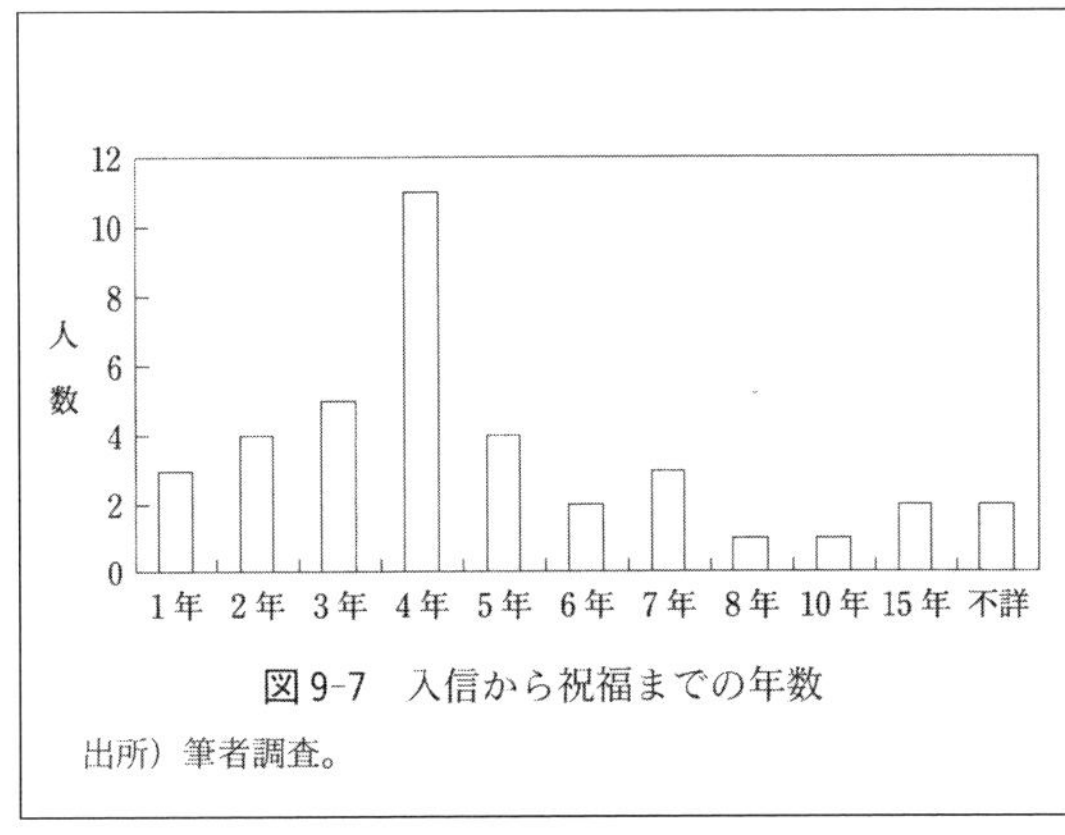

図9-7　入信から祝福までの年数

出所）筆者調査。

表9-4　献身から祝福までの年数

年数	人数
0年	2
1年	3
2年	4
3年	2
4年	3
5年	1
8年	1
通教	16
不詳	6
計	38

出所）筆者調査。

出典）『統一教会――日本宣教の戦略と韓日祝福』457ページ

ログラムを通過して信者になり、献身し、祝福を受けるというベルトコンベアーのようなイメージを描きたい中西氏にとっては不都合だったようで、必死になって長くかかってしまった「例外的な」理由を見いだそうとしている。そればかりか、入信してから1年足らずで祝福を受けた二人の事例をわざわざ詳細に記述した上で、ご丁寧に「入信したら無条件に祝福というような早さである」(p.458)という解説まで加えている。現実には早く祝福に至る人もいれば、時間がかかる人もいる。それは人それぞれの個性と事情によるものであり、良し悪しの問題ではない。仮にも社会学者であるならば、中西氏は自己の価値観をデータに読み込まずに、客観的で中立的な分析に徹するべきではなかろうか？

次に、祝福を受けた年、祝福時の年齢、祝福から家庭出発までの年数（聖別期間）に関する分析を扱うことにする。これらに関する統計的なデータは櫻井氏の研究対象に対しては行われていないので、中西氏のデータのみを扱う。なお、これは櫻井氏の怠慢ではなく、櫻井氏の調査対象は脱会者であり、祝福を受けて家庭を出発する段階に至る前に教会を離れている者が多いため、統計的なデータを取る項目としては適していないと考えられる。

初めに中西氏は最初の祝福が壊れた6人の経緯を説明している。この女性たちは、今の祝福が2回目にあたる。1回目の祝福は、5人が相手から断られており、一人は家庭出発前に相手が亡くなっている。6人とも自分から断ったのではないというのは事実であろう。信仰的な日本人らしいデータである。中西氏は、「祝福の相手は『人間の意思や選択の範囲を越えて、神様がすでに備えている』（日本の統一教会ホームページ「祝福の価値と意義」（現在は閉鎖））とされるが、やはり断られることはあるようである」（p.458）と皮肉めいた書き方をしているが、どうやら彼女は『原理講論』の予定論の理解が不足しているようだ。

「人間の意思や選択の範囲を越えて、神様がすでに備えている」というのは、神が予定されているという意味である。『原理講論』では、神のみ旨は絶対的であるが、「み旨成就は、どこまでも相対的であるので、神がなさる九五パーセントの責任分担に、その中心人物が担当すべき五パーセントの責任分担が加担されて、初めて、完成されるように予定されるのである」（前編・第六章「予定論」より）と説明されている。すなわち、祝福で特定の相手と結ばれることは神が予定されるが、それが成就するかどうかは人間の責任分担によって決まるのである。

特定の人物が歩む道に対する予定は、『原理講論』では「人間に対する予定」と表現され、以下のように説明されている。

「神は人間をどの程度にまで予定なさるのだろうか。ある人物を中心とした神の『み旨成就』においては、人間自身があくまでもその責任分担を果たさなければならないという、必須的な要件がついている。つまり、神がある人物を、ある使命者として予定されるに当たっても、その予定のための九五パーセントの神の責任分担に対して、五パーセントの人間の責任分担の遂行を合わせて、その人物を中心とした『み旨』が一〇〇パーセント完成する、というかたちで、初めてその中心人物となれるように予定されるのである。それゆえ、その人物が自分の責任分担を全うしなければ、神が予定されたとおりの人物となることはできないのである」（前編・第六章「予定論」より）

神は一人の中心人物を立ててみ旨成就を予定するが、もしその人物が責任分担を全うすることができずに失敗してしまえば、他の人物を代理に立ててでも、その目的を成就しようとされる。この原理を祝福のマッチングに適用すれば、神は特定のカップルを相対関係として予定するが、二人のうちどちらかが個人としての責任分担を全うできずに教会を離れてしまったり、相対関係を受け入れられずに断ってしまったりした場合には、別の人物を代理に立てて、残された側の個人の祝福を全うしようとされる。したがって、神が予定した特定のカップルは、祝福を受けた双方が個人の責任分担を全うしたときに初めて、祝福家庭となることができるのである。

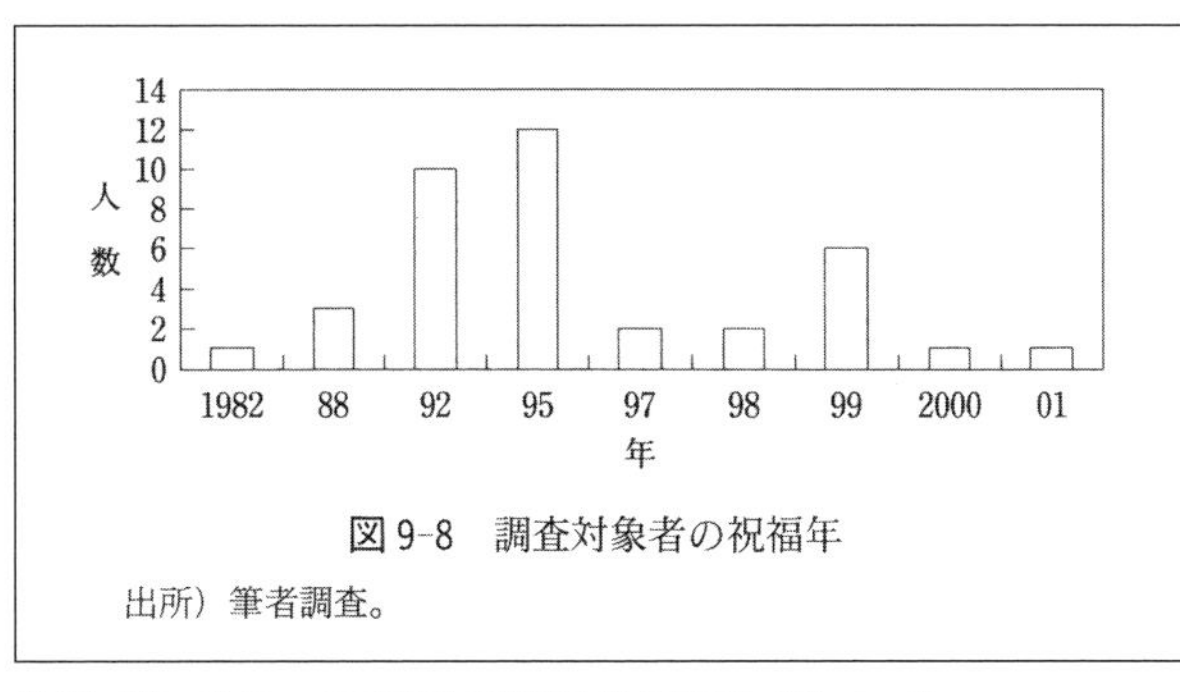

図 9-8　調査対象者の祝福年

出所）筆者調査。

出典）『統一教会――日本宣教の戦略と韓日祝福』460 ページ

図9-8に示されているように、祝福年は、1992年（3万双）、1995年（36万双）が多く、それぞれ10人、12人いる。この二つの祝福では韓日カップルが多く出ているので、おのずと調査で出会う信者もこの年の祝福の人が多くなるというのが中西氏の分析だ。確かにこの二つの祝福では韓日カップルが多いのだが、教会の歴史をよく知るものとしては、韓日祝福の数が飛躍的に伸びたのは1988年の6500双からで、このときにも1526組の韓日カップルと1060組の日韓カップルが誕生しているはずである。その割合が中西氏のデータにおいて低いのはなぜかという疑問は残る。一つの推測として成り立つのは、中西氏が調査した場所が韓国の田舎を中心としていたことに原因があるということだ。

6500双以前には、韓国農村男性の結婚難を解決するために日本人の女性信者と韓国人の農村男性のマッチングが行われることはなかった。なぜなら、この頃に祝福式に参加したのは信仰を持つ教会員だけであり、花嫁を紹介するという形で韓国農村部の非信者の男性に祝福結婚を呼びかけることはなかったからである。こうしたことが行われるようになったのは3万双（1992年）以降であり、特に36万双（1995年）のときにはそうした傾向が強くなったと思われる。したがって、韓国の田舎で調査をすれば必然的に6500双（1988年）よりも3万双（1992年）や36万双（1995年）の比率が高くなる。

図9-9に示されているように、祝福時の年齢は、25～27歳に集中していると分析されている。これは常識的な意味で結婚適齢期と言えるだろう。昨今は晩婚化が進み、日本人女性の平均初婚年齢は29歳に至っているが、彼女たちの結婚した時代は今よりも若い年齢で結婚する女性が多かった。とはいえ、28歳以降30代の後半に至るまでそれぞれの年齢で祝福を受けた者が1～2人いる。これは一般的な結婚適齢期を過ぎた女性にも祝福の機会を与えていることを意味する。

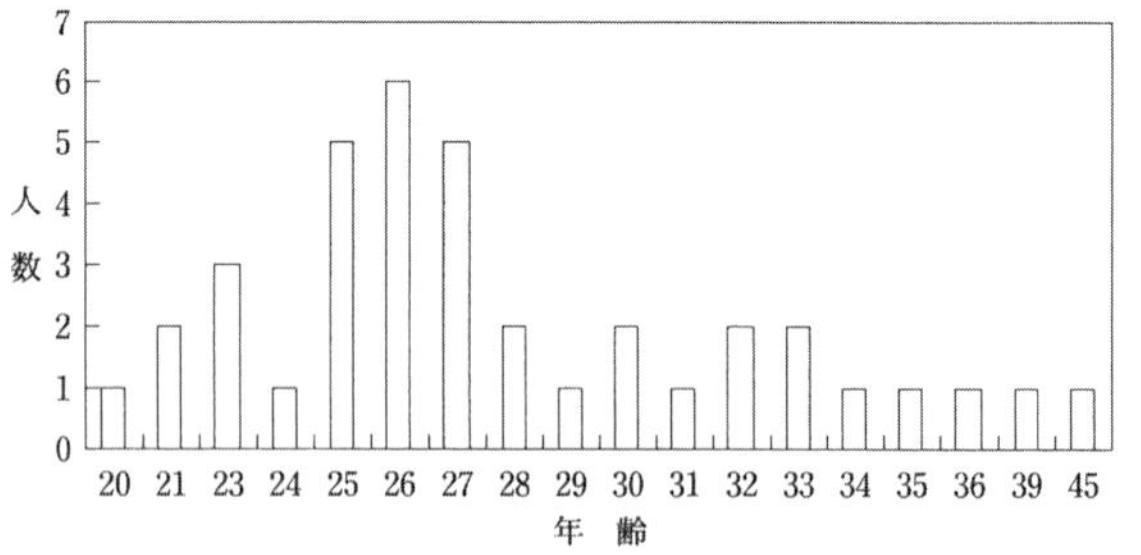

図9-9　祝福時の年齢

出所）筆者調査。

出典）『統一教会――日本宣教の戦略と韓日祝福』460ページ

続いて祝福を受けてから実際に家庭生活を始めるまでの年数がグラフで示されている。次頁の図9-10がそれである。1年未満（0年）から5年までばらつきはあるが、一般常識からすれば結婚式を挙げてから数年も家庭生活を始めないのは奇異に映るだろう。これは「聖別期間」があるためで、中西氏は以下のように説明している。

「統一教会では祝福を受けた後、夫婦が同居して家庭生活を始めるまで『聖別期間』が設けられている。ソウルなどで合同結婚式に参加した後、それぞれ帰郷、帰国して別居生活をする。基本は

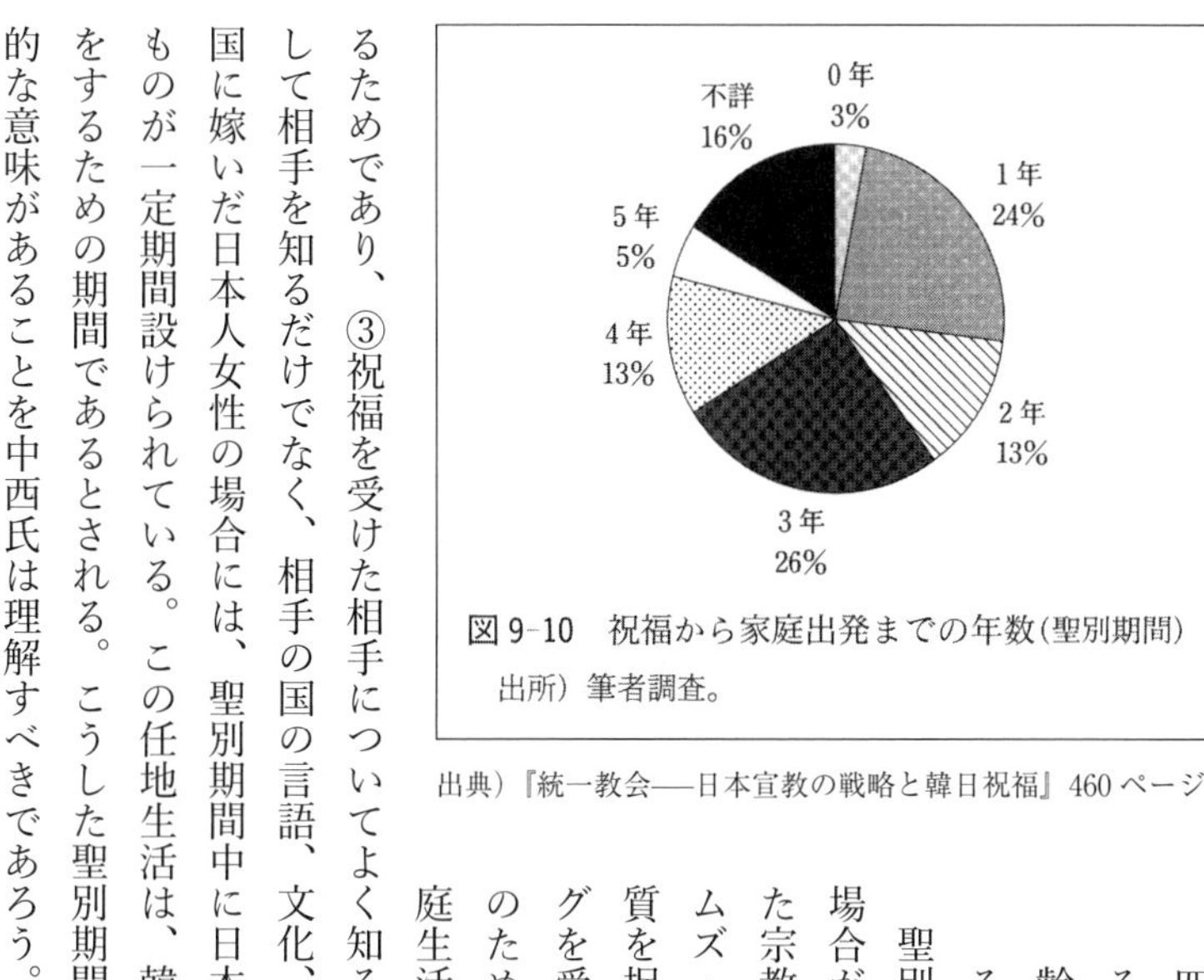

図9-10　祝福から家庭出発までの年数（聖別期間）
出所）筆者調査。

出典）『統一教会──日本宣教の戦略と韓日祝福』460ページ

四〇日であるが、延長期間としてさらに三年延長する場合もある。厳密なものではなく、所属教会の都合あるいは祝福時の年齢によっても変わる。祝福時の年齢が高いと短くなる傾向がある」（p.459）

聖別期間が本来40日でありながら、なぜ数年にわたって延長する場合があるのかに関する中西氏の分析は表層的で、そこに込められた宗教的な意義を理解しているとは言い難い。その点では、ジェームズ・グレイス博士の『統一運動における性と結婚』の方がより本質を捉えていると言えるだろう。グレイス博士によれば、マッチングを受けたカップルが数年の聖別期間をもつのは、①地上天国実現のためにカップルが捧げる犠牲であり、②神を中心とする結婚と家庭生活のための堅固な基礎を築くために、個人として霊的に成長するためであり、③祝福を受けた相手についてよく知るためである、という。特に国際カップルの場合には、個人として相手を知るだけでなく、相手の国の言語、文化、風習などに慣れて適応していくための期間が必要である。韓国に嫁いだ日本人女性の場合には、聖別期間中に日本で活動する期間に加えて、韓国での「任地生活」と呼ばれるものが一定期間設けられている。この任地生活は、韓国での生活に慣れながら言語や文化を学び、結婚生活の準備をするための期間であるとされる。こうした聖別期間は、意味もなく家庭出発を延長されているのではなく、宗教的な意味があることを中西氏は理解すべきであろう。

「5　現役信者の入信・回心・合同結婚式までのパターン」

「第九章　在韓日本人信者の信仰生活」は、韓国に嫁いで暮らす日本人の統一教会女性信者に対するインタビューに基づいて記述されている。中西氏は調査対象となった在韓日本人信者の基本的属性のデータを以下のようにまとめている。

「現役信者も入信から通教・献身までの経緯は脱会信者と変わらない。二三―二四歳くらいに入信し、あまり期間をおかずに献身をする。この後が脱会信者と違ってくる。献身してから二年ほど、年齢では二五―二七歳くらいに祝福を受け、聖別期間を送り、それを終えると家庭出発となる。祝福を受けてから家庭出発するまでの期間はおよそ二年半である。二〇代前半に入信し、後半に結婚して家庭出発を開始するというパターンである。統一教会の教義上、家庭を築き、女性信者は無原罪の『神の子』を生むことが重要であるから遅くとも二〇代後半には結婚生活を始めさせるのだろう」(p.460-461)

この記述は間違ってはおらず、中西氏の調査対象となった女性たちのデータから導き出される平均的なライフコースだろう。とはいえ、私にはかなり理想的なパターンに思える。実際にはこのライフコースに当てはまらなかったり、うまく乗れなかったりする女性もたくさんいる。20代前半に祝福を受け、20代後半に家庭を出発できれば子女に恵まれるチャンスは十分にある。しかし、婚期を逃して30代になってから祝福を受ける女性信者も実際にはたくさんいる。

中西氏は次のようにも述べている。

「祝福は確定的な信者への移行儀礼であり、第二段階の入信ともいえる。入信したときは自分一人の信仰だったが、家族を形成すると夫や子供と共に家族生活を営むこと自体が信仰実践になる。家族を形成することによって後戻り（脱会）も困難になる。信仰に疑問が生じたとしても、信仰を否定することはこれまでの自分自身の歩み、そして形成した家族をも否定することになるからである。祝福によって信者は未婚のときとは違った信仰生活を始める」（p.461）

この中西氏の指摘も間違ってはいないが、信仰に対する評価が基本的にネガティブであり、中立性を欠いている点が気になる。祝福という移行儀礼を通過してしまえば、本来やめるべきものもやめられなくなり、否定すべきものも否定できなくなるというニュアンスが行間からにじみ出ている。祝福式が一種のイニシエーションとしての機能を持っていることは事実だが、もっと中立的な表現をすれば、祝福は信者の信仰やアイデンティティーを強化する役割を果たしているということだ。これは統一教会に限らず、あらゆる宗教のイニシエーションの基本的な機能であり、祝福はその中でも特に強力な儀礼といえる。

統一運動の性と結婚について社会学的な研究を行ったジェームズ・グレイス博士は、著書の中で「統一運動の性と結婚に対するアプローチは、メンバーの献身を維持し強化するうえで極めて有効である」というテーゼを掲げている。そして祝福にまつわる一連の儀式は、すべてメンバーの献身を強化し、アイデンティティーを確立していく上で有効に働いていると指摘している。

彼は祝福の儀式が持つ意味について以下のようにまとめている。

「祝福の儀式は、終末論的共同体としての統一運動の統合性と結束を劇的なやり方で象徴的に表現する。それらを通して、いくつかのレベルで結束が確認され実現される。

1．カップルと真の父母の間に血縁関係が確立される。
2．永遠の絆が夫と妻を結び付ける。
3．カップルは共同体全体と新しい特別な関係を結ぶ。
4．各合同結婚式に参加したカップルはお互いに特別な関係となり、それは毎年グループの記念晩餐会で祝賀される。

5．各カップルは原罪から解放され、それによって霊的領域、すなわち神ならびに霊界にいる彼らの先祖に近づく。

6．結婚を成就させる三日行事は、性と霊性の統合を象徴する。

宗教の歴史において、祝福に関連した儀式に匹敵するような、人生における多くの別個の側面を包括し統一する一連の儀式を見いだすのは困難であろう。さらに、統一運動の結婚の型破りな性質、とくに配偶者を文師が選ぶことは、確実にグループの一体感を支持するような過激な性質をその儀式に与えるのである」（ジェームズ・グレイス『統一運動における性と結婚』第7章より）

櫻井氏も中西氏も、祝福が信徒の自由を拘束し、人生の選択肢を狭めるものだという視点からネガティブに見ているが、それは別の見方をすればアイデンティティーの強化ということになる。グレイス博士は結婚にまつわる宗教的な行事や習慣は、どの宗教にあっても基本的にメンバーの献身を強化しアイデンティティーを強める効果があることを前提に統一教会の祝福を客観的に分析しているが、櫻井氏や中西氏はこうした立場を離れ、奇異なものに拘束されることで個人の自由が奪われると見ている点が根本的に異なっている。

「二　祝福家庭の形成」への反証

「1　書類提出から祝福、家庭出発まで」

続いて中西氏は「祝福家庭の形成」のプロセスについて記述している。現役信者への聞き取りやその他の資料に基づき、「①祝福書類提出、②マッチング、③合同結婚式、④聖別期間、⑤任地生活、⑥家庭出発」（p.461）について順を追って説明している。これは祝福の儀礼そのものよりも、もう少し現実的で細かな点の分析となる。

祝福書類提出

祝福書類を提出する際には、「日日、日韓、国際」を選択する欄があるという。さらに親の扶養義務を確認する項目もあるなど、結婚相手を選択するに当たっては、本人の意思と決意、ならびに個人が抱えている事情がある程度配慮されていることが分かる。マッチングにおいては基本的に個人の好みや恋愛感情などが優先されるわけではないものの、やはり結婚後の生活は長く続く実生活であるため、重大な支障をきたすようなマッチングが行われないように、あらかじめ個人の選択肢が与えられている。

マッチング

マッチングに関しては、「日本人女性信者への聞き取りによると、文鮮明によるマッチングは一九九五年の三六万双で終わったそうである」（p.462）とされ、その後は教会の責任者が代わりに行うようになったとされている。在韓の日本人信者たちがそのように語ったことは事実かもしれないが、必ずしも正確な知識とは言えないだろう。その後も祝福二世に対しては文鮮明師が直接マッチングを行うことはあり、「父母マッチングか、アボジ・マッチングか？」というような選択肢が文師が聖和（逝去のこと）する前まで存在していたからである。「アボジ・マッチング」は文師が直接に配偶者を推薦し、当人同士の同意を経てカップル成立に至るものであり、晩年にはそうした機会が貴重になったことから、一種の憧れの意味を込めて「アボジ・マッチング」という言葉が使われていたのを記憶している。

現在ではマッチングのあり方は大きく変わった。文師のカリスマによって相対者を推薦するという統一教会に固有なマッチングのあり方は、文師が聖和することによって消滅し、文師のカリスマを相続して天啓によるマッチングを行う後継者は現れなかった。その代わりに、マッチングは教会のシステムに組み込まれることとなった。文師が聖和する以前から、祝福希望者の年齢、学歴、職歴、相手に対する希望などをデータ化する作業は行われていたが、配偶者の選択は最終的には文師の判断に基づき、当人同士が決定するというものだった。しかし、文師が聖和した後には、そのデータが配偶者選択の主要な要素として使われるようになった。

各教会には「マッチング・サポーター」と呼ばれる人物が立てられ、祝福を希望する未婚者に対してデータベースの中から選択して紹介し、縁談をまとめる役割をしている。マッチングサイトに自分の情報をアップすれば、祝福候補者として認知され、オファーを受けることができる。祝福二世の場合には「父母マッチング」というやり方がある。父母が子供のためにデータベースの中からよいと思われる人を探して、本人同士を交流させ、最終的に結婚するかどうかを本人たちに決定させるというやり方である。マッチング・サポーターにしても父母にしても、文師のようなカリスマを持って相対者の選択を行うわけではないので、このシステムではかなり本人の意思が尊重されるようになる。今後はこうしたやり方による配偶者の選択が主流になると考えられるため、文師によるマッチングは、統一教会の長い歴史の中にあっては初期の一時期のみの現象だったと顧みられる時代が来るだろう。

中西氏はマッチングに対する統一教会の教育のあり方と、それに対する信者たちの率直な感想について以下のように述べている。

「歴史的に不幸な関係にあった国や民族同士のカップルほど理想的とされることから、実際に決まる相手は、日本人女性信者への聞き取りによれば『一番嫌なタイプ、愛せないタイプ』になると言われたという。嫌いなタイプとマッチングされることを前提とすることで、予め信者にどんな相手になろうとも受け入れるように覚悟をさせる。同時に韓国人男性は清い血統であり、日本人とは『霊的に雲泥の差』と教える。韓国人男性を特別視させることで相手を客観的に見る目を鈍らせ、日本の女性信者はどんな男性が夫に選ばれようとも感謝して受け入れることになる。

相手が決まると写真、経歴書などの書類が所属教会に届く。伝授式で手渡され、信者は結婚相手を初めて知る。ある程度覚悟をしていてもやはり葛藤はあったようである。聞き取りでは次のような語りがあった。『写真を見たとき、あ、タイプじゃないなと思った。田舎臭い、少しがっかりした』『写真を見たときは、だめだーと思った。予想外の人、かけ離れている。父親、おじさんのような人』『写真見たとき、あちゃー、私の人生これで終わったと思った』」(p.463)

45歳で祝福を受けた離婚歴のある女性の相手は、妻と死別した子持ちの男性だったことが紹介されているが、これは再婚同士なので「お互いさま」であろう。

一方で、写真を見たとき、葛藤しなかったケースも紹介されている。

「『どっちでもないけど、まあ、好きかも』『かっこいいな、かっこいいじゃんと思った』という語りもあった。受けとめ方はそれぞれである」(p.464)

このような本音を正直に語ったのは、インタビューを受けた日本人女性が基本的に中西氏を信頼していたからであろう。彼女たちは、中西氏の研究の動機が純粋なものであり、韓日祝福について客観的で公正な論文を書いてくれるだろうと期待して、飾りも偽りもない自分の率直な印象を話したのだ。中西氏はそうした信頼に応え、彼女たちの名誉を傷付けないような、公正な引用の取り扱いを心がける必要があった。しかし、このインタビュー内容の一部が2010年に発売された『週刊ポスト』(6月4日号)の悪辣な記事に利用されたことは、インタビューに答えた日本人女性に対する裏切りであり、信義にもとる行動だったといえる。

歴史的に不幸な関係にあった国や民族同士のカップルを文鮮明師が推奨したことは事実である。しかし、それは日本人と韓国人の組み合わせに限らず、人種問題で葛藤した白人と黒人、太平洋戦争で互いに敵国関係にあったアメリカ人と日本人にも当てはまることであり、文師はそのようなマッチングを行ってきた。それは強制ではなく、自らの結婚を通して怨讐関係を克服し、人類の和合と世界平和に貢献したいという信徒自身の信仰と決意に基づくものだった。そのことを「言われた」「覚悟をさせる」「教える」「相手を客観的に見る目を鈍らせ」などの表現を用いることにより、信徒たちがもっぱら受動的で自己の意思を放棄しているかのように描写している中西氏は、バイアスのかかった目でマッチングを見つめていることになる。

米国における祝福家庭を研究対象にして『統一運動における性と結婚』という著作にまとめた宗教社会学者ジェームズ・グレイス博士は、この点をより客観的に観察している。まず、多数の国際マッチングは「人種と文化が全く異なる人々を結婚で一つにすることにより世界の統一をもたらそうという文師の努力の直接的な結果であると見られるべき」(『統一運動における性と結婚』第5章より)と評価している。そして人種問題に関心のある白人アメリカ人の男性が黒人女性と結婚することを望んだ話や、祈祷を通して東洋人の女性と結婚することが自分に対する神の意思であると悟った白人男性の話などが出てくる。さらに、こうした国際マッチングは「グループの最も高い理想を示しているので、これらのカップルは同じ国籍・同じ人種同士のカップルにはない特別な地位を運動の中で与えられる」(『統一運動における性と結婚』第6章より)とまで述べている。これは韓日カップルに特別な使命があり、特別な恩恵があると信じられていることと同様の現象であり、どちらも教会の理想を体現したマッチングであることにその根拠がある。そうした信仰による主体的な決断の価値を、中西氏は全く評価していない。

さらに、出会ったときの相手に対するネガティブな印象だけを全体のコンテキストから抜き出して羅列するというやり方も、公正ではない。なぜなら、統一教会の祝福の証しにおける第一印象の悪さは、マッチングそのものが自己の恋愛感情を動機としたものではなく、神の計画によるものであっても、最初の段階ではその深い意味に気付くことができず、時間の経過の中で徐々に相手の価値が分かるという全体的構造の中で語られることが多いからである。「葛藤から感謝へ」というイメージで変化していく祝福の相対関係の、最初の葛藤の部分だけを抜き出しても、それは祝福に関する真実を表現したことにはならない。

こうした相対関係の変化を、グレイス博士はより丁寧に観察している。実は、中西氏が日本人の女性信者から聞き取ったのと同じような最初の段階での反応を、グレイス博士も米国の統一教会信者に対するインタビューの中で聞き取っている。

「最初の段階で彼らの多くがお互いに対してロマンティックな意味での愛情を抱くことに困難を感じたというのは驚くに値しない。まったく見知らぬ者同士がマッチングを受けたり、時にはその片方あるいは両方がマッチングを受け入れがたいと思うことも、決して珍しいことではない。後者の感じ方の一つの例が、まったく好きではない女性とマッチングおよび祝福を受けた男性メンバーの体験であった。『もし私が結婚したくないと思う女性を3名挙げることができたとしたならば、そのうちの一人がまさにお父様が提案してくれた女性だった。』」（同上）

しかし、この話はそこで終わらない。結婚したくないと思うような女性とマッチングを受けたその男性は、彼女を愛せない原因を、自分自身が抱えている精神的問題の中に見いだしていく。そして、彼女とのかかわりを通してそのことに気付かされ、自分自身を変えていった結果、彼の心は「消極的な受容と寛容」の状態から「愛の衝動」へと変化し、最終的には「確かで持続的な愛情」に変わったというのだ。

グレイス博士は、「インタビューのデータが示唆するところによれば、彼が『聖別・約婚期間』に愛を達成した方法は、多くのマッチングを受けたカップルが典型的に経験することである。最初に相手を目の前にして違和感や不安を感じ、次に彼または彼女の肯定的で補完的な性質に焦点を当てようという、信仰によって方向づけられた努力があり、そして最終的には無条件の愛へと突破していくのだが、そこには強い恋愛的要素が含まれるかもしれないし、含まれないかもしれない」（同上）と総括している。グレイス博士による長いタイムスパンで見た相対関係の変化の観察に比べるならば、中西氏の記述がいかに近視眼的で表層的な観察に基づいたものであるかが分かるだろう。

グレイス博士がマッチングを受けたカップルにインタビューした結果分かったのは、マッチングを受けた後に通過する聖別期間をカップルが正しい態度で過ごしたとき、二人の間に恋愛感情が徐々に育っていくことだった。その正しい態度とは、相手に対する配慮とオープンな態度、そしてマッチングと結婚が永遠であるという信仰だという。要するに、文師によって推薦された相手を大切に思い、受け入れていく姿勢と、二人の関係が神によって結ばれた永遠のものであると信じる姿勢である。

そもそも神の愛は人を能力や美醜によって差別せず、どのような存在であっても無条件に愛する「アガペーの愛」であると言われる。統一教会のモットーは「為に生きる」であり、それは自己を犠牲にしてまで相手のために存在しようとする愛の理想である。日常の信仰生活においてそのような愛を実践しようと心がけている信者たちは、祝福の相対者に対しても同じように「アガペーの愛」で接するように努力する。たとえ人間的には葛藤があったとしても、すべての人を差別なく愛する神のような視点と心情で相手を見ようと努力する。そのような純粋で無私の愛を持って相手を見つめ、心をオープンにして受け入れようとするとき、相手に対する本当の愛情が徐々に芽生えていくというのが、祝福における相対関係のあり方なのである。

次いで「祝福家庭の形成」のプロセスの中から、④聖別期間、⑤任地生活、⑥家庭出発について扱うことにする。

聖別期間

聖別期間について中西氏は、「結婚後の別居期間であり、アダムとエバがエデンの園で堕落した立場を蕩減復帰するためにあるという。先述のように基本は四〇日だが延長した形で三年の期間が設けられている。……聖別期間には、夫婦は手紙、電話、ファックスなどでやりとりする。最近ではメールもある」(p.464) とごく簡単に説明している。中西氏の記述の特徴は、聖別期間の長さや夫婦のやり取りが何語でなされるかというような外的な事柄に終始し、聖別期間の宗教的な意義についてはほとんど掘り下げた説明がないことだ。このあたりが米国の宗教社会学者ジェームズ・グレイス博士との大きな違いであり、彼女の記述は極めて表層的である。

任地生活

任地生活について中西氏は、「渡韓すると夫の暮らす地元の教会に住み込んで任地生活を送る。任地生活は韓国での生活を始めるにあたっての準備、学習期間であり、韓国語や韓国料理の習得、風俗習慣を学ぶ。『隊員(テウォン)生活』ともいう。先に祝福後、聖別期間を経て渡韓し、家庭出発すると述べたが、渡韓してからもすぐには夫と同居はしない。任地生活の期間は原則として三年とされるが、この間に『所定の伝道実績を立てれば早期修了』することもあるし、祝福時の年齢によっても短縮されることがある」(p.465)と述べている。この記述は、国際家庭特別巡回師室編『本郷人の行く道』に基づいているのだが、原文と読み比べてみると、中西氏は趣旨を読み間違えていることが分かる。

中西氏の記述は、渡韓した女性に対して任地生活の期間が原則として3年間義務付けられており、その間に所定の伝道実績を立てれば早期に修了となることもあり、年齢によって短縮されることもあるかのように説明しているが、これは間違いである。そのもとになった部分を引用してみよう。

「韓国では、祝福後、家庭出発前に三年間の『任地期間』を通過し、『任地修了証』を協会伝道局から受け取ります。これは七七七家庭の祝福後の三年間総動員開拓伝道の伝統に従うもので、伝統的にその動員メンバーを『隊員』と呼びます。もちろん、その間に所定の伝道実績を立てれば早期修了がなされます。

また年齢によっても『任地参加証』を受け取って早期家庭出発をしますが、本来、天の願いは三年であるということを知って、三年間は同じ意識で歩むべきでしょう。そして、渡韓時に家庭出発の基準にある人も、韓日家庭の日本人の場合、家庭局からは教会での『四カ月』などの教育期間が提示されてきました」(『本郷人の

行く道』p.192)

この記述から分かるのは、「隊員」として3年間の「任地期間」を通過することが求められているのは基本的に祝福を受けた韓国人女性であり、伝道実績や年齢などの理由によってその期間が短縮されるという話も、韓国人女性に対して行われている措置であるということだ。日本人女性が渡韓してから教会に住み込んで行う任地生活は、こうした韓国教会の伝統を引き継いでいるが、全く同じ条件が適用されるわけではない。

そもそも、韓国人の祝福家庭婦人が通過する任地生活は、祝福を受けてから家庭を出発するまでの3年間の教会での公的生活を意味する。しかし、渡韓した日本人女性の場合には、韓国での任地生活に入る前に、既に日本で3年以上の公的生活を通過している場合もあり、家庭出発の条件を満たす年齢になってから渡韓する女性も多い。こうした女性たちが渡韓した後にさらに3年間の任地生活をしなければならないのであれば、日本と韓国で二重の聖別期間と任地生活を通過することになり、不合理である。「渡韓時に家庭出発の基準にある人」というのは、既に日本で十分な年数の公的生活を送っている人や、家庭出発をすべき年齢に達している人を意味するが、その場合にはさらに3年間の公的生活は必要なく、教育期間として4か月の任地生活を通過すればよいことになっている。しかし中西氏の記述は、渡韓した日本人に原則として3年間の任地生活が要求されており、それが伝道実績や年齢次第で短縮されるかのような誤解を与えるものになってしまっている。

中西氏が聞き取り調査をした相手の中には、韓国で3年間の任地生活をした女性もいたようだが、これはよほど若くして祝福を受け、日本でほとんど聖別期間を過ごさずに渡韓したようなケースにのみ当てはまると思われる。中西氏が460ページで示した「図9-10　祝福から家庭出発までの年数（聖別期間）」によれば、祝福を受けてから家庭出発するまでの期間は3年以内（0～3年）の合計が63%であり、4年が13%、5年が5%で、それ以上はデータにはない。日本で3年の聖別期間を経て渡韓し、さらに韓国で3年の任地生活をすれば6年になってしまう。しかし、それほど長い聖別期間を過ごす女性はデータ上いない。

渡韓時に家庭出発の基準を満たしている日本人女性に対して4か月の「教育期間」が設定されているのは、実はより現実的な理由によるものである。このことについて、『本郷人の行く道』では以下のように述べられている。

「まず現実的な問題としても、韓国という外国で、主体者の家庭に一人で入ってすぐに生活するということはあまりにも難しいことです。過去にはこの教育期間を通過せずに家庭出発して、現実的にあまりにも大変でノイローゼになったり、事故に遭ってしまったり、ひどい場合には耐え切れずに日本に帰ってしまったというケースもありました。

それは、それほど、異文化の中における突然の生活は難しいということであり、耳に続けて聞く言葉は韓国語ばかり、何を言っているか分からないと神経ばかりが疲れ、ストレスを吐き出したくてもその言葉ができない、そして食べ物は口に合わないものばかりで、特に女性の場合は〝韓国の嫁〟としての立場でさまざまな要求を受けるにもかかわらず料理や家事の勝手もことごとく違います。そして、何よりも夫や家族との信頼関係において、文化習慣、考え方の違いから、些細なことで互いに誤解を繰り返してしまい、やがては韓国人皆が理解できなくなってしまうということにもなるのです。

それらは教会での任地生活で、同じ立場の日本人と共に少しずつ接しながら、余裕を持って一つずつ解いて解決していけば問題のないことであり、そのような現実問題としても、最低三、四カ月間の教育期間というものが必要となってくるのです」(『本郷人の行く道』p.192-193)

要するにこの教育期間は、家庭を出発する前に日本人女性が韓国での生活に慣れるためという「親心」によって提示されているのである。

家庭出発

家庭出発に関して中西氏は、「夫と同居し、結婚生活を始める。夫と二人の核家族の場合もあれば、夫の親やきょうだいと同居の場合もある。家庭出発を始めた当初、姑と独身の義兄と同居だったという女性は、『最初は言葉がわからないし、泣いて暮らした。辞書を片手に単語で理解してもらった』と語っている。恋愛感情があっての結婚ではないために、夫を『受けつけきれない。一緒に住んでいて楽しくない』『何が楽しくてA郡にいるのかと何日も思った』という女性もいる」(p.465)と書いている。こうした「初期の苦労話」は、たいがいはそれを乗り越えた後の思い出として語られるのだが、中西氏のようにその部分だけを抽出して羅列すると、彼女たちの結婚生活全般が悲惨なものであるかのような誤解を与えてしまうであろう。

中西氏はここまでのまとめとして、「入信から献身が教団の管理のもとに行われたのと同じく、祝福から家庭出発も教団の管理のもとに進められる。統一教会の特異性の一つは、青年信者に対しては教化から献身後の活動、家族形成に至るまで全てを教団が管理する点にあるといえる」(p.466)と述べている。しかし、個人の生き方や結婚のあり方を宗教が規定するというのは昔から普遍的に存在している現象であり、なにも統一教会に特異な現象ではない。前述のグレイス博士は次のように述べている。

「長年にわたって宗教と社会と性の関係について調査した結果、私は宗教が持つ非常に重要な社会機能のひとつが、結婚生活が人間の共同体のさまざまなニーズに役立つように、結婚生活における性的表現を形成する役割であるという確信を持つようになった。……私は以下のことを主張する。そしてこれらは本研究の基本的な前提となっている。(1)そのメンバーの性や結婚に関する生活をコントロールすることのできる社会やグループは、彼らの生活全般をも相当にコントロールすることができる。(2)歴史的にみて宗教的信仰の形成は、共同体がそのメンバーの性と結婚に関する活動を規制するための最も効果的な手段であることが証明されている」(『統一運動における性と結婚』第1章より)

中西氏が統一教会を特異であると感じるのは、伝統的に宗教が結婚や家庭生活に対して果たしてきた機能を知らず、もっぱら世俗化された現代の結婚のあり方のみを規範として統一教会を見ているためではないだろうか?

「2　任地生活の役割」

ここでは中西氏の解説する「2　任地生活の役割」について扱うことにする。

中西氏は、「任地生活は六五〇〇双（一九八八年）の祝福のときから始まった。本格的に韓日祝福が開始され、多くの日本人女性が韓国で暮らし始めるにあたって設定されたものと捉えられる」（p.466）と記述している。これは既に紹介した『本郷人の行く道』の解説に基づいており、事実の通りである。

続いて中西氏は、「韓国には『シジプサリ（嫁暮らし）』という言葉がある。夫や舅姑に無条件に仕えて暮らす嫁のあり方をいうが、シジプサリは婚家に入った女性にとって大変辛いものと捉えられている。韓国の女性にとって辛いものなら韓日祝福の日本人女性にとってはなおさらであろう。恋愛感情もない男性の妻となって、言葉も生活習慣も違う韓国で結婚生活を始めるわけである。辛さは相当なものだと思われる。任地生活はシジプサリに備えての準備期間ともいえる」（p.466-467）と述べている。

私の知り合いの中にも、韓国に嫁いで舅姑と同居している日本人女性がおり、彼女たちが「シオモニ（姑のこと）に侍るのがすごく大変だ」という話を聞いたことはあるので、シジプサリが大変だというのは事実なのだろう。しかしここで問題なのは、中西氏が韓国人の女性にとって辛いものなら日本人女性にとってはなおさら辛いと、これを不合理で理不尽なものであるかのように描いている点である。さらにたたみかけるように、「恋愛感情もない男性の妻となって、言葉も生活習慣も違う韓国で結婚生活を始める」というような言葉を添えて、悲壮感を増大させている。もしこれが自分の意思と関係なく降って湧いた災難であればその通りだろうが、韓日祝福を受けた日本人女性は、自分の意思で国際結婚を選択したのであり、そうしたことは覚悟の上で渡韓していることを忘れてはならない。国際結婚が言語や文化・風習の違いにより、同国人同士の結婚よりも困難が多いことは初めからある程度予想できる。にもかかわらずそれを選択したのは、そこに宗教的な意義を感じたからであり、敢えてそのような苦労の道を歩もうと決意したということなのだ。

人間には、より楽な道やより安易な道を選択しようとする人がいる一方で、より厳しく、難しい道を選択し、その中で自分を成長させ、大きなことを成し遂げようとする人もいる。武道の稽古やスポーツのトレーニングは、目標が大きいほど厳しくなるものである。それでも敢えて挑戦する人々は、目先の安楽な生活よりも苦難を乗り越えた後に得られるであろう、より大きな喜びの方に心を奪われているからこそ、日々の辛い訓練に耐えることができるのである。宗教的な修行に励む人々も、肉体的な苦痛の向こうにある霊的な喜びに心を奪われていると言える。武道、スポーツ、宗教に限らず、ストイックに何かを追求しようとする人々の態度は、同じような傾向を示している。韓日祝福を受けた日本人女性はこうした精神性の持ち主であり、その動機は基本的に宗教的な修行に励む人々に近いと言えるだろう。

とはいえ、シジプサリの苦労がどのようなもので、どのようなことに気をつけて乗り越えていけばよいのかを、先輩たちの経験に基づいて教育されてからそこに入っていくのと、全く予備知識なしに入っていくのでは、困難の度合いは大きく異なる。「渡韓修練会」や「任地生活」は、まさにそうした親心からくる事前教育と準備期間なのである。前述の『本郷人の行く道』の中から、シジプサリの心構えについて述べた部分を抜粋してみよう。

「さまざまな誤解を避けるための私たちの姿勢としては、最初はシオモニに対して、『韓国と日本の文化は違う。私は韓国のやり方は何も知らないので、一つ一つ教えてください』とお願いしなければならず、一つ一つ謙遜に尋ねなければなりません」

「伝統的には、家庭に入った新婦は、最初の三カ月ぐらいは新米見習いのように、毎日韓服を着て朝早くから家事をするという光景が見られます」

「韓国では家の中で、女性は女性同士、シオモニを中心とする序列に従って協力体制をこなさなければなりません」

「それはやはり儒教的序列から、一度は完全に従わなければならない世界があります」

「嫁の立場では、たとえその指導に無理があっても、素直にその通りにやりさえすれば、すぐに『うちの嫁はチャッカダ（善人だ）』として非常に褒められるのが韓国です」

「日本女性の中にはシオモニが日本では考えられないくらい干渉が強い、として悲鳴を挙げる人がいます。ノックもしないで部屋に入ってくるし、勝手にタンスの中を見るし、『プライバシーがない！』と、最初は嫌がる人もいますが、韓国では家族はそのようなものです」

「そのようなシオモニの干渉は『シジプサリ』の伝統的つきものだとして柔軟に構えなければなりません」

「そのように韓国の『シジプサリ』というのは、決して生易しいものではありません。韓国では嫁といったら『亜三年、聾三年、盲三年』と教えられ、特に長男の嫁は『見ざる言わざる聞かざる』の〝僕〟の生活でシオモニに仕えて、家の全てを任される『位置』を確立しなければならないといわれるのです」（以上、『本郷人の行く道』p.230-232から抜粋）

「韓日家庭になったこと、韓国で暮らすことは、まず何よりもその韓国人の〝多情さ〟パワーに対抗しなければならないことを意味しています。特に女性は今後『韓国の母』となり、韓国の息子、娘を生んでいく『オンマー』とならねばなりません。韓国に嫁として嫁いだ限り、多くの韓国人の深い情の世界を知らねばならず、そのような韓国での人間関係に入っていこうとすることは、少なくとも自分の性格を変えるほどの覚悟が必要となるでしょう」（『本郷人の行く道』p.324）

これだけを読めば、自由を満喫して生きてきた現代女性には耐え難いものという印象を受けるだろう。しかしここで忘れてならないのは、韓日祝福を受けた日本人女性は一般的な現代女性ではなく、信仰の訓練を受けてきた統一教会の信者であるという点だ。一般人には辛く耐え難いと感じられることも、信仰があれば乗り越えられるという構造になっている。いってみれば、韓国でのシジプサリはこれまで日本で受けてきた信仰の訓練の応用実践なのである。両者には相通じるものがあるが故に、乗り越え方のコツさえ教えてあげれば、日本で受けた信仰の訓練が生かされるということだ。

中西氏は、調査地であるA郡での任地生活を観察して、以下のような分析をしている。

「任地生活は夫の地元の教会に住み込んで行う。……任地生活のプログラムは特に決められていない。牧師夫妻の食事を準備したり、来客があればお茶を出したり、掃除をしたりして自ら進んで教会の用事をこなす。任地生活は住み込みのお手伝いさんのようなものと捉えるとわかりやすいのではないかと思う」(p.467)

「教会には先輩の日本人女性達もしばしば顔を見せ、いろいろ教えたり、相談にのったりする。任地生活中の女性は一人でゆっくりする時間もなさそうだが、日本でホーム生活を経験しているためかあまり苦にならない様子だった。ホーム生活を経験していないものであっても訓練として受け止める」(p.467)

「任地生活は見たところ、日本でのホーム生活のようなものである。ホーム生活は信者の共同生活であり、ここから統一教会信者としての歩みが本格的に始まるが、任地生活も教会に住み込むという点で共同生活であり、ここから在韓信者としての歩みが始まる」(p.468)

「ホーム生活も任地生活も世俗生活から統一教会の生活へ、日本の生活から韓国の生活への移行を助けるものとしてある」(p.468-469)

中西氏の任地生活に対する分析は、事実をありのままに捉えている。その意義は日本から嫁いできた女性たちが、言語と文化の壁を乗り越えて韓国社会にソフトランディングするための「移行期間」ということになるだろう。

「2　任地生活の役割」に関する中西氏の解説を分析すると、彼女が任地生活の目的自体は正確に理解していることが分かった。それは韓国人女性にとっても辛いものであるとされている「シジプサリ(嫁暮らし)」を日本人女性が始めるにあたり、日本と韓国の文化の違いを理解するための移行期間または準備期間として「任地生活」が位置付けられているということだ。

こうした記述の中で中西氏は、A教会で任地生活を送る女性が寝泊まりする部屋の扉に張られていた、手書きの日本語で書かれた「一五ヶ条の戒め」と呼ばれるものを紹介している。これから家庭生活を出発する後輩に向けた心構えらしく、誰が考案したものかは不明だが、以下のような内容になっている。

1　自分を捨てること
2　驕慢にならないこと
3　神様をまず考えること
4　真の父母様の家庭に孝行すること
5　原理講論を読むこと
6　不平不満を言わないこと
7　疑わないこと
8　祝福家庭は先輩家庭に仕え、後輩の家庭を愛すること
9　公金を恐れること
10　聖日礼拝を欠かさないこと
11　家庭礼拝を一週間に一度位は行うこと
12　自分を振り返る時間をもつこと
13　自分の家庭が誰に対しても模範となること
14　報告生活を熱心にすること
15　霊的な問題を解決すること（p.468）

私としては、なかなかよくできた一五ヶ条だと思うのだが、中西氏はこれに対して以下のような批判的なコメン

トをしている。

「また『一五ヶ条の戒め』の『自分を捨てること』『不平不満を言わないこと』『疑わないこと』は特に信仰を維持する上で重要になる。『自分を捨てること』によって自己を教団に委ね、『不平不満を言わないこと』や『疑わないこと』によって豊かでない生活や夫に対して文句を言わず、統一教会の信仰自体に疑問を持たないことになる。その他の項目も信仰維持に役立つものばかりである。任地生活の内容は入信から献身までのように体系化されたものではないが、信仰を維持、強化するための教化プログラムになっている」(p.469)

教会の部屋の扉に張ってある言葉が信仰維持に役立つような内容であることはある意味で当たり前なのだが、中西氏はこうした言葉が日本人女性信者の合理的な判断力を抑圧し、信仰的な発想しかできないよう仕向けているかのように捉えている。日本での教化プログラムに比べれば体系化されていないものの、この中にも「マインド・コントロール」的なものを感じ取ったのだろうか？　しかし、ここで述べられている内容は宗教が伝統的に教えてきた内容であり、同時に人間が幸福に生きていくための心構えといえるものも含まれている。

自己否定は宗教の重要な徳目の一つであるし、多くの宗教は謙遜を美徳として教えてきた。およそ宗教においては、神よりも人間を優先せよという教えはなく、何よりも神を優先することが強調されるし、両親を大切にし、親孝行することはどの宗教においても美徳であるとされている。経典を学習することは信仰生活の基本であり、感謝することもあらゆる宗教が説いてきた信仰的態度である。あらゆる宗教の経典は疑う心を退け、信じる心を鼓舞してきたし、後輩が先輩に仕え、先輩は後輩の面倒を見るというのは、要するにお互いに助け合えということだ。礼拝を守ることが信仰生活の基本であることも普遍的に教えられているし、世界の諸宗教は瞑想によって自分を振り返る時間をもつことを勧めている。神を信じる者が他者に対する模範となるべきであるという教えは、キリスト教信仰の根幹であり、霊的な問題を解決することは諸宗教の普遍的な目的である。このように、一五ヶ条の戒めの内容は伝統的な宗教の教えと一致するものであり、かつ有益なものである。

「三　現役信者の信仰生活――A郡の信者を中心に」への反証

「1　A郡を事例にする理由」

「第九章　在韓日本人信者の信仰生活」は、韓国に嫁いで暮らす日本人の統一教会女性信者に対するインタビュー内容に基づいて記述されている。「三　現役信者の信仰生活――A郡の信者を中心に」の内容は、中西氏のフィールドワークによる調査結果を紹介したものであり、彼女の研究の中では最も具体的でリアリティーのある部分である。彼女が韓国で出会った日本人女性の信仰生活の様子は、一言で言えば「普通」だった。これはおそらく彼女の率直な感想であり、そこに嘘や偽りはないと思われる。むしろ問題は、彼女自身の目で観察していない日本の統一教会の信仰生活を「異常」と決め付けて、それと対比しようとする構図の取り方にあると言ってよいだろう。

初めに中西氏は、農村部A郡を事例にする理由を述べている。その最も大きな理由を、「調査期間が最も長く、B市やソウル中心部と比べて信者と接触し、日常生活と信仰生活の両面を観察できたからである」（p.469）としている。実際には自分が調査した対象が全体を代表するような平均的な群れであったのか、それとも「はずれ値」の特殊な群れであったのかを評価する必要があるのだが、彼女は統一教会の信仰生活の目的はどこでも同じであり、組織的な指導や教育があるので、信者の信仰生活には場所によって大きな違いはないという前提で議論を進めている。彼女の論法はいささか杜撰ではあるものの、結論としてそれほど間違っているとは思えない。

日本国内でも、北海道、東北、首都圏、中部、関西、中四国、九州では、それぞれの地方の文化の違いなどはあるだろうが、統一教会の信仰生活そのものが大きく変化するわけではない。同じように、韓国の全羅道、慶尚道、忠清道、京畿道、江原道で土地ごとの文化の違いがあったとしても、信仰生活そのものが大きく変化するとは思えない。

ただし、韓国では都市部と田舎では文化の差は大きく、それが信仰生活に与える影響はやはり考慮しなければならないだろう。このことは中西氏も気付いていて、「農村部のA郡の生活は都市近郊のB市、ソウル中心部と比べると閉鎖的である。A郡では信者であることを明かさずとも周囲の韓国人は『日本人女性＝統一教会信者』と認識しているが、B市やソウルでは言わなければわからない。A郡の日本人女性信者は統一教会信者であることを周囲も自明視しているという前提の上で暮らしている」（p.470）と述べている。

「2　A郡に暮らす日本人女性信者の属性」

中西氏が提示している38人の調査対象者のうち、26人がA郡の信者である。この26人の特徴は、全員が女性であることと、学歴が若干低いことだ。具体的には高卒あるいは看護学校卒がほとんどで、大卒は2人、短大卒が2人である。農村部に低学歴の者が嫁ぐ傾向にあるかどうかは自分には分からないと中西氏は言っているが、私もこれは偶然であり深い意味はないと考える。大卒はソウル、高卒は農村部、などと学歴で嫁ぎ先を振り分けるような発想はそもそも文師のマッチングにはなかったからである。むしろ、大卒の日本の女性が、学歴のない農村の男性に喜んで嫁いでいくことが「美談」とされるような傾向があったくらいだ。祝福双による構成は、1988年の6500双がリーダー的な存在であり、人数的には1995年の36万双が最も多く、次に1992年の3万双が多いという。

「3　日本人女性信者の信仰生活」

続いて中西氏は、日本人女性信者の信仰生活についての描写を開始する。冒頭から彼女は、日本人信者の信仰生活がいたって「普通」であることを強調する。

「結論から先にいえば、八章二節の『宗教団体としての統一教会』で見た韓国人信者の信仰のあり方と同様に、日本人信者の信仰のあり方も特別なものではない。教会の様子、礼拝や行事、家庭での信仰生活などを見ていくことで、信仰生活のあり方が一般のクリスチャンとあまり変わらないことを確認しよう」(p.471)

この文章は、中西氏の頭の中に存在する「普通な韓国統一教会」と「異常な日本統一教会」というステレオタイプ的な枠組みに基づいている。中西氏の頭の中にある日本統一教会のイメージは、櫻井氏から提供された大量の文献と、櫻井氏自身の記述によってつくり出された「虚像」である。それに対して、中西氏が韓国で出会った統一教会の信者たちは彼女が直接観察した「実像」である。彼女の研究の根本的な欠陥は、日本における統一教会信者の実態に触れたことがないため、日韓の統一教会を比較する際には、常に「虚像」と「実像」を比較しながら論じなければならない点にある。それが彼女の研究を深みのない空虚なものにしてしまっている。わざわざそんな無理なことをしなくても、彼女自身が出会った「普通な韓国統一教会」と、そこで暮らす日本人女性信者の姿をそのまま描いた方がもっとスッキリすることだろう。しかし、それでは「統一教会の信仰生活は普通だ」としか言ったことにならないので、「批判的な研究」である櫻井氏との共著の目的に沿わない。

A郡の統一教会

中西氏はまずA郡の統一教会について、「礼拝堂の内部は一見したところ一般的なプロテスタント教会とあまり変わらない。異なる点を挙げれば、礼拝堂の正面に十字架ではなく統一教会のシンボルマークが掲げられていること、講壇の横に教祖夫妻の写真が掲げられ、その下にいます二脚が置かれていることくらいである」(p.471-472)と述べている。実はこの違いは神学の違いによるものであり、教会ごとの文化の違いよりもより本質的な違いなのだが、中西氏はその理由について深く説明していない。ここは大事な部分なので、詳しく説明しておきたい。

キリスト教の礼拝堂に十字架を掲げるのは、十字架がキリスト教信仰における救いの核心部分をなしているからである。それはいってみればキリスト教会のアイデンティティーのようなものであり、神学的に重要な意味がある。キリスト教の教義によれば、イエス・キリストは全人類の身代わりとして、人々の罪を背負って十字架上で死んでいったと理解されている。「イエスは自分の罪を贖うために、十字架で死んでくださった」と信じているからこそ、クリスチャンは、救いの源泉である十字架を仰ぎ見るのである。

教会に掲げられている十字架にもいろいろなタイプがある。ただ十字に組んだ木だけが掲げられている場合もあれば、そこにイエスの体が描かれているもの、さらには立体的なイエスの像がぶら下がっているものもある。中にはそのイエスの像が非常にリアルなものもあって、肌色に塗られた木造の足には釘が刺さり、そこから血が流れているのが描かれていたり、兵士に槍で刺された傷跡がザックリと胸に描かれていたりする場合もある。これをもしキリスト教を全く知らない人が見たら、グロテスクで悪趣味だとしか思わないだろう。

実際、十字架は異文化の人々にとっては非常に奇異なもので、世界的な版図を持つ宗教の教祖の姿としては異常である。それはクリスチャンたちにはあまりに日常的なものなので気がつかないのだが、磔にして殺された教祖の像を拝んでいるというのは尋常ではない。

統一教会には十字架がない。どこの国の本部教会へ行っても、地方の教会でも、礼拝堂に十字架は見当たらない。これをもってクリスチャンたちは「統一教会はキリスト教ではない」と言う。十字架こそキリスト教のシンボルだからだ。ではなぜ統一教会には十字架がないのか？　それは十字架が見るに忍びないものだからである。クリスチャンたちは十字架につけられた救い主の姿を仰ぎ見ている。しかし統一教会の信徒たちは、「あなたはなぜ彼を十字架から降ろしてあげようとしないのですか？　あなたはなぜ彼をあそこで苦しむままにさせておくのですか？　もし彼を十字架につけたのがあなたであるというならば、なぜ自分の罪をかぶせたまま平気でいられるのですか？」と思うのだ。

「統一原理」は、イエスが人類の罪を背負って十字架にかかったことを否定しない。しかし、それは本来イエスが行くべき道ではなかった。人々が彼を受け入れなかったため、彼は死の道を選ぶほかはないところまで追い込まれてしまったのである。それは神の本意ではなかったが、イエスがとりなすことによって、人類はかろうじて赦されるようになったのだ。したがって十字架は神に対する人類の反逆の象徴であり、決して喜ばしいものではない。十字架上で苦しむイエスの姿は、人類を救済するためにあらゆる手を尽くしながらも、その人類から反逆され続ける神の姿の象徴でもある。だからこそ、統一教会はいまもなお十字架にかかって苦しむ神を、そこから解放しなければならないと主張するのである。

中西氏が韓国で出会った日本人女性の信仰生活の様子は、一言で言えば「普通」だったという。韓国の統一教会は、普通のプロテスタント教会と大差ないというのが彼女の観察の要点である。

「教会の代表は牧師である。信者が牧師を呼ぶときには『モクサニム（牧師様）』、牧師の妻を呼ぶときは『サモニム（師母様）』である。日本の統一教会では教会の代表は教会長だが、韓国では韓国プロテスタント教会と同じ呼称で呼んでいる」（p.472）

これはおそらく１９８０年代までは正しい描写だったかもしれないが、１９９０年代に多数の韓国人牧会者が日本で活動するようになってから、明確な区別ではなくなった。韓国人牧会者は当然のことながら韓国の教会文化を日本に持ち込んでくる。そこで自分のことを「モクサニム」と呼ぶように指導する者も出てきたし、その夫人は多くが日本人であるにもかかわらず「サモニム」と呼ばれるようになった。現在の日本の家庭連合では、韓国語の使用がかなり一般的になってきており、モクサニムやサモニムが何を意味するかは大抵の教会員が理解するようになっている。

しかし面白いのは、「長老」「勧士」「執事」といった呼称は日本では一般的になっていない点である。私も1989年に韓国の教会で暮らしていたので、「チャンノーニム（長老様）」「ゴンサンニム（勧士様）」「チプサニム（執事様）」といった役職で信者同士が呼び合っているのを聞いたことがある。大雑把にいうと、信仰歴の長い年長の男性信者は「長老様」と呼ばれ、比較的若い女性信者は「執事様」、信仰歴の長い年配の女性信者は「勧士様」と呼ばれていた。しかし、日本ではこうした呼び名で信徒同士が呼び合う姿を見たことはない。それはこうした役職自体が日本の教会にはないからだろう。日本の教会の役職は、もっと職責や機能を直接的に表現したものが多い。具体的には、総務部長、教育部長、青年学生部長、女性部長、壮年部長といった具合だ。これは日韓の教会文化の違いと言えるかもしれない。

礼拝

続いて中西氏は韓国統一教会の礼拝のあり方を描写する。

「礼拝には日曜日の聖日礼拝と水曜日の水曜礼拝がある。礼拝の形式は特別なものではない。プロテスタント教会の礼拝と基本的に変わりなく、牧師の説教、祈り、讃美歌、信仰告白、献金、祝禱、お知らせ、祈りからなる」（p.473）とし、それは『伝統』という信仰生活の儀式や行事を説明した書籍の内容とも一致するという。

「A教会を例にして見てみよう。礼拝の雰囲気は日本のプロテスタント教会の礼拝と同じで静かなものである。韓国プロテスタント教会の中には牧師が力強く感情を込めて説教し、祈りでは異言が発せられることも珍しいことではないが、A教会にはそうした雰囲気、要素はない。……礼拝の様子からは日本でカルト視されている同じ宗教団体とは思えない」(p.474)

私は、産経新聞の国際面コラム「ソウルからヨボセヨ」を担当していた黒田勝弘氏の話を直接聞いたことがあるが、彼によれば、実際に韓国のキリスト教会の中には礼拝中にエクスタシー（恍惚状態）に入るものも多数あるという。私自身は韓国でそのような礼拝に参加したことはないが、米国ではそれに近い状態になる礼拝に参加したことはある。それは神学校（UTS）の「フィールド・エデュケーション」で、黒人中心の福音派の教会を訪問したときのことである。

女性が非常に元気な教会で、牧師も女性であった。礼拝堂にはドラムとキーボードが置いてあり、それを大音量で鳴らして、ミュージカルさながらの礼拝が行われる。説教は音楽にのせて行われ、歌っているのか説教しているのか分からないような恍惚状態になる。牧師が話している最中に、「皆さん、証しはないか？」と言うと、次々に女性が前に出てきて信仰の証しをするといった具合だ。礼拝全体が熱狂的で興奮に満ちており、中には異言を語り出す人や、踊り出す人もいる。それは一種の宗教的現象として尊重されるべきものだが、部外者がいきなりそこに参加したら違和感を覚えるのは否めないだろう。宗教に理解のない人であれば、それだけで「カルト」のレッテルを貼るかもしれない。

しかし、中西氏が参加したA教会の礼拝にはそうした恍惚状態やトランス状態を引き起こしたり、信者が礼拝中に異言を発したりするような特異な現象は全くなく、礼拝は静かだったという。同じ教会でも国ごとに文化の違いがあり、牧師ごとに説教のスタイルに違いがあるとはいえ、統一教会の礼拝がトランス、エクスタシー、異言といったような現象を意図的に引き起こすタイプではなく、むしろ説教者が理性的に語ることによって信者を感化しようとするのは、全世界共通の普遍的な傾向であると言ってよい。このことは、西洋の統一教会の修練会を研究したアイリーン・バーカー博士の記述からも傍証することができる。

「講義は、高等教育の多くの場所で毎日（同じかそれ以上の時間）なされているものよりもトランスを誘発するものではない。さらに、私が観察したことは、入会する者たちは講義の内容が面白くて刺激的であると感じたらしく、また積極的に聞き耳を立て、ノートをしばしば取っており、そして（講義の後で質問をすることから明らかなように）自分自身の過去の体験と関連づけているのである。統一教会の修練会では、お経や呪文のようなものが唱えられることはほとんどない。仮にそれが行われるところでも（欧米では、主にカリフォルニアであったが）、ゲストに関する限りは非常に限定された性格のものである。確かに、それはクリシュナ意識国際協会の寺院を訪問したときに参加するように勧められるお経や、実際に、より伝統あるヒンドゥー教の寺院で通常行われているものほど激しくはない。統一教会は恍惚状態を志向する宗教ではないし、通常の活動の一部として、信者たちを熱狂に駆り立てることはしない（文と一部のカリスマ的な指導者たちは、ときどきムーニーたちに熱狂的な大衆反応を引き起こすことができるけれども）。意識の変容状態または催眠については、そのような言葉が全く空虚な意味で適用され、同語反復的に用いられるか、普通の、日々起こっていることを描写しているのでない限り、統一教会の修練会に参加したことのある者なら誰にでも明らかなように、こうしたことは全く起こっていない」（『ムーニーの成り立ち』第5章「選択か洗脳か？」より）

実は中西氏が紹介している書籍『伝統』は日本語にも訳されており、日本における礼拝や儀式のあり方は、基本的に韓国のものと同じである。西洋においても、大きな違いはない。したがって、日本でも韓国でも西洋でも、礼拝の様子は大きく変わらないはずである。

にもかかわらず、中西氏は「礼拝の様子からは日本でカルト視されている同じ宗教団体とは思えない」という比較を敢えて最後に付け加えている。中西氏が本気で日韓の比較を行いたいのであれば、日本でも礼拝に参加して、韓国との違いを直接的に体験すべきだった。それが研究者としての真摯な態度というものだろう。そうすれば、なぜ日本では統一教会は「カルト視」され、韓国ではそうされないのかに関する実証的で具体的な根拠を提示することができたかもしれない。しかし、ここでも中西氏は自分が直接出会った韓国統一教会の「実像」と、櫻井氏から植え込まれた日本統一教会の「虚像」を比較することに終始しており、実証的な比較研究を避けているのである。
仮に中西氏が日本のどこかの統一教会の日曜礼拝に参加したならば、その様子は韓国の統一教会の礼拝と大差ないことを発見するだろう。それは形式としてはプロテスタント教会の礼拝と基本的に変わりなく、牧師の説教、祈り、讃美歌、信仰告白、献金、祝祷、お知らせ、祈りからなるからである。そしてまた、日本の統一教会の礼拝でもトランス、エクスタシー、異言といったような現象が起こることはなく、礼拝の雰囲気は静かなものである。それを見た中西氏の感想は、「この宗教団体がなぜカルト視されているのか分からない」となるに違いない。しかし、実際には中西氏は日本の統一教会の礼拝を観察したことがないので、「虚像」としてしかそれを理解することができないでいる。これが中西氏の研究の根本的な欠陥であることは、何度でも繰り返して指摘すべきである。

使徒信条と家庭盟誓の違い

中西氏は、A教会の2007年8月26日の週報を示しながら、その礼拝は「形式的にはプロテスタント教会の礼拝と変わりなくとも、内容には多少違いが見られる」(p.474) としている。やはり彼女は社会学者なので神学にはあまり関心がないのだろうか、神学的にはかなり大きな違いを「多少」の違いとしている。

「プロテスタント教会の礼拝と明らかに違う点は、①信仰告白が使徒信条ではなく『家庭盟誓』であること、②讃美歌が統一教会の聖歌であること、③マルスム訓読があることであろう。週報を見るだけではわからないが、祈りの最後の部分が『……を主イエスのみ名によって祈ります』ではなく、『……を真のご父母様を通して祈ります』になることも異なる」(p.475)

まず、使徒信条の部分について詳しく説明しよう。中西氏はこれについて、「①信仰告白はイエス・キリストに対する自己の信仰を明確な言葉をもって言い表すものであり、キリスト教会では、キリスト教の教義の要約いわばエッセンスにあたる使徒信条が用いられる。統一教会ではイエスの十字架の死を復帰摂理における失敗であり、イエスは結婚して子孫を残すべきだったと捉えているのだから使徒信条は用いられまい」(p.475)と解説している。大きく間違っているわけではないが、細部においては指摘すべき点がある。

使徒信条が教派を超えた最も普遍的な信仰告白であることは事実だが、信仰告白はこれに限らない。「信条」とは一般に古代のものを指し、使徒信条のほかにもニカイア・コンスタンティノポリス信条などがある。一方で「信仰告白」というときは、宗教改革以後のものを指す。信仰告白はプロテスタントの教派によって異なっており、福音主義(ルター派)教会ではアウクスブルク信仰告白、シュマルカルデン条項、和協信条、バルメン宣言などが用いられる。カルヴァンの流れを汲む改革派教会では、第二スイス信仰告白、フランス信仰告白、ベルギー信仰告白、スコットランド信仰告白、ウェストミンスター信仰告白などが用いられる。また、日本基督教団では1954年に「日本基督教団信仰告白」が制定されている。このように、一言で信仰告白と言ってもその内容は多様であり、必ずしもすべてのキリスト教会で使徒信条が唱えられるわけではない。

次に使徒信条の中身について紹介しよう。教派によって日本語訳も異なるが、以下は2004年2月18日に日本カトリック司教協議会が認可した日本語訳である。使徒信条は大きく分けて三つのポイントからなっている。

「天地の創造主、全能の父である神を信じます。(①)

父のひとり子、わたしたちの主イエス・キリストを信じます。主は聖霊によってやどり、おとめマリアから生まれ、ポンティオ・ピラトのもとで苦しみを受け、十字架につけられて死に、葬られ、陰府(よみ)に下り、三日目に死者のうちから復活し、天に昇って全能の父である神の右の座に着き、生者(せいしゃ)と死者を裁くために来られます。(②)

聖霊を信じ、聖なる普遍の教会、聖徒の交わり、罪のゆるし、からだの復活、永遠のいのちを信じます。アーメン。(③)」

①では父なる神に対する信仰が告白され、創造論が示されている。②では子なる神に対する信仰が告白され、キリスト論、復活論、終末論が示されている。③では聖霊なる神に対する信仰が告白され、教会論、救済論が示されている。このように使徒信条は「父と子と聖霊」という三位一体型の構造を持っている。

それでは統一教会ではなぜ使徒信条が唱えられないのだろうか？　それは基本的な神学的枠組みが全く異なるからである。①における創造論においては大きな違いはなく、天地の創造主である全能の神を信じることは同じである。しかし②において、イエス・キリストが聖霊によっておとめマリアから生まれたことを統一教会では認めていないし、十字架が神の絶対的な予定であったことも、文字通りの超自然的な終末の到来や最後の審判も信じていない。③においては、肉体の復活や、肉体による永遠の命（栄化）という考え方も否定されている。したがって、使徒信条は統一教会においては文字通りには受け入れ難いものである。これは単に、「統一教会ではイエスの十字架の死を復帰摂理における失敗であり、イエスは結婚して子孫を残すべきだったと捉えている」というような単純な問題ではなく、神学全体の構造が根本的に異なると言ってよいだろう。

中西氏は、家庭盟誓の内容は「統一教会の教義を要約したものである」（p.475）と言っており、だからこそ信仰告白として位置付けられているのだが、使徒信条と比較してみると、そもそも文章の目的に大きな違いがあることが分かる。

キリスト教会において様々な信条や信仰告白が作成されたのは、異端との闘争や教派同士の神学論争の過程において、自分自身の信仰の内容を明確化する必要に迫られたからである。それは何が間違いで何が正しい信仰か、何が異端で何が正統であるかを明確にする必要から生まれたものなので、「何を信じるか」が列挙されたものになっている。

一方で、以下に示すように、「家庭盟誓」には何を信じるかは表現されておらず、むしろ私が「何を成し遂げるか」に関する決意が表現されている。少なくとも家庭盟誓は、異端との闘いや教派同士の神学論争の結果として生まれたものではない。

一、天一国主人、私たちの家庭は真の愛を中心として、本郷の地を求め、本然の創造理想である地上天国と天上天国を創建することをお誓い致します。

二、天一国主人、私たちの家庭は真の愛を中心として、天の父母様と真のご父母様に侍り、天宙の代表的家庭となり、中心的家庭となって、家庭では孝子、国家では忠臣、世界では聖人、天宙では聖子の家庭の道理を完成することをお誓い致します。

三、天一国主人、私たちの家庭は真の愛を中心として、四大心情圏と三大王権と皇族圏を完成することをお誓い致します。

四、天一国主人、私たちの家庭は真の愛を中心として、天の父母様の創造理想である天宙大家族を形成し、自由と平和と統一と幸福の世界を完成することをお誓い致します。

五、天一国主人、私たちの家庭は真の愛を中心として、毎日、主体的天上世界と対象的地上世界の統一に向かい、前進的発展を促進化することをお誓い致します。

六、天一国主人、私たちの家庭は真の愛を中心として、天の父母様と真のご父母様の代身家庭として、天運を動かす家庭となり、天の祝福を周辺に連結させる家庭を完成することをお誓い致します。

七、天一国主人、私たちの家庭は真の愛を中心として、本然の血統と連結された為に生きる生活を通して、心情文化世界を完成することをお誓い致します。

八、天一国主人、私たちの家庭は真の愛を中心として、天一国時代を迎え、絶対信仰、絶対愛、絶対服従によって、神人愛一体理想を成し、地上天国と天上天国の解放圏と釈放圏を完成することをお誓い致します。（以上は２０１３年に改訂されたバージョンであり、中西氏の紹介した文言と異なっている）

中西氏は、「プロテスタント教会での信仰告白がイエス・キリストへの信仰を言い表しているのに対し、統一教会の信仰告白は文鮮明と韓鶴子への信仰を言い表している。『……することをお誓い致します』は、いうまでもなく文鮮明と韓鶴子に対してである」(p.475)と言い切っているが、これは間違っている。一体いかなる根拠に基づいて、彼女は「いうまでもなく」と強調までしてこれを断言するのだろうか?

プロテスタントの信仰告白は、上記の説明から分かるように、父と子と聖霊という三位一体の神に対する信仰を言い表しており、イエス・キリストに対する信仰はそのうちの「子」の部分にしか当たらないので、中西氏の解説は間違いである。

さらに、家庭盟誓は第一に神に対して誓うものであり、次に神と人間の仲保者である真の父母(文鮮明総裁と韓鶴子総裁)に誓い、同時に自分自身の良心にも誓っているのである。

中西氏の解説は、キリスト教についても統一教会についても、天地創造主である神が欠落している。これは神に対する信仰が中西氏に欠如しているからか、そうでなければ、統一教会の信仰を意図的に「人間崇拝」として描こうとした悪意ある歪曲にほかならない。

ここからは日曜日の礼拝の内容について、中西氏が既存のプロテスタント教会と統一教会の違いを解説している部分を中心に分析する。

まず聖歌に関して、「このときのA教会の牧師は讃美歌をすべて聖歌にしているが、以前の牧師はプロテスタント教会で歌われる讃美歌も用いていた。聖歌でなくてはならないということはない」(p.476)としている。ここで「聖歌」といっているのは、統一教会独自の聖歌である「成約聖歌」と呼ばれているものである。成約聖歌には文鮮明師が作詞したものも含まれており、プロテスタントの「讃美歌」にはない統一教会に固有の信仰が表現されている。礼拝において場を清めるという目的からすれば、讃美歌でも聖歌でもよいのであり、必ずしも成約聖歌でなければならないということはない。牧師が讃美歌が好きなら、それを礼拝のときに歌うこともあるだろう。

より詳しく言えば、教会で用いられている聖歌の歌の内容は、韓国と日本と米国では異なっている。同じ歌詞でも、韓国と日本ではメロディーが違うものもある。日本の聖歌の本には、「エジプトにすめる」「神ともに居まして」などのように一般のプロテスタント教会で歌われる讃美歌が含まれており、「丹心歌」のようにキリスト教に起源をもたない歌も入っている。さらに、日本の聖歌には、韓国の聖歌の本にはない日本人が作詞・作曲した歌も含まれている。米国の聖歌の本は「Songs of the Garden」というタイトルが付けられた深緑色の厚い本で、成約聖歌41曲のほかに、讃美歌、米国の愛国歌、友好を深める歌、スペイン語の歌、韓国語の歌をアルファベット表記したものなどが掲載され、全部で226曲と非常に数が多くなっている。音符は掲載されておらず、歌詞にコードがふられていることから、修練会などの場でギターを弾きながら歌うために作られたと思われる。このように、聖歌のあり方は国ごとに異なる教会の文化を表している。

次に中西氏は、「マルスム訓読はプロテスタント教会での聖書朗読にあたる」とし、それは文鮮明師のみ言であるとした上で、主の祈りや交読文などが見られない理由について、「統一教会では信仰告白に使徒信条を用いないのと同様に信仰が聖書に依拠したものでないために唱えないものと思われる」(p.476-477)と解説している。この記述は正確でない。統一教会の礼拝でも聖書が朗読されることはあり、その個所の解説という形で説教が行われることはある。統一教会では旧・新約聖書を聖典としており、「信仰が聖書に依拠したものでない」という表現は間違いである。

それでは既存のプロテスタント教会と統一教会でどこが違うのかといえば、統一教会の信仰は聖書に依拠したものでありながら、それ以上の権威として文師のみ言が位置付けられていることだ。文鮮明師のみ言は、聖書と矛盾するものとして、あるいは聖書と無関係なものとして捉えられているわけでもない。むしろ、聖書の教えを完成させるものとして理解されている。これは、律法と福音の関係、旧約聖書と新約聖書の関係に近い。イエス・キリストは「わたしが律法や預言者を廃するためにきた、と思ってはならない。廃するためではなく、成就するためにきたのである」（マタイ5：17）と語った。イエスの福音は、旧約聖書を否定するものではなく、それにさらに新しい要素を加えて完成させるためにあったのである。しかし、当時のユダヤ人たちはそのことを理解できず、イエスを「律法の破壊者」として迫害し、ついには殺害するに至った。同様に文師のみ言は、イエスが語った福音（新約聖書の内容）を繰り返すのではなく、それに新しい要素を加えて完成させるものである。しかし、キリスト教徒たちはそのことを理解せず、ちょうどユダヤ人たちがイエスを迫害したように、文師を異端視して迫害したのである。

続いて中西氏は、プロテスタント教会と統一教会の祈りの最後の部分における差異に触れている。この説明はすべて事実であり、プロテスタント教会では「主イエスのみ名」によって祈り、「アーメン」で締めくくるのに対して、統一教会では「真の父母様」のみ名によって祈り、「アーメン」で締めくくっていたのが、2007年から「祝福中心家庭〇〇〇〇（祈っている人の名）の名によって報告」に変化し、締めくくりの言葉も「アージュー」に変わった。こうした変化について、中西氏は以下のように説明している。

「復帰摂理の進行によって家庭盟誓に言葉が追加され、文鮮明の一声でアーメンがアージューに変わる。礼拝のあり方は形式的にはプロテスタント教会の礼拝と変わりないが、内容は統一教会の独自性が見られ、復帰摂理の進行によって変化しうるものとなっている」（p.477）

この描写に悪意や歪曲はなく、見たままの事実を客観的に伝えているにすぎない。しかし中西氏からすれば、自分の調査している間に祈り方が変わってしまったので、統一教会というところは教えの重要な部分までコロコロと変わる宗教だという印象を持ったかもしれない。しかし、カリスマ的リーダーとはそのようなものだ。マタイによる福音書5章においてイエスは、自分が律法や預言者を廃するために来たのではなく、成就するために来たと宣言した上で、ユダヤ教の伝統的な教えを次々に否定して新しい教えを説いている。それはすべて「伝統的にはこのように教えらえてきたが、私はこのように教える」というスタイルで語られている。

イエスがユダヤ教の伝統に挑戦した例で最も有名なものは、安息日を守らないことである。マタイ伝12章1節には、「そのころ、ある安息日にイエスは麦畑を通られた。弟子たちは空腹になったので、麦の穂を摘んで食べ始めた」と書かれており、そのことでパリサイ人と論争になっている。またルカによる福音書14章1〜5節には次のように書かれている。

「ある安息日のこと、食事をするために、あるパリサイ派のかしらの家にはいって行かれたが、人々はイエスの様子をうかがっていた。するとそこに、水腫をわずらっている人が、みまえにいた。イエスは律法学者やパリサイ人たちにむかって言われた、『安息日に人をいやすのは、正しいことかどうか』。彼らは黙っていた。そこでイエスはその人に手を置いていやしてやり、そしてお帰しになった。それから彼らに言われた、『あなたがたのうちで、自分のむすこか牛が井戸に落ち込んだなら、安息日だからといって、すぐに引き上げてやらない者がいるだろうか』」

このようにイエスは安息日を守らず、弟子たちがそれを破っても咎めなかった。その上でイエスは「人の子は安息日の主である」（マタイ12：8）と言ったのである。これはユダヤ教の伝統よりも自分自身の権威を上に置く発言であるが、カリスマ的指導者とはまさにこのような存在である。キリスト教においては、イエスの死後、ユダヤ人が伝統的に守ってきた土曜日の安息日をイエスの復活の日である日曜日に変更することにより、ユダヤ教徒からは独立した別個の宗教としてのアイデンティティーを確立した。

カリスマ的指導者は伝統に挑戦し、ときには自らが決めたことも変える。統一教会は、まだ教祖が存命の宗教であるため、教祖が新しく語ったことが新しい伝統となり、教え自体もどんどん進化する過程にある宗教である。実は家庭盟誓でさえ、それ以前は「私の誓い」という全く別の文言の誓いであったし、最初は七つしかなかったものが後に八つになり、細かい文言は何回か修正されている。冒頭の「私たちの家庭は」の前にある「天一国主人」という言葉も、後から挿入されたものである。

中西氏が調査をしていた時代は、まだ文鮮明師が存命中であったが、文師が聖和（逝去）した後にも、夫人である韓鶴子総裁の下で統一教会の伝統は様々に変化した。代表的な部分では、「神様」を「天の父母様」と呼ぶようになり、家庭盟誓で「神様」と表現されていた部分は「天の父母様」に書き換えられた。さらに「成約時代」は「天一国時代」に変わっている。「天一国の歌」の歌詞とメロディーも変更された。第二の教祖とも言える韓総裁も、かなり大胆な伝統の変更を行っているといえる。新宗教がその草創期に伝統を確立していく過程においては、このようなダイナミックな変化があるものだ。

献金

献金に関する部分では、韓国の教会における日本人女性の生活を実際に観察しインタビューした中西氏の記述を抜粋して引用してみよう。

「献金は献金封筒に入れて献金箱に入れる。献金封筒は一家庭一封筒、夫婦の名前が記されており、年間を通して使用するようになっている。これも一般のプロテスタント教会と変わらない」(p.478)

「①は統一教会の八大名節ごとの献金である。プロテスタント教会では復活節、感謝節、聖誕節などに特別献金をするが、統一教会にはそれらの行事はなく統一教会の記念日に特別献金をするようになっている」(p.479)

「③『十・三条献金』はプロテスタント教会の十分の一献金にあたる。統一教会では十分の三になっており、献金封筒には次のような文鮮明の言葉が記されている。『今から私たち統一教信者は十の一条ではなく十の三条をしなければならない時代がきたのです。一つは教会のため、一つは国のため、一つは世界のためにです。――マルスムより――』」(p.479)

「しかし、聞き取りによれば、日本人女性信者はこの通りの献金はできていないようである。十分の三献金も建て前で、現実には十分の一すら難しい」(p.479)

「B市のある女性信者は、夫が勤め人だが『全部していたらきりがない。家計が大変だから要請があっても全

額はしない』と語っていた。夫が勤め人であってもある程度の収入がないと十分の一献金は難しいようである」(p.479)

「A教会の日本人女性は日本の壮婦がクレジットカードで借金をして献金するほどのことはしていない。韓国に嫁いでしまえば、エバ国家としての献金の責務からは逃れられるし、日本人女性達は元々経済的に余裕もない。献金はできる範囲でしており、献金に苦しんでいる様子はなかった」(p.479-480)

中西氏が繰り返して述べているのは、信仰の内容に違いがあったとしても、韓国の統一教会は外形的には一般のプロテスタント教会と変わりのない「普通の宗教」であることだ。献金額が収入の十分の一ではなく十分の三とされている点ではプロテスタント教会よりも献金の要請が高い宗教であると言えなくもないが、実際にはそれも建前であり、十分の一さえできていないのだから、やはり「普通」ということになるだろう。これは韓国に嫁いだ日本人女性たちの現実を反映していると思われるが、日本の壮婦と比較しているくだりは、中西氏が実際に観察して得た情報ではなく、櫻井氏から提供される資料に基づくものであり、ここでも中西氏は「韓国の実像」と「日本の虚像」を比較していることになる。

中西氏の献金に関する記述は、献金封筒や献金箱、名節献金、十・一条の実践の程度のすべての面において、日本の統一教会の現実と同じであり、日韓の間に大きな差異はない。そこに大きな差を見いだしているのは、中西氏が日本統一教会の実態を知らないからである。それでは、中西氏が韓国の統一教会の「実像」と比較している、日本統一教会の「虚像」とは何であろうか? それは櫻井氏の頭の中で構築された、「日本の統一教会信者はなぜ献金するのか」という「理論」なのである。

櫻井氏は著書の167ページで、「統一教会の信者は、地上天国の実現、霊界の解放という宗教的理念のために世俗的生活を犠牲にする」と述べている。それは「一般市民にとって重要な生活の安定、家族の扶養、老後の保障といった問題を一切度外視して」まで行う異常なものとして描かれている。実際にはこれは言いすぎであり、このようなことを徹底していたら統一教会は存続し得ないはずであるが、この強烈なイメージが中西氏の頭の中に「虚像」として存在するため、どうしても「普通の宗教」である韓国統一教会とそれを対比させてしまうのだろう。

水曜日の礼拝

続いて水曜日の礼拝、祈祷会や敬礼式、その他の行事や信仰生活にかかわることを扱い、その内容は韓国在住の日本人女性信者の極めて人間的な一面が現れたものである。

まず、「水曜日の午前中に日本人女性だけの水曜礼拝がある（午前一〇時三〇分から一二時くらい）。韓国プロテスタント教会は水曜日の午後七時頃から祈禱会を行うところがあり、A教会でも本来は夜に行うものだが、日本人女性達が夜に家を出にくいので、牧師の呼びかけで昼間に集まることになった」（p.480）と紹介されている。献金に関する記述とも共通するが、日本人女性たちは信仰生活と家庭での主婦としての立場に相克がある場合には、一方的に信仰や教会の事情を優先するのではなく、両者のバランスを取りながら現実的で合理的な判断をしていることが分かる。そしてこの場合には、牧師の方から女性たちの事情に歩み寄って時間帯を変更するという柔軟な対応をしていることが分かる。

この集会が彼女たちにとって持つ意味について、中西氏は以下のように解説している。

「礼拝後は食事を取って雑談となるが、日本人女性達にとって情報交換やストレス解消の場になっている。日曜日だと夫や子供がいて落ち着かず、日本人ばかりでかたまってずっと話をするわけにもいかないが、水曜礼拝は日本人女性だけで気兼ねがない。子連れでもオリニチプ（保育園）にあがる前の乳幼児であり、機嫌さえよければおとなしくしている。礼拝は韓国語でも、礼拝、食事が終わると牧師は自室に引っ込む。日本人女性だけになると日本語だけの世界になり、シオモニや夫のこと、子供の学校のことなど話は尽きない。水曜礼拝の集まりを『ストレス解消。悩みを聞き、聞いてもらってアドバイスを受けて、家に帰って頑張る』と語る女

性もいた。彼女達にとって何よりものストレス解消は女性同士、日本語でしゃべることである」(p.480)

ここには、かなりリアルな女性信者たちの姿が描かれている。異国の地に嫁に来て、家庭の中では多くのストレスを抱えているであろう彼女たちが、気心の知れた仲間たちと母国語で会話ができる時間が元気の源となっているのである。すなわち、彼女たちが教会に集まるのは「神と我」という縦の関係や、宗教的な世界だけでなく、人間同士の横のつながりにも魅力を感じているからであり、「日本人女性コミュニティー」を心の拠り所としているからだと理解できる。これは一種の「ピア・カウンセリング」のような機能を教会が果たしているということである。

しかし、これは在韓日本人女性信者に限ったことではなく、日本の統一教会にも同様の機能があり、さらには宗教団体が一般的に持っている機能と言える。第七章で紹介された原理研究会のメンバーであった元信者Cは、自身の信仰生活を青春ドラマの一コマのような熱い思い出として語っている。それは麻薬に近いような楽しい体験であり、家族のような雰囲気の中で、同士のような愛情で満たされ、お互いのことを真剣に語り合う濃密な人間関係であったと述懐している。これは櫻井氏自身も認めていることであり、「原理研究会主催のセミナーを『修学旅行の夜』と評した塩谷政憲の研究（塩谷　一九八六）にも通じるものだが、これが統一教会における信仰生活の一側面を示していることは事実である。楽しくなければ続けられない」(p.342)と述べているくらいだ。こうしたコミュニティーとしての宗教団体の魅力は、青年集団に限らず、主婦のグループであっても機能する。むしろ、日本の新宗教のほとんどは悩みを語り合う主婦のコミュニティーとして機能していると言えるだろう。

中西氏は次のようにも述べている。

「以上が普段の信仰生活だが、彼女達は礼拝以外にしばしば教会に出向く。……日本人女性信者に教会の用事を押しつけているのではなく、教会の中で彼女達が主婦であったり、年齢的に最も元気であったりして動きやすい一群となっているからである。彼女達がいなかったら教会はたちまち立ち行かなくなるのではないかとさえ思う。用事をしながらみなで日本語でしゃべることで彼女達にとっても気晴らしになっているようであった」

(p.482)

　このことから分かるのは、韓国の統一教会は日本人女性信者に対して強制的に仕事をさせ、教会に来させているのではないということだ。むしろ教会に来ることは彼女たちの生き甲斐であり、楽しみであり、気晴らしでもある。こうした教会の機能は日本でも同じである。日本の統一教会でも昼の時間に教会に集まってくるのは家庭を持つ婦人たちが多い。男性は昼間は仕事をしているので集まりにくく、独身で仕事を持っている若い女性も集まりにくいので、比較的昼間に時間を取りやすい主婦たちが活動の主要な戦力となっている。彼女たちがいなかったら教会はたちまち立ち行かなくなるという点は、日本でも全く同じである。

　彼女たちは信仰を動機として、教会の活動を生き甲斐としていると同時に、夫や子供のことなどの悩みを話し合い、励まし合うことによって自らを元気付けている。韓国と同様に、日本でも女性たちは強制されて教会に集まるのではなく、自らの意思で通うのだ。彼女たちはそこに自分の「居場所」を見いだし、その活動に自分の存在の意義と価値を見いだしている。それは「洗脳」や「マインド・コントロール」といった表現からはほど遠い、喜びを動機とした自発的な信仰のあり方である。そしてそれは、統一教会に限らず、宗教団体の一般的な機能であると言えるだろう。

　続いて中西氏は、月末の徹夜祈祷会と敬礼式を紹介している。「徹夜祈祷会は韓国プロテスタント教会で行われているものであり、金曜日の夜に行う場合が多い。『徹夜』といっても深夜に及ぶだけで、夜を徹して朝までするわけではない」と解説した上で、「敬礼式の部分を除けば日曜日の礼拝とあまり変わらない」(p.481)と説明が加えられている。その上で「日本人女性信者の普段の信仰生活は、日曜と水曜の礼拝、月末の徹夜祈禱会と月初めの敬礼式くらいである。礼拝の内容に多少違いがあっても、基本的なあり方は、週単位、月単位で行われる礼拝や儀礼に参加するだけであり、一般的なクリスチャンの信仰生活とあまり変わらない。信者が多い地域では毎週金曜日に先輩家庭が区域長になり区域礼拝を行うところもあるようだが、これも韓国では規模の大きいプロテスタント教会で行われていることである」(p.481-482)と述べている。ここでも韓国の統一教会は一般のプロテスタント教会と大差ないという、中西氏の一貫した分析がなされている。

「4　特別な行事」

その次に中西氏は、普段の信仰生活以外の「特別な行事」について説明する。具体的内容は、「真のご父母様誕辰記念式」「世界平和のためのA邑指導者決意大会」「天一国国民入籍修練会」「平和統一指導者A郡セミナー」「文鮮明総裁米寿記念及び平和統一指導者創立一周年平和講演会」(p.483)などの行事で、こうした行事に日本人女性たちが駆り出されるという。

このうち、「世界平和のためのA邑指導者決意大会」では、集会前に役所や警察署、地元のキリスト教会に統一教会が挨拶に出向いていることに中西氏は奇異な印象を抱いたという。それは日本の統一教会が社会から批判され孤立しているとのイメージと比較したものだが、韓国では統一教会は一定程度、社会的認知を得ているのだから不思議でもないのだろうという結論に至っている。

中西氏は「清海ガーデン」で行われた「天一国国民入籍修練会」にも参加したようだ。「修練会」というからには、「洗脳」や「マインド・コントロール」といった表現から連想されるような強烈で特異な雰囲気のものかと思えば、「ノートをとる人はほとんどいなかった。床に座らせて講義を行うのだから、居眠りする人、途中で部屋を出て行く人などもおり、緊張感は全くなかった。修練会といっても統一教会の教説を教える教化プログラムとはいいがたい」(p.485)と述べている。中西氏は韓国統一教会の「ゆるさ」に拍子抜けしているようだが、それも強烈な日本の統一教会のイメージを前提としているからである。

はたしてそれほどの差異が実際にあるかをより実証的に論じるには、やはり日本統一教会の修練会にも参加して、両者を実体験に基づいて比較すべきであった。日本と韓国の統一教会、ならびに修練会のあり方に、全く文化的な差異がないというのではない。それがどの程度の差異であるかを正確に知るには、日韓両国でフィールドワークをするのが正統的なやり方である。しかし、彼女はそれをしていない。ここでも中西氏は「ゆるい韓国統一教会」という実像と、「強烈な日本統一教会」という虚像を比較していることになる。

中西氏の分析で一貫しているのは、「過酷な日本における信仰生活」と「楽で落ち着いた韓国における信仰生活」という対比で、その代表的なものを引用すれば以下のようになる。

「A郡の彼女達を見る限り、日本で経験したような肉体的・精神的にきつい信仰生活を送ってはいなかった」(p.486)

「日本にいたときは独身だったが、韓国で家庭生活を始めると夫や子供の面倒を見なければならず、家庭が優先になって布教や経済活動を行う時間的余裕はなくなる。……統一教会の信者とはいえ、結婚し、韓国で家庭を持てば、信仰生活には日本にいたときよりもはるかに楽なものになっている」(p.486-487)

「統一教会の信者といっても普段の信仰生活は礼拝に出席する程度であり、日本で経験した献身生活と比べるとのんびりしたものである。何か特別な行事があるときは動員があり、裏方として動いたり参加したりするが、無理のない範囲で行えばよく、あくまでも家庭優先である。献金や家庭での信仰実践も厳密なものではなく、行わなかったとしても咎められることはない。結婚難にある農村男性のもとに嫁ぎ、生活は経済的に楽でなく、言葉や生活習慣が異なるというしんどさ、辛さはあっても信仰生活の内容、実践は一般のクリスチャンとあまり変わらず、心身共に落ち着いた信仰生活を送ることができる。献身生活のような厳しい実践が渡韓後も続いたとしたら心身共に疲弊するが、落ち着いた信仰生活に移行することによって信仰を続けていけると考えられる」(p.489)

「6　日本での信仰生活と韓国での信仰生活」

中西氏は韓国で暮らす日本人女性たちの生活を実際に観察したのであるから、彼女たちの信仰実践が肉体的・精神的にきついものではなく、むしろのんびりとしたものであるというのが率直な感想なのだろう。韓国統一教会は一般のプロテスタント教会とあまり変わらない「普通の宗教」であるという彼女のこれまでの主張とも一致している。しかしここで問題となるのは、それを何と比較しているのかである。

中西氏はそれを日本における「献身生活」と比較して楽なものだと論じているわけだが、彼女自身が日本における信仰生活を実際に観察したわけではないので、両者の生活を客観的に比較して判断することはできないはずだ。ここでも日本の「虚像」と韓国の「実像」を比較していると言えなくもないが、一方で、彼女の分析があながち思い込みであるとは言えない可能性がある。それは中西氏が日本人女性たちにインタビューしているからであり、彼女たち自身が日本での「献身生活」に比べれば韓国での生活はよっぽど楽だと語っている可能性があるからだ。自分の過去を回顧しながら、「あの頃に比べればいまは楽だ」と語る日本人女性がいてもおかしくはない。

しかし、そこには二重の比較が重なっていることに留意しなければならない。それは独身生活と家庭生活の比較という層と、日本における信仰生活と韓国における信仰生活の比較という層が折り重なっているという意味だ。日本においても、独身時代には日々活動に明け暮れていた信者が、家庭を持った途端に家事や育児に追われるようになり、ほとんど活動ができなくなるという現象はよく見られる。特に女性の場合には出産を機に生活は大きく変わり、どうしても子供中心の生活になるのが普通だ。その点に着目すれば、中西氏が比較しているのは日本と韓国の信仰生活の違いではなく、独身時代と家庭出発後の信仰生活の違いである可能性がある。この点を厳密に論じるためには、日本において家庭を持った女性信者の生活を観察し、それを韓国と比較しなければならないのだが、彼女はそれをしていない。そのため、渡韓前と渡韓後の彼女たちの信仰生活の違いの本質が何であるのかを正確に捉えることができず、日韓の教会のあり方の違いにその原因を求めてしまっている。

一般に統一教会では、家庭を持つことによって信仰が「内面化」されるという傾向がある。独身時代にはとにかく体を動かし、実践することを通して信仰を確立する。それはある意味で体育会系の訓練と同じように、激しいほど人格に与える影響は大きく、同時に充実感を覚える。しかし、これが可能なのは若いときの限られた期間であり、年齢を重ねれば外面的にはそれほど激しく活動しなくても、内面において信仰が充実していくように変化する。その重要なステップが家庭出発であり、個人としての段階から、夫や妻として、父親や母親として生きる中でより深い信仰の世界を築いていくのである。これは外面的に激しい活動をしなくなったからといって信仰が弱くなったのではなく、日常生活の中で信仰の意義を発見していくより本質的な段階に入ったと理解することができる。

信仰生活は辛いことや苦しいことをするのが目的ではない。自己否定をして堕落性を脱ぐ段階においてはそうしたプロセスは必要かもしれないが、その段階を過ぎれば外面的には落ち着いて暮らしながらも、霊的には充実した生活を送ることができるようになる。その契機となるのが家庭出発なのだ。

こうした信仰生活の「質的変化」をうまく通過することができないと、「独身時代にはあれだけ頑張って充実した信仰生活を送っていたのに、家庭を持ったとたんに日々の生活に追われるようになり、霊的な充足感を得られなくなった」と漏らすようになるのだろう。

実はこの外的活動による充実感から信仰が内面化するプロセスは、家庭を持つときに起きると同時に、日本と韓国という国の壁を越えて異文化体験をするときにも起きる。その意味で渡韓した日本人女性たちは二重の意味で内面化のプロセスを通過していることになる。それをうまく通過して価値観が転換された場合には韓国社会に定着することができるが、いつまでも日本的な価値観を引きずっていると韓国で不適合を起こすようになる。そうした例が、第七章で紹介されている元信者FとGである。

彼女たちは共に、「日本にいたときは韓国の統一教会は日本よりも信仰的で霊的に高いと教えられてきたが、実際に韓国に来てみるとそんなことはなく、かえって日本の統一教会の方が信仰的で、献身的で、活動熱心である」と感じていた。これは彼女たちが持っていた日本人的な「ものさし」で測った場合に、韓国人の信仰が低いように見えたということなのだ。『本郷人の行く道』の著者である武藤将臣氏が、韓国人と日本人の信仰観を比較して説明していることを要約すると以下のようになる。

日本人はまず神と我の縦的関係を築くという旧約時代の立場から始めなければならず、信仰生活は横的な自分を否定して縦的な関係を重要視するようになる。したがって日本人の信仰観は、み言を文字通り、外的に一字一句違えず守るという要素が強くならざるを得ない。そして外的な行動の基準や実績を立てることによって分別し、儀式的内容を厳密に重要視することを通して心霊の復活も果たされる。アベル・カインの関係も組織における規則的関係として捉えられることが多く、カインとしてアベルに従うことの重要性が強調される。

一方、韓国では外的な蕩減条件以上に内的な「精誠」が重要視される。そして韓国の食口は神と真の父母に対する自分の信仰を人前にそれほど表現して見せないので、外から見ると信仰のない一般の人と変わらないように見える。韓国では教会でも何よりも個人の自由を尊重し、あまり干渉した指導をしない。アベル・カインの関係も絶対的なものではなく、韓国人は位置的なアベルの言葉に対して一様には従わないことがある。韓国人は目に見える組織を超えた心情組織を持っていて、信仰的には一人でしっかりしている。日本人女性も韓国に定着すれば、自然とこのような信仰のあり方を学び、それを相続して内面化していく。

中西氏はこうした信仰の内面世界を見ることができないので、単純に日本と韓国の信仰生活のきつさや激しさを比較して、韓国の方が楽でのんびりしているという結論を出したのである。しかし、統一教会の信仰はただ単に外的な活動の激しさだけで測れるものではない。たとえ外的には楽になったように見えたとしても、渡韓した日本人女性たちは別の次元の闘いをし、それを通して霊的に成長しているのである。

中西氏の分析で一貫しているのは、「過酷な日本における信仰生活」と「楽で落ち着いた韓国における信仰生活」という対比である。要するに韓国で暮らす日本人女性たちの信仰生活は肉体的・精神的にきついものではなく、一般のプロテスタント教会とあまり変わらないということだが、それと対比されている「過酷な日本における信仰生活」は中西氏自身が観察したものではなく、主に統一教会反対派から提供された文献に基づく「虚像」だった。

こうした事実は、統一教会の信仰が統制された環境下においてのみ維持されるものであるという、古典的な「マインド・コントロール言説」に対する一つの反証であると言ってよいだろう。『マインド・コントロールの恐怖』の著者スティーヴン・ハッサン氏は、マインド・コントロールの四つの構成要素として「行動コントロール、思想コントロール、感情コントロール、および情報コントロール」を挙げた。要するに、統一教会に回心するプロセスにおいては、都会を離れた研修所に合宿することで情報をコントロールし、集団行動をさせることで行動をコントロールし、短期間で数多くの講義を聞くことによって思考をコントロールし、レクリエーションやスポーツ、班長による面接などで感情をコントロールすることにより、回心を人工的につくり出すのだという理論である。そして入教した後も、プライバシーの抑制された環境下で集団生活をすることによってマインド・コントロールが維持されているというのだから、コントロール状態が切れてしまえば信仰を失うはずである。

「洗脳」や「マインド・コントロール」は真の回心をもたらさず、環境によって条件付けられているだけという前提に立てば、そうした環境が存在しない「楽で落ち着いた」韓国での生活に入ったら、マインド・コントロールが解けて信仰を失ってもよさそうなものだが、実際には環境が変わっても日本人女性信者たちは信仰を続けている。これは彼女たちの信仰が単に環境によって条件付けられたもの、すなわち外界からの刺激によって維持されているものではなく、内面に動機を持つものであるからにほかならない。その意味で、統一教会への回心は単に教団にコントロールされている状態ではなく、人の内面に本質的な変化をもたらす「真正な回心」であることを、在韓の日本人女性信者たちは証明している。
中西氏は、日本での信仰生活と韓国での信仰生活の関係性について、以下のように記述している。この中で中西氏は奇しくも日本人女性たちの中に統一教会の教えが「内面化」されており、それが韓国においても維持されていることを認めている。信者たちと実際に接した中西氏は、少なくとも単純な「マインド・コントロール言説」では事実を説明できないことは理解しているようである。
「しかし信仰生活が厳しいものでなくても、祝福で結婚し、韓国に嫁いできたこと自体がそもそも特異な信仰実践である。それは日本での信仰実践を通して統一教会の教えを強固に内面化することによって可能となったものであり、日本での信仰生活の延長線上に現在の生活がある。統一教会の信仰実践の目的が地上天国建設であることに変わりなく、信者にとっては日本にいようとも韓国に嫁いで来ようとも信仰実践の毎日である。日本にいたときに課せられた実践が布教や経済活動（万物復帰）だとすれば、韓国で課せられた実践は無原罪の神の子を生み育てることである。日本人女性達は地上天国建設のために動員され続けていることに変わりない。教団でも在韓の日本人信者を『特別な使命を持った天の精鋭部隊』（国際家庭特別巡回師室　一九九六：二四五）と捉えている。彼らを特別視し、価値づけていることが窺えるが、実際のところは韓国人女性が結婚したがらない農村男性とカップリングさせて、世界平和の実現という大義名分のもとに日本人女性信者に苦労の多い生活を強いている」（p.489-490）
韓国での祝福家庭婦人としての生活と活動が、日本での信仰実践を通して統一教会の教えを内面化することによって可能となったものであり、日本での信仰生活の延長線上に韓国での信仰生活があるという中西氏の分析は正しい。それは日本人女性信者たちの自己認識とも一致するだろう。日本と韓国では環境も日々の生活で行うことも異なるけれども、究極的な目的は同じであり、そこには一貫した流れがあると認識している。彼女たちは信仰によって環境に順応し、自己のアイデンティティーを守りつつ、一貫性のある人生を歩んでいると言ってよいだろう。これは人生に対する非常に主体的な態度であり、信仰者に固有の「強さ」であると言ってもよいかもしれない。
にもかかわらず、彼女たちに対する中西氏の記述は「動員され続けている」とか「世界平和の実現という大義名分のもとに日本人女性信者に苦労の多い生活を強いている」といったような受動的な表現に満ちている。これは彼女たちの主体性を過小評価した侮辱的な表現だと言ってよい。

宗教の世界においては、自分を捨ててより大きな目的、すなわち神や仏の目的のために自身を捧げることを「献身」といい、古来より美徳の一つとして認識されてきた。仏教の僧侶やキリスト教の修道士が出家するのもこうした動機に基づくものであり、苦痛を伴う修行をしたり、苦労の多い海外宣教に身を投じたりするのも、「献身」の精神が基本になっている。統一教会の女性信者たちが異国の地に嫁ぐという、中西氏の言う「特異な信仰実践」をするのも、こうした精神の延長線上にあるのだ。スポーツの世界で一流を目指す者が過酷なトレーニングに挑むのも、芸術家が究極の美を追求するために超人的な努力をするのも、すべて「偉大なことを成し遂げたい」という主体的な動機によるものである。こうした事例においては、僧侶や宣教師が教団の目的のために「動員され続けている」とは言わないだろうし、アスリートや芸術家たちが「苦労を強いられている」とは表現しないだろう。にもかかわらず、統一教会の女性信者が自らの意思で苦難に挑戦するときには「動員されている」とか「強いられている」といった受動的な表現を用いるのは偏見としかいいようがない。

中西氏はこの節を以下のような表現で結んでいる。

> 「では次に日本人女性達自身は祝福や韓国での家庭生活にどのような意味づけをしているのかを探っていこう。彼女達が主観的にどう捉えているのかを見ることで、なぜ教団が決めた韓国人男性と恋愛感情も交際期間もないまま結婚し、家庭を築いて暮らしていけるのか、つまり、なぜ統一教会の信仰を続けているのかの答えが少し見えてくるのではないかと思う」(p.490)

この中に中西氏の本音が透けて見える。要するに彼女は、客観的に見れば日本人女性信者たちは教団によって動員され、苦労の多い生活を強いられているにすぎないのだが、彼女たちの主観においては、教団の教えによって意義付けがなされているためにやっていると見ているのである。しかしここにおける「客観」とは、信仰を持たない世俗人としての中西氏の視点にすぎない。彼女は自らの視点を「客観」とし、当事者である信者の視点を「主観」とする座標軸を構築していることになるが、その視点さえも相対化したときにもう一つの真実が見えてくることには、まだ気付いていないようだ。宗教は「主観」が大切な現象である。その内面世界に対して、「客観」の名のもとに、「動員されている」とか「強いられている」といった世俗的な価値判断をするのは傲慢である。

「四　日本人女性信者にとっての祝福家庭」への反証

「1　理想と現実」

「第九章　在韓日本人信者の信仰生活」は、韓国に嫁いで暮らす日本人の統一教会女性信者に対するインタビュー内容に基づいて記述されている。中西氏によれば、「四　日本人女性信者にとっての祝福家庭」の内容は、日本人女性信者たちが祝福や韓国での家庭生活にどのような意味付けをしているかを、彼女たち自身の口を通して語らせることにより、彼女たちが「主観的にどう捉えているか」を見ることが目的で、それを通して、なぜ彼女たちが韓国にお嫁に来て統一教会の信仰を維持できるのかを明らかにしようとしている。

この節の冒頭に中西氏は「1　理想と現実」という項目をもうけて、統一教会の教説における祝福の理想と、韓日祝福の実態にはギャップがあることを強調している。すなわち、「在韓の日本人女性信者達は教説的に見ると再臨のメシヤの国で、あこがれの韓国人男性と最も理想的な韓日祝福でもって怨讐を超えた家庭を築いたことになる」(p.490)という理想がある一方で、「夫は結婚目的で信者になっただけであり、夫婦で信仰を共有しているわけでもない」うえに、「愛も経済力もない相手との結婚」（p.491）という現実があるという。

中西氏が調査したA郡に嫁いだ日本人女性の学歴は高校卒、専門学校卒、短大卒、大卒が含まれており、これは同年代の日本人女性の学歴と比較すれば平均よりもやや高い傾向にあることは、既に紹介した。それに比べると「韓国人の夫は聞き取りした範囲でいえば高校卒と同数程度に中学校か小学校卒がおり、大学卒は通信制大学が一名いるだけ」（p.491）だという。すなわち、韓日祝福は日本人女性の高学歴に対して韓国人男性の低学歴という、格差婚になっているというのである。韓国は日本以上に学歴社会で、夫たちの仕事はおのずと制限されるため、比較的安定した職業に就いている夫がいる一方で、就労が不安定な夫もいるという。このことは韓国の祝福家庭の経済状況に直結しているようで、中西氏は経済的に苦労している女性信者の語りを引用している。同時に中西氏は、こうした記述が自身の差別や偏見に基づくものでないことを説明することも忘れていない。その原因は夫となった韓国人にあるのではなく、むしろ韓国の社会構造に由来するものであるという。「ただこれは彼女達の夫が不真面目で労働意欲がないのではなく、韓国の社会構造的な要因が絡む」「A郡は特に経済発展から取り残された地域にある」（p.492）という中西氏の指摘は的を射たものであろう。

中西氏によれば、これは単なる客観的な事実の指摘ではなく、日本人女性たち自身も自分たちの生活が経済的に楽でないことは自覚しており、信仰ゆえにそれを続けていられるのだと自負しているという。だからこそ、その信仰とはいったいどのような信仰なのかという「問い」が生まれ、それに基づく彼女の分析が展開される。彼女の結論は、統一教会の「特異な信仰」ゆえにこうした結婚生活を維持できるというものだ。しかしながら、信仰ゆえに「敢えて低いところへ訪ねていく」という現象は、統一教会に限らず宗教の世界には普遍的にあることを主張してみたい。

中西氏は「一般に女性は結婚に際して上昇婚を望む。自分や自分の父親よりも学歴や職業的威信の高い相手と結婚することで社会的な階層上昇を図るというものである。韓日祝福で農村の男性と結婚するとなると上昇婚は望めず、下降婚になる」(p.492)と述べている。ところが、宗教は伝統的に富や社会的地位を否定し、清貧に積極的価値を見いだしてきた。女性が結婚して上昇婚を望むというのは、世俗的な一般論であって、宗教的な動機で結婚する祝福家庭婦人の第一次的な関心事ではない。むしろ彼女たちは「下降婚」に宗教的な意義を見いだしている。

古来より宗教は、富と所有物に対する執着は霊的成長を阻む足枷であるとみなし、救済を得るためには富と所有物を放棄することが必要であると教えてきた。「仏教の十戒」には「不蓄金銀宝」があり、金や金銀・宝石類を含めて、個人の資産となる物を所有することを禁じている。キリスト教の新約聖書も、以下のように金銭に対する執着を戒めている。

「金銭を愛することは、すべての悪の根である」(テモテⅠ6:10)

「だれも、ふたりの主人に兼ね仕えることはできない。一方を憎んで他方を愛し、あるいは、一方に親しんで他方をうとんじるからである。あなたがたは、神と富とに兼ね仕えることはできない」(マタイ6:24)

「あなたがたは自分のために、虫が食い、さびがつき、また、盗人らが押し入って盗み出すような地上に、宝をたくわえてはならない。むしろ自分のため、虫も食わず、さびもつかず、また、盗人らが押し入って盗み出すこともない天に、宝をたくわえなさい」(マタイ6:19-21)

「富んでいる者が神の国にはいるよりは、らくだが針の穴を通る方が、もっとやさしい」(マタイ19:24)

「あなたがた貧しい人たちは、さいわいだ。神の国はあなたがたのものである」(ルカ6:20)

富んでいる立場から貧しい立場に降りていくことは「下降」とみなされるが、実はキリスト教神学の中にはこの「下降」そのものに積極的意味を見いだす思想がある。それが「ケノーシス」と呼ばれるものだ。キリスト教では、神ご自身が肉をまとって人の姿で顕現された存在がまさにナザレのイエスであると信じているのだが、そうした行為そのものが「下降」にあたる。イエスは神としての身分を捨て、敢えて貧しい人間にまで自らを空しく低くした。これを「無にする」という意味のギリシア語で「ケノーシス」と呼んでいる。その思想は、以下の聖句の中に端的に表現されている。

「キリストは、神の身分でありながら、神と等しい者であることに固執しようとは思わず、かえって自分を無にして、僕の身分になり、人間と同じ者になられました。人間の姿で現れ、へりくだって、死に至るまで、それも十字架の死に至るまで従順でした」（ピリピ2：6–8）

イエスは貧しい人間の姿になられただけではなく、十字架刑によって亡くなった。十字架は犯罪人に対するローマの処刑方法だから、十字架の死というのは、ただ死んだのではなく、犯罪人として処刑されたということである。キリストは人間の姿になったばかりか、人間から犯罪人として断罪され、拒否され、処刑されてしまった。そこまで徹底的に自分を「無にする」ことの中に、人間に対する神の愛を見いだすという思想がキリスト教にはある。

この伝統を受け継ぎ、キリスト教において「聖者」とみなされる人々は、イエスと同じ道を歩もうとした。フランシスコ会の創設者として知られるアッシジのフランチェスコは、自らは裕福な家に生まれながらも、それらをすべて捨ててキリストに倣い、「清貧」がモットーの修道会を創設した。彼の創設した托鉢修道会は私有財産を認めず、修道士は托鉢し、善意の施しによって生活し、衣服以外には一切の財産をもたなかった。

マザー・テレサはコルカタで、「飢えた人、裸の人、家のない人、体の不自由な人、病気の人、必要とされることのないすべての人、愛されていない人、誰からも世話されない人のために働く」ことを目的に「神の愛の宣教者会」を設立した。ここで働くシスターたちも、私有財産を持たない清貧の生活を守っている。マザー・テレサは次のように語っている。

「貧しい人に触れる時、わたしたちは実際にキリストのお体に触れているのです。食べ物をあげるのは貧しい人のうちにおられる飢えているキリストに、着物を着せるのは裸のキリストに、住まいをあげるのは家なしのキリストになのです」（半田基子訳『マザー・テレサのことば』、女子パウロ会、p.44）

キリスト教社会運動家として有名な賀川豊彦は、自らは裕福な家庭に生れながらも、キリスト教に入信したのをきっかけに、神戸の貧民街に移り住み、救済活動と宣教に努めた。ボランティア組織「救霊団」を結成して本格的な活動を開始するとともに、キリスト教を説き、精魂を尽くした彼は、「スラム街の聖者」と呼ばれるようになった。妻となったハルともスラム街で出会っている。ハルは結婚後、賀川と共にスラムで貧民の救済活動に献身した。不衛生なスラムの環境によりハルはトラコーマに感染し右目を失明したが、救貧活動を続けた。賀川自身も両眼ともトラコーマに罹り、何度も失明の危機を経験している。

このように宗教の世界においては、豊かさや社会的地位を否定して敢えて「下降」し、貧しい人々や社会の底辺にいるような人々の所に出かけて、彼らと共に生活することに「神の業」を見いだすという伝統がある。祝福を受けた統一教会信者の日本人女性が、自分たちよりも学歴も社会的階層も低い韓国人男性のもとに嫁ぎ、経済的に苦しい生活を敢えて受け入れていくのは、こうした宗教的伝統の延長線上にあると理解することができるのである。

「2　地上天国実現のための家庭生活」

中西氏によれば、韓国で暮らす日本人女性信者たちは統一教会の信仰ゆえに今の夫と夫婦になり、韓国での生活を続けていると自覚しているという。それではその信仰とはどのようなものであり、「どのような教説が特異な結婚と結婚生活を成り立たせているのだろうか」(p.493)という問いを中西氏は発している。この問いに対する彼女なりの回答は、「一つは理想世界『地上天国』の実現であり、もう一つは罪の清算である」(p.493)ということになる。中西氏は実際に女性信者たちに対してインタビューをした上で、この二つの教えが彼女たちの韓国での結婚生活を下支えしていると結論付けたのであるから、現実との間にそれほど大きな齟齬があるとは考えられない。統一原理の立場からしても、最初の理由は「創造原理」に、二番目の理由は「堕落論」と「復帰原理」にかかわるものであるため、おおよそ妥当な動機付けであると考えられる。

中西氏は広島県出身のJという信者の語りを引用し、「家庭生活を地上天国実現への実践と捉えている」事例であるとして紹介している。

「祝福は日韓の関係。韓国は謝罪しろと言い、日本は過ぎたことだと言う。それでは接点がない。真の愛で両方の民族が一つになるしかない。生まれた子供には国境がない。すばらしいことだと思う。ここで言われていることは理想的だなと思った。実現されたらすばらしい。希望、理想があって、目指して到達するものがあるから、力がわく。その一部を実践している」(p.493)

Jは広島で生まれ育ち、小学生のときから平和教育を受けながらも、いつか戦争が起きるかもしれないという不安感を抱いていたという。彼女は聞き取りの中で「A郡に来てなかったら、原爆ドームの前で『核兵器反対』とかしていたかもしれない」(p.494)とも語っていたくらいだから、入信前から世界平和に対する強い意識を持っていたことがうかがえる。その彼女が統一教会に出会うことにより、実践の方法が「市民運動」から「祝福と家庭形成」に取って代わったというのだ。中西氏はこうした信者の動機をかなり内在的かつ肯定的に理解している。例えば以下のようなくだりがある。

「統一教会が目指す地上天国は国家・民族・宗教が垣根を超えて一つになった平和な世界とされる。現実に国家・民族・宗教の違いによる紛争は後を絶たず、一つになるなら平和な世界が訪れるという論理はわからないわけではない。韓国と日本の男女が結婚をして家庭を築き子供を生み育てれば、家庭の中では国家や民族の壁がなくなる。地上天国の実現は夢のような話だが、少なくとも家庭の中ではささやかな地上天国が主観的には実現される。また子供は原罪のない神の子であり、地上天国の担い手とされる。子供を生み育てることは地上天国の担い手を生み育てるという意味づけがなされ、出産育児は崇高な宗教実践と意識されることになる。実際、韓日祝福の家庭は子沢山の傾向がある」(p.494)

Jの生い立ちと入信前の価値観、そして祝福を受けるようになった動機に関する話は、イギリスの宗教社会学者アイリーン・バーカー博士が著書『ムーニーの成り立ち』の中で描いている西洋の典型的な統一教会信者の像と重なる部分がある。バーカー博士によると、統一教会に入会するような人は、もともと奉仕、義務、責任に対する強い意識を持ちながらも、貢献したいという欲望のはけ口を見つけられない人、理想主義的で世の中のあらゆるものが正しくあり得るという信念を持った人、高い道徳水準に従って生きる共同体への「帰属意識」を持ちたいと思っている人、価値あることを行い、それによって価値ある存在となることを願っているような人だという。こうした若者たちは、いまある現実の世界に幻滅し、戦争の恐怖を感じ、未来に対する悲観的な予測をしていた。

バーカー博士は、ムーニーたちに外部の世界がどのように見えていたかということを幾分戯画化して描いている。それは人種差別、不正、権力や快楽の追求、拝金主義などが溢れる混沌とした世界であり、絶対的な価値観のない相対的な世界である。世界は差し迫った大惨事に向かっているように感じられ、テロや戦争の恐怖におびえている。家庭は崩壊して愛がなくなり、人々は孤独の中で生きることを強いられている。

もともと理想主義的で奉仕の精神に溢れた彼らは、こうした現実の世界に不安や絶望を感じ、統一原理に出会うことによって長年探し求めていた答えを見つけ出したと感じて入会を決意した。そして教会の中で活動し、祝福を受けて家庭を築くことを通して、自分なりに世界平和のために貢献しているという実感を持つことができるようになったのである。その意味でJはバーカー博士の描く「典型的なムーニー」と同じ心性を持った人であり、統一教会に来るべくして来た人であったといえる。

また韓日祝福に対するJの理解も、米国における祝福家庭を研究した宗教社会学者ジェームズ・グレイス博士が著書『統一運動における性と結婚』で述べていることと一致している。結婚観においてもJは典型的な統一教会信者である。

もう一人の信者Nの語りでは、この結婚が恋愛結婚でないことに価値があるという認識が示されている。

「ただ単に好き嫌いを超えた、怨讐を超えているから深みが違うというか、恋愛で結婚したのとはわけが違う

ような気がする。そういう意味合いで頑張れているんじゃないかと思うんですよね」（p.495）

統一教会では恋愛結婚を「自分の欲望を中心としたもの」「堕落によってつくられた結婚の形態」として否定しているため、恋愛感情を動機としない神を中心とした結婚だからこそ祝福に価値があるという意味である。

こうした価値観を彼女たちが受け入れるようになった背景には、やはり現代社会の結婚のあり方に対して不安や不満を持っている若者たちが相当数いることを理解する必要がある。現代の日本の若者たちの中には、社会全般に蔓延する「性の乱れ」に幻滅し、不満や不安を感じている人が多い。そこで性的な事柄に対して潔癖な価値観を持っている人は、統一教会の教えに魅力を感じるのである。「清い結婚がしたい」「不倫や離婚などの不安のない、幸福な家庭を築きたい」というニーズを持っている人に対して、「祝福式」という形で示された統一教会の結婚の理想は、一つの魅力的な回答を提示しているといえる。「自由恋愛至上主義に対するアンチ・テーゼ」としての意味を祝福式は持っているのである。

そもそも、デートとプロポーズを経て結婚に至るという方法は、特に20世紀の米国で発達し、それが日本に輸入されたものである。しかし、欧米諸国の高い離婚率や、日本における離婚率の上昇などを考慮すれば、それは必ずしも理想的な配偶者選択の仕組みとはいえない。一時的な恋愛感情が幸福な結婚を保証しないならば、もっと堅固な土台の上に結婚を築きたいと願う者が現れても何ら不思議ではない。統一教会の信徒たちは、「信仰」という土台の上にそれを築こうとしているのである。

JとNの語りから分かることは、一見「特異な結婚と結婚生活」に見えるものも、彼女たちがもともと持っていた問題意識と統一教会の示す理想が合致し、自分にとって意味ある結婚のあり方だと感じられたからこその選択だった。それは統一教会の教説だけによって成り立つものではなく、彼女たちの個性と自己実現の方向性、そして主体的選択があって初めて成り立つものであることを見逃してはならない。

「3　罪の清算としての生活」

中西氏は495～496ページにかけて、統一教会の来世観について『原理講論』の記述に基づいて解説している。その中には堕落論に基づく罪の清算に関する記述も含まれており、肉身生活を通して罪の清算がなされることや、「蕩減」の概念が説明されている。さらに、統一原理における原罪、遺伝罪、連帯罪、自犯罪の概念が説明される。ここまでの説明は『原理講論』の記述に基づくものであるため、概ね正確な記述となっている。

中西氏は、「このうち原罪は祝福を受けることによって清算される。残りの三つ、遺伝罪、連帯罪、自犯罪は善行の積み重ねによって清算しなければならない。日本人女性信者達の韓国での生活はこの三つの罪の清算のためにある」（p.497）と説明した上で、彼女たちが韓国における生活の苦労を罪の清算として捉えていることを紹介している。例えば以下のような語りである。

「（韓国に）嫁に来るのは、恨みを解くため。嫁にいって、いい嫁になって、日本の嫁はいい嫁だ、日本人はいい人だというようになっていく」（一九七八年生まれ、四億双・二次）

「（家事が下手、料理が下手など口うるさい夫に文句を言われ）むかつくが、日本が犯してきた罪、先祖が韓国人に言ってきたのかなーと、罪滅ぼしで来ているんだろうな、と思って我慢している」（一九七二年生まれ、四〇〇〇万双）（p.497）

中西氏の解説によれば、統一教会の教化プログラムでは、日本が韓国に対してなした36年間の植民地支配のことが語られ、その蛮行に対する償いとして、日本人女性が韓国に嫁いできて韓国人の夫やその家族に尽くすことが求められており、したがって結婚生活における苦労は贖罪のためという意義付けがなされている。さらに贖罪の範囲は「文禄・慶長の役」にまでさかのぼって理解されていることが紹介される。この辺まではインタビューに基づく日本人女性信者の「主観的理解」の解説に留まる内容だが、そこから中西氏は突如としてこうした宗教的世界観に対する自分自身の論評を開始する。これは客観的な立ち位置を守るべき宗教社会学者としては逸脱行為である。

「朝鮮出兵も植民地支配も事実であり、日本の過ちだったことは認めるが、日本人女性が韓国人男性に嫁いで夫や夫の家族に尽くさないと罪は清算されないという論理はいかがなものか。キリスト教なら罪人は赦される、イエスは私達の罪を贖ってくださったと考える。統一教会において文鮮明は再臨のイエスであって真の父とされるが、贖い主とはなっていない。原罪は文鮮明の司る祝福によって清算されるが、残りの罪は全て信者自らが背負って自分で清算していかなければならないことになる」(p.498)

この記述は、本来ならば価値中立的な立場で記述すべき宗教の世界観に対して、私的な価値判断を持ち込んでいるものであり、しかも中西氏の専門分野である社会学的なテーマではなく、神学的なテーマに関することである。この点に関しては、中西氏は専門外の問題に素人として発言していることになり、学者としての良心を疑わざるを得ない。

確かに統一原理には「遺伝的罪」という概念があり、モーセの十戒のように先祖が犯した罪が子孫に影響を与えるという教えがある。しかしこれは世界の諸宗教の経典の中に見られる、一つの普遍的な観念である。また、日本の新宗教の中には「先祖の因縁」を説くものが多い。具体例は前述したので、ここでは割愛する。

統一教会においても同様に、身の回りに起こる事故や病気などの苦難を霊障、すなわち先祖の罪などの霊的な原因によって引き起こされる災いであると捉えたり、人間関係の軋轢や家庭の問題を先祖の罪の影響と捉えたりすることがある。そして「蕩減」とは先祖の因縁を清算することであり、自分自身が苦難を乗り越えることを通して先祖も救われると考えられることもある。さらに、罪の清算が国や民族の壁を越えるときには、「遺伝的罪」というよりも「連帯罪」の清算として意識されるようになる。韓日家庭における夫婦の葛藤や嫁姑の葛藤などは、こうした脈絡の中で理解され、信仰を動機として乗り越えようとする信者がいることは事実であろう。

こうした罪に対する理解は、自分の身の回りに起きる不幸や災難をどのように捉え、乗り越えていくかに関する極めて宗教的で内面的な性格のものであり、その信仰を共有しない第三者が「いかがなものか」と評論をするのは、極めて無礼で不謹慎な行為である。それを言い出せば、あらゆる宗教における罪や贖罪の概念に対して同じことが可能になってしまう。これは宗教的な世界観に対して世俗的な価値観を押し付けているにすぎないのだが、中西氏と同様に多くの場合、伝統的で社会的に受け入れられている宗教に対してはこうした態度はとらないにもかかわらず、非伝統的で社会的評価の低い宗教に対しては平気でやってのけるというダブルスタンダードを犯してしまうのだ。

また、イエスはすべての罪を赦してくれる贖い主であるのに対して、文鮮明師は原罪の清算しか行わず、残りの罪は信徒の自己責任で清算しなければならないというような比較をし、あたかも統一教会よりもキリスト教の方が恩寵が大きいかのような似非神学を中西氏が展開している点も、専門外の問題に対する素人発言であるというそしりを免れない。

そもそも一般的なキリスト教神学には原罪、遺伝罪、連帯罪、自犯罪といったようなシステマティックな罪の分類概念がない。したがって、イエス・キリストの十字架の恩寵によってどこまでの罪が赦されるのかということは、キリスト教神学と統一原理を詳細に比較した上で論じなければならない極めて神学的なテーマである。それを中西氏はさしたる知識もなく簡単に片付けてしまっている。

またこの問題は、救いにおける「他力」と「自力」の問題と深くかかわっている。キリスト教は基本的に他力型の宗教であり、人間の努力によらず、神の恩寵によって救われることが強調される。したがって、人間の犯したあらゆる罪を贖うためにイエスが十字架の道を行かれたので、それを信じて受け入れるだけですべての罪が赦されると考える傾向が強い。それに対して統一原理は人間の責任分担を主張し、キリスト教の中にあっては自力の要素を強調する傾向の強い教えである。こうした神学の違いは、キリスト教と統一教会の個性というべきものであり、価値中立的な宗教学者が優劣をつけるべき問題ではない。専門知識もなくこうした問題に軽率な判断を下す中西氏の態度は、批判されてしかるべきである。

中西氏が持ち上げる「贖い主」としてのイエスの愛も、捉え方を間違えれば一種のモラルハザードに陥る危険性がある。それは「保険によって事故が補償される」という考えが醸成されることにより、加入者の注意義務が散漫になり、かえって事故の発生率が高まるのと同じように、「どんな罪を犯してもイエスの十字架の贖罪によって赦される」という考えが醸成されることにより、罪を回避しようとするクリスチャンの意識が薄れ、かえって道徳的に好ましくない生活を送るようになる危険がある、ということだ。

ドイツの神学者ディートリッヒ・ボンヘッファーは、このような恩寵の理解を「安価な恵み（cheap grace）」と呼んで批判し、逆に「高価な恵み」とはわれわれをキリストに従う者へと造り変える恵みであると説いた。韓国に嫁いで苦労の多い生活を送ることを敢えて選択した統一教会の日本人女性信徒たちは、一方的な神の恩寵によって罪を赦してもらおうとしたのではなく、メシヤに従って自ら贖罪の先頭に立とうとした点で、ボンフェッファーの言う「高価な恵み」を受け取ろうとした者たちであったといえるのではないだろうか。

中西氏は「日本人女性信者達は韓国での生活を罪の清算として受けとめていると同時に、もう一つ、別の受けとめ方もある。離婚、脱会で韓国での生活をやめることは逆に『蕩減が重くなる』という理由である」「韓国での生活を続けることは罪の清算になるが、逆に離婚や脱会をして韓国での生活をやめることは罪を増すことになる。だから韓国での生活をやめられない、離婚も脱会もできないということである」（p.498）と述べている。

まず、韓国での生活をやめれば「蕩減が重くなる」という表現は、『原理講論』の中に出てくる蕩減条件の立て方に関する記述に基づくものであり、宗教的教義の理解としては正当なものであることを確認しておきたい。そもそも「蕩減」とは、罪を償うためにそれを埋め合わせるに足るだけの条件を立てることをいうのだが、『原理講論』

ではその程度として「同一の条件」「より小さな条件」「より大きな条件」の3種類が紹介されている。このうち、「より大きな条件」をもって償うことを「増償法」と呼んだりもするが、以下のように説明されている。

「これは、小さい価値をもって蕩減条件を立てるのに失敗したとき、それよりも大きな価値の蕩減条件を再び立てて、原状へと復帰する場合をいう。例えば、アブラハムは鳩と羊と雌牛とをささげる献祭において失敗をしたため、彼の蕩減条件は加重され、一人息子のイサクを供え物として、ささげるようになった。また、モーセのときには、イスラエル民族が四十日の偵察期間を、天のみ意にかなうように立てることができなかったために、その蕩減条件が加重され、彼らは一日を一年として計算した四十年間を、荒野において流浪しなければならなかったのである」(『原理講論』後編・緒論・蕩減復帰原理より)

したがって、こうした教義を理解している在韓の日本人女性信者が、「祝福破棄したらなおさら蕩減が重くなる」(p.498)というような捉え方をするのはある意味で自然なことである。しかし、このことを中西氏は「青春を返せ」裁判の資料から引っ張ってきた「いったん原理に出会い、これを知った者が、原理を捨てることは、原理を知らない者以上に罪深いことであり、その者は霊界において、永遠に責め続けられる」といった証言を引用し、「この教えを植え込まれ、恐怖ゆえに脱会できなかった」というような解釈と結び付けている。

祝福の破棄や離婚によって蕩減が重くなるという宗教的言説が、韓国での苦しい生活を忍耐する上で心の支えになったり、励ましになったりした可能性はあるだろう。しかしながら、その恐怖の故に離婚や脱会ができない心理状態に追い込まれていたというのは、全く別の話である。なぜなら、実際にそのような言説を聞いていても脱会する信者が日本に多数いるのと同様に、祝福を破棄して離婚、日本への帰国、脱会といった選択をする信者は渡韓した日本人女性の中にもいるからである。このことは櫻井氏の示した事例によっても、中西氏のインタビューによっても示されており、こうした宗教的言説は信者の自由意思を拘束して脱会を阻止することはできないことが証明されている。したがって、こうした宗教的言説を信じるか信じないかは、最終的には個人の自由意思に基づく選択によって決定されるのであり、その効果を過大評価することはできない。

中西氏はこうした宗教的言説による恐怖や忍従という要素を指摘する一方で、信者たちの現実の信仰生活を観察すれば、それだけで韓国にいるわけではないことを認めている。少々長くなるが、その部分を引用してみよう。

「日本人女性信者達は韓国での生活に地上天国の実現という希望的な意義を認めながら、その一方で罪の清算や棄教の恐怖を併せ持って生活を続けている。夫や舅姑に仕え、口答えもせずに耐え忍ぶだけの生活をしているように見えるかもしれないが、実際に接した日本人信者に限っていえば、経済的に楽ではなくとも忍従の日々を送っているようには見えなかった。教会に集まると『うちのシオモニが』『うちの主体者が』と、姑や夫の話をして楽しそうに笑っている。調査地滞在中、彼女達の家に訪問することがしばしばあった。『一人で食事するんでしょ』『何もないけど、よかったら食べに来たら』と家の夕食に誘ってくれたり、こちらからいきなり訪ねて行って家に上がって聞き取りをしたりした。途中で夫や姑が帰宅することもあったが、彼女達はいっこうに気にする様子はなかった。ある女性の家で聞き取り調査をしているところに夫が帰宅したことがあった。夫は気遣ってくれたのか、着替えるとすぐに子供を連れて散歩に出かけた。夕方だったので筆者の方が調査を切り上げて帰るべきだが、彼女は『いいの、いいの』と夫に遠慮する様子もなかった。もし彼女達が夫や舅姑に遠慮しながら暮らしていたら、筆者を家に誘うことはないだろうし、こちらから訪問するのも嫌がったと思う」(p.499)

中西氏が罪の清算や棄教の恐怖を強調する割には、実際に彼女が出会った日本人女性たちの生活は楽しくて生き生きとしたものであったし、韓国人の家族との関係も気兼ねのない和気あいあいとしたものだったようだ。統一教会反対派は、韓国に渡った日本人女性たちは苦労ばかりの多い生活を強いられているかのように主張しているが、実際には彼女たちは韓国でたくましく生きており、現地に適応して充実した生活をしている場合が多い。このギャップの原因としては二重の要素が考えられる。

第一に、彼女たちの生活を支えているのは確かに統一教会の信仰だが、その中における創造原理的な部分と堕落論・復帰原理的な部分のバランスである。中西氏の表現によれば①地上天国の実現、②罪の清算、という二つの動機のバランスになるのだが、人はネガティブなことを中心とするよりも、ポジティブなことを中心として生活した方が前向きで積極的な生き方ができるものである。日韓の壁を越えて理想家庭をつくり、神の子を産み育てるという創造原理的な希望の方が彼女たちの信仰生活の中でより大きな部分を占めているということではないだろうか。自分の置かれた環境が「罪の清算」のためという認識は、彼女たちが乗り越えるべき試練や苦労に立ち向かっていくときにはクローズアップされたかもしれないが、幸福な家庭生活を送っている場合には無理にそのことを意識する必要はない。

もう一つの要素は、宗教的な教えと現実の生活とのギャップである。在韓の日本人女性信者たちは俗世間と隔離された修道生活を送っているわけではなく、世俗の世界の中に身を置いて生活しているわけだから、四六時中宗教的なことだけを考えているわけではない。実際問題として、いかに篤実な信仰を持った人だといっても、常に「罪の清算」のことだけを考えて暮らしているわけではないだろう。

このことから敷衍すれば、韓国における祝福家庭の夫婦関係や嫁姑の関係においても、日本人が贖罪のために一方的に夫や舅姑に仕え、忍従しなければならないという考え方はあまりにも文字通りの「根本主義的」な教義の理解であり、実際の家族関係はより柔軟で開かれたものであるべきと考える者がいても不思議ではない。宗教的な教えがあることと、それを実際の生活に適用して実践することは別の話であり、両者の間には常にギャップがあることは理解しておかなければならないだろう。

「4　祝福と結婚生活の本質」

中西氏は「4　祝福と結婚生活の本質」と題する項目をもうけ、聞き取り調査の結果得られた知見に対して自分なりの解釈を施している。これまでの客観的なデータの記述からここでまとめに転じることになるわけだが、「本質」と銘打って行う彼女の分析は、彼女が執筆した部分の中で最もひどい内容になっている。いったい、他者の結婚の本質をこれほどまでに断定的な物言いで規定する資格が一社会学者にあるというのだろうか、と思わざるを得ない。以下に主要な部分を引用する。

「聞き取り調査から韓日祝福の日本人女性達は、韓国での生活を地上天国の実現と罪の清算として受けとめていることが窺われる。彼女達にとって結婚と結婚生活はこのためにあり、愛情や精神的・物質的安定を求めて結婚したのではないことは明らかである。結婚に愛情や精神的安定を第一に求めたのならば、祝福は到底受け入れられない。彼女達は統一教会の教説を内面化し、恋愛結婚は堕落した結婚であり祝福こそ理想の結婚と受け止めることで、教団が決めたどこの誰ともわからない相手と愛情もないまま、大変な生活になることも覚悟の上で結婚することができた。

さらにいえば、祝福は結婚であって結婚ではない。結婚をどのように捉えるかにもよるが、男女の愛情と合意、全人格的な結びつきという点を強調するなら結婚とはいえない。むしろ結婚という形をとった社会変革運動であり、宗教実践と見る方がわかりやすい」(p.500)

「祝福と結婚生活は地上天国の実現と罪の清算のための社会変革運動である。彼女達は結婚しようと思って祝福を受け入れたのではなく、統一教会による社会変革運動に共感して身を投じた。したがって祝福に恋愛感情は必要なく、下降婚になっても構わない。信仰のない夫は同志にならないが、神の子を生むためには必要である。経済的に楽でなく、苦労の多い生活も社会変革運動であり、そのための宗教実践だから受け入れられるものになる」(p.500-501)

「統一教会の女性信者はみな文鮮明の花嫁の立場にある。夫は文鮮明の身代わりで種を与えるだけにすぎず、彼女達は夫を通して文鮮明の姿を見ている。本音をいえば、大切なのは夫よりも文鮮明であって、彼女達は文鮮明に付き従って共に運動を展開しているのである。彼女達の生活は実態として見るならば、国際結婚をして韓国で生活しているだけだが、彼女達自身にとっては日本にいたときと変わりなく、文鮮明を頂点にした組織の一員として理想世界を作るため、罪の清算のために邁進する毎日なのである」(p.501)

彼女たちが結婚した動機が世俗的な恋愛感情になかったことは確かだが、だからといって彼女たちの結婚生活に愛情や人格的な結び付き、あるいは精神的な安定といった要素がないとどうして言い切れるのだろうか。ましてや「祝福は結婚であって結婚でない」という言い方は暴言に等しい。中西氏は恋愛感情と夫婦の愛情を同一視しているようだが、これらは多くの場合別物である。恋愛感情は男女を互いに引き付け、結婚の動機となり得るものであるが、それが一生涯継続することは少ない。通常の結婚生活においても3年程度で熱烈な恋愛感情はなくなり、その後はより穏やかで持続的な夫婦の愛情に変わっていくものである。これは現代の恋愛結婚の場合だが、昔の見合い結婚の場合には親が決めた相手と恋愛感情もなく結婚し、夫婦になることも珍しくなかった。それでも長年連れ添っているうちに徐々に夫婦愛が培われていった。統一教会の祝福家庭にもこのような夫婦の愛が育つということを、中西氏は想像できなかったのだろうか。

この問題に対して、『サイコロジー・トゥデイ』の元編集長であるロバート・エプステイン博士は以下のように述べている(以下、ビデオ映像からの書き起こし)。

「世の中には見合い結婚をして徐々に夫婦間の愛情が成長している例が多くあります。私は2003年からそのような人々を探し出し、幅広い聞き取り調査をしてきました。そもそもの問いかけは見合い結婚の夫婦の間で愛がどのように成長していくのか、愛が成長するのに何が必要だったのかを見つけようとしたのです。というのも現在の私たちの婚姻スタイルは機能していません。米国では初婚のほぼ半数が離婚に終わっています。再婚の3分の2が壊れていきます。そして3度目の結婚も75%が離婚しています。今の結婚文化が全くうまくいっていないのは明らかです。

安定した結婚生活を送れないことによって離婚前後の実に長い期間、さまざまに惨めな思いを味わい、苦しみを経験するのです。つまり離婚調停とか子供に対する親権の争い、弁護士の介入など、多様な事柄が横たわり私たちを苦しめています。ですから新たな結婚モデルが必要なのは明らかですが、私たちが適用できる別のモデルが実は世の中に存在しています。

私たちが調査のために見合い結婚のサンプルとして選択した夫婦の約28%が統一教会信徒の家族でした。それで若干の比較調査をすることができたのですが、統一教会の夫婦はみな、それ以外の見合い結婚の夫婦と同様に時間とともに愛情が成長しています。統一教会以外の文化を背景にした見合い結婚も、同じように愛情が成長しているのです。

すなわち見合い結婚が西洋社会の典型的な結婚スタイルと比べて全体的によい傾向が見られ、質的に異なるものになっているのです。例えば典型的な西洋社会の結婚モデルでは、夫婦の間の愛情の度合いを示す曲線は下降線をたどります。見合い結婚の夫婦を見れば、多くの場合に愛情曲線は上昇線をたどるのです。最新の調査によれば、見合い結婚当初の夫婦の愛情度が10点満点中平均5・3点だった夫婦たちに、平均14年後に改めて聞き取りをした際、彼ら夫婦たちの愛情度は平均9・3点でした。これは非常に劇的な上昇傾向と言えます。

つまり時間と共に愛情を高めていくことは可能なのです。統一教会の信者の場合も、同教会以外の文化を背景にした見合い結婚の夫婦に見られたのとほぼ同じ傾向を見ることができました」

日本でも伝統的な見合い結婚が衰退し、欧米流の恋愛結婚が主流となったが、その結果は欧米の現実と同じ離婚率の上昇だった。すなわち、恋愛結婚が必ずしも安定した結婚生活をもたらすとは言えず、むしろその逆であることをデータは示している。

また、統一教会の祝福結婚について研究した米国の宗教社会学者ジェームズ・グレイス博士は著書『統一運動における性と結婚』で、統一運動においては結婚前の独身生活においては恋愛を全面的に禁止しているが、マッチングを受けて相対者が決定した者たちは、「聖別・約婚期間」に徐々にお互いに対する恋愛感情を育てていき、夫婦になった後にも互いに対する愛情を育てていることを認めている。これが事実であれば、韓国人と日本人のカップルにのみこうした夫婦の愛情が育たないということは考えられない。

「祝福は結婚であって結婚でない」という中西氏の発言は、彼女自身が言う通り、結婚をどのように捉えるかによって規定されている。中西氏は結婚を、男女の愛情を動機として、精神的・物質的安定を求めてするものだと定義しているが、これは極めて現代的で世俗的な結婚の定義である。一言で言えば、個人主義的で（「上昇婚」という言葉に表現されるような）自己中心的な動機に基づく結婚が当たり前であるという時代の結婚観である。しかし、伝統的な社会においては、結婚は個人の欲望のためにするというよりは、家や血統の存続のため、種族や社会の維持のためといったより公的な目的を持っていた。中西氏の結婚の定義によれば、こうした近代以前の結婚は結婚でなくなってしまう。

グレイス博士は、現代アメリカ人の結婚に対する価値観は、個人主義的な幸福の追求に重きを置くあまり、社会全体の利益に対する深い関心を全く欠いた状態になっており、これが離婚の増大に代表される現代社会の病理の原因であると分析している。そして社会に貢献することを主要な目的とする統一教会の結婚観から、米国社会は多くを学ぶことができると評価しているのである。

中西氏は、祝福は結婚でなく、社会変革運動であり、宗教実践であるとしているが、そもそもこれらを分離して考えること自体が彼女の分析の限界である。統一教会の祝福は紛れもなく結婚であり、それと同時に社会改革運動であり、宗教実践でもある。端的に表現すれば、宗教的信仰を動機として、社会を変革するための結婚なのである。彼女が「祝福は結婚であって結婚でない」と主張するのは、彼女の結婚の定義が世俗的で個人主義的なものであるため、その定義に統一教会の祝福は当てはまらないということにすぎない。その定義によれば、日本の伝統的な結婚もまた、結婚でなくなってしまう。

渡辺京二氏の著作『逝きし世の面影』は、幕末・維新の時代に訪れた外国人が見た古きよき日本の姿を、彼らが残した文献をもとに再現した本であるが、彼は江戸時代の日本が「子供の楽園」であり、当時の日本人の親子の情愛の深さは、西洋人たちが羨ましがるほどであったことを報告する一方で、夫婦の愛情に関しては日本人には全く見るべきものがなかったと述べている。彼はプロイセンの軍人であり外交官であったラインホルト・ヴェルナーの以下の言葉を引用している。

「わたしが日本人の精神生活について知りえたところによれば、愛情が結婚の動機になることはまったくないか、あるいはめったにはない。そこでしばしば主婦や娘にとって、愛情とは未知の感情であるかのような印象を受ける。わたしはたしかに両親が子どもたちを愛撫し、また子どもたちが両親になついている光景を見てきたが、夫婦が愛し合っている様子を一度も見たことがない。神奈川や長崎で長年日本女性と夫婦生活をし、この問題について判断を下しうるヨーロッパ人たちも、日本女性は言葉の高貴な意味における愛を全く知らないと考えている」(p.320)

日本の上流階級の女性たちは、幸せな少女時代を過ごすが、その幸せは結婚とともに終わったという。結婚は個人と個人の精神的な結び付きというよりも、家と家の結合であり、実家を離れて夫の属する家に入ることだった。家の支配者である舅姑および夫に対する奉仕者として、徹底した忍従と自己放棄の生活をするのが新婚生活だったのである。昔の日本の女性たちが余裕や自由を持つことができたのは、舅姑が亡くなり、子供が一人前になった後の晩年だけであり、「甘い新婚生活」などというものはそもそも存在しなかったのである。もし、中西氏がタイムスリップして江戸期から明治期のこうした結婚のあり方を調査したならば、彼女の記述は以下のようなものになるだろう。これは統一教会の祝福に対する彼女の評価を、そのまま近代以前の結婚に当てはめたものである。

「聞き取り調査から近代以前の日本人女性達は、婚家での生活を『家』を存続させるための義務であるとして受けとめていることが窺われる。彼女達にとっては結婚と結婚生活はこのためにあり、愛情や精神的安定を求めて結婚したのではないことは明らかである。結婚に愛情や精神的安定を第一に求めたのならば、近代以前の結婚は到底受け入れられない。彼女達は儒教的な近代以前の価値観を内面化し、惚れたはれたで一緒になることはふしだらなことであり、親の命令に従うことが娘としての道理であると受け止めることで、親が決めたどこの誰ともわからない相手と愛情もないまま、大変な生活になることを覚悟の上で結婚することができた。

さらにいえば、近代以前の結婚は結婚であって結婚ではない。結婚をどのようにとらえるかにもよるが、男女の愛情と合意、全人格的な結びつきという点を強調するなら結婚とはいえない。むしろ結婚という形をとった『家』という社会単位の存続であり、儒教的価値観の実践と見る方がわかりやすい」（以上、魚谷による書き換え）

こうした比較で分かることは、中西氏は統一教会の祝福のあり方を否定することを通して、伝統的な社会における結婚をも否定してしまっていることだ。しかし、彼女が当然のものとして肯定する世俗的で個人主義的な現代の結婚観は、欧米社会や日本に見られる離婚率の上昇によって破綻しかけており、再考を求められていることは既述の通りである。

これまで韓国在住の日本人女性に対する聞き取り調査をもとに客観的な記述に努めてきた中西氏が、この部分でなぜ「本質」と銘打って批判的な記述をしたのかを分析してみたい。

そもそも、中西氏が最初に書いた論文「『地上天国』建設のための結婚―ある新宗教教団における集団結婚式参加者への聞き取り調査から──」(『宗教と社会』Religion and Society 2004, Vol.10: 47-70)には、こうした批判的な記述はなく、以下に示すような共感的な記述が見受けられる。

「韓国の男性と結婚し、夫や夫の父母に尽くすこと、子どもを生み育てることは、結婚生活それ自体が、贖罪となり、理想世界『地上天国』建設への実践となる。それは、彼女たちが入信前から求めていた生きる意味や世界平和への思いを満たすことにつながる。彼女たちは、もともと現実の結婚に対して夢や希望を持っていなかったが、生きる意味や世界平和への思いをかなえるという限りにおいて、統一教会における結婚は受け入れられるものとなった。……そこに恋愛感情は必要なく、結婚相手の男性が自分の好みに合うかどうかも問題ではない。日本と韓国の歴史的な関係に照らし合わせるなら、むしろ合わない相手と一緒になることこそ意味がある。結婚生活を続ける中での苦労もやりがいのある苦労となり、乗り越える力を彼女たちに与える。統一教会の結婚は、男女が好意をよせ合った結果の結婚とは異なるが、彼女たちにとって自己実現となり得るものであった。

最初に述べたように、本稿は、統一教会や合同結婚式の是非を問うものではない。韓国に嫁いだ日本人女性たちの語りから、合同結婚式をとらえ直す試みであった。彼女たちの語りから構成してみると、合同結婚式を受け入れ、韓国での結婚生活を継続できるのは、彼女たちが元来もっていた欲求と統一教会の結婚観が一致した結果であると解釈できるものとなった。もちろん、彼女たちが統一教会の教えを内面化した結果の結婚にすぎないという解釈もできる。ただ筆者は、欲求と統一教会の結婚観とに一致がなければ、彼女たちがＡ郡に暮らすまでに至らなかったのではないかと感じる。Ａ郡で暮らすとなると生活環境は激変する。田舎暮らし、交際したこともない韓国人男性との結婚生活、場合によっては夫の父母やきょうだいと同居、言葉は満足に通じない、決して豊かとはいえない生活、三食がキムチを中心とした唐辛子味の食生活など、実生活の現実に直面する。欲求と結婚観の一致がなければ、到底Ａ郡では暮らせないのではないかと感じるのである」(p.64-65)

この文章からは、統一教会の女性信者たちはもともと統一教会の結婚観に一致するような内面の欲求を持っていたことが強調され、それが彼女たちの自己実現となることが肯定的に評価されている。しかし、後に書いた櫻井氏との共著の分析では、教団の教えを内面化された結果とし、組織の一員として動いているだけだという否定的な記述に書き換えられている。いったいその間に何があったのだろうか？　実はこのことは、米本和広氏の著書『我らの不快な隣人』の中に書かれており、前述の通りである。

つまり、彼女は弁護士たちに徹底的に糾弾され、結局はその圧力に屈して、櫻井氏と一緒にこの本を書くことになったのだ。このように、今の日本の宗教学界では少しでも統一教会に有利なことを書こうとすると、たとえその内容が客観的で中立的なものであったとしても、統一教会に反対する人たちから圧力がかけられてしまう。それまで聞き取り調査に基づく客観的な記述を行っていた中西氏が、突如として「4　祝福と結婚生活の本質」と題する項目をもうけ、祝福結婚を一刀両断に切り捨てるかのごとき表現を不自然にしているのは、こうした圧力が背景にあったからだと思われる。

「5　信仰のない夫や舅姑との関係」

中西氏は「5　信仰のない夫や舅姑との関係」と題する項目をもうけ、信仰の篤い日本人の妻と、信仰がほとんどないか、あっても熱心ではない夫や舅姑との間で起きる信仰を巡る葛藤について分析している。中西氏によれば、日本人の妻にとって祝福は結婚であって結婚ではなく、むしろ結婚という形をとった社会変革運動であり、宗教実践であるというものであった。それに対して韓国人の夫は田舎における嫁不足を解消するために祝福を受けたのであり、目的は宗教ではなく結婚そのものであった。舅姑も、息子を結婚させたくて祝福に申し込んだのであり、信仰は二の次である可能性がある。そのようにして成立した結婚には、信仰の違いによる葛藤が生じるのではないかと中西氏は予想したのである。

ところが、中西氏の聞き取りによれば、それは双方にとってそれほど深刻な問題ではなかった。まず、日本人女性たちの夫の信仰に対する評価であるが、夫に信仰がないことを妻は十分に承知しているという。夫は礼拝には出てこないか、出たとしても妻が喜ぶからという程度の動機なのだが、それでも「信仰なしとは言えない」と彼女たちは解釈しているという。すなわち、韓国人はたとえ原理を知らなくても、韓国文化そのものの中に原理が根付いていて、「為に生きる」生活ができているというのだ。

それでは舅姑との関係はどうだろうか？　中西氏は、韓国には「シジプサリ（嫁暮らし）」という言葉があり、夫や舅姑に無条件に仕えて暮らす嫁のあり方は韓国の女性にとっても大変辛いものなので、韓日祝福の日本人女性にとってはなおさらであるとしている。私の知り合いの中にも、韓国に嫁いで舅姑と同居している日本人女性がおり、彼女たちが「シオモニ（姑のこと）に侍るのがすごく大変だ」という話を聞いたことはあるので、シジプサリが大変だというのは事実なのであろう。にもかかわらず、中西氏の記述では日本人妻が舅姑と比較的良好な関係を築いていることが紹介されている。

統一教会では先祖を大切にするので、儒教の伝統行事である先祖祭祀で嫁としての役割を果たすことに対して、日本人の女性信者は抵抗がない。家族や親族が集まる祭祀のときに食事の準備などの手伝いを頑張れば、嫁としての評価も上がるという語りが紹介されている。一方で、長男のお嫁さんはクリスチャンであり、先祖祭祀は偶像崇拝に当たるとして来ないので、むしろそちらの方が信仰に起因する葛藤を引き起こしそうだというわけだ。

統一教会の日本人妻は、夫や舅姑と信仰を共有していなかったとしても、妻の信仰が家庭に支障をきたすようなものでない限り、宗教を巡る葛藤は起こりにくいと中西氏は分析する。むしろ、日本人女性信者たちにとって信仰実践とは、夫や舅姑に尽くし、子供を産み育て、家庭をうまく切り盛りすることにあるので、信仰に忠実であればあるほど良妻賢母となり、夫や舅姑に気に入られ、周囲も感心する良い嫁になるというのだ。

ここで中西氏は『月刊新東亞』２００６年3月号の記事を引用している。その記事は韓国でたくましく生き、社会的にも活躍している日本人の祝福家庭婦人について書いたものだ。

「最近、農村社会で膾炙する話題の中の一つは、韓国農村の独身男性に嫁いできた統一教を信じる日本の嫁である。彼女達は地方各地で数々の団体が授与する孝婦賞をさらっている。……ＫＢＳの全国のど自慢の番組にときどき出演して韓国歌謡を歌う農村の日本女性や、光復節にあたって放送や新聞を通して日本の韓国侵略に対して謝罪する日本人の嫁達はたいてい韓国に嫁ぎ『婚家の方をより愛するように』なった統一教信者である」（イ・ジョンフン　二〇〇六）（p.504）

この「孝婦賞」というのは、親孝行を実践した模範的な女性に与えられる賞だが、里長や老人会長、地域の人々などの推薦により、郡、農協、赤十字、老人会などの団体が授与するという。祝福家庭の日本人婦人の場合には、農村に嫁いで言葉や生活習慣が違う中で、慣れない農作業や家事育児をきちんとこなし、舅姑が寝たきりになれば下の世話も嫌な顔をせずにする姿が評価されて受賞している。

このように中西氏は、信仰のない夫や舅姑との関係をいたずらに歪曲して葛藤に満ちたものであると描くことなく、比較的良好な関係になるように日本人女性がうまく適応している現実をありのままに描いており、この部分の記述に関しては好感が持てる。

にもかかわらず、信仰のない夫や舅姑との関係は必ずしも楽なものではなく、多くの日本人女性が苦労している部分であることを、ここでは敢えて紹介しておく。それは私が実際に知っている日本人女性信者から聞いた内容でもあり、国際家庭特別巡回師室編『本郷人の行く道』の記述の中にもそうした内容が見られるからだ。

「任地生活は本来、夫婦が一つの心情で共に行くべきものです。私たちが陥ってはいけない立場は、相対者に向かう横的情を犠牲にして信仰生活に投入する、といっては、『教会活動』を理由に相対者の意識を無視してしまい、結局、相対者の中に教会に対する不信感を抱かせてしまうことです。本来教会によって得た祝福であって、常に私たちを通して相対者が教会を理解し、教会に感謝し、そこから喜びを持って信仰生活ができるようにしていかなければなりません。時々、韓国の相対者に『あなたは教会と私のどちらを取るのか』などの思い詰めたことを言われてしまう例があります。結局、その『教会』と『私』を一つにできなかったということは、任地を共に勝利したということにはならず、家庭出発後も変わらずみ旨を中心に生活していくということが難しくなってくるのです」（『本郷人の行く道』p.323）

信仰のない夫や舅姑との関係は容易なものではなく、多くの日本人女性が理想と現実の狭間で苦労している問題である。にもかかわらず、多くの日本人女性たちが自らに課せられた試練を乗り越えて、夫や舅姑と良好な関係を築き、地域社会から「孝婦」として表彰されているというのは驚くべき事実である。

「五　A郡・B市・ソウルの信者達」への反証

「1　三地域で出会った信者達」

「五　A郡・B市・ソウルの信者達」を一言で言えば、統一教会の在韓日本人信者の信仰における地域差を扱った節である。A郡は農村であるが、B市はソウル近郊の都市であり、ソウルの中心部はまさに首都のど真ん中である。こうした地域の違いが信者の信仰生活にどのように影響しているのかを中西氏は分析している。結論的にいえば、韓国における信仰生活の地域差は日本よりもはるかに大きいことになる。

まず学歴であるが、A郡とB市に比べてソウルの信者は高学歴である。性別においては、ソウルには男性信者もいるがA郡とB市は女性のみである。農村であるA郡においては、日本人といえば統一教会信者しかいないため、彼女たちが信者であることは近隣の人々は誰もが知っており、彼女たち自身も信者であることを隠そうとはしていない。彼女たちは地域社会に対して「統一教会で結婚したので韓国に来た」とはっきり伝えており、統一教会の「看板を背負っている」ようなものだという。したがって、「生活自体が伝道。仲の良い家庭を築くことが伝道」であると思っている。彼女たちは頻繁に教会に集まり、信者同士の結び付きは非常に強い。このように、信仰をはっきりと明示しても地域社会から受け入れられているのが、A郡における信仰生活の特徴である。

ソウル近郊のB市は、2000年のデータで人口約250万人で、ソウル近郊でこれだけの人口を有する市といえば仁川以外にはないのだが、市の名前は伏せられている。B市でも、仕事が不安定な夫がいるという点ではA郡とあまり変わらないという。ここでは、家計を支えるために家庭日用品等のネットワークビジネス「アムウェイ」の仕事をしている日本人女性信者たちが中西氏の調査対象になった。仕事柄、日曜日に所属教会で会う信者仲間よりも、同じ仕事をする信者仲間の結び付きが強くなる傾向にあるという。そして会社の同僚や顧客の中にはクリスチャンもいる可能性があるので、彼女たちは統一教会の信者であることを積極的に明かそうとはしていない。統一教会信者であることが自明であるA郡とは勝手が違うようだ。教会との距離感も、A郡ほどには密接な関係ではない。

一方で、ソウル中心部にあるC教会の日本人信者はA郡やB市と比べて社会的階層が高い。韓国の大学で教員をしている者や会社経営者がおり、同様に韓国人信者の社会的階層も比較的高いという。ソウルには韓国人女性と祝福を受けた日本人の男性信者がいるのが特徴的で、これは農村のA郡には見られないことだという。大学で教員をしている男性信者は、仕事に支障が出ることを恐れて、統一教会の信者であることを隠しているという。

中西氏がインタビューした1962年生まれの6500双の男性信者は、私とほぼ同世代（2歳年上）であり、経歴も一部重なっている。

「一九八八年に祝福を受け、大勢の信者がまとまってソウルの教会所属になる。三ヶ月間、語学堂（大学附属の日本語学校）で韓国語を学び、その後、日本に戻り四〇日間のマイクロをして再び渡韓した。『世界日報』

が創刊されたときで、任地生活をしながら一日に二〇〇部の配達を担当した。支局（『世界日報』の販売店）を任されると同時に家庭出発をする。このとき所属教会でくじ引きをして、そのまま韓国にとどまることになった」（p.510）

私も1988年に6500双の祝福を受けて「コリア人」（渡韓した日本人に対する当時の呼称）として渡韓しており、語学堂で韓国語を学んだり、『世界日報』の配達をしたりした部分は全く同じ体験をしている。

中西氏がインタビューした日本人の男性信者が韓国に残ったのは、世界日報の支局を任されるなど責任が大きかったことと、相対者が韓国人の女性だったことも理由として推察される。韓国に残ったこの男性は、日本語学校で教師の職を得て経済基盤をつくっていく。日本人男性が韓国で職に就くのは容易ではなく、誰もが上手に日本語を教えられるわけでもない。この男性信者はとりわけ能力が高かったために、韓国社会に適応して500万ウォンもの月給を手にするようになったのだろう。韓国における代表的な成功例といえるのではないか。一方で、勤務先の同僚には自分が統一教会の信者であることを明かしてはいない。韓国でも都市部では社会に順応するために信仰を隠す必要があることを意味している。

「2　三地域における信者の差異」

中西氏は自分が調査した三つの地域を比較した上で、「信者であることが農村部では顕在化し、都市では潜在化するということになる。顕在化、潜在化によって信者としての日常生活は異なり、顕在化のA郡であれば、毎日が統一教会の看板を背負っているようなものである。……B市やソウルの信者と比べるとA郡のような農村の日本人女性信者は日常生活と信仰生活が一体化している。潜在化のB市やソウルでは仕事に差し支えないように日常では隠さねばならず、多少の緊張感を持って暮らすことになる」（p.512）と結論付けている。

こうした地域による信仰の違いが日本で見られないことは、前述した通りだ。

中西氏の研究は、三つの地域における統一教会信者に対してインタビューを行った結果を客観的に分析したものであり、特段事実が歪曲されたものだとは考えられない。ただし、彼女の分析は在韓の日本人信者を対象としたものであり、韓国人を含めた韓国統一教会の全体像を捉えたものでないことは留意しておかなければならない。すなわち、信者であることが農村部では顕在化し、都市部では潜在化するという傾向は、日本人信者には当てはまるかもしれないが、韓国人信者にも同じことがいえるとは限らない。韓国の農村にお嫁に来た日本人女性は、ただでさえ地域社会で目立つ存在である。その理由を問われれば、統一教会の信仰を明かさないわけにはいかないだろう。しかし、田舎であったとしても地域社会に溶け込んでいる韓国人の統一教会員がことさらに信仰を顕在化する必要があるとは思えない。

日韓を本格的に比較するのであれば、同じ韓国人と日本人のカップルであっても、日本に嫁いだ韓国人女性の信仰生活のあり方と日本社会との関係、さらに日本在住の韓国人男性の信仰生活のあり方と日本社会との関係、およびその地域差などを合わせて比較すれば、面白い研究になるかもしれない。しかし中西氏はそこまで問題を掘り下げることなく、韓国における日本人信者の信仰生活と、自らは直接調査していない日本における統一教会の信仰生活を比較することで終わっているため、研究に深みがなくなってしまっている。

「3　日本と異なる信仰のあり方」

「五　A郡・B市・ソウルの信者達」の前半は、中西氏自らが行った調査に基づく客観的な分析であるが、それに続いて彼女自身の主観的な考察を「3　日本と異なる信仰のあり方」という項目を立てて論じている。この部分は極めて問題が多い。

中西氏はこれまでの記述をまとめる意味で、冒頭に「第八章、九章を通じての問題は、脱会者になるか、信仰を保ち続けて信者であり続けるかの違いはどこにあるのかであった」（p.513）と述べている。この問題意識は、第八章の冒頭で中西氏が以下のように述べているように、彼女の研究の基本的な問いかけであった。

「第六章、七章は信仰をやめて統一教会を脱会した元信者が調査対象だったのに対し、第八章から一〇章は信仰を続ける現役信者が対象である。脱会する信者がいる一方で、現役信者が信仰を保ち続けていられるのはなぜかが問題となる」（p.403）

そもそもこの書き方には、普通の人であれば統一教会を脱会して当然であるにもかかわらず、現役信者として信じている奇特な人々がいる、どうして信じ続けることができるのか、その理由を解明しなければならないというニュアンスが込められている。普通の宗教団体に対しては、このような書き方はしないだろう。「現役信者として信仰を保ち続けている者たちがいる一方で、脱会する信者がいるのはなぜかが問題となる」と書くのが普通である。現存する宗教団体に現役信者がいるのは「当たり前」である。その中で、信仰を続けられなくなる人が出てくるので、その事情を分析することを通して、人が信仰を棄てる理由について考察するのが通常のアプローチであろう。しかしここでは、やめるのが当たり前なのに、統一教会のような宗教をどうして信じることができるのか、というバイアスがかかった表現になってしまっている。このような問題意識の故に中西氏の分析は、「脱会しないのはなぜか？」という理由を探すという奇妙な論理で、通常の思考であれば、「脱会するのはなぜか？」を問わなければならない。

中西氏は一つ目の理由として、調査対象者の中には脱会カウンセリングを受けたものがいなかったことを挙げている。これは逆に、櫻井氏の調査対象となった元信者のほとんどが、脱会カウンセリングを受けていたことを示している。このことは櫻井氏自身が認めているのだが、こうした経験をした人々の数は、統一教会信者の数全体に比べれば少数派であり、統一教会を脱会する人の中に占める割合においても少数派である。つまり、脱会カウンセリングによって教会を去るのは特殊ケースであり、「はずれ値」なのであって、それを基本に統一教会の信仰について普遍的な発言をすることはできない。言い換えれば、統一教会を離れる人の大多数は、拉致監禁を伴う強制改宗や脱会カウンセリングを受けた者たちではなく、自由意思によって離れる者たちである。彼らが信仰をやめる理由こそが脱会の本質的理由なのであって、特殊なカウンセリングを受けた人々が離れるのは、「特殊な理由」によるものである。中西氏の理由付けは、脱会カウンセリングによって離教した櫻井氏の調査対象と比較したときにのみいえることであって、脱会者と信仰を続ける者の差異を普遍的・本質的に分析したことにはならない。

中西氏の挙げる第二の理由は渡韓後の生活である。

「調査対象者達の生活は女性の場合経済的に楽ではないが、何とか無難に暮らしており、生活を破綻させるような状況にはなっていなかった。この二つが信仰を続けている直接的な理由であろう。

韓国における信仰生活自体も、日本とは異なっており、心身をすり減らすようなものではない。家庭を築き、日曜日に礼拝に出席し、何かの行事には出かけて行く程度である。献金のノルマも日本のように厳しくない。……特に農村部では統一教会が結婚相談所のように受けとめられ、嫁いだ日本人女性信者達が信者であることも自明視されている。彼女達は結婚難の農村に嫁いできてくれた存在として地域に受け入れられている。……韓国は日本人信者にとっては暮らしやすい環境にある。在韓の日本人信者が信仰を維持している背景には、韓国社会で統一教会が社会問題化していないという点もあるだろう」(p.513)

ここで中西氏の「普通な韓国統一教会」と「異常な日本統一教会」、あるいは「ゆるい韓国統一教会」と「強烈な日本統一教会」というステレオタイプ的な枠組みが再登場する。繰り返しになるが、中西氏の頭の中にある日本統一教会のイメージは、櫻井氏から提供された大量の文献と、櫻井氏自身の記述によってつくり出された「虚像」である。

中西氏は韓国の統一教会を日本の統一教会と比較して結論を下したつもりになっているが、実際には論理的に破綻したことを言っているのに気付いていない。そもそも、日本での信仰生活が心身をすり減らすようなものなのに対して、韓国ではそうではないから彼女たちが脱会せずに信仰を続けていられるのだとすれば、日本の統一教会信者たちがなぜそのような信仰生活を継続していられるのかが説明できない。私の信仰歴は現時点（２０２４年）で41年になるが、私以上に長く信仰している日本人の信者は多数いる。本当に心身をすり減らすような信仰生活をしているのなら、日本においてはそんなに長く信仰を継続できるはずはない。中西氏は日本の信仰生活を実際に観察したことがないので、「虚像」に基づいたイメージだけで推論しているにすぎない。

実際には、日本における統一教会の信仰生活も心身をすり減らすようなものではない。櫻井氏自身が認めているように、「楽しくなければ続けられない」（p.342）のである。さらに日本の統一教会信者の生活も韓国と同様に、破綻するような状態にはなっていない。日本の統一教会信者の実際の生活は、櫻井氏が描写した脱会者たちの生活よりもずっと多様である。教会員の中には医者も、弁護士も、大学教授も、会社の役員もおり、地方議員や地方自治体の首長を務めている者もいる。特に社会的な地位の高い者でなかったとしても、普通の会社員、公務員、自営業者、あるいは主婦として社会生活を送っている者が大多数である。日本でも大部分の信者が無難に暮らしているとすれば、渡韓した女性たちが信仰を続けていられる理由として、特にそのことを挙げる意味はなくなってしまう。

そもそも信仰とは、無難に暮らしているからとか、暮らしやすいから続けられるというようなものではない。宗教の歴史を紐解けば、迫害の中でも信仰が力強く燃え上がった事例は数えきれないほどあるし、迫害によって信仰が強化されたことさえある。逆に、江戸時代の仏教や中世ヨーロッパのカトリックのように、権力と一体化して優遇されてしまうと信仰が形骸化してしまうこともある。楽だから、暮らしやすい環境だから、社会から受け入れられているから信仰を維持できるという中西氏の論法は、こうした信仰の本質を見落としているといえるだろう。

驚いたのは、在韓の日本人信者は無難に暮らしているから信仰を維持できているという主張をした後で、中西氏がそれをひっくり返すような奇妙な議論を展開している点だ。

「しかし、祝福で結婚し、韓国で家庭を築き、無難に暮らしているとしても、統一教会の信仰が特異なものであることには変わりない。アダム、エバの堕落した血統が連綿と受け継がれ、神の血統への転換が唯一祝福であるとする。韓国をアダム国家、日本をエバ国家と規定し、日本が韓国に贖罪すべきとして、祝福で結婚難にある農村男性のもとへ日本人女性信者を嫁がせる。家庭を築くことで、信者は人生全てを教団組織に絡め取られるという他の新宗教には類を見ない特殊な信仰となっている」(p.513-514)

日本人女性が韓国で無難に暮らしているなら、それでよかろうと言いたくなるのだが、それでは批判したことにならず、統一教会を利する記述になってしまうことを心配したのか、とってつけたように宗教的言説を批判してみたり、「特異な信仰」という根拠不明の主観的価値判断を押し付けたりしている。結果的に、特異な信仰を持った人が無難な生活をしているという、ちぐはぐな主張になってしまっている。自分の書いた文章に統一教会反対派が文句をつけないための「忖度」によって、論理的な破綻をきたしてしまったとしか思えない。このまとめの部分における中西氏の主張は、まさにブレまくっていると言ってよいだろう。

「第一〇章　『本郷人』に見る祝福家庭の理想と現実」への反証

「一　『本郷人』に見る祝福家庭の様子と教団の意図」への反証

「第一〇章　『本郷人』に見る祝福家庭の理想と現実」と題する章は、中西氏自身によるフィールドワークの調査結果を示したものではなく、文献に基づく研究であり、その知見を自身の調査結果と照合しようとしている。中西氏は冒頭で以下のように述べている。

「本章では、統一教会発行の祝福家庭向け新聞『本郷人（본향인、ポニャンイン）』を用いて在韓日本人信者達の全体像を把握し、筆者の調査事例の相対的な位置を確認すると共に、『本郷人』が信者教化に果たす役割を考察したい」（p.515）

中西氏の調査対象は農村のA郡、都市近郊のB市、ソウル中心部と、性格の異なる地域にまたがっているとは言え、サンプルが38人と少ない上に、ランダム・サンプリングによって得られた調査対象ではなく、別の研究の途中で偶然に出会った信者たちと、そこからの紹介によって出会った調査対象である。自身の調査対象が平均的なデータだったのか、「はずれ値」だったのかを知るために、文献に登場する統一教会信者の暮らしぶりと比較するという手法は間違っていない。

一方で、『本郷人』は統一教会が発行している新聞であるため、統一教会にとって都合の悪い内容は削除され、模範的な証しだけが掲載されているのではないかという推測が成り立ち、別の意味で「はずれ値」ではないかという疑いがある、というのもうなずける話である。ところが、実際に『本郷人』を読んでみた中西氏の印象は、むしろ在韓日本人信者の実態をかなり正直に表しているというものである。その理由として中西氏は、『本郷人』が基本的に内部向けの新聞であるため、外部の目を意識した紙面にはなっていないことと、実際に悩みに直面している信者たちを励まし勇気付けることが証しを掲載する目的であるため、困難な状況を信仰によって克服した証しこそが模範的な証しであると考えられているからであるという。すなわち、『本郷人』にはきれいごとばかりが書かれているのではなく、克服した困難の程度が甚だしいほど良い証しだということで、外部の目を意識していれば掲載を控えるような信者の生活実態までも、むしろ赤裸々に報告されているというわけだ。

渡韓した日本人信者たちは、韓国で家庭生活を送る上で様々な問題に直面する。日本で培った信仰を韓国に渡ってからも継続できるかどうかは、こうした問題に対処できるか否かで決定する。もしこうした問題の解決を個々の信者にのみ任せ、孤軍奮闘するような状況においてしまえば、祝福を受けて渡韓した意義や目的を見失ってしまうことになりかねない。近所の先輩信者からアドバイスを受けるというのも励ましになるだろうが、全国から情報を集めて掲載したものを読めば、苦労しているのは自分だけじゃないんだ、みんな大変な中を頑張っているんだという気持ちになり、勇気付けられる。そういう意味で「『本郷人』は在韓日本人信者にとっての信仰強化のテキストといえる」(p.516)という中西氏の指摘は正しいだろう。

「二 『本郷人』について」

『本郷人』は、韓国統一教会の家庭局国際部が発行する月刊のタブロイド判新聞であり、その内容は以下の二つに大別される。

①文鮮明師のみ言、教会関係の大会、修練会、行事のニュース、およびそれらに参加した感想文など、神の摂理の動向を伝える内容。

②信者の証し、インタビュー、家庭生活・夫婦生活のアドバイス、子育て・二世教育に関する内容、韓国文化紹介、読者の投稿など、在韓日本人の生活に即した実践的な内容。

「三 『本郷人』に掲載されている証し」

中西氏は『本郷人』に掲載されている証しをまず400件ピックアップし、その中から修練会の感想文を除いた212件の内容を分析している。そのうち家族関係に関するものが76件あり、全体の19%を占めるという。この部分が中西氏の関心事であり、彼女は以下のように述べている。

「家庭関係の証しのかなりの部分が嫁姑、夫婦関係、子供についてであり、『舅姑』は難しい舅や姑にどのように仕え、関係を改善したかが中心である。それに対して『夫婦』の内容は、問題がある夫（喫煙飲酒、家庭内暴力、信仰がない）、夫婦生活（妻が夫を受け入れる、夫が妻を受け入れる）、夫の障害、夫の死亡などについてであり、『舅姑』よりも証しの内容が多様である」（p.519）

「家族関係の証しは家族問題克服の証しといっていい。嫁姑関係、夫婦関係をはじめとして、不妊克服、妊娠・出産、養子などに集中しており、いわばいかにして理想的な祝福家庭になるように努力したか／努力しているかの証しである」（p.520）

「四　証しから見えてくる祝福家庭の様子」への反証

「1　祝福家庭の様子」

中西氏は、信者たちの家族関係や生活の様子が書かれている証しの中から、特にその内容がよく分かるものを40件抜粋して、著書の巻末資料4「『本郷人』の証しに見る祝福家庭の様子」としてまとめている。その資料を一通り読んでみると、まさに千差万別の人生の記録であり、感慨を禁じ得ない。中西氏は客観的な暮らしぶりを自分の調査対象と比較するために、表面的な事実だけを抽出してまとめているのだが、同じ信者としてこれらの証しを読むときには、頭が下がるような思いになる。中西氏は客観的な社会学者として、敢えて距離をおいて感情移入しないようにしているのかもしれない。それくらい、一つひとつの証しは内容が濃い。

舅姑との関係においては、いじめられたり暴言を吐かれたりしても感謝して仕えたところ、最終的には嫁として認められ、結果的に彼らを伝道することができたというストーリーがいくつか紹介されている。夫の暴力、酒やタバコなどの問題に耐えながらも、夫を立てながら歩んでいるうちに夫の問題行動が改善したという証しも見られる。

文章にしてしまえば簡単だが、その試練を乗り越えた女性たちの信仰は驚異的なものである。信仰の力というものを感じさせてくれる証しである。

夫に特に問題がなくても、夫婦間でお互いを受け入れることができない葛藤の証しも存在した。女性の場合には性に対する潔癖な性格から男性を受け入れることができず、男性の場合には容姿の問題で妻を愛せなかったのを乗り越えた証しが見られる。夫が障がい者になったり、亡くなったりした、子供に障がいがある、子供が死んだ、自分がうつ病になった、というような証しもある。掲載されているのは必ずしも成功例やハッピーエンドの話とは限らない。たとえ外的には問題が解決しなくても、それをどう受け止めるかということが信仰のテーマになっているのである。

祝福家庭は子女を授かることを強く願うものだが、子供を授からない家庭も多い。不妊治療と信仰的な努力によってやっと授かったという証しもあれば、養子縁組を希望するカップルや、養子を授かったカップルの証しも掲載されている。

婚家によく仕えたり、地域社会に奉仕したりした結果として「孝婦賞」を表彰されたというような証しは、「成功譚」といえる内容だ。もし『本郷人』が外部の目を意識した紙面だったら、おそらく掲載されていたのはこうした証しだけだったかもしれない。しかし実際には、こうした証しの占める割合はそれほど多くはない。

韓国在住の男性信者の証しが二つほど紹介されている。どちらも高学歴で優れた才能を持ち、韓国社会に定着できた証しである。ところが、社会的に成功することと信仰を維持することは「トレード・オフ」のような関係になると思える事例もある。外的な苦労は多いけれども信仰に燃えて暮らしている女性信者の証しと比較すると、信仰とは何か、幸福とは何かを考えさせられる内容になっている。

韓国に嫁いできた祝福二世の証しには、一世の女性信者のような経済的苦労、夫の問題、舅姑との葛藤というような苦労は見られず、むしろ本人の内面の葛藤や、妊娠しないことに対する不安のような内容が見られた。

中西氏はこれらの事例に対して、「筆者が調査した事例は韓日祝福家庭のごく一部でしかないが、証しの事例と比較しても大差がない」（p.521）と結論付けている。これは外的な事実のみの評価だが、実地調査と出版物の記述に差がないということは、『本郷人』の記述には裏表や粉飾がないということである。これから分かるのは、統一教会が事実を隠蔽・美化・歪曲することなく正確に伝える、正直な団体だということだ。かつて北朝鮮が「地上の楽園」と宣伝され、実態を偽っていたのとは異なり、教会の発行する新聞は現地の状況を赤裸々に伝えているのである。

「2　日韓祝福の男性信者」

中西氏は本章の中に「2　日韓祝福の男性信者」という項目をもうけて、16人の在韓日本人男性信者の証しを一覧表で紹介している。男性信者の特徴は高学歴でかつ社会的階層が高いことだ。中西氏によると、「日本の大学や大学院を卒業・修了しているものは二名を除き大学名が明記されていたが、有名国立・私立大学ばかりだった」（p.522）という。こうした男性信者の特徴は、地方の農村で暮らす女性信者とは明らかに異なっている。女性信者は結婚難にある農村男性に嫁いだことにより、夫の社会的階層によって家庭の経済状況が大きく影響を受ける。しかし、男性の場合には自分自身の能力で経済基盤を築いていくことになり、日本人であることを生かした職業に就けば社会的成功を収めることも可能である。

中西氏は、「在韓の日本人男性信者は二〇〇人程度であり、証しを載せている男性はその中のごく一部にすぎないため、これでもって在韓日本人男性信者の平均的な姿かどうかは判断できない」（p.524）としている。社会学者としては当然の慎重な見解といえるだろうが、「『本郷人』に証しを載せている男性信者はうまくいっている事例と見る方がいいかもしれない」というただし書き付きである。在韓の日本人男性信者の情報には、地方に嫁いだ女性信者のような苦労の匂いがしない。日本で有名大学を卒業して渡韓し、韓国でさらに高等教育を受けたり、大学で教員をしたりしている。そもそも彼らは、韓国人女性の配偶者となるべき男性が不足しているので、日本から韓国に婿に来たわけではない。基本的には信者同士の結婚であり、日韓の交叉祝福を受けた動機も、文鮮明師のビジョンに共鳴したという宗教的なものだろう。

『本郷人』に掲載されている男性信者は6500双や3万双が多く、私とほぼ同世代である。推測にすぎないが、有名国立・私立大学の出身者が多いのは、原理研究会の出身者が多いからではないだろうか。私の知り合いの原理研究会OBの中にも韓国で活動している者はいる。日本で有名大学を卒業していればもともと能力があり、原理研究会の活動を通して訓練を受けている。彼らが韓国語を習得すれば、韓国社会で活躍することは十分に可能だと思われる。

実際には、日韓祝福の場合には韓国人の妻が日本にお嫁に来るパターンの方が多く、私の周辺にもこうした韓国人婦人は多くいる。夫が日本人であるにもかかわらず敢えて韓国で生活するのは、夫が韓国で一定の収入を得ることができる場合に限られるだろう。その結果として、在韓日本人男性が高学歴で社会的階層が高くなるのはある意味で必然的とも言える。私が韓国で一緒に生活した日本人男性信者の中には、私が日本に帰国した後も韓国に残った者がいた。しかし、現在に至るまで韓国に残っている者は少数で、ある段階（3~5年後）で日本に帰国している。その意味で、韓国で生活基盤を築くことに成功した日本人男性は、選ばれた者たちであると言えるのではないだろうか。

「3　本郷人互助会の援助対象者」

次に中西氏は、「3　本郷人互助会の援助対象者」という項目をもうけて、祝福家庭の中でも特に困難な状況にある家庭の状況を一覧表にして掲載している。中西氏がA郡、B市、ソウルで出会った信者たちは経済的に楽ではなくても、とりあえず平穏無事に暮らしている祝福家庭だった。それに対して互助会の援助を受ける者たちは、病気、事故、災害、詐欺などで緊急支援を要する祝福家庭である。本郷人互助会は2003年に発足し、困難な状況にある祝福家庭に対する経済的・物質的支援を行っているというが、その支援の内容が『本郷人』の2004年4月号から2006年7月号にかけて43例掲載されており、中西氏はそれを一覧表にまとめて紹介している。

その一覧表には、夫の困難さの内容として、アルコール依存症、がん、精神障害、糖尿病、死亡などが列挙され、妻の困難さとしてはがんなどの病気が挙げられている。夫婦ともに病気の家庭も存在する。子供の困難さとして挙げられているのは自閉症、脳腫瘍、甲状腺水腫、聴覚障害、心臓病、がん、けいれんなどの病気がほとんどである。経済問題としては、保証人になって借金を背負った、事業がうまくいかず借金がある、夫の失業、夫が金を貸して返ってこないなどの事情が書かれている。援助内容は数か月から1年間にわたる米20キロの支援や、事情に応じて数十万ウォンから数百万ウォンの見舞金など具体的なものだ。

中西氏が出会った在韓日本人信者の中には、これほど困難な状況にある祝福家庭はいなかったため、これらの事例は全体の中では特殊事情といえる。韓国に在住する韓日祝福家庭がすべて理想的・模範的な生活をしているわけではなく、こうした困難な事情を抱えている家庭が存在することは事実であろう。特定の宗教を信じたからといって、人生の悩みや困難がすべて消えてなくなるわけではないし、信徒たちはそう思って信仰しているわけでもない。むしろ、宗教はそうした困難に対して意味付けをし、克服するための力を与えてくれるものである。それは統一教会の場合も同様で、祝福を受けたからといって問題が消えるわけではなく、むしろ信仰によってそれらを解決していく歩みが継続するのが現実だ。

本郷人互助会の記事が示しているのは、第一に統一教会がこうした祝福家庭の困難を隠すことなく開示し、信徒に共有しているという事実である。教会の信仰生活を理想的なものに見せたいなら、敢えてこのような情報を掲載したりしないだろう。第二にこうした具体的な問題に対して、統一教会は宗教的・精神的なサポートを与えることに留まらず、経済的・物質的なサポートもしていることだ。統一教会信者の間には互助の精神があり、弱者に対する優しさを持った団体であることが分かる。

櫻井氏は第四章において、「統一教会の信者は、地上天国の実現、霊界の解放という宗教的理念のために世俗的生活を犠牲にする。一般市民にとって重要な生活の安定、家族の扶養、老後の保障といった問題を一切度外視して、文鮮明をメシヤとして信奉し、配偶者選択から家庭の将来まで含めて一切を委ねきる」(p.167)と評している。櫻井氏の描く統一教会のイメージは、信徒がただひたすら教団のために犠牲になり、その結果として信徒が悲惨な状況に陥ったとしても、教団はそれを一切顧みることはなく、搾取し続けるというものだった。しかし実際には統一教会にも互助の精神はあり、弱者に対する優しさが存在することが、本郷人互助会の記事によって明らかになったのである。

実は中西氏は本章と同じ内容を「韓国に渡った統一教会日本人女性信者の実態」と題して『宗教と現代がわかる本2011』(平凡社)に掲載しているが、これに対して統一教会広報局が2011年6月13日付で「抗議及び謝罪要求」(https://www.ucjp.org/archives/8443)を出している。

抗議の趣旨は、中西氏が『本郷人』の証しの中から「過去の困難な状況」の部分だけを抜き出し、みんなで助け合った結果「今は幸せになりました」という、事実伝達で最も重要な結論部分を意図的に省いている点だ。これは「韓日祝福家庭は困難な状況にある」という印象を読者に与えようとする悪質な情報操作であり、侮辱であるというわけだ。著書の第十章に掲載された一覧表にまとめられているのは困難さの内容と援助内容だけであり、それを受けた祝福家庭の感謝の思いは表現されていない。確かにそれは情報伝達における瑕疵であると言えるかもしれないが、本章を全体として見るとき、問題点は個々のデータよりもむしろ「4　調査事例との比較」と題した価値判断の部分にあると言える。

「4　調査事例との比較」

中西氏が『本郷人』に掲載された信者の証しを分析した目的は、彼女の調査対象が「はずれ値」ではなく、在韓日本人信者の平均的な姿であるかどうかを確認するためだった。この問いに対する中西氏の結論は、「調査事例は、ソウル中心部での事例を除けば、在韓の韓日祝福家庭のほぼ平均的な姿と見て差し支えないだろう」（p.528）というものである。社会学的な調査結果の報告であれば、これで目的は達成され、それ以上の記述は必要ないはずだ。

ところが中西氏はまたしてもここで主観的な価値判断を込めた評価を行っている。調査の結論は、大多数の在韓祝福家庭婦人は経済的には楽でなかったとしても何とか平穏無事に暮らしており、一部に特別な支援を受けなければならない困難な家庭が存在するが、彼らは信徒の互助組織から援助を受けているというものだった。しかし、これでは「統一教会に対する批判的な研究書」であるという著書の目的が果たせないと感じたのか、いきなり以下のような記述が始まる。

「調査事例や『本郷人』の事例から浮かび上がってくる韓日祝福の家庭の様子は、日本人女性達が生まれ育った家庭よりも経済的・社会階層的に下降移動した暮らしである。もし彼女達が統一教会に入信せずに日本で一般の結婚をしていたならば、おそらく経験せずに済んだ暮らしぶり、生活水準であろう。経済的安定や都市部に暮らすことだけが幸福の基準になりえないにしても、彼女達の韓国での暮らしは信仰のもとに強いられたものである。統一教会では、韓日祝福は怨讐を超えた理想の結婚であり、自分で望んでできるものではなく神の召命であると教える。韓日祝福は最も理想の結婚と強調しながら、現実はその逆である。それでも困難を乗り越えてこそ神に嘉される理想家庭となると説き、日本人女性達に忍耐と努力を求める」（p.528-529）

農村に嫁いだ日本人女性たちの結婚が「下降婚」であったことが客観的な事実であったとしても、それが信仰のもとに強いられたものであるという彼女の主張には全く根拠がない。前述したが、中西氏が最初に書いた論文『『地上天国』建設のための結婚―ある新宗教教団における集団結婚式参加者への聞き取り調査から―』(『宗教と社会』Religion and Society 2004, Vol.10: 47-70)には、次のように述べられている。

「統一教会の結婚は、男女が好意をよせ合った結果の結婚とは異なるが、彼女たちにとって自己実現となり得るものであった。……。彼女たちの語りから構成してみると、合同結婚式を受け入れ、韓国での結婚生活を継続できるのは、彼女たちが元来もっていた欲求と統一教会の結婚観が一致した結果であると解釈できるものとなった。……筆者は、欲求と統一教会の結婚観とに一致がなければ、彼女たちがA郡に暮らすまでに至らなかったのではないかと感じる」(上記論文 p.64-65)

調査直後の記述においては、この結婚が強いられたものであるとは一言も述べておらず、むしろ肯定的な評価をしている。それが櫻井氏との共著においては「信仰のもとに強いられた」という真逆の評価に差し替えられているのだ。このような主張の「ブレ」を見ても、彼女のこの記述をそのまま信じることはできない。そもそも、「信仰のもとに強いられた」という表現自体が矛盾をはらみ意味不明である。信仰に基づく行為であれば、それは本人の主体的意思であるはずだ。強いられるとは本人の意思に反して強制されることだが、中西氏の記述する日本人信者たちの生活の様子には、強制の要素は一切見当たらない。中西氏は「自分で望んでできるものではなく神の召命である」という教えをその根拠にしていると思われるが、神の召命は個人の内面における宗教体験によって主観的に感じられるものであり、他者が強制できるものではない。こうした発言は中西氏が「宗教音痴」であり、宗教的な事柄に対しては専門的な発言をする資格がないことを示している。

もう一つの中西氏の問題は、「韓日祝福は最も理想の結婚」であるという統一教会の宗教的観念と、韓日祝福家庭の現実の貧しさをごっちゃにして「逆である」という価値判断をしていることである。日本人女性たちは経済的な豊かさを求めて韓日祝福を受けたのではないし、韓国の田舎の現実を知らないわけでもなかったにもかかわらず、そこに宗教的な意義を見いだして韓国に嫁いだのである。彼女たちが思い描いていた「理想の結婚」は、経済的な豊かさを求めるという世俗的な「理想」とは全く関係がない。それを「逆」であると同一次元で対比させる中西氏の論法は、統一教会の宗教的価値観に対して世俗的な価値観を押し付けて批判していると言える。中西氏は続けて以下のように書いている。

「証しに綴られている内容も舅姑に仕えた、問題ある夫だが夫に感謝し立てるようにした、自分に問題があったと改心した、夫が失業したときは働いて生活を支えたなど、現状をそのまま受けとめ、耐えて頑張ったという話が中心である。よく耐えて暮らしているものだと思うが、統一教会では人類始祖の堕落によって世界はサタンの支配となったのだから苦労するのは当然と考える。堕落で人間が背負った原罪、自犯罪、連帯罪、遺伝罪は、苦労することで清算、すなわち蕩減になるとされる。苦労は意味づけされることによって宗教実践となる。在韓の日本人信者は、苦労を地上天国のため、霊界で幸せに暮らすためには必要な宗教実践と受けとめて暮らしているわけである。人間誰しも苦労はしたくないが、同じ苦労であっても意味がある苦労なら耐えられるのと同じで、彼女達も蕩減という意味づけによって苦労を甘受している」(p.529)

自分の身の回りに起こる苦労が罪の清算であるとか、先祖の因縁であると捉えるのは、統一教会に限らず多くの宗教の教えに共通している。苦労が意味づけされることによって宗教実践となるというのも同じである。中西氏はそもそもそういう考え方一般をどう評価しているのだろうか。記述を見る限りでは、彼女の主張には一貫性がなく、「ブレ」まくっていると言えるだろう。彼女は、そうした生活をしている女性に直接インタビューをしたわけだから、ある意味で同じ女性として、苦難に立ち向かう彼女たちのたくましい姿に敬意を抱いた面もあっただろう。その一方で、「日本人女性達だけが地上天国を目指して孤軍奮闘しているように思えてならない」(p.529) という批判も忘れない。日本人女性そのものを責める気持ちにはなれないので、その周辺にいる夫や舅姑、統一教会、韓国社会の構造などをターゲットにせざるを得ないのだろう。しかし、犠牲者たる日本人女性たちが感謝してたくましく生きているのであれば、この主張も説得力がない。
この項目の最後の記述もまた、中途半端な内容になっている。
「結婚難にある地方の男性やその家族にとっては、嫁いで来てくれて、経済的に貧しくても不平不満を言わずに尽くしてくれる日本人の妻はありがたい存在である。また証しにあるように、周囲の人々との交流を通して日韓の不幸な歴史のわだかまりが解消されるならば、それに越したことはない。この点は認めるにしても日本人女性達が払っている代償（彼女達は代償とは思わないだろうが）もまた大きい」(p.529)
中西氏の主張は、一言で言えば「アンビバレント（ambivalent）」ということになる。これは同じ物事に対して、相反する感情を同時に抱くことだが、中西氏が研究の最初の段階で日本人女性たちに抱いた感情は、最初は驚きと好奇心であり、それが次第に共感と感服に変わっていった。信仰を共有しないまでも、こうした人生もあるのだといったんは受け入れたのである。にもかかわらず、その後の統一教会反対派からの批判を受け、彼女は韓日祝福を批判しなければならない立場に追い込まれ、そうした義務感から取って付けたような批判を展開せざるを得なくなったのである。これは彼女自身の保身のためで、客観的な調査研究に比べて、主観的な評価の論理が破綻したり矛盾したりしているのはそのためである。

「五　統一教会的思考の枠組みの維持・強化に果たす『本郷人』の役割」への反証

「1　信仰強化のテキストとして」

「第一〇章『本郷人』に見る祝福家庭の理想と現実」の二番目の目的は、『本郷人』が信者教化に果たしている役割を分析することにあった。「五　統一教会的思考の枠組みの維持・強化に果たす『本郷人』の役割」は、まさにこの目的のためにもうけられた節である。中西氏によれば、『本郷人』の役割には以下の三つがある。

① 行事や儀式開催の記事は理想世界実現のための復帰摂理が実際に進行していることを伝える。

② 行事や儀式で語られた文鮮明の御言葉から信者は家事育児に追われる中にあっても統一教会の教えを再確認できる。

③ 証しは同じような境遇にある信者を勇気づけ、家庭生活や夫婦生活についてのアドバイスの記事は悩みの解決や生活指針となる（p.530）

宗教団体の発行する新聞に教団主催の行事に関する記事、教祖の言葉、信者の証しなどが掲載されるのは当たり前のことなのだが、中西氏はここで敢えて日本と韓国の違いを強調して『本郷人』の役割を分析している。すなわち、日本では信徒たちは管理された状態にあったが、韓国では「非原理世界に放り出された状態」になっているので、信仰の意味を見失いかねないから、こうした出版物が必要だというわけだ。「教団にとって『本郷人』は在韓日本人信者の思考の枠組みを強化し、日本で培った信仰を維持させる役割を持っている」（p.530）というわけである。

宗教団体が信徒の信仰を維持させようとするのは当然である。統一教会の場合、青年期に入教した者は集団生活を通して信仰を強化する場合があるが、やがて家庭を持てば家族単位の生活に移る。これは日本にいても同じである。その際に信仰を維持するための代表的な手段が日曜日ごとの礼拝の参加と出版物の購読である。日本には教団の出版物を扱う光言社があり、そこから発行される新聞、雑誌、映像ニュースなどを通して、信徒たちは最新情報を入手して信仰を強化している。信仰生活の基本は礼拝に参加することだが、日本にも仕事の都合や地理的な要因で礼拝に出られない信者はいる。そうした場合には出版物を通して信仰を維持強化することはある。韓国にも成和社という出版社があり、同様の機能を果たしているが、『本郷人』の特徴は日本人コミュニティーのために日本語で発行されていることだ。

したがって『本郷人』の役割は、基本的に日本で光言社が信徒向けに出版している媒体と同じであり、在韓日本人信者だから特別に出版物を必要としているわけではない。韓国教会における『本郷人』の特徴を敢えて挙げるとすれば、母国語で書かれているために日本人信者には読みやすく、編集の観点も日本人に合わせているため、成和社の出版物よりも親しみやすい点にあると言える。こうした媒体は、英語圏やその他の言語圏の外国の統一教会の日本人コミュニティーにも存在するかもしれないが、在韓日本人は数の上で圧倒的に多いので最も充実した内容になるのだろう。中西氏は『本郷人』の役割について、「統一教会的思考の枠組みの維持・強化」といった「マインド・コントロール」を匂わせる表現を敢えて用いているが、要するにごく普通の教団の出版物にすぎないのである。

中西氏が復帰摂理の進行を表している記事として紹介しているものは、2003年から2008年にかけて行われた統一運動の行事に関するもので、その時代を信者としてリアルタイムで生きた私としては、どれも懐かしいものである。

「3　原理の再確認」

中西氏が『本郷人』の役割として挙げている「3　原理の再確認」という部分では、「『本郷人』を読む信者は『原理講論』を開かなくても、礼拝に参加できなくても、『本郷人』を読むことで教説を復習し、韓国に嫁いだ意味を再確認することができる」(p.532)としている。これも教団の出版物の当たり前の機能である。中西氏は文鮮明師が2003年に語った「真のご父母様誕辰記念式」の講演、さらには2005年に語った「天宙平和連合創設大会基調演説文」を抜粋して紹介している。『天宙平和連合』は世界の紛争解決と平和実現には機能不全に陥っている国連に代わって、神の創造理想である平和世界の実現のために『新しい次元でアベル的国連の機能を発揮できる新しい国際機構』とされる」(p.534)という中西氏の解説は正確な表記だと評価できる。

中西氏は、こうした講演は信者向けに語られたものではないが、その内容は統一教会の教説そのものであると指摘する。そして信者はこうした内容を『本郷人』で復習することを通して、教祖に対する感謝の念を強くし、統一教会の世界観を強化しているというのである。ＵＰＦの創設大会の講演文についても、「実在の国連を『カイン的』、天宙平和連合を『アベル的』と表現し、現実の世界を統一教会の世界観に取り込んで解釈しているが、これは統一教会の世界観の強化として捉えられる。信者は私達と同じ世界に生きながらも、この世はサタンの支配にあると見ているように、同一のものを見ても解釈は教団固有の枠組みでなされる」（p.535）と分析して、あたかもそれが特別なことであるかのように表現している。

しかし、そもそも「世界観」とはそのようなものではないだろうか？　われわれはみな同じ世界に生きながらも、それぞれが独自の世界観を通して世界を見つめており、個人において世界観が異なるのと同様に、集団間の世界観の違いというものが存在する。同じニューヨークに住んでいても、根本主義者のクリスチャンと、無神論者のビジネスマンと、移民のイスラム教徒では全く違った世界の見つめ方をしているだろう。彼らは同一のものを見てもそれぞれ固有の枠組みでそれを解釈し、行動するのである。日本人とアメリカ人と韓国人では同じニュースを聞いても解釈や反応は異なるだろうし、中東や南米の人々はそれとはまた違った見方をするだろう。こうした多様な世界観が存在する中で、統一教会の信徒たちが自らの教説に従って世界を見つめることは至極当然なことであり、教団がその世界観を維持・強化しようとするのも何ら特別なことではない。

このことはあまりにも当然なので、中西氏は敢えて「フォーデーズセミナーでは『お父様の詩』が朗読され、信者は真の父母に対する負債を感じ献身を決意したが、この記事も『お父様の詩』と同じような役割を果たす」（p.535）と解説して、その特異性を強調しようと試みている。実は、中西氏自身は日本の統一教会に対する調査を行っていないので、この「お父様の詩」に関する知識は受け売りである。これは統一教会信者が伝道されるプロセスについての櫻井氏の記述に登場し、修練会の最中にこの詩を朗読する儀礼が行われると受講生の感情が揺さぶられ、正常な判断力を失ってしまうと主張されているものだ。実はこれと同じことを札幌「青春を返せ」裁判の原告たちも主張しており、この詩が朗読されると、内容に感動して号泣する受講生が続出し、情緒に訴えられた結果として文師をメシヤと受け入れてしまうようになるのだという。はたしてこの詩にそれほどの魔法のような効果があるのかどうかは甚だ疑問だが、中西氏の主張にはかなりの無理がある。

櫻井氏の記述によれば、この「お父様の詩」はフォーデーズセミナーにおいて「イエス路程」の講義が終了した後に、セミナー室の明かりが消され、ろうそくを持った班長たちが並ぶ厳粛な雰囲気の中で、荘厳に朗読されるという。修練会という特殊な環境の中で、感情が盛り上がってきたところで演出効果を伴って読まれるので、感情が揺さぶられるというのが櫻井氏の主張である。そして詩の内容は情緒的なものだ。

一方で、中西氏が引用している「真のご父母様誕辰記念式」（２００３年）の講演と「天宙平和連合創設大会基調演説文」（２００５年）は、対外的に開かれた場で非信者の聴衆に向かって語られた講演である。私は後者の講演が行われたニューヨークのリンカーンセンターにいたが、参加者は世界各国の政界、宗教界、学界、言論界、およびＮＧＯなどの指導者たちだった。つまり、この講演文は文師の信念や世界観を表明したものであるとはいえ、広く一般社会に向けて発信された内容なのだ。このように全く状況の異なる場で語られたスピーチを、「お父様の詩」と呼ばれる出典不明の文章と同じ役割だと強弁するのは、あまりにも無理がある。敢えてそうしなければならなかった理由は、出版物の購読というどこの教団にもあるごく一般的な宗教実践に、「洗脳」や「マインド・コントロール」の匂いを吹きかけるためだろう。姑息で稚拙な小細工としか言いようがない。

「4　証し、カウンセリング記事」

中西氏によれば、『本郷人』には証しやアドバイスによって信者の実生活上の諸問題の解決を示し、信者の精神や生活を安定させる役割があるという。「4　証し、カウンセリング記事」に関する批判は、彼女なりの問題意識が表現されており、より読み応えがある。

夫婦関係、妻・母としての姿勢、態度

『本郷人』のアドバイスやカウンセリングの記事に対する中西氏の批判の中心は、夫婦関係や妻としての姿勢に関するものに集中している。

「アドバイスでは夫を立てること、受容すること、夫を変えるためにはまず妻が変わること、愛される妻になることなどが求められている」(p.537-538)

「アドバイスの傾向として、夫に変わることを求めるのではなく、妻が下手に出る、妻が変わることによって夫自らが変わるようにしむけるということを説く。たとえ夫に問題があっても問題の所在を妻に求め、妻に忍耐と努力を求める」(p.540)

これらは夫の関係を良好に保つための対症療法的アドバイスだが、対処する方向には向かわないようなアドバイス、すなわち現状に甘んじるしかない態度を形成するように仕向けるアドバイスも見受けられると中西氏は分析する。

こうした「妻が下がる」や「夫を立てる」などは統一教会独自のものではなく、戦後発展した日本の新宗教教団でも説かれた女性の徳目だったことは中西氏も承知している。その意味で、これも特に珍しい現象ではないという解釈も成り立つのだが、中西氏はそのようには捉えない。それはそもそも韓日祝福家庭の形成には統一教会が深くかかわっており、大変な夫婦関係をつくり出した主要な責任は統一教会にあるのだから、それは個人の処世術というよりは、教団運営の都合からきているのではないかというのだ。すなわち、韓日祝福家庭を存続させるために、日本人女性信者に対して現状受容と自己否定を要求しているのではないか、ということだ。

一方で、厳しい現実の故に日本人女性たちは苦労することに慣れた「不幸体質」に陥っており、そこから脱却す

るための「ポジティブシンキング」を説くようなアドバイスもあるという。生活の中で小さな喜びや感謝を見つけ出し、それを敢えて口に出して唱え、そのような感性を増幅させることによって希望を見いだそうという内容だ。

中西氏は、韓日祝福家庭が抱える「生活が苦しい」「夫婦関係がうまくいかない」などの問題は、統一教会における結婚の特殊性と韓国の社会構造に起因するもので、こうしたアドバイスを日本人女性たちが実践したとしても根本的な問題解決にはならないと批判する。問題解決を日本人女性の忍従と努力にのみ求めるアドバイスか、現状を受容するだけの「諦念のアドバイス」にしかなっていないというのだ。

さらに中西氏は、夫の問題や夫婦生活の問題の解決方法において、女性に対して忍従を強いる際に『本郷人』が持ち出す神学的理由付けも気に入らないようだ。それは①人類堕落の原因をつくったのはエバであり、女性であったという観点と、②日本は韓国を植民地支配した国なので、それを償う使命があるという観点だ。日本人女性は、二重の意味で罪を償う立場から逃れられない存在になってしまっている。こうした日本人女性の立場は、中西氏の同情の対象になっており、本章の結論部分である「六　『本郷人』に見る韓日祝福家庭の姿と信仰強化のあり方」において、中西氏は以下のように述べている。

「信仰の自由のもとにいかなる教説であれ尊重されなければならないし、日本人と韓国人が国際結婚をして家庭レベルで日韓のわだかまりを解消しようというのはわかる。しかし統一教会の教説は日本人女性信者にとってはあまりに過酷なものではないだろうか」(p.551)

中西氏の思想的傾向はよく分からないものの、フェミニズムの影響を受けたのであれば、『本郷人』の女性に対するアドバイスは旧態依然とした家父長制社会を背景としたものであり、到底受け入れられるものではないだろう。ただし、韓日家庭が両国のわだかまりを解消しようとしている点は評価しており、アンビバレントな一面も見せている。

中西氏は日本人の女性として調査対象と属性を共有しており、感情移入しやすい立場にある。同じ日本人女性が異国の地で孤軍奮闘しているにもかかわらず、韓国人の男性は責任を追及されることはなく、教団も具体的な問題解決を図ろうとせず、日本人女性に現状を受け入れるようアドバイスしている状況を理不尽に感じたのだろう。それは理解できる。ただそれは、信仰を共有しないが故にそのように見える、という点を指摘しておきたい。

韓国に嫁いだ統一教会の日本人女性たちは「悲劇のヒロイン」ではない。そもそも彼女たちは騙されて韓国に嫁いだわけではなく、苦労を承知の上で自分の意思で韓日祝福を選択したのだ。彼女たちはただ苦労するために韓国に嫁いだのではなく、神によって召命された者として、勝利者になるために韓国に渡った。それは以下のような統一教会の教義に基づく主体的な決断である。

①幸福の源泉は愛することにあり、それは他者の為に生きることである。

②統一教会の食口は地上天国実現のために召命された者であり、この地上に存在するあらゆる問題を解決する代表的な使命を背負っている。

③自分は「歴史の結実体」であり、歴史的な罪を清算すべき使命がある。

④罪の清算には「蕩減」が必要であり、それは罪の償いのために苦労することである。

⑤日本と韓国の間には、清算しなければならない歴史的蕩減内容がある。

⑥自分は「氏族のメシヤ」であり、家族・親族の中に神を迎える勝利者にならなければならない。

⑦女性は男性の前に対象であり、男性を通して神の愛を受ける立場である。

⑧復帰のプロセスにおいては、女性が男性を生み変えて神のもとに返す使命がある。

もし彼女たちの韓日祝福が自らの意思に反して強いられたものだったら、中西氏が目撃したような平穏無事な暮らしさえも不可能だったろう。しかし、統一教会の日本人女性信者たちの多くは、信仰に裏付けられた主体性を持つ、たくましい人々だった。中西氏自身も認めているように、韓国に嫁いだ目的を見失うことなく努力を重ね、舅姑から良い嫁として認められ、地域社会から「孝婦賞」を受けた者も多い。大統領賞や法務部長官賞などの名誉ある賞を受けた者もいるし、社会的に活躍している日本人女性も多い。このように勝利した女性たちに対し、「統一教会の教説は日本人女性にとってはあまりにも過酷なものではないだろうか」という彼女の発言は全く当てはまらず、「余計なお世話」にすぎない。むしろ彼女たちは統一教会の教説によって自己実現し、充実した人生を歩んでいるのである。中西氏は、信仰者の主体性と強さを過小評価しているが、これは彼女自身が信仰を共有しないために見えてこない世界なのだろう。

一方で、中西氏の主張に共感できるような状況を背負った韓日祝福家庭があるのも事実である。前述したが、祝福は本来ならば男女とも信仰を動機としてなす結婚であるべきである。しかし、韓国統一教会には日本人女性の相手となる十分な数の男性信者がいなかったので、日本人の女性信者の相手を探すために、結婚難に苦しむ田舎の男性に声をかけることを始めた。信仰のない男性に嫁がせることに対する不安や批判は当然あったと思われる。しかし日本の女性信者は優秀で信仰が篤いので、そうした男性をも教育して最終的には伝道することを期待して、こうしたマッチングが行われた。ただ、それにも限度があり、個人では負い切れないような十字架を背負う女性たちを生み出してしまったのもまた事実である。

そうしたケースにおいて、女性たちの状況は確かに「過酷」であり、『本郷人』のアドバイスの一部は、それに対するフォローアップの役割を果たしていると言える。しかし、それは在韓の日本人女性全体を代表する事例ではないことを理解する必要がある。中西氏の分析は、こうした一部の事例を普遍化して韓日祝福家庭全体を論じている点で間違っている。

夫婦関係のアドバイスに関する日韓の比較

では、こうした指導が在韓日本人信者に特有のものなのか、それとも国にかかわらず統一教会において普遍的に行われている指導なのか。それを理解する手がかりの一つに、日本における家庭生活の指導に関する内容を分析し、比較する手法がある。日本における教会関係の出版物を扱う光言社のウェブサイトから、家庭生活の指導に関する内容を見てみよう。

夫婦関係を指導するものとしては、まず男性講師である松本雄司氏（家庭と未来研究所所長）が、「夫婦の愛を育てるために」というビデオ講座を21回にわたって配信している。その内容は多岐にわたっているが、第8回「男と女の違い」、第9回「男らしさ、女らしさ」、第11回「男のプライド」などで、そもそも男性と女性は互いに異なるものであり、女性は男性のプライドを傷付けるような言動をしない方がよいと述べている。松本氏のこの講座の内容は、『夫婦愛を育てる16のポイント』という書籍にもまとめられている。

女性講師によるものとしては、橘幸世氏の「夫婦愛を育む幸福の基本原則～母のように娘のように～」という、女性信者向けの16回シリーズの動画がある。この中にも第5回と第6回「あるがままを受け入れる」、第7回「長所を見て、感謝する」、第8回「尊敬し、称讃する」、第9回「夫を最優先する」、第11回「主体者を〝主体者らしく〟」、第13回「男性のプライドを傷つけない」などのタイトルが示しているように、松本氏と同様に女性側の努力を求めるアドバイスが語られている。この橘幸世氏によるビデオ講座の内容も、『夫婦愛を育む魔法の法則：愛され上手なかわいい妻に』という書籍にまとめられている。

松本氏のアドバイスも、橘氏のアドバイスも、リベラルなフェミニズムの主張とはかけ離れたものである。そもそも男と女には違いがあり、女性が男性の特徴をよく理解してそれを受け入れ、主体者としての男性を立てることによって夫婦関係がうまくいくと説いている点では、『本郷人』のアドバイスに通じるものがある。このことから分かるのは、少なくとも韓国と日本においては、夫婦関係をよくするためのアドバイスに本質的な違いは見られない。韓日祝福家庭の関係が特に大変だから日本人女性に対して一方的に現状受容と自己否定を要求しているのではなく、そもそも統一教会には「夫婦関係をよくするための女性の心得」という普遍的な信仰指導があると捉えた方がよいだろう。これは統一教会の家庭観が、女性の自立やエンパワーメント、男女の役割分担論の否定といった現代フェミニズムの主張とはかなり遠いところにあり、基本的に保守的なものであるということだ。

日本の祝福家庭は基本的には信者同士の結婚であり、韓国のように非信者である農村男性に信者の女性が嫁ぐようなことはない。中西氏が観察したような経済的な困難や、夫の酒、タバコ、暴力といった問題も、日本の祝福家庭にはほとんど存在しない。にもかかわらず、アドバイスは「夫を立てて、愛される妻になろう」と説いている点では韓国と同じである。中西氏の研究の欠点は、こうした信仰指導が国を超えた普遍的なものなのか、在韓日本人女性に固有のものなのかを比較検討することなく、韓日祝福の特殊性からくる対症療法的な指導であると決め付けている点である。

一方で、日本と韓国における信仰指導の類似性は、両国が儒教という共通の価値基盤を持ち、同じ東洋の国として、夫婦関係のあり方が似ていることに原因があるのかもしれない。男性が主体で女性が対象という統一原理の教えは、こうした文化圏の女性には比較的抵抗なく受け入れられるかもしれないが、米国では少し事情が異なるようだ。

統一教会の祝福について研究を行った米国の宗教社会学者ジェームズ・グレイス博士は、著書『統一運動における性と結婚』で、男性が主体であり女性が対象であるという『原理講論』の公式の教えがあるにもかかわらず、実際の夫婦関係における男女の役割分担に対する考え方は祝福家庭のカップルの中でも様々な解釈が存在すると分析している。すなわち、文字通り女性は男性に従うべきであるという考え方をする者もいれば、主体と対象はより実存主義的な意味であり、役割分担を固定化しないより開かれた解釈をすべきと考える者もいたという。アメリカ人女性であれば、むしろ後者の解釈をする方が自然だと思う。

このことから敷衍すれば、韓国と日本における祝福家庭の夫婦関係に関するアドバイスも、時代によって変化する可能性があるということになる。東洋と西洋では夫婦関係のあり方が文化的に異なるので、それを背景として信仰指導のあり方も異なる。同様に、同じ東洋の中にあっても、時代と共に夫婦関係のあり方が変われば、それに従って信仰指導のあり方も変化する可能性はある。そうした意味で、『本郷人』のアドバイスやカウンセリングの記事は、時代的・文化的制約の中で書かれたものであることを理解する必要がある。

現実問題として、儒教文化が支配的な韓国の田舎において、夫婦関係のあり方に関する指導をフェミニズム的な視点から行えば、夫婦関係をよくするどころかかえって悪化させるような破壊的なものになるだろう。それは韓国の夫や舅姑の中にそのような価値観が全くないので、それをいくら嫁が声高に叫んだところで受け入れられないからである。『本郷人』の信仰指導には、「郷に入っては郷に従え」というプラグマティックな側面もあるだろう。もとより統一教会に入信する女性には、家庭に関しては保守的な価値観を持った者が多い。エバの罪や日韓の蕩減という神学的な意義付けもあるかもしれないが、日本女性が伝統的に持ってきた嫁としての美徳を、一昔前の日本の姿のような韓国の田舎において発揮しているのだと見ることもできる。この点に関しては、神学よりもその地の文化の方がより大きな力として働いていると解釈することも可能だろう。

二世の育児、教育

中西氏によれば、『本郷人』の記事から以下のような韓日祝福家庭の子女の問題が垣間見えるという。

①言語能力や学力面での遅れや、情緒が安定しない二世が見られる。具体的には、話し始めの遅れ、会話水準の遅れ、先生の指示を聞き取ることができない、日常的な会話がまともにできない。

②自信感の欠如、コミュニケーション能力の不足、学力不足。具体的には、他人との意思疎通がうまくできない、落ち着きがない、集中力がないなどの問題がある。

③韓日家庭の二世たちが、どこのクラスでも下から五番以内を占めてしまっている。

子供の言語発達や学力の問題は、なにも統一教会の家庭だから起こることではなく、実は国際結婚家庭の子供に共通して見られる問題であると中西氏は解説する。母親が外国人であるため、韓国語が流暢にしゃべれないことが、子供の言語能力の発達を遅らせるという。

しかし、単に国際家庭であるという理由に留まらず、統一教会の韓日家庭に特有の問題により、子供に問題が生じる可能性も中西氏は指摘している。

①「にわか信者」の韓国人男性と日本人女性のカップルが多数出現することにより、その家庭の問題がそのまま二世教育の問題となった。具体的には、両親の不和、経済的困難、父親のアルコール、暴力などの問題、それによる母親の精神的葛藤やストレスが原因で子供が情緒不安定となり、それが子供の学力やコミュニケーション能力の低さの原因となっている。

②母親が「二世はほうっておいても立派に育つ」という信仰観を持っていたり、信仰教育には関心があっても学力、能力面の教育には無関心であったり、夫が教育に無関心であったりするため、子供の学力が低くなる。

こうした事例を取り上げることが差別や偏見にあたるとの非難を受けないように、中西氏は「もちろんこれは極端な例であって、韓日祝福の二世がみな言語発達に遅れがあるというのではない」(p.547)と断った上で、韓日のバイリンガルで成績優秀な子供や、社会で活躍する二世たちも『本郷人』の中で紹介されていると述べてはいる。そして中西氏自身が調査地で接した二世たちには、こうした問題は特にみられなかったという。

私自身、韓日家庭や日韓家庭の二世たちを知っており、特に鮮文大学で学んでいる現役学生や、卒業生たちと一緒に仕事をしたこともある。彼らは日本語と韓国語を自由に操るバイリンガルで、さらには英語に堪能な者もいて、仕事ぶりは優秀だった。やはり『本郷人』で相談の事例に載るようなケースは、全体の中では特に問題のある子供に関する情報が集められたと理解すべきであろう。

にもかかわらず、中西氏は「原罪のない祝福二世は本来いろいろな面で一般の子供よりも優れているとされ、清平の大母ニム(大母様)によれば、二世はみな『クラスで五番以内に入る能力を天から祝福されている』という。教説上はそうであっても実際は国際結婚家庭の子供が抱える問題を統一教会信者の二世も同じく抱えている。……

国際結婚は国家・民族・宗教を超える最も理想的な結婚とされているが、現実問題として乗り越えなければならない課題は数多い。二世の育児、教育関連の記事は韓日祝福という国際結婚の理想と現実のギャップを如実に表すものとなっている」（p.548）というような批判的なまとめ方をしている。こうした問題に対して、教会が具体的なサポートを提供することによって対応しようとしていることを紹介した上で、「子供の言語、学力の問題は信仰だけではどうにもならないということだろう」（p.548）という皮肉も忘れていない。

韓日祝福家庭の子供たちの中に言語や学力の面で問題を抱えた者がいることは事実であろう。しかし、同時に優秀な子供も、平均的な子供もいるのであって、その割合が一般の子供に比べて高いとか低いとかの統計的なデータは存在しない。統一教会の価値観は、祝福二世は学校の成績に代表されるような外的な能力において優れているから素晴らしいというのではなく、彼らの血統的な位置、神の子女としての存在そのものに価値があると考えている。外的な能力において優れている祝福二世がいたとすれば、それは神の恩寵によってそうなったのであり、それによって彼らの価値が決定するとは考えていない。二世の中には障がいがある者や能力の劣る者もいるし、逆に優秀な者もいる。それでも彼らは等しく「祝福二世」としての価値を有しているというのが、基本的な考え方である。

日本の祝福二世も、国際結婚であるかないかにかかわらず、様々な問題を抱えている事例はあり、そうした問題は教会本部の「総合相談室」が対応している。光言社のウェブサイトに「総合相談室Q＆A」というシリーズの動画があり、臨床心理士の資格を持つ教会員である大知勇治講師が16回にわたって祝福二世の様々な問題に対して答えている。

こうしたビデオ教材を研究対象とするときには、研究者の態度によって取り扱い方は大きく変わるだろう。好意的に捉えれば、統一教会は宗教団体でありながら具体的な問題の解決においては医学的・科学的アプローチをきちんとしている団体であるという評価になろう。しかし批判的に捉えようとすれば、「祝福二世は原罪のない神の子でありながら、現実にはさまざまな障がいや疾病を抱えていることが分かる。これは祝福家庭の理想と現実のギャップを如実に表している」という論評をすることも可能であろう。中西氏が『本郷人』の記事に対して行っていることは、まさに後者と同じである。

一部の祝福二世に問題があることが事実であったとしても、それは祝福二世全体を代表してはいないし、そうした問題を受け止めて真摯に対応しようとする教会の姿勢は肯定的に評価するのが常識的な判断であろう。にもかかわらず中西氏は、そうした一部の問題を捉えて「宗教的な理想と現実のギャップである」と批判している。彼女のこうした扱い方は悪趣味であり、非人格的であり、研究者としての良識が疑われる。

「おわりに」への反証

前章までで第一章から第十章までの、すべての章に対する批判的分析を終えたので、ここから全体のまとめにあたる「おわりに」の内容に入ることにする。「おわりに」は櫻井氏が執筆しているが、彼はその冒頭で以下のように述べている。

「統一教会とはつくづく不思議な宗教だと思う。調べれば調べるほど魅力が増すという意味ではない。むしろ、なぜ、信者達はこのような信仰を維持していられるのか、筆者達の想像を超える信仰生活という意味で感嘆せざるをえないのだ。このような言い方は宗教研究者として不遜な言い方、あるいは冷静さや客観性を欠く言い方だと思われるかもしれない。宗教には、実践しないものには容易に知りえない世界があることを承知しているし、信仰者の世界に土足で踏み込んだり、外部からとやかく言ったりするべきではないという正論も承知している」(p.553)

櫻井氏が「宗教研究者として不遜な言い方、あるいは冷静さや客観性を欠く言い方」というのには訳がある。それは、宗教学者は研究対象である宗教に対して敬意を持って接し、冷静かつ客観的な、あるいは価値中立的な立場で分析すべきであるという、学問としての作法があるからだ。これは、現代の宗教学が神学からの解放を通じて自らを確立してきた歴史を持つことと深く関係している。宗教を研究する学問としては、宗教学よりも先に神学があり、宗教学は神学に下属する学科として理解されていた時代があった。したがって、そこからの自らの解放、すなわち「脱神学化」こそが宗教学の目標であったため、その方法論はしばしば神学との対比において語られてきた。神学が規範的な学問であるのに対して、宗教学は経験的で記述的な学問であるとされる。この「規範的」対「経験的・記述的」という言葉は、「主観的」対「客観的」という表現に置き換えることも可能である。要するに、主観的研究が信仰の立場からの研究であり、宗教がいかにあるべきかを問うものであるのに対し、客観的研究は宗教をあるがままの姿で、実証的かつ価値中立的に取り扱うものとされている。

宗教学は「比較宗教学」として始まり、様々な宗教を比較研究してきたが、近代的な宗教学が確立される以前の宗教の比較は、「護教論的な比較」と言ってよいものだった。その比較は、善悪や優劣などの価値判断をすることを動機あるいは目標としていた。宗教の世界における比較は、常にある特定の宗教を有する人々が異なる人々に出会ったときに始まるが、そこで人々は自他の宗教について異同や優劣を論じたり、その違いの原因を探ろうとしたりする。そこにおいては、多くの場合、自身の属する宗教が暗黙の、または明白な基準として立てられ、他の宗教が「異教」「外道」ないし「異端」などとして批判されるのが常である。このように自らの宗教の真理性を明らかにするために行う比較は自己中心的で、客観的とは言い難い。

近代的な宗教学においては、特定の宗教の優越というような、信仰に基づく判断を差し控えることが建前となっている。それは自己の宗教の絶対化を避け難い神学からの漸進的な解放によって、初めて独立し得たものだからである。それでも、近代的な宗教学の草分け的存在であると言えるマックス・ミューラーやE・B・タイラーにおいても、経験科学としての宗教学と、宗教の起源および進化の思弁とが混在しており、諸宗教の「相対的優劣」という間接的な価値判断が紛れ込んでいたことが指摘されている。しかし今日に至っては、宗教学は諸宗教の「相対的優劣」はもちろん、その起源を論ずることをもほとんど放棄するに至った。そうしたことを論じるのは実証的でないと考える、客観的な経験科学としての宗教学の立場が主流になったからである。

こうした宗教学の伝統から見れば、櫻井氏の立場は異端的であり、明らかに逸脱していると言える。櫻井氏の批判は特定の信仰に基づく神学的な批判ではないが、彼は明らかに「宗教は本来こうあるべき」という規範を持っており、それに基づいて統一教会はとんでもない宗教だと批判しているからである。さらに彼の批判は、ときに宗教社会学の範疇を逸脱して神学的な領域にまで到達することもある。批判できるものならどんな情報も、どんな手法も使ってしまおうという節操のなさがあり、冷静さや客観性を欠いている。

日本の宗教学の歴史の中には一時期、宗教者の体験的で身体的な理解を重んじる「体験的身体的理解」や、信仰世界に対して共感的でありながらも、その信仰の営みを時代的状況との対応関係の中で位置付け直そうとする「内在的理解」といった手法がもてはやされた時代があった。これは研究主体とその対象という二分法を克服し、研究対象に認識主体が接近しようという動機に基づくものであり、両者ともに宗教的世界に対して極めて好意的な姿勢を示していた。ところが、こうした手法でオウム真理教の研究にかかわった宗教学者たちが、オウムの中に潜む闇を見抜くことができなかったことが批判されるようになり、こうした研究手法は「宗教に対してあまりにも肯定的すぎる」と批判されて大きく躓くこととなったのである。オウム事件が日本の新宗教研究に残したトラウマはあまりにも大きく、いまだにそこから立ち直っていないと言っても過言ではないほどである。

櫻井氏の研究手法は、こうした「体験的身体的理解」や「内在的理解」に対する反動として位置付けることができる。一言で言えば、研究対象である宗教の内面世界に対しては一切の共感を拒絶し、ただひたすら批判することを目的とした研究であるということだ。その意味でこれは規範的で主観的な研究であり、記述的で客観的な研究ではなくなってしまっている。なにがなんでも批判してやろうという姿勢は、冷静さも失っていると言える。

「宗教には実践しないものには容易に知りえない世界がある」という正論を櫻井氏は承知していると言う。しかし現実には、櫻井氏は統一教会信者の内面世界を共感的に知ろうとしないばかりか、むしろ「絶対に共感しないぞ」という決意で観察している。「筆者の想像を超える信仰生活」なのではなく、そもそも共感的に想像しようとはしていないのだ。「なぜ、信者達はこのような信仰を維持していられるのか」に関しても、共感しようとしないから分からないのである。逆に彼が積極的なのは、「信仰者の世界に土足で踏み込む」ことであり、「外部からとやかく言ったりする」ことだ。冒頭の彼の言葉は、おそらく自分の研究態度が伝統的な宗教学の作法から逸脱していることへのある種の「後ろめたさ」からだろうが、それでもそれを貫徹しているところが櫻井氏の確信犯たるゆえんである。

事実、彼は「第Ⅱ部　入信・回心・脱会　第七章　統一教会信者の信仰史」の「一　元信者のライフヒストリー研究」に「3　研究者の立場性」という項目をもうけてこのことを論じており、研究者は研究対象である教団や信者・元信者に対して、無色透明な客観的第三者としてかかわることは不可能であり、教団に対して親和的であるか、あるいは元信者や教団の反対勢力に対して親和的であるかといったような、何らかの「立場性」を取らざるを得ないという趣旨のことを述べている。「虎穴に入らずんば虎児を得ず」というように、統一教会について本当に知りたければ、教団の中に果敢に飛び込んで行かなければ何も分からないはずだが、櫻井氏は統一教会と適切な距離を取るためにはそれができないという。そこで櫻井氏は「虎穴に入る」ことを拒否し、安全圏から相手を砲撃するという研究方法を採用した。日本社会において統一教会と反カルト運動を比較すれば、後者と一体化し、そこに身を置いた方がはるかに安全である。その意味で彼は「第三者」ではなく、対立構造にある一方当事者と同じ立場に立って研究をしているのであるが、それによって自分の身を安全地帯に置いているのである。これはある意味でオウム真理教事件以降の新宗教研究者が取るようになった、一つの処世術であると言ってよいだろう。

櫻井氏自身が統一教会信者の内面世界に対して一切の共感を拒絶するという姿勢で本文を執筆し、同じ原理で「おわりに」を書いている以上、少なくとも統一教会の現役信者が彼の記述に共感を覚えることはあり得ない。その意味では、櫻井氏自身が言う通り、彼の記述は「統一教会の信仰者達には余計なこと」（p.553）にすぎないのである。

「1　統一教会における信仰のリスク」

「おわりに」には「1　統一教会における信仰のリスク」という項目がある。ここで櫻井氏が言っているのは、統一教会の信仰を持つことはリスクが伴うのだが、伝道の際にそのリスクが伝えられていないし、入信した後にはそのリスクをリスクと認識しないように教化されるので、結果的に信徒たちにとって有害であるという。

櫻井氏が第一に挙げているリスクとは、『原理講論』に決定的に欠落している論証、すなわち文鮮明が再臨主であることが何ら証明されていないということ」（p.553）だという。これは宗教学者の発言としては驚くべきものだ。

なぜなら信仰とは通常、告白すべきものであって証明すべきものではないからだ。新約聖書はイエスがメシヤであることを証しているが、それは論理学的な意味で論証しているわけではない。同様にコーランはムハンマドがアッラーから啓示を受けたことを証しているし、仏教の諸経典は釈迦が悟りを開いたことを証しているが、それらも同様に万人が正しいと納得できるような「証明」ではない。キリスト教神学は歴史的に神が存在することを論理的に証明しようと試みてきたが、万人の納得する神の存在証明はいまだに存在しない。聖書が神の啓示の書であることも、証明することはできない。証明なしに受け入れるからこそ「信仰」なのである。ある宗教の信者が、自らの信仰の正しさを証明したと主張することはあるが、それは信じる者にのみ通じる証明であって、信仰を共有しない者から見れば「護教的な発言」にすぎない。

人がイエスをキリストとして受け入れるのは、合理的な分析によるものではなく、聖霊体験に代表されるような宗教体験に基づくことが多い。新約聖書にはイエスのメシヤ性が理路整然と証明されているわけではなく、彼の言葉と行動が物語として書き記されているだけであり、使徒たちが「イエスはキリストである」と証しするだけである。同様に、統一教会の修練会においては、「原理講義」の後に、通常「主の路程」というタイトルで文鮮明師の生涯に関する講義が行われる。講師は「文鮮明先生こそメシヤです」と証しするかもしれない。これを聞いて修練生たちは、この人がはたして私の救い主であるかどうかを自分で判断するのである。メシヤを受け入れるプロセスは本質的に宗教的回心のプロセスであり、そこには理性では説明できない宗教的体験が伴うことが多い。文師が再臨主であるというような宗教的なテーゼに対して、櫻井氏が本気で合理的な証明を要求しているとすれば、もはや彼は宗教学者ではあり得ない。

彼は宗教学者として、宗教的言説に対して論理的証明を求めることはできないことは百も承知のはずである。にもかかわらず、ここで「文鮮明が再臨主であることが何ら証明されていない」と主張しているのは、統一教会の現役信者たちがこれを読むことを想定して、彼らの信仰に挑戦しているとしか考えられない。実はこれは「反対牧師」

と呼ばれる人々が監禁された統一教会の信者たちに対してやってきたことと同じである。彼らは「統一教会の信仰が正しいなら、それを証明して見せろ」と迫り、証明できなければ信仰を棄てるしかないと脅してきた。しかし、人には証明できないものを信じる権利があり、それこそが「信教の自由」と呼ばれるものだ。

信仰は証明できないことを信じるのであるから、いかなる信仰でもリスクを伴う。どのような信仰であっても、お金を入れれば必ず商品が出てくる自動販売機のように、信じれば必ず恵みや救いにあずかることができる、というようなものではない。信じても救われないリスク、何も変わらないリスク、予言が外れるリスク、信仰によって逆に迫害やトラブルなどの悪いことが起こるリスクなどを抱えながら、多くの人は信仰しているのである。それでも人は、なぜそのようなリスクを取ってまで目に見えない神や霊的な世界を信じようとするのだろうか？　このことを理解するためには、そもそも人生そのものがリスクに満ちていることを知らなければならない。

自分の未来や運命を１００％予想できる者はいない。自分が選んだ道が本当に正しいのか、間違っているのかも、選んだその時点では分からない。自分の行く道が安全なのか危険なのかも、あらかじめ分かっているわけではない。そこでそうしたリスクに備える方法を人は考えるようになる。お金さえあればとりあえず何とかなるだろうと考える人は、貯金をしたり保険に入ったりするであろう。しかし自分の人生が本当に正しく安全なものとなるためには、もっと大きな力とつながり、その加護を得なければならないという発想をする人々がいる。そうした人々は占いによって自分の行くべき道を決めたり、信仰を持つことによって神の守りや導きを得ようとしたりするのである。

ユダヤ・キリスト教の伝統：リスク回避のための「神との契約」

ユダヤ・キリスト教の伝統には、神と人間が契約を結ぶという考え方があり、契約を結ぶ際の人間の側の動機は、人生におけるリスクを回避することにあった。このことは、旧約聖書に登場するアブラハムの孫ヤコブが、ベテルという場所で神に出会ったときに語った内容に典型的に現れている。

「神がわたしと共にいまし、わたしの行くこの道でわたしを守り、食べるパンと着る着物を賜い、安らかに父の家に帰らせてくださるなら、主をわたしの神といたしましょう。またわたしが柱に立てたこの石を神の家といたしましょう。そしてあなたがくださるすべての物の十分の一を、わたしは必ずあなたにささげます」（創世記28：20－22）

これはキリスト教における「十分の一献金」の起源とされている箇所だが、ここでヤコブはまだ神を完全に信じてはおらず、「本当に私の神になって下さるのなら、十分の一をささげます」という「契約のオファー」をしていることになる。すなわち、「神が私の神となって、約束を実行してくれたなら、私は十分の一を捧げます。私の神になって下さらなければ、十分の一は捧げません」と言って交渉しているわけである。ここでは神に対する一定の奉仕（財産を捧げること）を条件として、その見返りに加護を求め、人生のリスクを回避してもらうという「契約関係」が想定されている。この時点では相手が契約を本当に守ってくれるかどうかは分からず、リスクが存在する。しかし、どのみち彼の行く道はリスクに満ちた険しいものだったので、ヤコブはリスクを承知で神との契約にかけてみようと思ったのである。およそ信仰者という者は、このヤコブと同じように、リスクを承知で神との契約にかけてみようと決断した人々のことを言うのである。

櫻井氏は、「仮に文鮮明のメシヤ性に疑義が生じたとすると、地上天国実現のため、あるいは先祖の解怨のために、青年達や壮婦達が死線を突破する思いで伝道や献金に明け暮れていることにどういう意味があるのかということになる」（p.554）と述べ、統一教会を信じることのリスクの大きさを強調する。しかし以下に示すように、こうしたことは他の宗教にも同じように当てはまる。

仮にイエスのメシヤ性に疑義が生じたとすると、世界宣教のため、あるいは人々の魂の救済のためにキリスト教の宣教師が死線を超えてアフリカの未開の地に行き、禁教下の日本に潜入して殉教したことにどういう意味があるのだろうか。

仮にムハンマドが神の啓示を受けておらず、コーランが偽物だったとすると、一日に5回もメッカの方角に向かって祈りを捧げ、1か月にわたるラマダンの断食を実行し、ジハードの名のもとに異教徒を殺し、逆に殉教することにどういう意味があるのだろうか。

仮に釈迦の説法に疑義が生じ、修行をしても悟りが得られないとすれば、7年にもわたって比叡山の山中を歩き回る「千日回峰行」を達成することにどういう意味があり、さらには途中で行を続けられなくなって自害した修行僧の死にどんな意味があるのだろうか。

激烈な信仰は、それだけ多くの恩恵が得られるということを前提としている。いわばハイリスク・ハイリターンの信仰で、ローリスク・ローリターンの信仰は生ぬるいとなる。櫻井氏は統一教会の信仰について「死線を突破する思い」といういささか大げさな表現をしているが、実際に死線を突破することはほとんどない。上記のキリスト教、イスラム教、仏教の事例は、実際に死線を突破する事例が歴史的に多数存在しているのであり、その意味では統一教会に比べてはるかにハイリスクの信仰であると言えるだろう。いずれにしても、どのような信仰を持つかはその宗教の個性であると同時に、信じる人の内面がその激しさを決めるのであり、神と人との契約関係に、第三者が口をはさむべきではない。

櫻井氏の指摘する統一教会のリスクとは、主としてあまりに活動に没頭しすぎて健康を害するリスクと、献金をしすぎて多重債務者になったりする経済的なリスクである。彼は以下のように述べている。

「宗教的な救済は世俗的な価値を超えるものだとはよく言われることだが、日本の統一教会信者は信仰的である人ほど全てを出し切る生活を送っている。献身者は医療保険や国民健康保険もかけずに教会生活を送るが、病気や大けがをしたら自宅に戻されるだけである。全てを献げ切った老年の信者達は生活保護を申請するしかないだろう。統一教会がいう天国（天一国）への入籍証をもらうためには献金が必要とされ、今後とも様々な

形でお金が必要であることは地上でも天国でも統一教会員である限り変わりはない」(p.554)

以前、統一教会信者のごく一部の人が国民健康保険や社会保険に代表される公的医療保険制度に入っていなかったケースもあるが、これは既に昔の話である。櫻井氏の言うところの「献身者」は宗教法人の職員ではなく、信徒の組織の中で活動をしていた者を指し、それは組織がまだまだ未整備だった時代の話である。コンプライアンスの徹底の中で、現在では宗教法人の職員は社会保険と厚生年金に加入しているし、関連団体の職員も同様である。宗教法人は信者を雇用しているわけではないから、基本的に統一教会の信仰と保険との間には関係がない。関係があるのはむしろその人の職業である。信者の中には、会社員も公務員も自営業を営む者もいるから、それぞれの職業にふさわしい保険に入っている。

それ以外の櫻井氏の発言は大雑把な推測にすぎず、明確な根拠が示されていない。生活に困窮するようになった信者が生活保護を申請するのは国民としての権利である。生活保護を支給する側は、その人が実際に保護を必要とするかどうかを調べるのであって、そうなった理由を問い、その理由によって差別をする立場にはない。櫻井氏の言う「地上でも天国でも」という言葉は意味が不明であり、何が言いたいのかよく分からない。普通、「地上」と対比されて用いられる「天国」という言葉は霊的な世界のことを指すが、霊界は物質的な世界ではないので、そこでお金が必要であるとは統一教会は教えていない。死後天国に入るための条件として地上での生活において献金が必要であるという話と、死後天国でもお金が必要だという話は全く別の話であり、論理的に破綻した内容を櫻井氏は語っている。どうやら櫻井氏は統一教会を揶揄することに頭がいっぱいで、論理的思考ができなくなってしまっているようだ。

続いて櫻井氏は、日本の女性信者は韓国の男性と家庭を持つ可能性が高く、韓国に嫁げば経済的に余裕のない厳しい生活を送るようになるリスクがあると主張する。さらに恋愛感情なしに結婚した日本人女性たちが信仰を失った場合、家庭を継続することが難しくなるリスクもあるという。通常リスクとは、自分では回避し難い危険や困難に関することを言う。しかし、韓国の男性と祝福を受けるかどうかは本人の意思によって選択可能なので、これは「回避可能なリスク」になる。櫻井氏は、統一教会では結婚する相手の国籍は選択できないかのように書いているが、実際には祝福の面接の際にどの国の人を希望するのか確認され、それに反して相対者が選択されることは基本的にはない。むしろ、本人が国際祝福を希望しても、両親や家族の事情などをよく聞いて、慎重に判断するように諭すことの方が多い。

また、信仰を失ったときに家庭を継続することが難しくなるリスクに関しては、基本的には「心変わりのリスク」で、これは統一教会の韓日祝福だけでなく、どんな結婚にも存在する。たとえ恋愛結婚をしたとしても、結婚後に相手に幻滅し、相手の心が自分から離れてしまった場合には、結婚生活を継続できなくなるリスクは存在する。どちらかが浮気をするというリスクもある。夫婦の愛情がなくなり、お互いに相手を憎むようになっても、子供がいるから家庭生活を継続している夫婦はいくらでもあるのだから、「心変わりのリスク」が存在しない結婚はないと言える。信仰を動機とした結婚が、信仰を失うことによって危機に瀕するのも、恋愛感情を動機とした結婚が、愛情がなくなることで危機に瀕するのも、どちらも移ろいやすい人の心によって生じるリスクであり、統一教会の結婚だけが特別にリスクを背負っているのではない。

櫻井氏は続いて、「筆者達が最終的に答えなければならない質問は、これほどのリスクを抱えながら、なぜ、統一教会の信者達は信仰生活を継続できるのだろうかという問題である」(p.555)と述べている。彼の答えは、現役の統一教会信者はリスクの存在についてよく理解できていないから信仰を継続することができ、脱会カウンセリングを受けた者たちは信仰のリスクについて理解することができたからやめたのだ、というものである。そもそも現役の信者はやめるリスクとやめないリスクとを比較考慮しながら信仰を継続するかどうかを決めているわけではなく、そうしたことを考える余裕すらないというのである。

櫻井氏は統一教会を信じることのリスクを五つの項目に従って解説しているが、その前に宗教を信じる者のリスクに対する認識についてもう一度確認しておこう。

およそ信仰者とはリスクを承知で神との契約にかけてみようと決断した人々のことを言うのだから、リスクの存在そのものは信仰を妨げる要因にはならない。リスクを気にかけることは、むしろ信仰が薄い証拠であると考える傾向が強い。このことを典型的に示している新約聖書の逸話が、マタイによる福音書14章26～31節に出てくる物語である。この物語では、イエスが湖の上を歩いているのを見た使徒ペテロが、「主よ、あなたでしたか。では、わたしに命じて、水の上を渡ってみもとに行かせてください」と言うと、イエスが「おいでなさい」と言われたので、ペテロは舟からおり、水の上を歩いてイエスのところへ行ったとされている。しかし、風を見て恐ろしくなり、おぼれかけたので、彼は叫んで、「主よ、お助けください」と言ったのである。イエスはすぐに手を伸ばし、彼をつかまえて「信仰の薄い者よ、なぜ疑ったのか」と言った、という物語である。

ここではイエスに対する信仰があれば、水の上を歩いて渡るという危険なことさえできるのに対して、風を見て恐ろしくなるというような現実的なリスクを意識したとたん、水の上を歩くことができなくなってしまい、溺れてしまったと理解されている。すなわち、リスクについて思い煩うことは信仰の妨げになるので、すべての思い煩いを捨てて純粋にイエスを信じれば逆にリスクから守られると教えているのである。

このことは、イエスがあらゆる思い煩いを捨て、ただ神の国とその義とを求めよ、そうすればその他すべてのものは添えて与えられるであろうと教えたことと通じている。神を信じ、神のみ旨のために生きることによって自分自身が守られるというのがキリスト教信仰の本質である。そこにはリスクヘッジという発想そのものがない。こうしたクリスチャンの精神を表現した讃美歌が「神はわがやぐら」である。その日本語の歌詞と、ドイツ語のオリジナルの翻訳を以下に掲載する。それを読めば、神に対する信仰こそがあらゆるリスクを遠ざけるというキリスト教信仰の神髄を知ることができるだろう。

〈日本語歌詞、『讃美歌』日本基督教団讃美歌委員会編、267番から引用〉

1. 神はわがやぐら　わがつよき盾　くるしめるときの　近きたすけぞ。
おのが力　おのが知恵を　たのみとせる　陰府(よみ)の長も　などおそるべき。

2. いかに強くとも　いかでか頼まん　やがては朽つべき　人のちからを。
われと共に　戦いたもう　イエス君こそ　万軍の主なる　あまつ大神。

3. あくま世にみちて　よしおどすとも　かみの真理(まこと)こそ　わがうちにあれ。
陰府の長よ　ほえ猛(たけ)りて　迫り来とも　主のさばきは　汝(な)がうえにあり。

4. 暗きのちからの　よし防ぐとも　主のみことばこそ　進みにすすめ。
わが命も　わがたからも　とらばとりね　神のくには　なお我にあり。

〈ドイツ語歌詞翻訳〉

1. 私たちの神はかたいとりで　よい守りの武器です。
神は私たちを苦しみ、悲惨から　助け出してくださいます。
古い悪い敵はいま必死にあがいており、その大きな勢力と策略を用いて
攻撃してくるので　地上の存在でこれに勝てる者はおりません。

2. 私たちの力は無にひとしいのです。私たちは立ちえません。
けれども私たちに代わって戦ってくださる方がおります。
それは神ご自身が立ててくださった戦士であられます。
そのお名前を尋ねますか？　その御名はイエス・キリストです。
万軍の主なるお方であり、神ご自身であられるお方です。

主は敵に譲ることはありません。

3. 悪魔が世に満ちて　私たちを飲み込もうとするときも
私たちは恐れなくてもいいのです。私たちは敵に勝利します。
この世を支配するサタン、悪魔がたけり狂っておそってくるときも
彼の手は私たちにとどきません。
彼は神のみことばの一撃で、打ち倒されてしまいます。

4. 世人たちがみな神のみことばをあざけり、
みことばをふみにじっておそれをしらないときであっても
主は私たちと共に戦ってくださり、聖霊と賜物を与えてくださいます。
世人たちが地上のいのち、財産、名誉、妻子を奪いとろうとしても
世人たちは何も得ることは出来ません。
神の国は永遠にクリスチャンのものであります。

櫻井氏のリストアップするリスクに対する反証

櫻井氏は、統一教会の信仰を持つことはリスクが伴うと指摘しているが、櫻井氏がリストアップするリスクについて分析する。

「⑴　正体を隠した伝道方法ではリスクが伝えられていない。『ここが統一教会であること、教団の活動内容を予め教えてくれたら入りはしなかった』と脱会者は同じような語り方をする。つまり、ビデオセンターやセミナー、教会内において人間関係が形成されておらず、統一教会の教説が全く入っていない段階で、本書で縷々説明したような統一教会の実態を知っておれば、あえて入信のリスクを選択する人はいないと思われる」（p.555-556）と櫻井

氏は主張する。

私は、少なくとも人を伝道する際には、自分が統一教会の信仰を持っており、これから学ぶ内容が統一教会の教理であることを相手に告げるべきだという点においては櫻井氏と同意見である。これは私の個人的な意見ではなく、2009年3月25日に徳野英治会長（当時）による教会員に対するコンプライアンスの指導が出されたときから教会の公式的な方針となっている。しかしながら、櫻井氏が「本書で縷々説明したような統一教会の実態」について、伝道者が相手に伝える必要は全くないと考えている。実はその内容を、櫻井氏は大畑昇氏と共に編著者になっている『大学のカルト対策』（北海道大学出版会、2012年）という本の中でかなり詳しく述べている。彼が言うところの「予め伝えるべきリスク」とは、以下のような内容である。

「私は統一教会に関しては研究をしていますが、布教の最初の時点から自分たちの名前と活動内容を明かした布教をするのであれば、それは認められるべきだと考えています。つまり、『統一教会でいう教えに従えば、日本はエデンの園において蛇の唆しによって先に堕落したエバの立場に立ち、アダムの立場に立つ韓国に絶対的に尽くすしか日本が霊的に解放される道はない。具体的には、姓名判断、家系図診断、各種物品販売等々に従事して、原価の数十倍の価格で韓国の大理石壺を販売したり、都市近郊の資産家をVIP待遇の信者として時に数億円相当の献金を依頼したりするような宗教活動に従事することになる。その上で合同結婚式に参加することが認められ、日本人のみ多額の祝福献金なるものを出した上で教団が勧めてくれた配偶者と結婚することができ、その場合、国際結婚になる可能性（日本人女性の場合は韓国人男性の確率が大）が高い。合同結婚後も、統一教会が主催する修練会やイベントに参加して献金要請に応えていくのである』（……）ということをあらかじめ学生に対して周知して、それでなお、活動しようとするのであれば、私は認めざるを得ないのではないかと思います」（『大学のカルト対策』p.160-161）

よくもここまで本音を言ったものだと思うが、これが櫻井氏の言うところの「リスクを伝える」ということであり、「宗教的なインフォームド・コンセント」なのである。これは要するに、宗教の伝道者は自分の教団の教義を相手に伝える前に、教団に関するありとあらゆるネガティブな情報を予め伝え、信仰のリスクを十分に認識させた上でなければ、教えを伝えることができないと言っているのに等しい。

そもそも、宗教団体の信者が伝道や布教を行う際に、基本的な教えを述べる前に、自らの教団の戒律やネガティブな内容を積極的に開示することが期待されており、そうしなければ「信仰のリスク」を十分に伝えていないとみなされるのであろうか? 例えば、イスラム教徒は、「私たちの宗教では、メッカの方角に向かって一日5回の礼拝をし、ラマダンには1か月間の(夜間)断食をし、生涯に一度はメッカに巡礼に行かねばならず、酒は飲めず、豚肉も食べられず、女性には男性と平等な権利はなく、姦淫の罪を犯したら死刑で、他宗教に改宗しても死刑で、場合によってはジハード(聖戦)に参加して殉教していただきます」と最初の段階で言わなければ、人をモスクに誘うことはできないのだろうか? またイスラム教徒は、9・11の同時多発テロやパレスチナで爆弾テロを行ったのは私たちの仲間だが、それでも話を聞いてほしいと最初の段階で言わなければならないのだろうか?

キリスト教徒は、毎週日曜日の礼拝参加や十分の一の献金、洗礼や聖餐式などの情報、および信徒としての義務をすべて最初の段階で開示しなければ、聖書の話をしてはいけないのだろうか? カトリック教徒は、十字軍や異端審問などの過去の暗い歴史についてすべての情報を開示し、一部の司祭や修道者による児童への性的虐待問題について最初に説明しないと伝道できないのだろうか?

こうした主張がナンセンスであることは、米国版の「青春を返せ」裁判とも言える「モルコ・リール」対「統一教会」の民事訴訟において、米国キリスト教協議会(NCC)がカリフォルニア州最高裁判所に提出した法廷助言書で、以下のように皮肉たっぷりに示されている。

「結婚しようとする男女は結婚許可証を受け取る前に、お互いの最悪な欠点を述べ合うことを要求されているだろうか。弁護士事務所の雇用担当者は法学部卒業生に対して面接時、雇用契約の前に弁護士事務所の欠陥や問題点を述べるよう義務づけられているだろうか。海兵隊の志願者募集で、担当官は訓練キャンプの最悪の悲惨さと、軍隊生活の危険性のすべてを分類して入隊前の志願者に話すよう求められているだろうか」

数多くある社会の団体の中で、宗教団体だけが自らに対するネガティブな情報を積極的に開示することが求められているとしたら、それは深刻な差別であると言わざるを得ない。櫻井氏が統一教会に要求していることを一般企業に例えてみれば、「会社説明会」の場で、テレビ朝日は１９８５年に『アフタヌーンショー』という番組で「やらせ報道」をしてプロデューサーが逮捕されたことを、リクルートは１９８８年の贈収賄事件を、味の素は１９９７年に起きた総会屋への利益供与事件を、三菱自動車は２０００年に起こしたリコール隠し事件を、雪印と日本ハムと伊藤ハムは２００１年に起こした牛肉偽装事件を、石屋製菓は２００７年に起こした「白い恋人」の賞味期限改ざん事件を、三菱東京ＵＦＪ銀行は２０１２年に起こした１１２万人もの顧客情報紛失事件を、シャープは２０１２年に起こした誇大広告事件を、すべての入社志願者に積極的に情報開示することが求められ、それを十分にしないと「リスクヘッジが十分になされていない」と言われなければならない。

大学は「学校説明会」の場で、自らのネガティブな情報を積極的に開示しているのだろうか？　ネガティブな情報を積極的に開示しなければ、「リスクヘッジが十分になされていない」のだろうか？　そんなことは、社会のどの団体もやっていない。それを統一教会にだけ要求することは、明らかな差別にほかならない。要するに自分たちがやってもいないことを一方的に要求しているにすぎないのである。

それ以外に櫻井氏が指摘するリスクは、以下に列挙するように基本的に同じ内容である。

(2)　統一教会の信仰においてはリスクをリスクとして認識しないよう導かれる。

(3)　統一教会の信者には、リスクを低減させるよりも、リスクを一挙に解消することを求める志向が強い。……それは自己や他者への配慮（リスクの低減）よりも、神、霊界、お父様が後日（あるいは天国で）全てを解決してくれるという期待があるからである。

(4) 統一教会は長らくリスクへの認識や管理を行わないことを宗教伝統としてきた。
(5) 統一教会の信者はリスク認知を持つ能力を剥奪されている。

どれも似たような内容だが、実は櫻井氏は「リスク・ヘッジを許さない発想やシステムは統一教会に限らず、他の宗教運動や宗教組織にも大なり小なり見られることではある」(p.557) ということは認めている。これは私が前述したように、およそ信仰者というものはリスクを承知で神との契約にかけてみようと決断した人々のことを言うのだから、リスクの存在そのものは信仰を妨げる要因にはならないと言ったのと本質的には同じ内容である。つまり、統一教会信者の発想はどの宗教にも見られるものなのだ。にもかかわらず櫻井氏は、「ここまで徹底した教団は特筆に値する」(p.557) と念を押している。

いったい、いかなる比較によって櫻井氏は統一教会信者のリスク認識が他の宗教団体の信者のリスク認識に比べてとりわけ低いと言っているのだろうか? その具体的な根拠を彼は示していない。彼がそう感じるのは、統一教会に入信したことを後悔し、教会を裁判で訴えた元信者の証言ばかりを資料として、統一教会信者の信仰について理解しているからにほかならない。要するに、資料の偏りによってそのように見えるということであって、客観的なデータの比較によってそう言っているわけではないのである。

「2 韓国の祝福家庭」

「おわりに」には「2 韓国の祝福家庭」の項目がもうけられ、櫻井氏はこの節の冒頭で以下のように述べている。

「従来の新宗教研究やカルト研究においては、『なぜ入信したのか』が根本的な問いであり、それに答えることはそれほど難しいことではなかった。本書でも、統一教会特有の勧誘・教化システムとしてその複雑なプロセスを明らかにしている。それ以上に重要な問いが、なぜ信仰を維持できるのかである」(p.557)

新宗教研究において「なぜ入信したのか」を問うのは、櫻井氏の言うように一般的なことである。英国の宗教社会学者アイリーン・バーカー博士の著書『ムーニーの成り立ち』は、まさに「人はなぜ統一教会に入るのか」という問いを立てて行った研究の成果だった。櫻井氏は「それに答えることはそれほど難しいことではなかった」と述べており、非常に傲慢で、学者としての良心が感じられない。実は人がなぜある宗教に入るのかを解明することはそれほど簡単なことではない。それは「洗脳」や「マインド・コントロール」などの概念で「説明し去ってしまい、「分かった気になる」ことが多いからである。

少なくともバーカー博士は、自分で作り上げた論理的な枠組みに断片的な現象を当てはめて分かった気になるという宗教学者の陥りがちな罠に対して、常に警戒しながら研究をした。すなわち、統一教会に入信する者にある特徴があったとしても、必ずそれを「対照群」と比較して、統計的に有意な特徴であるかをチェックしようとしたのである。入信の理由を過度に一般化することに対しても、常に禁欲的だった。彼女の研究には科学者としての良心が感じられた。

しかし、櫻井氏は人が統一教会員になる理由を、統一教会特有の勧誘・教化システムのみに帰して「説明し去って」おり、伝道された者がもともと持っていた気質や性格、将来に対するビジョンといった個人的なファクターが、伝道される要因の一つとなる可能性については一顧だにしていない。そのことを論じると、どうしても「本人の自己責任」を認めざるを得ないので、議論を封印しているのだ。「なぜ入信したのか」が櫻井氏にとってそれほど重要でないのは、最初から結論を決めてかかっているからにほかならない。

同様に、「なぜ信仰を維持できるのか」という問いかけに対しても、日本の統一教会の信者たちが教会の中で「救いを感じている」「幸福である」「やっていて楽しい」「自己実現できている」「良好な人間関係を築いている」「自己の成長を感じている」などのポジティブなファクターに対しては一顧だにせず、「リスク認知能力が組織的に剝奪された結果である」(p.557)というネガティブな理由だけで「説明し去って」いる。これも最初から結論ありきの分析である。

韓国に嫁いだ日本人女性が信仰を維持できる理由として櫻井氏が挙げている内容は、基本的に中西氏の所見を繰り返しているにすぎない。①天国に近いアダムの国である韓国の安定性（経済的には不安定でも精神的には楽）、②統一教会の教説は良妻賢母教育と同じで、結婚や子育てに宗教的意義づけがなされるので満足感が大きい、③日本では心身共に疲弊する献身生活だったが、韓国では信仰生活の休息期に入る、④『本郷人』のような機関紙の購読と清平修練会への参加、などの理由により、日本よりも韓国では信仰が維持しやすいという分析である。

櫻井氏と中西氏の思考の基本的な枠組みとして、「普通な韓国統一教会」と「異常な日本統一教会」、あるいは「ゆるい韓国統一教会」と「強烈な日本統一教会」というステレオタイプが存在する。韓国統一教会のイメージは中西氏の現地調査からくるものであり、日本における統一教会のイメージは、実際に現役信者を調査して得られたものではなく、櫻井氏が統一教会反対派から提供された裁判資料からくる「虚像」である。これらを短絡的に比較することによって、二人は共通の結論を出そうとしているが、論理的に破綻している。

そもそも、日本での信仰生活が心身をすり減らすものであるのに対して、韓国ではそうでないから彼女たちが脱会せずに信仰を続けていられるのだとすれば、日本の統一教会信者たちがなぜそのような信仰生活を継続していられるのかが説明できない。櫻井氏の言うように、単に「リスク認知能力が組織的に剥奪された」だけで、数万名もの人々が数十年間にわたる心身共に疲弊するような信仰生活を継続できるというのだろうか？

実際には、日本における統一教会の信仰生活も心身をすり減らすようなものではない。櫻井氏自身が認めているように、「楽しくなければ続けられない」（p.342）のである。さらに日本の統一教会信者の生活も韓国と同様に、破綻するような状態にはなっていない。日本の統一教会信者の実際の生活は、櫻井氏が描写した脱会者たちの生活よりもずっと多様である。日本でも大部分の信者が無難に暮らしているとすれば、渡韓した女性たちが信仰を続けていられる理由として、「韓国の安定性」を挙げる意味はなくなってしまう。

そもそも信仰とは、無難に暮らしているからとか、暮らしやすいから続けられるというようなものではない。宗教の歴史を紐解けば、迫害の中で信仰が力強く燃え上がった事例は数えきれないほどあり、迫害によって信仰が強化されたことさえある。逆に、江戸時代の仏教や中世ヨーロッパのカトリックのように、権力と一体化して優遇されると信仰が形骸化してしまうこともある。楽だから、暮らしやすい環境だから、社会に受け入れられているから信仰を維持できるという彼らの論法は、こうした信仰の本質を見落としていると言える。

櫻井氏は在韓日本人信者の信仰生活を「安定期」とした上で、それが揺らぐ可能性を三つ指摘している。①夫婦関係や家族関係が行き詰まった日本人女性が、夫のもとを去って日本の実家に戻る、②日本に帰国した際に脱会カウンセリングを受けて信仰をやめる、③子供が就学年齢に達し、教育投資が必要になる時期に現在の生活環境に対する不満が生じる、といった内容だ。このうち、②は安定していた信仰が「揺らぐ」のではなく、人為的に破壊されるということだ。「第七章の事例では離婚になった」(p.558)と櫻井氏は言っているから、脱会カウンセリングは安定していた信仰だけでなく、家庭までも破壊したことになる。

中西氏が第一〇章で示したように、韓日祝福家庭の中には経済的に貧しい家庭に加えて、病気、事故、災害、詐欺などで緊急支援を要する家庭も存在した。こうした家庭には「本郷人互助会」が支援を行ってきたことが明らかにされている。このことは、祝福家庭が抱える具体的な問題に対して、統一教会は宗教的・精神的なサポートをするにとどまらず、経済的・物質的なサポートもしていることを意味している。統一教会信者の間には互助の精神があり、弱者に対する優しさを持った集団であることが分かる。このことは日本でも同じで、統一教会は「真の愛で結ばれたコミュニティー」を形成することによって、互いの信仰を維持し、高め合っているのだ。

「3　本書で明らかにしたこと」
「4　本書でふれていない統一教会の諸問題」

「おわりに」には「3　本書で明らかにしたこと」と「4　本書でふれていない統一教会の諸問題」の項目がもうけられている。

「3　本書で明らかにしたこと」は、基本的にこれまで各章で主張してきたことのまとめであり、繰り返しだが、著書の内容自体が膨大であるため、すべてを網羅しているわけではない。櫻井氏自身が特に重要と思ったポイントを並べていると思われる。内容が繰り返しである以上、既に批判済みであり、ここでは割愛する。

最後に櫻井氏は、「4　本書でふれていない統一教会の諸問題」という項目で、①統一教会の勧誘・教化行為の違法性、資金調達活動の違法性、②統一教会の政治・文化的ロビィ活動、の二点を挙げている。①に関しては宗教学者というよりは弁護士の仕事なのであえて触れなかったということであるが、②に関しては裏付けができないために断念せざるを得なかったということだ。②は統一教会の活動というよりは、統一運動の広範な対社会的活動の一つになるだろうが、これを紹介すれば統一運動の持つ社会的影響力の大きさを逆に宣伝してしまう結果になりかねないので、断念したことは櫻井氏にとってはむしろ幸いだったと言えるかもしれない。

櫻井氏と中西氏の共著全体に対する評価のまとめ

最後に櫻井氏の研究と中西氏の研究との関係、および著書に対する総合的な評価を行うことにする。

はじめに、研究の前提となる櫻井氏と中西氏の「立場性」の問題に触れておきたい。この本は客観的で価値中立的な統一教会の研究ではなく、批判的立場からの研究である。しかし、両者ともに最初からそうだったわけではなく、もともとは客観的で価値中立的な研究をしていたのだが、途中から批判的立場に「転向」したのである。そしてその理由は、両者ともに「統一教会を利するような研究結果を発表するとは何事か」というバッシングを受けたことである。

櫻井氏は1996年に北海道社会学会の機関紙『現代社会学研究』に「オウム真理教現象の記述を巡る一考察――マインド・コントロール言説の批判的検討――」という論文を発表しているが、その内容は基本的に「マインド・コントロール理論」を否定するものだった。これが札幌における統一教会を相手取った「青春を返せ」裁判の弁護団から、「あなたの論文が統一教会擁護に使われている」と批判されたため、その影響で立場を変えたのである。これはこの本における天地正教に関する記述にも影響を及ぼしている。

一方、中西氏は韓国で別テーマの研究をしていたときに偶然、農村に嫁いだ統一教会の日本人女性に出会った。彼女はその女性たちに好感を持ち、礼拝に参加し、インタビューをしながら研究を続け、その成果を「宗教と社会」学会で、「『地上天国』建設のための結婚：ある新宗教団体における集団結婚式参加者への聞き取り調査から」と題する論文として発表した。しかし、その会合に出席していた統一教会に反対する弁護士たちから「統一教会を結果として利するような論文を発表していいのか」と徹底的に糾弾され、その圧力に屈してしまったのである。

このように、今の日本の宗教学界では少しでも統一教会に有利なことを書こうとすると、たとえその内容が客観的で中立的なものであったとしても、統一教会に反対する人たちから圧力がかけられ、批判的な論調に「転向」させられてしまう。要するに、これは純粋な「学問的正しさ」の問題ではなく、「政治的正しさ」の問題なのである。

こうした宗教学者の「転向」は、オウム真理教事件のトラウマとして理解することができる。オウム事件が起きたとき、新宗教に対する共感的な理解を試みた一部の宗教学者たちが、「オウムの中に潜む闇を見抜くことができなかった」と批判され、島田裕巳氏はそのことが原因で日本女子大学を退職せざるを得なくなった。オウム事件が日本の新宗教研究に残したトラウマはあまりにも大きく、いまだにそこから立ち直っていないと言っても過言ではないほどである。それと同様の圧力が、統一教会を研究する際にも働くということだ。

櫻井氏や中西氏が恐怖心を感じているのは、統一教会に対してではなく、統一教会反対派から「統一教会に対して好意的すぎる」「統一教会に有利な内容を書いた」というバッシングを受けることである。社会的影響力を持つ統一教会反対派に睨まれたら、学者生命が危機にさらされる。それ故に彼らは、統一教会反対派と敢えて癒着することによって、安全圏から統一教会を攻撃するという研究方法を選択したのである。これはある意味でオウム真理教事件以降の新宗教研究者が身につけた、一つの処世術と言ってよいだろう。

本研究における櫻井氏の「立場性」は、自分が行った調査の主たる対象が「脱会カウンセリングを受けた脱会者」であり、自然脱会者を除外している理由を述べている部分に実に鮮明に表れている。

「自然脱会の場合、統一教会への思いは両義的であることが多く、再び統一教会へ戻る元信者もいるので、統一教会に対して批判的な立場から調査を行う筆者とは利害関係において合致しないと思われる」(p.199)

これは驚くべき発言である。櫻井氏は統一教会について調査をするときに、自分と利害関係において一致しない対象は排除するというのだ。はたしてこれが学問的な調査と言えるのだろうか。櫻井氏の調査対象としては、統一教会に対して両義的な思いを持っている人は失格であり、批判的な思いを持っている人しか調査しないというのであるから、これはまさに「結論ありき」の調査であると言える。元信者が統一教会に対して両義的な思いを持っているのであれば、それを事実通りに記述するのが学問的な調査ではないだろうか。最初から偏ったデータを求めて調査しているという点で、もはやこれはイデオロギー的な調査か、プロパガンダ用の調査としか言いようがない。

次に、櫻井氏の研究の方法論的な問題点をまとめることにする。櫻井氏の研究の主要な情報源は、統一教会に反対している牧師、脱会カウンセラー、弁護士などのネットワークである。そこは元信者の宝庫であり、「青春を返せ」

裁判のための陳述書や証拠書類という形で資料は山のようにある。極めて包括的な資料がいとも簡単に手に入り、インタビュー対象も探さなくても紹介してもらえる。しかし、それらは教会への入信を後悔している元信者の証言という点で強いネガティブ・バイアスがかかっている可能性と、裁判に勝つために脚色された可能性の高い、偏った資料である。さらに言えば、札幌「青春を返せ」裁判の原告らは、そのほとんどが物理的な拘束下で説得を受けて教会を脱会した者たちであった。これが櫻井氏の研究における最も重大な方法論的問題である。

櫻井氏の研究方法の欠陥は、『ムーニーの成り立ち』の著者であるアイリーン・バーカー博士の研究方法と比較することによって明らかになる。バーカー博士は統一教会の主催する修練会に自ら参加し、統一教会のセンターに寝泊まりしながら組織のリーダーやメンバーの生活を直接観察するなどの「参与観察」と、現役信者にインタビューを行っているが、櫻井氏はテキストの閲覧と元信者のインタビューしか行っていない。「統一教会の修練会とはどんなものか」を分析するときに、実際に参与観察を行った研究者と、過去に参加した人に対してインタビューを行っただけの研究者では、経験の直接性において雲泥の差がある。信仰を「生きた経験」であると捉えた場合、実際に人が伝道され、回心していく現場に立ち会っているか否か、また実際に信じている生の信者に触れているか否かの違いは大きい。

バーカー博士は自分の目で直接統一教会の修練会や信仰生活の現実を見たのに対して、櫻井氏は脱会した元信者の目というフィルターを通してしかそれを見ていない。脱会者の目には、自分が体験した修練会や信仰生活に対する後悔や怒りといった色眼鏡がかけられており、それを通して自分の体験を再解釈している。信仰は人間のアイデンティティーの中核をなすものであるため、信仰を持って世界を見るのと、信仰を失って世界を見るのとでは、世界は全く異なる像を結ぶことがある。当然のことながら、「信仰の本質とは何か」を理解しようと思えば、信仰を持っている当事者にとって統一教会の体験が何を意味するのかを理解しようと努めなければならない。しかし、信仰を失った人の目には、もはや信じていたときと同じように世界が輝いて見えることはなく、色褪せた幻のようにしか映らない。

櫻井氏はなぜ中西氏を共同研究者として選んだのだろうか？　櫻井氏の研究は脱会した元信者の証言に依拠した研究であり、一宗教団体の信仰のあり方について研究しているにもかかわらず、現役信者に対する聞き取り調査を全く行っていない。これではいくらなんでもサンプリングが偏っているというそしりを免れないので、もともと全く別の研究をしていた中西氏を共同研究者として巻き込み、「現役信者の証言も聞いていますよ」というアリバイを作るために、彼女の調査結果を利用したのである。

こうして巻き込まれた結果として、もともとは客観的で価値中立的であった中西氏の研究は、批判的な論調に変質させられる結果となった。もともとの中西氏の調査結果は、大多数の在韓祝福家庭婦人は経済的には楽でなかったとしても何とか平穏無事に暮らしており、統一教会の結婚は、男女が好意をよせ合った結果の結婚とは異なるが、彼女たちにとって自己実現となり得るものであるというものであった。彼女たちにとっては、韓国の男性と結婚し、夫や夫の父母に尽くすこと、子供を産み育てること自体が贖罪となり、地上天国建設への実践となっている、という肯定的な理解をしていたのである。

客観的な事実の記述としてはこれで十分なのだが、それでは批判したことにならず、統一教会を利する記述になってしまうことを心配したのか、中西氏は櫻井氏との共著の中で、突如として取って付けたような批判を展開し、「普通な韓国統一教会」と「異常な日本統一教会」というステレオタイプ的な議論を展開するようになった。しかし、中西氏自身は日本の統一教会を実際に調査したことがないので、それは統一教会反対派から提供された裁判資料からくる「虚像」を丸写しにしているにすぎない。こうして中西氏の担当した部分は、論理的に破綻した、ちぐはぐな主張になってしまったのである。これは、自分の書いた文章に統一教会反対派が文句をつけないための「忖度」によるものだ。

櫻井氏と中西氏の共著である『統一教会――日本宣教の戦略と韓日祝福』は、このような「不幸な出会い」によって誕生した本である。それは客観的で価値中立的な宗教研究ではなく、批判のための批判であり、イデオロギー的なプロパガンダ用の研究としか言いようがないものである。

エピローグ

本書のテキストがほぼ出来上がり、最後の校閲作業を進めていた2024年9月29日、青森を訪問していた私は、北海道で長年教会の職員をしていたという人物から、衝撃的な話を聞いた。

「櫻井義秀教授ですよね。彼は元信者だという話を聞いたことがありますよ。彼が北海道大学の学生だった頃に札幌教会で伝道されて、『櫻井兄』と呼ばれていたそうです」

にわかには信じ難い話だった。なぜなら櫻井氏自身が著作の中でそのような統一教会との出会いを語ったことは一切ないからだ。著書の中で櫻井氏が語っている統一教会との邂逅は1992年である。彼が北星学園の短大で教えていた頃の教え子が統一教会に入ったという連絡が入り、どうしたらよいだろうという相談を受けたことから「カルト」問題に取り組むようになったというストーリーだ。

それからしばらく、櫻井氏には客観的な宗教学者としての時期があり、1996年には「マインド・コントロール」を批判する論文を書いていた。しかし、2000年にその論文が札幌「青春を返せ」裁判に証拠として提出され、それを原告側の弁護士から「あなたの論文が統一教会の擁護に使われている」と糾弾されてしまう。それをきっかけに彼は豹変し、統一教会に対して批判的なスタンスに転じたというのが本書の基本的な経過分析だった。

しかし、櫻井氏が北海道大学の学生であった1980年頃に既に統一教会に出会っており、伝道されていたということになれば、こうした前提を根本から覆す新事実ということになる。はたして彼は「元信者」なのだろうか。そして彼が統一教会に対して批判的な理由は、彼が「背教者」（侮蔑的な言葉ではなく、宗教社会学の用語で、自分が以前に所属していた教団に対して積極的な反対活動を行う元信者のこと）だからなのであろうか。早速その情報源となった人物に連絡を取ってみた。

最初に話を聞くことができたのは、中山富雄氏である。彼は私にとっては原理研究会の先輩であり、以前からの知人である。中山氏は1960年2月生まれで、1978年に北海道大学文類に入学し、法学部に進んでいる。彼が北大の原理研究会に出会い、入会したのは1979年12月のことである。櫻井氏が北大に入学する少し前だ。

「私が櫻井君に会ったのは、札幌教会の学生部と、北大の原理研究会の交流会の場だったと思います。札幌教会の学生部と北大の原理研究会は独立した別の組織だったのですが、お互いに積極的に交流する姿勢がありました。私は原理研究会側の人間で、彼は札幌教会の学生部側のグループに属していました。私は法学部で、彼は文学部だったので、同じ文科系の北大生が導かれていることを嬉しく思った記憶があります。当時、教会の学生部にAさんという人がいて、彼が櫻井君のケアーをしていました。

学生時代の彼は童顔の男子学生という印象でした。私は顔を見ただけで彼と会話をしたわけではありませんでしたが、数か月後には姿を見なくなりました。おそらく櫻井君は数か月程度しか教会につながっていなかったのではないかと思います。その後、彼が北海道大学の教授として登場したとき、学生時代の彼がそのまま大人になったような風貌だったので、すぐにあの時の櫻井君だと分かりました」

次に話を聞くことができたのは、千葉之夫氏である。彼は1956年生まれで、1976年に北海道大学文類に入学し、文学部哲学科に進んでいる。櫻井氏よりも年上だが、学部も学科も同じである。彼は1978年3月に北大の原理研究会に出会い、入会している。千葉氏が櫻井氏と出会ったのは1981年頃のことだ。千葉氏は諸般の事情で7年ほど北大に在籍していたらしい。彼は当時の櫻井氏と会話したことがあり、極めて鮮明に記憶しているのが印象的だった。

「私は櫻井さんと同じ文学部哲学科なので、彼と話をしたことがあります。彼は札幌の教会につながっており、Aさんとの関係が深かったように思います。つながっているといっても、原理に対する信仰はほとんどなかったような気がします。当時『明鶴館』と呼ばれていた原理研究会のホームにも、櫻井さんは何回か顔を出していました。夜の食事の時に明鶴館に櫻井さんがゲストとして訪問し、彼一人をみんなで囲んで話をしていたことがありました。2時間くらいは滞在していたと思います。彼は誰に連れてこられるでもなく、一人でやってきて、明鶴館に自由に出入りしていました。

櫻井さんは、私と同じ文学部哲学科でも宗教学専攻で、私は西洋哲学専攻なのでほとんど同じ授業を受けた記憶がありません。しかし一度、九州大学の松永雄二先生が北大まで来て集中講義を行ったことがあり、その時の授業で私と櫻井さんは一緒になりました。松永先生は京都大学の田中美知太郎先生の弟子で、当時プラトン研究の第一人者と言われていました。その集中講義には、櫻井さんをケアーしていたAさんも出ていました。講義が終わり、質疑応答の時間に、私が松永先生にプラトンの『善のイデア』についていろいろと質問をしました。『善のイデア』というのは、永遠不変の絶対善なる存在のことです。そのやりとりを聞いていた櫻井さんも議論に加わって、『(松永先生と私の)二人は、絶対善なる存在があるという前提で話していますが、そもそも絶対善なんてあるんですか』と発言しました。それに対して松永先生は、『私は絶対善なる存在があることを確信している』と語りました。その答えを聞いて私は非常に感動したのを覚えています。

松永先生との質疑応答の中で、私はもう一つの質問をしました。『究極的真理は、人間の理性による論理の積み重ねによって到達できるものではなく、神の啓示によってしか到達できないと考えます。そういう意味で、理性のみを通して真理を得ようとしたこれまでの哲学は無価値なのではないでしょうか』と質問しました。松永先生の回答は、『哲学を馬鹿にしてはいけない。イデア論にはプラトンの苦渋が込められている』という内容でした。

このやり取りの次の日ぐらいに櫻井さんは明鶴館に私を訪ねてきました。彼は『この前のあのやり取り、あれこそまさに原理の立場とそれ以外の人の立場の違いを如実に示している。あんなふうに考えるのは原理の人だけだということは、よくよく頭に入れておいたほうがいい』とだけ語り、帰っていきました。櫻井さんの言う『あんなふうに』というのは、おそらく神の啓示によって真理に到達できるという部分を指していると思います。私の発言が個人の考えではなく、統一原理の立場を代弁しているということは、統一原理を既に学んだ櫻井さんには分かっていたと思います。私の発言を批判する形で、統一原理を批判していたのだと思います。

これはまた別の日のことですが、櫻井さんは明鶴館でAさんに、『テオドール・アドルノという哲学者を知っているか?』と質問をし、いろいろと議論していたのを私は脇で聞いていました。いまでこそ文化共産主義のフランクフルト学派の哲学者としてアドルノのことは知っていますが、当時の私はその名前も知りませんでした。

私が話をした頃の櫻井さんは、既に札幌教会の学生部には通わなくなっていたのではないかと思います。だからこそ、神とか、啓示とか、絶対善というような考え方に対して否定的になっていたのではないでしょうか」

そしてこの千葉氏を通して、当時の櫻井氏ともっと身近に接していた人物を紹介してもらった。上﨑秀幸氏である。彼は1961年生まれで、1980年に北海道大学の理Ⅱ系に入学している。

「私は1980年4月に北海道大学に入学しました。入学してすぐに札幌の統一教会につながるようになったのですが、ほぼ同時期に櫻井君もつながるようになったので、半年くらいは一緒に教会に通っていました。私自身はこの年のゴールデンウイークに3日間の統一原理の修練会に参加したのですが、櫻井君もおそらく同じくらいの時期に2日修か3日修に参加していると思います。その頃の札幌教会の学生部の雰囲気は、信仰者のコミュニティーというよりは、楽しく一緒にハイキングに行ったりする若者の集いといった感じで、そうした雰囲気の中で櫻井君も教会に通っていました。

その当時の私はあまり信仰もなく、懐疑的なことを言ったりしていたので、櫻井君とは馬が合っていろいろな話をしました。彼から信仰的な発言は聞いたことがなく、雰囲気と楽しさに惹かれて来ていただけだったように思います。やがてAさんが櫻井君のケアーをするようになり、それがきっかけで櫻井君は原理研究会のほうにも顔を出すようになりました。しかし、やがて彼は教会に来なくなりました。彼が札幌教会につながっていたのは半年くらいであったと思います」

上﨑氏とのインタビューの後、彼から一枚の写真が送られてきた。古いアルバムの中から探し出してきたらし

い。その写真は1980年6月に札幌統一教会の学生部で支笏湖にサイクリングに行ったときに撮ったもので、左側の男性が上﨑氏で、その隣でタオルをハチマキのように巻き、眼鏡をかけた男性が櫻井氏、そして右側に立っている男性が櫻井氏をケアーしていたA氏である。残念ながらA氏から名前と顔写真を掲載する許可が本書の出版までに得られなかったので、匿名にして顔写真にもぼかしをかけることにした。

ついに若き日の櫻井氏と統一教会の関係に関する、核心的な情報に到達することができた。櫻井氏は1980年に札幌で統一教会に導かれて、半年程度の期間、教会の学生部や原理研究会に出入りしていたのである。その期間に統一原理を一通り聞いていたであろうことは想像に難くない。しかし、彼はそれを受け入れることなく、半年ほどで教会を去ることとなった。そうした前提で彼の著書を読み直してみると、220ページに記載されている「街頭での勧誘トーク（櫻井義秀の場合）」は、学生時代の櫻井氏が実際に受けたトークなのではないか、そして「楽しくなければ続けられない」(p.342) という彼の発言も、短かった彼の教会生活の実感に基づいたものではないか、とさえ思えてしまう。

櫻井氏には原理に対する信仰はほとんどなかったという証

言が事実であれば、彼を「元信者」と呼ぶことはできないであろう。しかし、彼が統一教会に対して極めて批判的なスタンスをとっている根本的な理由は、「背教者」の心理に近いものを彼が持っているからではないかと思えてくる。ここから先はあくまでも私の推測である。

若き日の櫻井氏は、北海道大学に入学してすぐに、統一原理に出会った。文学部哲学科を選ぶくらいだから、もともと宗教や哲学には関心があったのだろう。当時はまだ学生運動の名残もあり、学生たちには哲学的な問題について真剣に考えたり議論したりする気風がいま以上にあったと思われる。

統一原理の特徴は、包括的で対抗的な世界観であるということだ。人生の目的は何であり、歴史はどこに向かっているのかという「大きな物語」を提示し、世界を変える偉大な事業に君も参加してみないかと若者たちに訴える思想である。その意味では、有神論と唯物論という根本的な世界観の違いはあるものの、1960年代から70年代に大学生たちを魅了した共産主義運動に学生が身を投じる心境に似ている。

こうした思想に出会い、それと真剣に向き合うようになると、若者は一つの決断を迫られるようになる。その世界観を受け入れて運動の一員となるのか、それともそれを拒絶して自分なりの人生を歩むのか、という選択である。結果として櫻井氏は後者の決断をした。その時から櫻井氏は、自分の選択を正当化するために、統一原理の提示する「大きな物語」を否定する必要に迫られるようになったのではないだろうか。そして、それを否定するためにはどんな学問でも学んで、原理を批判するための武器として利用しようと思うようになったと考えられる。

櫻井氏の統一教会研究における「立場性」の原点には、二十歳の櫻井氏が統一原理という「大きな物語」に必死に抵抗し、それに巻き込まれまいとして葛藤した体験があるのではないか。その片鱗は、第二章の「統一教会の教説」における『原理講論』の批判に表れている。彼の批判のスタンスには一貫性がなく、宗教社会学、聖書学、神学など、どんな理論でも節操なく武器として持ち出して、どうにかして『原理講論』にケチをつけたいという情念だけが前面に出ている。

統一教会信者の信仰生活に関する記述においても、櫻井氏は信者の内面世界を共感的に知ろうとしないばかりか、むしろ「絶対に共感しないぞ」という決意が感じられるような姿勢で観察している。研究対象である宗教の内面世界に対しては一切の共感を拒絶し、なにがなんでも批判してやろうという姿勢は、学者としての冷静さを失っている。こうした研究態度が伝統的な宗教学の作法から逸脱していることは百も承知の上で、敢えてそうした態度をとるというのは、研究対象との間に何か特別な因縁がない限りはあり得ない。その原点が、二十歳の櫻井氏の「統一教会体験」であったというのが、私の推論である。

しかし、この推論には一つの難点がある。それはすべての元信者が「背教者」になるわけではなく、むしろ「背教者」となって積極的に反対する元信者は全体の中では少数派にすぎないことからも分かるように、櫻井氏が若き日に統一原理を受け入れないという選択をしたからと言って、それが直ちに積極的反対の立場に転ずるとは限らないからである。

統一教会の修練会に参加しても、結果的に信者にならない者は多数いる。その割合はアイリーン・バーカー博士の調査によれば、2日間の修練会に参加した人を母集団とすれば、9割以上に上るという。そうした人々が統一教会の教えに対して抱く最も一般的な感想は、他の多くの宗教と同じように、信じることもできるし信じないこともできる、というものだ。要するに聞いてみるだけの価値はあるものだったが、自分の生き方として採用する気にはならなかったということである。そして修練会そのものや統一教会の信者たちに対しても好印象を持ったまま教会を去る者も多い。このように自然に教会を離れた者たちが積極的な反対者になるケースは極めて少ないのである。

その一方で、「背教者」となる確率が最も高いのは、ディプログラミングを受けて離れた者と、物理的な拘束を受けていなかったとしても、脱会カウンセリングを受けて教会を離れた者たちである。それは脱会のプロセスで教会に対する敵意を植え付けられ、自分は騙されていたのだと教え込まれるからである。

櫻井氏の場合には、ディプログラミングを受けたわけではないので、自発的に教会を去った者のカテゴリーに入る。それを前提とすれば、離れた直後に彼が統一教会に対して激しい敵意を抱いていたとは考えにくい。したがって、彼が宗教学の研究者としての道を歩み始めた後にも、彼は取り立てて「反カルト」や「反統一教会」の立場を鮮明にしていたわけではなく、客観的で価値中立的な宗教学者としての道を歩んでいた時期がやはりあったのではないかという、別の推論も成り立つのである。少なくとも、彼が１９９６年に発表した「マインド・コントロール」を批判する論文（『オウム真理教現象の記述を巡る一考察』）は、いま読んでもまともな論考である。

その彼が急激に「反統一教会」の立場に転じたのは、やはり全国弁連の弁護士たちとの出会いが大きかったのではないだろうか。櫻井氏は著作の21〜22ページにかけて、自分がいかに統一教会からアプローチを受けてもそれに巻き込まれず、冷たく突き放してきたかを、６項目にわたって延々と説明している。それはまるで、「自分は統一教会とは一切の癒着はなく、常に批判的な立場を貫いてきました」と、身の潔白を示そうとしているかのような書き方である。

これは櫻井氏自身が体験した、統一教会反対派からの「統一教会に対して好意的すぎる」「統一教会に有利な内容を書いた」というバッシングに対する恐怖心とトラウマに起因するものであると思われる。社会的影響力を持つ統一教会反対派に睨まれたら、学者生命が危機にさらされるからである。こうなってしまったら、もはや彼は若き日の自身における統一教会との出会いについては一切語ることができず、封印するしかなくなってしまったというのが、私の第二の推論である。

同じ宗教学者でも島田裕巳氏の場合には、自分が若き日にヤマギシ会に心酔していった体験をむしろ積極的に公表し、その体験を自分なりに考察することを通して宗教学の研究に生かすという手法を取ることができた。研究の方法論としては、櫻井氏も自らの「統一教会体験」を積極的に公表し、それを宗教学の研究に生かすことも理論的には可能だったかもしれない。しかし、現実には統一教会に対する社会の評価があまりに厳しかったことと、反対派からなにを言われるか分からない状況では、極めて難しかったのであろう。それは安倍元首相銃撃事件以降、自民党の政治家たちが自身の統一教会との関係をひた隠しにしようとしたのと同じ心理であろう。

私の推論はこのくらいにして、本書の出版直前に私が知るようになった新事実の持つ意味について述べておきたい。櫻井氏はこれまで、自分が学生時代に統一教会と出会い、教会の学生部や、その友好団体・原理研究会に出入りしていたという事実を公表することなく、客観的な第三者であるかのようにふるまって研究活動を続け、統一教会に関する数多くの論文や書籍を発表してきた。本書でも私はそれを前提に、アイリーン・バーカー博士は参与観察をして直接信者たちと接していたにもかかわらず、彼の研究はそれをしていないので欠陥があると批判してきた。

しかし実際には、彼は参与観察をしていないどころか、学生時代に統一教会から勧誘を受けた経験があり、原理研究会のメンバーとも交流があったのである。そうした情報を秘匿したまま、中立的な研究者のごとくふるまって統一教会を研究対象にするというのは、宗教学者としては「不実表示」に当たるのではないか。彼が統一教会の伝道方法や入信へのプロセスを語るのであれば、最も直接的な体験は彼自身の学生時代の体験であり、そのことからくる彼の「立場性」を明確にしない限り、宗教研究者として十分な情報開示をしたとはいえないと私は考える。

本書のエピローグがきっかけとなり、櫻井氏が今後、若き日の自身の「統一教会体験」について公に語るようになることを願ってやまない。

２０２４年10月17日

参考文献一覧

参考文献

池本桂子・中村雅一「宗教からの強制脱会プログラム（ディプログラミング）によりPTSDを呈した一症例」『臨床精神医学』第二九巻第一〇号 二〇〇〇年 p.1293-1300
池上良正、島薗進、末木文美士（編）『岩波講座 宗教〈第2巻〉宗教への視座』岩波書店 二〇〇四年
井上順孝『新宗教の解読』筑摩書房 一九九二年
井上順孝、孝元貢、対馬路人、中牧弘允、西山茂編『新宗教事典』弘文堂 一九九〇年
井上順孝、月本昭男、星野英紀編『宗教学を学ぶ』有斐閣 一九九六年
岩澤美帆、三田房美（国立社会保障・人口問題研究所主任研究官）『職縁結婚の盛衰と未婚化の進展』二〇〇五年 (https://www.jil.go.jp/institute/zassi/backnumber/2005/01/pdf/016-028.pdf)
イントロヴィニエ、マッシモ "Bitter Winter 11/23/2023, 背教者は信頼できるか？ 4．元信者全員が背教者というわけではない。"
イントロヴィニエ、マッシモ "Bitter Winter 11/24/2023, 背教者は信頼できるか？ 5．なぜ背教者になる人がいるのか。"
魚谷俊輔『神学論争と統一原理の世界』光言社 一九九七年
魚谷俊輔『統一教会の検証』光言社 一九九九年
魚谷俊輔『間違いだらけの「マインド・コントロール」論』賢仁舎 二〇二三年
大塚克己『「出エジプト記」研究 旧約聖書学と統一原理の接点 第1巻』光言社 二〇〇〇年
大田俊寛「社会心理学の『精神操作』幻想——グループダイナミクスからマインド・コントロールへ」『心身変容技法研究』第8号 二〇一七年 p.51-64

大村英昭、西山茂編『現代人の宗教』有斐閣　一九八八年
小口偉一、堀一郎監修『宗教学辞典』東京大学出版会　一九七三年
梶栗玄太郎編『日本収容所列島―いまなお続く統一教会信者への拉致監禁』賢仁舎　二〇一〇年
ガスコイン、バンバー『ザ・クリスチャンズ　キリスト教が歩んだ２０００年』徳岡孝夫監訳　日本放送出版協会　一九八三年
金井新二『現代宗教への問い』教文館　一九九七年
岸本英夫『宗教学』大明堂　一九六一年
金永雲『統一神学』光言社　一九八五年
クリサイディス、ジョージ・D『統一教会の現象学的考察』月森左知訳　新評論　一九九三年
小出浩久『人さらいからの脱出』光言社　一九九六年
黒田勝弘『韓国　反日感情の正体』角川学芸出版　二〇一三年
斎藤稔正「変性意識状態と禅的体験の心理過程」(https://www.ritsumeihuman.com/uploads/publication/ningen_05/045-54.pdf)
櫻井義秀「オウム真理教現象の記述を巡る一考察―マインド・コントロール言説の批判的検討―」『現代社会学研究』第9巻　一九九六年九月　北海道社会学会　p.74-99
櫻井義秀『「カルト」を問い直す　信教の自由というリスク』中央公論新社　二〇〇六年
櫻井義秀『信仰か、マインド・コントロールか　カルト論の構図』法蔵館　二〇一三年
櫻井義秀「新宗教教団の形成と地域社会との葛藤――天地正教を事例に――」『宗教研究』三一七号　一九九八年　p.75-99
櫻井義秀・大畑昇編著『大学のカルト対策』北海道大学出版会　二〇一二年

櫻井義秀、中西尋子『統一教会――日本宣教の戦略と韓日祝福』北海道大学出版会　二〇一〇年
ジェイムズ、ウィリアム『宗教的経験の諸相（上・下）』桝田啓三郎訳　日本教文社　一九八八年
塩谷政憲「原理研究会の修練会について」『続・現代社会の実証的研究』東京教育大学社会学教室　一九七七年　p.126-132
塩谷政憲「宗教運動をめぐる親と子の葛藤」『真理と創造』24　一九八五年　p.54-62
塩谷政憲「宗教運動への献身をめぐる家族からの離反」森岡清美編『近現代における「家」の変質と宗教』新地書房　一九八六年　p.153-174
島薗進『現代救済宗教論』青弓社　一九九二年
島田裕巳「宗教とマインド・コントロール」『季刊ＡＺ』33　一九九四年十一月　p.124-129
島田裕巳『新宗教儲けのカラクリ』宝島社　二〇一三年
島村亀鶴、長島幸雄、船本坂男監修『クリスチャン生活事典』教会新報社　一九八一年
宗教社会学研究会編『いま宗教をどうとらえるか』海鳴社　一九九二年
神明忠昭「キリスト教神学と統一原理の接点」第1回～第6回『ファミリー』一九九一年～一九九二年
世界基督教統一神霊協会『原理講論』光言社　一九六七年
世界基督教統一神霊協会『ファミリー別冊・摂理から見たアベルの正道』光言社　一九八七年
世界基督教統一神霊協会『御旨の道』光言社　一九七二年
世界基督教統一神霊協会『40日研修シリーズNo.8　復帰摂理と万物』光言社　一九九〇年
世界基督教統一神霊協会『40日研修シリーズNo.11　祝福の意義と価値』光言社　一九九〇年
世界基督教統一神霊協会　歴史編纂委員会『日本統一教会　先駆者たちの証言①』光言社　二〇〇八年
世界平和統一家庭連合編『天一国経典　天聖経（普及版）』光言社　二〇一九年

全国霊感商法対策弁護士連絡会、日本基督教団統一原理問題連絡会、全国原理運動被害者父母の会編著『統一協会合同結婚式の手口と実態』緑風出版　一九九七年
副島嘉和、井上博明「これが『統一教会』の秘部だ　世界日報事件で〝追放〟された側の告発」『文藝春秋』第7号　一九八四年　p.134
ソンターク、フレデリック『文鮮明と統一教会』松下正寿訳　世界日報社　一九八一年
高木総平・内野悌司編集「『現代のエスプリ』No.490　カルト　心理臨床の視点から」二〇〇八年五月号
高橋紳吾『きつねつきの科学』講談社　一九九三年
竹内清治『統一原理と仏教　慈愛と真理の奥義』光言社　一九八六年
橘幸世『夫婦愛を育む魔法の法則　愛され上手なかわいい妻に』光言社　二〇一七年
田丸徳善『宗教学の歴史と課題』山本書店　一九八七年
田丸徳善監修、木下歡昭編集『宗教と政治の接点』世界日報社　一九九六年
鳥海豊『監禁二五〇日・証言「脱会屋」の全て』光言社　一九九四年
中西尋子「『地上天国』建設のための結婚―ある新宗教教団における集団結婚式参加者への聞き取り調査から―」『宗教と社会』第一〇号　二〇〇四年　p.47-70
中野毅『宗教の復権―グローバリゼーション・カルト論争・ナショナリズム』東京堂出版　二〇〇〇年
中村敏『日本キリスト教宣教史――ザビエル以前から今日まで』いのちのことば社　二〇〇九年
西田公昭『マインド・コントロールとは何か』紀伊國屋書店　一九九五年
西田公昭『「信じるこころ」の科学』サイエンス社　一九九八年
西田公昭「ビリーフの形成と変化の機制についての研究（3）――カルト・マインド・コントロールにみるビリーフ・システム変容過程――」『社会心理学研究』第九巻第二号　一九九三年

西田公昭「ビリーフの形成と変化の機制についての研究(4)――カルト・マインド・コントロールにみるビリーフ・システムの強化・維持の分析――」『社会心理学研究』第十一巻第一号 一九九五年
日本基督教協議会文書事業部キリスト教大事典編集委員会『キリスト教大事典』教文館 一九六八年
朴普熙『証言』上下巻 世界日報社 一九九七年
ハッサン、スティーヴン『マインド・コントロールの恐怖』浅見定雄訳 恒友出版 一九九三年
ビアマンズ、ジョン・T『現代の宗教迫害史・統一教会の受難と真実』光言社 一九八八年
ブライト、ジョン『イスラエル史』新屋徳治訳 聖文舎 一九六八年
古田富建「『恨』と統一教」(https://repository.dl.itc.u-tokyo.ac.jp/records/30477)
ブロムリー、ディビッド・G、アンソン・D・シュウプ, Jr.『アメリカ「新宗教」事情』稲沢五郎訳 シャプラン出版 一九八六年
文化庁『宗教年鑑 令和5年版』文化庁宗務課 二〇二三年
前野隆司『幸せのメカニズム：実践・幸福学入門』講談社現代新書 二〇一三年
マザー・テレサ『マザー・テレサのことば』半田基子訳 女子パウロ会 一九七六年
増田寛也『地方消滅 東京一極集中が招く人口急減』中公新書 二〇一四年
増田善彦『「マインド・コントロール理論」―その虚構の正体』光言社 一九九六年
町田宗鳳『〈狂い〉と信仰 狂わなければ救われない』PHP研究所 一九九九年
松本雄司『夫婦愛を育てる16のポイント』光言社 二〇〇六年
三田了一訳『日訳・注解 聖クラーン』宗教法人日本ムスリム協会 日訳クラーン刊行会 一九七三年
閔庚培『韓国キリスト教史』澤正彦訳 日本基督教団出版局 一九七四年
武藤將巨編著『本郷人の行く道』国際家庭特別巡回師室編 一九九六年

室生忠『日本宗教の闇・強制棄教との戦いの軌跡』アートヴィレッジ　二〇一七年
文鮮明『御旨と世界』光言社　一九八五年
文鮮明『祝福家庭と理想天国Ⅱ』光言社　一九九八年
米本和広「書かれざる『宗教監禁』の恐怖と悲劇」『月刊現代』二〇〇四年十一月号　p.284-303
米本和広『我らの不快な隣人――統一教会から「救出」されたある女性信者の悲劇』情報センター出版局　二〇〇八年
李耀翰『心情開拓・心霊を育てる生活原則』光言社　一九九七年
リチャードソン・A／J・ボウデン＝編『キリスト教神学事典』古屋安雄＝監修／佐柳文男＝訳　教文館　一九九五年
霊感商法問題取材班著『「霊感商法」の真相』世界日報社　一九九六年
歴史編纂委員会編著『日本統一運動史』光言社　二〇〇〇年
渡瀬信之訳『サンスクリット原典全訳・マヌ法典』中公文庫　一九九一年
渡辺京二『逝きし世の面影』平凡社　二〇〇五年
渡邊太「カルト信者の救出――統一教会脱会者の『安住し得ない境地』――」年報人間科学21　二〇〇〇年　p.225-241
渡邊太「洗脳、マインド・コントロールの神話」（宗教社会学の会編）『新世紀の宗教――「聖なるもの」の現代的諸相』創元社　二〇〇二年　p.207-245
渡邉学「《カルト》論への一視点：アメリカのマインド・コントロール論争」南山宗教文化研究所 研究所報第9号　一九九九年　p.82-91

Anderson, B. W., "Understanding The Old Testament" 4th ed. Englewood Cliffs, New Jersey: Prentice-Hall, 1986.

Ashcraft, Michael W., "A Historical Introduction to the study of New Religious Movements," Routledge, 2018.

Barker, Eileen, "The Making of a Moonie: Choice or Brainwashing?" Blackwell Publishers, 1984.

Boadt, Lawrence, "Reading the Old Testament: An Introduction," New York: Paulist Press, 1984.

Bromley, David, G. Ed. "Falling from the Faith," Sage, 1988.

Cantor, Norman F., "Medieval History: Life and Death of a Civilization," 2nd ed New York: Macmillan Publishing Co., Inc.,1963.

Freud, Sigmund. "The Future of Illusion", translated by W.D. Robson-Scott, New York: Doubleday & Company, Inc. 1927.

Grace, James H., "Sex and marriage in the Unification Movement", New York: The Edwin Mellen Press, 1985.

Guerra, Antony J. ed., "Unification Theology, in Comparative perspectives" New York: The Unification Theological Seminary, 1988.

Kim, Young Oon, "Unification Theology & Christian Thought," Revised Edition. New York: HSA-UWC, 1975.

Introvigne, Massimo, "Expert Report" submitted in lawsuit at Tokyo District Court seeking dissolution order against Family Federation for World Peace and Unification, February 28, 2024.

Lewis, James R. and David G. Bromley, "The Cult Withdrawal Syndrome: A Case of Misattribution of Cause?" Journal for the Scientific Study of Religion 26/4 (1987).

Livingston, C. James, "Modern Christian Thought" New York: Macmillan Publishing Co., Inc. 1971.

Masuda, Yoshihiko, "Typologizing Religious Groups: Towards A Better Understanding of the Unification Church," unpublished paper, 1996.

Matczak, A. Sebastian, “Unificationism: A New Philosophy and Worldview,” New York: Learned Publications, Inc., 1982.

Richardson, Harbert. ed. “Ten Theologians Responds to the Unification Church,” New York: The Rose of Sharon Press, Inc. 1981.

Roberts, Keith A., “Religion in Sociological Perspective,” second edition, Wadsworth Publishing Company, 1990.

Tippett, Alan R., “Christopaganism or Indigenous Christianity” in Yamamori, Tetsunao and Charles R. Taber, ed. “Christopaganism or Indigenous Christianity?” South Pasadena, Calif: William Carey Library, 1975.

Walker, Williston, Richard A. Norris, David W. Lotz, and Robert T.Handy, “A History of the Christian Church,” 4th ed. New York: Chales Scribner's Son, 1985.

Wilson, Andrew, “The Sexual Interpretation of the Human Fall,” in Unification Theology in Comparative Perspectives, ed. Antony J. Guerra. New York: U.T.S. 1988.

Wilson, Andrew. ed. “World Scripture, A Comparative Anthology of Sacred Texts,” New York: Paragon House, 1991.

[著者略歴]

魚谷俊輔（うおたに・しゅんすけ）

国際宗教自由連合（ICRF）日本委員会上級研究員。国連経済社会理事会の総合協議資格を持つ NGO であるユニバーサル・ピース・フェデレーション（UPF）の日本事務総長。
1964 年生まれ。千葉県出身。東京工業大学工学部化学工学科卒。1995 年に米国統一神学大学院神学課程（Unification Theological Seminary Divinity Course）を卒業。2000 年に UPF の前身である世界平和超宗教超国家連合（IIFWP）が日本に創設されるにともない、事務次長に就任。2017 年 8 月より、UPF 日本事務総長。全国各地で UPF 主催の「平和大使セミナー」の講師を務めるとともに、国際情勢や社会問題に関する幅広い講演や執筆を行っている。
著書に『神学論争と統一原理の世界』（光言社）、『統一教会の検証』（光言社）、『間違いだらけの「マインド・コントロール」論〜紀藤正樹弁護士への反論と正しい理解』（賢仁社）、訳書にジュンヒョン・パク、アンドリュー・ウィルソン著『理想家庭の指標』（光言社）がある。
2009 年より、旧統一教会信者に対する拉致監禁・強制改宗問題に本格的に取り組み始め、「拉致監禁対策日本委員会」の一員として国際的に活動する。国際カルト研究協会（ICSA）や新宗教研究センター（CESNUR）が主催する国際会議に参加し、この問題に関するプレゼンテーションを行ってきた。「カルト」や「マインド・コントロール」などの概念が学問的にも法的にも確立されていない「レッテル」にすぎないものであることを啓蒙する活動を継続してきた。『「洗脳」「マインド・コントロール」の虚構を暴く』と題する個人ブログでは、上記のテーマに関する膨大な量の論考を発表している。

魚谷俊輔ブログ『「洗脳」「マインド・コントロール」の虚構を暴く』
http://suotani.com/

反証　櫻井義秀・中西尋子著『統一教会』
令和六年十二月十日　第一刷発行
著　者●魚谷俊輔（うおたにしゅんすけ）
発行所●㈱世界日報社
〒103-0025
東京都中央区日本橋茅場町1-5-2-5階
電　話03（3476）3411代表
電　話047（314）5715出版部
https://www.worldtimes.co.jp
印　刷●㈱日商印刷
乱丁・落丁本はお取り替え致します。

 ISBN978-4-88201-102-6